Datenbanksysteme

Eine Einführung

von
Professor Alfons Kemper, Ph. D.,
Universität Passau
Dr. André Eickler

3., korrigierte Auflage

R. Oldenbourg Verlag München Wien 1999

Alfons Kemper hat von 1977 bis 1980 an der Universität Dortmund Informatik studiert. Danach wechselte er an die University of Southern California, Los Angeles, wo er die Abschlüsse Master of Science (1981) und Ph.D. (1984) erlangte. Von 1984 bis 1991 war er als Hochschulassistent an der Universität Karlsruhe tätig, wo er sich 1991 mit einer Arbeit über objektorientierte Datenbanken habilitierte. Danach war er zwei Jahre lang Professor an der RWTH Aachen. Seit 1993 hat er einen Lehrstuhl für Informatik an der Universität Passau. Seine Forschungsarbeit beschäftigt sich mit der Realisierung und Optimierung von Datenbanksystemen. Schwerpunkte der Arbeit liegen in der Realisierung skalierbarer, verteilter Datenbanken, der Anfrageoptimierung und der Weiterentwicklung objektrelationaler und objektorientierter Datenmodelle. Er hat zahlreiche internationale Veröffentlichungen und (zusammen mit Prof. Dr. G. Moerkotte) ein weiteres (englischsprachiges) Lehrbuch über objektorientierte Datenbanken verfaßt.

André Eickler studierte von 1988 bis 1993 Informatik an der RWTH Aachen. Von 1993 bis 1998 war er an der Universität Passau als wissenschaftlicher Mitarbeiter am Lehrstuhl von Prof. Kemper tätig. Er promovierte 1998 mit einer Arbeit über Optimierungskonzepte in verteilten, objektorientierten Datenbanken.

Die Deutsche Bibliothek - CIP-Einheitsaufnahme

Kemper, Alfons:
Datenbanksysteme : eine Einführung / von Alfons Kemper ; André
Eickler. – 3., korr. Aufl. – München ; Wien : Oldenbourg, 1999
  ISBN 3-486-25053-1

© 1999 R. Oldenbourg Verlag
Rosenheimer Straße 145, D-81671 München
Telefon: (089) 45051-0, Internet: http://www.oldenbourg.de

Lektorat: Margarete Metzger
Herstellung: Rainer Hartl
Umschlagkonzeption: Kraxenberger Kommunikationshaus, München
Gedruckt auf säure- und chlorfreiem Papier
Gesamtherstellung: R. Oldenbourg Graphische Betriebe GmbH, München

Inhaltsverzeichnis

Vorwort

Wir drohen derzeit von einer wahren Informationsflut „überrollt" zu werden und sind auf dem besten Weg in die Informationsgesellschaft. Datenbanksysteme werden eine immer größere Rolle in Unternehmen, Behörden und anderen Organisationen spielen. Ihre Bedeutung wird durch die zunehmende weltweite Vernetzung – Stichwort „Datenautobahnen" – noch stärker wachsen. Gleichzeitig wird der systematische Einsatz von Datenbanksystemen wegen der zunehmenden Informationsmenge, der Verteilung der Information auf ein Netz von Datenbankservern, der steigenden Komplexität der Anwendungen und der erhöhten Leistungsanforderungen immer schwieriger – auch wenn sich die Datenbanksystemprodukte weiterentwickeln. Deshalb sehen wir einen immer größer werdenden Bedarf an Informatikern mit fundierten (und auch tiefgehenden) Datenbanksystemkenntnissen.

In diesem Buch zur Einführung in Datenbanksysteme haben wir die Lehrinhalte zusammengestellt, die nach unserer Meinung allen Diplominformatikern, Diplom-Wirtschaftsinformatikern und Diplom-Wirtschaftsingenieuren – seien sie an der Universität oder an der Fachhochschule ausgebildet – als Rüstzeug mit auf den Weg in die berufliche Praxis gegeben werden sollten.

Es gibt schon eine Reihe von – zumeist englischen – Lehrbüchern im Datenbankbereich. Dieses Lehrbuch setzt folgende besondere Akzente:

- Es wurde ein durchgängiges Beispiel aus dem Hochschulbereich gewählt, das – nach unserer Meinung – den Datenbankeinsatz sehr gut illustriert. Dieses Beispiel haben wir bewußt einfach gehalten, damit man es sich gut einprägen kann.

- Das Buch eignet sich auch zum Selbststudium, da wir uns bemüht haben, alle Konzepte an gut verständlichen Beispielen zu veranschaulichen.

- Das Buch behandelt nur „moderne" Datenbanksysteme. Sehr ausführlich gehen wir auf das relationale Modell ein, da es derzeit die marktbeherrschende Rolle spielt. Es werden aber auch neuere Entwicklungen, wie das objektorientierte und das deduktive Datenmodell, behandelt. Ältere Datenmodelle (die sogenannten satzorientierten Modelle, zu denen das Netzwerkmodell und das hierarchische Modell zählen) haben wir bewußt ausgeklammert, da diese Datenbanksysteme in absehbarer Zeit wohl nur noch „historische" Bedeutung haben werden.

- Das Buch behandelt auch Implementierungsaspekte – wie z.B. physische Strukturen für die Datenverwaltung, Realisierungskonzepte für die Mehrbenutzersynchronisation und die Recovery, Optimierungsmethoden zur Anfrageauswertung etc. Auch wenn die wenigsten Diplominformatiker später ein Datenbanksystem „bauen" werden, so meinen wir doch, daß ein tiefgehendes Wissen unabdingbar ist, um ein Datenbanksystem in der „harten" industriellen Praxis systematisch einsetzen und optimieren zu können.

- Das Buch betont die praktischen Aspekte des Datenbankbereichs – ohne jedoch die theoretischen Grundlagen zu vernachlässigen. Die zugrundeliegende Theorie wird eingeführt, auf Beweise haben wir aber bewußt verzichtet (es werden allerdings Literaturverweise auf ausführlichere Abhandlungen zur Datenbanktheorie gegeben).

- In der zweiten Auflage hatten wir die Darstellung des Datenbankentwurfs, der Anfragesprache SQL und der Speichertechnologie im Vergleich zur ersten Auflage erweitert, um die Leser noch besser auf den praxisrelevanten Einsatz von Datenbanksystemen vorzubereiten. Zusätzlich wurden einige der neuesten Entwicklungen aufgegriffen, die für den fortschrittlichen Einsatz von Datenbanksystemen relevant sind. Stichworte sind: Leistungsanalyse, integrierte betriebliche Anwendungssysteme, Data Warehouse und Data Mining.

- In dieser dritten Auflage haben wir einige kleinere Ergänzungen und Korrekturen vorgenommen.

- Zusätzliche Unterlagen zu diesem Buch findet man auf unserem Webserver:
  `http://www.db.fmi.uni-passau.de/publications/books/DBMSeinf`
  Wir würden uns auch über Anregungen sehr freuen.

Wir haben uns bemüht, die inhaltlichen Abhängigkeiten zwischen den Kapiteln gering zu halten. Deshalb ist es problemlos möglich (und wird von uns in Passau auch praktiziert), eine schon im Grundstudium enthaltene Einführung in Datenbanksysteme – in der beispielsweise die Grundlagen der konzeptuellen Datenmodellierung, der physischen Datenorganisation, des relationalen Datenmodells und der Anfragesprache SQL vermittelt werden – aus diesem Buch zu „extrahieren", um das Themengebiet dann im Hauptstudium mit den übrigen Kapiteln zu vervollständigen. Es ist sicherlich auch möglich, einige der weiterführenden Kapitel in einer fortgeschrittenen Vorlesung zur Datenbankimplementierung zu „verwerten".

Danksagung

Wir danken Frau Alexandra Schmidt für die große Hilfe bei der Formatierung. Herr Reinhard Braumandl, Frau Susan Hickl und Herr Nigol Martin haben bei der Formatierung, Korrektur und Indexerstellung geholfen. Herrn Jens Claußen, Herrn Carsten Gerlhof, Herrn Donald Kossmann, Frau Natalija Krivokapić, Herrn Klaus Peithner und Herrn Michael Steinbrunn danken wir für konstruktive Anmerkungen. Wir haben von etlichen Lesern Anregungen bekommen. Besonders hilfreich waren die Hinweise von Herrn Stefan Brass, Herrn Sven Helmer, Herrn Guido Moerkotte, Herrn Neukirchen und Herrn Martin Weichert. Den „Mannheimern" danken wir auch für die (heimliche) Nutzung ihrer DB2-Webseite, mit der wir einige SQL-92-Anfragen testen konnten, die unsere Oracle7-Installation nicht „verstand".

Dem Oldenbourg Verlag – insbesondere Frau Margarete Metzger – danken wir wiederum für die zügige Produktion der dritten Auflage dieses Buchs.

Passau, im Dezember 1998   *Alfons Kemper*
                                            André Eickler

1. Einleitung und Übersicht

Der Zugriff auf und die Verwaltung von *Information* spielt eine immer wichtiger werdende Rolle in der heutigen Gesellschaft – sei es für Unternehmen, Politiker, Wissenschaftler, Verwaltungen, etc. Es wird geschätzt, daß sich die „Informationsmenge" derzeit alle 5 Jahre verdoppelt – zumindest trifft dies für die in Büchern abgelegte Information nach Statistiken der amerikanischen Library of Congress zu. Während in früheren Zeiten der Großteil der Information auf Papier abgelegt war, werden wir heute von einer elektronischen Informationsflut „überrollt". Deshalb gewinnen *Datenbankverwaltungssysteme* (engl. *database management systems*, abgek. *DBMS*) eine immer größere Bedeutung. Heute findet sich kaum noch eine größere Organisation oder ein größeres Unternehmen, das nicht ein DBMS für die Informationsverwaltung einsetzt. Man denke etwa an Banken, Versicherungen, Flugunternehmen und Universitätsverwaltungen (um unsere Beispielanwendung dieses Buchs schon mal zu erwähnen).

Ein Datenbankverwaltungssystem besteht aus einer Menge von *Daten* und den zur Datenverarbeitung notwendigen Programmen:

- Die gespeicherten Daten werden oft als *Datenbasis* bezeichnet. Die Datenbasis enthält die miteinander in Beziehung stehenden Informationseinheiten, die zur Kontrolle und Steuerung eines Aufgabenbereichs (evtl. eines ganzen Unternehmens) notwendig sind.

- Die Gesamtheit der Programme zum Zugriff auf die Datenbasis, zur Kontrolle der Konsistenz und zur Modifikation der Daten wird als *Datenbankverwaltungssystem* bezeichnet.

Oft werden diese Komponenten aber auch weniger scharf getrennt, so daß man mit Datenbankverwaltungssystemen (oder kürzer Datenbanksystemen) sowohl die Datenbasis als auch die Verwaltungsprozesse der Datenbasis meint.

1.1 Motivation für den Einsatz eines DBMS

Es gibt heutzutage in den meisten Unternehmen und Organisationen keine Alternative mehr zum Einsatz eines DBMS für die Informationsverarbeitung. Wir wollen uns dies anhand der Probleme verdeutlichen, die ohne Nutzung eines einheitlichen, die gesamte Informationsverarbeitung abdeckenden DBMS, auftreten würden. Die im allgemeinen auf vielfältige Art miteinander in Beziehung stehenden Daten müßten dann entweder auf Papier (Karteikästen, Aktenordner, etc.) oder in isolierten Computer-Dateien abgelegt werden. Dies führt zu folgenden schwerwiegenden Problemen:

Redundanz und Inkonsistenz Wenn Daten in isolierten Dateien (oder andersartigen isolierten Archiven) gehalten werden, müssen dieselben Informationen bezüglich eines Anwendungsobjekts oft mehrfach, d.h. redundant, gespeichert werden.

Man denke etwa an die Adreßinformation der Studenten einer Universität. Diese Information wird sicherlich in der Studentenverwaltung, aber auch in den jeweiligen Fakultäten benötigt. Bei Änderungen kann es dann zu Inkonsistenzen führen, wenn nur eine Kopie der Daten geändert wird, die andere aber noch im veralteten Zustand beibehalten wird. In einem globalen, integrierten DBMS wird diese Art von unkontrollierter Redundanz vermieden.

Beschränkte Zugriffsmöglichkeiten   Es ist schwer, wenn nicht sogar unmöglich, die in isolierten Dateien abgelegten Daten miteinander zu „verknüpfen", d.h. Information aus einer Datei mit anderen logisch verwandten Daten aus einer anderen Datei zu verknüpfen. Bei einem homogenen integrierten DBMS wird die gesamte Information einer Organisation einheitlich modelliert (wir sagen in demselben *Datenmodell*), so daß sich diese Daten sehr flexibel miteinander verknüpfen lassen.

Probleme des Mehrbenutzerbetriebs   Die heutigen Dateisysteme bieten entweder gar keine oder nur sehr rudimentäre Kontrollmechanismen für den Mehrbenutzerbetrieb. Daten werden aber i.a. von sehr vielen Anwendern innerhalb und außerhalb der jeweiligen Organisation genutzt – als Beispiel sei ein Flugreservierungssystem genannt. Bei unkontrolliertem Zugriff kann es sehr leicht zu (äußerst) unerwünschten Anomalien kommen. Man denke etwa an das gleichzeitige unkontrollierte Editieren derselben Datei durch zwei Benutzer. Dabei kann es leicht vorkommen, daß die Änderungen des einen Benutzers von dem Benutzer, der die Datei zuletzt zurückschreibt, überschrieben werden. Dieses Phänomen nennt man im englischen „lost update".

Datenbankverwaltungssysteme bieten eine Mehrbenutzerkontrolle, die solche und noch andere unerwünschte Anomalien des Mehrbenutzerbetriebs ausschließen.

Verlust von Daten   Wenn Daten in isolierten Dateien gehalten werden, wird die Wiederherstellung eines konsistenten – d.h. eines gemäß der realen Welt gültigen – Zustands der Gesamtinformationsmenge im Fehlerfall sehr schwierig. Im allgemeinen bieten Dateisysteme bestenfalls die Möglichkeit einer periodisch durchgeführten Sicherung der Dateien. Datenverluste, die während der Bearbeitung von Dateien oder nach der letzten Sicherungskopie auftreten, sind i.a. nicht auszuschließen.

Datenbankverwaltungssysteme besitzen eine ausgefeilte Recoverykomponente, die den Benutzer für alle vorhersehbaren Fehlerfälle vor Datenverlust schützen soll.

Integritätsverletzung   Je nach Anwendungsgebiet gibt es vielfältigste, sich global über mehrere Informationseinheiten erstreckende Integritätsbedingungen. Man denke im Universitätsbereich etwa an die Bedingung, daß Studenten erst die Pflichtseminare abgeschlossen haben müssen, bevor sie zur Prüfung zugelassen werden dürfen. Oder daß dieselbe Prüfung maximal zweimal wiederholt werden darf. Die Einhaltung derartiger Integritätsbedingungen ist bei der isolierten Speicherung der Informationseinheiten in verschiedenen Dateien sehr schwierig, da man zur Kontrolle Daten aus unterschiedlichen Dateien verknüpfen muß. Außerdem will man im allgemeinen nicht nur die Konsistenzbedingungen überprüfen, sondern die Einhaltung erzwingen, d.h. bestimmte Datenverarbeitungsvorgänge sollen vom System „abgelehnt" werden, falls sie zu einer Verletzung der Integrität führen werden. In

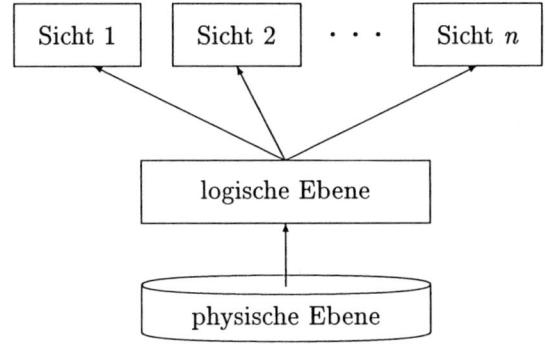

Abb. 1.1: Drei Abstraktionsebenen eines Datenbanksystems

Datenbankverwaltungssystemen werden Transaktionen (das sind die aus Benutzersicht atomaren Verarbeitungsvorgänge) nur dann vollzogen, wenn sie die Datenbasis in einen konsistenten Zustand überführen.

Sicherheitsprobleme   Nicht alle Benutzer sollten Zugriff auf die gesamten gespeicherten Daten haben. Und erst recht sollten nur bestimmte ausgewählte Benutzer das *Privileg* haben, Daten zu ändern. Man denke etwa an die Information, die zu den Professoren einer Universität abgespeichert ist. Dann ist denkbar, daß man relativ vielen Benutzern Zugriff auf die Information bezüglich Rang, Raum, Telefon, gelesene Vorlesungen, etc. gewährt. Die Information bezüglich Gehalt und abgenommener Prüfungen ist andererseits vor dem Zugriff durch die meisten Benutzer zu schützen.

Datenbankverwaltungssysteme bieten die Möglichkeit, die Zugriffsrechte sehr flexibel an einzelne Benutzer bzw. Benutzergruppen zu übertragen. Dabei ist es auch möglich, Informationsteile (z.B. Gehalt) bezüglich bestimmter Objekte (z.B. Professoren) auszublenden, während andere Teile (z.B. Telefonnummer) sichtbar bleiben.

Hohe Entwicklungskosten   In vielen Fällen muß für die Entwicklung eines neuen Anwendungsprogrammes praktisch „das Rad neuerfunden" werden. Jedesmal muß sich der Anwendungsprogrammierer zusätzlich zu Fragen der Dateiverwaltung mit zumindest einer Teilmenge der obigen Probleme auseinandersetzen. DBMS stellen eine deutlich komfortablere Schnittstelle dar, die die Entwicklungszeiten (und damit die Kosten) für neue Anwendungen verkürzt und die Fehleranfälligkeit reduziert.

1.2   Datenabstraktion

Man unterscheidet drei Abstraktionsebenen im Datenbanksystem (Abbildung 1.1):

1. *Die physische Ebene*: Auf dieser Ebene wird festgelegt, wie die Daten gespeichert sind. Im allgemeinen sind die Daten auf dem Hintergrundspeicher (meistens als Plattenspeicher realisiert) abgelegt.

2. *Die logische Ebene*: Auf der logischen Ebene wird in einem sogenannten *Datenbankschema* festgelegt, welche Daten abgespeichert sind.

3. *Die Sichten*: Während das Datenbankschema der logischen Ebene ein integriertes Modell der gesamten Informationsmenge des jeweiligen Anwendungsbereichs (z.B. des gesamten Unternehmens) darstellt, werden in den Sichten Teilmengen der Information bereitgestellt. Die Sichten sind auf die Bedürfnisse der jeweiligen Benutzer bzw. Benutzergruppen zugeschnitten. Mögliche Benutzergruppen in den Universitäten wären etwa die Studenten, die Professoren, die Hausmeister, etc.

Die physische Ebene ist für den „normalen" Benutzer eines Datenbanksystems nicht relevant. Auf dieser Ebene werden die Speicherstrukturen und eventuell Indexstrukturen für das schnelle Auffinden von Daten festgelegt. Die „Pflege" der physischen Ebene eines Datenbanksystems obliegt einem Systemprogrammierer bzw. einer Systemprogrammiererin – im Datenbankjargon als *Datenbankadministrator/in* (DBA) bezeichnet. Änderungen der physischen Speicherstruktur werden nur zum Zweck der Leistungssteigerung des DBMS vollzogen. Will man das Informationsmodell ändern – wie z.B. zusätzliche Daten einbeziehen oder zusätzliche Beziehungen zwischen Daten modellieren – muß die logische Ebene, also das Datenbankschema geändert werden. Das Datenbankschema kann man sich als eine Menge von Typdefinitionen – wie z.B. Record-Typen in Pascal – vorstellen. Diese Typdefinitionen legen die logische Struktur der Dateneinheiten fest. Auf der Ebene der Sichten können die im Datenbankschema (auf der logischen Ebene des DBMS) festgelegten Strukturen auf die besonderen Bedürfnisse bestimmter Anwender(gruppen) zugeschnitten werden. Zum einen wollen Anwender i.a. nur einen Ausschnitt des gesamten Informationsmodells zu sehen bekommen. Zum anderen können bestimmte kritische Informationsteile in den Sichten ausgeblendet werden, um dadurch den Datenschutz zu gewährleisten.

1.3   Datenunabhängigkeit

Die drei Ebenen eines DBMS gewährleisten einen bestimmten Grad der *Datenunabhängigkeit*. Dies ist analog zum Konzept der abstrakten Datentypen (ADTs) in Programmiersprachen. Durch eine wohldefinierte Schnittstelle wird die „darunterliegende" Implementierung verdeckt, so daß man – bei Beibehaltung der Schnittstelle – die Realisierung variieren kann, ohne daß die Benutzer der Schnittstelle davon in Mitleidenschaft gezogen werden. Aufgrund der drei Schichten ergeben sich zwei Stufen der Datenunabhängigkeit im DBMS.

- *Physische Datenunabhängigkeit*: Die Modifikation der physischen Speicherstruktur beläßt die logische Ebene (also das Datenbankschema) invariant. Z.B. erlauben fast alle Datenbanksysteme das nachträgliche Anlegen eines Indexes, um die Datenobjekte schneller finden zu können. Dies darf keinen Einfluß auf bereits existierende Anwendungen auf der logischen Ebene haben – außer natürlich hinsichtlich der Effizienz.

- *Logische Datenunabhängigkeit*: In den Anwendungen wird (natürlich) Bezug auf die logische Struktur der Datenbasis genommen: Es werden Mengen von Datenobjekten nach einem Namen angesprochen, die Datenobjekte haben „benannte" Eigenschaften, etc. Man denke etwa an eine Anfrage, in der die Professoren ermittelt werden, die den Rang „C2" haben. In einer solchen Anfrage wird vorausgesetzt, daß es eine Menge von Professoren gibt und daß die Datenobjekte, die Professoren repräsentieren, eine Eigenschaft (Attribut, Feld) namens *Rang* haben. Bei Änderungen der logischen Ebene (also des Datenbankschemas) könnte z.B. diese Eigenschaften umbenannt werden in, sagen wir, *Gehaltsstufe*. In einer Sichtendefinition kann man solche kleineren Änderungen vor den Anwendern „verbergen". Dadurch wird zu einem gewissen Grad eine logische Datenunabhängigkeit erzielt.

Die heutigen Datenbanksysteme erfüllen zumeist die physische Datenunabhängigkeit. Die logische Datenunabhängigkeit kann schon rein konzeptuell nur für einfachste Modifikationen des Datenbankschemas gewährleistet werden.

1.4   Datenmodelle

Datenbankverwaltungssysteme basieren auf einem *Datenmodell*, das sozusagen die „Infrastruktur" für die Modellierung der realen Welt zur Verfügung stellt. Das Datenmodell legt die Modellierungskonstrukte fest, mittels derer man ein computerisiertes Informationsabbild der realen Welt (bzw. des relevanten Ausschnitts) generieren kann. Es beinhaltet die Möglichkeit zur

- Beschreibung der Datenobjekte und zur

- Festlegung der anwendbaren Operatoren und deren Wirkung.

Das Datenmodell ist somit analog zu einer Programmiersprache: Es legt die generischen Strukturen und Operatoren fest, die man zur Modellierung einer bestimmten Anwendung ausnutzen kann. Eine Programmiersprache legt die Typkonstruktoren und Sprachkonstrukte fest, mit deren Hilfe man spezifische Anwendungsprogramme realisiert.

Das Datenmodell besteht demnach aus zwei Teilsprachen:

1. der *Datendefinitionssprache* (engl. *Data Definition Language*, DDL) und

2. der *Datenmanipulationssprache* (engl. *Data Manipulation Language*, DML).

Die DDL wird benutzt, um die Struktur der abzuspeichernden Datenobjekte zu beschreiben. Dabei werden gleichartige Datenobjekte durch ein gemeinsames Schema (analog zu einem Datentyp in Programmiersprachen) beschrieben. Die Strukturbeschreibung aller Datenobjekte des betrachteten Anwendungsbereichs nennt man das *Datenbankschema*.

Die Datenmanipulationssprache (DML) besteht aus

- der *Anfragesprache* (engl. *Query Language*) und

- der „eigentlichen" Datenmanipulationssprache zur Änderung von abgespeicherten Datenobjekten, zum Einfügen von Daten und zum Löschen von gespeicherten Daten.

Die DML (einschließlich der Anfragesprache) kann in zwei unterschiedlichen Arten genutzt werden:

- *interaktiv*, indem DML-Kommandos direkt am Arbeitsplatzrechner (oder Terminal) eingegeben werden, oder

- in einem Programm einer höheren Programmiersprache, das „eingebettete" DML-Kommandos enthält.

1.5 Datenbankschema und Ausprägung

Man muß sehr klar zwischen *Datenbankschema* und *Datenbankausprägung* unterscheiden: Das Datenbankschema legt die Struktur[1] der abspeicherbaren Datenobjekte fest. Das Schema sagt also noch nichts über die individuellen Datenobjekte aus. Deshalb kann man das Datenbankschema auch als *Metadaten* – also Daten über Daten – verstehen.

Unter der Datenbankausprägung versteht man demgegenüber den momentan gültigen (also abgespeicherten) Zustand der Datenbasis. Die Datenbankausprägung muß also den im Schema festgelegten Strukturbeschreibungen „gehorchen". Manchmal spricht man in diesem Zusammenhang auch von der *intensionalen* (Schema) und der *extensionalen* (Ausprägung) Ebene einer Datenbank.

Im allgemeinen geht man davon aus, daß sich das einmal festgelegte Datenbankschema sehr selten ändert, wohingegen die Datenbankausprägung einer laufenden Modifikation unterliegt. Man denke etwa an ein Flugbuchungssystem: Jede Reservierung entspricht einer Änderung der Datenbankausprägung. Änderungen am Schema werden oft auch als „Schemaevolution" bezeichnet. Man beachte, daß Schemaänderungen schwerwiegende Folgen haben können: Die bereits abgespeicherten Datenobjekte können nach einer Schemaänderung eine – gemäß dem neuen Datenbankschema – inkonsistente Struktur aufweisen.

1.6 Einordnung der Datenmodelle

In Abbildung 1.2 sind die grundlegendsten Phasen der Datenmodellierung gezeigt – in Kapitel 2 werden wir detaillierter darauf eingehen.

1.6.1 Modelle des konzeptuellen Entwurfs

Man beginnt beim Datenbankentwurf mit der Abgrenzung eines Teils der „realen Welt", um den Ausschnitt (die sogenannte *Miniwelt*) zu bestimmen, der in der Datenbank modelliert werden soll. Diese Miniwelt wird dann konzeptuell modelliert. Für diese Aufgabe der konzeptuellen Modellierung gibt es mehrere mögliche Datenmodelle:

- Entity-Relationship-Modell, manchmal auch Gegenstand-Beziehungs-Modell genannt,

- semantisches Datenmodell,

---

[1]Im objektorientierten Datenmodell legt das Schema zusätzlich auch das Verhalten (also die Operationen) der Datenobjekte fest.

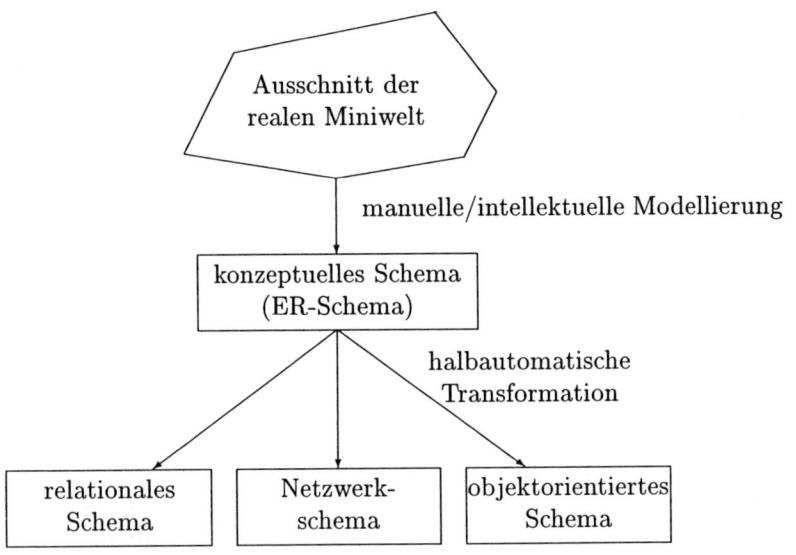

Abb. 1.2: Übersicht der Datenmodellierung

- funktionales Datenmodell,

- objektorientierte Entwurfsmodelle (siehe Kapitel 13).

Das mit Abstand am häufigsten benutzte Modell für den konzeptuellen Entwurf ist das Entity-Relationship-Modell. Folglich werden wir uns im nächsten Kapitel detaillierter damit beschäftigen. In der konzeptuellen Entwurfsphase werden die in der realen Welt vorkommenden Konzepte in Gegenstandsmengen und Beziehungen zwischen diesen Gegenstandsmengen strukturiert.

Abbildung 1.3 zeigt diese „intellektuelle" Aufgabe für einen ganz kleinen Ausschnitt der Universitätswelt. Es werden die Gegenstandsmengen *Studenten*, *Professoren* und *Vorlesungen* ermittelt. Weiterhin werden die Beziehungen *hören* (zwischen *Vorlesungen* und *Studenten*) und *lesen* (zwischen *Vorlesungen* und *Professoren*) bestimmt. Der untere Teil der Abbildung stellt jetzt schon ein (stark vereinfachtes) konzeptuelles Schema in der graphischen Beschreibungssprache des Entity-Relationship-Modells dar.

Die konzeptuellen Datenmodelle verfügen im allgemeinen nur über eine DDL und haben keine Datenmanipulationssprache, da sie nur die Struktur der Daten beschreiben. Sie verzichten auf die Abbildung von individuellen Datenobjekten, d.h. es werden keine Datenbankausprägungen erzeugt. Deshalb benötigen sie natürlich auch keine Datenmodifikationssprache (DML).

1.6.2   Logische (Implementations-)Datenmodelle

Das konzeptuelle Schema ist aber in dieser Form meist nicht als Implementationsschema geeignet. Die Datenmodelle für den konzeptuellen Entwurf sind i.a. reine Beschreibungsmodelle mit graphischer Notation und sehr reichhaltigen Modellie-

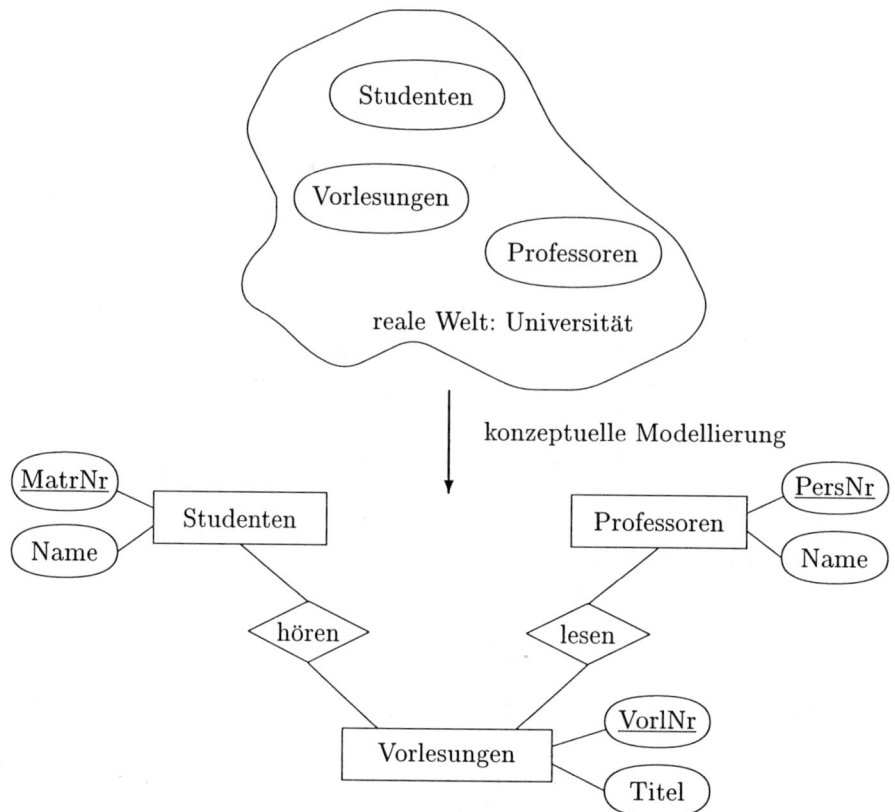

Abb. 1.3: Konzeptuelle Modellierung einer (sehr kleinen) Beispielanwendung

rungskonstrukten, um die Gesetzmäßigkeiten der realen Welt möglichst anschaulich abbilden zu können.

Die logische Ebene eines Datenbankverwaltungssystems wird von einem der folgenden Datenmodelle gebildet:

- Netzwerkmodell,

- hierarchisches Datenmodell,

- relationales Datenmodell (Kapitel 3),

- objektorientiertes Datenmodell (Kapitel 13),

- deduktives Datenmodell (Kapitel 14).

Die beiden erstgenannten Datenmodelle – das Netzwerk- und das hierarchische Datenmodell – werden oft als *satzorientierte* Datenmodelle zusammengefaßt. Sie haben heute fast nur noch historische Bedeutung: Es gibt aber etliche Altinstallationen von Datenbanksystemen, die noch auf diesen Datenmodellen basieren. Eine Transition zu einem „modernen" Datenmodell ist natürlich mit hohen Kosten verbunden, da die installierten Datenbanken i.a. enorme Volumen angenommen haben. Brodie und Stonebraker (1995) behandeln dieses Problem der „legacy systems" – frei übersetzt: Altlasten. Datenbankverwaltungssysteme, die noch auf diesen satzorientierten Datenmodellen beruhen, sind beispielsweise *IMS* von IBM basierend auf dem hierarchischen Modell und *UDS* von Siemens basierend auf dem Netzwerkmodell.

Die relationalen Datenbanksysteme sind heute marktbeherrschend und bilden folglich den Schwerpunkt in diesem Buch. Wir haben aber auch den deduktiven und den objektorientierten Datenbanken je ein Kapitel gewidmet. Das deduktive Datenmodell stellt eine Erweiterung des relationalen Modells um eine Regel- oder Deduktionskomponente dar. Formal gesehen basiert das Modell auf der Logik erster Stufe und wird deshalb manchmal auch Logik-Datenmodell genannt. Die objektorientierten Datenbanksysteme werden heute vielfach als die nächste Generation der Datenbanktechnologie angesehen. Um dieser Herausforderung zu begegnen, haben die Hersteller relationaler Systeme versucht, einige Konzepte des objektorientierten Datenmodells ins relationale Modell zu übertragen. Aus diesem Grund kann man davon ausgehen, daß die Datenbanksysteme der nächsten Generation objektorientierte Modellierungskonstrukte beinhalten – es bleibt abzuwarten, ob sie dann objektrelationale (erweiterte relationale) Modelle oder „reine" Objektmodelle sind.

Wir wollen hier noch kurz die relationale Darstellung eines Teils unseres konzeptuellen Universitäts-Schemas (Abbildung 1.3) zeigen. Nachfolgend sind die drei Relationen *Studenten*, *hören* und *Vorlesungen* gezeigt:

Studenten			hören			Vorlesungen	
MatrNr	Name		MatrNr	VorlNr		VorlNr	Titel
26120	Fichte		25403	5022		5001	Grundzüge
25403	Jonas		26120	5001		5022	Glaube und Wissen
...	...		...	...		...	...

Relationen kann man sich als „flache" *Tabellen* (engl. *table*) vorstellen. Die Zeilen entsprechen den Datenobjekten der realen Welt – hier also *Studenten* und *Vorlesungen*. Die Spalten geben die Eigenschaften der Datenobjekte an – z.B. die *MatrNr* (Matrikelnummer) und den *Namen* der Studenten. Die Relation *hören* nimmt eine gewisse Sonderstellung ein: Sie modelliert die Beziehung zwischen *Studenten* und *Vorlesungen*. Die Zeile [25403, 5022] gibt dabei zum Beispiel an, daß der Student namens „Jonas" mit der *MatrNr* 25403 als Hörer an der Vorlesung mit dem Titel „Glaube und Wissen" und der *VorlNr* (Vorlesungsnummer) 5022 teilnimmt.

Diese Tabellen stellen die logische Sicht der Datenbankbenutzer dar. Es gibt eine standardisierte DML namens SQL für die Manipulation und Abfrage dieser Tabellen. Wir wollen dem Leser hier anhand zweier Beispiele nur einen kleinen „Vorgeschmack" auf diese Sprache geben – ohne sie an dieser Stelle schon genauer zu erläutern. Als erstes wollen wir die Namen der Studenten ermitteln, die an der Vorlesung „Grundzüge" teilnehmen:

```
select Name
from Studenten, hören, Vorlesungen
where Studenten.MatrNr = hören.MatrNr and
      hören.VorlNr = Vorlesungen.VorlNr and
      Vorlesungen.Titel = 'Grundzüge';
```

Bei dieser Anfrage werden die Inhalte der Relationen *Studenten, hören* und *Vorlesungen* kombiniert (verknüpft), um die gewünschte Information aus der Datenbank zu extrahieren. Für eine genauere Erläuterung verweisen wir auf Kapitel 4.

Im nächsten Beispiel wollen wir den Titel der Vorlesung mit der *VorlNr* 5001 in „Grundzüge der Logik" ändern:

update Vorlesungen
    set Titel = 'Grundzüge der Logik'
    where VorlNr = 5001;

In der **where**-Klausel wird also die zu ändernde Zeile bestimmt und in der **set**-Klausel wird der neue Wert der *Titel*-Spalte angegeben. Man kann in SQL auch mehrere Zeilen und/oder Spalten gleichzeitig ändern.

Wir sollten hier nochmals den Zusammenhang zwischen Datenbank-Schema und -Ausprägung betonen. Die Zeilen der Relationen stellen die Datenbankausprägung dar, die dem momentanen Zustand der Datenbasis entspricht. Die Struktur der Tabellen – also die Anzahl der Spalten, die Benennung der Spalten, die zulässigen Wertemengen für die Spalten, etc. – stellt das Datenbankschema dar, das nur sehr selten (wenn überhaupt) geändert wird.

1.7 Architekturübersicht eines DBMS

Abbildung 1.4 zeigt eine stark vereinfachte Darstellung der Architektur eines Datenbankverwaltungssystems. Im oberen Bereich befindet sich die Benutzerschnittstelle. Je nach Erfahrung und Verantwortlichkeit greifen unterschiedliche Benutzergruppen auf unterschiedliche Schnittstellen zu:

- Für häufig erledigte und immer ähnliche Aufgaben werden speziell abgestimmte Anwendungsprogramme zur Verfügung gestellt. Diese Anwendungsprogramme sind leichter zu erlernen und effizienter zu bedienen als eine komplette Anfragesprache. Oft sind diese Anwendungssysteme über eine menu-gesteuerte Benutzerschnittstelle ausführbar – man denke etwa an ein Flugreservierungssystem, das von den Angestellten eines Reisebüros bedient wird.

- Fortgeschrittene Benutzer mit ständig wechselnden Aufgaben haben die Möglichkeit, interaktiv Anfragen in einer flexiblen Anfragesprache (wie SQL) einzugeben.

- Anwendungsprogrammierer können durch „Einbettung" von Elementen der Anfragesprache in eine Programmiersprache besonders komplexe Datenverarbeitungsanforderungen erfüllen oder weniger geschulten Benutzern einfach zu bedienende Anwendungsprogramme zur Verfügung stellen. Dieser Mechanismus wird in Kapitel 4 besprochen.

- Die Schnittstelle für die Datenbankadministration ermöglicht unter anderem die Manipulation des Schemas und das Anlegen von Benutzerkennungen.

Anforderungen von Daten durch die Benutzer werden zunächst vom DML-Compiler untersucht und in eine für die Anfragebearbeitung verständliche Form gebracht.

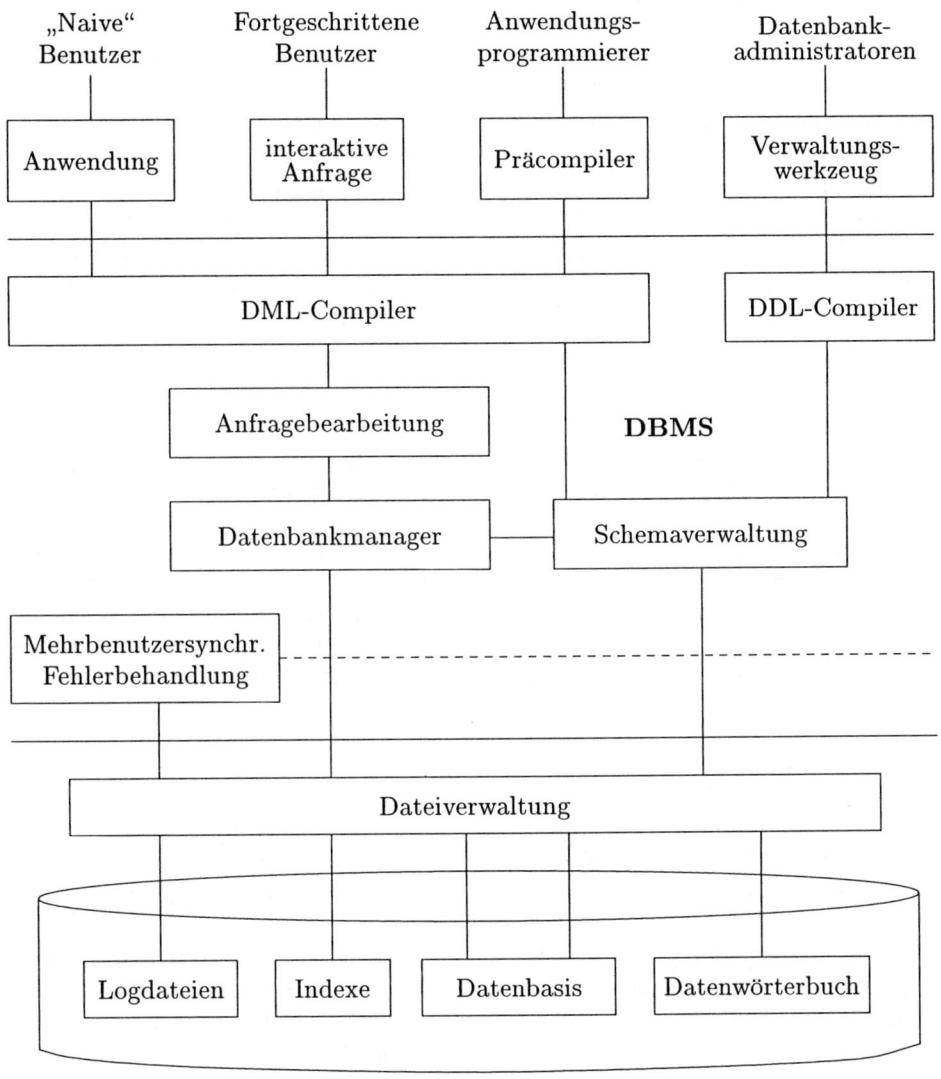

Hintergrundspeicher

Abb. 1.4: Architekturübersicht eines DBMS

Die Anfragebearbeitung (siehe Kapitel 8) untersucht, wie die Anforderung effizient erfüllt werden kann und wandelt sie in Unterprogrammaufrufe des Datenbankmanagers um. Der Datenbankmanager ist das Kernstück des DBMS: Hier werden die Anfragen ausgeführt. Er bildet die Schnittstelle zur Dateiverwaltung.

Schemamanipulationen durch den DBA werden vom DDL-Compiler analysiert und in Metadaten übersetzt. Diese Metadaten werden von der Schemaverwaltung verarbeitet und im sogenannten Datenwörterbuch gespeichert.

Das für die Mehrbenutzersynchronisation und für die Fehlerbehandlung zuständige Modul (siehe Kapitel 9 bis Kapitel 11) verhindert die Zerstörung von Daten und ist für das Anlegen von Archivkopien und Protokollinformationen zuständig.

1.8   Übungen

1.1   In Abschnitt 1.1 haben wir davon gesprochen, daß unkontrollierte Redundanz unerwünscht ist. Können Sie sich eine sinnvolle Einsatzmöglichkeit für eine durch das DBMS kontrollierte Redundanz vorstellen?

1.2   In einer Universität soll ein DBMS eingesetzt werden. Überlegen Sie sich, welche Daten in einer Universität anfallen, welche Benutzergruppen es gibt und welche Anwendungsprogramme sinnvoll wären. Wie würde die notwendige Funktionalität ohne DBMS realisiert werden? Untersuchen Sie an konkreten Beispielen die in diesem Kapitel beschriebenen Probleme.

1.9   Literatur

Die meisten einführenden Bücher über Datenbanksysteme sind englischsprachig – eine Ausnahme bildet das sehr umfangreiche Buch von Vossen (1994). Ein weiteres deutschsprachiges Buch ist von Schlageter und Stucky (1983), das aber mittlerweile etwas „in die Jahre gekommen ist". Neumann (1996) und Kleinschmidt und Rank (1997) haben sehr praxisnahe Bücher über die relationale Datenbankanwendung verfaßt. Lockemann, Krüger und Krumm (1993) versuchen, in einer Einführungsveranstaltung die grundlegenden Konzepte aus dem Datenbank- und dem Telekommunikationsbereich zu vereinen. Das Buch von Biskup (1995) hat einen etwas stärkeren theoretischen „Touch". Heuer und Saake (1995) betonen den Datenmodellierungsaspekt stärker. Das Buch von Silberschatz, Korth und Sudarshan (1997) kommt vom Lehrinhalt diesem Buch am nächsten. Die beiden Bücher von Ullman [Ullman (1988); Ullman (1989)] haben einen stärkeren theoretischen „Einschlag" – insbesondere wird das deduktive Datenmodell sehr ausführlich behandelt. Das sehr pragmatische Buch von Date (1995) ist schon fast ein Klassiker; es ist mittlerweile schon in der sechsten Auflage erschienen. Das Buch von Elmasri und Navathe (1994) ist sehr umfangreich und detailliert. Allen Lesern, die sich intensiver mit der Datenbankforschung auseinandersetzen möchten, sei der hervorragende Bibliographieserver von M. Ley (`http://www.informatik.uni-trier.de/~ley/db/index.html`) in Trier empfohlen.

2. Datenbankentwurf

Der konzeptuell „saubere" Entwurf sollte die Voraussetzung aller Datenbankanwendungen sein. An dieser Stelle sei eindringlich davor gewarnt, den Datenbankentwurf unvollständig oder nicht mit der notwendigen Systematik durchzuführen. Derartige Versäumnisse rächen sich in späteren Phasen des Datenbankeinsatzes und sind dann oftmals nicht mehr zu korrigieren, weil viele andere Entwurfsentscheidungen (z.B. der Entwurf von Anwendungsprogrammen) davon abhängig sind. Es gibt die Faustregel, daß ein Fehler, der in der Anforderungsanalyse noch mit Kosten von 1 DM zu korrigieren ist, in der Entwurfsphase schon 10 DM und in der Realisierungsphase schon 100 DM Kosten verursacht. Wird der Fehler erst im Einsatz aufgedeckt, sind die Kosten für dessen Behebung nochmals Größenordnungen höher.

2.1 Abstraktionsebenen des Datenbankentwurfs

Beim Entwurf einer Datenbankanwendung kann man drei Abstraktionsebenen unterscheiden:

1. konzeptuelle Ebene,

2. Implementationsebene,

3. physische Ebene.

Die konzeptuelle Ebene dient dazu, den projektierten Anwendungsbereich zu strukturieren. Diese Ebene wird unabhängig von dem zum Einsatz kommenden Datenbanksystem modelliert, und es sollte auch nur die Anwendersicht (im Gegensatz zur Realisierungssicht) modelliert werden. Wir werden später in diesem Kapitel das *Entity-Relationship-Modell* (Gegenstand-Beziehungs-Modell) kennenlernen, das für den konzeptuellen Entwurf eingesetzt wird. In diesem Modell werden Gegenstände zu Gegenstandsmengen und Beziehungen zwischen den Gegenständen zu Beziehungstypen abstrahiert. Weiterhin werden den Gegenstandstypen und den Beziehungstypen Attribute zugeordnet.

Auf der Implementationsebene wird die Datenbankanwendung in den Konzepten (d.h. in dem Datenmodell) des zum Einsatz kommenden Datenbanksystems modelliert. Beim relationalen Datenmodell hat man es hierbei mit Relationen, Tupeln und Attributen zu tun.

Die „niedrigste" Abstraktionsebene behandelt den physischen Entwurf. Hierbei geht es primär darum, die Leistungsfähigkeit (engl. performance) der Datenbankanwendungen zu erhöhen. Die im physischen Entwurf zu betrachtenden Strukturen sind z.B. Datenblöcke (Seiten), Zeiger und Indexstrukturen. Es ist eine tiefgehende Kenntnis des eingesetzten Datenbanksystems, des zugrundeliegenden Betriebssystems und sogar der Hardware erforderlich.

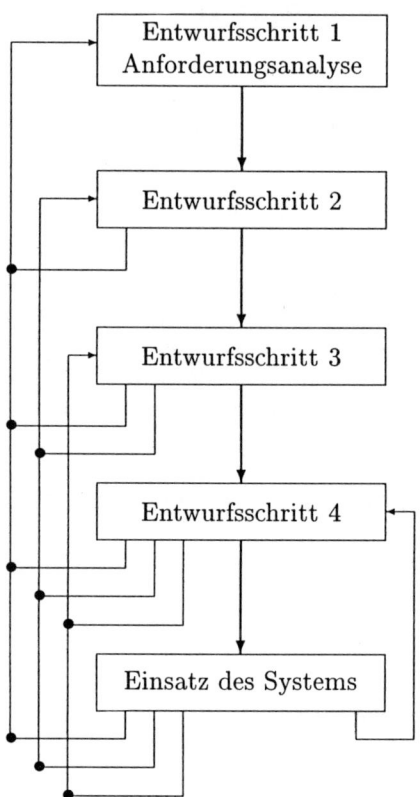

Abb. 2.1: Allgemeine „top-down"-Entwurfsmethodik

2.2   Allgemeine Entwurfsmethodik

In diesem Abschnitt soll eine *Entwurfsmethodik* (oft auch *Entwurfsmethodologie* genannt) vorgestellt werden, die allgemeingültigen Charakter hat. Diese Methodik ist also geeignet, den Datenbankentwurf unterschiedlichster Anwendungsbereiche systematisch durchzuführen. Um die Komplexität beherrschbar zu machen, wird der Entwurf in mehreren aufeinander aufbauenden Schritten durchgeführt. Es handelt sich hierbei also um eine „top-down"-Vorgehensweise.

Die Systematik ist in Abbildung 2.1 skizziert. Im ersten Schritt, der Anforderungsanalyse, wird das Pflichtenheft (bzw. die Anforderungsspezifikation) erstellt. Hierauf bauen die nachfolgenden Schritte auf. Wichtig ist, daß der gesamte Entwurfsprozeß konsistent gehalten wird. Das bedeutet, daß in nachfolgenden Entwurfsschritten vollzogene Änderungen – aufgrund geänderter Randbedingungen oder neu gewonnener Erkenntnisse – in den vorangehenden Schritten (d.h. den dort erzeugten Dokumenten) nachvollzogen werden. Dies ist in der Abbildung durch die nach oben (rück-) gerichteten Pfeile dargestellt.

Der letzte Schritt in diesem Diagramm – Einsatz des Systems – besteht aus der Überwachung (engl. Monitoring) des laufenden Systems, um daraus Rückschlüsse auf eventuell notwendige Änderungen (Adaptionen) ziehen zu können.

2.3 Die Datenbankentwurfsschritte

Die oben vorgestellte abstrakte „top-down"-Entwurfsmethodik wird nun auf den Lebenszyklus eines Datenbankentwurfs zugeschnitten. Der Datenbankentwurf orientiert sich an den in Abschnitt 2.1 beschriebenen Abstraktionsebenen einer Datenbankanwendung. Wie in jeder systematischen Entwurfsmethodik beginnt man auch im Datenbankentwurf mit der *Anforderungsanalyse*. Das dabei erstellte Entwurfsdokument nennt man *Anforderungsspezifikation* oder auch *Pflichtenheft*. In der Anforderungsanalyse müssen zum einen die Informationsanforderungen der zu modellierenden Welt (bzw. des relevanten Ausschnitts der realen Welt – auch Miniwelt genannt) und zum anderen die Datenverarbeitungsvorgänge berücksichtigt werden. Eine sorgfältig ausgeführte Anforderungsanalyse, die in enger Zusammenarbeit mit den projektierten Anwendern des Systems ausgeführt wird, ist die Grundvoraussetzung für die spätere Akzeptanz der Datenbankanwendung.

Anschließend – nach Fertigstellung der Anforderungsspezifikation – erfolgt der *konzeptuelle Entwurf*. In diesem Entwurfsschritt wird die Informationsstruktur auf einer konzeptuellen, d.h. anwenderorientierten Ebene festgelegt. Das am häufigsten für den konzeptuellen Entwurf verwendete Datenmodell ist das Entity-Relationship-Modell.

Als Ausgabe des konzeptuellen Entwurfs erhält man dann die Informationsstrukturbeschreibung in der Form eines Entity-Relationship-Schemas (kurz ER-Schema). Es ist wichtig zu betonen, daß dieser Entwurfsschritt noch gänzlich unabhängig vom eingesetzten Datenbanksystem durchgeführt wird. Das Datenmodell des eingesetzten DBMS kommt erst im *Implementationsentwurf* zum Tragen. Dabei wird das ER-Schema in ein entsprechendes Implementationsschema – oft auch logische Datenbankstruktur genannt – überführt. Beim Implementationsentwurf müssen aber auch die Datenverarbeitungsanforderungen berücksichtigt werden, um ein geeignetes Datenbankschema erstellen zu können.

Der letzte Schritt des Datenbankentwurfs, der *physische Entwurf*, verfolgt das Ziel der Effizienzsteigerung – ohne dabei die logische Struktur der Daten zu verändern. Für den physischen Entwurf ist eine detaillierte Kenntnis des zugrundeliegenden Datenbanksystems, aber auch der Hard- und Software (z.B. des Betriebssystems), auf der das DBMS installiert ist, notwendig.

Die Abfolge und der Zusammenhang dieser Entwurfsschritte ist graphisch in Abbildung 2.2 gezeigt.

2.4 Die Anforderungsanalyse

Das Ziel dieses Abschnitts besteht darin, ein „rezeptartiges" Vorgehen für die Erstellung der *Anforderungsspezifikation* vorzustellen. Die Anforderungsanalyse muß in intensiver Diskussion mit den vorgesehenen Anwendern des Datenbanksystems durchgeführt werden – nur so kann man sich (halbwegs) vor bösen Überraschungen bei der späteren Installation der Datenbankanwendung schützen.

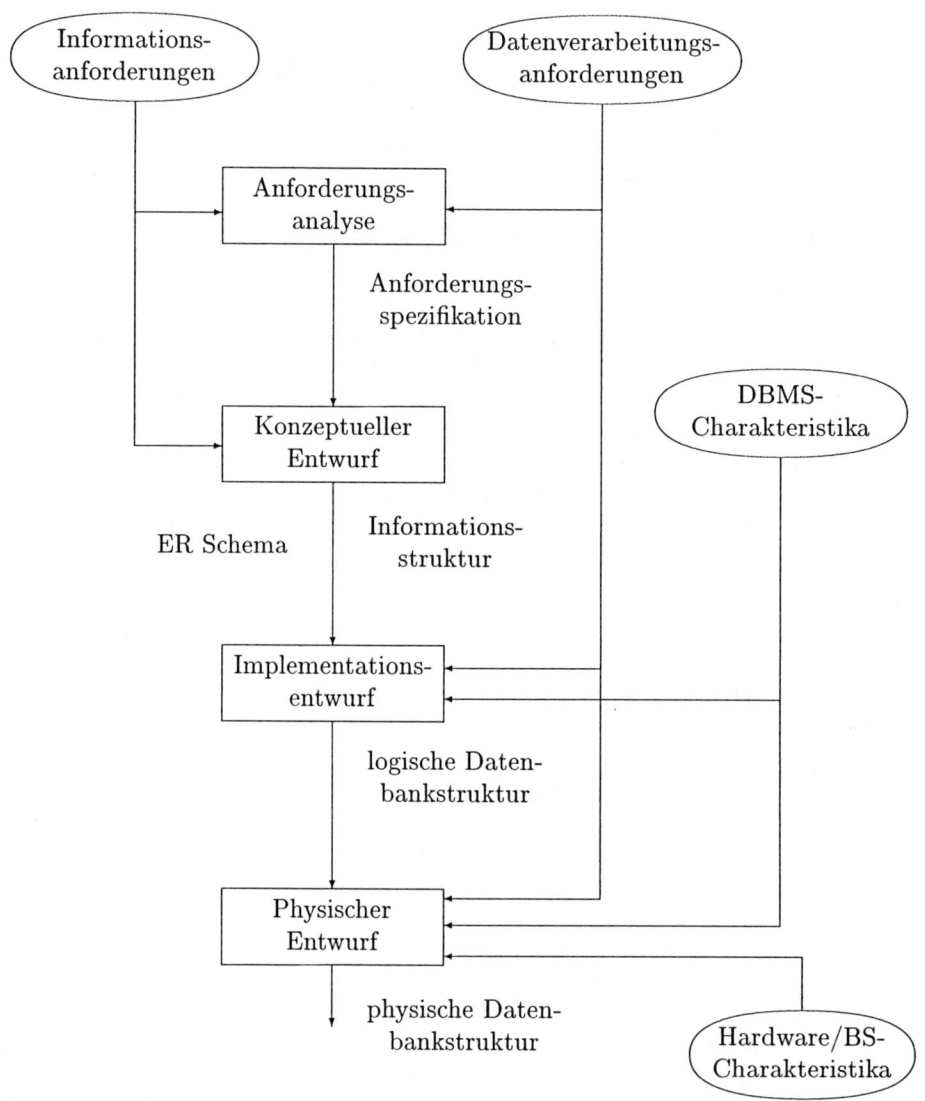

Abb. 2.2: Die Phasen des Datenbankentwurfs

Die Aufgabe der Anforderungsanalyse besteht darin, die durch Gespräche mit den zukünftigen Anwendern gewonnene Information in einem strukturierten Dokument festzuhalten. Ein mögliches Vorgehen kann wie folgt skizziert werden:

1. Identifikation von Organisationseinheiten,

2. Identifikation der zu unterstützenden Aufgaben,

3. Anforderungs-Sammelplan: Ermittlung der zu befragenden Personen,

4. Anforderungs-Sammlung,

5. Filterung: Gesammelte Information auf Verständlichkeit und Eindeutigkeit überprüfen,

6. Satzklassifikationen: Information wird Objekten, Beziehungen zwischen Objekten, Operationen und Ereignissen zugeordnet,

7. Formalisierung bzw. Systematisierung: Übertragung auf Verzeichnisse, die in ihrer Gesamtheit das Pflichtenheft repräsentieren.

Die Schritte 1. und 2. dienen dazu, den Anwendungsbereich abzugrenzen. In den Schritten 3. bis 6. werden vom Datenbankdesigner systematisch Informationen über das abgegrenzte Anwendungsgebiet gesammelt. Der Schritt 7. resultiert letztendlich in einem Pflichtenheft, das nach der Beschreibung der Informationsstrukturanforderungen und der Datenverarbeitungsanforderungen gegliedert sein sollte.

2.4.1 Informationsstrukturanforderungen

Für diese Beschreibung hat sich in der Praxis eine formularähnliche Gliederung bewährt, die natürlich – allein schon der Modifizierbarkeit wegen – in maschinenlesbarer Form auf dem Rechner vorliegen sollte. Bestandteile dieser Beschreibung sind

- *Objekte*, die schon zu Objekttypen abstrahiert werden sollten,

- *Attribute*, die diese Objekte beschreiben bzw. identifizieren,

- *Beziehungen* zwischen den Objekten, die auch schon zu Beziehungstypen abstrahiert werden sollten.

Die Objekt- und Attributbeschreibungen können in einem „Formular" zusammengefaßt werden, das für das Beispiel *Uni-Angestellte* nachfolgend skizziert ist:

- **Objektbeschreibung:** *Uni-Angestellte*

    - Anzahl: 1000
    - Attribute
        * PersonalNummer
            · Typ: char

- · Länge: 9
- · Wertebereich: 0 . . . 999.999.99
- · Anzahl Wiederholungen: 0
- · Definiertheit: 100%
- · Identifizierend: ja
* Gehalt
  - · Typ: dezimal
  - · Länge: (8,2) [1]
  - · Anzahl Wiederholungen: 0
  - · Definiertheit: 90%
  - · Identifizierend: nein
* Rang
  - · . . .
  - · . . .
  - · . . .

Die in der Anforderungsanalyse ermittelten Abschätzungen hinsichtlich Anzahl und Größe der Objekte bzw. der darin enthaltenen Attribute dienen dazu, schon frühzeitig das später anfallende Datenvolumen abzuschätzen. Bei den Attributbeschreibungen sollte schon der Wertebereich festgelegt werden, der Speicherbedarf *(Länge)*, die Anzahl der Wiederholungen (z.B. haben Personen oft 2 Adressen), die Wahrscheinlichkeit, daß das Attribut überhaupt mit einem Wert belegt sein wird *(Definiertheit)* und ob das Attribut das Objekt eindeutig identifiziert.

Die zwischen den Objekten existierenden Beziehungen sollten in einem ähnlich gestalteten Formular dokumentiert werden. Wiederum möge uns die Universitätswelt als Beispiel dienen. Hier gibt es eine (leidige) Beziehung zwischen *Professoren*, *Studenten* und *Vorlesungen* namens *prüfen*:

- **Beziehungsbeschreibung:** *prüfen*

  - Beteiligte Objekte:
    * Professor als Prüfer
    * Student als Prüfling
    * Vorlesung als Prüfungsstoff
  - Attribute der Beziehung
    * Datum
    * Uhrzeit
    * Note
  - Anzahl: 100 000 (pro Jahr)

Es sollte betont werden, daß die „Formulare" für die Objekt- und Beziehungsbeschreibungen nur Muster darstellen, die den jeweiligen Gegebenheiten angepaßt werden sollten. Wichtig ist jedoch, daß überhaupt ein gut strukturiertes und konsistentes Dokument erstellt wird.

---

[1]achtstellige Dezimalzahl mit zwei Nachkommastellen

2.4.2 Datenverarbeitungsanforderungen

Neben der Informationsstruktur muß in der Anforderungsanalyse natürlich auch der operationale Aspekt – also die Datenverarbeitung – behandelt werden. Es empfiehlt sich, diesen Bereich in Einzelprozesse zu zergliedern, für die dann jeweils separate Anforderungsbeschreibungen erstellt werden. Genau wie für die Informationsstrukturbeschreibung, hat sich auch hierfür eine strukturierte Dokumentation in der Praxis bewährt. Wir demonstrieren dies am Beispiel der Zeugnisausstellung:

- **Prozeßbeschreibung:** *Zeugnisausstellung*

  - Häufigkeit: halbjährlich
  - benötigte Daten
    * Prüfungen
    * Studienordnungen
    * Studenteninformation
    * ...
  - Priorität: hoch
  - zu verarbeitende Datenmenge
    * 500 Studenten
    * 3000 Prüfungen
    * 10 Studienordnungen

Wenn dies geeignet erscheint, kann man natürlich andere, anwendungsspezifischere „Formulare" entwerfen. Die Formulare müssen auf jeden Fall so gestaltet sein, daß man sie als Diskussionsgrundlage mit den zukünftigen Anwendern verwenden kann.

2.5 Grundlagen des Entity-Relationship-Modells

Wie der Name schon sagt, sind die grundlegendsten Modellierungsstrukturen dieses Modells die *Entities* (Gegenstände) und die *Relationships* (Beziehungen) zwischen den Entities. Zusätzlich „kennt" das Entity-Relationship-Modell (kurz ER-Modell genannt) noch *Attribute* und *Rollen*.

Gegenstände (bzw. Entities) sind wohlunterscheidbare physisch oder gedanklich existierende Konzepte der zu modellierenden Welt. Man abstrahiert ähnliche Gegenstände zu Gegenstandstypen (Entitytypen oder Entitymengen), die man graphisch als Rechtecke darstellt, wobei der Name des Entitytyps innerhalb des Rechtecks angegeben wird.

Beziehungen werden auf analoge Weise zu Beziehungstypen zwischen den Gegenstandstypen abstrahiert. Die Beziehungstypen werden als Rauten mit entsprechender Beschriftung repräsentiert. Die Rauten werden mit den beteiligten Gegenstandstypen über ungerichtete Kanten verbunden.

Im folgenden werden wir oft die Unterscheidung zwischen Gegenständen und den Gegenstandstypen, bzw. zwischen Beziehungen und Beziehungstypen, vernachlässigen. Aus dem Kontext dürfte immer leicht ersichtlich sein, was gemeint ist.

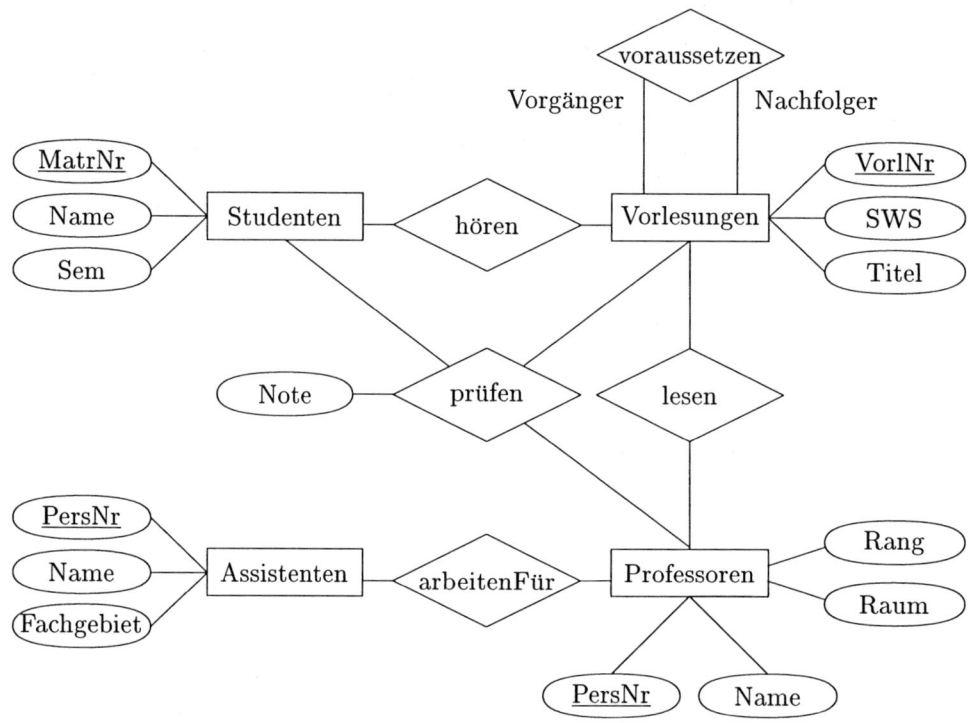

Abb. 2.3: Ein konzeptuelles Universitätsschema

Beispiele für Gegenstandstypen in der Universitätswelt sind *Studenten, Vorlesungen, Professoren* und *Assistenten.* Beziehungen zwischen diesen Entitytypen sind z.B. *hören* (zwischen *Studenten* und *Vorlesungen*) und *prüfen* (zwischen *Professoren, Vorlesungen* und *Studenten*).

Attribute dienen dazu, Gegenstände bzw. Beziehungen zu charakterisieren. Folglich werden Attribute, die durch Kreise oder Ovale graphisch beschrieben werden, den Rechtecken (für Gegenstandstypen) bzw. den Rauten (für Beziehungstypen) durch verbindende Kanten zugeordnet.

In dem in Abbildung 2.3 gezeigten ER-Schema gibt es vier Gegenstandstypen (*Studenten, Vorlesungen, Professoren, Assistenten*) und fünf Beziehungstypen (*hören, prüfen, voraussetzen, arbeitenFür, lesen*). Den Gegenstandstypen sind jeweils ein identifizierendes Attribut als Schlüssel und noch weitere beschreibende Attribute zugeordnet. Zum Beispiel werden *Studenten* durch die *MatrNr* (Matrikelnummer) eindeutig identifiziert; wohingegen der *Name* bzw. das *Semester* als weitere Attribute angegeben sind, die aber i.a. einen Studenten nicht eindeutig identifizieren, sondern nur zur (detaillierteren) Beschreibung dienen.

Die Beziehungen *hören, lesen* und *arbeitenFür* sind *binäre* Beziehungen zwischen zwei unterschiedlichen Entitytypen. Auch die Beziehung *voraussetzen* ist binär, aber es ist nur ein Entitytyp beteiligt. In diesem Fall spricht man von einer *rekursiven* Beziehung. Weiterhin wurden in der Beschreibung der Beziehung *voraussetzen* Rollen zugeordnet, nämlich *Vorgänger* und *Nachfolger*. Dadurch wird die Rolle eines Gegenstandes in dieser Beziehung dokumentiert, d.h. in diesem Fall legen die Rollen fest, ob die betreffende Vorlesung als Nachfolger auf der anderen Vorlesung aufbaut oder umgekehrt. Rollen werden als Text an die jeweiligen „Ausgänge" (Kanten) der Beziehungsraute geschrieben.

2.6 Schlüssel

Eine minimale Menge von Attributen, deren Werte das zugeordnete Entity eindeutig innerhalb aller Entities seines Typs identifiziert, nennt man *Schlüssel*. Sehr oft gibt es einzelne Attribute, die als Schlüssel „künstlich" eingebaut werden, wie z.B. Personalnummer (*PersNr*), Vorlesungsnummer (*VorlNr*), etc. Schlüsselattribute werden durch Unterstreichung (manchmal auch durch doppelt gezeichnete Kreise bzw. Ovale) gekennzeichnet.

Manchmal gibt es auch zwei unterschiedliche Schlüsselkandidaten: Dann wählt man einen dieser Kandidaten-Schlüssel als Primärschlüssel aus.

2.7 Charakterisierung von Beziehungstypen

Ein Beziehungstyp R zwischen den Entitytypen E_1, E_2, ..., E_n kann als Relation im mathematischen Sinn angesehen werden. Demnach stellt die Ausprägung der Beziehung R eine Teilmenge des kartesischen Produkts der an der Beziehung beteiligten Entitytypen dar. Also gilt:

$$R \subseteq E_1 \times E_2 \times \cdots \times E_n$$

In diesem Fall bezeichnet man n als den Grad der Beziehung R – die in der Praxis mit Abstand am häufigsten vorkommenden Beziehungstypen sind *binär*.

Ein Element $(e_1, e_2, \ldots, e_n) \in R$ nennt man eine Instanz des Beziehungstyps, wobei $e_i \in E_i$ für alle $1 \leq i \leq n$ gelten muß. Eine solche Instanz ist also ein Tupel aus dem kartesischen Produkt $E_1 \times E_2 \times \cdots \times E_n$.

Man kann jetzt auch den Begriff der Rolle etwas formaler fassen. Dazu veranschaulichen wir uns nochmals die Beziehung *voraussetzen* aus unserem Beispielschema (siehe Abbildung 2.3). Gemäß dem oben skizzierten Formalismus gilt:

$$\text{voraussetzen} \subseteq \text{Vorlesungen} \times \text{Vorlesungen}$$

Um einzelne Instanzen $(v_1, v_2) \in$ *voraussetzen* genauer zu charakterisieren, wird die jeweilige Rolle, nämlich (*Vorgänger* : v_1, *Nachfolger* : v_2), benötigt. Dadurch wird also unmißverständlich festgelegt, daß die Vorlesung v_1 die Voraussetzung für die Vorlesung v_2 darstellt.

2.7.1 Funktionalitäten der Beziehungen

Man kann Beziehungstypen hinsichtlich ihrer *Funktionalität* charakterisieren. Ein binärer Beziehungstyp R zwischen den Entitytypen E_1 und E_2 heißt

- 1:1-*Beziehung*, falls jedem Entity e_1 aus E_1 höchstens ein Entity e_2 aus E_2 zugeordnet ist und umgekehrt jedem Entity e_2 aus E_2 maximal ein Entity e_1 aus E_1 zugeordnet ist. Man beachte, daß es auch Entities aus E_1 (bzw. E_2) geben kann, denen kein „Partner" aus E_2 (bzw. E_1) zugeordnet ist.

  Ein Beispiel einer „realen" 1:1-Beziehung ist *verheiratet* zwischen den Entity-typen *Männer* und *Frauen* – zumindest nach europäischem Recht.

- 1:*N-Beziehung*, falls jedem Entity e_1 aus E_1 beliebig viele (also mehrere oder auch gar keine) Entities aus E_2 zugeordnet sein können, aber jedes Entity e_2 aus der Menge E_2 mit maximal einem Entity aus E_1 in Beziehung stehen kann.

  Ein anschauliches Beispiel für eine 1:*N*-Beziehung ist *beschäftigen* zwischen *Firmen* und *Personen*, wenn wir davon ausgehen, daß eine Firma i.a. mehrere Personen beschäftigt, aber eine Person nur bei einer (oder gar keiner) Firma angestellt ist.

- *N*:1-*Beziehung*, falls analoges zu obigem gilt.

- *N*:*M-Beziehung*, wenn keinerlei Restriktionen gelten müssen, d.h. jedes Enti-ty aus E_1 mit beliebig vielen Entities aus E_2 in Beziehung stehen kann und umgekehrt jedes Entity aus E_2 mit beliebig vielen Entities aus E_1 assoziiert werden darf.

Man beachte, daß die Funktionalitäten Integritätsbedingungen darstellen, die in der zu modellierenden Welt immer gelten müssen. D.h. diese Bedingungen sollen nicht nur im derzeit existierenden Zustand der Miniwelt (rein zufällig) gelten, sondern sie sollen Gesetzmäßigkeiten darstellen, deren Einhaltung erzwungen wird.

Die binären 1:1-, 1:*N*- und *N*:1-Beziehungen kann man auch als *partielle Funktionen* ansehen. Bei einer 1:1-Beziehung R zwischen E_1 und E_2 kann die Funktion sowohl als $R : E_1 \rightarrow E_2$ wie auch als $R^{-1} : E_2 \rightarrow E_1$ gesehen werden.

Bezogen auf unser Beispiel einer 1 : 1-Beziehung haben wir also:

$$\text{Ehemann} : \quad \text{Frauen} \rightarrow \text{Männer}$$
$$\text{Ehefrau} : \quad \text{Männer} \rightarrow \text{Frauen}$$

Bei einer 1:*N*-Beziehung ist die „Richtung" der Funktion zwingend. Die Beziehung *beschäftigen* ist z.B. eine partielle Funktion von *Personen* nach *Firmen*, also:

$$\text{beschäftigen} : \text{Personen} \rightarrow \text{Firmen}$$

Die Funktion geht also von dem „*N*"-Entitytyp zum „1"-Entitytyp. Wir werden später – im Zusammenhang mit der Umsetzung von ER-Schemata in relationale Schemata – nochmals auf diesen wichtigen Punkt zurückkommen. Analoges gilt natürlich wieder für *N*:1-Beziehungen, wobei wiederum die „Richtung" der Funktion zu beachten ist.

Die den 1:1- bzw. 1:*N*-Beziehungen zugeordneten Funktionen sind partiell, weil es Entities aus dem Definitionsbereich geben kann, die gar keine Beziehung eingehen. Für diese Entities ist die Funktion somit nicht definiert.

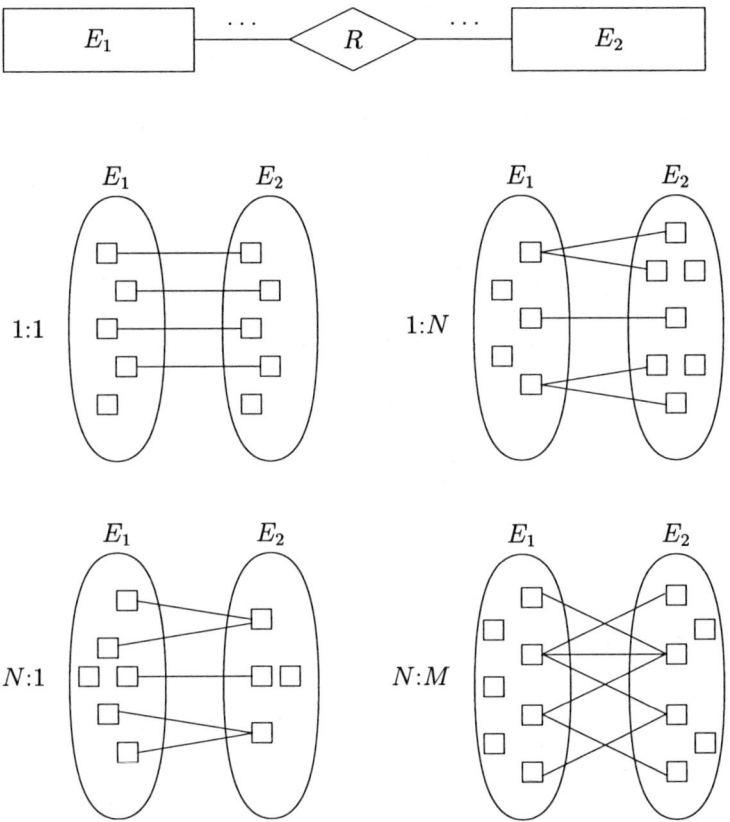

Abb. 2.4: Graphische Veranschaulichung der Funktionalitäten einer binären Beziehung R zwischen E_1 und E_2.

In Abbildung 2.4 sind die oben verbal beschriebenen Funktionalitäten graphisch veranschaulicht. Die Ovale repräsentieren die Entitytypen: das linke den Entitytyp E_1 und das rechte den Entitytyp E_2. Die kleinen Quadrate innerhalb der Ovale stellen die Entities des jeweiligen Typs dar und die die Entities verbindenden Linien repräsentieren jeweils eine Instanz der Beziehung R.

In Abbildung 2.7 (auf Seite 40) sind die Funktionalitäten des konzeptuellen Universitätsschemas eingezeichnet.

2.7.2 Funktionalitätsangaben bei n-stelligen Beziehungen

Die Angabe von Funktionalitäten wurde bisher nur für binäre Beziehungstypen definiert, sie kann aber auf n-stellige Beziehungen erweitert werden. Sei also R eine Beziehung zwischen den Entitymengen $E_1, \ldots, E_n$, wobei die Funktionalität bei der Entitymenge E_k ($1 \leq k \leq n$) mit einer „1" spezifiziert sein soll, bei den anderen Mengen ebenfalls mit „1" oder mit einem in dem Beziehungstyp eindeutigen Buchstaben, der wie vorher „viele" repräsentiert. Dann muß gelten, daß durch R die folgende partielle Funktion vorgegeben wird:

$$R : E_1 \times \ldots \times E_{k-1} \times E_{k+1} \times \ldots \times E_n \to E_k$$

Solche funktionalen Beziehungen müssen dann natürlich für alle Entitymengen von R gelten, die bei der Funktionalitätsangabe ebenfalls mit einer „1" gekennzeichnet sind. Die Leser mögen sich hier vergegenwärtigen, daß die in Abschnitt 2.7.1 vorgestellten Funktionalitäten Spezialfälle der obigen Definition sind.

Als anschauliches Beispiel ist in Abbildung 2.5 die dreistellige Beziehung *betreuen* zwischen den Entitytypen *Studenten*, *Professoren* und *Seminarthemen* mit Kardinalitätsangabe N:1:1 graphisch dargestellt. Gemäß obiger Definition kann man die Beziehung *betreuen* demnach als partielle Funktionen wie folgt auffassen:

$$\text{betreuen} : \text{Professoren} \times \text{Studenten} \quad \to \quad \text{Seminarthemen}$$
$$\text{betreuen} : \text{Seminarthemen} \times \text{Studenten} \quad \to \quad \text{Professoren}$$

Die Kardinalitätsangaben dieses Beispielschemas legen folgende Konsistenzbedingungen fest, die im wesentlichen die Studienordnung unserer Universität darstellen:

1. Studenten dürfen bei demselben Professor bzw. derselben Professorin nur ein Seminarthema „ableisten" (damit ein breites Spektrum abgedeckt wird).

2. Studenten dürfen dasselbe Seminarthema nur einmal bearbeiten – sie dürfen also nicht bei anderen Professoren ein schon einmal erteiltes Seminarthema nochmals bearbeiten.

Es sind aber folgende Datenbankzustände nach wie vor möglich:

- Professoren können dasselbe Seminarthema „wiederverwenden" – also dasselbe Thema auch mehreren Studenten erteilen.

- Ein Thema kann von mehreren Professoren vergeben werden – aber an unterschiedliche Studenten.

In Abbildung 2.6 sind vier legale Ausprägungen der Beziehung *betreuen* – mit b_1, b_2, b_3, b_4 markiert – und zwei illegale Ausprägungen b_5 und b_6 dargestellt. Die Ausprägung b_5 ist illegal, weil Student/in s_1 bei Professor/in p_1 zwei Seminare belegen will. Die Beziehungsausprägung b_6 ist illegal, weil Student/in s_3 – gemäß dem Prinzip des geringsten Aufwands – versucht, dasselbe Thema t_1 zweimal bei unterschiedlichen Professoren p_3 und p_4 zu bearbeiten.

Wir wollen die Angabe von Funktionalitäten jetzt noch für die ternäre Beziehung *prüfen* unseres konzeptuellen Universitätsschemas aus Abbildung 2.7 diskutieren. Studenten sollten daran gehindert werden, dieselben Vorlesungen von unterschiedlichen Professoren prüfen zu lassen. Mit anderen Worten, zu einem Paar aus *Studenten* und *Vorlesungen* soll es maximal einen Professor bzw. eine Professorin als Prüfer geben. Die Beziehung *prüfen* sollte also den Eigenschaften einer partiellen Funktion der folgenden Form genügen:

$$\text{prüfen} : \text{Studenten} \times \text{Vorlesungen} \to \text{Professoren}$$

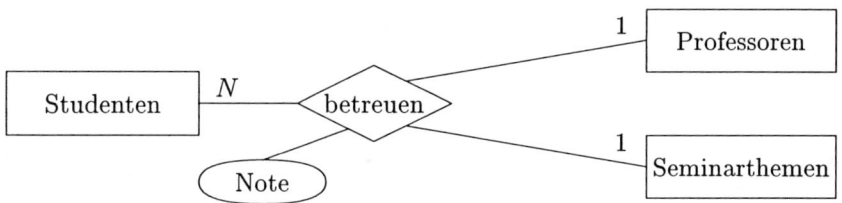

Abb. 2.5: Die Betreuung von Seminarthemen als Entity-Relationship-Diagramm

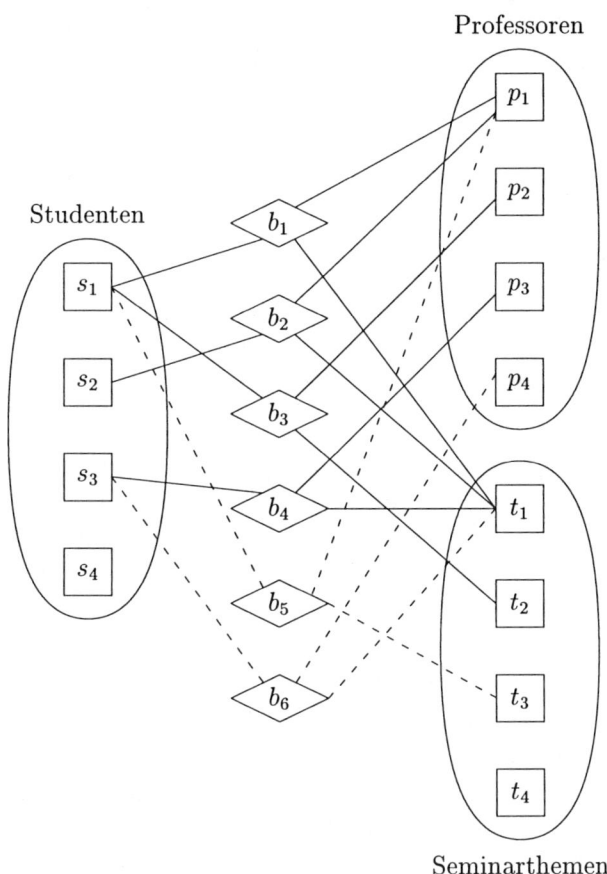

Abb. 2.6: Ausprägungen der Beziehung *betreuen*: gestrichelte Linien markieren illegale Ausprägungen

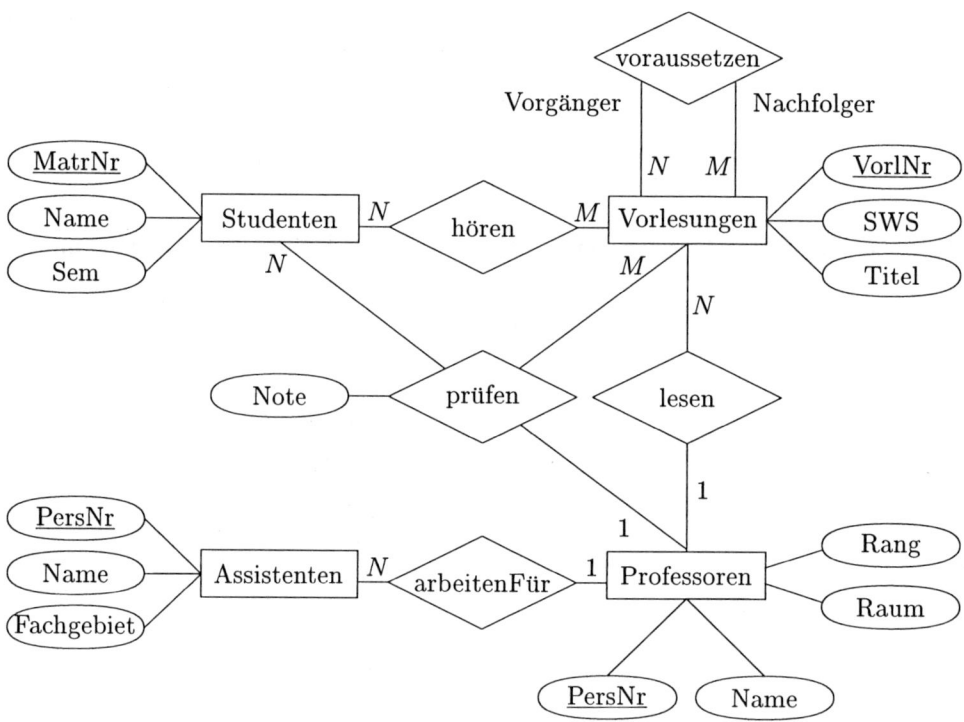

Abb. 2.7: Markierung der Funktionalitäten im Universitätsschema

Dies wird durch die N:M:1-Funktionalitätsangabe im ER-Schema erzwungen. Weitere Einschränkungen dieser Art gibt es nicht, da wir annehmen, daß Studenten mehrere Vorlesungen von demselben Professor bzw. derselben Professorin abprüfen lassen können und Professoren selbstverständlich mehrere Studenten über dieselbe Vorlesung prüfen.

2.7.3 Die (min, max)-Notation

Im vorangegangenen Abschnitt haben wir die Funktionalitäten von Beziehungstypen beschrieben. Hier wollen wir einen Formalismus einführen, mit dem Beziehungen oft präziser charakterisiert werden können. Bei der Angabe der Funktionalität ist für ein Entity nur die maximale Anzahl von Beziehungsinstanzen relevant. Wann immer diese Zahl größer als eins ist, wird sie, ohne genauere Aussagen zu machen, als N oder M (also „viele") angegeben. Bei der (min, max)-Notation werden nicht nur die Extremwerte – nämlich *eins* oder *viele* – angegeben sondern, wann immer möglich, präzise Unter- und Obergrenzen festgelegt. Es wird also auch die minimale Anzahl angegeben, weil dies für viele Beziehungstypen eine sinnvolle und manchmal auch essentielle Integritätsbedingung darstellt.

Bei der (min, max)-Notation wird für jeden an einem Beziehungstyp beteiligten Entitytyp ein Paar von Zahlen, nämlich *min* und *max*, angegeben. Dieses Zahlenpaar

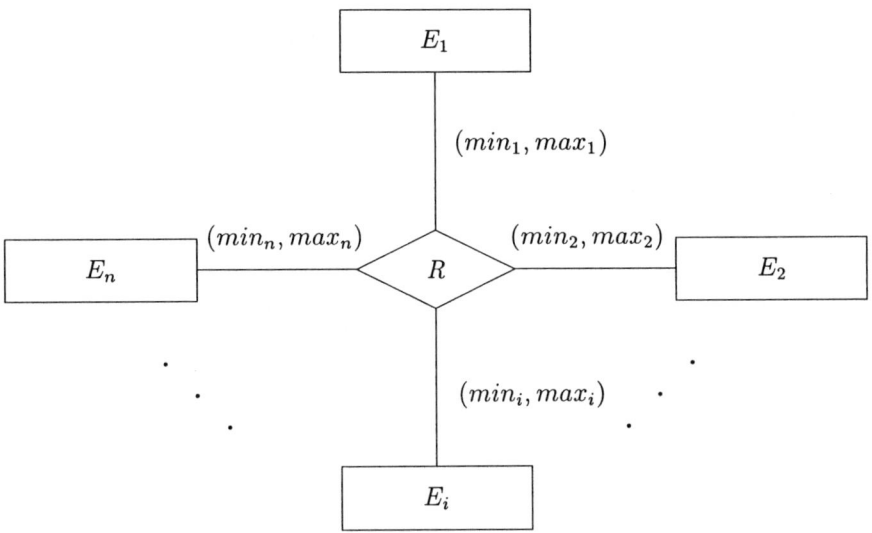

Abb. 2.8: Abstrakte n-stellige Beziehung R mit (min, max)-Angabe

sagt aus, daß jedes Entity dieses Typs mindestens min-mal in der Beziehung steht und höchstens max-mal.

Um das etwas formaler auszudrücken, schauen wir uns die Graphik in Abbildung 2.8 an. In dieser Abbildung ist eine abstrakte n-stellige Beziehung R gezeigt. Somit stellt R eine Relation zwischen den Entitymengen $E_1, E_2, \ldots, E_n$ dar, wobei also gilt:

$$R \subseteq E_1 \times \cdots \times E_i \times \cdots \times E_n$$

Die Markierung (min_i, max_i) gibt an, daß es für alle $e_i \in E_i$ mindestens min_i Tupel der Art $(\ldots, e_i, \ldots)$ und höchstens max_i viele solcher Tupel in R gibt. Wiederum ist gefordert, daß diese Angaben Gesetzmäßigkeiten der modellierten realen Welt darstellen und nicht einfach nur den derzeitigen zufälligen Zustand der Datenbasis beschreiben.

Sonderfälle werden wie folgt gehandhabt:

- Wenn es Entities geben darf, die gar nicht an der Beziehung „teilnehmen", so wird min mit 0 angegeben.

- Wenn ein Entity beliebig oft an der Beziehung „teilnehmen darf", so wird die max-Angabe durch $*$ ersetzt.

Die Angabe $(0, *)$ ist somit die allgemeinste, da sie aussagt, daß betreffende Entities gar nicht oder beliebig oft in der Beziehung vorkommen können.

Wir wollen uns nun noch ein illustratives Beispiel für die (min, max)-Notation anschauen. Dazu verlassen wir (kurzzeitig) unsere Universitätswelt und schauen uns die Begrenzungsflächenmodellierung von Polyedern an. Ein Polyeder wird dabei durch die Hülle seiner begrenzenden Flächen beschrieben, diese wiederum werden durch

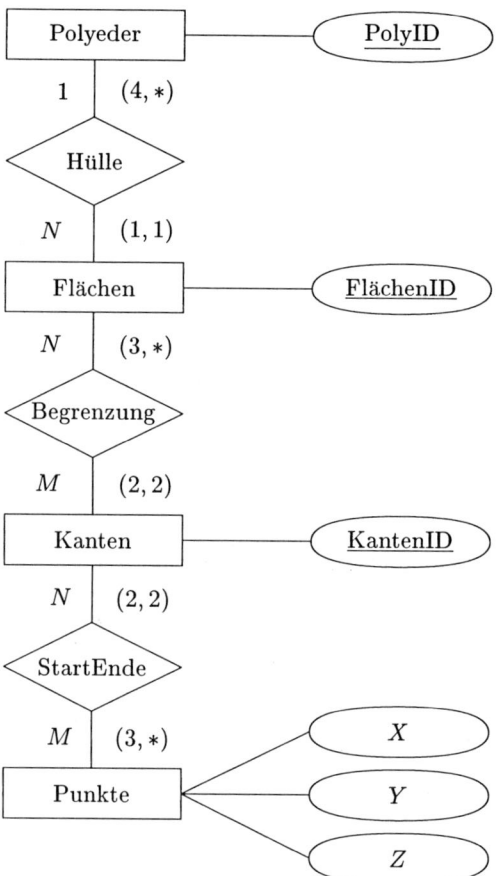

Abb. 2.9: Konzeptuelles Schema der Begrenzungsflächendarstellung von Polyedern

ihre Begrenzung, bestehend aus Kanten, modelliert. Eine Kante hat einen Start und ein Ende in der Form eines Punktes im dreidimensionalen Raum. Diese Modellierung von Polyedern ist in Abbildung 2.9 als ER-Schema mit der vergleichenden Angabe von Funktionalitäten und der (*min*, *max*)-Notation gezeigt.

Schauen wir uns zuerst die Funktionalitäten an: Ein Polyeder wird von mehreren Flächen umhüllt, wobei jede Fläche nur zu einem Polyeder gehören soll. Also ist *Hülle* eine 1:N-Beziehung. Eine Fläche wird von mehreren Kanten begrenzt und jede Kante gehört zu mehreren Flächen. Folglich ist *Begrenzung* eine allgemeine N:M-Beziehung. Auch *StartEnde* ist eine N:M-Beziehung, da jeder Kante zwei (d.h. mehrere) Punkte zugeordnet sind und ein Punkt mehreren (sogar beliebig vielen) Kanten eines Polyeders zugeordnet sein kann.

Diese sehr grobe Charakterisierung der Beziehungen kann durch Verwendung der (*min*, *max*)-Notation viel präziser erfolgen. Für die Angabe der in Abbildung 2.9 gezeigten *min*-Werte sollten wir uns den Polyeder mit der minimalen Flächen-, Kanten- und Punkteanzahl vergegenwärtigen: Eine graphische Skizze des Tetraeders ist in

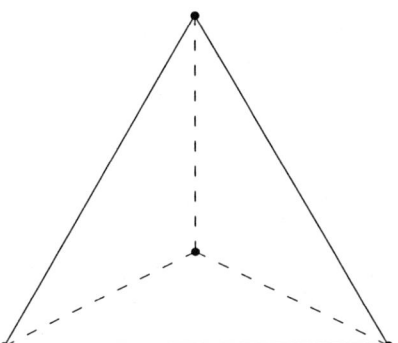

Abb. 2.10: Graphische Darstellung eines Tetraeders

Abbildung 2.10 gezeigt.

In dieser Abbildung ist erkennbar, daß ein Polyeder minimal vier umhüllende Flächen besitzt – die maximale Anzahl ist beliebig und wird somit durch $*$ angegeben. Eine Fläche wird – im Falle eines Dreiecks – durch ein Minimum von drei Kanten begrenzt; wiederum ist die maximale Anzahl von begrenzenden Kanten beliebig. Jede Kante begrenzt bei einem Polyeder genau zwei Flächen. Eine Kante wird durch genau zwei Punkte beschrieben, die über die Beziehung *StartEnde* der Kante zugeordnet werden. Bei einem Polyeder gehört jeder Begrenzungspunkt – und nur solche sind in der Entitymenge *Punkte* enthalten – zu mindestens drei Kanten (siehe Tetraeder) und maximal zu beliebig vielen.

Wir sollten noch darauf hinweisen, daß der Vergleich der 1:N-Angabe mit der (min, max)-Notation in gewisser Weise „kontra-intuitiv" ist. Dazu betrachte man die 1:N-Beziehung *Hülle* aus Abbildung 2.9. Hierbei ist der Entitytyp *Flächen* mit N markiert; andererseits „wandert" bei der (min, max)-Notation die Angabe „viele", also das Sternchen $*$, zu dem Entitytyp *Polyeder*. Dies liegt in der Definition der (min, max)-Notation begründet – siehe dazu auch die Übungsaufgabe 2.1.

In Abbildung 2.14 (auf Seite 47) sind die (min, max)-Angaben für unser Universitätsschema angegeben. Alle Vorlesungen werden von mindestens drei Studenten gehört – andernfalls finden sie nicht statt. Assistenten sind genau einem Professor bzw. einer Professorin als Mitarbeiter/in zugeordnet. Weiterhin werden Vorlesungen von genau einem Professor bzw. einer Professorin gelesen. Professoren können zeitweilig – aufgrund von Forschungssemestern oder anderer Verpflichtungen in der Universitätsleitung – vom Vorlesungsbetrieb freigestellt werden; daraus resultiert die Markierung (0, $*$).

Man beachte, daß die Ausdruckskraft der Funktionalitätsangaben und der (min, max)-Angaben bei n-stelligen Beziehungen mit $n > 2$ unvergleichbar ist: Es gibt Konsistenzbedingungen, die mit Funktionalitätsangaben, aber nicht mit (min,max)-Angaben ausdrückbar sind und wiederum andere Konsistenzbedingungen, die mit der (min,max)-Angabe formulierbar sind, aber nicht durch Funktionalitätseinschränkungen. Siehe dazu auch Übungsaufgabe 2.2.

Grundsätzlich gilt natürlich, daß es viele anwendungsspezifische Konsistenzbedingungen gibt, die mit den Mitteln des Entity-Relationship-Modells nicht formulierbar sind. Diese müssen im Zuge der Anforderungsanalyse und des konzeptuellen Entwurfs anderweitig (z.B. in natürlicher Sprache) festgehalten werden, damit sie beim Implementationsentwurf und bei der Realisierung der Anwendungsprogramme berücksichtigt werden.

2.8   Existenzabhängige Entitytypen

Bislang waren wir immer davon ausgegangen, daß Entities autonom existieren und innerhalb ihrer Entitymenge über die Schlüsselattribute eindeutig identifizierbar sind. In der Realität gibt es aber oft auch sogenannte *schwache* Entities, bei denen dies nicht gilt. Diese Entities sind also

- in ihrer Existenz von einem anderen, übergeordneten Entity abhängig und

- oft nur in Kombination mit dem Schlüssel des übergeordneten Entities eindeutig identifizierbar.

Als Beispiel betrachten wir den Entitytyp *Räume* aus Abbildung 2.11. Die Entities dieses Typs sind existenzabhängig von dem *Gebäude*, in dem der betreffende Raum liegt. Dies ist natürlich intuitiv auch einsichtig: Wenn man das Gebäude abreißt, verschwinden damit automatisch auch alle in dem betreffenden Gebäude liegenden Räume.

Schwache Entities werden durch doppelt umrandete Rechtecke repräsentiert. Die Beziehung zu dem übergeordneten Entitytyp wird ebenfalls durch eine Verdopplung der Raute und der von dieser Raute zum schwachen Entitytyp ausgehenden Kante markiert. Die Beziehung zum übergeordneten Entitytyp hat i.a. eine 1:N-Funktionalität oder, in selteneren Fällen, eine 1:1-Funktionalität. Die Leser mögen sich überlegen, warum diese Beziehung keine N:M-Funktionalität haben kann (siehe Übungsaufgabe 2.9).

Existenzabhängige Entitytypen haben, wie oben schon angemerkt, i.a. keinen eigenständigen Schlüssel, der alle Entities der Entitymenge eindeutig identifiziert. Stattdessen gibt es ein Attribut (oder manchmal auch eine Menge von Attributen), deren Wert alle schwachen Entities, die *einem* übergeordneten Entity zugeordnet sind, voneinander unterscheidet. Diese Attribute werden in der graphischen Notation (siehe Abbildung 2.11) gestrichelt unterstrichen. In unserem Beispiel handelt es sich hierbei um das Attribut *RaumNr*: Alle *Räume* in demselben *Gebäude* haben eine eindeutige *RaumNr*; aber verschiedene *Gebäude* können durchaus *Räume* mit derselben *RaumNr* haben. Demnach werden *Räume* global eindeutig durch die *GebNr* – also dem Schlüsselwert des übergeordneten Entities – *und* der *RaumNr* identifiziert.

Wir wollen noch ein weiteres Beispiel eines schwachen Entitytyps diskutieren. Anstatt einer Beziehung *prüfen* – wie in unserem Universitätsschema aus Abbildung 2.7 – könnte man auch einen Entitytyp *Prüfungen* einführen. Diesen Entitytyp könnte man, wie in Abbildung 2.12 gezeigt, dem Entitytyp *Studenten* als schwachen Entitytyp unterordnen, so daß *Prüfungen* durch die *MatrNr* des Prüflings und dem *PrüfTeil*, also einer Kennung des abgelegten Prüfungsteils (wie z.B. Informatik I, Informatik II, etc.) global eindeutig identifiziert werden. Wir haben in diesem Beispiel

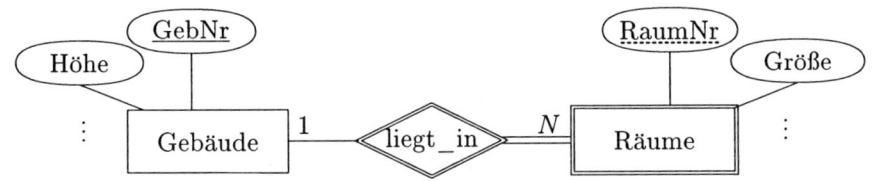

Abb. 2.11: Ein existenzabhängiger (schwacher) Entitytyp

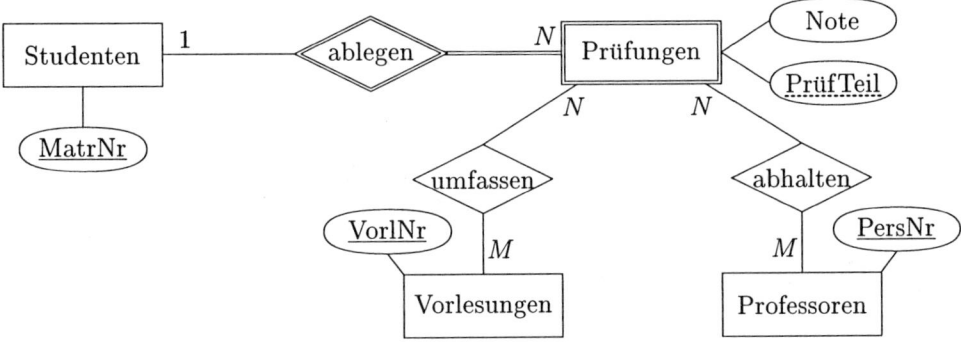

Abb. 2.12: Modellierung von Prüfungen als existenzabhängigem Entitytyp

bewußt eine $N{:}M$-Funktionalitätsangabe sowohl zwischen *Prüfungen* und *Vorlesungen* als auch zwischen *Prüfungen* und *Professoren* festgelegt. Daher kann eine Prüfung mehrere Vorlesungen umfassen und an einer Prüfung können auch mehrere Professoren als Prüfer beteiligt sein. Man beachte, daß diese Modellierung von der in Abbildung 2.7 durchgeführten Modellierung als dreistellige $1{:}N{:}M$-Beziehung *prüfen* zwischen *Studenten, Professoren* und *Vorlesungen* abweicht. Es sei den Lesern überlassen, zu diskutieren, welche Modellierung ihre jeweilige Prüfungsordnung am besten widerspiegelt.

2.9 Generalisierung

Die *Generalisierung* wird im konzeptuellen Entwurf eingesetzt, um eine bessere (d.h. natürlichere und übersichtlichere) Strukturierung der Entitytypen zu erzielen. Insofern handelt es sich bei der Generalisierung um eine *Abstraktion* auf Typebene. Die analoge Abstraktion auf Instanzebene bestand ja gerade darin, ähnliche Entities in der Form eines gemeinsamen Entitytyps zu modellieren.

Bei der Generalisierung werden die Eigenschaften ähnlicher Entitytypen – im ER-Entwurf sind dies im wesentlichen die Attribute und Beziehungen, da man Operationen vernachlässigt – „herausfaktorisiert" und einem gemeinsamen *Obertyp* zugeordnet. Die ähnlichen Entitytypen, aus denen diese Eigenschaften faktorisiert werden, heißen *Untertypen* (oder Kategorien) des generalisierten Obertyps.

Diejenigen Eigenschaften, die nicht „faktorisierbar" sind, weil sie nicht allen Untertypen gemein sind, verbleiben beim jeweiligen Untertyp. In dieser Hinsicht stellt der Untertyp eine *Spezialisierung* des Obertyps dar. Ein Schlüsselkonzept der Generalisierung ist die *Vererbung*: Ein Untertyp erbt sämtliche Eigenschaften des Ober-

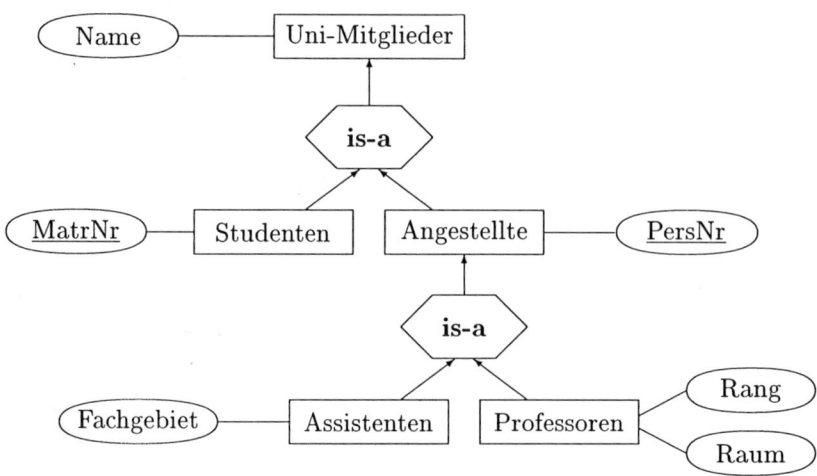

Abb. 2.13: Generalisierung der Universitätsmitglieder

typs.

Ein Obertyp ist also eine Generalisierung der Untertypen, wobei es sich dabei um eine Betrachtung auf der Typebene handelt. Wie sieht die Generalisierung auf Instanzebene aus? Die Entities eines Untertyps werden implizit auch als Entities (Elemente) des Obertyps betrachtet. Dies motiviert die Bezeichnung **is-a** in der graphischen Darstellung von Generalisierungen (vgl. Abbildung 2.13). Es handelt sich also um eine besondere Art der Beziehung. Deshalb verwendet man oft auch ein anderes graphisches Symbol, nämlich ein Sechseck anstatt einer Raute.

Somit ist die Entitymenge des Untertyps eine Teilmenge der Entitymenge des Obertyps. Hinsichtlich der Teilmengensicht sind bei der Generalisierung bzw. Spezialisierung zwei Fälle von besonderem Interesse:

- *disjunkte* Spezialisierung: Dies ist der Fall, wenn die Entitymengen aller Untertypen eines Obertyps paarweise disjunkt sind.

- *vollständige* Spezialisierung: Die Spezialisierung ist vollständig wenn die Entitymenge des Obertyps keine *direkten* Elemente enthält – sich also nur aus der Vereinigung der Entitymengen der Untertypen ergibt.

In unserem Beispiel aus Abbildung 2.13 ist die Spezialisierung von *Uni-Mitglieder* in *Studenten* und *Angestellte* vollständig und disjunkt – sieht man von der Möglichkeit ab, daß Angestellte gleichzeitig studieren könnten. Die Spezialisierung von *Angestellte* in *Assistenten* und *Professoren* ist sicherlich disjunkt, aber nicht vollständig, da es noch andere, nichtwissenschaftliche Angestellte (z.B. Sekretärinnen) gibt, die direkt in der Entitymenge *Angestellte* enthalten wären. In Abbildung 2.14 ist unser Universitätsbeispiel vervollständigt: Es enthält jetzt die Generalisierung von *Assistenten* und *Professoren* zu *Angestellte*. Außerdem sind in diesem ER-Diagramm die Beziehungen durch die (*min, max*)-Angabe charakterisiert.

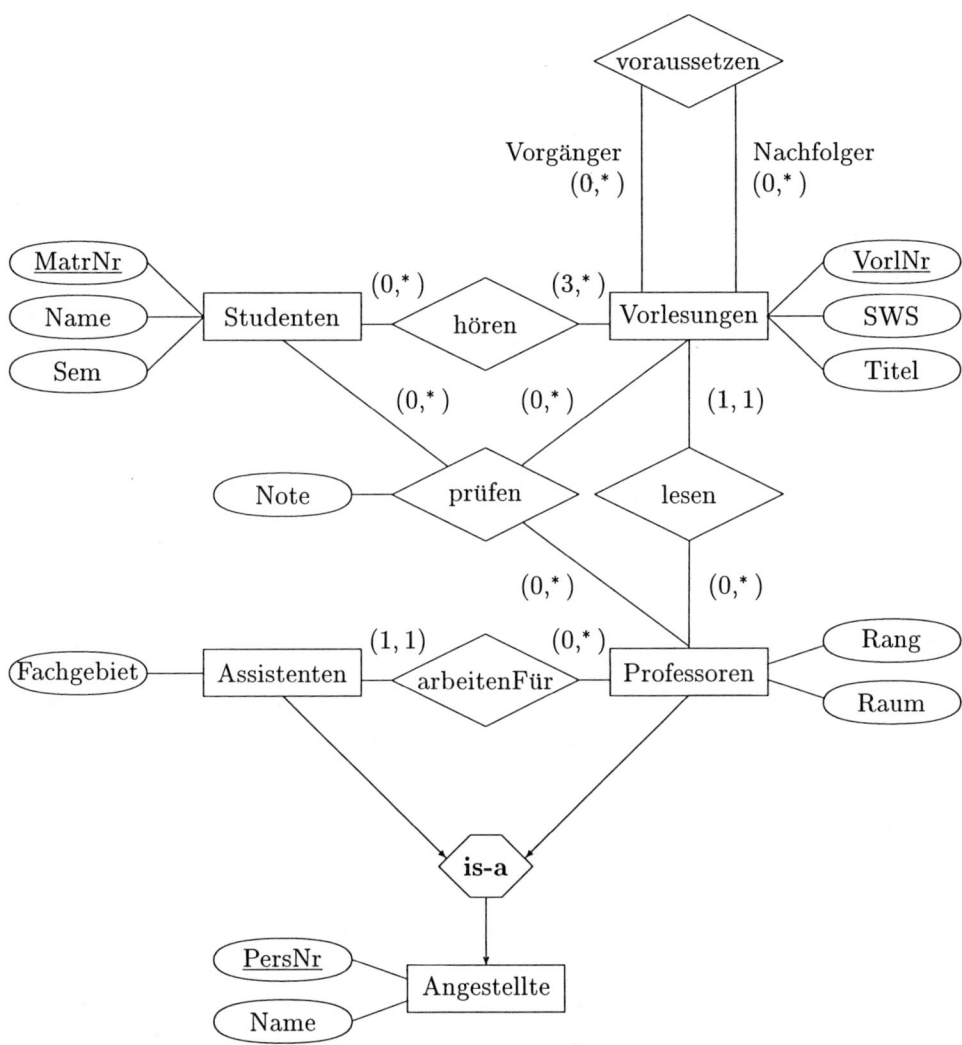

Abb. 2.14: Das Beispielschema der Universität mit (*min, max*)-Angabe und einer Generalisierung

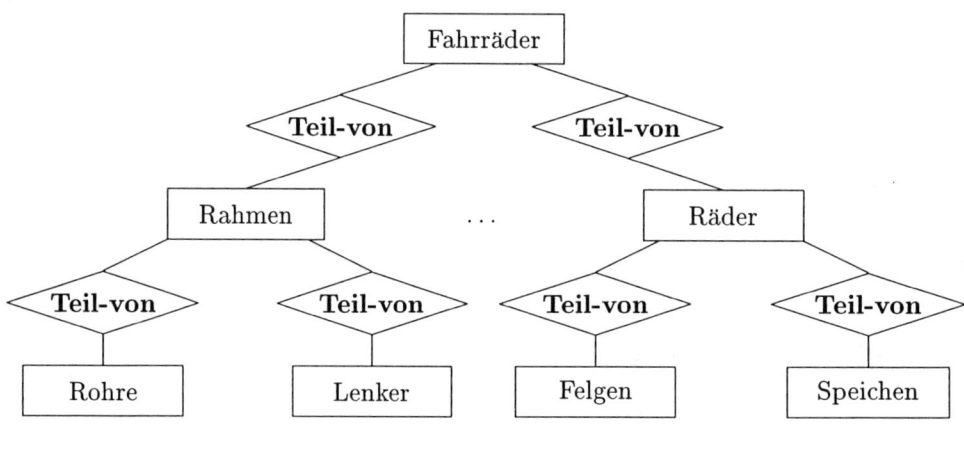

Abb. 2.15: Aufbau eines Fahrrads

2.10   Aggregation

Während man bei der Generalisierung gleichartige Entitytypen strukturiert, werden bei der Aggregation unterschiedliche Entitytypen, die in ihrer Gesamtheit einen strukturierten Objekttypen bilden, einander zugeordnet. In dieser Hinsicht kann man die Aggregation als einen besonderen Beziehungstyp deuten, der einem übergeordneten Entitytyp[2] mehrere untergeordnete Entitytypen zuordnet. Diese Beziehung wird als **Teil-von** (engl. **part-of**) bezeichnet, um zu betonen, daß die untergeordneten Entities Teile (also Komponenten) der übergeordneten (zusammengesetzten) Entities sind.

Um ein anschauliches Beispiel für eine Aggregationshierarchie zu geben, verlassen wir kurz den Universitätsbereich und schauen uns den Aufbau eines Fahrrads an. Fahrräder bestehen u.a. aus einem Rahmen und zwei Rädern. Räder bestehen selbst wieder aus einer Felge und mehreren Speichen. Der Rahmen ist aufgebaut aus den Rohren und dem Lenker. Dieser stark vereinfachte Aufbau eines Fahrrads ist als Entity-Relationship-Diagramm in Abbildung 2.15 gezeigt. Wenn dies aus dem Kontext nicht eindeutig ersichtlich ist, kann man durch Rollen markieren, welches Entity Teilobjekt und welches das übergeordnete Aggregatobjekt ist.

2.11   Kombination von Generalisierung und Aggregation

Die beiden Abstraktionskonzepte Generalisierung und Aggregation können natürlich in einem ER-Schema auch kombiniert zur Strukturierung der Entitytypen eingesetzt werden. Dies wird an dem in Abbildung 2.16 gezeigten Schema verdeutlicht. Hier

---

[2]Dieser Entitytyp wird in der Literatur manchmal auch als Obertyp bezeichnet. Wir vermeiden dies, um den grundlegenden Unterschied zwischen Generalisierung und Aggregation zu betonen.

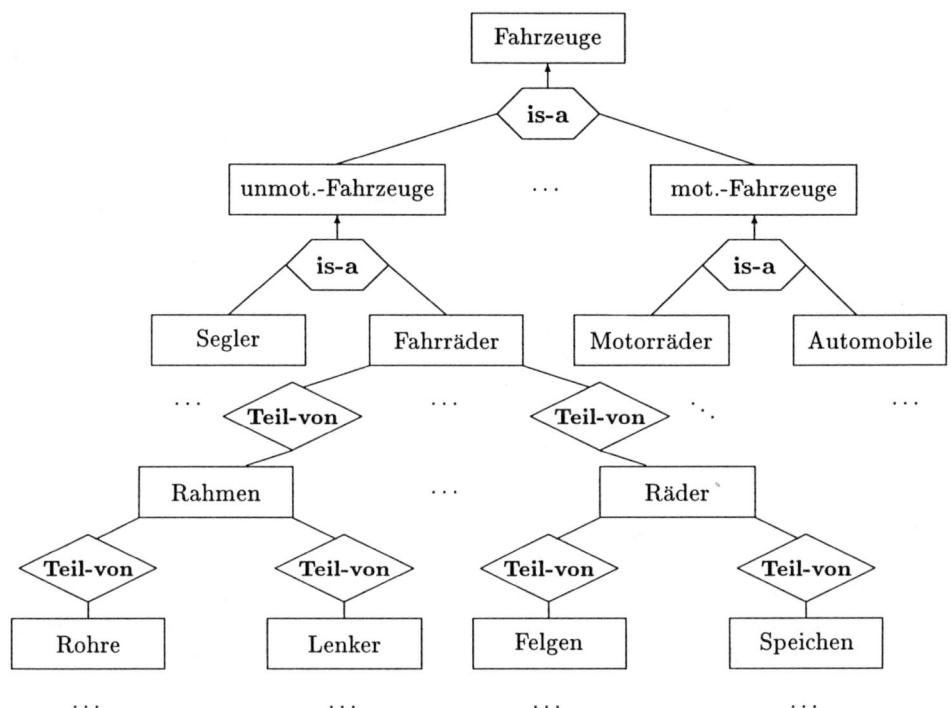

Abb. 2.16: Zusammenspiel von Generalisierung und Aggregation

wird zum einen eine Generalisierungshierarchie mit *Fahrzeuge* als Obertyp aufgebaut. Zum anderen wird für einen der Untertypen von *Fahrzeuge*, nämlich für *Fahrräder*, die Aggregationshierarchie gezeigt. Analog hätte man die Aggregation auch für die anderen Fahrzeugarten in das Schema aufnehmen können – aus Platzgründen wurde das hier ausgelassen.

2.12   Konsolidierung, Sichtenintegration

Bei größeren Anwendungen ist es nicht praktikabel, den konzeptuellen Entwurf „in einem Guß" durchzuführen. Es bietet sich an, den konzeptuellen Entwurf (und die vorgelagerte Anforderungsanalyse) gemäß den in der zu modellierenden Organisation vorgegebenen verschiedenen Anwendersichten aufzuteilen. Für unseren Universitätsbereich wären z.B. folgende Sichten denkbar:

1. Professorensicht,

2. Studentensicht,

3. Sicht der Universitätsleitung,

4. Hausmeistersicht,

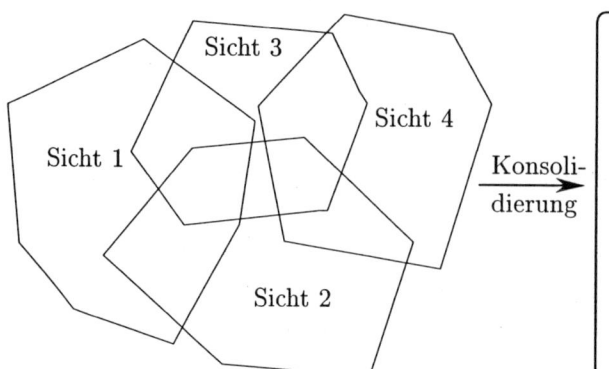

Abb. 2.17: Veranschaulichung der Konsolidierung überlappender Sichten

5. Sicht des Studentenwerks.

Die Datenbankentwerfer müssen in Zusammenarbeit mit den Anwendern der jeweiligen Sicht einen konzeptuellen Entwurf durchführen, der auf deren spezielle Bedürfnisse zugeschnitten ist. Nachdem die einzelnen Sichten modelliert sind, müssen sie aber zu einem globalen Schema zusammengefaßt werden, damit man letztendlich zu einem redundanzfreien Datenbankschema gelangt.

Es ist nämlich keinesfalls so, daß die verschiedenen Sichten disjunkte Ausschnitte der realen Welt modellieren. Vielmehr überschneiden sich die Datenbestände der verschiedenen Sichten in mehr oder weniger hohem Ausmaß. Deshalb reicht es nicht aus, die isoliert voneinander entwickelten konzeptuellen Schemata zu vereinen, um daraus ein umfassendes (globales) Schema zu erhalten. Vielmehr muß man bei der Herleitung des globalen Schemas die jeweiligen Teilschemata konsolidieren. Diesen Vorgang bezeichnet man als *Sichtenintegration* oder *Konsolidierung*.

In Abbildung 2.17 wird die Konsolidierung unabhängig voneinander entwickelter Teilschemata zu einem globalen Schema illustriert. Das im Zuge der Konsolidierung entwickelte globale Schema muß redundanzfrei und widerspruchsfrei sein. Widersprüche können sich in den Sichten z.B. durch *Synonyme* – gleiche Sachverhalte wurden unterschiedlich benannt – und *Homonyme* – unterschiedliche Sachverhalte wurden gleich benannt – ergeben. Außerdem können in den Sichten strukturelle Widersprüche oder widersprüchliche Konsistenzbedingungen vorkommen. Ein *struktureller Widerspruch* existiert beispielsweise, wenn derselbe Sachverhalt in einem Schema als Beziehung und im anderen als eigenständiger Entitytyp modelliert ist – vergleiche dazu etwa unsere vorangegangene Diskussion bezüglich der Beziehung *prüfen* und des Entitytyps *Prüfungen*. Eine häufig vorkommende Art eines strukturellen Widerspruchs ergibt sich, wenn ein Sachverhalt in einer Sicht als Attribut und in einer anderen Sicht als Beziehung zu einem Entitytyp modelliert wird. Ein Beispiel dafür ist das Attribut *Raum* des Entitytyps *Professoren* in unserem Universitätsschema, das man auch als Beziehung zu einem Entitytyp *Räume* modellieren könnte. Widersprüche können auch in Bezug auf Konsistenzbedingungen festgestellt werden. Beispielsweise könnte dieselbe Beziehung in unterschiedlichen Sichten widersprüch-

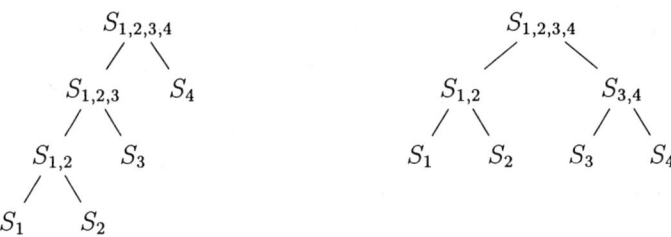

Abb. 2.18: Mögliche Konsolidierungsbäume zur Herleitung des globalen Schemas $S_{1,2,3,4}$ aus 4 Teilschemata S_1, S_2, S_3 und S_4: links ein maximal hoher und rechts ein minimal hoher Konsolidierungsbaum

liche Funktionalitätsangaben haben. Außerdem könnten verschiedene Sichten widersprüchliche Datentypen für dieselben Attribute festlegen oder auch widersprüchliche Schlüsselattribute spezifizieren. Widersprüche aller Art müssen natürlich in Absprache mit den Datenbankanwendern ausgeräumt werden, damit man letztendlich ein konsistentes Globalschema festlegen kann.

Bei der Konsolidierung einer größeren Anwendung sollte man schrittweise vorgehen, so daß man jeweils nur zwei Teilschemata gleichzeitig betrachtet. Auf diese Weise erhält man einen (binären) Konsolidierungsbaum, dessen Wurzel letztlich das globale konsolidierte Schema repräsentiert. Zwei mögliche Konsolidierungsbäume für vier Teilschemata sind in Abbildung 2.18 gezeigt. Bei dem linken Konsolidierungsbaum wird jeweils ein neues Teilschema in die Konsolidierung mit aufgenommen, so daß der Konsolidierungsbaum die maximale Höhe hat. Eine andere Vorgehensweise besteht darin, zuerst je zwei Teilschemata zu konsolidieren, dann von diesen je zwei zu konsolidieren, usw. Dies führt zu einem minimal hohen Konsolidierungsbaum. Dieser Konsolidierungsbaum ist für die vier Teilschemata in der Abbildung 2.18 rechts gezeigt. Welche dieser beiden Vorgehensweisen (oder einer daraus abgeleiteten „hybriden" Technik) in der Praxis am sinnvollsten ist, hängt sehr stark von der Anwendung, der Anzahl der unabhängig entwickelten Teilschemata und dem Grad der Überlappung der Teilschemata ab.

Wie bereits angemerkt, müssen im Zuge der Konsolidierung Redundanzen und Widersprüche, die sich durch die Vereinigung zweier (oder mehrerer) Teilschemata ergeben würden, bereinigt werden. Weiterhin sollte man bei der Konsolidierung darauf achten, daß eine „saubere" und übersichtliche Strukturierung der Entitytypen erzielt wird. Hierzu können insbesondere die oben beschriebenen Abstraktionskonzepte der Generalisierung und der Aggregation sehr effektiv eingesetzt werden.

Durch die Generalisierung kann man ähnliche Entitytypen, die in unterschiedlichen Teilschemata definiert wurden, zu einem generischen Obertyp zusammenfassen, ohne die Besonderheiten der in den Teilschemata vorhandenen Entitytypen, die dann zu Untertypen werden, zu verwischen. Entweder existiert der generische Obertyp schon in einem der Teilschemata oder er wird im Zuge der Sichtenintegration neu eingeführt. Bei der Generalisierungskonsolidierung muß man insbesondere die Vererbung beachten, so daß man den Untertypen keine Attribute oder Beziehungen zuordnet, die sie schon von Obertypen erben.

Durch Anwendung der Aggregation kann man auf ähnliche Weise übergeordnete, zusammengesetzte Objektstrukturen entwickeln, deren Teilobjekte in den einzelnen Subschemata definiert wurden. In einer betrieblichen Datenbankanwendung wären beispielsweise die Konstruktions- und Fertigungsabteilungen an den Einzelkomponenten eines Produkts interessiert, wohingegen die Marketingabteilung nur die aggregierte Produktbeschreibung interessieren dürfte.

Wir wollen die Sichtenintegration jetzt noch an einem kleinen Beispiel illustrieren. Dazu betrachten wir die drei in Abbildung 2.19 dargestellten Sichten, die sich alle mit Dokumenten innerhalb einer Universität befassen. In der Sicht 1 wird die Erstellung und Betreuung von Diplomarbeiten und Dissertationen modelliert. In Sicht 2 werden die Fakultätsbibliotheken einer Universität konzeptuell modelliert. Sicht 3 legt das Schema für Buchempfehlungen seitens der Dozenten für die jeweiligen Vorlesungen fest. Folgende Beobachtungen sind für die Konsolidierung der drei Teilschemata wichtig:

- Die Begriffe *Dozenten* und *Professoren* sind synonym verwendet worden.

- Der Entitytyp *UniMitglieder* ist eine Generalisierung von *Studenten*, *Professoren* und *Assistenten*.

- Fakultätsbibliotheken werden sicherlich von *Angestellten* (und nicht von *Studenten*) geleitet. Insofern ist die in Sicht 2 festgelegte Beziehung *leiten* revisionsbedürftig, sobald wir im globalen Schema ohnehin eine Spezialisierung von *UniMitglieder* in *Studenten* und *Angestellte* vornehmen.

- *Dissertationen*, *Diplomarbeiten* und *Bücher* sind Spezialisierungen von *Dokumenten*, die in den *Bibliotheken* verwaltet werden.

- Wir können davon ausgehen, daß alle an der Universität erstellten *Diplomarbeiten* und *Dissertationen* in *Bibliotheken* verwaltet werden.

- Die in Sicht 1 festgelegten Beziehungen *erstellen* und *verfassen* modellieren denselben Sachverhalt wie das Attribut *Autoren* von *Büchern* in Sicht 3.

- Alle in einer Bibliothek verwalteten Dokumente werden durch die *Signatur* identifiziert.

In Abbildung 2.20 ist ein konsolidiertes Schema dieser drei Sichten dargestellt. Generalisierungen sind zur Vereinfachung der Notation durch fettgedruckte Pfeile, die vom spezialisierten zum generalisierten Entitytyp zeigen, dargestellt. Wir haben also zwei Generalisierungshierarchien eingeführt: eine mit dem „obersten" Obertyp *Personen* als Wurzel und eine mit dem Obertyp *Dokumente* als Wurzel.

Wir sollten jetzt noch kurz unseren Lösungsvorschlag bezüglich der Redundanz zwischen dem Attribut *Autoren* und den Beziehungen *erstellen* und *verfassen* diskutieren. Wir haben uns dafür entschieden, *Autoren* als Beziehung zwischen *Dokumenten* und *Personen* zu modellieren. Zu diesem Zweck benötigten wir den Entitytyp *Personen*, der *UniMitglieder* generalisiert. Damit sind die beiden Beziehungen *erstellen* zwischen *Studenten* und *Diplomarbeiten* und *verfassen* zwischen *Assistenten*

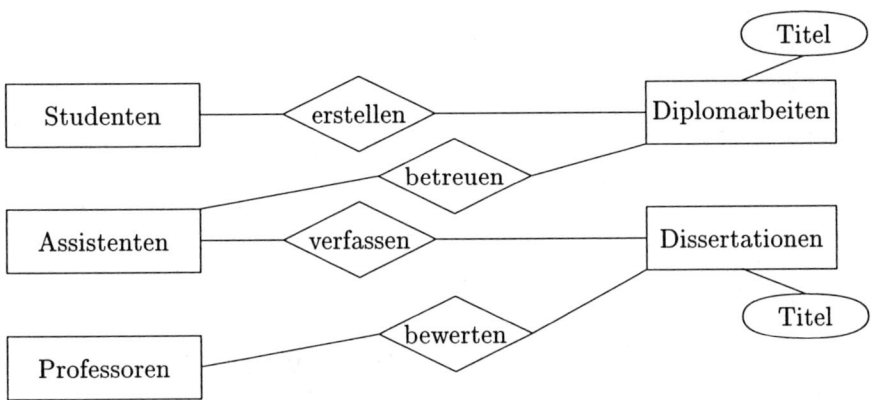

Sicht 1: Erstellung von Dokumenten als Prüfungsleistung

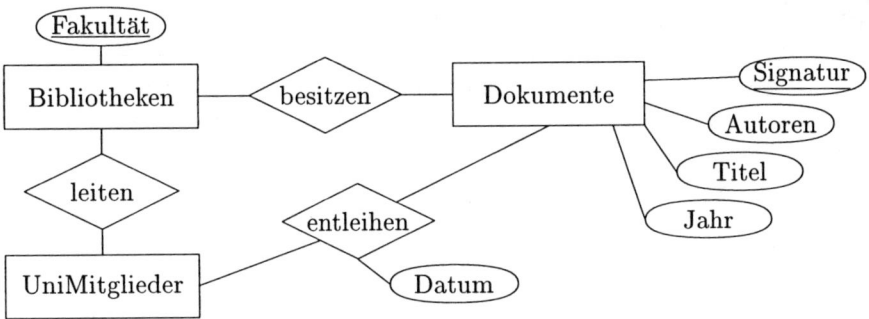

Sicht 2: Bibliotheksverwaltung

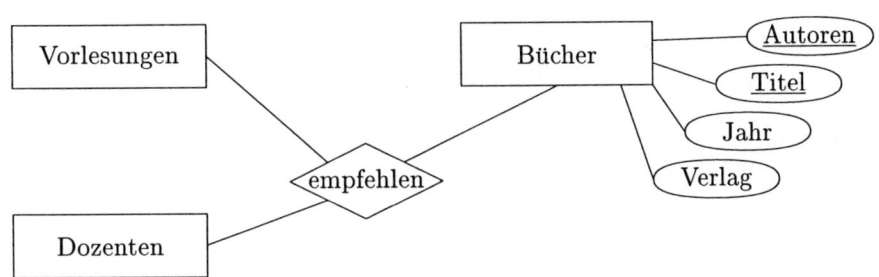

Sicht 3: Buchempfehlungen für Vorlesungen

Abb. 2.19: Drei Sichten einer Universitäts-Datenbank

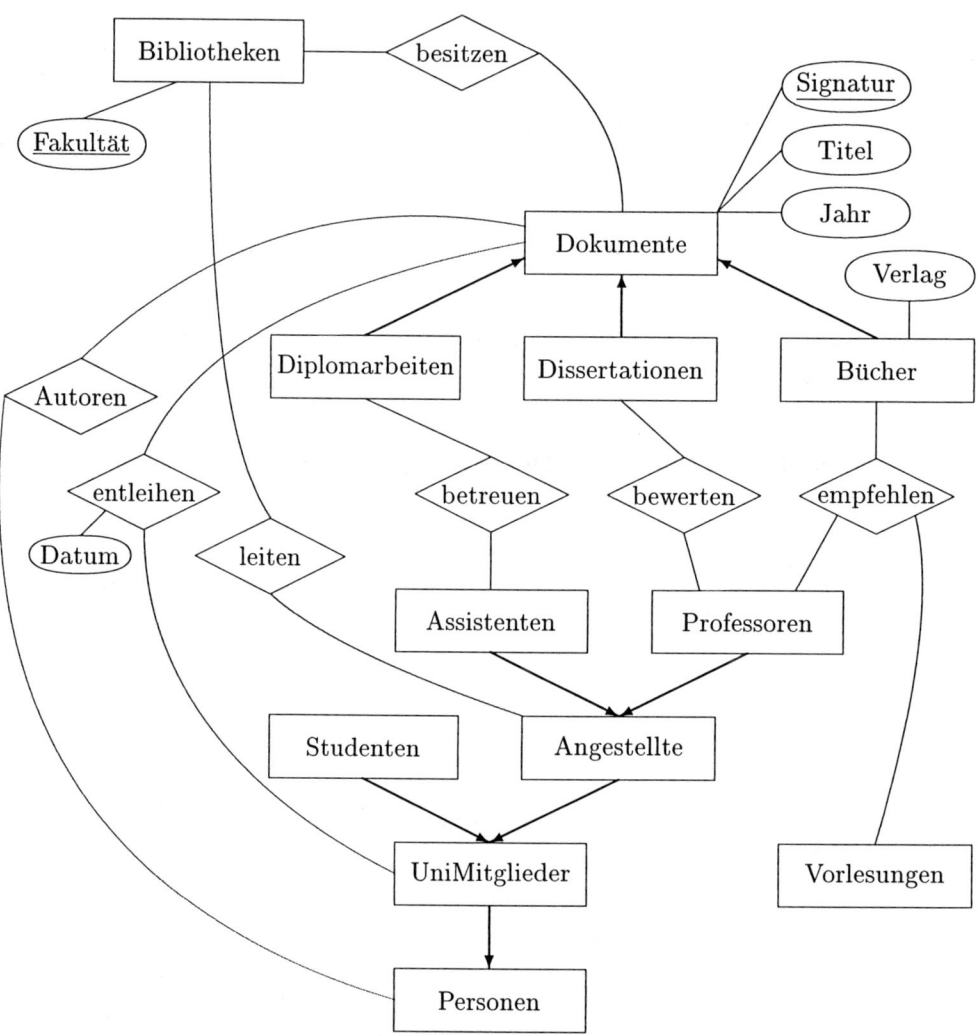

Abb. 2.20: Konsolidiertes Schema der Universitäts-Datenbank

und *Dissertationen* redundant, da dieser Sachverhalt durch die geerbte Beziehung *Autoren* bereits abgedeckt wird. Man muß sich aber auch klar machen, daß bei dieser Modellierung etwas an Semantik eingebüßt wurde: Im konsolidierten Schema ist nicht mehr festgelegt, daß *Diplomarbeiten* von *Studenten* geschrieben werden. Wenn man aber beachtet, daß Diplomarbeiten in den Bibliotheken auch noch nach der Exmatrikulation der Diplomanden erhalten bleiben, ist die konsolidierte Modellierung u.U. sogar besser. Analoges gilt für die Verfasser von Dissertationen.

2.13   Objektorientierte Datenmodellierung

Durch eine objektorientierte Vorgehensweise in der Modellierung von Anwendungsbereichen werden dem Datenbankdesigner natürlichere, weil an die Denkweise des Menschen angepaßte Methoden zum Entwurf einer Datenbank zur Verfügung gestellt. Einige der wichtigsten objektorientierten Modellierungskonzepte (Aggregation und Generalisierung) wurden hier schon als Erweiterung des ER-Modells eingeführt. Zusätzlich bietet die „reine" objektorientierte Datenmodellierung eine Integration von Struktur- und Verhaltensbeschreibung der Entities mit sich. Eine kurze Betrachtung der objektorientierten Modellierung ist in Abschnitt 13.14 zu finden.

2.14   Übungen

2.1   Charakterisieren Sie die 1:1-, 1:N-, N:1- und N:M-Beziehungstypen mittels der (min, max)-Notation. Für eine abstrakte binäre Beziehung R zwischen den beiden Entitytypen E_1 und E_2 sollen jeweils die (min_1, max_1)- und (min_2, max_2)-Wertepaare angeben werden, die sich aus den (gröberen) Funktionalitätsangaben herleiten lassen.

2.2   Zeigen Sie, daß die Ausdruckskraft der Funktionalitätsangaben und der (min, max)-Angaben bei n-stelligen Beziehungen mit $n > 2$ unvergleichbar ist: Finden Sie realistische Beispiele von Konsistenzbedingungen, die mit Funktionalitätsangaben aber nicht mit (min,max)-Angaben ausdrückbar sind und wiederum andere Konsistenzbedingungen, die mit der (min,max)-Angabe formulierbar sind aber nicht durch Funktionalitätseinschränkungen.

2.3   Beim konzeptuellen Entwurf hat man gewisse Freiheitsgrade hinsichtlich der Modellierung der realen Welt. Unter anderem hat man folgende Alternativen, die Sie an unserem Universitätsschema beispielhaft illustrieren sollten:

- Man kann ternäre Beziehungen in binäre Beziehungen transformieren. Betrachten Sie dazu die Beziehung *prüfen* und erläutern Sie die Vor- und Nachteile einer solchen Transformation.

- Man hat manchmal die Wahl, ein Konzept der realen Welt als Beziehung oder als Entitytyp zu modellieren. Erörtern Sie dies wiederum am Beispiel der Beziehung *prüfen* im Gegensatz zu einem eigenständigen Entitytyp *Prüfungen*.

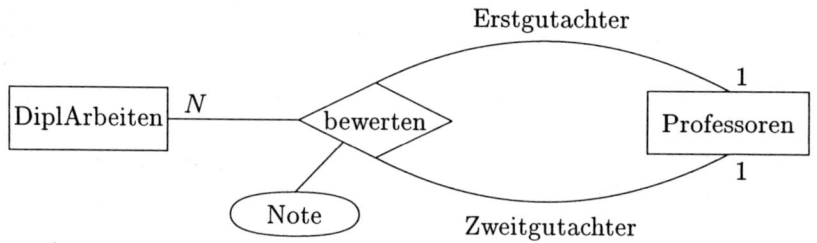

Abb. 2.21: ER-Diagramm der dreistelligen Beziehung *bewerten*

- Ein Konzept der realen Welt kann manchmal als Entitytyp mit zugehörigem Beziehungstyp und manchmal als Attribut dargestellt werden.
  Ein Beispiel hierfür ist das Attribut *Raum* des Entitytyps *Professoren* in
  unserem Schema aus Abbildung 2.14. Diskutieren Sie die Alternativen.

2.4   In Abbildung 2.21 ist die dreistellige Beziehung *bewerten* zwischen den Entitytypen *DiplArbeiten*, *Professoren* in der Rolle als *Erstgutachter* und *Professoren* in der Rolle als *Zweitgutachter* graphisch dargestellt. Gemäß obiger
Erläuterung kann man die Beziehung *bewerten* demnach als partielle Funktionen wie folgt auffassen:

$$bewerten : DiplArbeiten \times Erstgutachter \quad \rightarrow \quad Zweitgutachter$$
$$bewerten : DiplArbeiten \times Zweitgutachter \quad \rightarrow \quad Erstgutachter$$

Diskutieren Sie, ob man diese Beziehung auch durch (mehrere) zweistellige
Beziehungen modellieren kann, ohne daß ein Semantikverlust auftritt.

2.5   Finden Sie eine dreistellige 1 : 1 : 1-Beziehung aus dem Kontext einer Universitätsverwaltung. Es sollte eine dreistellige Beziehung sein, die nicht durch
(mehrere) zweistellige Beziehungen dargestellt werden kann. Unter welchen
Bedingungen ist dies der Fall?

2.6   Modellieren Sie ein Zugauskunftsystem, in dem die wichtigsten Züge (z.B. die
Intercity- und Eurocity-Züge) repräsentiert werden. Aus dem System sollen
die Start- und Zielbahnhöfe und die durch den Zug verbundenen Bahnhöfe
einschließlich Ankunfts- und Abfahrtszeiten ersichtlich sein. Geben Sie die
Funktionalitäten der Beziehungstypen an.

2.7   Erweitern Sie das in Aufgabe 2.6 erstellte Modell um die Personaleinsatz-
planung. Insbesondere sollten Sie die Zugführer, deren Stellvertreter, die IC-
Chefs, die Schaffner, die Köche und die Kellner in Ihr Schema aufnehmen.
Weiterhin muß man die Zusammenstellung der „Mannschaft" – IC/EC-Team
genannt – für die einzelnen Züge vornehmen können. Verwenden Sie bei der
Modellierung das Abstraktionskonzept der Generalisierung bzw. Spezialisierung.

2.8   Modellieren Sie die Grundlagen eines Krankenhausverwaltungssystems. Insbesondere sollten die Patienten, deren Stationen, deren Zimmer, die behandelnden Ärzte und die betreuenden Pfleger modelliert werden. Verwenden Sie wiederum die Generalisierung zur Strukturierung Ihrer Entitytypen.

2.9   Im Text hatten wir hervorgehoben, daß die Beziehung zwischen einem schwachen Entitytyp und dem starken Entitytyp, von dessen Existenz die schwachen Entities abhängig sind, keine $N{:}M$-Beziehung sein kann. Erläutern Sie, warum das so ist. Denken Sie an die Existenzabhängigkeit und die Identifikation der schwachen Entities. Geben Sie etliche Beispiele schwacher Entitytypen und charakterisieren Sie die Beziehung zu den zugeordneten starken Entitytypen.

2.10   Schwache Entitytypen kann man immer auch als „starke" (normale) Entitytypen modellieren. Was muß dabei beachtet werden? Erläutern Sie dies am Beispiel aus Abbildung 2.11.

2.11   Modellieren Sie ein Auto, wobei Sie besonders auf die Aggregation, d.h. die **part-of** Beziehungen eingehen. Welcher Zusammenhang besteht zwischen dem Konzept der schwachen Entities und einer Aggregationshierarchie?

2.15 Literatur

Das Entity-Relationship-Modell mit der graphischen Notation wurde in einem wegweisenden Aufsatz von Chen (1976) eingeführt. Die ersten und wichtigsten Arbeiten zur Generalisierung und Aggregation wurden für den Datenbankbereich von Smith und Smith (1977) durchgeführt. Aufbauend auf dieser Arbeit klassifizierten Batory und Buchmann (1984) komplexere Entitytypen als molekulare Objekte.

Es gibt mehrere Erweiterungsvorschläge für das ER-Modell; z.B. schlugen Teorey, Yang und Fry (1986) die Erweiterung um Generalisierung und Aggregation vor. Für den konzeptuellen Datenbankentwurf wurden mehrere andere Datenmodelle konzipiert, die aber nicht die gleiche praktische Bedeutung erlangt haben. Diese Modelle werden oftmals als *semantische Datenmodelle* bezeichnet, weil sie die Bedeutung (Semantik) der Anwendungsobjekte in natürlicher Weise zu modellieren gestatten. Das von Hammer und McLeod (1981) vorgeschlagene SDM (semantic data model) ist ein solches Modell. Weitere semantische Datenmodelle werden in einem Übersichtsaufsatz von Hull und King (1987) abgehandelt. Abiteboul und Hull (1987) konzipierten das formale semantische Datenmodell IFO. Karl und Lockemann (1988) beschreiben ein semantisches Datenmodell, das sich anwendungsspezifisch erweitern läßt. Hohenstein und Engels (1992) haben eine auf dem Entity-Relationship-Modell basierende Anfragesprache vorgeschlagen.

In einem Artikel von Liddle, Embley und Woodfield (1993) werden eine Vielzahl von semantischen Datenmodellen im Hinblick auf ihre Fähigkeiten, Kardinalitätsvorgaben für Beziehungstypen auszudrücken, untersucht. Es wird dort auch die Erweiterung der Funktionalitätsangaben im ER-Modell auf mehrstellige Beziehungen erläutert. Lockemann et al. (1992) schlugen ein Entwurfsmodell mit frei definierbaren Modellierungskonzepten vor.

Von Tjoa und Berger (1993) wird die Umsetzung einer natürlichsprachigen Anforderungsspezifikation in ein erweitertes ER-Modell diskutiert.

Es gibt einige dedizierte Lehrbücher, die sich mit dem konzeptuellen Datenbankentwurf befassen, z.B. von Teorey (1994) oder von Batini, Ceri und Navathe (1992). Auch ist im Datenbank-Handbuch von Lockemann und Schmidt (1987) ein Kapitel zur konzeptuellen Datenmodellierung von Mayr, Dittrich und Lockemann (1987) enthalten. Weiterhin enthalten die Bücher von Dürr und Radermacher (1990) und Lang und Lockemann (1995) sehr praxisorientierte Kapitel zum Datenbankentwurf.

Das Thema der Sichtenkonsolidierung (oder Sichtenintegration) konnten wir hier nur anreißen. Mehr darüber findet sich in den oben angeführten Lehrbüchern zum Datenbankentwurf; eine formalere Behandlung der Sichtenintegration wurde von Biskup und Convent (1986) vorgestellt.

Im Bereich der objektorientierten Datenmodellierung wurden Erweiterungen des Entity-Relationship Modells postuliert. Die bekannteren Methoden sind die von Rumbaugh et al. (1991) vorgeschlagene OMT-Technik sowie das von Booch (1991) propagierte Modell. Kappel und Schrefl (1988) haben die Erweiterung der ER-Modellierung um objektorientierte Konzepte vorgeschlagen. Hartel et al. (1997) berichten über Erfahrungen mit dem Einsatz formaler Spezifikationsmethoden beim Datenbankentwurf.

Es gibt etliche kommerziell verfügbare Produkte für den rechnergestützten Datenbankentwurf. Zu den bekannteren zählen *ERwin* der Firma Logic-Works (1997) und *PowerDesigner* (früher *S-Designor*) von der Firma Powersoft (1997). Weiterhin verfügen viele Datenbankprodukte über entsprechende Module, die den Datenbankentwurf unterstützen. Für den objektorientierten Entwurf hat sich das Produkt Rational Rose von der Firma Rational Software Corporation (1997), das die oben erwähnte Booch-Methode realisiert, als Marktführer etabliert.

3. Das relationale Modell

Anfang der siebziger Jahre wurde das relationale Datenmodell konzipiert. Die Besonderheit dieses Datenmodells besteht in der *mengenorientierten* Verarbeitung der Daten im Gegensatz zu den bis dahin vorherrschenden *satzorientierten* Datenmodellen, nämlich dem Netzwerkmodell und dem hierarchischen Modell. In diesen beiden letztgenannten Modellen – die heute fast nur noch historische Bedeutung haben – werden die Informationen auf Datensätze, die miteinander über Referenzen verknüpft sind, abgebildet. Die Verarbeitung der Daten erfolgt dann, indem man von einem Datensatz zum nächsten über diese Referenzen „navigiert".

Das relationale Datenmodell ist im Vergleich zu den satzorientierten Modellen sehr einfach strukturiert. Es gibt im wesentlichen nur flache Tabellen (Relationen), in denen die Zeilen den Datenobjekten entsprechen. In dieser sehr einfachen – fast schon spartanischen – Struktur liegt aber wahrscheinlich der Erfolg der relationalen Datenbanktechnologie begründet, die heute eine marktdominierende Stellung besitzt.

Die in den Tabellen (Relationen) gespeicherten Daten werden durch entsprechende Operatoren ausschließlich mengenorientiert verknüpft und verarbeitet.

3.1 Definition des relationalen Modells

3.1.1 Mathematischer Formalismus

Gegeben seien n nicht notwendigerweise unterschiedliche *Wertebereiche* (auch *Domänen* genannt) $D_1, D_2, \ldots, D_n$, d.h. $D_i = D_j$ ist durchaus zulässig für $i \neq j$. Diese Domänen dürfen nur *atomare* Werte enthalten, die nicht strukturiert sein dürfen. Gültige Domänen sind z.B. Zahlen, Zeichenketten, etc., wohingegen Records oder Mengen wegen ihrer (internen) Strukturierung nicht zulässige Wertebereiche darstellen.

Dann ist eine Relation R definiert als eine Teilmenge des kartesischen Produkts (Kreuzprodukts) der n Domänen:

$$R \subseteq D_1 \times \cdots \times D_n$$

Korrekterweise müßte man noch zwischen dem *Schema* einer Relation, das durch die n Domänen gegeben ist, und der aktuellen *Ausprägung* (Instanz) dieses Relationenschemas, die durch die Teilmenge des Kreuzproduktes gegeben ist, unterscheiden. Wir werden aber oft keine klare Unterscheidung zwischen der Metaebene (Schema) und der Instanzebene (Ausprägung) machen; es sollte aus dem Kontext jeweils leicht ersichtlich sein, welche Ebene der Datenbank gemeint ist.

Ein Element der Menge R wird als *Tupel* bezeichnet, dessen *Stelligkeit* (engl. *arity*) sich aus dem Relationenschema ergibt. Im abstrakten Beispiel ist die Stelligkeit n.

3.1.2 Schema-Definition

Der oben angegebene Formalismus stammt aus der Mathematik. Im Datenbankbereich gibt man den einzelnen Komponenten der Tupel noch Namen. Wir wollen dies anschaulich erläutern: Ein einfaches Beispiel für eine Relation ist das *Telefonbuch*, das unter vereinfachenden Annahmen eine Teilmenge des folgenden Kreuzproduktes darstellt:

$$\text{Telefonbuch} \subseteq \text{string} \times \text{string} \times \text{integer}$$

Hierbei repräsentiere der erste *string*-Wert den Namen des Teilnehmers, der zweite die Adresse und der *integer*-Wert die Telefonnummer. In vielen kommerziellen Systemen werden Relationen auch als *Tabellen* (engl. *table*) bezeichnet, weil man sich die Ausprägung einer Relation wie folgt als flache Tabelle veranschaulichen kann:

Telefonbuch		
Name	Straße	Telefon#
Mickey Mouse	Main Street	4711
Mini Mouse	Broadway	94725
Donald Duck	Highway	95672
...	...	...

Hierbei werden die Spalten als *Attribute* (oder manchmal auch Felder) bezeichnet. Die Attribute müssen innerhalb einer Relation eindeutig benannt sein. Zwei unterschiedliche Relationen dürfen aber durchaus gleiche Attributnamen enthalten. Die Zeilen der Tabelle entsprechen den Tupeln der Relation. In diesem Beispiel enthält die Relation (Tabelle) drei dreistellige Tupel, deren Attributwerte aus den Wertebereichen *string*, *string* und *integer* stammen.

Relationenschemata werden wir nach folgendem Muster spezifizieren:

$$\text{Telefonbuch} : \{[\text{Name} : \text{string}, \text{Adresse} : \text{string}, \text{Telefon\#} : \text{integer}]\}$$

Hierbei wird in den inneren eckigen Klammern [...] angegeben, wie die einzelnen Tupeln aufgebaut sind, d.h. welche Attribute vorhanden sind und welchen Typ (Wertebereich) die Attribute haben. Die geschweiften Klammern {...} sollen ausdrücken, daß es sich bei einer Relationsausprägung um eine Menge von Tupeln handelt. Hierdurch wird also die Datentyp-Sichtweise betont: die eckigen Klammern [...] repräsentieren den Tupelkonstruktor (analog zur Definition eines Recordtyps) und die geschweiften Klammern {...} stellen den Mengenkonstruktor dar. Eine Relationsausprägung ist also als Menge von Tupeln {[...]} aufzufassen.

Wie wir oben schon angemerkt haben, werden wir in diesem Buch keine „dogmatische" Trennung zwischen Schema- und Ausprägungsebene machen. Die Ausprägung und das Schema werden meistens mit demselben Namen (hier *Telefonbuch*) angesprochen. An einigen Stellen des Buchs ist aber eine präzisere Sicht notwendig. Dann bezeichnen wir mit **sch**(R) oder mit $\mathcal{R}$ die Menge der Attribute einer Relation und mit R die aktuelle Ausprägung. Mit **dom**(A) bezeichnen wir die Domäne eines Attributs A. Also gilt für das Schema (d.h., die Attributmenge) $\mathcal{R} = \{A_1, \ldots, A_n\}$, daß die Relation R eine Teilmenge des kartesischen Produkts der n Domänen **dom**(A_1), **dom**(A_2), ..., **dom**(A_n) ist, also:

$$R \subseteq \mathbf{dom}(A_1) \times \mathbf{dom}(A_2) \times \cdots \times \mathbf{dom}(A_n)$$

Der Primärschlüssel der Relation wird durch Unterstreichung gekennzeichnet. In dem *Telefonbuch*-Beispiel gehen wir davon aus, daß es pro *Telefon#* nur einen Eintrag geben kann[1].

3.2 Umsetzung eines konzeptuellen Schemas in ein relationales Schema

Das Entity-Relationship Modell besitzt zwei grundlegende Strukturierungskonzepte:

1. Entitytypen und

2. Beziehungstypen.

Dem steht im relationalen Modell nur ein einziges Strukturierungskonzept – nämlich die Relation – gegenüber. Also werden sowohl Entitytypen als auch Beziehungstypen jeweils auf eine Relation abgebildet.

3.2.1 Relationale Darstellung von Entitytypen

Wir wollen uns zunächst die vier Entitytypen unseres Universitätsschemas anschauen (Das ER-Schema ist in Abbildung 3.1 nochmals dargestellt):

Studenten : {[MatrNr : integer, Name : string, Semester : integer]}
Vorlesungen : {[VorlNr : integer, Titel : string, SWS : integer]}
Professoren : {[PersNr : integer, Name : string, Rang : string, Raum : integer]}
Assistenten : {[PersNr : integer, Name : string, Fachgebiet : string]}

Wir haben an dieser Stelle vorerst bewußt auf die Modellierung der Generalisierung von *Assistenten* und *Professoren* zu *Angestellten* im relationalen Schema verzichtet. Die Generalisierung wird nämlich im relationalen Modell nicht explizit unterstützt; sie kann aber durch Ausnutzung der verfügbaren Strukturen „imitiert" werden – mehr dazu in Abschnitt 3.3.3.

3.2.2 Relationale Darstellung von Beziehungen

Wir müssen uns nun Gedanken zur Umsetzung der Beziehungstypen in ein relationales Schema machen. Im *Initial*-Entwurf wird für jeden Beziehungstyp eine eigene Relation definiert – einige dieser Relationen können später in der Schemaverfeinerung (siehe Abschnitt 3.3) mit anderen Relationen zusammengefaßt und somit wieder eliminiert werden.

---

[1]Man beachte, daß dies in der Realität nicht der Fall ist, da man (in Deutschland) zu einem Telefonanschluß zusätzliche Einträge ins Telefonbuch einfügen lassen kann.

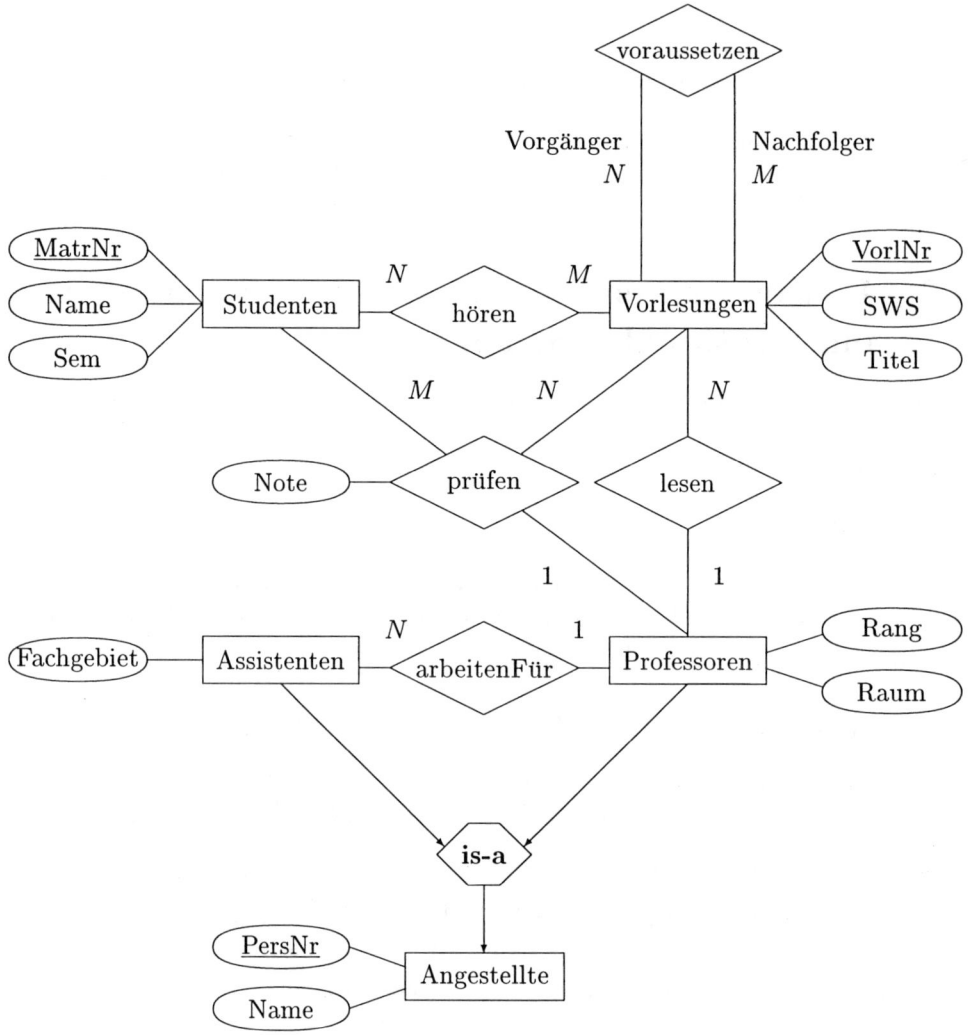

Abb. 3.1: Konzeptuelles Schema der Universität (wiederholt)

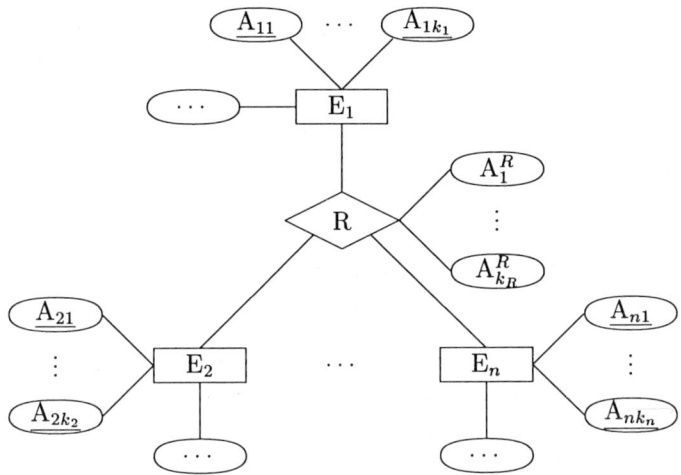

Abb. 3.2: Beispiel einer allgemeinen n-stelligen Beziehung

Wir wollen zunächst das Grundprinzip der Umsetzung von Beziehungstypen vorstellen. Dazu betrachten wir die abstrakte n-stellige Beziehung R in Abbildung 3.2. Dieser Beziehungstyp stellt eine Zuordnung zwischen n Entitytypen her. Das relationale Pendant hat folgende Form:

$$R : \{[\underbrace{A_{11}, \dots, A_{1k_1}}_{\text{Schlüssel von } E_1}, \underbrace{A_{21}, \dots, A_{2k_2}}_{\text{Schlüssel von } E_2}, \dots, \underbrace{A_{n1}, \dots, A_{nk_n}}_{\text{Schlüssel von } E_n}, \underbrace{A_1^R, \dots, A_{k_R}^R}_{\text{Attribute von } R}]\}$$

Die zugehörige Relation R enthält also alle Schlüsselattribute der Entitytypen $E_1, \dots, E_n$ und zusätzlich die der Beziehung zugeordneten Attribute $A_1^R, \dots, A_{k_R}^R$. Diese Schlüsselattribute der Entitytypen nennt man *Fremdschlüssel*, da sie dazu dienen, Tupel (bzw. Entities) aus anderen Relationen (bzw. Entitytypen) zu identifizieren, um dadurch die Zuordnung innerhalb der Beziehung R zu modellieren.

Es kann notwendig sein, daß man in der relationalen Modellierung einige der aus den Entitytypen übernommenen Attributnamen umbenennen muß. Dies kann zum einen zwingend notwendig sein, wenn Attribute in unterschiedlichen Entitytypen gleichbenannt sind. Zum anderen kann eine Umbenennung sinnvoll sein, um die Bedeutung der Attribute als Fremdschlüssel zu betonen.

Für unser Universitätsschema ergibt sich – gemäß der oben am abstrakten Beispiel dargestellten Vorgehensweise – folgende Modellierung der Beziehungstypen:

hören : {[MatrNr : integer, VorlNr : integer]}

lesen : {[PersNr : integer, VorlNr : integer]}

arbeitenFür : {[AssiPersNr : integer, ProfPersNr : integer]}

voraussetzen : {[Vorgänger : integer, Nachfolger : integer]}

prüfen : {[MatrNr : integer, VorlNr : integer, PersNr : integer, Note : decimal]}

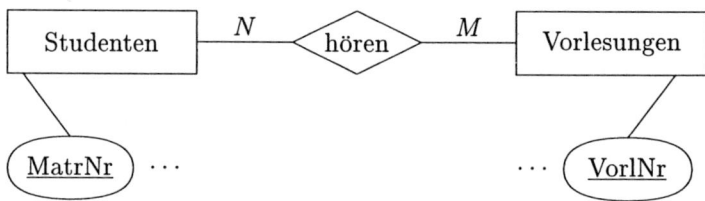

Abb. 3.3: Beispiel einer N:M-Beziehung: *hören*

In obigem Relationenschema sind die *Schlüssel* wiederum durch Unterstreichung gekennzeichnet. Wir wollen an dieser Stelle nur intuitiv den Schlüsselbegriff, der schon für das ER-Modell eingeführt worden war, erläutern: Ein Schlüssel einer Relation stellt eine *minimale* Menge von Attributen dar, deren Werte die Tupel innerhalb der Relation eindeutig identifizieren. Mit anderen Worten, es können nicht mehrere Tupel mit gleichen Werten für alle zu einem Schlüssel gehörenden Attribute existieren. Wenn es mehrere Schlüssel (-Kandidaten) gibt, wird meist ein sogenannter *Primärschlüssel* ausgewählt. Eine detailliertere und formalere Behandlung des Schlüsselbegriffs wird in Kapitel 6 gegeben.

Wenden wir uns nun nochmals der Beziehung *hören* zu, die in Abbildung 3.3 isoliert dargestellt ist. Die zugehörige Relation *hören* hat den Schlüssel {*MatrNr*, *VorlNr*}, da Studenten i.a. mehrere Vorlesungen belegen und umgekehrt Vorlesungen i.a. von mehreren Studenten besucht werden. Generell gilt bei der Umsetzung von N:M-Beziehungen, daß die Menge *aller* Fremdschlüsselattribute den Schlüssel der Relation bildet. Wir wollen dies an einer Beispielausprägung der Relation *hören* intuitiv demonstrieren:

Studenten	
MatrNr	...
26120	...
27550	...
...	...

hören	
MatrNr	VorlNr
26120	5001
27550	5001
27550	4052
28106	5041
28106	5052
28106	5216
28106	5259
29120	5001
29120	5041
29120	5049
29555	5022
25403	5022
29555	5001

Vorlesungen	
VorlNr	...
5001	...
4052	...
...	...

Es ist ersichtlich, daß die Werte des Attributs *MatrNr* aus *hören* als Fremdschlüssel auf Tupel der Relation *Studenten* verweisen. Analog verweisen die Werte des Attributs *VorlNr* aus *hören* auf Tupel der Relation *Vorlesungen*. Zu einer ge-

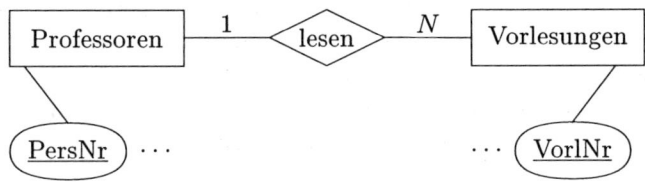

Abb. 3.4: Beispiel einer 1:N-Beziehung: *lesen*

gebenen *MatrNr* – z.B. 27550 – gibt es mehrere Einträge in der Relation *hören*. Gleichfalls gibt es zu einer gegebenen *VorlNr* mehrere Einträge.

Anders verhält es sich bei der Umsetzung von 1:N-Beziehungen. Ein Beispiel dafür ist die Relation (bzw. der Beziehungstyp) *lesen*, wodurch Professoren mit den von ihnen gehaltenen Vorlesungen assoziiert werden (siehe Abbildung 3.4).

Da eine Vorlesung von nur einem Professor bzw. einer Professorin gehalten wird, hat die zugehörige Relation *lesen* den Schlüssel {*VorlNr*}. Dies ergibt sich auch aus der funktionalen Sichtweise der Beziehung *lesen*, die man – wie in Kapitel 2 beschrieben – als eine (partielle) Funktion der folgenden Form auffassen kann:

$$\text{lesen} : \text{Vorlesungen} \rightarrow \text{Professoren}$$

Es sollte ausdrücklich betont werden, daß die Funktion bei einer 1:N-Beziehung nicht in der anderen „Richtung" gegeben ist. Also ist *lesen* keine Funktion von *Professoren* nach *Vorlesungen*, da *Professoren* i.a. mehrere *Vorlesungen* halten.

Die beiden restlichen binären Beziehungstypen unseres ER-Schemas werden wie folgt modelliert:

- *arbeitenFür* ist eine 1:N-Beziehung zwischen *Professoren* und *Assistenten* und kann als Funktion von *Assistenten* nach *Professoren* gesehen werden. Demzufolge hat die Relation *arbeitenFür* den Schlüssel {*AssiPersNr*}.

- *voraussetzen* ist eine rekursive N:M-Beziehung. Bei der relationalen Modellierung wurden die Rollen des ER-Schemas – nämlich *Vorgänger* und *Nachfolger* – als Attributnamen gewählt. Da es sich hierbei um eine N:M-Beziehung handelt, wird der Schlüssel der Relation *voraussetzen* von beiden Attributen {*Vorgänger, Nachfolger*} gebildet.

Bei der Beziehung *prüfen* handelt es sich um eine ternäre Beziehung. Gemäß unserer allgemeinen Vorgehensweise bei der Umsetzung von Beziehungstypen in Relationen übernehmen wir den Schlüssel *MatrNr* aus *Studenten*, den Schlüssel *VorlNr* aus *Vorlesungen* und den Schlüssel *PersNr* aus *Professoren*. Zusätzlich hat die Beziehung *prüfen* noch das Attribut *Note*. Der Schlüssel der Relation *prüfen* ergibt sich aus der Funktionalitätsangabe N:M:1 im ER-Schema, die aussagt, daß *prüfen* den Eigenschaften einer partiellen Funktion

$$\text{prüfen} : \text{Studenten} \times \text{Vorlesungen} \rightarrow \text{Professoren}$$

genügen muß. Mit anderen Worten, darf es zu einem Studenten/Vorlesungs-Paar höchstens einen Professor bzw. eine Professorin geben. Daraus folgt, daß *MatrNr* **und** *VorlNr* den Schlüssel der Relation *prüfen* darstellen.

Wir überlassen es den Lesern in Übungsaufgabe 3.2, die in Abschnitt 2.7.2 eingeführte dreistellige Beziehung *betreuen* relational umzusetzen.

3.3   Verfeinerung des relationalen Schemas

Das im Initialentwurf erzeugte relationale Schema läßt sich oftmals noch verfeinern. Dabei werden einige der Relationen eliminiert, die für die Modellierung von Beziehungstypen eingeführt worden waren. Dies ist aber *nur* für solche Relationen möglich, die 1:1-, 1:N- oder N:1-Beziehungen repräsentieren. Die Elimination der Relationen, die die allgemeinen N:M-Beziehungstypen repräsentieren, ist nicht sinnvoll und würde i.a. zu schwerwiegenden „Anomalien" führen.

Bei der Eliminierung von Relationen gilt es folgende Regel zu beachten:

Nur Relationen mit gleichem Schlüssel zusammenfassen!

3.3.1   1:N-Beziehungen

Wir betrachten dazu nochmals den Beziehungstyp *lesen*, der in Abbildung 3.4 dargestellt ist. Im Initialentwurf gab es drei Relationen:

$$\begin{array}{rcl} \text{Vorlesungen} & : & \{[\underline{\text{VorlNr}}, \text{Titel, SWS}]\} \\ \text{Professoren} & : & \{[\underline{\text{PersNr}}, \text{Name, Rang, Raum}]\} \\ \text{lesen} & : & \{[\underline{\text{VorlNr}}, \text{PersNr}]\} \end{array}$$

Gemäß der oben gegebenen Regel kann man die Relationen *Vorlesungen* und *lesen* zusammenfassen, so daß für diesen Ausschnitt zwei relevante Relationen im Schema verbleiben:

$$\begin{array}{rcl} \text{Vorlesungen} & : & \{[\underline{\text{VorlNr}}, \text{Titel, SWS, gelesenVon}]\} \\ \text{Professoren} & : & \{[\underline{\text{PersNr}}, \text{Name, Rang, Raum}]\} \end{array}$$

Hierbei stellt das Attribut *gelesenVon* einen Fremdschlüssel auf die Relation *Professoren* dar, d.h. Werte von *gelesenVon* entsprechen den *PersNr*-Werten von *Professoren*. Da jede Vorlesung nur von einer Person gelesen wird, gibt es für jedes Tupel in *Vorlesungen* nur ein einziges zugeordnetes Tupel aus *Vorlesungen*, das über das Attribut *gelesenVon* referenziert wird. Die Relationen *Vorlesungen* und *Professoren* haben dann z.B. folgende Ausprägung:

Vorlesungen			
VorlNr	Titel	SWS	gelesenVon
5001	Grundzüge	4	2137
5041	Ethik	4	2125
5043	Erkenntnistheorie	3	2126
5049	Mäeutik	2	2125
4052	Logik	4	2125
5052	Wissenschaftstheorie	3	2126
5216	Bioethik	2	2126
5259	Der Wiener Kreis	2	2133
5022	Glaube und Wissen	2	2134
4630	Die 3 Kritiken	4	2137

Professoren			
PersNr	Name	Rang	Raum
2125	Sokrates	C4	226
2126	Russel	C4	232
2127	Kopernikus	C3	310
2133	Popper	C3	52
2134	Augustinus	C3	309
2136	Curie	C4	36
2137	Kant	C4	7

Hierbei verweist z.B. der Wert 2137 des Attributs *gelesenVon* im ersten Tupel von *Vorlesungen* auf das letztgezeigte Tupel namens „Kant" in *Professoren*.

Es kann gar nicht eindringlich genug davor gewarnt werden, Relationen mit unterschiedlichen Schlüsseln zusammenzufassen. Ein häufig vorkommender Fehler besteht z.B. für die hier betrachtete Beziehung *lesen* darin, die Information in die Relation *Professoren* zu integrieren. Dies könnte man **fälschlicherweise** wie folgt versuchen:

Professoren′ : {[PersNr, liestVorl, Name, Rang, Raum]}

Hierdurch ändert sich natürlich der Schlüssel von *Professoren*, der jetzt aus 2 Attributen, nämlich {*PersNr, liestVorl*} besteht. Dies führt zu einer Redundanz von Teilen der gespeicherten Information, wie die folgende Beispielausprägung zeigt:

Professoren′				
PersNr	liestVorl	Name	Rang	Raum
2125	5041	Sokrates	C4	226
2125	5049	Sokrates	C4	226
2125	4052	Sokrates	C4	226
2126	5043	Russel	C4	232
2126	5052	Russel	C4	232
2126	5216	Russel	C4	232
...	...	...	...	...

Bei dieser Modellierung werden z.B. der *Name*, der *Rang* und der *Raum* von Sokrates und Russel dreimal abgespeichert. Das hat zum einen einen höheren Speicher-

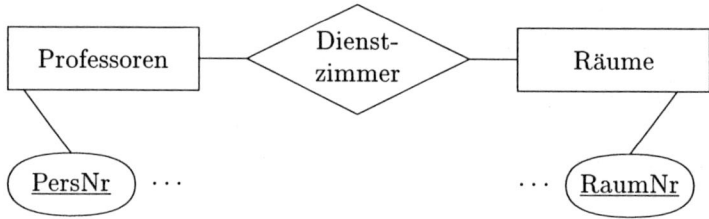

Abb. 3.5: Beispiel einer 1:1-Beziehung

bedarf zur Folge, zum anderen führt die Redundanz zum schwerwiegenderen Problem der sogenannten Update-Anomalien.[2] Wenn z.B. Russel vom Raum 232 in den Raum 278 umzieht, muß man dies in allen drei gespeicherten Tupeln ändern, um eine konsistente Datenbasis zu gewährleisten.

Auf analoge Weise wird die Beziehung *arbeitenFür* behandelt. Wegen der 1:N-Funktionalität kann man die Beziehung in der Relation *Assistenten* modellieren, so daß diese Relation folgendes Schema hat:

$$\text{Assistenten} : \{[\underline{\text{PersNr}}, \text{Name}, \text{Fachgebiet}, \text{Boss}]\}$$

3.3.2 1:1-Beziehungen

Bei der relationalen Modellierung von 1:1-Beziehungen hat man mehr Freiraum als bei 1:N-Beziehungen. Betrachten wir dazu die Beziehung *Dienstzimmer* aus Abbildung 3.5. Hier wird die Zuordnung zwischen *Professoren* und den *Räumen*, die sie als *Dienstzimmer* verwenden, explizit als Beziehungstyp dargestellt. In unserem konzeptuellen Schema aus Abbildung 3.1 hatten wir dies vereinfacht als ein Attribut *Raum* modelliert.

Im Initialentwurf könnte man diesen Ausschnitt wie folgt repräsentieren:

$$\begin{aligned}
\text{Professoren} &: \{[\underline{\text{PersNr}}, \text{Name}, \text{Rang}]\} \\
\text{Räume} &: \{[\underline{\text{RaumNr}}, \text{Größe}, \text{Lage}]\} \\
\text{Dienstzimmer} &: \{[\underline{\text{PersNr}}, \text{RaumNr}]\}
\end{aligned}$$

In der obigen Schemadefinition ist *PersNr* als Primärschlüssel von *Dienstzimmer* markiert. Wir hätten aber genauso gut die *RaumNr* als Primärschlüssel auswählen können, da auch *RaumNr* wegen der 1:1-Funktionalität der Beziehung einen Kandidatenschlüssel bildet.

Da also *Professoren* und *Dienstzimmer* denselben Schlüssel haben, kann man sie nach der oben angegebenen Regel zusammenfassen. Nach Zusammenfassung der Relationen *Professoren* und *Dienstzimmer* erhält man folgendes Schema:

$$\begin{aligned}
\text{Professoren} &: \{[\underline{\text{PersNr}}, \text{Name}, \text{Rang}, \text{Raum}]\} \\
\text{Räume} &: \{[\underline{\text{RaumNr}}, \text{Größe}, \text{Lage}]\}
\end{aligned}$$

---

[2]Dies wird systematisch in Kapitel 6 behandelt.

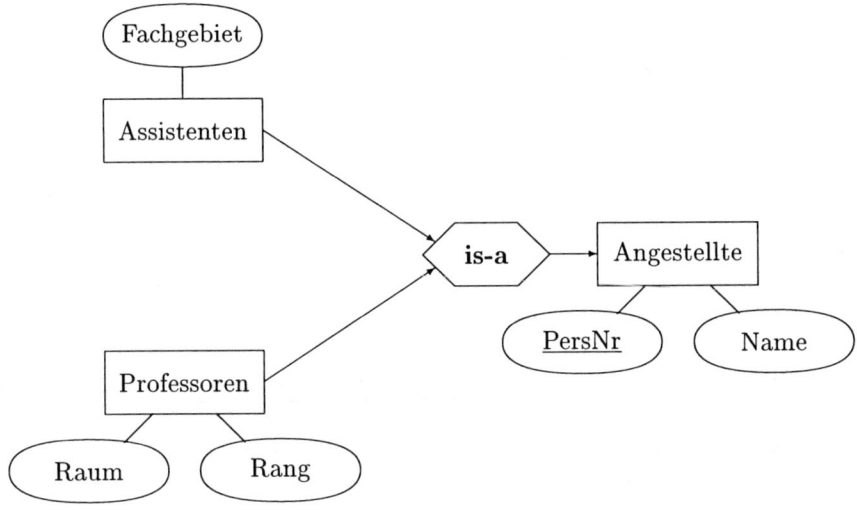

Abb. 3.6: Isolierte Darstellung der Generalisierung von *Professoren* und *Assistenten* zu *Angestellte*

Die Relation *Professoren* entspricht jetzt wieder unserem Originalentwurf, wobei das Attribut *Raum* eigentlich die Nummer des betreffenden Raums repräsentiert.

Wir hätten aber ebensogut auch die Relationen *Dienstzimmer* und *Räume* zusammenfassen können, da, wie gesagt, auch *RaumNr* einen Schlüssel von *Dienstzimmer* bildet:

$$\text{Professoren} \quad : \quad \{[\underline{\text{PersNr}}, \text{Name}, \text{Rang}]\}$$
$$\text{Räume} \quad : \quad \{[\underline{\text{RaumNr}}, \text{Größe}, \text{Lage}, \text{ProfPersNr}]\}$$

Hierbei verweist das Attribut *ProfPersNr* auf Tupel der Relation *Professoren*. Diese Modellierung hat allerdings den Nachteil, daß viele Tupel einen sogenannten Nullwert für das Attribut *ProfPersNr* haben, da viele Räume nicht als Dienstzimmer von Professoren genutzt werden. Ein *NULL*-Eintrag repräsentiert den Wert „unbekannt" oder „nicht anwendbar". Wegen der Problematik im Umgang mit Nullwerten ist die erste Modellierung der Beziehung *Dienstzimmer* vorzuziehen.

3.3.3 Relationale Modellierung der Generalisierung

Schauen wir uns nochmals die in Abbildung 3.6 isoliert dargestellte Generalisierung von *Assistenten* und *Professoren* zu *Angestellte* an. Eine sehr einfache relationale Repräsentation wäre die folgende:

$$\text{Angestellte} \quad : \quad \{[\underline{\text{PersNr}}, \text{Name}]\}$$
$$\text{Professoren} \quad : \quad \{[\underline{\text{PersNr}}, \text{Rang}, \text{Raum}]\}$$
$$\text{Assistenten} \quad : \quad \{[\underline{\text{PersNr}}, \text{Fachgebiet}]\}$$

Hierbei würde die Information zu einem Professor bzw. einer Professorin, wie z.B.

$$[2136, \text{Curie}, \text{C4}, 36]$$

auf zwei Tupel aufgeteilt, nämlich

$$[2136, \text{Curie}] \quad \text{und} \quad [2136, \text{C4}, 36]$$

Das erste Tupel ist in der Relation *Angestellte*, das zweite in der Relation *Professoren* zu finden. Um die vollständige Information zu Curie zu erhalten, muß man die beiden Tupel verbinden (joinen).

Diese Darstellung hat also den Nachteil, daß in den Relationen, die Spezialisierungen repräsentieren, nicht die volle Information verfügbar ist. Mit anderen Worten, die *Vererbung* ist nicht realisiert.

Leider verfügt das relationale Modell über keine Vererbungskonstrukte. Wir werden lediglich in Abschnitt 4.17 diskutieren, inwieweit das Sichtenkonzept relationaler DBMS die Modellierung von Generalisierung/Spezialisierung und der damit verbundenen Vererbung unterstützen kann.

3.3.4 Beispielausprägung der Universitäts-Datenbank

In Abbildung 3.7 ist eine Beispielausprägung der Universitäts-Datenbasis gezeigt. Das zugrundeliegende Schema enthält folgende Relationen:

$$
\begin{aligned}
\text{Studenten} \; &: \; \{[\underline{\text{MatrNr}} : \text{integer}, \text{Name} : \text{string}, \text{Semester} : \text{integer}]\} \\
\text{Vorlesungen} \; &: \; \{[\underline{\text{VorlNr}} : \text{integer}, \text{Titel} : \text{string}, \text{SWS} : \text{integer}, \text{gelesenVon} : \text{integer}]\} \\
\text{Professoren} \; &: \; \{[\underline{\text{PersNr}} : \text{integer}, \text{Name} : \text{string}, \text{Rang} : \text{string}, \text{Raum} : \text{integer}]\} \\
\text{Assistenten} \; &: \; \{[\underline{\text{PersNr}} : \text{integer}, \text{Name} : \text{string}, \text{Fachgebiet} : \text{string}, \text{Boss} : \text{integer}]\} \\
\text{hören} \; &: \; \{[\underline{\text{MatrNr}} : \text{integer}, \underline{\text{VorlNr}} : \text{integer}]\} \\
\text{voraussetzen} \; &: \; \{[\underline{\text{Vorgänger}} : \text{integer}, \underline{\text{Nachfolger}} : \text{integer}]\} \\
\text{prüfen} \; &: \; \{[\underline{\text{MatrNr}} : \text{integer}, \underline{\text{VorlNr}} : \text{integer}, \text{PersNr} : \text{integer}, \text{Note} : \text{integer}]\}
\end{aligned}
$$

3.3.5 Relationale Modellierung schwacher Entitytypen

Obwohl unser Universitätsschema keine schwachen Entitytypen enthält, wollen wir doch nicht versäumen, deren relationale Repräsentation zu diskutieren. Dazu betrachten wir das Beispielschema aus Abbildung 2.12 (auf Seite 45), in dem *Prüfungen* als existenzabhängiger, schwacher Entitytyp dem „starken" Entitytyp *Studenten* untergeordnet wurde. Dieser schwache Entitytyp läßt sich relational wie folgt repräsentieren:

$$\text{Prüfungen} : \{[\underline{\text{MatrNr}} : \text{integer}, \underline{\text{PrüfTeil}} : \text{string}, \text{Note} : \text{integer}]\}$$

Die Relation *Prüfungen* hat also einen zusammengesetzten Schlüssel bestehend aus der *MatrNr* aus *Studenten* und der *PrüfTeil*-Kennung, die alle Prüfungen eines Studenten bzw. einer Studentin eindeutig identifiziert.

Die dem Entitytyp *Prüfungen* zugeordneten binären Beziehungen *umfassen* und *abhalten* lassen sich jetzt wie gehabt repräsentieren:

Professoren			
PersNr	Name	Rang	Raum
2125	Sokrates	C4	226
2126	Russel	C4	232
2127	Kopernikus	C3	310
2133	Popper	C3	52
2134	Augustinus	C3	309
2136	Curie	C4	36
2137	Kant	C4	7

Studenten		
MatrNr	Name	Semester
24002	Xenokrates	18
25403	Jonas	12
26120	Fichte	10
26830	Aristoxenos	8
27550	Schopenhauer	6
28106	Carnap	3
29120	Theophrastos	2
29555	Feuerbach	2

Vorlesungen			
VorlNr	Titel	SWS	gelesenVon
5001	Grundzüge	4	2137
5041	Ethik	4	2125
5043	Erkenntnistheorie	3	2126
5049	Mäeutik	2	2125
4052	Logik	4	2125
5052	Wissenschaftstheorie	3	2126
5216	Bioethik	2	2126
5259	Der Wiener Kreis	2	2133
5022	Glaube und Wissen	2	2134
4630	Die 3 Kritiken	4	2137

voraussetzen	
Vorgänger	Nachfolger
5001	5041
5001	5043
5001	5049
5041	5216
5043	5052
5041	5052
5052	5259

hören	
MatrNr	VorlNr
26120	5001
27550	5001
27550	4052
28106	5041
28106	5052
28106	5216
28106	5259
29120	5001
29120	5041
29120	5049
29555	5022
25403	5022
29555	5001

Assistenten			
PersNr	Name	Fachgebiet	Boss
3002	Platon	Ideenlehre	2125
3003	Aristoteles	Syllogistik	2125
3004	Wittgenstein	Sprachtheorie	2126
3005	Rhetikus	Planetenbewegung	2127
3006	Newton	Keplersche Gesetze	2127
3007	Spinoza	Gott und Natur	2134

prüfen			
MatrNr	VorlNr	PersNr	Note
28106	5001	2126	1
25403	5041	2125	2
27550	4630	2137	2

Abb. 3.7: Beispielausprägung unserer Universitäts-Datenbank

$$\text{umfassen} \quad : \quad \{[\underline{\text{MatrNr} : \text{integer}}, \underline{\text{PrüfTeil} : \text{string}}, \text{VorlNr} : \text{integer}]\}$$
$$\text{abhalten} \quad : \quad \{[\underline{\text{MatrNr} : \text{integer}}, \underline{\text{PrüfTeil} : \text{string}}, \text{PersNr} : \text{integer}]\}$$

Man beachte, daß in diesem Fall der (global eindeutige) Schlüssel der Relation *Prüfungen*, nämlich *MatrNr* **und** *PrüfTeil* als Fremdschlüssel in die Relationen *umfassen* und *abhalten* übernommen werden muß. Da es sich bei diesen beiden Beziehungen um allgemeine $N{:}M$-Beziehungen handelt, bilden alle Fremdschlüssel zusammen den Schlüssel – und es ist deshalb auch keine Zusammenfassung einer dieser Relationen mit der Relation *Prüfungen* möglich. Die Leser mögen bitte diskutieren, inwieweit sich eine Einschränkung auf einen Prüfer pro Prüfung auf dieses Schema auswirken würde.

3.4 Die relationale Algebra

Natürlich benötigt man neben der Strukturbeschreibung (d.h. dem Datenbankschema) auch eine Sprache, mit der man Informationen aus der Datenbank extrahieren kann.[3] Es gibt zwei formale Sprachen, die für die Anfrageformulierung in relationalen Datenbanken konzipiert wurden. Es handelt sich hierbei um

1. die relationale Algebra (oder Relationenalgebra) und

2. den Relationenkalkül.

Der Relationenkalkül ist eine rein deklarative Sprache, in der spezifiziert wird, *welche* Daten man erhalten will bzw. welche Kriterien diese Daten erfüllen müssen, aber nicht *wie* die Anfrage ausgewertet werden kann. Die erstgenannte Sprache, die relationale Algebra, ist stärker *prozedural* orientiert, d.h. ein relationenalgebraischer Ausdruck beinhaltet implizit einen Abarbeitungsplan, wie die Anfrage auszuwerten ist. Deshalb spielt die Relationenalgebra eine größere Rolle bei der Realisierung von Datenbanksystemen – und insbesondere bei der Anfrageoptimierung (siehe Kapitel 8). Beide Sprachen sind *abgeschlossen*, d.h. die Ergebnisse der Anfragen sind wiederum Relationen.

Wir werden zunächst die Operatoren der Relationenalgebra behandeln und anschließend in Abschnitt 3.5 die zwei Ausprägungsformen des Relationenkalküls beschreiben.

3.4.1 Selektion

Bei der *Selektion* werden diejenigen Tupel einer Relation ausgewählt, die das sogenannte *Selektionsprädikat* erfüllen. Die Selektion wird mit σ bezeichnet und hat das Selektionsprädikat als Subskript. Ein Beispiel für die Selektion wäre folgende Anfrage:

---

[3]Zusätzlich benötigt man selbstverständlich auch noch eine Datenmanipulationssprache (DML) zum Einfügen, Verändern und Löschen von Informationen. Die DML wird erst in Kapitel 4 eingeführt.

$$\sigma_{\text{Semester}>10}(\text{Studenten})$$

In dieser Anfrage werden die „Dauerstudenten" aus der Datenbank extrahiert. Das Ergebnis wäre dann für unsere Beispielausprägung wie folgt:

$\sigma_{\text{Semester}>10}(\text{Studenten})$		
MatrNr	Name	Semester
24002	Xenokrates	18
25403	Jonas	12

Man kann sich die Auswertung der Selektion so vorstellen, daß jedes Tupel der Argumentrelation (hier *Studenten*) einzeln inspiziert wird, um das Prädikat (hier „*Semester* > 10") auszuwerten. Falls das Prädikat erfüllt ist, wird das Tupel in die Ergebnisrelation kopiert.

Allgemein ist das Selektionsprädikat eine Formel F, die aufgebaut ist aus

1. Attributnamen der Argumentrelation R oder Konstanten als Operanden,

2. den arithmetischen Vergleichsoperatoren $=, <, \leq, >, \geq, \neq$ und

3. den logischen Operatoren $\wedge$ (und), $\vee$ (oder) und $\neg$ (nicht).

Dann besteht das Ergebnis der Selektion

$$\sigma_F(R)$$

aus allen Tupeln $t \in R$, für die die Formel F erfüllt ist, wenn jedes Vorkommen eines Attributnamens A in F durch den Wert $t.A$ ersetzt wird.

3.4.2 Projektion

Während bei der Selektion einzelne Zeilen (Tupel) einer Tabelle (Relation) ausgewählt werden, werden bei der Projektion Spalten (Attribute) der Argumentrelation extrahiert. Die Projektion wird mit dem Operatorsymbol Π bezeichnet und enthält die Menge der Attributnamen im Subskript. Als Beispiel betrachten wir folgenden relationenalgebraischen Ausdruck:

$$\Pi_{\text{Rang}}(\text{Professoren})$$

An diesem Beispiel ist schon ersichtlich, daß sich eine „saloppe" Terminologie eingebürgert hat: Die Attributmenge, auf die projiziert werden soll, wird oft nicht als Menge, sondern einfach als durch Kommata getrennte Sequenz angegeben – man läßt also die Mengenklammern weg. In der obigen Anfrage werden die in der aktuellen Ausprägung vorkommenden Werte des *Rang*-Attributs aus der Argumentrelation *Professoren* gesucht. Das Ergebnis der Anfrage sieht dann wie folgt aus:

$\Pi_{\text{Rang}}(\text{Professoren})$
Rang
C4
C3

Es ist zu beachten, daß Duplikattupel, die durch die Beschränkung auf eine Teilmenge der Attribute der Argumentrelation auftreten können, vor der Ergebnisausgabe eliminiert werden müssen.

Die Duplikateliminierung kann entfallen, wenn in der Projektion ein (vollständiger) Schlüssel der Relation enthalten ist. In diesem Fall können wegen der Schlüsseleigenschaft keine zwei Tupel vollständig gleiche Attributwerte besitzen, und somit wäre die Duplikateliminierung wirkungslos (aber nicht kostenlos – in Bezug auf die Laufzeit eines realen Systems).

3.4.3   Vereinigung

Zwei Relationen mit gleichem Schema – d.h. mit gleichen Attributnamen und Attributtypen (Domänen) – kann man durch die Vereinigung zu einer Relation zusammenfassen. Als Beispiel betrachten wir folgenden Ausdruck:

$$\Pi_{\text{PersNr, Name}}(\text{Assistenten}) \cup \Pi_{\text{PersNr, Name}}(\text{Professoren})$$

In dieser Anfrage werden zunächst die beiden Relationen *Assistenten* und *Professoren* durch die jeweiligen Projektionen in das gleiche Schema „gezwängt". Danach kann die Vereinigung auf der Basis dieser beiden schemagleichen, temporären Argumentrelationen, nämlich $\Pi_{PersNr,\ Name}(\text{Assistenten})$ und $\Pi_{PersNr,\ Name}(\text{Professoren})$, durchgeführt werden. Als Ergebnis erhalten wir in diesem Beispiel eine Relation mit insgesamt 13 Tupeln. Auch bei der Vereinigungsoperation muß eine Duplikatelimination durchgeführt werden, da durch das Zusammenbringen der Tupel aus zwei Argumentrelationen u.U. Duplikate auftreten können.[4]

3.4.4   Mengendifferenz

Für zwei Relationen R und S mit gleichem Schema ist die Mengendifferenz

$$R - S$$

definiert als die Menge der Tupel, die in R aber nicht in S vorkommen.

Als Beispiel können wir die Menge der Studenten – genauer gesagt, deren *MatrNr* – ermitteln, die noch keine Prüfung abgelegt haben:

$$\Pi_{\text{MatrNr}}(\text{Studenten}) - \Pi_{\text{MatrNr}}(\text{prüfen})$$

3.4.5   Kartesisches Produkt (Kreuzprodukt)

Das Kreuzprodukt zweier Relationen R und S wird als

$$R \times S$$

---

[4]Bei der Vereinigung muß in jedem Fall die Duplikateliminierung durchgeführt werden – auch wenn von beiden Relationen der Schlüssel übernommen wird. Warum?

gebildet und enthält alle $|R| * |S|$ möglichen Paare von Tupeln aus R und S. Das Schema der Ergebnisrelation, also $\mathbf{sch}(R \times S)$, ist die Vereinigung der Attribute aus $\mathbf{sch}(R)$ und $\mathbf{sch}(S)$:

$$\mathbf{sch}(R \times S) = \mathbf{sch}(R) \cup \mathbf{sch}(S) = \mathcal{R} \cup \mathcal{S}$$

Beim kartesischen Produkt kann es natürlich vorkommen, daß die beiden Argumentrelationen zwei (oder mehr) gleich benannte Attribute enthalten. In diesem Fall wird eine eindeutige Benennung dadurch erzwungen, daß dem Attributnamen der Relationenname, gefolgt von einem Punkt, vorangestellt wird. Das Attribut A aus R wird beispielsweise mit $R.A$ und das gleichnamige Attribut A aus S mit $S.A$ bezeichnet. Diese um den Relationennamen erweiterten Attributbezeichner nennt man auch *qualifizierte* Attributnamen.

Als Beispiel einer Kreuzprodukt-Operation betrachten wir *Professoren* $\times$ *hören*. Die Ergebnisrelation hat folgende Gestalt:

Professoren×hören					
Professoren				hören	
PersNr	Name	Rang	Raum	MatrNr	VorlNr
2125	Sokrates	C4	226	26120	5001
...	...	...	...	...	...
2125	Sokrates	C4	226	29555	5001
...	...	...	...	...	...
2137	Kant	C4	7	29555	5001

Diese Relation ist also sechsstellig und enthält insgesamt 91 ($= 7 * 13$) Tupel – bezogen auf unsere Beispielausprägungen von *Professoren* (mit 7 Tupeln) und *hören* (mit 13 Tupeln). In diesem Beispiel ist die Qualifizierung der Attribute nicht notwendig, da die Attributnamen paarweise unterschiedlich sind.

3.4.6 Umbenennung von Relationen und Attributen

Manchmal ist es notwendig, dieselbe Relation mehrfach in einer Anfrage zu verwenden. Dazu wird dann – zumindest logisch – eine vollständige zusätzliche Kopie der Relation generiert. In diesem Fall muß zumindest eine der Relationen umbenannt werden. Dafür wird der Operator ρ verwendet, wobei im Subskript der neue Name der Relation angegeben wird. Z.B. kann man die Relation *voraussetzen* wie folgt in *V1* umbenennen:

$$\rho_{V1}(\text{voraussetzen})$$

Betrachten wir nun ein Beispiel, in dem die Umbenennung notwendig ist: Wir wollen die indirekten Vorgänger 2. Stufe (also die Vorgänger der Vorgänger) der Vorlesung mit Nummer 5216 herausfinden. Dies läßt sich mit folgendem relationenalgebraischen Ausdruck erreichen:

$$\Pi_{V1.\text{Vorgänger}}(\sigma_{V2.\text{Nachfolger}=5216 \wedge V1.\text{Nachfolger}=V2.\text{Vorgänger}}$$
$$(\rho_{V1}(\text{voraussetzen}) \times \rho_{V2}(\text{voraussetzen})))$$

Diese Anfrage wird abgearbeitet, indem zunächst das kartesische Produkt der beiden Relationen *V1* und *V2* gebildet wird, die jeweils Kopien der (gespeicherten) Relation *voraussetzen* darstellen:

V1		V2	
Vorgänger	Nachfolger	Vorgänger	Nachfolger
5001	5041	5001	5041
. . .	. . .	. . .	. . .
5001	5041	5041	5216
. . .	. . .	. . .	. . .
5052	5259	5052	5259

Unter den Tupeln des Kreuzprodukts werden diejenigen ausgewählt (selektiert), für die die beiden nachfolgenden Bedingungen gelten:

1. V2.Nachfolger = 5216

2. V1.Nachfolger = V2.Vorgänger

Aus diesen selektierten Tupeln wird dann das Attribut *V1. Vorgänger* projiziert. Für unsere Beispiel-Datenbank aus Abbildung 3.7 besteht das Ergebnis dieser Anfrage aus dem einen einstelligen Tupel [5001]. Die Herleitung des Ergebnisses ist oben gezeigt: Die Vorlesung 5001 ist der Vorgänger von Vorlesung 5041, die wiederum Vorgänger der Vorlesung 5216 ist.

Der ρ-Operator wird auch zur Umbenennung von Attributen einer Relation verwendet. Als Beispiel betrachten wir die Umbenennung des Attributs *Vorgänger* der Relation *voraussetzen*:

$$\rho_{\text{Voraussetzung}\leftarrow\text{Vorgänger}}(\text{voraussetzen})$$

Hierdurch wird das Attribut in *Voraussetzung* umbenannt. Da eine Relation i.a. mehrere Attribute besitzt, müssen bei der Attributumbenennung der Originalname (auf der rechten Seite vom Pfeil) und der neue Name (links vom Pfeil) angegeben werden. Wir werden später in Abschnitt 3.4.8 die Notwendigkeit der Attributumbenennung im Zusammenhang mit dem Joinoperator sehen.

3.4.7 Definition der relationalen Algebra

Die bislang eingeführten Operatoren sind ausreichend, um die relationale Algebra formal definieren zu können. Die Basisausdrücke der relationalen Algebra sind entweder

- Relationen der Datenbank oder

- konstante Relationen.

Ein allgemeiner Relationenalgebra-Ausdruck wird aus „kleineren" Algebraausdrücken konstruiert. Seien E_1 und E_2 relationale Algebraausdrücke – also z.B. Basisausdrücke oder auch selbst schon komplexere zusammengesetzte Ausdrücke. Dann sind die folgenden Ausdrücke auch gültige Algebraausdrücke:

- $E_1 \cup E_2$, wobei E_1 und E_2 das gleiche Schema haben müssen – also $\mathbf{sch}(E_1) = \mathbf{sch}(E_2)$.

- $E_1 - E_2$, wiederum Schemagleichheit vorausgesetzt.

- $E_1 \times E_2$.

- $\sigma_P(E_1)$, mit einem Prädikat P über den Attributen in E_1.

- $\Pi_S(E_1)$, mit einer Attributliste S, deren Attribute in dem Schema von E_1 vorkommen.

- $\rho_V(E_1)$ und $\rho_{A \leftarrow B}(E_1)$, wobei B ein Attributname der Relation E_1 ist, und A nicht als Attributname in E_1 vorkommt.

Im folgenden werden einige weitere Operatoren der Relationenalgebra eingeführt. Streng genommen handelt es sich bei diesen zusätzlichen Operatoren um sogenannten „syntaktischen Zucker," da sie die Ausdrucksfähigkeit nicht erhöhen. Sie können alle durch Kombinationen der bereits eingeführten Operatoren ausgedrückt werden.

3.4.8 Der relationale Verbund (Join)

Wir haben bereits das Kreuzprodukt (kartesisches Produkt) als einen relationalen Operator zur Verknüpfung von zwei (oder mehreren) Relationen eingeführt. Der Nachteil des Kreuzproduktes besteht in der immensen „Aufblähung" der zu verarbeitenden Tupelmenge, da das Ergebnis des Kreuzprodukts $n * m$ Tupel enthält, wenn die beiden Argumentrelationen n bzw. m Tupel enthalten. Im allgemeinen sind die meisten der durch das Kreuzprodukt entstehenden Tupel auch irrelevant – vgl. dazu die Beispielanfrage in Abschnitt 3.4.5. Deshalb wird beim Verbundoperator (Join) gleich eine Filterung (bzw. Vorauswahl) der verknüpften Tupel vorgenommen.

Der natürliche Verbund

Der sogenannte *natürliche* Verbund zweier Argumentrelationen R und S wird mit $R \bowtie S$ gebildet. Wenn R insgesamt $m + k$ Attribute $A_1, \ldots, A_m, B_1, \ldots, B_k$ und S $n + k$ Attribute $B_1, \ldots, B_k, C_1, \ldots, C_n$ hat, dann hat $R \bowtie S$ die Stelligkeit $m + n + k$. Hierbei wird angenommen, daß die Attribute A_i und C_j für ($1 \leq i \leq m, 1 \leq j \leq n$) jeweils paarweise unterschiedlich sind – d.h. R und S haben nur $B_1, \ldots, B_k$ als gleichbenannte Attribute. In diesem Fall ist das Ergebnis von $R \bowtie S$ wie folgt definiert:

$$R \bowtie S = \Pi_{A_1, \ldots, A_m, R.B_1, \ldots, R.B_k, C_1, \ldots, C_n}(\sigma_{R.B_1 = S.B_1 \wedge \ldots \wedge R.B_k = S.B_k}(R \times S))$$

Logisch wird also das Kreuzprodukt gebildet, aus dem dann nur diejenigen Tupel selektiert werden, deren Attributwerte für gleichbenannte Attribute der beiden Argumentrelationen gleich sind. Weiterhin werden diese gleichbenannten Attribute in das Ergebnis nur einmal übernommen – das wird durch die abschließende Projektion erzielt. Tabellarisch kann man sich das Schema der Ergebnisrelation wie folgt veranschaulichen:

$R \bowtie S$											
$\mathcal{R} - \mathcal{S}$				$\mathcal{R} \cap \mathcal{S}$				$\mathcal{S} - \mathcal{R}$			
A_1	A_2	...	A_m	B_1	B_2	...	B_k	C_1	C_2	...	C_n
⋮	⋮	⋮	⋮	⋮	⋮	⋮	⋮	⋮	⋮	⋮	⋮

Als Beispiel für den natürlichen Verbund betrachten wir folgende Datenbankanfrage, in der wir *Studenten* mit den von ihnen gehörten *Vorlesungen* assoziieren:

$$(\text{Studenten} \bowtie \text{hören}) \bowtie \text{Vorlesungen}$$

In dieser Anfrage wird der Join zunächst für die Argumentrelationen *Studenten* und *hören* durchgeführt. Die so erzeugte Ergebnisrelation wird dann noch mit *Vorlesungen* verbunden. Das Ergebnis dieses sogenannten 3-Wege-Joins sieht dann wie folgt aus:

(Studenten $\bowtie$ hören) $\bowtie$ Vorlesungen						
MatrNr	Name	Semester	VorlNr	Titel	SWS	gelesenVon
26120	Fichte	10	5001	Grundzüge	4	2137
25403	Jonas	12	5022	Glaube und Wissen	2	2134
28106	Carnap	3	4052	Wissenschaftstheorie	3	2126
...	...	...	...	...	...	...

Man beachte, daß beim natürlichen Join die Qualifizierung der Attribute – also das Voranstellen des Relationennamens zur eindeutigen Benennung – nicht notwendig ist, da gleichbenannte Attribute nur einmal übernommen werden. Bei der Auswertung des ersten Joins *Studenten* $\bowtie$ hören erhält man eine vierstellige Ergebnisrelation, da *Studenten* (mit drei Attributen) und *hören* (mit zwei Attributen) nur ein gleichbenanntes Attribut – nämlich *MatrNr* – haben. Dieses Attribut nennt man das *Joinattribut*. Der zweite Join wird über dem Joinattribut *VorlNr* ausgewertet, dem einzigen gleichbenannten Attribut von (*Studenten* $\bowtie$ hören) und *Vorlesungen*.

Man hätte übrigens bei der Formulierung des obigen „3-Wege-Joins" die Klammerung auch weglassen können, also:

$$\text{Studenten} \bowtie \text{hören} \bowtie \text{Vorlesung}$$

Diese Formulierung hätte dann in zwei unterschiedlichen Reihenfolgen abgearbeitet werden können:

1. (Studenten $\bowtie$ hören) $\bowtie$ Vorlesungen

2. Studenten $\bowtie$ (hören $\bowtie$ Vorlesungen)

Der Joinoperator ist aber *assoziativ*, so daß die beiden Alternativen äquivalent sind. Logischerweise ist der Joinoperator auch *kommutativ* – siehe dazu Übungsaufgabe 3.12.

Es kommt manchmal vor, daß man Relationen über zwei Attribute „joinen" will, die zwar die gleiche Bedeutung aber unterschiedliche Benennungen haben. Ein Beispiel ist die Verbindung von *Vorlesungen* mit *Professoren*, wobei der Join über den Attributen *Vorlesungen.gelesenVon* und *Professoren.PersNr* auszuwerten ist. In diesem Fall ist eine Umbenennung zumindest eines der Attribute notwendig. Dies kann man mit dem überladenen ρ-Operator, der sowohl zur Relationen- als auch zur Attributumbenennung verwendet wird, durchführen. Für unser Beispiel erhalten wir also folgende Anfrage:

$$\text{Vorlesungen} \bowtie \rho_{\text{gelesenVon} \leftarrow \text{PersNr}}(\text{Professoren})$$

Die resultierende Relation hat dann folgendes Schema:

$$\{[\text{VorlNr, Titel, SWS, gelesenVon, Name, Rang, Raum}]\}$$

Allgemeiner Join

Beim natürlichen Verbund werden alle gleichbenannten Attribute der beiden Argumentrelationen betrachtet. Qualifizierende Tupel müssen für alle diese Attribute gleiche Werte aufweisen, um in das Ergebnis einzugehen. Der allgemeine Joinoperator, auch *Theta-Join* genannt, erlaubt die Spezifikation eines beliebigen Joinprädikats θ. Als abstraktes Beispiel betrachten wir die Relationen R und S mit Attributen $A_1, \ldots, A_n$ und $B_1, \ldots, B_m$. Ein Theta-Join dieser beiden Relationen sieht wie folgt aus:

$$R \bowtie_\theta S$$

Hierbei ist θ ein beliebiges Prädikat über den Attributen $A_1, \ldots, A_n, B_1, \ldots, B_m$. Ein Beispiel wäre:

$$R \bowtie_{A_1 > B_1 \wedge A_2 = B_2 \wedge A_3 < B_5} S$$

Das Ergebnis dieses Joins hat $n + m$ Attribute – unabhängig davon, ob einige Attribute gleich benannt sind. Wenn Attribute in R und S gleich benannt sind, werden sie durch Qualifizierung mit dem Namen ihrer Ursprungsrelation eindeutig benannt, also z.B. $R.A_1$ oder $S.B_1$.

$R \bowtie_\theta S$							
$\mathcal{R}$				$\mathcal{S}$			
A_1	A_2	...	A_n	B_1	B_2	...	B_m
$\vdots$	$\vdots$	$\vdots$	$\vdots$	$\vdots$	$\vdots$	$\vdots$	$\vdots$

Der Theta-Join ist also nur eine vereinfachte Formulierung des kartesischen Produkts gefolgt von der Selektion:

$$R \bowtie_\theta S = \sigma_\theta(R \times S)$$

Der wesentliche Unterschied besteht darin, daß der Join i.a. effizienter ausgewertet werden kann, da schon frühzeitig nicht qualifizierende Tupel aus dem Kreuzprodukt der beiden Argumentrelationen eliminiert werden können.

Einen Theta-Join der Form $R \bowtie_{R.A_i = S.B_j} S$ nennt man Equi-Join. Es können beim Equi-Join auch mehrere „="-Vergleiche konjunktiv verknüpft werden. Der Unterschied zum natürlichen Verbund besteht darin, daß die Attribute nicht notwendigerweise gleich benannt sein müssen und daß beide Attribute – sowohl $R.A_i$ als auch $S.B_j$ – ins Ergebnis übernommen werden; auch wenn sie gleich benannt sein sollten.

Um ein sinnvolles Beispiel für einen allgemeinen Join formulieren zu können, wollen wir das Schema der Relationen *Professoren* und *Assistenten* jeweils um das Attribut *Gehalt* erweitern. Dann könnte man an den folgenden Paaren von *Professoren* und *Assistenten* interessiert sein:

$$\text{Professoren} \bowtie_{\text{Professoren.Gehalt} < \text{Assistenten.Gehalt} \land \text{Boss} = \text{Professoren.PersNr}} \text{Assistenten}$$

Hierbei werden den *Professoren* die ihnen „untergebenen", aber besser bezahlten *Assistenten* zugeordnet. Das Schema der Ergebnisrelation hat demnach folgende Attribute: *Professoren.PersNr*, *Professoren.Name*, *Professoren.Rang*, *Professoren.Raum*, *Professoren.Gehalt*, *Assistenten.PersNr*, *Assistenten.Name*, *Assistenten.Boss*, *Assistenten.Fachgebiet*, *Assistenten.Gehalt*.

Weitere Join-Operatoren

Die bislang eingeführten Join-Operatoren nennt man manchmal auch „innere" Joins. Bei diesen Operatoren gehen im Ergebnis diejenigen Tupel der Argumentrelationen verloren, die keinen „Joinpartner" gefunden haben. Bei den *äußeren* Join-Operatoren (engl. *outer joins*) werden – je nach Typ des Joins – auch partnerlose Tupel der linken, der rechten bzw. beider Argumentrelation(en) „gerettet":

- linker äußerer Join, left outer join ($\bowtie$): Die Tupel der linken Argumentrelation bleiben in jedem Fall erhalten.

- rechter äußerer Join, right outer join ($\bowtie$): Die Tupel der rechten Argumentrelation bleiben in jedem Fall erhalten.

- (vollständiger) äußerer Join, (full) outer join ($\bowtie$): Die Tupel beider Argumentrelationen bleiben in jedem Fall erhalten.

In Abbildung 3.8 sind die drei unterschiedlichen äußeren Join-Operatoren auf die beiden abstrakten Argumentrelationen L und R angewendet. Das Ergebnis in der Relation *Resultat* hat dann für den linken äußeren Join folgende Form: Die beiden zueinander passenden Tupel $[a_1, b_1, c_1]$ der Relation L und $[c_1, d_1, e_1]$ der Relation R werden zum Ergebnistupel $[a_1, b_1, c_1, d_1, e_1]$ kombiniert. Das „linke" Tupel $[a_2, b_2, c_2]$ ohne Joinpartner in der rechten Relation R wird mit Nullwerten – hier als '–' dargestellt – aufgefüllt und in das Ergebnis übernommen.

Beim rechten äußeren Join wird entsprechend das Tupel $[c_3, d_2, e_2]$ aus R, dem der Joinpartner in L fehlt, nach links mit Nullwerten aufgefüllt.

Beim vollständigen äußeren Join werden Tupel ohne Joinpartner sowohl aus der linken als auch aus der rechten Argumentrelation gerettet und nach links bzw. nach rechts mit Nullwerten aufgefüllt.

Die äußeren Join-Operatoren sind natürlich durch Kombinationen anderer Relationenalgebra-Ausdrücke ersetzbar (siehe Übungsaufgabe 3.6).

Weiterhin sind in Abbildung 3.8 die sogenannten Semi-Join-Operatoren $\ltimes$ und $\rtimes$ am Beispiel gezeigt. Der Semi-Join von L mit R – in Zeichen $L \ltimes R$ – ist definiert als ($\mathcal{L}$ bezeichne die Menge der Attribute von L):

$$L \ltimes R = \Pi_{\mathcal{L}}(L \bowtie R)$$

- natürlicher Join

L				R				Resultat				
A	B	C	$\bowtie$	C	D	E	$=$	A	B	C	D	E
a_1	b_1	c_1		c_1	d_1	e_1		a_1	b_1	c_1	d_1	e_1
a_2	b_2	c_2		c_3	d_2	e_2						

- linker äußerer Join

L				R				Resultat				
A	B	C	$\bowtie$	C	D	E	$=$	A	B	C	D	E
a_1	b_1	c_1		c_1	d_1	e_1		a_1	b_1	c_1	d_1	e_1
a_2	b_2	c_2		c_3	d_2	e_2		a_2	b_2	c_2	$-$	$-$

- rechter äußerer Join

L				R				Resultat				
A	B	C	$\bowtie$	C	D	E	$=$	A	B	C	D	E
a_1	b_1	c_1		c_1	d_1	e_1		a_1	b_1	c_1	d_1	e_1
a_2	b_2	c_2		c_3	d_2	e_2		$-$	$-$	c_3	d_2	e_2

- äußerer Join

L				R				Resultat				
A	B	C	$\bowtie$	C	D	E	$=$	A	B	C	D	E
a_1	b_1	c_1		c_1	d_1	e_1		a_1	b_1	c_1	d_1	e_1
a_2	b_2	c_2		c_3	d_2	e_2		a_2	b_2	c_2	$-$	$-$
								$-$	$-$	c_3	d_2	e_2

- Semi-Join von L mit R

L				R				Resultat		
A	B	C	$\ltimes$	C	D	E	$=$	A	B	C
a_1	b_1	c_1		c_1	d_1	e_1		a_1	b_1	c_1
a_2	b_2	c_2		c_3	d_2	e_2				

- Semi-Join von R mit L

L				R				Resultat		
A	B	C	$\rtimes$	C	D	E	$=$	C	D	E
a_1	b_1	c_1		c_1	d_1	e_1		c_1	d_1	e_1
a_2	b_2	c_2		c_3	d_2	e_2				

Abb. 3.8: Beispielanwendungen der verschiedenen Join-Operatoren

Das Ergebnis enthält also all die Tupel aus L in unveränderter Form, die einen potentiellen Joinpartner in R haben.

Der Semi-Join von R mit L – in Zeichen $L \ltimes R$ – ist analog definiert. Es gilt natürlich folgende triviale Äquivalenz:

$$L \ltimes R = R \rtimes L$$

Andererseits sind die linken und rechten äußeren Joins sowie die beiden Semi-Joins nicht kommutativ.

3.4.9 Mengendurchschnitt

Als Beispielanwendung für den Mengendurchschnitt (Operatorsymbol $\cap$) betrachten wir folgende Anfrage: Finde die *PersNr* aller C4-Professoren, die mindestens eine Vorlesung halten.

$$\Pi_{\text{PersNr}}(\rho_{\text{PersNr} \leftarrow \text{gelesenVon}}(\text{Vorlesungen})) \cap \Pi_{\text{PersNr}}(\sigma_{\text{Rang}=\text{C4}}(\text{Professoren}))$$

Man beachte, daß der Mengendurchschnitt nur auf zwei Argumentrelationen mit gleichem Schema anwendbar ist. Deshalb ist die Umbenennung des Attributs *gelesenVon* in *PersNr* in der Relation *Vorlesungen* notwendig.

Der Mengendurchschnitt zweier Relationen $R \cap S$ kann durch die Mengendifferenz wie folgt ausgedrückt werden:

$$R \cap S = R - (R - S)$$

3.4.10 Die relationale Division

Der Divisionsoperator $\div$ wird für Anfragen eingesetzt, in denen eine Allquantifizierung vorkommt. Als Beispiel betrachten wir die Anfrage, in der die *MatrNr* derjenigen *Studenten* gesucht wird, die *alle* vierstündigen *Vorlesungen* belegt haben. Zunächst könnten wir die *VorlNr* der vierstündigen *Vorlesungen* bestimmen:

$$L := \Pi_{\text{VorlNr}}(\sigma_{\text{SWS}=4}(\text{Vorlesungen}))$$

Danach können wir aus der Relation *hören* die *MatrNr* der Studenten ermitteln, die alle in L enthaltenen *Vorlesungen* gehört haben. Dazu bedienen wir uns des Divisionsoperators:

$$\text{hören} \div \overbrace{\Pi_{\text{VorlNr}}(\sigma_{\text{SWS}=4}(\text{Vorlesungen}))}^{L}$$

Das Schema der Ergebnisrelation besteht aus nur einem Attribut, nämlich *MatrNr*.

Formal ist der Divisionsoperator für zwei Argumentrelationen R und S mit den Schemata $\mathcal{R}$ und $\mathcal{S}$ wie folgt definiert. Für die Durchführung der Division $R \div S$ muß gelten, daß $\mathcal{S}$ eine Teilmenge von $\mathcal{R}$ ist, also: $\mathcal{S} \subseteq \mathcal{R}$. Dann ist das Schema der Ergebnisrelation als die Mengendifferenz $\mathcal{R} - \mathcal{S}$ definiert. Das Ergebnis enthält also nur die Attribute der Argumentrelation R, die nicht auch in S enthalten sind.

Ein Tupel t ist in $R \div S$ enthalten, falls es für jedes Tupel t_s aus S ein Tupel t_r aus R gibt, so daß die beiden folgenden Bedingungen erfüllt sind:

$$t_r.\mathcal{S} = t_s.\mathcal{S}$$
$$t_r.(\mathcal{R} - \mathcal{S}) = t$$

Hierbei ist $t_r.\mathcal{S} = t_s.\mathcal{S}$ eine Kurzform für:

$$\forall A \in \mathcal{S} : t_r.A = t_s.A$$

Wir wollen den Divisions-Operator an einer abstrakten Ausprägung der Relationen H und L demonstrieren:

H	
M	V
m_1	v_1
m_1	v_2
m_1	v_3
m_2	v_2
m_2	v_3

$\div$

L
V
v_1
v_2

$=$

$H \div L$
M
m_1

Die Division ergibt für dieses Beispiel also eine einstellige Relation mit nur einem Tupel, nämlich $[m_1]$. Für jedes Tupel $[v_i]$ der Relation L existiert nämlich ein Tupel der Form $[m_1, v_i]$ in der Relation H – wobei hier ($i \in \{1, 2\}$) gilt.

Es ist möglich, den Divisionsoperator durch andere (in Abschnitt 3.4.7 eingeführte) Operatoren auszudrücken. Es gilt nämlich:

$$R \div S = \Pi_{(\mathcal{R}-\mathcal{S})}(R) - \Pi_{(\mathcal{R}-\mathcal{S})}((\Pi_{(\mathcal{R}-\mathcal{S})}(R) \times S) - R)$$

Der Beweis dieser Äquivalenz wird den Lesern als Übungsaufgabe (siehe Aufgabe 3.5) überlassen.

3.4.11 Operatorbaum-Darstellung

Bislang haben wir Relationenalgebra-Ausdrücke immer „in-line" dargestellt. Bei komplizierteren Anfragen ist aber eine sogenannte Operatorbaum-Darstellung übersichtlicher.

Wir wollen dies an folgender Anfrage illustrieren: Finde Sokrates' Dauerstudenten, also die Studenten, die mindestens eine Vorlesung von Sokrates gehört haben und schon im 12. oder noch höherem Semester sind.

Als Operatorbaum ist die Anfrage in Abbildung 3.9 gezeigt. Die Leser mögen zum Vergleich die „in-line"-Darstellung dieser Anfrage aus dem Operatorbaum ableiten.

3.5 Der Relationenkalkül

Ausdrücke in der Relationenalgebra spezifizieren, wie das Ergebnis der Anfrage zu berechnen ist. Diese prozedurale Berechnungsvorschrift ergibt sich aus den Algebraoperatoren. Besonders deutlich wird das an der Operatorbaum-Darstellung, wo man

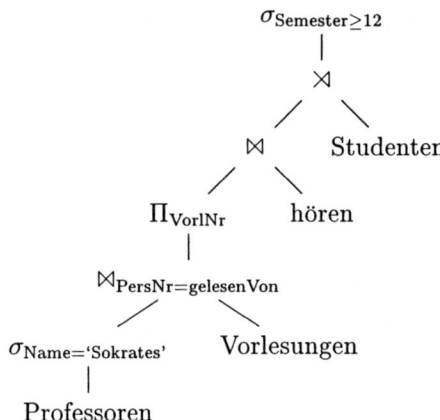

Abb. 3.9: Baumdarstellung des Algebra-Ausdrucks

sich veranschaulichen kann, daß die Zwischenergebnis-Tupel von unteren zu weiter oben angeordneten Operatoren weitergeleitet werden.

Demgegenüber ist der *Relationenkalkül* stärker *deklarativ* orientiert, d.h. es werden die qualifizierenden Ergebnistupel beschrieben, ohne daß eine Herleitungsvorschrift angegeben wird. In anderer Hinsicht sind der Relationenkalkül und die relationale Algebra aber nahe verwandt: Sie sind gleich mächtig. D.h. eine Anfrage, die in der Relationenalgebra formuliert ist, kann auch im Relationenkalkül ausgedrückt werden und umgekehrt.

Der Relationenkalkül basiert auf dem mathematischen Prädikatenkalkül erster Stufe, der quantifizierte Variablen und Werte zuläßt. Es gibt zwei unterschiedliche, aber gleich mächtige Ausprägungen des Relationenkalküls:

1. Der relationale Tupelkalkül und

2. der relationale Domänenkalkül.

Der Unterschied besteht darin, daß Variablen des Kalküls im ersten Fall an Tupel einer Relation gebunden werden und im zweiten Fall an Domänen, die als Wertemengen von Attributen vorkommen. Hinsichtlich ihrer Ausdruckskraft sind die beiden Kalküle, wie oben gesagt, gleich mächtig, so daß sich jede Anfrage des Tupelkalküls in eine äquivalente Anfrage des Domänenkalküls umformulieren läßt – und umgekehrt.

3.5.1 Beispielanfrage im relationalen Tupelkalkül

Anfragen im relationalen Tupelkalkül haben folgende generische Form:

$$\{t \mid P(t)\}$$

Hierbei ist t eine sogenannte Tupelvariable und P ist ein *Prädikat*, das erfüllt sein muß, damit t in das Ergebnis aufgenommen wird. Die Variable t ist eine sogenannte *freie* Variable des Prädikats P, d.h. t darf nicht durch einen Existenz- oder Allquantor quantifiziert sein.

Als konkretes Beispiel formulieren wir die Anfrage nach allen C4-Professoren im Tupelkalkül:

$$\{p \mid p \in \text{Professoren} \land p.\text{Rang}= \text{'C4'}\}$$

In dieser Anfrage werden zwei Bedingungen an die aktuelle Belegung von p gestellt:

1. Das Tupel p muß in der Relation *Professoren* enthalten sein.

2. Das Tupel p muß für das Attribut *Rang* den Wert 'C4' besitzen.

Man kann sich die Auswertung dieser Anfrage so vorstellen, daß p gemäß Bedingung 1. sukzessive an alle Tupel der Relation *Professoren* gebunden wird und dann Bedingung 2. ausgewertet wird.

Es ist auch möglich, neue noch nicht in der Datenbank existierende Tupel aufzubauen. Dazu wird in der Kalkülanfrage links vom „|"-Zeichen der Tupelkonstruktor [...] verwendet. Eine solche Anfrage hat dann folgende Struktur:

$$\{[t_1.A_1, \ldots, t_n.A_n] \mid P(t_1, \ldots, t_n)\}$$

Hierbei sind t_1, ..., t_n Tupelvariablen und A_1, ..., A_n Attributnamen. Das so erzeugte Ergebnis ist also eine n-stellige Relation. Die Attribute A_1, ..., A_n müssen natürlich im Schema der Relationen enthalten sein, an die t_1, ..., t_n gebunden werden. Die Tupelvariablen können durchaus mehrfach vorkommen (also $t_i = t_j$ für $i \neq j$), damit man aus einer Relation mehrere Attribute ausgeben kann.

Als konkretes Beispiel formulieren wir die Anfrage, in der die Paare von *Professoren* (*Name*) und den ihnen zugeordneten *Assistenten* (*PersNr*) gebildet werden. Hierzu ist also der Join dieser beiden Relationen notwendig.

$$\{[p.\text{Name}, a.\text{PersNr}] \mid p \in \text{Professoren} \land a \in \text{Assistenten} \land p.\text{PersNr}=a.\text{Boss}\}$$

Bei dieser Anfrage wird also p an die Tupel der Relation *Professoren* und a an die Tupel der Relation *Assistenten* gebunden. Konzeptuell werden dann alle möglichen Kombinationen (Bindungen) für a und p gebildet, um dafür die weitere Bedingung $p.PersNr = a.Boss$ zu überprüfen. Diese Bedingung ist demnach ein Joinprädikat, da es sich auf zwei Tupelvariablen bezieht. Aus den qualifizierenden Bindungen für a und p werden dann jeweils die beiden interessierenden Attribute projiziert und als neues 2-stelliges Tupel in das Ergebnis aufgenommen.

3.5.2 Quantifizierung von Tupelvariablen

Der Tupelkalkül erlaubt die *Existenz-* und *Allquantifizierung* von Tupelvariablen. Mit der Existenzquantifizierung wird das umgangssprachliche „es existiert ein ..." und mit der Allquantifizierung (oft auch Universalquantifizierung genannt) das umgangssprachliche „für alle ..." ausgedrückt. Die Quantifizierungen werden für ein Prädikat $Q(t)$ wie folgt notiert:

$$\exists t \in R(Q(t)) \quad \text{bzw.} \quad \forall t \in R(Q(t))$$

Die erste Form ist die Existenzquantifizierung; die zweite die Universalquantifizierung. Hierbei wird vereinfachend angenommen, daß die Tupelvariable t in $Q(t)$ nicht schon anderweitig quantifiziert war – d.h. t ist *frei* in $Q(t)$.

Die hier betrachtete Quantifizierung bindet die Tupelvariable t gleichzeitig an eine Relation R. Demnach bedeutet die erste Form, daß es ein Tupel t in der Relation R gibt, für das $Q(t)$ erfüllt (wahr) ist. Die zweite Variante verlangt, daß $Q(t)$ für alle Tupel der Relation R erfüllt ist.

Als konkretes Beispiel betrachten wir folgende Anfrage, in der die *Studenten* ermittelt werden, die mindestens eine Vorlesung bei der Professorin namens Curie gehört haben.

$$\{s \mid s \in \text{Studenten}$$
$$\wedge\ \exists h \in \text{hören(s.MatrNr=h.MatrNr}$$
$$\wedge\ \exists v \in \text{Vorlesungen(h.VorlNr=v.VorlNr}$$
$$\wedge\ \exists p \in \text{Professoren(p.PersNr=v.gelesenVon}$$
$$\wedge\ \text{p.Name} = \text{'Curie'})))\}$$

In dieser Anfrage sind die Tupelvariablen h, v und p existenzquantifiziert und jeweils an die Relationen *hören*, *Vorlesungen* und *Professoren* gebunden. Die an *Studenten* gebundene Tupelvariable s kommt – als Ergebnisvariable – in dem Prädikat frei vor.

Als Beispiel für die Allquantifizierung (oder Universalquantifizierung) wollen wir die Anfrage aus Abschnitt 3.4.10 hier im relationalen Tupelkalkül formulieren. Es geht also darum, diejenigen *Studenten* zu finden, die *alle* vierstündigen *Vorlesungen* gehört haben.

$$\{s \mid s \in \text{Studenten} \wedge \forall v \in \text{Vorlesungen(v.SWS=4} \Rightarrow$$
$$\exists h \in \text{hören(h.VorlNr=v.VorlNr} \wedge \text{h.MatrNr=s.MatrNr})\}$$

Hierbei wird also verlangt, daß für *alle* Elemente (Tupel) v der Relation *Vorlesungen*, deren *v.SWS*-Attribut den Wert 4 hat, ein Tupel h in *hören* existiert, aus dem hervorgeht, daß die aktuell betrachtete Belegung für s diese vierstündige Vorlesung hört.

3.5.3 Formale Definition des Tupelkalküls

Ein Ausdruck des Tupelkalküls der Form[5]

$$\{v \mid F(v)\}$$

besteht aus einer Ergebnisspezifikation links vom „|"-Zeichen und einer *Formel* $F(v)$ (Prädikat) mit freier Tupelvariablen v. In der Formel F können weitere Tupelvariablen vorkommen, die aber dann nicht *frei* sein können. Wie bereits angedeutet, bezeichnet man eine Variable als *frei*, falls sie nicht durch $\exists$ oder $\forall$ quantifiziert ist.

Eine Formel wird aus *Atomen*, den Grundbausteinen, zusammengebaut, wobei ein Atom folgende Form hat:

- $s \in R$, wobei s eine Tupelvariable und R ein Relationenname ist.

---

[5]Hier nehmen wir vereinfachend an, daß in der Ergebnisspezifikation nur eine Tupelvariable vorkommt. Die Definition läßt sich aber leicht verallgemeinern.

- $s.A \, \phi \, t.B$, wobei s und t Tupelvariablen, A und B Attributnamen und ϕ ein Vergleichsoperator sind. Als Vergleichsoperatoren sind $=$, $\neq$, $<$, $\leq$, $>$ und $\geq$ erlaubt, wobei die Wertebereiche von $s.A$ und $t.B$ entsprechend definiert sein müssen, damit der Vergleichsoperator anwendbar ist (z.B. ist auf den Wertebereich Boolean nur $=$ und $\neq$ anwendbar).

- $s.A \, \phi \, c$, wobei $s.A$ die gleiche Bedeutung wie oben hat und c eine Konstante darstellt. Hierbei muß c ein Element des Wertebereichs von $s.A$ sein.

Formeln werden nun nach folgenden Regeln aufgebaut:

- Alle Atome sind Formeln.

- Falls P eine Formel ist, dann sind auch $\neg P$ und (P) Formeln.

- Falls P_1 und P_2 Formeln sind, dann sind auch $P_1 \wedge P_2$, $P_1 \vee P_2$ und $P_1 \Rightarrow P_2$ Formeln.

- Falls $P(t)$ eine Formel mit freier Variablen t ist, dann sind auch

$$\forall t \in R(P(t)) \quad \text{und} \quad \exists t \in R(P(t))$$

Formeln.

Eigentlich wäre es ausreichend gewesen, nur den Existenz- oder den Allquantor einzuführen, da folgende Äquivalenzen gelten:

$$\forall t \in R(P(t)) \quad = \quad \neg(\exists t \in R(\neg P(t)))$$
$$\exists t \in R(P(t)) \quad = \quad \neg(\forall t \in R(\neg P(t)))$$

3.5.4 Sichere Ausdrücke des Tupelkalküls

Ausdrücke des Tupelkalküls können in einigen Fällen unendliche Ergebnisse spezifizieren. Als Beispiel betrachten wir folgende Anfrage:

$$\{n \mid \neg(n \in \text{Professoren})\}$$

Natürlich kann man sich unendlich viele Tupel vorstellen, die nicht in der Relation *Professoren* enthalten sind – von denen die meisten auch gar nicht in der (endlichen) Datenbank enthalten sind.

Um diesem unerwünschten Effekt entgegenzuwirken, wird eine Einschränkung bei der Formulierung von Anfragen im Tupelkalkül auf sogenannte *sichere* Anfragen vollzogen. Für die Definition dieser Einschränkung benötigen wir als neues Konzept die *Domäne* einer Formel. Sie enthält alle Werte, die als Konstante in der Formel vorkommen und alle Werte (d.h. Attributwerte in Tupeln) der Relationen, die in der Formel referenziert (d.h. namentlich erwähnt) werden. Zum Beispiel enthält die Domäne der in der folgenden Anfrage

$$\{n \mid n \in \text{Professoren} \wedge n.\text{Rang}=\text{'C4'}\}$$

spezifizierten Formel den Wert 'C4' und alle Attributwerte der Relation *Professoren* – also z.B. 2125, 'Curie', 'C4', etc.

Ein Ausdruck des Tupelkalküls heißt *sicher*, wenn das Ergebnis des Ausdrucks eine Teilmenge der Domäne ist. Für sichere Ausdrücke ist natürlich garantiert, daß das Ergebnis endlich ist. Warum?

Mit Ausnahme der Anfrage

$$\{n \mid \neg(n \in \text{Professoren})\}$$

sind alle in diesem Abschnitt formulierten Anfragen sicher. Die obige Anfrage ist deshalb nicht *sicher*, weil die Domäne nur Tupel aus der Relation *Professoren* enthält; das Ergebnis aber gerade andere Werte (Tupel) spezifiziert.

3.5.5 Der relationale Domänenkalkül

Im Unterschied zum Tupelkalkül werden Variablen im Domänenkalkül an Domänen, d.h. Wertemengen von Attributen, gebunden. Eine Anfrage im Domänenkalkül hat folgende generische Struktur:

$$\{[v_1, v_2, \ldots, v_n] \mid P(v_1, \ldots, v_n)\}$$

Hierbei sind die v_i ($1 \leq i \leq n$) Variablen, genauer gesagt Domänenvariablen, die einen Attributwert repräsentieren. P ist ein Prädikat (bzw. eine Formel) mit den freien Variablen $v_1, \ldots, v_n$.

Formeln im Domänenkalkül werden genauso aus Atomen zusammengesetzt wie im Tupelkalkül. Bei den Atomen gibt es einen Unterschied, der darin besteht, daß man jetzt keine Bindung einer einzelnen Variable an eine Relation mehr hat, sondern eine Sequenz von Domänenvariablen an eine Relation bindet.

- $[w_1, w_2, \ldots, w_m] \in R$ ist ein Atom, wobei R eine m-stellige Relation ist. Die Zuordnung der m Domänenvariablen $w_1, \ldots, w_m$ zu den Attributen der Relation R erfolgt nach der Reihenfolge der Attribute im Schema.

- $x \phi y$ ist ein Atom, wobei x und y Domänenvariablen sind und ϕ ein Vergleichsoperator ($=, \neq, <, \leq, >$ oder $\neq$) ist, der auf die Domäne anwendbar ist.

- $x \phi c$ ist ein Atom mit der Domänenvariable x, der Konstanten c und dem Vergleichsoperator ϕ. Hierbei muß der Vergleichsoperator ϕ auf diese Domäne – in der c enthalten sein muß – anwendbar sein.

Formeln werden aus den oben beschriebenen Atomen – als „Grundbausteine" – wie folgt zusammengesetzt:

- Ein Atom ist eine Formel.

- Falls P eine Formel ist, dann sind $\neg P$ und (P) auch Formeln.

- Falls P_1 und P_2 Formeln sind, dann sind auch $P_1 \vee P_2$, $P_1 \wedge P_2$ und $P_1 \Rightarrow P_2$ Formeln.

- Falls $P(v)$ eine Formel mit freier Variablen v ist, dann sind auch $\exists v(P(v))$ und $\forall v(P(v))$ Formeln.

Als Abkürzung schreiben wir z.B. $\exists v_1, v_2, v_3(P(v_1, v_2, v_3))$ anstatt der formal korrekten, aber umständlicheren Form $\exists v_1(\exists v_2(\exists v_3(P(v_1, v_2, v_3))))$.

3.5.6 Beispielanfragen im Domänenkalkül

Als Beispielanfrage wollen wir die *MatrNr* und *Namen* der Studenten finden, die schon mindestens eine Prüfung bei Curie abgelegt haben:

$$\{[m, n] \mid \exists s([m, n, s] \in \text{Studenten} \land \exists v, p, g([m, v, p, g] \in \text{prüfen} \land$$
$$\exists a, r, b([p, a, r, b] \in \text{Professoren} \land a = \text{'Curie'})))\}$$

Im Domänenkalkül werden Joinbedingungen i.a. implizit durch die Verwendung derselben Domänenvariablen spezifiziert. In der obigen Anfrage wird z.B. die Variable m dafür verwendet, den Join zwischen *Studenten* und *prüfen* zu vollziehen: Es wird nämlich implizit gefordert, daß die *MatrNr* – die durch m repräsentiert wird – in beiden Tupeln $[m, n, s] \in$ *Studenten* und $[m, v, p, g] \in$ *prüfen* dieselbe ist.

Man könnte diese Joinbedingungen natürlich auch explizit formulieren. Dies führt zu der folgenden äquivalenten Anfrage:

$$\{[m, n] \mid \exists s([m, n, s] \in \text{Studenten} \land \exists m', v, p, g([m', v, p, g] \in \text{prüfen} \land m = m' \land$$
$$\exists p', a, r, b([p', a, r, b] \in \text{Professoren} \land p = p' \land a = \text{'Curie'})))\}$$

3.5.7 Sichere Ausdrücke des Domänenkalküls

Analog zum Tupelkalkül ist man auch bei der Formulierung von Anfragen im Domänenkalkül prinzipiell in der Lage, unendliche Ergebnisse zu spezifizieren. Als Beispiel diene uns wieder folgende Anfrage:

$$\{[p, n, r, o] \mid \neg([p, n, r, o] \in \text{Professoren})\}$$

Hier werden wiederum alle Tupel gesucht, die *nicht* in der Relation *Professoren* enthalten sind – davon gibt es natürlich immer noch unendlich viele.

Wiederum benötigt man den Begriff der Domäne einer Formel, der analog zum Tupelkalkül definiert ist. Die Domäne einer Formel besteht also aus der Menge aller Konstanten, die in der Formel vorkommen, und aller Attributwerte von Relationen, die in der Formel referenziert werden. Die Klasse der *sicheren* Domänenkalkül-Ausdrücke wird dann wie folgt definiert. Ein Ausdruck

$$\{[x_1, x_2, \dots, x_n] \mid P(x_1, x_2, \dots, x_n)\}$$

ist sicher, falls folgende drei Bedingungen gelten:

1. Falls das Tupel $[c_1, c_2, \dots, c_n]$ mit Konstante c_i im Ergebnis enthalten ist, so muß c_i $(1 \leq i \leq n)$ in der Domäne von P enthalten sein.

2. Für jede existenz-quantifizierte Teilformel $\exists x(P_1(x))$ muß gelten, daß P_1 nur für Elemente aus der Domäne von P_1 erfüllbar sein kann – oder evtl. für gar keine. Mit anderen Worten, wenn für eine Konstante c das Prädikat $P_1(c)$ erfüllt ist, so muß c in der Domäne von P_1 enthalten sein.

3. Für jede universal-quantifizierte Teilformel $\forall x(P_1(x))$ muß gelten, daß sie dann und nur dann erfüllt ist, wenn $P_1(x)$ für alle Werte der Domäne von P_1 erfüllt ist. Mit anderen Worten, $P_1(d)$ muß für alle d, die *nicht* in der Domäne von P_1 enthalten sind, auf jeden Fall erfüllt sein.

Diese Bedingungen 2. und 3. konnten in Abschnitt 3.5.4 bei der Definition des sicheren Tupelkalküls weggelassen werden, da wir alle existenz- und universal-quantifizierten Tupelvariablen immer an eine existierende (d.h. abgespeicherte) Relation gebunden hatten. Daher waren diese Tupelvariablen automatisch immer an endliche Mengen gebunden. Dies ist beim Domänenkalkül nicht der Fall, da die Variablen an Domänen (also Wertebereiche von Attributen) gebunden werden. Diese können aber i.a. unendlich viele Elemente enthalten – man denke etwa an die Domäne *integer*. Bedingungen 2. und 3. sind eingeführt worden, um zu verhindern, daß man (konzeptuell) unendlich viele Werte „ausprobieren" muß, um die Erfüllbarkeit von $\exists x(P_1(x))$ bzw. $\forall x(P_1(x))$ zu bestimmen. In beiden Fällen kann man sich jetzt – wegen Bedingung 2. bzw. 3. – auf die endliche Anzahl von Werten aus der Domäne von $P_1(x)$ beschränken, da die anderen nicht in der Domäne enthaltenen Werte keinen Einfluß auf das Ergebnis eines *sicheren* Domänenkalkül-Ausdrucks haben können. Warum? – siehe Aufgabe 3.13.

3.6 Ausdruckskraft der Anfragesprachen

Codd (1972b) hat die Ausdruckskraft von relationalen Anfragesprachen definiert. In seiner Terminologie heißt eine Anfragesprache *relational vollständig*, wenn sie mindestens so mächtig ist wie die relationale Algebra bzw. der Relationenkalkül. Man braucht nämlich hinsichtlich der Ausdruckskraft zwischen der relationalen Algebra und dem Relationenkalkül nicht zu unterscheiden, da die folgenden drei Sprachen gleiche Ausdruckskraft besitzen:

1. die relationale Algebra,

2. der relationale Tupelkalkül, eingeschränkt auf *sichere* Ausdrücke und

3. der relationale Domänenkalkül, eingeschränkt auf *sichere* Ausdrücke.

Der Beweis läßt sich so vollziehen, daß man zunächst induktiv zeigt, daß jeder Ausdruck der Relationenalgebra in einen äquivalenten Ausdruck des Tupelkalküls transformiert werden kann. Dazu reicht es, zu den sechs Basisoperatoren $\sigma, \Pi, \times, \cup, -, \rho$ äquivalente Ausdrücke des relationalen Tupelkalküls zu spezifizieren.

Dann zeigt man, daß jeder Tupelkalkülausdruck in einen äquivalenten Domänenkalkülausdruck überführt werden kann. Schließlich muß noch – wiederum induktiv – bewiesen werden, daß es zu einem gegebenen Ausdruck des Domänenkalküls einen äquivalenten Algebraausdruck gibt. Wir verweisen auf die Übungsaufgabe 3.7 für den vollständigen Beweis.

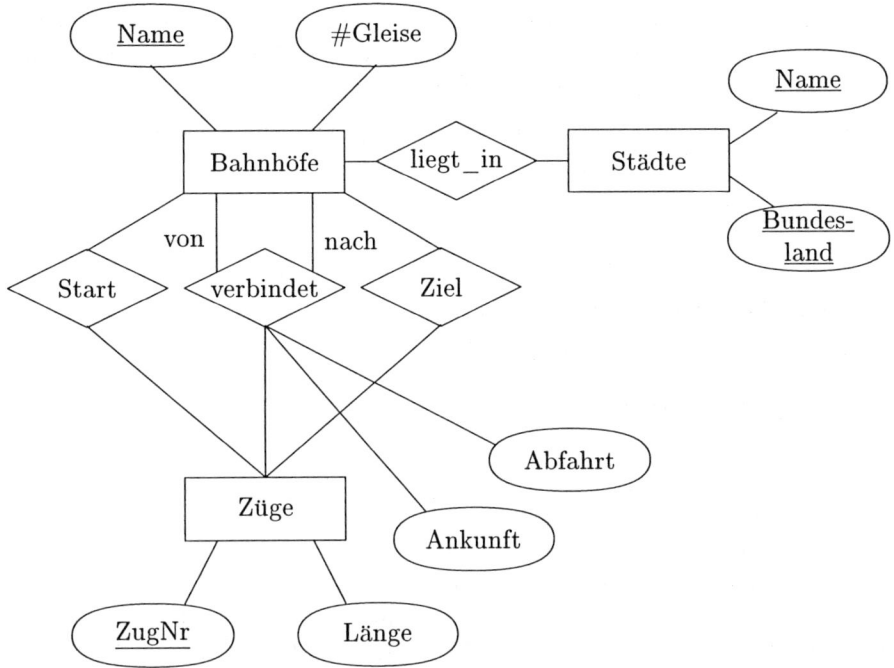

Abb. 3.10: ER-Modellierung von Zugverbindungen

3.7 Übungen

3.1 Gegeben sei die ER-Modellierung von Zugverbindungen in Abbildung 3.10.

    a) Fügen Sie bei den Beziehungen Kardinalitäten in der (min, max)-Notation hinzu.

    b) Übertragen Sie das ER-Modell in ein relationales Schema.

    c) Verfeinern Sie das relationale Schema soweit möglich durch Eliminierung von Relationen.

3.2 Man überführe den konzeptuellen Entwurf der Beziehung *betreuen* zwischen *Professoren*, *Studenten* und *Seminarthemen* aus Abbildung 2.5 in ein relationales Schema. Zu diesem Zweck sei angenommen, daß der *Titel* ein Seminarthema eindeutig identifiziere.

Diskutieren Sie, welche Schlüssel Ihre Relationen haben. Inwieweit werden die in Abschnitt 2.7.2 diskutierten Konsistenzbedingungen, die durch die Funktionalitätsangaben spezifiziert wurden, durch das relationale Schema abgedeckt.

3.3 Formulieren Sie für das in Aufgabe 3.1 entwickelte relationale Schema folgende Anfragen:

    • Finde die direkten Verbindungen von Passau nach Karlsruhe.

- Finde die Verbindungen mit genau einmaligem Umsteigen von Passau nach Aachen – der Umsteigebahnhof ist frei wählbar; aber der Anschluß- zug sollte noch am selben Tag fahren.

- Gibt es eine Verbindung mit höchstens dreimaligem Umsteigen von Pas- sau nach Westerland?

Formulieren Sie die Anfragen jeweils

- in der Relationenalgebra,

- im relationalen Tupelkalkül und

- im relationalen Domänenkalkül.

3.4 Eine 1:1-Beziehung der Art

kann man sowohl durch Übernahme des Primärschlüssels von E_2 (als Fremd- schlüssel) in E_1 als auch umgekehrt modellieren. Wenn die Beziehung aber nur für wenige Elemente von E_1 definiert ist, enthält die Relation viele Tupel mit Null-Werten für diesen Fremdschlüssel.

Geben Sie Beispiele aus der realen Welt, wo dies der Fall ist und man die Beziehungen deshalb besser in E_2 repräsentiert.

Geben Sie Beispiele, wo es sowohl für E_1 als auch für E_2 viele Elemente gibt, die die Beziehung R nicht „eingehen". Diskutieren Sie für diesen Fall die Vor- und Nachteile einer separaten Repräsentation der Beziehung als eigenständige Relation.

3.5 Es gelte $S \subseteq R$. Beweisen Sie die folgende Äquivalenz:

$$R \div S = \Pi_{(\mathcal{R}-\mathcal{S})}(R) - \Pi_{(\mathcal{R}-\mathcal{S})}((\Pi_{(\mathcal{R}-\mathcal{S})}(R) \times S) - R)$$

Es wird hierdurch also bewiesen, daß der Divisionsoperator die Ausdrucks- kraft der Relationenalgebra nicht erhöht, sondern nur zur Vereinfachung der Anfrageformulierung eingeführt wurde.

3.6 In Abbildung 3.8 sind die Join-Operatoren ⋈, ⋈ und ⋈ an abstrakten Bei- spielen eingeführt worden. Geben Sie andere Relationenalgebra-Ausdrücke (ohne Verwendung dieser drei Operatoren) an, die dieselbe Wirkung haben.

Hinweis: {[—,—,—]} bezeichnet eine konstante Relation mit einem Tupel, das nur drei NULL-Attributwerte besitzt.

3.7 Beweisen Sie, daß die folgenden drei Sprachen die gleiche Ausdruckskraft besitzen:

a) die relationale Algebra,

b) der relationale Tupelkalkül, eingeschränkt auf *sichere* Ausdrücke und

c) der relationale Domänenkalkül, eingeschränkt auf *sichere* Ausdrücke.

3.8 Finden Sie die *Studenten*, die *Vorlesungen* hören (bzw. gehört haben), für die ihnen die direkten Voraussetzungen fehlen. Formulieren Sie die Anfrage

- in der Relationenalgebra,
- im relationalen Tupelkalkül und
- im relationalen Domänenkalkül.

Erweitern Sie die oben gefundene Menge von Studenten um diejenigen, denen für eine gehörte Vorlesung die indirekten Grundlagen 2. Stufe (also die Vorgänger der Vorgänger der Vorlesung) fehlen. Kommt da was anderes heraus?

Illustrieren Sie die Auswertung am Beispiel der Universitätsdatenbank (Abbildung 3.7).

Für die Relationenalgebra sollten Sie die Anfrage auch als Operatorbaum aufzeichnen.

3.9 Finden Sie die *Professoren*, deren sämtliche *Vorlesungen* nur auf selbst gelesenen (direkten) Vorgängern aufbauen. Formulieren Sie die Anfrage in der

- Relationenalgebra, im
- relationalen Tupelkalkül und im
- relationalen Domänenkalkül.

3.10 Der Allquantor ist durch den Existenzquantor ausdrückbar – und umgekehrt. Formulieren Sie die Anfrage aus Abschnitt 3.5.2 so um, daß nur Existenzquantoren in dem Anfrageprädikat vorkommen. Bei der Anfrage geht es darum, die Studenten zu finden, die *alle* vierstündigen Vorlesungen gehört haben. Begründen Sie die Äquivalenz der beiden alternativen Anfrageformulierungen.

3.11 Finden Sie die *Assistenten* von *Professoren*, die die Studentin Fichte unterrichtet haben – z.B. als potentielle Betreuer ihrer Diplomarbeit.

3.12 Beweisen Sie, daß der natürliche Verbundoperator ⋈ assoziativ ist.

Gilt das auch für den linken (bzw. rechten) outer join und die semi-joins?

3.13 Weisen Sie nach, daß bei Einhaltung der drei Bedingungen für sichere Domänenkalkül-Anfragen immer ein endliches Ergebnis spezifiziert wird.

Weisen Sie nach, daß dieses (endliche) Ergebnis, durch Überprüfung endlich vieler Werte gewonnen werden kann.

3.8 Literatur

Das Relationenmodell wurde in einem bahnbrechenden Aufsatz von Codd (1970) eingeführt – er hat dafür auch den Turing-Preis (die höchste Auszeichnung für einen Informatiker) zuerkannt bekommen. Die Grundlagen der Relationenalgebra waren schon in diesem frühen Aufsatz enthalten; der relationale Tupelkalkül wurde von Codd (1972b)] nachgereicht. Die Klassifikation des Relationenkalküls in die tupel-basierte und die domänen-basierte Form stammt von Pirotte (1978).

Die ersten Forschungsprojekte, in denen das relationale Datenmodell realisiert wurde, waren:

- System R, das am IBM Forschungslabor San Jose (jetzt Almaden) entwickelt wurde. Eine Übersicht zu diesem Projekt wurde von Astrahan et al. (1976) verfaßt.

- Ingres, das an der University of California, Berkeley unter der Leitung von M. Stonebraker und E. Wong entwickelt wurde. Eine Übersicht wurde von Stonebraker et al. (1976) geschrieben. Eine Sammlung der wichtigsten Forschungspapiere zu Ingres wurde von Stonebraker (1985) zusammengestellt.

Beide Projekte waren Vorläufer von kommerziellen Produkten: SQL/DS ist ein IBM-Produkt aus dem Jahre 1982, das direkt auf System R aufbaut. DB2 ist ein etwas später auf den Markt gekommenes Produkt von IBM, das zwar von den Erfahrungen mit System R profitiert hat, aber vollständig neu realisiert wurde. Ingres wurde kommerziell von einer Firma namens RTI (Relational Technology, Inc.), die von den universitären Projektleitern gegründet wurde, auf den Markt gebracht.

Weitere relationale Datenbankprodukte sind: Adabas von der Software AG, Informix, Oracle, Microsoft SQL Server, NonStopSQL, Sesam von Siemens, Sybase, um nur einige zu nennen.

Das Buch von Maier (1983) widmet sich ausschließlich der relationalen Datenbanktheorie. Es ist eine sehr gute Lektüre zur Vertiefung der formalen Grundlagen. Ein noch aktuelleres Buch zur Theorie der relationalen Datenbanken wurde kürzlich von Abiteboul, Hull und Vianu (1995) verfaßt.

Kandzia und Klein (1993) haben ein deutschsprachiges Lehrbuch über die formalen Aspekte des Relationenmodells geschrieben.

4. Relationale Anfragesprachen

Im vorhergehenden Kapitel wurden Anfragen mit Hilfe formaler Anfragesprachen spezifiziert. Die relationale Algebra und der Relationenkalkül bilden die theoretische Grundlage für die Anfragesprache SQL, die von praktisch allen relationalen Datenbanksystemen zur Verfügung gestellt wird.

Im Unterschied zum theoretischen Modell werden in der Praxis einige Vereinfachungen gemacht, die die Benutzer entlasten und eine effizientere Abarbeitung ermöglichen.

Anfragesprachen,[1] wie SQL, sind im allgemeinen *deklarativ*. Die Benutzer geben nur an, *welche* Daten sie interessieren, und nicht, *wie* die Auswertung der Daten vorgenommen wird. Die oft sehr komplexen, zur Festlegung der Auswertung nötigen Entscheidungen werden vom Anfrageoptimierer des Datenbanksystems übernommen. Dies hat den zusätzlichen Vorteil, daß die eingangs erwähnte physische Datenunabhängigkeit größtenteils gewährleistet werden kann.

Weiterhin realisieren Datenbanksysteme nicht Relationen im eigentlichen mathematischen Sinne, sondern Tabellen, die auch doppelte Einträge enthalten können. Dementsprechend werden in diesem Kapitel auch häufig die Begriffe Zeile und Spalte anstelle von Tupel und Attribut verwendet.

Zusätzlich zur Manipulation von Tabellen beinhalten Anfragesprachen auch Möglichkeiten zur Definition von Integritätsbedingungen für die Daten, zur Vergabe von Zugriffsrechten und zur Transaktionskontrolle. Diese Möglichkeiten sind Thema der nachfolgenden Kapitel.

4.1 Geschichte

Nach der Einführung des relationalen Modells Anfang der 70er Jahre wurde von IBM ein DBMS-Prototyp namens „System R" entwickelt. Die Anfragesprache, die System R bereitstellte, wurde „SEQUEL" genannt (Structured English Query Language) und später in SQL umbenannt. Anfang der 80er Jahre erschien das aus diesem Prototypen entwickelte kommerzielle System SQL/DS. Seither sind eine Vielzahl von anderen relationalen DBMS auf den Markt gebracht worden, unter anderem Oracle von Oracle Corporation und Informix von der Firma Informix.

Durch die wachsende Popularität relationaler Systeme wurde bald die Notwendigkeit einer Standardisierung deutlich. Die erste SQL-Norm wurde 1986 von der ANSI-Kommission (American National Standards Institute) verabschiedet. 1989 wurde der Standard das erste Mal revidiert, 1992 entstand das stark erweiterte SQL-92, auch SQL 2 genannt. Zur Zeit ist eine Erweiterung unter der Bezeichnung SQL 3 in der Konzeption, die aber frühestens Ende der neunziger Jahre abgeschlossen sein wird.

---

[1]Der Begriff Anfragesprache ist historisch geprägt, aber leider etwas verwirrend: Anfragesprachen beinhalten normalerweise auch Befehle zur Datendefinition und Datenmanipulation.

Alle in diesem Buch verwendeten Beispiele orientieren sich an der Version 7 von Oracle, die den SQL-92 Standard weitgehend unterstützt.

4.2   Datentypen

Relationale Datenbanken stellen in der Hauptsache drei fundamentale Datentypen als Attribut-Domänen zur Verfügung: Zahlen, Zeichenketten und einen Datumstyp **date**. Für jeden dieser Datentypen existieren viele unterschiedliche, historisch geprägte Varianten. Wir werden hier aber nur die wichtigsten durch die ANSI-Kommission festgelegten vorstellen.

Zeichenketten können entweder den Typ **character**(n) oder **char varying**(n) haben. Zeichenketten vom Typ **character** werden im Gegensatz zu **character varying** immer fest mit der angegebenen Größe n abgespeichert und mit Leerzeichen aufgefüllt. **character** kann in beiden Fällen zu **char** abgekürzt werden, äquivalent zu **char varying** kann **varchar** verwendet werden.

Der allgemeinste Zahlentyp ist **numeric**(p, s). Die Angabe von (p, s) ist optional: p gibt die Gesamtzahl der gespeicherten Stellen an, davon werden s als Nachkommastellen reserviert. Zahlen ohne Nachkommastellen können auch als **integer** oder **int** bezeichnet werden. Innerhalb der gegebenen Präzision ist **numeric** exakt. Zusätzlich gibt es noch Datentypen, die einen weiteren Bereich von Zahlen angenähert darstellen können, unter anderem **float**.

In vielen kommerziellen DBMS-Produkten gibt es heute auch schon einen Datentyp namens **blob** oder **raw** für (sehr) große binäre Daten (engl. *binary large object*). Solche Datentypen kann man verwenden, um vom Datenbanksystem nicht zu interpretierende Daten eines externen Anwendungssystems (z.B. eines CAD-Systems) abzuspeichern.

4.3   Schemadefinition

Mit dem Wissen über die Datentypen können jetzt die ersten Tabellen definiert werden. Die zu einer Datenbank gehörenden Tabellendefinitionen werden, wie in Kapitel 3 bereits beschrieben, als das *Schema* der Datenbank bezeichnet. Sie werden automatisch im *Datenwörterbuch* gespeichert. Das Datenwörterbuch beschreibt den Zustand der Datenbank, enthält also *Metadaten*. Es ist eine Sammlung normaler Tabellen, die auch mit den normalen SQL-Anfragebefehlen abgefragt werden können. Es können jedoch im allgemeinen vom Benutzer keine Änderungen vorgenommen werden.

Eine neue Tabelle wird mit dem **create table** Befehl erzeugt:

```
create table Professoren
    ( PersNr  integer not null,
      Name   varchar(10) not null,
      Rang   character(2) );
```

Nach dem Namen der Tabelle folgt in Klammern eine Liste der Attribute und ihrer Typen, jeweils durch Komma getrennt. Nach einer Typangabe kann zusätzlich noch die Einschränkung **not null** folgen. Dadurch wird erzwungen, daß alle in die Tabelle eingetragenen Tupel an dieser Stelle einen definierten Wert haben. Im Beispiel ist es also nicht möglich, Professoren ohne Namen oder ohne Personalnummer einzutragen. Die Spezifikation **not null** ist eine sogenannte *Integritätsbedingung* und sollte zumindest für alle Primärschlüsselattribute angegeben werden. Integritätsbedingungen werden in Kapitel 5 noch näher erläutert. Dort befindet sich auch in Abbildung 5.4 die vollständige Schemadefinition unserer Universitäts-Datenbank.

4.4 Schemaveränderung

Sollte uns im nachhinein einfallen, daß zu den Professoren auch die Raumnummern ihrer Büros gespeichert werden müssen, kann das Attribut noch mit

alter table Professoren
    add (Raum **integer**);

hinzugefügt werden. Eine Beschränkung auf zehn Zeichen für einen Namen ist sicherlich auch nicht sinnvoll. Besser wäre eine Länge von dreißig Zeichen:

alter table Professoren
    modify (Name **varchar**(30));

Diese Spaltenmodifikation berührt nicht die **not null**-Angabe aus der ursprünglichen Definition. Es ist also auch weiterhin nicht möglich, Professoren ohne Namen abzuspeichern.

Im Standard SQL-92 wird der **alter**-Befehl anders verwendet. Hier müßten die beiden Beispiele

alter table Professoren
    add column Raum **integer**;

alter table Professoren
    alter column Name **varchar**(30);

lauten. Zusätzlich besteht noch die Möglichkeit, Spalten mit **drop column** wieder zu entfernen. Diese Möglichkeit bietet Oracle V7 noch nicht. Eine nicht mehr benötigte Tabelle kann mit dem Befehl **drop table**, gefolgt vom Tabellennamen, wieder entfernt werden.

4.5 Elementare Datenmanipulation: Einfügen von Tupeln

Um die gerade angelegten Tabellen mit Daten zu füllen, fehlt noch ein Befehl zum Einfügen von Tupeln:

insert into Professoren
    values (2136, 'Curie', 'C4', 36);

In den Klammern werden die Werte der Attribute in der Reihenfolge der Definition eingegeben, entsprechend der normalen Tupelschreibweise. Der **insert**-Befehl hat noch vielfältigere Möglichkeiten, doch dazu muß zunächst das Aussehen von SQL-Anfragen untersucht werden.

4.6 Einfache SQL-Anfragen

Zur Demonstration sollen zuerst die Personalnummern und Namen aller C4-Professoren aus unserer Beispieldatenbasis herausgesucht werden. In SQL ist diese Anfrage aus drei Teilen aufgebaut:

select PersNr, Name
from Professoren
where Rang = 'C4';

Zunächst wird im **select**-Teil bestimmt, welche Spalten (Attribute) im Ergebnis ausgegeben werden sollen. In diesem Fall suchen wir die Namen und die Personalnummern der entsprechenden Professoren. Der **from**-Teil gibt die für die Berechnung des Ergebnisses benötigten Tabellen an. In diesem Fall ist es nur die eine Tabelle *Professoren*. Schließlich kann noch ein Kriterium (Selektionsprädikat) angegeben werden, das jede ausgegebene Zeile erfüllen muß. Für unsere Beispielausprägung aus Abbildung 3.7 lautet das Ergebnis der Anfrage wie folgt:

PersNr	Name
2125	Sokrates
2126	Russel
2136	Curie
2137	Kant

Die Stärke von SQL liegt in der Tatsache, daß es sehr nahe an einer natürlich-sprachlichen Formulierung eines Befehls liegt. Um eine SQL-Anfrage zu verstehen, reicht es fast aus, sie aus dem Englischen zu übersetzen: „Wähle Personalnummer und Name der Professoren, deren Rang gleich „C4" ist."

In der obigen Beispielanfrage wurden die Namen und Personalnummern der Professoren in einer willkürlichen Reihenfolge ausgegeben. Es ist aber auch möglich, explizit Attribute anzugeben, nach denen sortiert werden soll, und eine Sortierreihenfolge festzulegen. Die möglichen Sortierreihenfolgen sind **asc** (engl. ascending, aufsteigend) und **desc** (engl. descending, absteigend). Fehlt die Angabe, wird implizit **asc** angenommen. Zur Demonstration stellen wir die Anfrage: „Wähle Personalnummer, Name und Rang aller Professoren; sortiere absteigend nach Rang und aufsteigend nach Namen."

select PersNr, Name, Rang
from Professoren
order by Rang **desc**, Name **asc**;

PersNr	Name	Rang
2136	Curie	C4
2137	Kant	C4
2126	Russel	C4
2125	Sokrates	C4
2134	Augustinus	C3
2127	Kopernikus	C3
2133	Popper	C3

Im obigen Beispiel ist *Rang* das Hauptkriterium, nach dem absteigend sortiert wird. *Name* ist das Nebenkriterium, nach dem aufsteigend sortiert wird.

Da die Eliminierung von Duplikaten in einer Tabelle aus Effizienzgründen nicht automatisch vorgenommen wird, gibt es für diesen Zweck das Schlüsselwort **distinct**. Um also beispielsweise herauszufinden, welche unterschiedlichen Ränge es bei den Professoren gibt, kann man folgende Anfrage stellen:

select distinct Rang
from Professoren;

Rang
C3
C4

4.7 Anfragen über mehrere Relationen

Bisher haben wir bei unseren Anfragen immer nur eine Relation betrachtet. Um aber festzustellen, wer die Vorlesung mit dem Titel „Mäeutik" liest, müssen die Tabellen *Professoren* und *Vorlesungen* miteinander verbunden werden:

select Name, Titel
from Professoren, Vorlesungen
where PersNr = gelesenVon **and** Titel = 'Mäeutik';

Diese Anfrage könnte man so übersetzen: „Wähle Name und Titel aus den Kombinationen von Professoren und Vorlesungen, bei denen der Wert von *gelesenVon* mit *PersNr* übereinstimmt und der Titel der Vorlesung „Mäeutik" ist."
Die Abarbeitung der Anfrage kann man sich in drei Schritten vorstellen:

1. Zunächst wird das Kreuzprodukt der beteiligten Tabellen gebildet.

2. Jede Zeile dieses Kreuzprodukts wird auf die Erfüllung der Bedingung aus dem **where**-Teil überprüft, die passenden Zeilen werden ausgewählt.

3. Zuletzt wird die Projektion auf die im **select**-Teil angegebenen Attribute durchgeführt.

Das ist in Abbildung 4.1 am Beispiel vorgeführt. Es sollte betont werden, daß mit dieser Auswertungsstrategie nur die Semantik einer SQL-Anfrage demonstriert wird. Die tatsächlich vom DBMS durchgeführte Auswertung ist im allgemeinen wesentlich effizienter und wird vom Anfrageoptimierer – siehe Kapitel 8 – festgelegt.
Ein äquivalenter Relationenalgebra-Ausdruck sieht folgendermaßen aus:

$$\Pi_{\text{Name, Titel}}\left(\sigma_{\text{PersNr=gelesenVon} \wedge \text{Titel='Mäeutik'}}(\text{Professoren} \times \text{Vorlesungen})\right)$$

Allgemein hat eine SQL-Anfrage die Form:

Vorlesungen			
VorlNr	Titel	SWS	gelesenVon
5001	Grundzüge	4	2137
5041	Ethik	4	2125
⋮	⋮	⋮	⋮
5049	Mäeutik	2	2125
⋮	⋮	⋮	⋮
4630	Die 3 Kritiken	4	2137

Professoren			
PersNr	Name	Rang	Raum
2125	Sokrates	C4	226
2126	Russel	C4	232
⋮	⋮	⋮	⋮
2137	Kant	C4	7

↘ Verknüpfung (×) ↙

PersNr	Name	Rang	Raum	VorlNr	Titel	SWS	gelesenVon
2125	Sokrates	C4	226	5001	Grundzüge	4	2137
2125	Sokrates	C4	226	5041	Ethik	4	2125
⋮	⋮	⋮	⋮	⋮	⋮	⋮	⋮
2125	Sokrates	C4	226	5049	Mäeutik	2	2125
⋮	⋮	⋮	⋮	⋮	⋮	⋮	⋮
2126	Russel	C4	232	5001	Grundzüge	4	2137
2126	Russel	C4	232	5041	Ethik	4	2125
⋮	⋮	⋮	⋮	⋮	⋮	⋮	⋮
2137	Kant	C4	7	4630	Die 3 Kritiken	4	2137

↓ Auswahl (σ)

PersNr	Name	Rang	Raum	VorlNr	Titel	SWS	gelesenVon
2125	Sokrates	C4	226	5049	Mäeutik	2	2125

↓ Projektion (Π)

Name	Titel
Sokrates	Mäeutik

Abb. 4.1: Ausführung einer Anfrage über mehrere Relationen

select $A_1, \ldots, A_n$
from $R_1, \ldots, R_k$
where P;

Das Ergebnis des **from**-Teils entspricht logisch dem kartesischen Produkt $R_1 \times \ldots \times R_k$ der beteiligten Relationen. Der **where**-Teil entspricht der Selektion der relationalen Algebra. Er kann auch fehlen, dann wird als Bedingung implizit „true" eingesetzt und jedes Tupel des Kreuzproduktes in das Ergebnis aufgenommen. Der **select**-Teil projiziert schließlich auf die angegebenen Attribute $A_1, \ldots, A_n$. Die in SQL verwendete **select**-Klausel ist also nicht mit der Selektion der relationalen Algebra zu verwechseln; vielmehr entspricht sie der Projektion. Werden alle Attribute benötigt, kann zur Abkürzung einfach „*" anstelle der Attributnamen angegeben werden. Für den allgemeinen Fall ergibt sich also

$$\Pi_{A_1, \ldots, A_n}(\sigma_P(R_1 \times \ldots \times R_k))$$

Eine direkte Darstellung des natürlichen Joins der relationalen Algebra ist in SQL-89 und im SQL von Oracle Version 7 nicht möglich.[2] Bei einem natürlichen Join werden Tabellen anhand gleicher Werte in Spalten mit gleichem Attributnamen miteinander verbunden. Daher muß eine Möglichkeit bestehen, Attributnamen einer Relation zuzuordnen, um Mehrdeutigkeiten zu vermeiden. Möchte man feststellen, welche Studenten welche Vorlesungen hören, benutzt man daher folgende Joinbedingung:

select Name, Titel
from Studenten, hören, Vorlesungen
where Studenten.MatrNr = hören.MatrNr **and**
  hören.VorlNr = Vorlesungen.VorlNr;

Eine zweite Möglichkeit bilden *Tupelvariablen*, die einer Relation zugeordnet werden. Sie sind in diesem Beispiel noch nicht unbedingt notwendig, werden aber später eine Rolle spielen, wenn wir dieselbe Relation mehrfach in einer Anfrage verwenden müssen.

select s.Name, v.Titel
from Studenten s, hören h, Vorlesungen v
where s.MatrNr = h.MatrNr **and**
  h.VorlNr = v.VorlNr;

An dieser Anfrage erkennt man sehr gut die Verwandtschaft von SQL zum relationalen Tupelkalkül (siehe Abschnitt 3.5). In beiden Fällen werden Variablen an Tupel einer Relation gebunden.

---

[2]In SQL-92 können im **from**-Teil auch Jointypen, wie **natural join**, angegeben werden. Diese Möglichkeit wird aber noch nicht von allen Systemen unterstützt und ist daher in einem separaten Abschnitt beschrieben.

4.8   Aggregatfunktionen und Gruppierung

Aggregatfunktionen führen Operationen auf Tupelmengen durch und komprimieren eine Menge von Werten zu einem einzelnen Wert. Zu ihnen gehören **avg** zur Bestimmung des Durchschnitts einer Menge von Zahlen, **max** und **min** zur Bestimmung des größten bzw. kleinsten Elementes und **sum** zur Bildung der Summe. **count** zählt die Anzahl der Zeilen in einer Tabelle.

Die durchschnittliche Semesterzahl aller Studierenden läßt sich mit

select avg(Semester)
from Studenten;

bestimmen. Besonders nützlich sind Aggregatfunktionen im Zusammenhang mit der Gruppierung durch **group by**. Nehmen wir an, es soll die Anzahl der Semesterwochenstunden herausgefunden werden, die von den einzelnen Professoren erbracht wird:

select gelesenVon, **sum**(SWS)
from Vorlesungen
group by gelesenVon;

Hier werden alle Zeilen der Tabelle, die den gleichen Wert im angegebenen Attribut *gelesenVon* haben, zusammengefaßt und für jede der so entstandenen Gruppen die Summe der SWS berechnet. Man beachte, daß die Gesamtstunden nur für die Professoren berechnet werden, die mindestens eine Vorlesung halten. Die Erweiterung auf alle Professoren wird in Übungsaufgabe 4.8 behandelt.

Sollen bei der Zählung nur die Professoren berücksichtigt werden, die überwiegend lange Vorlesungen halten, kann an die durch **group by** gebildeten Gruppen noch mit **having** eine zusätzliche Bedingung gestellt werden. In der folgenden Anfrage werden also zunächst alle Vorlesungen nach Professoren gruppiert und in jeder Gruppe der Durchschnitt der Semesterwochenstunden gebildet:

select gelesenVon, **sum**(SWS)
from Vorlesungen
group by gelesenVon
        having avg(SWS) > 3;

Um den Unterschied zwischen **where** und **having** zu verdeutlichen, erweitern wir die Anfrage um eine **where**-Bedingung. Es sollen nur C4-Professoren berücksichtigt werden. Zusätzlich sollen ihre Namen ausgegeben werden. Die entsprechende Anfrage lautet:

select gelesenVon, Name, **sum**(SWS)
from Vorlesungen, Professoren
where gelesenVon = PersNr **and** Rang = 'C4'
group by gelesenVon, Name
        having avg(SWS) > 3;

Eine mögliche Abarbeitung der Anfrage ist in Abbildung 4.2 dargestellt. Zuerst werden diejenigen Tupel aus der temporären Relation *Vorlesungen×Professoren*

Vorlesungen × Professoren							
VorlNr	Titel	SWS	gelesenVon	PersNr	Name	Rang	Raum
5001	Grundzüge	4	2137	2125	Sokrates	C4	226
5041	Ethik	4	2125	2125	Sokrates	C4	226
⋮	⋮	⋮	⋮	⋮	⋮	⋮	⋮
4630	Die 3 Kritiken	4	2137	2137	Kant	C4	7

⇓ **where**-Bedingung

VorlNr	Titel	SWS	gelesenVon	PersNr	Name	Rang	Raum
5001	Grundzüge	4	2137	2137	Kant	C4	7
5041	Ethik	4	2125	2125	Sokrates	C4	226
5043	Erkenntnistheorie	3	2126	2126	Russel	C4	232
5049	Mäeutik	2	2125	2125	Sokrates	C4	226
4052	Logik	4	2125	2125	Sokrates	C4	226
5052	Wissenschaftstheorie	3	2126	2126	Russel	C4	232
5216	Bioethik	2	2126	2126	Russel	C4	232
4630	Die 3 Kritiken	4	2137	2137	Kant	C4	7

⇓ Gruppierung

VorlNr	Titel	SWS	gelesenVon	PersNr	Name	Rang	Raum
5041	Ethik	4	2125	2125	Sokrates	C4	226
5049	Mäeutik	2	2125	2125	Sokrates	C4	226
4052	Logik	4	2125	2125	Sokrates	C4	226
5043	Erkenntnistheorie	3	2126	2126	Russel	C4	232
5052	Wissenschaftstheorie	3	2126	2126	Russel	C4	232
5216	Bioethik	2	2126	2126	Russel	C4	232
5001	Grundzüge	4	2137	2137	Kant	C4	7
4630	Die 3 Kritiken	4	2137	2137	Kant	C4	7

⇓ **having**-Bedingung

VorlNr	Titel	SWS	gelesenVon	PersNr	Name	Rang	Raum
5041	Ethik	4	2125	2125	Sokrates	C4	226
5049	Mäeutik	2	2125	2125	Sokrates	C4	226
4052	Logik	4	2125	2125	Sokrates	C4	226
5001	Grundzüge	4	2137	2137	Kant	C4	7
4630	Die 3 Kritiken	4	2137	2137	Kant	C4	7

⇓ Aggregation (**sum**) und Projektion

gelesenVon	Name	**sum(SWS)**
2125	Sokrates	10
2137	Kant	8

Abb. 4.2: Ausführung einer Anfrage mit **group by**

ausgewählt, die die **where**-Bedingung erfüllen. Anschließend findet die Gruppierung statt: Tupel mit gleichem Wert in den Gruppierungsattributen werden zusammen angeordnet. Jetzt wird die **having**-Bedingung für jede Gruppe überprüft. Dafür ist in diesem Fall die Berechnung des Durchschnitts der Semesterwochenstunden pro Gruppe notwendig. Im letzten Schritt werden aus den Gruppen die Ergebnistupel gebildet, hier unter Bildung der Summe der Semesterwochenstunden. Da in der Ausgaberelation jede Gruppe nur durch ein einziges Tupel repräsentiert wird, können in der **select**-Klausel nur Aggregatfunktionen vorkommen oder Attribute, nach denen gruppiert wurde, d.h. die auch in der **group by**-Klausel verwendet wurden. Aus diesem Grund mußte in der Beispielanfrage das Attribut *Name* mit in die **group by**-Klausel übernommen werden.

4.9   Geschachtelte Anfragen

In SQL können **select**-Anweisungen auf vielfältige Weisen verknüpft und geschachtelt werden. Dabei werden Anfragen, die höchstens ein Tupel zurückliefern, von denen unterschieden, die beliebig viele Tupel ergeben. Wenn eine Unteranfrage nur ein Tupel mit nur einem Attribut zurückliefert, so kann diese Unteranfrage dort eingesetzt werden, wo ein skalarer Wert gefordert wird. Insbesondere geht dies in der **select**-Klausel und bei Vergleichen in der **where**-Klausel.[3] So könnte man beispielsweise alle Prüfungen suchen, die genau durchschnittlich verlaufen sind:

select *
from prüfen
where Note = (**select avg**(Note)
                from prüfen);

Das Symbol * in der **select**-Klausel gibt, wie bereits gesagt, an, daß alle Attribute der in der **from**-Klausel aufgeführten Relation(en) ausgegeben werden sollen. Die SQL-Syntax schreibt vor, daß Unteranfragen immer geklammert werden – egal wo sie stehen.

Um das Beispiel aus Abschnitt 4.8 nochmals aufzugreifen, wollen wir die Lehrbelastung der Professoren ermitteln:

select PersNr, Name, (**select sum**(SWS) **as** Lehrbelastung
                from Vorlesungen
                where gelesenVon = PersNr)
from Professoren;

Die beiden obigen Anfragen unterscheiden sich in einem interessanten Gesichtspunkt. Im ersten Beispiel verwendet die Unteranfrage lediglich ihre „eigenen" Attribute. Im zweiten Beispiel hingegen bezieht sich die Unteranfrage auf das Attribut *PersNr* der Tupel der äußeren Anfrage. Die Unteranfrage ist mit der äußeren Anfrage *korreliert*.

---

[3]Das Operieren mit mehrstelligen Tupeln ist eine SQL-92 Erweiterung und noch nicht in allen Produkten implementiert. Das gleiche gilt für Unteranfragen in der **select**-Klausel.

Eine nicht-korrelierte Unteranfrage braucht nur einmal ausgewertet zu werden; das Ergebnis ist während der Auswertung der äußeren Anfrage konstant. Korrelierte Anfragen werden jedoch im allgemeinen für jedes Tupel der umgebenden Anfrage neu berechnet (d.h. für jedes zu überprüfende Tupel, falls die Unteranfrage in der **where**-Bedingung steht bzw. für jedes auszugebende Tupel, falls sie sich in der **select**-Klausel befindet). In dieser Hinsicht legt SQL eine „nested-loops"-Semantik fest, da für jedes Tupel der übergeordneten Anfrage die Unteranfrage auszuwerten ist – wobei Unteranfragen selbst wieder Unteranfragen enthalten können (also beliebige Schachtelungstiefe).

Zur Verdeutlichung des Unterschieds zwischen korrelierten und unkorrelierten Unteranfragen wollen wir noch ein paar Beispielanfragen formulieren. Zu diesem Zweck nehmen wir an, daß die Relationen *Studenten*, *Assistenten* und *Professoren* ein weiteres Attribut *GebDatum* vom Typ **date** enthalten. Folgende Anfrage liefert alle Studenten, die älter als der jüngste Professor bzw. die jüngste Professorin sind:

```
select s.∗
from Studenten s
where exists
      ( select p.∗
        from Professoren p
        where p.GebDatum > s.GebDatum );
```

Der **exists**-Operator liefert *true* falls die Unteranfrage mindestens ein Ergebnistupel zurückliefert; sonst *false* – siehe Abschnitt 4.10. Diese Anfrage mit korrelierter Unteranfrage läßt sich leicht in eine äquivalente Anfrage mit unkorrelierter Unteranfrage umformulieren, indem wir mit der Aggregatfunktion **max** das Geburtsdatum des jüngsten Professors bzw. der jüngsten Professorin ermitteln:

```
select s.∗
from Studenten s
where s.GebDatum <
      ( select max(p.GebDatum)
        from Professoren p );
```

Die Anfrageauswertungskomponente des DBMS wird diese unkorrelierte Unteranfrage (hoffentlich!) nur einmal auswerten und dann den einen Wert für die Auswertung der übergeordneten Anfrage verwenden. Deshalb ist diese zweite Formulierung natürlich viel effizienter zu bearbeiten. Es ist wünschenswert, daß der Anfrageoptimierer eines DBMS automatisch die günstigste Auswertung für eine gegebene Anfrage ermittelt. Leider sind heutige Anfrageoptimierer davon noch weit entfernt, so daß Datenbankanwender durchaus auf manuelle Umformulierungen von Anfragen angewiesen sind, um die Leistungsfähigkeit ihrer Anwendungen zu steigern.

Nicht immer ist es so einfach, eine korrelierte Unteranfrage in eine unkorrelierte Unteranfrage umzuwandeln. Manchmal kann man durch die Einführung eines Joins eine sogenannte Entschachtelung einer korrelierten Unteranfrage erzielen – wie folgendes Beispiel demonstriert:

select a.*
from Assistenten a
where exists
    (**select** p.*
      from Professoren p
      where a.Boss = p.PersNr **and** p.GebDatum > a.GebDatum);

Hier werden also die Assistenten ermittelt, die für einen jüngeren Professor bzw. eine jüngere Professorin arbeiten. Die oben verwendete Methode zur „Dekorrelierung" der Unteranfrage ist hier wegen des zusätzlichen Prädikats *a.Boss = p.PersNr* nicht anwendbar. Man kann diese geschachtelte Anfrage aber in eine äquivalente ungeschachtelte Joinanfrage überführen:

select a.*
from Assistenten a, Professoren p
where a.Boss = p.PersNr **and** p.GebDatum > a.GebDatum;

Wir überlassen es den Lesern, einige allgemeine Umformungsregeln herzuleiten, um korrelierte Unteranfragen in einer **where**-Klausel zu entschachteln.

Mit dem **exists**-Operator wird eine Unteranfrage, die möglicherweise mehrere Tupel zurückliefert, auf einen atomaren Wert (*true* oder *false*) abgebildet. Es ist aber auch möglich, die von einer Unteranfrage zurückgelieferten Tupel als Kollektion zu „verwerten". Solche Unteranfragen können als Argument einer Mengenoperation oder in der Liste der Relationen im **from**-Teil einer Anfrage auftreten. Im nächsten Beispiel verwenden wir eine in die **from**-Klausel geschachtelte Unteranfrage, um eine komplexere Anfrage modular aufbauen zu können. In der Unteranfrage wird der Join der beiden Relationen *Studenten* und *hören* sowie deren Gruppierung nach *MatrNr* und *Name* durchgeführt. Das Ergebnis der Unteranfrage ist eine dreistellige temporäre Relation, die wir mit *tmp* benennen, mit den Attributen *MatrNr*, *Name* und *VorlAnzahl*. Das letztere Attribut wurde durch eine **count**-Aggregation in der Unteranfrage gebildet. Man beachte, daß man nun in der Lage ist, in der übergeordneten Anfrage das Attribut *VorlAnzahl* in der **where**-Klausel zu verwenden. Ohne die Schachtelung hätte man die Einschränkung auf fleißige Studenten nur über eine **having**-Klausel formulieren können.

select tmp.MatrNr, tmp.Name, tmp.VorlAnzahl
from (**select** s.MatrNr, s.Name, **count**(*) **as** VorlAnzahl
      from Studenten s, hören h
      where s.MatrNr = h.MatrNr
      group by s.MatrNr, s.Name) tmp
where tmp.VorlAnzahl > 2;

Als Anfrageergebnis erhält man für unsere Universitätsdatenbank folgende Tabelle:

MatrNr	Name	VorlAnzahl
28106	Carnap	4
29120	Theophrastos	3

Wir wollen noch eine Anfrage formulieren, die in ähnlicher Form in sogenannten Decision Support-Anwendungen häufig vorkommt: Ermittle den Marktanteil der einzelnen Vorlesungen als den Prozentsatz der Studenten, die die Vorlesung hören.

select h.VorlNr, h.AnzProVorl, g.GesamtAnz,
      h.AnzProVorl/g.GesamtAnz **as** Marktanteil
from (**select** VorlNr, **count**(*) **as** AnzProVorl
      from hören
      group by VorlNr) h,
     (**select count**(*) **as** GesamtAnz
      from Studenten) g;

In einer „natürlicheren" Formulierung hätte man vielleicht den Einzelwert *GesamtAnz* durch eine geschachtelte Anfrage in der **select**-Klausel bestimmt. Wir haben bei der obigen Formulierung aber bewußt auf die Schachtelung von Anfragen in der **select**-Klausel verzichtet, da einige Systeme dies noch nicht unterstützen.

Als Ergebnis erhält man für unsere Universitätsdatenbank folgende Tabelle:

VorlNr	AnzProVorl	GesamtAnz	Marktanteil
4052	1	8	.125
5001	4	8	.5
5022	2	8	.25
. . .	. . .	. . .	. . .

Die klassischen Operationen der Mengenlehre, Vereinigung, Durchschnitt und Differenz, heißen in SQL **union**, **intersect** und **except**.[4] Damit ist es z.B. möglich, die Namen aller Angestellten zu bestimmen, also die aller Professoren und aller Assistenten:

(**select** Name
  from Assistenten)
union
(**select** Name
  from Professoren);

Da das Ergebnis einer Anfrage wieder eine sinnvolle Tabelle darstellen soll, müssen die Ergebnistypen der Teilanfragen übereinstimmen. In unserem Fall liefern beide Teilanfragen jeweils eine Tabelle zurück, deren einzige Spalte Zeichenketten enthält. Es ist nicht möglich, eine Tabelle aus Zeichenketten beispielsweise mit einer Tabelle aus Zahlen zu vereinigen.

Die **union**-Operation führt automatisch eine Duplikateliminierung durch, die durch Einsatz von **union all** allerdings „abgestellt" werden kann.

Der Operator **in** testet auf Mengenmitgliedschaft. Sollen die Professoren gefunden werden, die sich nicht an der Lehre beteiligen, kann mit **not in** getestet werden, welche Personalnummern im *gelesenVon*-Attribut der Relation *Vorlesungen* enthalten sind:

---

[4]**except** heißt in Oracle **minus**.

```
select Name
from Professoren
where PersNr not in ( select gelesenVon
                        from Vorlesungen );
```

In vielen Fällen läßt sich eine geschachtelte Anfrage mit **in** durch eine gleichwertige, nichtgeschachtelte Anfrage mit einem Join ersetzen (siehe Übungsaufgabe 4.2).

in ist äquivalent zur *quantifizierenden Bedingung* = **any**. Eine quantifizierende Bedingung besteht aus einem der Vergleichsoperatoren ($=, <, >, \dots$) und **all** oder **any**.[5]

any testet, ob es mindestens ein Element im Ergebnis der Unteranfrage gibt, für das der Vergleich mit dem linken Argument des Operators erfüllt wird. **all** überprüft, ob alle Ergebnisse der Unteranfrage den Vergleich erfüllen. Die Studenten mit der größten Semesterzahl können mit

```
select Name
from Studenten
where Semester >= all ( select Semester
                          from Studenten );
```

herausgefunden werden. Effizienter wäre hier natürlich eine Formulierung mit der **max**-Aggregation in der Unteranfrage. Wie und warum?

all sollte nicht mit dem Allquantor ($\forall$) verwechselt werden, der in SQL nicht vorhanden ist. **all** führt lediglich einen Vergleich eines Werts mit einer Menge durch. Auf diese Weise ist es nicht möglich, eine Anfrage wie „Finde die Studenten, die alle vierstündigen Vorlesungen hören" zu formulieren.

4.10 Quantifizierte Anfragen in SQL

Der Existenzquantor ($\exists$) wird in SQL durch **exists** realisiert. **exists** überprüft, wie oben bereits ausgeführt, ob die von einer Unteranfrage bestimmte Menge von Tupeln leer ist. Bei einer leeren Menge liefert **exists** den Wahrheitswert **false** und sonst **true**. Bei dem Operator **not exists** ist es natürlich umgekehrt.

Die Frage nach den Professoren, die keine Vorlesungen halten, kann man mit **not exists** wie folgt formulieren:

```
select Name
from Professoren
where not exists ( select *
                     from Vorlesungen
                     where gelesenVon = PersNr );
```

In SQL gibt es, wie oben schon erwähnt, keinen expliziten Allquantor, so daß Anfragen mit einer logischen Allquantifizierung auch durch den Existenzquantor ausgedrückt werden müssen. Wir wollen dies an der Beispielanfrage aus Kapitel 3.5.2 demonstrieren:

---

[5]Oder, alternativ zu **any**, some

$$\{s \mid s \in \text{Studenten} \land \forall v \in \text{Vorlesungen}(v.\text{SWS}{=}4 \Rightarrow$$
$$\exists h \in \text{hören}(h.\text{VorlNr}{=}v.\text{VorlNr} \land h.\text{MatrNr}{=}s.\text{MatrNr}))\}$$

In dieser Tupelkalkül-Formel werden also die Studenten ermittelt, die *alle* vier-stündigen Vorlesungen hören. Obwohl SQL den relationalen Tupelkalkül als Grund-lage hat, läßt sich diese Formel erst in SQL umsetzen, nachdem man den Allquantor ($\forall$) und den Implikationsoperator ($\Rightarrow$) gemäß folgender Äquivalenzen eliminiert hat:

$$\forall t \in R(P(t)) \;=\; \neg(\exists t \in R(\neg P(t)))$$
$$R \Rightarrow T \;=\; \neg R \lor T$$

Schrittweise ermittelt man also folgende äquivalente Formeln:

$$\{s \mid s \in \text{Studenten} \land \neg(\exists v \in \text{Vorlesungen}\neg(\neg(v.\text{SWS}{=}4) \lor$$
$$\exists h \in \text{hören}(h.\text{VorlNr}{=}v.\text{VorlNr} \land h.\text{MatrNr}{=}s.\text{MatrNr}))\}$$

Durch Anwendung der DeMorgan-Gesetze kann man die Negationen „nach innen ziehen":

$$\{s \mid s \in \text{Studenten} \land \neg(\exists v \in \text{Vorlesungen}(v.\text{SWS}{=}4 \land$$
$$\neg(\exists h \in \text{hören}(h.\text{VorlNr}{=}v.\text{VorlNr} \land h.\text{MatrNr}{=}s.\text{MatrNr}))))\}$$

Diese letzte Formel kann man jetzt sehr einfach in SQL-Syntax überführen und erhält folgende geschachtelte Anfrage:

```
select s.*
from Studenten s
where not exists
      (select *
       from Vorlesungen v
       where v.SWS = 4 and not exists
             (select *
              from hören h
              where h.VorlNr = v.VorlNr and h.MatrNr = s.MatrNr));
```

Viele kommerzielle Datenbanksysteme haben Schwierigkeiten, derartige tief ge-schachtelte Anfragen effizient auszuwerten. Deshalb ist es oft viel effizienter, die Allquantifizierung durch Zählen von Tupeln in SQL auszudrücken. Wir betrachten dazu eine etwas einfachere Anfrage, in der wir die (*MatrNr* der) Studenten ermitteln wollen, die *alle* Vorlesungen hören:

```
select h.MatrNr
from hören h
group by h.MatrNr
   having count(*) = (select count(*) from Vorlesungen);
```

Es wird also gezählt, wieviele Vorlesungen die einzelnen Studenten hören und überprüft, ob diese Anzahl mit der Anzahl der in der Relation *Vorlesungen* gespeicherten Tupel übereinstimmt. Für die Korrektheit dieser Formulierung muß verlangt werden, daß alle *VorlNr*-Werte in der Relation *hören* gültig sind; d.h. für jeden *VorlNr*-Wert aus *hören* muß es eine Vorlesung mit diesem *VorlNr*-Schlüsselwert in der Relation *Vorlesungen* geben. Mit anderen Worten muß die referentielle Integrität gewährleistet sein – siehe dazu Kapitel 5. Weiterhin darf die Relation *hören* keine Duplikate enthalten. Wir überlassen es den Lesern in Übungsaufgabe 4.5 eine Formulierung zu finden, die auch bei einer möglichen Verletzung der referentiellen Integrität das korrekte Ergebnis liefert. In Aufgabe 4.6 werden die Leser herausgefordert, die schwierigere Anfrage, in der die Studenten ermittelt werden, die alle vierstündigen Vorlesungen hören, mittels einer **count**-Aggregierung zu formulieren.

4.11   Nullwerte

In SQL gibt es einen speziellen Wert mit dem Namen **null**, der in jedem Datentyp vorhanden ist. Ein **null**-Wert wird z.B. dann als Attributwert gespeichert, wenn der korrekte Wert nicht bekannt ist. Beispielsweise würde man **null** als Wert für das Attribut *gelesenVon* eines Tupels der Relation *Vorlesungen* eintragen, wenn für die zugehörige Vorlesung noch kein Referent bzw. keine Referentin gefunden wurde.

Bei der Anfragebearbeitung können Nullwerte als Ergebnis von Operationen entstehen – selbst wenn die zugrunde liegenden Relationen keine **null**-Werte enthalten. Ein Beispiel sind die äußeren Joins, die in den Abschnitten 3.4.8 und 4.13 behandelt sind. Ein anderes Beispiel ist die Anwendung einer Aggregatfunktion (wie **max**) auf eine leere Tabelle.

Das Ergebnis von Anfragen bei vorliegenden **null**-Werten ist oftmals überraschend. Nehmen wir folgendes Beispiel

select count($*$)
from Studenten
where Semester $<$ 13 **or** Semester $>=$ 13

Wenn es Studenten gibt, deren *Semester*-Attribut den Wert **null** hat, werden diese nicht mitgezählt. Der Grund liegt in folgenden Regeln für den Umgang mit **null**-Werten begründet:

1. In arithmetischen Ausdrücken werden Nullwerte propagiert, d.h. sobald ein Operand **null** ist, wird auch das Ergebnis **null**. Dementsprechend wird z.B. **null** + 1 zu **null** ausgewertet – aber auch **null** $*$ 0 wird zu **null** ausgewertet.

2. SQL hat eine dreiwertige Logik, die nicht nur **true** und **false** kennt, sondern auch einen dritten Wert **unknown**. Diesen Wert liefern Vergleichsoperationen zurück, wenn mindestens eines ihrer Argumente **null** ist. Beispielsweise wertet SQL das Prädikat (*PersNr* $= \ldots$) immer zu **unknown** aus, wenn die *PersNr* des betreffenden Tupels den Wert **null** hat.

3. Logische Ausdrücke werden nach den folgenden Tabellen berechnet:

not		**and**	true	unknown	false
true	false	true	true	unknown	false
unknown	unknown	unknown	unknown	unknown	false
false	true	false	false	false	false

or	true	unknown	false
true	true	true	true
unknown	true	unknown	unknown
false	true	unknown	false

Diese Berechnungsvorschriften sind recht intuitiv. **unknown or true** wird z.B. zu **true** – die Disjunktion ist mit dem **true**-Wert des rechten Arguments immer erfüllt, unabhängig von der Belegung des linken Arguments. Analog ist **unknown and false** automatisch **false** – keine Belegung des linken Arguments könnte die Konjunktion mehr erfüllen.

4. In einer **where**-Bedingung werden nur Tupel weitergereicht, für die die Bedingung **true** ist. Insbesondere werden Tupel, für die die Bedingung zu **unknown** auswertet, nicht ins Ergebnis aufgenommen.

5. Bei einer Gruppierung wird **null** als ein eigenständiger Wert aufgefaßt und in eine eigene Gruppe eingeordnet.

Betrachten wir jetzt nochmals die Beispielanfrage. Für Studenten mit einem **null**-Wert für das Attribut *Semester* evaluieren beide Terme der Disjunktion, „*Semester* < 13" und „*Semester* >= 13", zu **unknown**. Gemäß obiger Wertetabelle evaluiert **unknown or unknown** zu **unknown**. Somit kann sich das entsprechende Tupel nicht für das Anfrageergebnis qualifizieren, da nur Tupel in die Ergebnismenge aufgenommen werden, deren Anfrageprädikat zu **true** evaluiert.

Das Beispiel demonstriert, daß man soweit möglich auf **null**-Werte verzichten sollte (z.B. durch entsprechende Integritätsbedingungen oder einer Normalisierung, wie in den nächsten beiden Kapiteln behandelt) oder aber deren Existenz bei der Anfrageformulierung berücksichtigen muß. Kann ein Ausdruck zu **null** auswerten, läßt sich das mit der Bedingung **is null** bzw. **is not null** überprüfen. Logische Ausdrücke lassen sich mit **is unknown** bzw. **is not unknown** testen.[6]

4.12 Spezielle Sprachkonstrukte

Es gibt noch einige weitere Bedingungen, die im **where**-Teil benutzt werden können. Zwei davon wollen wir hier untersuchen.

Die erste, **between**, ist nichts anderes als eine Abkürzung. Häufig möchte man nur einen bestimmten Wertebereich testen, z.B. Semesterzahlen zwischen eins und vier. In diesem Fall sind die folgenden beiden Bedingungen gleichwertig:

select *
from Studenten
where Semester >= 1 **and** Semester <= 4;

---

[6]Dies ist jedoch SQL-92 und noch nicht überall verfügbar.

```
select *
from Studenten
where Semester between 1 and 4;
```

Für kleine diskrete Bereiche ist auch die explizite Angabe einer Menge möglich:

```
select *
from Studenten
where Semester in (1,2,3,4);
```

Sehr nützlich ist der Vergleich von Zeichenketten auf Ähnlichkeit mit **like**. Wenn eine Zeichenkette nicht genau bekannt ist, können „%" und „_" als Platzhalter für unbekannte Teile verwendet werden. „%" steht dabei für beliebig viele und „_" für genau ein unbekanntes Zeichen. Sucht man beispielsweise die Matrikelnummer von Theophrastos, weiß aber nicht mehr genau, ob er mit „h" geschrieben wurde, kann man die „verdächtigen" Stellen durch ein „%" ersetzen:

```
select *
from Studenten
where Name like 'T%eophrastos';
```

Als weiteres Beispiel sollen die Studenten gesucht werden, die mindestens eine Vorlesung über Ethik gehört haben:

```
select distinct s.Name
from Vorlesungen v, hören h, Studenten s
where s.MatrNr = h.MatrNr and h.VorlNr = v.VorlNr and
      v.Titel like '%thik%';
```

Hier wurde bewußt das „E" in Ethik nicht angegeben, da es in zusammengesetzten Wörtern klein geschrieben wird (wie z.B. in „Bioethik").

In SQL-92 ist für die „Dekodierung" von Attributwerten das **case**-Konstrukt vorgesehen. Wir wollen dies an einem einfachen Beispiel vorführen: Wir wollen die Prüfungsnoten, die in der Relation *prüfen* in numerischer Form abgespeichert sind, in entsprechende Prädikatsnoten umwandeln:

```
select MatrNr, ( case when Note < 1.5 then 'sehr gut'
                      when Note < 2.5 then 'gut'
                      when Note < 3.5 then 'befriedigend'
                      when Note <= 4.0 then 'ausreichend'
                      else 'nicht bestanden' end )
from prüfen;
```

Man beachte, daß die Alternativen (**when**-Klauseln) in der Reihenfolge ihres Auftretens evaluiert werden. Die erste Bedingung, die zu *true* auswertet, bestimmt den einzusetzenden Wert.

4.13 Joins in SQL-92

In SQL-92 wurde eine Möglichkeit zur direkten Angabe eines Join-Operators geschaffen. Dort können im **from**-Teil die folgenden Schlüsselwörter verwendet werden:

- **cross join**: Kreuzprodukt,

- **natural join**: natürlicher Join,

- **join** oder **inner join**: Theta-Join und

- **left**, **right** oder **full outer join**: äußerer Join.

Auf diese Weise kann z.B. eine Anfrage der Art

select ∗
from R_1, R_2
where $R_1.A = R_2.B$;

explizit als Join formuliert werden:

select ∗
from R_1 **join** R_2 **on** $R_1.A = R_2.B$;

Hinter dem Join wird mit **on** die Joinbedingung explizit angegeben.

Zu den beiden letzteren Jointypen wollen wir noch je ein Beispiel betrachten. Der äußere Join wurde schon in Abschnitt 3.4.8 als Operator der relationalen Algebra besprochen. Er erhält, je nachdem ob es sich um einen **left**, **right** oder **full outer join** handelt, auch die Zeilen respektive der linken, rechten oder beider Relationen, die nicht die Joinbedingung erfüllen. In Abbildung 4.3 wird das anhand von *Professoren*, *prüfen* und *Studenten* verdeutlicht.

4.14 Rekursion

In der Beispiel-Datenbank aus Abbildung 3.7 wurde mit Hilfe der rekursiven Beziehung *voraussetzen* einigen Vorlesungen Vorgänger zugeordnet. Graphisch kann man diese Beziehung wie in Abbildung 4.4 darstellen.

Nun möchten wir herausfinden, was man alles hören muß, um die Vorlesung „Der Wiener Kreis" verstehen zu können. Dazu stellen wir zunächst die Anfrage:

select Vorgänger
from voraussetzen, Vorlesungen
where Nachfolger = VorlNr **and**
        Titel = 'Der Wiener Kreis';

Als Ergebnis erhält man die direkten Vorgänger der Vorlesung „Der Wiener Kreis" – in unserer Beispielausprägung ist das lediglich die eine Vorlesung „Wissenschaftstheorie". Um festzustellen, welche Vorlesungen für die direkten Vorgänger gebraucht werden, stellt man die Anfrage:

select p.PersNr, p.Name, f.PersNr, f.Note, f.MatrNr, s.MatrNr, s.Name
from Professoren p **left outer join**
    (prüfen f **left outer join** Studenten s **on** f.MatrNr = s.MatrNr)
    on p.PersNr = f.PersNr;

p.PersNr	p.Name	f.PersNr	f.Note	f.MatrNr	s.MatrNr	s.Name
2126	Russel	2126	1	28106	28106	Carnap
2125	Sokrates	2125	2	25403	25403	Jonas
2137	Kant	2137	2	27550	27550	Schopenhauer
2136	Curie	–	–	–	–	–
⋮	⋮	⋮	⋮	⋮	⋮	⋮

select p.PersNr, p.Name, f.PersNr, f.Note, f.MatrNr, s.MatrNr, s.Name
from Professoren p **right outer join**
    (prüfen f **right outer join** Studenten s **on** f.MatrNr = s.MatrNr)
    on p.PersNr = f.PersNr;

p.PersNr	p.Name	f.PersNr	f.Note	f.MatrNr	s.MatrNr	s.Name
2126	Russel	2126	1	28106	28106	Carnap
2125	Sokrates	2125	2	25403	25403	Jonas
2137	Kant	2137	2	27550	27550	Schopenhauer
–	–	–	–	–	26120	Fichte
⋮	⋮	⋮	⋮	⋮	⋮	⋮

select p.PersNr, p.Name, f.PersNr, f.Note, f.MatrNr, s.MatrNr, s.Name
from Professoren p **full outer join**
    (prüfen f **full outer join** Studenten s **on** f.MatrNr = s.MatrNr)
    on p.PersNr = f.PersNr;

p.PersNr	p.Name	f.PersNr	f.Note	f.MatrNr	s.MatrNr	s.Name
2126	Russel	2126	1	28106	28106	Carnap
2125	Sokrates	2125	2	25403	25403	Jonas
2137	Kant	2137	2	27550	27550	Schopenhauer
–	–	–	–	–	26120	Fichte
⋮	⋮	⋮	⋮	⋮	⋮	⋮
2136	Curie	–	–	–	–	–
⋮	⋮	⋮	⋮	⋮	⋮	⋮

Abb. 4.3: Äußere Joins in SQL-92

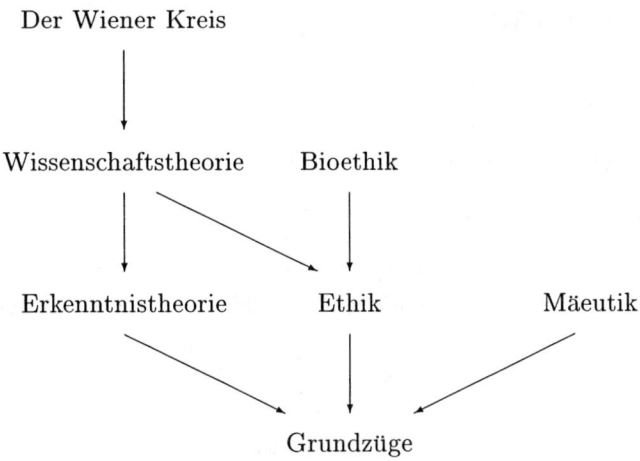

Abb. 4.4: Graphische Darstellung von *voraussetzen*

select Vorgänger
from voraussetzen
where Nachfolger **in** (**select** Vorgänger
                 from voraussetzen, Vorlesungen
                 where Nachfolger = VorlNr **and**
                     Titel = 'Der Wiener Kreis');

Alternativ kann man diese Anfrage mit Hilfe von Tupelvariablen ohne Schachtelung formulieren:

select v1.Vorgänger
from voraussetzen v1, voraussetzen v2, Vorlesungen v
where v1.Nachfolger = v2.Vorgänger **and**
        v2.Nachfolger = v.VorlNr **and**
        v.Titel = 'Der Wiener Kreis';

Aber mit den indirekten Vorgängern erster Stufe ist man noch nicht fertig. Es müssen immer weitere indirekte Vorgänger gesucht werden, bis sich keine weiteren Vorlesungen mehr hinzugesellen. Erst dann ist die Menge aller Voraussetzungen gefunden. Die indirekten Vorgänger n-ter Stufe werden also wie folgt gebildet:

select v1.Vorgänger
from voraussetzen v1,

     $\vdots$

     voraussetzen vn_minus_1
     voraussetzen vn,
     Vorlesungen v
where v1.Nachfolger = v2.Vorgänger **and**

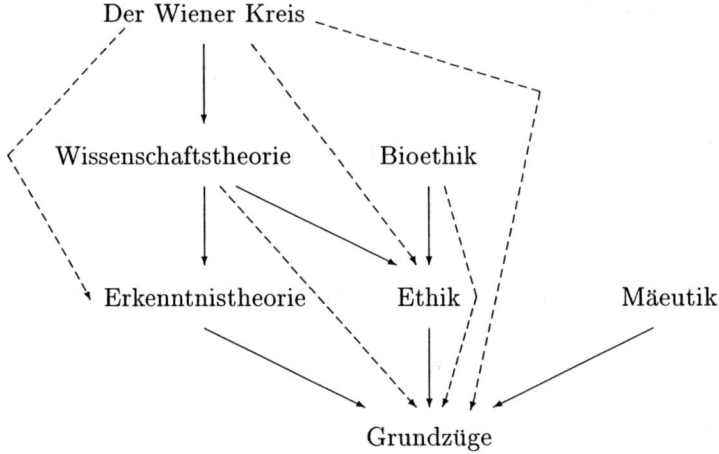

Abb. 4.5: Die transitive Hülle der Beziehung *voraussetzen*

$\vdots$

vn_minus_1.Nachfolger = vn.Vorgänger **and**

vn.Nachfolger = v.VorlNr **and**

v.Titel = 'Der Wiener Kreis' ;

Das ist sehr umständlich, leider aber im SQL-Standard nicht anders möglich. Es fehlt eine Möglichkeit zur Berechnung von *transitiven Hüllen*. Die transitive Hülle einer Relation R mit zwei Attributen A und B gleichen Typs ist definiert als:

$$trans_{A,B}(R) = \{(a,b) \mid \exists k \in I\!N \; (\exists \tau_1, \ldots, \tau_k \in R($$
$$\tau_1.A = \tau_2.B \;\wedge$$
$$\tau_2.A = \tau_3.B \;\wedge$$
$$\vdots$$
$$\tau_{k-1}.A = \tau_k.B \;\wedge$$
$$\tau_1.A = a \;\wedge$$
$$\tau_k.B = b))\}$$

Sie enthält damit alle Tupel (a,b), für die ein Pfad beliebiger Länge k in R existiert. Die transitive Hülle unseres Beispiels ist in Abbildung 4.5 dargestellt.

Damit ist SQL nicht Turing-vollständig. Da sich aber alle Ausdrücke der relationalen Algebra in SQL übertragen lassen und die Ausdruckskraft von relationaler Algebra und Relationenkalkül äquivalent ist, sind auch diese beiden formalen Anfragesprachen nicht Turing-vollständig.

Oracle ermöglicht das Traversieren hierarchischer Beziehungen. Es bietet einen **connect by**-Befehl an, der die Verbindung von Eltern-Objekten zu ihren Kindern angibt.[7] Die folgende Anfrage findet alle Vorgänger von „Der Wiener Kreis".

---

[7]Dieser Befehl ist jedoch, wie gesagt, nicht im SQL-92 Standard enthalten.

```
select Titel
from Vorlesungen
where VorlNr in ( select Vorgänger
                 from voraussetzen
                 connect by Nachfolger = prior Vorgänger
                 start with Nachfolger = (select VorlNr
                                          from Vorlesungen
                                          where Titel = 'Der Wiener Kreis'));
```

Mit **start with** wird der Ausgangspunkt für die Tiefensuche festgelegt, in unserem Fall die Vorlesungsnummer der Vorlesung „Der Wiener Kreis". Die Verbindungsbedingung für **connect by** besagt, daß der *Vorgänger* des Elternknotens mit dem *Nachfolger* des Kindknotens übereinstimmen soll. Attribute des Elternknotens werden durch **prior** markiert. Das Ergebnis lautet:

Titel
Grundzüge
Ethik
Erkenntnistheorie
Wissenschaftstheorie

Die obige Formulierung ist Oracle-spezifisch. In DB2 könnte man die Anfrage wie folgt formulieren:

```
with TransVorl (Vorg , Nachf)
as ( select Vorgänger, Nachfolger from voraussetzen
     union all
     select t.Vorg, v.Nachfolger
     from TransVorl t, voraussetzen v
     where t.Nachf = v.Vorgänger )

select Titel from Vorlesungen where VorlNr in
     ( select Vorg from TransVorl where Nachf in
         ( select VorlNr from Vorlesungen where Titel = 'Der Wiener Kreis' ) )
```

In der **with**-Klausel wird eine temporäre Sicht namens *TransVorl* – für die Dauer der Anfragebearbeitung – definiert. Diese Sicht ist hier rekursiv definiert, da *TransVorl* in der SQL-Definition der Sicht vorkommt. Durch diese Sichtendefinition wird also die transitive Hülle der Relation *voraussetzen* definiert, die dann in der darunter stehenden Anfrage ausgenutzt wird. Der SQL3 Standard wird (wahrscheinlich) Rekursion in DB2-ähnlicher Form vereinheitlichen.

Trotz dieser Möglichkeiten, rekursive Anfragen stellen zu können, ist SQL dennoch nicht Turing-vollständig. Es wird lediglich ein Spezialfall abgedeckt, der jedoch relativ häufig vorkommt. Man beachte, daß die Ausdruckskraft von SQL mit diesen Möglichkeiten über die Ausdruckskraft der relationalen Algebra – und damit auch des Relationenkalküls – hinausgeht.

4.15   Veränderungen am Datenbestand

In Abschnitt 4.3 wurde ja schon ein Befehl vorgestellt, mit dem Veränderungen
am Datenbestand durchgeführt werden konnten: der **insert**-Befehl. Zusätzlich zur
direkten Angabe konstanter Werte können Tupel auch durch eine Anfrage generiert
werden. Sollte Sokrates beispielsweise der Meinung sein, daß alle Studenten seine
Logik-Vorlesung besuchen sollen, kann er das mit folgendem SQL-Befehl – zumindest
in der Datenbasis – bewirken:

insert into hören
    select MatrNr, VorlNr
    from Studenten, Vorlesungen
    where Titel = 'Logik';

Es ist möglich, beim Einfügen nur einen Teil der Attribute anzugeben, falls beispielsweise einige Werte unbekannt sind. Dazu werden die gewünschten Attribute in
Klammern hinter dem Tabellennamen angegeben. Die nicht definierten Felder werden vom System mit einem Nullwert aufgefüllt. Im Beispiel wird der Nullwert durch
einen Bindestrich angedeutet.

insert into Studenten (MatrNr, Name)
    values (28121, 'Archimedes');

Studenten		
MatrNr	Name	Semester
⋮	⋮	⋮
29120	Theophrastos	2
29555	Feuerbach	2
28121	Archimedes	–

Zum Löschen wird der **delete**-Befehl verwendet, bei dem durch die Angabe einer Bedingung eine Auswahl unter den Tupeln getroffen werden kann. Diejenigen
Studenten, die bereits länger als 13 Semester studieren, werden mit

delete from Studenten
    where Semester > 13;

entfernt. Bestehende Zeilen können mit dem **update**-Befehl verändert werden. Bei
Beginn eines neuen Semesters müssen in unserem Beispiel die Semesterzahlen der
Studenten erhöht werden:

update Studenten
    set Semester = Semester + 1;

Selbstverständlich wäre auch hier eine nähere Qualifizierung der zu ändernden
Tupel mit einer **where**-Bedingung möglich.

Es ist noch wichtig zu wissen, daß alle Änderungsoperationen in SQL in zwei
Schritten ausgeführt werden. Im ersten Schritt werden die Kandidaten für die Änderungsoperation gebildet, im zweiten Schritt wird dann die Operation auf den Kandidaten ausgeführt. Beim **insert**-Befehl wird zunächst eine temporäre Tabelle mit

dem Ergebnis der **select**-Anfrage gebildet, die dann erst *komplett* in die Zieltabelle eingefügt wird. Bei **delete** werden alle zu löschenden Tupel markiert und dann *auf einmal* entfernt. Ein **update** führt die **set**-Operation basierend auf den Werten der Originaltabelle in einer temporären Tabelle durch. Erst dann überschreiben die modifizierten Tupel die Originaltabelle.

Ohne diese aufwendige Verarbeitung könnte das Ergebnis einer Änderungsoperation von der Reihenfolge, in der die Tupel verarbeitet werden, abhängen. Dies würde sicherlich der mengenorientierten Semantik einer deklarativen Sprache widersprechen. Wenn beispielsweise in der Relation *voraussetzen* nur noch direkte Abhängigkeiten von Grundlagenvorlesungen[8] gespeichert werden sollen, kann man alle anderen Tupel mit

delete from voraussetzen
    where Vorgänger **in** (**select** Nachfolger
              from voraussetzen);

entfernen. Ohne einen Markierungsschritt hängt das Ergebnis dieser Anfrage von der Reihenfolge der Tupel in der Relation ab. Eine Abarbeitung in der Reihenfolge der Beispielausprägung in Abbildung 3.7 würde das letzte Tupel (5052, 5259) fälschlicherweise erhalten, da vorher bereits alle Tupel mit 5052 als *Nachfolger* entfernt wurden.

4.16 Sichten

Ein wichtiges Konzept, um ein Datenbanksystem an die Bedürfnisse unterschiedlicher Benutzergruppen anpassen zu können, sind Sichten (engl. *views*). Auf konzeptueller Ebene wurden sie bereits in Kapitel 2 eingeführt. Dort war eine Sicht eine Beschreibung der für eine bestimmte Benutzergruppe interessanten Datenmenge. Es ist aber nicht nur wichtig festzulegen, welche Daten Benutzer sehen wollen, sondern auch, welche sie nicht sehen dürfen. In Kapitel 12 werden Datenschutz-Mechanismen vorgestellt, um bestimmte Daten Benutzern zugänglich bzw. unzugänglich zu machen. Dieses wird im allgemeinen mit Hilfe von Sichten verfeinert: Sie bieten virtuelle Relationen an, die nur einen Ausschnitt des gesamten Modells zeigen. „Virtuell" heißt in diesem Zusammenhang, daß keine neuen Tabellen angelegt werden, vielmehr werden sie bei jeder Verwendung neu berechnet. Ein Beispiel einer Sicht auf *prüfen* sei die Einschränkung, daß nicht all Benutzer das Ergebnis einer Prüfung einsehen dürfen. Diese Einschränkung kann realisiert werden durch:

create view prüfenSicht **as**
    select MatrNr, VorlNr, PersNr
    from prüfen;

Wird die Sicht *prüfenSicht* nun in einer Anfrage verwendet, berechnet das Datenbanksystem automatisch an deren Stelle den obigen **select**-Ausdruck.

Eine andere Einsatzmöglichkeit ist die Vereinfachung von Anfragen. Man kann eine Sicht dabei als eine Art Makro benutzen. Die folgende Sicht assoziiert Studenten mit den Professoren, bei denen sie Vorlesungen gehört haben.

---

[8]Grundlagenvorlesungen seien solche, zu denen es in *voraussetzen* keine *Vorgänger* gibt.

create view StudProf(SName, Semester, Titel, PName) **as**
    select s.Name, s.Semester, v.Titel, p.Name
    from Studenten s, hören h, Vorlesungen v, Professoren p
    where s.MatrNr = h.MatrNr **and** h.VorlNr = v.VorlNr **and**
        v.gelesenVon = p.PersNr;

Da die Namen der Spalten nicht eindeutig sind, muß eine Neubenennung erfolgen – hier *SName* für die Namen der Studenten und *PName* für die Namen der Professoren. Die neuen Namen werden in Klammern hinter dem Namen der Sicht angegeben. Dieses Konstrukt muß auch benutzt werden, wenn die Werte einer Ergebnisspalte in der Anfrage erst berechnet werden. Man kann die so definierte Sicht dann ganz „normal" in Anfragen verwenden.

Um herauszufinden, in welchen Semestern die Studenten von Sokrates sind, genügt jetzt die sehr einfache Anfrage

select distinct Semester
from StudProf
where PName = 'Sokrates';

An dieser Anfrage ist gut erkennbar, daß man durch das Sichtenkonzept die Benutzung der Datenbank für bestimmte Benutzergruppen vereinfachen kann.

4.17 Sichten zur Modellierung von Generalisierungen

Bei der Modellierung von Generalisierungen dienen Sichten zur Realisierung von *Inklusion* und *Vererbung*: Objekte (hier Tupel) eines Untertyps einer Generalisierungshierarchie sollen auch automatisch zu ihrem Obertyp gehören und die Attribute des Obertyps erben. Dabei kann entweder der Obertyp oder der Untertyp als Sicht definiert werden. Bild 4.6 demonstriert die beiden Alternativen anhand der Generalisierung von *Professoren* und *Assistenten* zu *Angestellte*.

Die linke Alternative in Abbildung 4.6 (a) zeigt die Modellierung der Untertypen *Professoren* und *Assistenten* als Sicht. Die Relation *Angestellte* mit ihren zwei Attributen *PersNr* und *Name* existiert physisch in der Datenbasis. Zusätzlich werden zwei Relationen *ProfDaten* und *AssiDaten* gebildet. *ProfDaten* ergänzt die Daten der Angestellten, die auch Professoren sind, um die Attribute *Rang* und *Raum*. Analog enthält *AssiDaten* die fehlenden Attribute *Fachgebiet* und *Boss* für Assistenten. Diese beiden Relationen sind allerdings nicht Teil der Benutzerschnittstelle. Für die Benutzer werden zusätzlich zur sichtbaren Basisrelation *Angestellte* die zwei Sichten *Professoren* und *Assistenten* definiert, die den Verbund der generellen und speziellen Daten übernehmen. Sie können wie bisher mit *Professoren* und *Assistenten* arbeiten.

Diese Modellierung bevorzugt Zugriffe auf die Daten des Typs *Angestellte*, aber benachteiligt Zugriffe auf *Professoren* und *Assistenten*. *Angestellte* sind unmittelbar verfügbar, für *Professoren* und *Assistenten* müssen i.a. bei einer Anfrage die Daten durch einen relativ aufwendigen Join verbunden werden. Zusätzlich entstehen die im nächsten Abschnitt beschriebenen Probleme, wenn Sichten verändert werden sollen.

```
create table Angestellte
    ( PersNr    integer not null,
      Name      varchar(30) not null );

create table ProfDaten
    ( PersNr    integer not null,
      Rang      character(2),
      Raum      integer);

create table AssiDaten
    ( PersNr    integer not null,
      Fachgebiet varchar(30),
      Boss      integer);

create view Professoren as
    select *
    from Angestellte a, ProfDaten d
    where a.PersNr = d.PersNr;

create view Assistenten as
    select *
    from Angestellte a, AssiDaten d
    where a.PersNr = d.PersNr;
```

```
create table Professoren
    ( PersNr    integer not null,
      Name      varchar(30) not null,
      Rang      character(2),
      Raum      integer);

create table Assistenten
    ( PersNr    integer not null,
      Name      varchar(30) not null,
      Fachgebiet varchar(30),
      Boss      integer);

create table AndereAngestellte
    ( PersNr    integer not null,
      Name      varchar(30) not null);

create view Angestellte as
    ( select PersNr, Name
      from Professoren )
    union
    ( select PersNr, Name
      from Assistenten )
    union
    ( select *
      from AndereAngestellte );
```

(a) Untertypen als Sicht   (b) Obertypen als Sicht

Abb. 4.6: Modellierungsmöglichkeiten für Generalisierungen

Die rechte Alternative in Abbildung 4.6 (b) realisiert die Generalisierung auf die umgekehrte Weise: *Professoren* und *Assistenten* sind als Relationen physisch in der Datenbasis vorhanden. Zusätzlich existiert eine Basisrelation *AndereAngestellte*, die es ermöglicht auch Angestellte zu speichern, die weder Professoren noch Assistenten sind. Der Obertyp *Angestellte* wird als Sicht definiert, indem er, nach geeigneter Projektion, die Relationen *Professoren*, *Assistenten* und *AndereAngestellte* vereinigt. In diesem Fall werden Zugriffe auf die Untertypen bevorzugt. Mit Hilfe von Übungsaufgabe 4.22 können die Vor- und Nachteile der beiden Modellierungen anhand eines konkreten Beispiels nachvollzogen werden. Insbesondere sollten sich die Leser über die Möglichkeiten der Änderung von Daten bewußt werden – im nächsten Abschnitt gehen wir darauf ein, daß Sichten im allgemeinen nicht änderbar sind.

Die obigen Beispiele zeigen letzten Endes, wie Sichten zur Gewährleistung logischer Datenunabhängigkeit eingesetzt werden können. Dies ist nochmals in Abbildung 4.7 skizziert. Die logische Datenunabhängigkeit schützt die Benutzer in gewissen Grenzen vor Veränderungen am Datenbankschema. Unabhängig davon, ob beispielsweise der Ober- oder der Untertyp als Sicht definiert wurde, den Benutzern wird eine einheitliche Schnittstelle geboten.

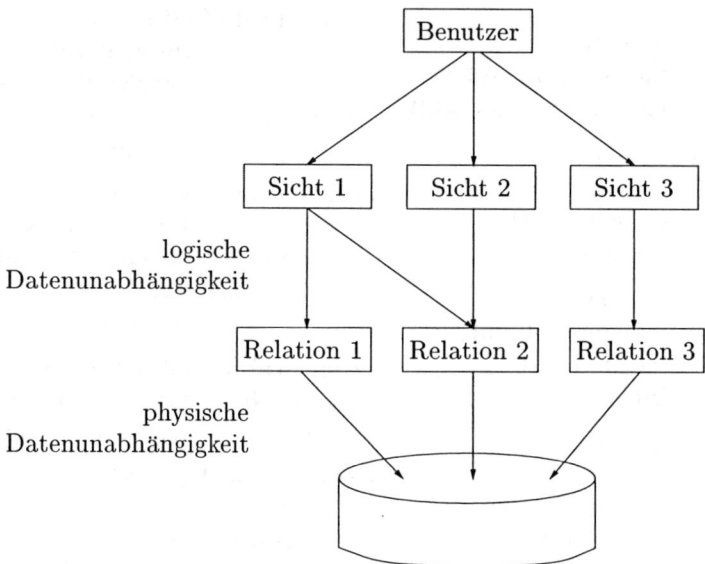

Abb. 4.7: Sichten zur Gewährleistung von Datenunabhängigkeit

4.18   Charakterisierung update-fähiger Sichten

Sichten haben das inhärente Problem, daß sie nicht immer änderbar (update-fähig) sind. Ein anschauliches Beispiel ist die folgende Sicht:

create view WieHartAlsPrüfer(PersNr, Durchschnittsnote) **as**
    select PersNr, **avg**(Note)
    from prüfen
    group by PersNr;

Diese Sicht ist nicht veränderbar, da sie das berechnete Attribut *Durchschnittsnote* enthält. Eine Änderungsoperation läßt sich nicht mehr auf die ursprüngliche Basisrelation *prüfen* zurückpropagieren. Die folgende Operation würde also vom DBMS zurückgewiesen werden.

update WieHartAlsPrüfer
    set Durchschnittsnote = 1.0
    where PersNr = (**select** PersNr
                  from Professoren
                  where Name = 'Sokrates');

Nehmen wir an, es wäre eine Sicht zur Vermeidung des expliziten Joins von Vorlesungen und Professoren definiert. Es soll nun eine neue Vorlesung eingefügt werden:

create view VorlesungenSicht **as**
    select Titel, SWS, Name
    from Vorlesungen, Professoren
    where gelesenVon = PersNr;

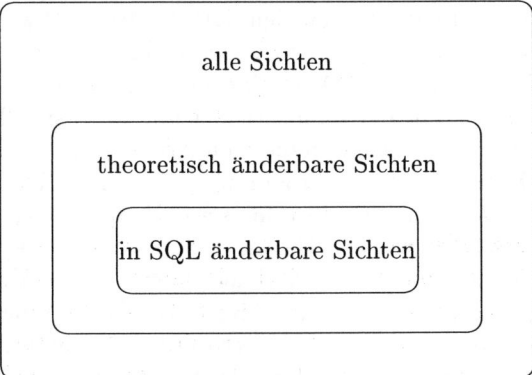

Abb. 4.8: Änderbarkeit von Sichten

insert into VorlesungenSicht
  values ('Nihilismus', 2, 'Nobody');

Dieser Versuch wird jedoch scheitern, da Veränderungen hier nicht möglich sind. Um das obige Tupel einfügen zu können, müßte das DBMS die eingetragenen Werte den ursprünglichen Relationen zuordnen können. Das ist aber nicht immer möglich, da die Sicht die Schlüssel der ursprünglichen Relationen herausprojiziert hat. Im allgemeinen sind Sichten veränderbar, wenn

- sie weder Aggregatfunktionen, noch Anweisungen wie **distinct**, **group by** und **having** enthalten,

- in der **select**-Liste nur eindeutige Spaltennamen stehen und ein Schlüssel der Basisrelation enthalten ist und

- sie nur genau eine Tabelle (also Basisrelation oder Sicht) verwenden, die ebenfalls veränderbar sein muß.

Grundsätzlich gilt, daß die gemäß SQL änderbaren Sichten eine Untermenge der theoretisch änderbaren Sichten darstellen. D.h. es gibt Sichtendefinitionen, bei denen theoretisch die eindeutige Propagierung von Änderungen auf die Basisrelationen möglich wäre, SQL diese Änderungen aber dennoch ausschließt. Diese Tatsache ist in Abbildung 4.8 skizziert.

4.19 Einbettung von SQL in Wirtssprachen

Viele Anwendungen erfordern die Einbettung von SQL in eine Wirtssprache (engl. Embedded SQL), z.B. wenn eine benutzerfreundliche Umgebung erstellt oder Turing-Vollständigkeit erreicht werden soll. Exemplarisch wollen wir hier die Einbettung in C mit Hilfe eines Präcompilers untersuchen. SQL-Anweisungen werden dabei im Quelltext mit dem Präfix **exec sql** markiert und vom Präcompiler in entsprechenden

Code umgewandelt. Sogenannte Kommunikationsvariablen bewirken den Datenaustausch zwischen dem C-Programm und dem DBMS. Bild 4.9 zeigt ein Programmbeispiel, das Studenten gemäß eingegebener Matrikelnummer exmatrikuliert.

Zunächst wird die Datei „SQLCA.h" eingebunden. Sie beinhaltet die Definition für eine Statusvariable, mit der Laufzeitfehler und Statusmeldungen des DBMS abgefragt werden können (SQL Communication Area).

Die ersten vier Zeilen des Hauptprogramms definieren Kommunikationsvariablen. Diese Variablen können von dort an sowohl im C-Programm als auch in SQL-Anweisungen verwendet werden. Um sie in SQL-Anweisungen von Datenbank-Objekten zu unterscheiden, müssen sie dort mit einem „:" markiert werden.

Zur Behandlung von Fehlerzuständen bietet der Präcompiler das **whenever**-Konstrukt an, welches die automatische Überprüfung der SQLCA steuert. Sobald der angegebene Fehlerzustand auftritt, hier also **sqlerror**, wird eine bestimmte Aktion ausgeführt. In unserem Fall wird zur Marke „*error*:" gesprungen. Alternativ können auch Funktionen aufgerufen (**do** function()), das Programm abgebrochen (**stop**) oder der Fehler einfach ignoriert werden (**continue**). Um Endlosschleifen zu vermeiden, sollte als erste Handlung bei Fehlern die Fehlerbenachrichtigung abgeschaltet werden.

Die Verbindung zur Datenbank wird durch einen **connect**-Befehl unter Angabe der Datenbank-Kennung durchgeführt. Die Kennung wird im Beispiel nach dem Start vom Benutzer eingegeben.

Im Hauptteil des Programms werden immer wieder Matrikelnummern abgefragt und Studenten mit der entsprechenden Matrikelnummer gelöscht, bis der Benutzer eine Null eingibt.

Die letzten Zeilen sorgen für ein ordnungsgemäßes Beenden der Transaktion und das Abmelden beim Datenbank-System. Näheres dazu in Kapitel 9.[9]

4.20   Anfragen in Anwendungsprogrammen

Bei der Verwendung des **select**-Befehls in Anwendungsprogrammen muß man zwischen zwei Arten von Anfragen unterscheiden: solche, die höchstens ein Tupel zurückliefern, und solche, die mehrere Tupel – also Relationen – zurückliefern können. Im ersten Fall genügt eine einfach Angabe, in welche Kommunikationsvariablen die Attribute des Tupels kopiert werden sollen. Die Berechnung des Durchschnitts der Semesterzahlen der Studenten ist ein Beispiel dafür; sei *avgsem* eine entsprechend deklarierte Kommunikationsvariable.

exec sql select avg(Semester)
       into :avgsem
       from Studenten;

---

[9]Wenn ein Programm nicht durch explizite Angaben von **commit**- oder **rollback**-Angaben anders aufgeteilt wird, wird es als eine Transaktion behandelt und bei Termination automatisch ein **rollback** ausgeführt. Die **rollback**-Operation stellt den Originalzustand der Datenbasis vor Ausführung des Programms wieder her. **release** sorgt für die Freigabe aller Sperren und das Abmelden von der Datenbank.

```
#include <stdio.h>

/* Kommunikationsvariablen deklarieren */
exec sql begin declare section;
    varchar user_passwd[30];
    int exMatrNr;
exec sql end declare section;

exec sql include SQLCA;

main()
{
    /* Benutzeridentifikation und Authentisierung */
    printf("Name/Password: ");
    scanf("%s", user_passwd.arr);
    user_passwd.len = strlen(user_passwd.arr);

    exec sql whenever sqlerror goto error;
    exec sql connect :user_passwd;

    while (1) {
        printf("Matrikelnummer (0 zum beenden): ");
        scanf("%d", &exMatrNr); /* einlesen der MatrNr */
        if (!exMatrNr) break; /* bei Eingabe von 0 verlasse Schleife */

        exec sql delete from Studenten
                where MatrNr = :exMatrNr;
    }

    exec sql commit work release;
    exit(0);

error:
    exec sql whenever sqlerror continue;
    exec sql rollback work release;
    printf("Fehler aufgetreten!\n");
    exit(-1);
}
```

Abb. 4.9: Ein Programmbeispiel mit Embedded SQL

Der zweite Fall, wenn als Ergebnis also Mengen von Tupeln zurückgeliefert werden, gestaltet sich schwieriger: Die traditionellen Programmiersprachen besitzen keine eingebauten Möglichkeiten zur Verwaltung von Mengen. Hier wird das sogenannte *Cursor-Konzept* verwendet. Mit diesem Konzept kann man eine Menge von Tupeln iterativ, eines nach dem anderen, bearbeiten. Der Cursor zeigt dabei jeweils auf das Tupel, das aktuell in Bearbeitung ist.

In Embedded SQL wird ein Cursor in vier Schritten benutzt, die, zusätzlich zur folgenden Beschreibung, in Abbildung 4.10 graphisch dargestellt sind. Zunächst muß der Cursor deklariert und damit die zugehörige Anfrage festgelegt werden:

exec sql declare c4profs **cursor for**
        select Name, Raum
        from Professoren
        where Rang = 'C4';

Im zweiten Schritt wird der Cursor geöffnet, wodurch er implizit auf das erste Tupel der Ergebnismenge positioniert wird:

exec sql open c4profs;

Nun können die Daten Schritt für Schritt zum Anwendungsprogramm übertragen werden. Liegen keine Daten mehr an, wird dies durch entsprechendes Setzen der Statusvariablen angezeigt.

exec sql fetch c4profs **into** :pname, :praum;

Im letzten Schritt wird der Cursor geschlossen. Erst durch Schließen und erneutes Öffnen kann der Cursor wiederverwendet werden.

exec sql close c4profs;

Die Einbettung von SQL in Programmiersprachen hat diverse Nachteile. Wie bereits erwähnt, besitzen die meisten traditionellen Programmiersprachen keine eingebauten Möglichkeiten zur Mengenverarbeitung. Sie bearbeiten Datensätze iterativ (one record at a time), während SQL mengenorientiert arbeitet. Diesen Gegensatz nennt man *Impedance Mismatch*. Das Cursorkonzept ist eine künstliche Angleichung an die tupelorientierte Arbeitsweise. Bei komplexeren Anwendungen entsteht vielfach ein „Reibungsverlust", der durch das wiederholte Schließen und Öffnen eines Cursors oder das Zwischenspeichern von bereits geholten Ergebnissen entsteht. Diese Situation wurde mit SQL-92 zwar etwas gelindert, da dort die Cursor-Steuerung verbessert wurde. Im Endeffekt bleibt der Paradigmenunterschied zwischen satz- und mengenorientierter Verarbeitung allerdings bestehen.

4.21   Query by Example

Alternativ zu SQL bieten einige Datenbanksysteme auch das benutzerfreundliche Query-by-Example (QBE) als Anfragesprache an. Es ist Anfang der 70er Jahre von IBM entwickelt worden und wurde später Bestandteil von DB2. Ungewöhnlich ist bei QBE, daß man direkt mit Mustern von Tabellen arbeitet, um eine Anfrage zu

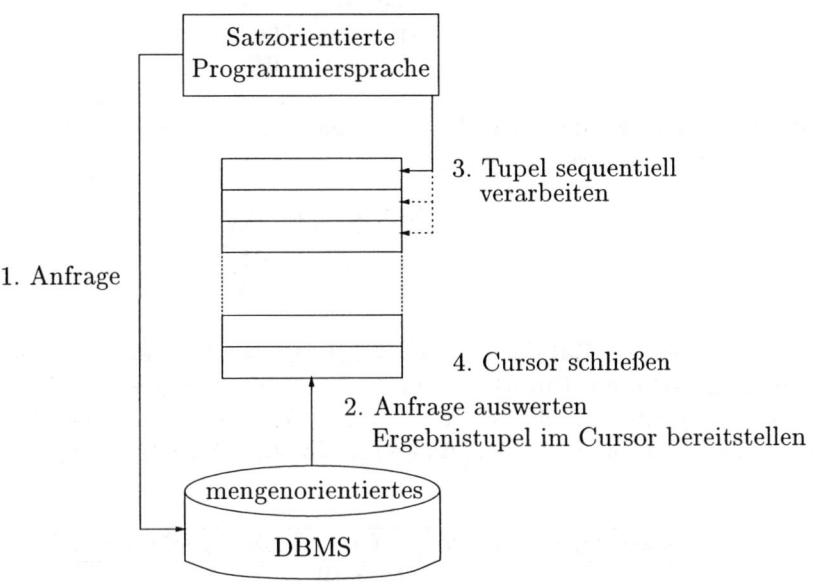

Abb. 4.10: Graphische Veranschaulichung der Cursor-Schnittstelle

formulieren. Während SQL dem tupelorientierten Relationenkalkül angelehnt ist, basiert QBE auf dem relationalen Domänenkalkül (siehe Abschnitt 3.5.5). Variablen werden also an Attributdomänen (Wertebereiche) gebunden.

Sollen alle Vorlesungen mit mehr als drei Semesterwochenstunden gefunden werden, wird ein Formular der Tabelle *Vorlesungen* wie folgt ausgefüllt:

Vorlesungen	VorlNr	Titel	SWS	gelesenVon
		p. _t	>3	

Die Spalten eines Formulares können Bedingungen und Kommandos enthalten. Für die Spalte SWS sollen alle Ergebniszeilen einen Wert größer drei aufweisen. Das Titel-Attribut jeder Ergebniszeile wird der Variable _ t zugewiesen. Um Variablen und Zeichenketten unterscheiden zu können, werden Variablen in QBE mit einem Unterstrich markiert. Der Eintrag **p.** ist ein Druck-Befehl (print), der bewirkt, daß die Variable _ t jeweils ausgegeben wird.

QBE besitzt, wie bereits angedeutet, eine Analogie zum Domänenkalkül. Die obige Anfrage würde im Domänenkalkül wie folgt formuliert werden:

$$\{[t] \mid \exists v, s, r([v, t, s, r] \in \text{Vorlesungen} \ \land \ s > 3)\}$$

Bei Eingabe mehrerer Musterzeilen werden diese durch ein logisches „oder" verknüpft. Alle Studenten, die Vorlesung 5041 oder Vorlesung 5049 hören, findet man mit

hören	MatrNr	VorlNr
	p._x	5041
	p._y	5049

Wollte man die Studenten finden, die beide Vorlesungen hören, müßte man eine einzige Domänenvariable verwenden.

hören	MatrNr	VorlNr
	p._x	5041
	p._x	5049

Ein Join mehrerer Tabellen läßt sich durch die Bindung einer Variablen an mehrere Spalten andeuten. Um also einen Join von *Vorlesungen* und *Professoren* zu erzeugen, trägt man z.B. die Variable _x sowohl unter *gelesenVon* als auch unter *PersNr* ein. Die folgende Anfrage findet die Namen der Professoren, die „Mäeutik" lesen:

Vorlesungen	VorlNr	Titel	SWS	gelesenVon
		Mäeutik		_x

Professoren	PersNr	Name	Rang	Raum
	_x	**p.**_n		

In unserem Fall ist dies nur ein Name, nämlich „Sokrates".

Direkt in eine Spalte einer Tabelle eingetragene Bedingungen können nur den Inhalt der Spalte betreffen. Es ist nicht möglich, auf diese Weise zwei Tabellenspalten zu vergleichen. Für komplexere Anfragen verwendet man daher eine sogenannte *Condition Box*, in der beliebige Bedingungen eingetragen werden können. Um beispielsweise einen anderen Studenten als Tutor betreuen zu können, sollte man eine höhere Semesterzahl als dieser haben:

Studenten	MatrNr	Name	Semester
		_s	_a
		_t	_b

conditions
_a > _b

Betreuen	potentiellerTutor	Betreuter
p.	_s	_t

Die Tabelle *Betreuen* ist eine temporäre Relation, die lediglich für den Zweck der Ausgabeprojektion erzeugt wird. Wird ein Kommando, wie hier **p.**, unterhalb des Tabellennamens angegeben, wird es für alle Spalten ausgeführt.

Wie in SQL gibt es auch in QBE ein Kommando zur Gruppierung (**g.**) und Aggregatfunktionen (**sum.**, **avg.**, **min.**, ...). Im Gegensatz zu SQL aber findet bei QBE immer eine Duplikateliminierung statt. Wo sie nicht erwünscht ist, kann sie durch den Befehl **all.** abgeschaltet werden. Im allgemeinen ist das der Fall, wenn **sum.** und **avg.** benutzt werden. Die Anfrage nach der Summe der Semesterwochen der Professoren, die überwiegend lange Vorlesungen halten, wird auch mit Hilfe einer Condition Box beantwortet.

Vorlesungen	VorlNr	Titel	SWS	gelesenVon
			p.sum.all._x	**p.g.**

conditions
avg.all._x>2

Für Veränderungen an der Datenbasis existieren in QBE, ebenfalls wie in SQL, drei Befehle: **i.** entspricht dem **insert**-Befehl, **u.** entspricht **update** und **d.** bewirkt ein Löschen (**delete**). Für die Eingabe neuer Tupel wird der **i.**-Befehl unter dem Tabellennamen eingetragen und die Daten in die entsprechenden Spalten geschrieben. Im Falle eines Updates werden, wie bei einer Anfrage, Bedingungen an die zu ändernden Tupel eingetragen. Die Änderungsoperation wird durch Angabe von **u.**, gefolgt von einer Formel, in einer Spalte eingetragen. Auch beim Löschen von Tupeln können Bedingungen an Spalten gestellt werden. Anders als beim **delete**-Befehl in SQL kann nicht nur eine komplette Zeile durch Angabe von **d.** unterhalb des Tabellennamens gelöscht werden, sondern auch einzelne Attribute. Im letzteren Fall wird das **d.** unterhalb des Attributnamens eingetragen und als Ergebnis der Attributwert an dieser Stelle zu einem Nullwert geändert. Auch ein gemeinsames Löschen in mehreren Tabellen ist möglich. Das Austragen von Sokrates, aller seiner Vorlesungen und der Belegungstupel für diese Vorlesungen in *hören* wird, wie bei einem Join, durch die Bindung einer Variablen an mehreren Tabellen vorgenommen.

Professoren	PersNr	Name	Rang	Raum
d.	_x	Sokrates		

Vorlesungen	VorlNr	Titel	SWS	gelesenVon
d.	_y			_x

hören	VorlNr	MatrNr
d.	_y	

In SQL kann diese Form des Löschens von Daten als Integritätsbedingung angegeben werden, wie das nächste Kapitel erläutert.

4.22 Übungen

4.1 Übersetzen Sie die Anfragen aus Aufgabe 3.3 in SQL.

4.2 Welche Bedingung muß gelten, damit eine geschachtelte Anfrage mit **in** in eine gleichwertige, nicht geschachtelte Anfrage umgewandelt werden kann? Geben Sie ein Beispiel an, bei dem eine Übersetzung möglich ist, und eines, bei dem keine Übersetzung möglich ist.

4.3 Bei numerischen Argumenten können Anfragen mit **all** in äquivalente Anfragen ohne die Verwendung von **all** umgeformt werden. Geben Sie zu den drei Vergleichsoperationen $>=$ **all**, $=$ **all** und $<=$ **all** je ein Beispiel und seine Überformung an.

4.4 Suchen Sie unter Verwendung von **any** die Professoren heraus, die Vorlesungen halten. Finden Sie mindestens zwei weitere alternative äquivalente Formulierungen dieser Anfrage.

4.5 Finden Sie die Studenten, die *alle* Vorlesungen gehört haben.

Ihre Anfrage soll aber – anders als die im Text angegebene Formulierung – auch bei einer möglichen Verletzung der referentiellen Integrität das korrekte Ergebnis liefern. Was müßten Sie zusätzlich machen, wenn die Relation *hören* sogar Duplikate enthalten könnte?

Geben Sie zwei Formulierungen an: Einmal mit geschachtelten **not exists**-Unteranfragen und zum anderen unter Verwendung der Aggregatfunktion **count**.

4.6 Geben Sie eine alternative Anfrageformulierung zur Ermittlung der Studenten, die alle vierstündigen Vorlesungen gehört haben. Können Sie immer noch die Aggregatfunktion **count** verwenden, um dadurch auf den Existenzquantor **exists** ganz verzichten zu können? Die Antwort lautet ja; aber wie?

4.7 Finden Sie die Studenten mit der größten Semesterzahl unter Verwendung von Aggregatfunktionen.

4.8 Berechnen Sie die Gesamtzahl der Semesterwochenstunden, die die einzelnen Professoren erbringen. Dabei sollen auch die Professoren berücksichtigt werden, die keine Vorlesungen halten.

4.9 Finden Sie die Namen der Studenten, die in keiner Prüfung eine bessere Note als 3.0 hatten.

4.10 Berechnen Sie mit Hilfe einer SQL-Anfrage den Umfang des Prüfungsstoffes jedes Studenten. Es soll der Name des Studenten und die Summe der Semesterwochenstunden der Prüfungsvorlesungen ausgegeben werden.

4.11 Finden Sie Studenten, deren Namen den eines Professors enthalten. Hinweis: In SQL gibt es einen Operator „||", der zwei Zeichenketten aneinanderhängt.

4.12 Alle Studenten müssen ab sofort alle Vorlesungen von Sokrates hören. Formulieren Sie einen SQL-Befehl, der diese Operation durchführt.

4.13 Ermitteln Sie den Bekanntheitsgrad der Professoren unter den Studenten, wobei wir annehmen, daß Studenten die Professoren nur durch Vorlesungen oder Prüfungen kennen lernen.

4.14 Ermitteln Sie für die einzelnen Vorlesungen die Durchfallquote als die Anzahl der für diese Vorlesung angetretenen Prüflinge relativ zur Anzahl der durchgefallenen Prüflinge.

Als Variation der obigen Anfrage ermitteln Sie die Durchfallquote bei den einzelnen Professoren.

4.15 Ermitteln Sie den Median der Relation *prüfen*. (Die SQL-Formulierung dieser Anfrage ist nicht ganz einfach und wird in dem Buch von Celko (1995) diskutiert.)

4.16 Überlegen Sie sich einige Anfragen, bei denen die erweiterten Joinoperationen sinnvoll eingesetzt werden können.

4.17 Bestimmen Sie für alle Studenten eine gewichtete Durchschnittsnote ihrer Prüfungen. Die Gewichtung der einzelnen Prüfungen erfolgt nach zwei Kriterien: Prüfungen zu langen Vorlesungen sollen eine größere Rolle spielen als Prüfungen zu kurzen Vorlesungen. Prüfer, die im Schnitt sehr gute Noten vergeben, führen zu einer Abwertung des Prüfungsergebnisse, während Prüfer mit im Schnitt sehr schlechten Noten das Ergebnis aufwerten. Hinweis: Komplexere Anfragen lassen sich am besten durch Sichten in einfachere Teilanfragen modularisieren.

4.18 Nehmen wir an, daß in der Relation *Professoren* deren Geburtsdatum gespeichert ist. Der Rektor der Universität möchte nun von Ihnen eine Liste aller Professoren, die in den nächsten 45 Tagen Geburtstag haben. Informieren Sie sich, wie Sie eine entsprechende Anfrage in einer Ihnen zur Verfügung stehenden SQL-Schnittstelle realisieren könnten. Ist das mit Standard-Befehlen möglich? Funktioniert Ihre Anfrage auch, wenn ein Professor am 29. Februar eines Schaltjahres geboren wurde?

4.19 **Projektarbeit**: In Abschnitt 16.1.2 ist der TPC-D-Benchmark beschrieben. Das Datenbankschema des Benchmarks modelliert ein (hypothetisches) Handelsunternehmen. Der Benchmark besteht im Wesentlichen aus 17 betriebswirtschaftlichen „Decision Support"-Anfragen, die dort verbal beschrieben sind. Formulieren Sie diese Anfragen in SQL.

4.20 Anfragen liefern beim Auftreten von Nullwerten oft unerwartete Ergebnisse. Folgende Anfragen sollen die Vorlesungen liefern, bei denen sich keiner der Sokrates-Assistenten auskennt:

select ∗ from Vorlesungen	**select** ∗ from Vorlesungen
where Titel **not in**	**where** Titel **not exists**
(select Fachgebiet **from** Assistenten	(select ∗ **from** Assistenten
where Boss = 2125)	**where** Boss = 2125 **and**
	Fachgebiet = Titel)

Wenn es nun lediglich einen Sokrates-Assistenten gibt, der sich noch nicht für ein Fachgebiet entschieden hat (dies also **null** ist), dann liefern die beiden Anfragen unterschiedliche Ergebnisse. Warum? Zeigen Sie was passiert.

4.21 Verwenden Sie das in SQL-92 enthaltene **case**-Konstrukt, um folgende Anfrage möglichst kompakt zu formulieren: Ermitteln Sie für jeden Prüfer die Anzahl der Prüfungen, die gut (besser als 2.0), die Anzahl der Prüfungen, die mittelmäßig (zwischen 2.0 und 3.0), die Anzahl der Prüfungen, die knapp bestanden wurden, sowie die Anzahl der Prüfungen, die nicht bestanden wurden. Dazu kann man mehrere **case**-Konstrukte in der **select**-Klausel in Verbindung mit der **sum**-Aggregation verwenden.

4.22 Diskutieren Sie die Vor- und Nachteile der beiden relationalen Modellierungsmöglichkeiten der Generalisierung wie sie in Abbildung 4.6 (a) und (b) demonstriert wurden. Arbeiten Sie dazu konkret die Beispielausprägung in Abbildung 3.7 für die beiden Alternativen um.

4.23 Trotz **connect by**-Befehl ist Oracle nicht Turing-vollständig. Geben Sie tex-
tuell eine Anfrage an, die sich nicht im SQL-Dialekt von Oracle formulieren
läßt. Geben Sie Gründe dafür an.

4.24 Schreiben Sie ein Embedded-SQL Programm, daß zu einer eingegebenen Vorlesung alle Vorgänger aus der Datenbank entfernt. Verwenden Sie dabei nicht
den **connect by**-Befehl. Hinweis: Benutzen Sie eine temporäre Relation.

4.25 Formulieren Sie die Anfrage aus Aufgabe 4.10 in QBE.

4.26 Finden Sie die indirekten Vorgänger zweiter Stufe einer Vorlesung in QBE.

4.23 Literatur

Sequel wurde von Chamberlin und Boyce (1974) entworfen und als Vorläufer von
SQL von Astrahan et al. (1976) beschrieben. Die Standards für SQL sind in AN-
SI (1986) und ANSI (1992) festgelegt (für SQL-86 bzw. SQL-92). Es empfiehlt sich
aber eher, eines der zahlreichen Textbücher zu verwenden, wie sie z.B. von Date (1997) für SQL-86 und von Melton und Simon (1993) für SQL-92 verfaßt wurden.
Dürr und Radermacher (1990) gehen ausführlich auf SQL ein. Celko (1995) erläutert
Fallstricke im Umgang mit SQL-92 und gibt viele praktische Tips. Der Webserver
des National Institute of Standards and Technology (1997) enthält eine Test-Suite,
um Datenbanksysteme hinsichtlich der Einhaltung des SQL2-Standards zu testen.

Über die bisher an der Standardisierung von SQL 3 geleistete Arbeit existieren
Berichte von Kulkarni (1994) und Melton (1994). Pistor (1993) beschreibt SQL 3 in
einer Ausgabe des Informatik Spektrums. Mattos und DeMichiel (1994) diskutieren
Designentscheidungen für SQL 3.

QBE wurde von Zloof (1975) auf der National Computer Conference vorgestellt.
Scharnofske, Lipeck und Gertz (1997) haben eine orthogonale Erweiterung von QBE
vorgeschlagen, um Unteranfragen sauber formulieren zu können.

Eine Konkurrenzsprache zu SQL war QUEL, das innerhalb des INGRES-Projek-
tes entworfen wurde [Stonebraker et al. (1976)]. QUEL konnte sich aber kommerziell
nicht gegen SQL durchsetzen, obwohl es von vielen Datenbankforschern als die „konzeptuell sauberere" Sprache angesehen wurde.

Ceri und Gottlob (1985) beschreiben die Übersetzung von SQL in die relationale
Algebra. Gottlob, Paolini und Zicari (1988) und Scholl, Laasch und Tresch (1991)
untersuchen, wann sich Änderungsoperationen auf Sichten konsistent in die Datenbasis übertragen lassen. Neuhold und Schrefl (1988) beschäftigen sich mit der
dynamischen Erzeugung von Sichten.

Moos und Daues (1997) behandelt die Anfrageformulierung schwerpunktmäßig
für das Datenbanksystem DB2 von IBM.

Anfragen mit Allquantoren wurden von Claussen et al. (1997) untersucht.

5. Datenintegrität

Die Aufgabe eines DBMS ist nicht nur die Unterstützung bei der Speicherung und Verarbeitung von großen Datenmengen, sondern auch bei der Gewährleistung der Konsistenz der Daten. Dieses Kapitel beschäftigt sich mit sogenannten *semantischen Integritätsbedingungen*, also solchen, die aus Eigenschaften der modellierten Miniwelt abgeleitet werden können. Die Erhaltung der Konsistenz der Daten bei Systemfehlern und unter Mehrbenutzerzugriff sowie der Schutz vor unerlaubter Manipulation werden in späteren Kapiteln besprochen. Aber auch die funktionalen Abhängigkeiten aus der relationalen Entwurfstheorie – eine Verallgemeinerung des Schlüsselbegriffs (siehe Kapitel 6) – können als semantische Integritätsbedingungen aufgefaßt werden.

Die zentrale automatische Überprüfung von Integritätsbedingungen ist ein relativ aktuelles Thema und erst seit neuerer Zeit in kommerziellen relationalen Systemen enthalten. Erste Standardisierungsmaßnahmen dafür wurden in SQL-89, dem Vorläufer von SQL-92, vorgenommen. Der Vorteil eines solchen Mechanismus liegt auf der Hand: Wechselnde oder wachsende Konsistenzanforderungen brauchen nur einmalig dem DBMS in deklarativer Form bekannt gemacht und müssen nicht manuell in alle Anwendungsprogramme eingebaut werden. Damit werden Fehleranfälligkeit und Wartungsaufwand reduziert; außerdem können die oft komplexen Überprüfungsmaßnahmen z.B. zur Beschleunigung von Massendateneingaben kurzfristig zentral ausgeschaltet werden, was bei einer „manuellen" Lösung nicht trivial wäre.

Man unterscheidet statische und dynamische Integritätsbedingungen. Eine statische Bedingung muß von jedem Zustand der Datenbank erfüllt werden. Professoren dürfen z.B. nur entweder den Rang C2, C3 oder C4 haben. Dynamische Bedingungen werden an Zustandsänderungen gestellt: Beispielsweise dürfen Professoren nur befördert, aber nicht degradiert werden. Ihr Rang darf daher z.B. nicht von C4 auf C3 gesetzt werden.

Bisher haben wir schon verschiedene implizite Anforderungen an die Datenintegrität kennengelernt:

- Durch die Definition von Schlüsseln wurde bestimmt, daß keine zwei Tupel mit gleichem Wert in allen Schlüsselattributen existieren dürfen.

- Bei der konzeptuellen Modellierung wurden die Kardinalitäten der Beziehungen festgelegt. Beispielsweise können Professoren mehrere Vorlesungen halten, aber eine Vorlesung wird nicht von mehreren Professoren gehalten. Diese 1:N-Beziehung wurde bei der Übertragung ins relationale Modell fest eingebaut: *Vorlesungen* enthält ein Attribut *gelesenVon*, daß auf den Primärschlüssel von *Professoren* verweist. Dadurch kann eine Vorlesung nie von mehreren Professoren gelesen werden.

- Bei einer Generalisierungsbeziehung muß jedes Entity eines Untertyps auch in seinen Obertypen enthalten sein.

- Es wurde explizit eine Domäne für jedes Attribut festgelegt. Damit kann z.B. ausgedrückt werden, daß eine Matrikelnummer (*MatrNr*) aus maximal fünf Ziffern besteht. Das Typkonzept in relationalen Datenbanken ist jedoch recht einfach. Es ist beispielsweise durchaus möglich, Personalnummern mit Vorlesungsnummern zu vergleichen, obwohl dieser Vergleich keinen Sinn macht.

5.1 Referentielle Integrität

Die Attributwerte eines Schlüssels identifizieren ein Tupel eindeutig innerhalb einer Relation. Verwendet man den Schlüssel einer Relation als Attribute einer anderen Relation, so spricht man von einem *Fremdschlüssel*. Ein solcher Fremdschlüssel ist beispielsweise das Attribut *gelesenVon* der Relation *Vorlesungen*. Ein Wert des Attributes *gelesenVon verweist* auf einen Datensatz in *Professoren*.

Seien R und S zwei Relationen mit den Schemata R und S. Sei κ Primärschlüssel von R. Dann ist $\alpha \subset S$ ein Fremdschlüssel, wenn für alle Tupel $s \in S$ gilt:

1. $s.\alpha$ enthält entweder nur Nullwerte oder nur Werte ungleich Null.

2. Enthält $s.\alpha$ keine Nullwerte, existiert ein Tupel $r \in R$ mit $s.\alpha = r.\kappa$.

Die Erfüllung dieser Eigenschaften wird *referentielle Integrität* genannt.

Der Fremdschlüssel (hier α genannt) enthält also die gleiche Anzahl von Attributen wie der Primärschlüssel (κ genannt) der Relation, auf die der Fremdschlüssel verweist. Die Attribute haben auch jeweils dieselbe Bedeutung, obwohl sie oftmals umbenannt werden, um entweder Konflikte zu vermeiden oder den Attributen mnemonischere Namen zu geben. Ein Beispiel dafür ist das Attribut *Boss* in der Relation *Assistenten*, das *PersNr*-Werte von *Professoren* annimmt. Hier hätte man den Originalnamen gar nicht verwenden können, weil *Assistenten* auch eine *PersNr* haben. In der Relation *hören* wurden demgegenüber die Fremdschlüssel genauso benannt wie die Primärschlüssel der referenzierten Relationen – *MatrNr* verweist auf *Studenten* und *VorlNr* auf *Vorlesungen*.

Ohne eine Überprüfung der referentiellen Integrität kann man leicht einen inkonsistenten Zustand der Datenbasis erzeugen:

insert into Vorlesungen
  values (5100, 'Nihilismus', 40, 007);

Die Vorlesung „Nihilismus" wird dann von jemandem mit der nicht existenten Personalnummer 007 gehalten. Einen solchen Verweis auf ein undefiniertes Objekt wird „Dangling Reference" genannt. In der konzeptuellen Modellierung spielte referentielle Integrität noch keine Rolle, da davon ausgegangen wurde, daß eine Beziehung grundsätzlich ihre zugehörigen Entities verband.

5.2 Gewährleistung referentieller Integrität

Für jede Veränderung der Datenbasis soll sichergestellt sein, daß nicht versehentlich „Dangling References" eingebaut werden. Wenn R und S Relationen, r und s Tupel,

κ Primärschlüssel von R und α Fremdschlüssel auf R in S ist, muß also die folgende Bedingung gelten:

$$\Pi_\alpha(S) \subseteq \Pi_\kappa(R)$$

Erlaubte Änderungen sind also

1. Einfügen von s in S, wenn $s.\alpha \in \Pi_\kappa(R)$, d.h. der Fremdschlüssel α verweist auf ein existierendes Tupel in R

2. Verändern eines Attributwertes $w = s.\alpha$ zu w', wenn $w' \in \Pi_\kappa(R)$ (wie bei 1)

3. Verändern von $r.\kappa$ in R, wenn $\sigma_{\alpha=r.\kappa}(S) = \emptyset$, d.h. es existieren keine Verweise auf r

4. Löschen von r in R, wenn $\sigma_{\alpha=r.\kappa}(S) = \emptyset$ (wie bei 3)

Sollten die Bedingungen nicht erfüllt sein, muß die Änderungsoperation (zumindest bei Transaktionsende, siehe Kapitel 9) rückgängig gemacht werden.

5.3   Referentielle Integrität in SQL

Zur Einhaltung der referentiellen Integrität gibt es für jeden der drei Schlüsselbegriffe eine Beschreibungsmöglichkeit:

- Ein Schlüssel(-kandidat) wird durch die Angabe von **unique** gekennzeichnet.

- Der Primärschlüssel wird mit **primary key** markiert. Die Attribute des Primärschlüssels sind automatisch als **not null** spezifiziert und müssen daher alle einen Wert haben.

- Ein Fremdschlüssel heißt **foreign key**. Fremdschlüssel können auch undefiniert, d.h. **null** sein, falls nicht explizit **not null** angegeben wurde. Ein **unique foreign key** modelliert eine 1:1-Beziehung. Wird ein Tupel verändert oder eingefügt, müssen die darin enthaltenen Fremdschlüssel gemäß Abschnitt 5.2 definiert sein.

Zusätzlich kann noch das Verhalten bei Änderungen an Verweisen oder referenzierten Daten festgelegt werden.[1] Es gibt drei Möglichkeiten. Zu deren Demonstration gehen wir wieder, wie im letzten Abschnitt, von den abstrakten Relationen R und S aus. R enthält den Primärschlüssel κ, S den Fremdschlüssel α. Zur Vereinfachung gehen wir davon aus, daß der Primärschlüssel nur aus einem Attribut vom Typ **integer** besteht. Eine entsprechende Tabellendefinition in SQL hätte folgende Form:

create table R
  (κ **integer primary key**,
    ...);

---

[1] Eine Schlüsselbedingung wird meistens durch das Anlegen einer Indexstruktur auf das Attribut erzwungen. Indexstrukturen werden in Kapitel 7 vorgestellt. Mit ihnen kann effizient festgestellt werden, ob ein Schlüsselwert vorhanden ist und nicht nochmal eingefügt werden darf (für **unique**) oder referenziert werden kann (als Fremdschlüssel).

create table S

   ($\ldots$,

      α **integer references** R);

In diesem Fall, wo außer den Schlüsselbeziehungen keine weiteren Angaben gemacht werden, ist es nicht möglich, noch von S referenzierte Tupel in R zu löschen oder zu verändern. Änderungsoperationen der Art, wie sie in Abbildung 5.1 angegeben sind, werden zurückgewiesen.

Dort wird auch die zweite Möglichkeit demonstriert. Wird ein Fremdschlüssel mit einer **cascade**-Angabe angelegt, werden Veränderungen des zugehörigen Primärschlüssels propagiert.

Abbildung 5.1a) zeigt den **update**-Fall. Wird in der Tabelle R der Wert κ_1 zu κ_1' geändert, verursacht das Kaskadieren die gleiche Änderung in der Tabelle S. Auf diese Weise referenzieren die Fremdschlüssel in S auch nach der Operation noch dieselben Tupel in R. Analog demonstriert Abbildung 5.1b) das kaskadierende Löschen: κ_1 wird vom Benutzer durch die **delete**-Anweisung zunächst in R gelöscht und anschließend vom DBMS aufgrund der Integritätsbedingung auch in S.

Kaskadierendes Löschen ist mit Vorsicht zu genießen: Nehmen wir an, wir hätten unklugerweise festgelegt, daß im Universitätsbeispiel der Fremdschlüssel *gelesenVon* die Tupel in *Professoren* mit **on delete cascade** referenziert. Weiterhin soll auch *VorlNr* in *hören* kaskadierend gelöscht werden. Abbildung 5.3 zeigt, wie eine einzige Löschoperation viele weitere nach sich zieht. Die Linien stellen dabei die Beziehungen zwischen den Tupeln dar, hier repräsentiert durch die entsprechenden Namen. Die ganze Information im umrahmten Bereich wäre nach Ausführung des **delete**-Befehls, der das Tupel namens „Sokrates" aus der Relation *Professoren* löscht, verloren.

Alternativ kann als dritte Möglichkeit der Fremdschlüssel auf einen Nullwert gesetzt werden. Das wird in Abbildung 5.2 vorgeführt. Ist der Fremdschlüssel α mit **on update set null** definiert, wird nach Ausführung des **update**-Befehls der vorher bestehende Verweis auf κ_1 auf einen Nullwert gesetzt. Analog arbeitet **on delete set null**.[2]

5.4 Überprüfung statischer Integritätsbedingungen

Statische Integritätsbedingungen werden in SQL durch eine **check**-Anweisung gefolgt von einer Bedingung implementiert. Dabei werden Änderungsoperationen an einer Tabelle zurückgewiesen, wenn die Bedingung zu **false** auswertet. Die typischsten Anwendungen für **check** sind Bereichseinschränkungen und die Realisierung von Aufzählungstypen. Da beliebige Bedingungen erlaubt sind – auch Unteranfragen – sind aber auch komplexere Anwendungen denkbar.

Ein Beispiel für eine Bereichseinschränkung wäre z.B. die Bedingung, daß Studenten maximal 13 Semester studieren dürfen:

... **check** Semester **between** 1 **and** 13 ...

---

[2]**set null** ist in Oracle V7 noch nicht implementiert.

(a) **create table** S $(\ldots, \alpha$ **integer references** R **on update cascade**);

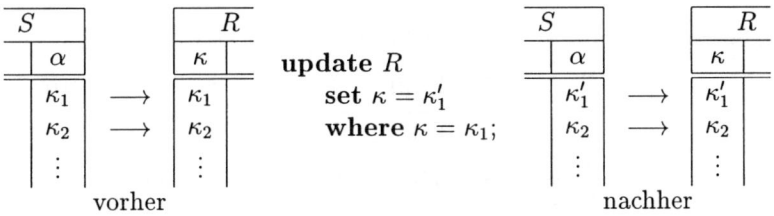

(b) **create table** S $(\ldots, \alpha$ **integer references** R **on delete cascade**);

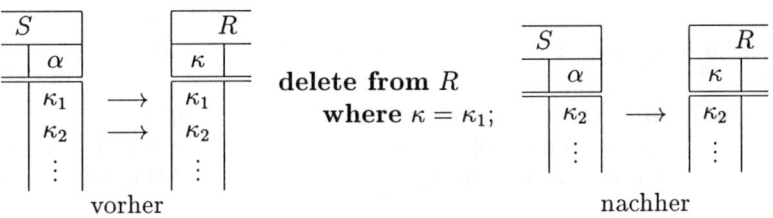

Abb. 5.1: Referentielle Integrität durch Kaskadieren

(a) **create table** S $(\ldots, \alpha$ **integer references** R **on update set null**);

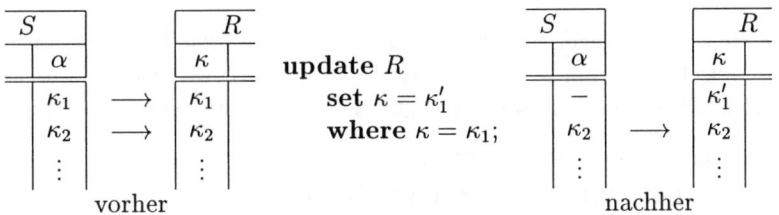

(b) **create table** S $(\ldots, \alpha$ **integer references** R **on delete set null**);

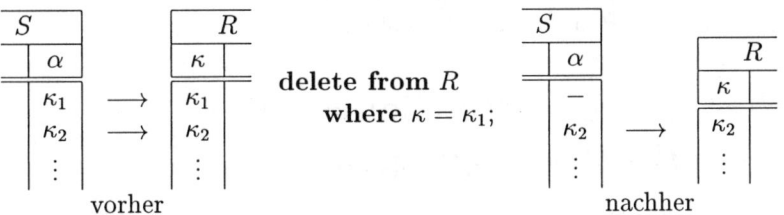

Abb. 5.2: Referentielle Integrität durch Nullsetzen

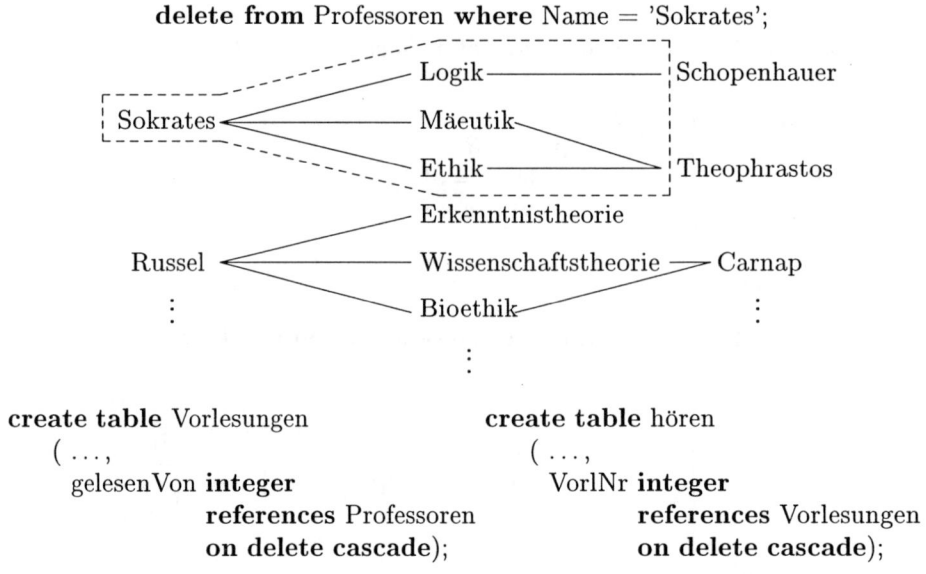

delete from Professoren where Name = 'Sokrates';

Abb. 5.3: Kaskadierende Löschoperationen

Das Universitätsschema enthält auch Kandidaten für Aufzählungstypen, nämlich die Prüfungsnoten und die Ränge der Professoren. Der Rang kann nur drei unterschiedliche Werte annehmen:

...check Rang in ('C2', 'C3', 'C4') ...

Um die eingangs angegebene Definition der referentiellen Integrität zu erfüllen, muß ein Fremdschlüssel aus mehreren Attributen $S_1, S_2, \ldots$ entweder nur komplett **null** oder vollständig definiert sein. Mit **check** läßt sich das wie folgt erreichen:

...check ((S_1 is null and S_2 is null and ...) or
         (S_1 is not null and S_2 is not null and ...))

Im Gegensatz zu **where**-Bedingungen gelten **check**-Bedingungen auch als erfüllt, wenn sie nach den Regeln aus Abschnitt 4.11, z.B. durch einen Nullwert, zu **unknown** auswerten. Hier ist also Vorsicht geboten.

5.5   Das Universitätsschema mit Integritätsbedingungen

Abbildung 5.4 zeigt das Schema mit der Erweiterung um statische Integritätsbedingungen. Integritätsbedingungen werden in der Tabellendefinition angegeben. Bezieht sich die Integritätsbedingung nur auf ein Attribut, kann sie direkt hinter ihrer Definition stehen. Da *MatrNr* z.B. das einzige Attribut ist, das zum Primärschlüssel gehört, kann **primary key** direkt hinter den Attributtyp geschrieben werden.

create table Studenten
(MatrNr   **integer primary key,**
   Name   **varchar**(30) **not null,**
   Semester   **integer check** Semester **between** 1 **and** 13);

create table Professoren
(PersNr   **integer primary key,**
   Name   **varchar**(30) **not null,**
   Rang   **character**(2) **check** (Rang **in** ('C2', 'C3', 'C4')),
   Raum   **integer unique**);

create table Assistenten
(PersNr   **integer primary key,**
   Name   **varchar**(30) **not null,**
   Fachgebiet   **varchar**(30),
   Boss   **integer,**
   foreign key   (Boss) **references** Professoren **on delete set null**);

create table Vorlesungen
(VorlNr   **integer primary key,**
   Titel   **varchar**(30),
   SWS   **integer,**
   gelesenVon   **integer references** Professoren **on delete set null**);

create table hören
(MatrNr   **integer references** Studenten **on delete cascade,**
   VorlNr   **integer references** Vorlesungen **on delete cascade,**
   primary key (MatrNr, VorlNr));

create table voraussetzen
(Vorgänger   **integer references** Vorlesungen **on delete cascade,**
   Nachfolger   **integer references** Vorlesungen **on delete cascade,**
   primary key (Vorgänger, Nachfolger));

create table prüfen
(MatrNr   **integer references** Studenten **on delete cascade,**
   VorlNr   **integer references** Vorlesungen,
   PersNr   **integer references** Professoren **on delete set null,**
   Note   **numeric**(2,1) **check** (Note **between** 0.7 **and** 5.0),
   primary key (MatrNr, VorlNr));

Abb. 5.4: Das vollständige Universitätsschema mit Integritätsbedingungen

Ebenso kann die Fremdschlüsseleigenschaft von *gelesenVon* direkt durch Angabe des referenzierten Attributes festgelegt werden. Alternativ können Integritätsbedingungen jedoch immer auch unterhalb der Attributdefinitionen angefügt werden. Das ist bei den zusammengesetzten Schlüsseln notwendig. Da das Universitätsschema keine zusammengesetzten Fremdschlüssel besitzt, ist zur Demonstration aber auch die Fremdschlüsseleigenschaft von *Boss* separat aufgeführt.

Wird keine zusätzliche Angabe gemacht, darf ein Tupel nicht gelöscht werden, wenn noch ein Fremdschlüssel auf dieses Tupel verweist. Ein Tupel aus *Professoren* könnte so z.B. nicht gelöscht werden, solange noch zugehörige Tupel in *Assistenten* existieren.

Wird ein(e) Professor(in) gelöscht, dann sorgt die **set null** Bedingung dafür, daß *Boss* bei den zugehörigen Assistenten auf „unbekannt" gesetzt wird. Besteht noch ein Eintrag in *prüfen* zu einer Vorlesung, kann diese nicht entfernt werden. Beim Löschen von Studenten hingegen werden alle zugehörigen Einträge in *prüfen* und *hören* entfernt.

5.6 Überprüfung komplexer Integritätsbedingungen

Der allgemeinste Konsistenzsicherungsmechanismus ist der sogenannte *Trigger*[3]. Ein Trigger ist eine benutzerdefinierte Prozedur, die automatisch bei Erfüllung einer bestimmten Bedingung vom DBMS gestartet wird. Sie kann nicht nur Überprüfungs- sondern auch Berechnungsfunktionen übernehmen. Denkbar sind z.B. Trigger, die Statistiken aktuell halten oder die Werte abgeleiteter Spalten berechnen.

Durch den folgenden Trigger soll beispielsweise verhindert werden, daß Professoren einen Rang degradiert werden können:

```
create trigger keineDegradierung
before update on Professoren
for each row
when (old.Rang is not null)
begin
    if :old.Rang = 'C3' and :new.Rang = 'C2' then
        :new.Rang := 'C3';
    end if;
    if :old.Rang = 'C4' then
        :new.Rang := 'C4';
    end if;
    if :new.Rang is null then
        :new.Rang := :old.Rang;
    end if;
end
```

Dieser Trigger besteht aus vier Teilen:

---

[3]Trigger sind leider noch nicht im SQL-92 Standard enthalten, die Notation ist an Oracle angelehnt.

1. der **create trigger** Anweisung, gefolgt von einem Namen,

2. der Definition des Auslösers, in diesem Fall bevor eine Änderungsoperation (**before update on**) auf einer Zeile (**for each row**) der Tabelle *Professoren* ausgeführt werden kann,

3. einer einschränkenden Bedingung (**when**) und

4. einer Prozedurdefinition

In der Prozedurdefinition bezieht sich *old* auf das noch unveränderte Tupel (den Originalzustand), *new* enthält bereits die Veränderungen durch die Operation.

5.7 Übungen

5.1   Vollziehen sie konkret am Universitätsbeispiel nach, welche Integritätsbedingungen bereits in der ER-Modellierung (Abbildung 2.7) vorhanden sind und welche erst später, in Abbildung 5.4, festgelegt wurden.

5.2   Beschreiben Sie die Auswirkungen der folgenden Operationen auf der Beispielausprägung aus Abbildung 3.7 mit dem Schema aus Abbildung 5.4.

- **delete from** Vorlesungen **where** Titel = 'Ethik';
- **insert into** prüfen **values** (24002, 5001, 2138, 2.0);
- **insert into** prüfen **values** (28106, 5001, 2127, 4.3);
- **drop table** Studenten;

5.3   Welches Modellierungskonzept würden Sie mit Hilfe von kaskadierendem Löschen realisieren?

5.4   Geben Sie die **create table**-Befehle inklusive Integritätsbedingungen an, um das in Aufgabe 3.1 gewonnene relationale Schema zu implementieren.

5.5   Da die Generalisierung in den meisten relationalen Systemen nicht unterstützt wird, könnte man auf die Idee kommen, die Vererbungshierarchie von *Angestellte* zu *Professoren* und *Assistenten* durch Redundanz zu modellieren. Dieser Vorschlag geht auf Smith und Smith (1977) zurück. Wir hätten also drei Relationen folgender Form:

Angestellte			
PersNr	Name	Gehalt	Typ
2125	Sokrates	90000	Professoren
3002	Platon	50000	Assistenten
1001	Maier	130000	–
...	...	...	...

Professoren				
PersNr	Name	Gehalt	Rang	Raum
2125	Sokrates	90000	C4	226
...	...		...	...	...

Assistenten				
PersNr	Name	Gehalt	Fachgebiet	Boss
3002	Platon	50000	Ideenlehre	2125
...	...		...	...	...

Hierbei werden also beispielsweise Professoren sowohl in der Relation *Professoren* als auch in der Relation *Angestellte* eingetragen. Die Attribute der Relation *Angestellte* werden redundant auch in der Relation *Professoren* gespeichert.

Es gilt nun, diese Redundanz zu kontrollieren. Können Sie Trigger schreiben, die Updates entsprechend propagieren. Wenn also beispielsweise das Gehalt von Sokrates in der Relation *Professoren* geändert wird, soll diese Änderung automatisch (über einen Trigger) auf die Relation *Angestellte* propagiert werden. Analog muß aber eine Gehaltsänderung von Sokrates, die auf der Relation *Angestellte* durchgeführt wurde, auf die Relation *Professoren* propagiert werden.

Achten Sie darauf, daß Ihre Trigger terminieren!

Nach dem Kenntnisstand der Autoren, ist es in Oracle7 – aufgrund einer Einschränkung der Triggerfunktionalität – nicht möglich, diese Trigger zu realisieren. Wenn Sie es doch schaffen, lassen Sie es uns bitte wissen. In DB2, beispielsweise, ist es möglich; aber wie?

5.8   Literatur

Die Bedeutung von referentieller Integrität speziell bei relationalen Datenbanksystemen wurde von Date (1981) beschrieben. Melton und Simon (1993) beschreiben die Integritätsbedingungen in SQL 2. Das Triggerkonzept von Oracle wird von Bobrowski (1992) erläutert.

Für dynamische Integritätsbedingungen wurden hier nur Trigger vorgestellt. Eine formale Beschreibungsmöglichkeit bietet die temporale Logik, wie es beispielsweise von Lipeck und Saake (1987) diskutiert wird.

Casanova und Tucherman (1988) beschreiben, wie man referentielle Integrität mit Hilfe eines Monitors überwacht.

Das Trigger-Konzept ist eine Vorform der sogenannten *aktiven* Datenbanken. Projekte in diesem Bereich sind beispielsweise SAMOS [Gatziu, Geppert und Dittrich (1991)] und REACH [Buchmann et al. (1995)]. Gertz und Lipeck (1996) haben die Nutzung von Triggern zur Gewährleistung dynamischer Integritätsbedingungen untersucht.

6. Relationale Entwurfstheorie

In den vorangegangenen Kapiteln haben wir uns schon mit dem methodischen Entwurf einer Datenbankanwendung beschäftigt. Wir haben dabei den schrittweisen top-down-Entwurf kennengelernt, wobei zunächst ein Pflichtenheft, dann ein konzeptueller Entity-Relationship-Entwurf und schließlich ein relationales Schema erstellt wurden.

In diesem Kapitel beschäftigen wir uns sozusagen mit der konzeptuellen Feinabstimmung des erstellten relationalen Schemas auf der Grundlage formaler Methoden. Die Basis für diesen Feinentwurf bilden funktionale Abhängigkeiten, die eine Verallgemeinerung des – zumindest informell – schon eingeführten Schlüsselbegriffs darstellen. Weiterhin werden mehrwertige Abhängigkeiten untersucht, die ihrerseits eine Verallgemeinerung der funktionalen Abhängigkeiten darstellen.

Basierend auf diesen Abhängigkeiten werden Normalformen für Relationenschemata definiert. Die Normalformen dienen dazu, die „Güte" eines Relationenschemas zu bewerten. Wenn für ein Relationenschema diese Normalformen nicht erfüllt sind, kann man es durch Anwendung entsprechender Normalisierungsalgorithmen in mehrere Schemata zerlegen, die dann die entsprechende Normalform erfüllen.

6.1 Funktionale Abhängigkeiten

Die Diskussion in diesem Kapitel bezieht sich (meistens) auf ein abstraktes relationales Datenbankschema bestehend aus n Relationenschemata $\mathcal{R}_1, \ldots, \mathcal{R}_n$ mit möglichen – nicht näher bestimmten – Ausprägungen $R_1, \ldots, R_n$ oder ein Schema $\mathcal{R}$ mit Ausprägung R.

Eine *funktionale Abhängigkeit* (engl. *functional dependency*) stellt eine Bedingung an die möglichen gültigen Ausprägungen des Datenbankschemas dar. Eine funktionale Abhängigkeit – oft abgekürzt als FD – wird wie folgt dargestellt:

$$\alpha \rightarrow \beta$$

Hierbei repräsentieren die griechischen Buchstaben α und β jeweils Mengen von Attributen. Betrachten wir zunächst den Fall, daß die FD $\alpha \rightarrow \beta$ auf dem Relationenschema $\mathcal{R}$ definiert ist, d.h. α und β seien Teilmengen von $\mathcal{R}$. Dann sind nur solche Ausprägungen R zulässig, für die folgendes gilt: Für alle Paare von Tupeln $r, t \in R$ mit $r.\alpha = t.\alpha$ muß auch gelten $r.\beta = t.\beta$. Hierbei stellt $r.\alpha = t.\alpha$ eine Kurzform für $\forall A \in \alpha : r.A = t.A$ dar. Mit anderen Worten drückt die FD $\alpha \rightarrow \beta$ aus, daß wenn zwei Tupel gleiche Werte für alle Attribute in α haben, dann müssen auch ihre β-Werte (d.h. die Werte der Attribute in β) übereinstimmen. Wir sagen dann auch, daß die α-Werte die β-Werte funktional (d.h. eindeutig) bestimmen. Oder anders herum, daß die β-Werte funktional abhängig von den α-Werten sind. Man bezeichnet α auch als *Determinante* von β.

Wir wollen dieses sehr wichtige – und für die relationale Entwurfstheorie zentrale – Konzept der funktionalen Abhängigkeiten an einem abstrakten Beispiel erläutern. Dazu betrachten wir die Relation R mit dem Schema $\mathcal{R} = \{A, B, C, D\}$ und der funktionalen Abhängigkeit $\{A\} \to \{B\}$.

	R			
	A	B	C	D
t	a_4	b_2	c_4	d_3
p	a_1	b_1	c_1	d_1
q	a_1	b_1	c_1	d_2
r	a_2	b_2	c_3	d_2
s	a_3	b_2	c_4	d_3

Diese Relation erfüllt die FD $\{A\} \to \{B\}$, da es nur zwei Tupel p und q mit gleichem A-Attributwert gibt, nämlich $p.A = q.A = a_1$. Bei diesen beiden Tupeln p und q stimmt auch der Wert des Attributs B – nämlich $p.B = q.B = b_1$ – überein.

Weiterhin erfüllt die gezeigte Ausprägung R die funktionale Abhängigkeit $\{A\} \to \{C\}$, wie die Leser auf analoge Weise nachvollziehen können. Außerdem ist die funktionale Abhängigkeit $\{C, D\} \to \{B\}$ in der Relation R erfüllt. Nur die beiden Tupel s und t haben gleiche Werte für C und D – deshalb erfüllen alle anderen Tupel die funktionale Abhängigkeit automatisch. Da s und t auch den gleichen Wert für B haben, folgt daraus, daß $\{C, D\} \to \{B\}$ erfüllt ist.

Andererseits ist die funktionale Abhängigkeit $\{B\} \to \{C\}$ in der Relation R nicht erfüllt. Dazu betrachte man die beiden Tupel r und s mit $r.B = s.B$. Offensichtlich haben diese beiden Tupel unterschiedliche C-Werte, nämlich $r.C = c_3 \neq c_4 = s.C$.

Es soll an dieser Stelle nochmals betont werden, daß funktionale Abhängigkeiten eine semantische Konsistenzbedingung darstellen, die sich aus der jeweiligen Anwendungssemantik und *nicht* aus der derzeitigen zufälligen Relationenausprägung ergeben. Mit anderen Worten: Funktionale Abhängigkeiten stellen Konsistenzbedingungen dar, die zu allen Zeiten in jedem (gültigen) Datenbankzustand eingehalten werden müssen.

6.1.1 Konventionen zur Notation

In der Datenbank-Literatur hat sich vielfach die etwas „saloppe" Notation $CD \to A$ oder $C, D \to A$ anstatt der formal präzisen Notation $\{C, D\} \to \{A\}$ eingebürgert. Weiterhin steht $\alpha - A$ für $\alpha - \{A\}$, wenn α eine Attributmenge und A ein Attribut aus dieser Menge repräsentieren. Die Vereinigung zweier Attributmengen α und β wird einfach als $\alpha\beta$ notiert. Die abstrakten Attribute einer Attributmenge wie z.B. $\{A, B, C\}$ werden als ABC notiert.

6.1.2 Einhaltung einer funktionalen Abhängigkeit

Eine andere Charakterisierung für eine funktionale Abhängigkeit $\alpha \to \beta$ ist die folgende: Die FD $\alpha \to \beta$ ist in R erfüllt, wenn für jeden möglichen Wert c von α gilt, daß

$$\Pi_\beta(\sigma_{\alpha=c}(R))$$

höchstens ein Element enthält. Das obige ist eine etwas informelle aber anschauliche Formulierung: Unter einem Wert c von α verstehen wir natürlich ein Tupel $[c_1, \ldots, c_i] \in \mathbf{dom}(A_1) \times \cdots \times \mathbf{dom}(A_i)$, wenn $\alpha = \{A_1, \ldots, A_i\}$ gilt. Weiterhin steht dann der Ausdruck $\sigma_{\alpha = c}(R)$ für

$$\sigma_{A_1 = c_1}(\cdots (\sigma_{A_i = c_i}(R)) \cdots).$$

Die eben diskutierte Charakterisierung einer funktionalen Abhängigkeit liefert einen einfachen Algorithmus, mit dem festgestellt wird, ob eine gegebene Relation R die FD $\alpha \to \beta$ erfüllt:

- Eingabe: eine Relation R und eine FD $\alpha \to \beta$

- Ausgabe: *ja*, falls $\alpha \to \beta$ in R erfüllt ist; *nein* sonst

- *Einhaltung*$(R, \alpha \to \beta)$

    - sortiere R nach α-Werten

    - falls alle Gruppen bestehend aus Tupeln mit gleichen α-Werten auch gleiche β-Werte aufweisen: Ausgabe *ja*; sonst: Ausgabe *nein*

Die Laufzeit dieses Algorithmus wird natürlich durch die Sortierung dominiert. Somit hat der Algorithmus *Einhaltung* die Komplexität $O(n \log n)$.

Die Leser mögen ihn auf die oben angegebene Relation R anwenden, um (nochmals) nachzuweisen, daß z.B. die FD $\{C, D\} \to \{B\}$ erfüllt ist.

Die funktionalen Abhängigkeiten, die von *jeder* Relationenausprägung automatisch immer erfüllt sind, nennt man *triviale* FDs. Man kann zeigen, daß nur FDs der Art

$$\alpha \to \beta \quad \text{mit} \quad \beta \subseteq \alpha$$

trivial sind (siehe Übungsaufgabe 6.5).

6.2 Schlüssel

Wie oben bereits erwähnt, stellen die funktionalen Abhängigkeiten eine Verallgemeinerung des Schlüsselbegriffs dar. Das wollen wir jetzt präzisieren.

In der Relation $\mathcal{R}$ ist $\alpha \subseteq \mathcal{R}$ ein *Superschlüssel*, falls gilt:

$$\alpha \to \mathcal{R}$$

D.h. α bestimmt alle anderen Attributwerte innerhalb der Relation $\mathcal{R}$. Wir nennen α in diesem Fall *Superschlüssel*, weil noch nichts darüber ausgesagt ist, ob α eine minimale Menge von Attributen enthält. Z.B. folgt aus der mengentheoretischen Definition des relationalen Modells automatisch (Mengen enthalten keine Duplikate):

$$\mathcal{R} \to \mathcal{R}$$

Also bildet die Menge aller Attribute einer Relation einen Superschlüssel.

Wir benötigen das Konzept der *vollen* funktionalen Abhängigkeiten, um Schlüssel von Superschlüsseln abzugrenzen. β ist *voll funktional abhängig* von α – in Zeichen $\alpha \overset{\bullet}{\to} \beta$ – falls beide nachfolgenden Kriterien gelten:

1. $\alpha \to \beta$, d.h. β ist funktional abhängig von α und

2. α kann nicht mehr „verkleinert" werden, d.h.

$$\forall A \in \alpha : \alpha - \{A\} \not\to \beta$$

Es kann also kein Attribut mehr aus α entfernt werden, ohne die FD zu „zerstören".

Falls $\alpha \overset{\cdot}{\to} \mathcal{R}$ gilt, bezeichnet man α als Kandidatenschlüssel von $\mathcal{R}$. Im allgemeinen wird einer der Kandidatenschlüssel als sogenannter *Primärschlüssel* ausgewählt. Diese Auswahl ist notwendig, da im relationalen Modell Verweise zwischen Tupeln unterschiedlicher Relationen über Fremdschlüssel realisiert werden. Man sollte darauf achten, daß für Fremdschlüssel immer derselbe Schlüssel verwendet wird – deshalb ist die Auszeichnung eines Kandidatenschlüssels als Primärschlüssel unbedingt notwendig.

Als Beispiel für die Bestimmung von Kandidatenschlüsseln betrachten wir folgende Relation (*EW* stehe für Einwohnerzahl und *BLand* für Bundesland):

Städte			
Name	BLand	Vorwahl	EW
Frankfurt	Hessen	069	650000
Frankfurt	Brandenburg	0335	84000
München	Bayern	089	1200000
Passau	Bayern	0851	50000
...	...	...	...

Wir gehen davon aus, daß Wohnorte innerhalb von Bundesländern eindeutig benannt sind. Die Kandidatenschlüssel für die Relation *Städte* sind:

- {Name, BLand}

- {Name, Vorwahl}

Man beachte, daß zwei (kleinere) Städte dieselbe Vorwahl haben können; deshalb bildet { *Vorwahl* } alleine keinen Schlüssel. Anders wäre das in einer Relation *Großstädte*, in der nur Großstädte mit exklusiver Vorwahl-Nummer abgespeichert wären.

6.3   Bestimmung funktionaler Abhängigkeiten

Es ist Aufgabe der Datenbankentwerfer, die funktionalen Abhängigkeiten aus der Anwendungssemantik zu bestimmen. Als Beispiel möge uns folgendes Relationenschema[1] dienen:

ProfessorenAdr : {[PersNr, Name, Rang, Raum, Ort, Straße,
                          PLZ, Vorwahl, BLand, EW, Landesregierung]}

---

[1]Dieses Schema wird hier nur für die Demonstration funktionaler Abhängigkeiten verwendet. Es stellt in keiner Weise einen guten relationalen Entwurf dar – wie wir im nachfolgenden noch sehen werden.

Hierbei verstehen wir unter *Ort* den eindeutigen Erstwohnsitz der Professoren. Die *Landesregierung* ist die eine „tonangebende" Partei, die also den Ministerpräsidenten bzw. die Ministerpräsidentin stellt, so daß *Landesregierung* funktional abhängig von *BLand* ist. Weiterhin machen wir einige vereinfachende Annahmen: Orte sind innerhalb der Bundesländer (nach wie vor) eindeutig benannt. Die Postleitzahl (*PLZ*) ändert sich nicht innerhalb einer Straße, Städte und Straßen gehen nicht über Bundeslandgrenzen hinweg.

Beim Datenbankentwurf könnten dann folgende FDs bestimmt worden sein:

1. {PersNr} → {PersNr, Name, Rang, Raum, Ort, Straße, PLZ, Vorwahl, BLand, EW, Landesregierung}

2. {Ort, BLand} → {EW, Vorwahl}

3. {PLZ} → {BLand, Ort, EW}

4. {Ort, BLand, Straße} → {PLZ}

5. {BLand} → {Landesregierung}

6. {Raum} → {PersNr}

Die erste aufgeführte FD besagt, daß *PersNr* ein Kandidatenschlüssel der Relation *Professoren* ist. In der vierten FD gehen wir von der oben beschriebenen vereinfachenden Annahme aus, daß die PLZ sich innerhalb einer Straße eines Orts nicht ändert.

Aus dieser vorgegebenen Menge von funktionalen Abhängigkeiten ergeben sich weitere Abhängigkeiten, die von jeder gültigen Relationenausprägung auch immer erfüllt sind. Beispiele hierfür sind:

- {Raum} → {PersNr, Name, Rang, Raum, Ort, Straße, PLZ, Vorwahl, BLand, EW, Landesregierung}

- {PLZ} → {Landesregierung}

Wir sagen, daß diese weiteren Abhängigkeiten aus den vorgegebenen FDs herleitbar sind. Im allgemeinen sind wir bei einer gegebenen Menge F von FDs daran interessiert, die Menge F^+ aller daraus herleitbaren funktionalen Abhängigkeiten zu bestimmen. Diese Menge F^+ bezeichnet man als die *Hülle* (engl. *closure*) der Menge F. Die *Hülle* einer Menge von FDs kann durch Anwendung von Herleitungsregeln – auch *Inferenzregeln* genannt – bestimmt werden. Für die Herleitung der vollständigen Hülle reichen die drei nachfolgend aufgeführten *Armstrong-Axiome* als Inferenzregeln aus.

Entsprechend unserer Konvention bezeichnen α, β, γ und δ Teilmengen der Attribute aus $\mathcal{R}$.

- *Reflexivität*: Falls β eine Teilmenge von α ist ($\beta \subseteq \alpha$) dann gilt immer $\alpha \to \beta$. Insbesondere gilt also immer $\alpha \to \alpha$.

- *Verstärkung*: Falls $\alpha \to \beta$ gilt, dann gilt auch $\alpha\gamma \to \beta\gamma$. Hierbei stehe z.B. $\alpha\gamma$ für $\alpha \cup \gamma$.

- *Transitivität*: Falls $\alpha \to \beta$ und $\beta \to \gamma$ gilt, dann gilt auch $\alpha \to \gamma$.

Die Armstrong-Axiome sind *korrekt* (engl. *sound*) und *vollständig*. Die Korrektheit der Axiome besagt, daß sich mit Hilfe der Armstrong-Axiome aus einer Menge F von FDs nur solche weiteren FDs ableiten lassen, die von *jeder* Relationenausprägung erfüllt sind, für die F erfüllt ist. Die Vollständigkeit der Axiome besagt, daß sich *alle* FDs ableiten lassen, die durch F logisch impliziert werden. Man ist also in der Lage F^+ vollständig mittels der Armstrong-Axiome zu bestimmen.

Obwohl die Armstrong-Axiome vollständig sind, ist es für Herleitungsprozesse komfortabel, noch drei weitere Axiome hinzuzunehmen.

- *Vereinigungsregel*: Wenn $\alpha \to \beta$ und $\alpha \to \gamma$ gelten, dann gilt auch $\alpha \to \beta\gamma$.

- *Dekompositionsregel*: Wenn $\alpha \to \beta\gamma$ gilt, dann gelten auch $\alpha \to \beta$ und $\alpha \to \gamma$.

- *Pseudotransitivitätsregel*: Wenn $\alpha \to \beta$ und $\gamma\beta \to \delta$, dann gilt auch $\alpha\gamma \to \delta$.

Wir wollen mit Hilfe der Axiome nachweisen, daß die funktionale Abhängigkeit $\{PLZ\} \to \{Landesregierung\}$ in unserem Beispielschema gilt. Dazu wird zunächst die Dekompositonsregel angewendet, um $\{PLZ\} \to \{BLand\}$ herzuleiten. Unter Anwendung der Transitivitätsregel ergibt sich dann hieraus und aus der gegebenen FD $\{BLand\} \to \{Landesregierung\}$ die FD $\{PLZ\} \to \{Landesregierung\}$.

Die Leser mögen herleiten, daß *Raum* ein Kandidatenschlüssel ist, d.h. daß $\{Raum\} \to \mathbf{sch}(Professoren)$ gilt.

Oftmals ist man nicht an der gesamten Hülle einer Menge von FDs interessiert, sondern nur an der Menge von Attributen α^+, die von α gemäß der Menge F von FDs funktional bestimmt werden. Diese Menge α^+ kann man mit folgendem Algorithmus herleiten:

- **Eingabe**: eine Menge F von FDs und eine Menge von Attributen α

- **Ausgabe**: die vollständige Menge von Attributen α^+, für die gilt $\alpha \to \alpha^+$

- *AttrHülle*(F, α)

```
Erg := α;
while (Änderungen an Erg) do
    foreach FD β → γ in F do
        if β ⊆ Erg then Erg := Erg ∪ γ;
Ausgabe α⁺ = Erg;
```

Mit Hilfe dieses Algorithmus *AttrHülle* kann man nun sehr einfach bestimmen, ob eine Menge von Attributen κ einen Superschlüssel einer Relation $\mathcal{R}$ bezüglich der FDs F bildet. Dazu wendet man *AttrHülle* (F, κ) an, um κ^+ zu ermitteln. Nur falls $\kappa^+ = \mathcal{R}$ ergibt, ist κ ein Superschlüssel von $\mathcal{R}$.

6.3.1 Kanonische Überdeckung

Im allgemeinen gibt es viele unterschiedliche äquivalente Mengen von funktionalen Abhängigkeiten. Zwei Mengen F und G von funktionalen Abhängigkeiten heißen genau dann *äquivalent* (in Zeichen $F \equiv G$), wenn ihre Hüllen gleich sind, d.h. $F^+ = G^+$. Diese Definition von Äquivalenz ist intuitiv einleuchtend, da die gleiche Hülle der beiden Mengen F und G impliziert, daß dieselben FDs aus F und G ableitbar sind.

Zu einer gegebenen Menge F von FDs gibt es also eine eindeutige Hülle F^+. Diese Menge F^+ enthält aber i.a. sehr viele Abhängigkeiten, so daß der Umgang mit F^+ sehr unübersichtlich ist. Insbesondere nachteilig wirkt sich eine große, redundante Menge von funktionalen Abhängigkeiten im Rahmen der Konsistenzüberprüfung bei Datenbankmodifikationen aus. Man beachte, daß nach einer Änderungsoperation die Einhaltung der spezifizierten FDs überprüft werden muß. Deshalb ist man im Entwurfsprozeß und bei der Überprüfung von FDs an einer kleinstmöglichen noch äquivalenten Menge von FDs interessiert. Zu einer gegebenen Menge F von FDs nennt man F_c eine *kanonische Überdeckung*, falls folgende drei Eigenschaften erfüllt sind:

1. $F_c \equiv F$, d.h. $F_c^+ = F^+$

2. In F_c existieren keine FDs $\alpha \to \beta$, bei denen α oder β überflüssige Attribute enthalten. D.h. es muß folgendes gelten:

   (a) $\forall A \in \alpha : (F_c - (\alpha \to \beta) \cup ((\alpha - A) \to \beta)) \not\equiv F_c$

   (b) $\forall B \in \beta : (F_c - (\alpha \to \beta) \cup (\alpha \to (\beta - B))) \not\equiv F_c$

3. Jede linke Seite einer funktionalen Abhängigkeit in F_c ist einzigartig. Dies kann durch sukzessive Anwendung der Vereinigungsregel auf FDs der Art $\alpha \to \beta$ und $\alpha \to \gamma$ erzielt werden, so daß die beiden FDs durch $\alpha \to \beta\gamma$ ersetzt werden.

Zu einer gegebenen Menge F von FDs kann man eine kanonische Überdeckung wie folgt bestimmen:

1. Führe für jede FD $\alpha \to \beta \in F$ die Linksreduktion durch, also:

   • Überprüfe für alle $A \in \alpha$, ob A überflüssig ist, d.h. ob

   $$\beta \subseteq AttrHülle(F, \alpha - A)$$

   gilt. Falls dies der Fall ist, ersetze $\alpha \to \beta$ durch $(\alpha - A) \to \beta$.

2. Führe für jede (verbliebene) FD $\alpha \to \beta$ die Rechtsreduktion durch, also:

   • Überprüfe für alle $B \in \beta$, ob

   $$B \in AttrHülle(F - (\alpha \to \beta) \cup (\alpha \to (\beta - B)), \alpha)$$

   gilt. In diesem Fall ist B auf der rechten Seite überflüssig und kann eliminiert werden, d.h. $\alpha \to \beta$ wird durch $\alpha \to (\beta - B)$ ersetzt.

3. Entferne die FDs der Form $\alpha \to \emptyset$, die im 2. Schritt möglicherweise entstanden sind.

4. Fasse mittels der Vereinigungsregel FDs der Form $\alpha \to \beta_1, \ldots, \alpha \to \beta_n$ zusammen, so daß $\alpha \to (\beta_1 \cup \cdots \cup \beta_n)$ verbleibt.

Betrachten wir ein ganz kleines Beispiel für die Herleitung der kanonischen Überdeckung. Die Menge F habe folgende Form:

$$F = \{A \to B, B \to C, AB \to C\}$$

In Schritt 1. wird $AB \to C$ durch $A \to C$ ersetzt, da B auf der linken Seite überflüssig ist (C ist nämlich schon über die ersten beiden FDs funktional abhängig von A). Im zweiten Schritt, der Rechtsreduktion, wird $A \to C$ durch $A \to \emptyset$ ersetzt, da C auf der rechten Seite überflüssig ist. Dies folgt daraus, daß

$$C \in AttrH\ddot{u}lle(\{A \to B, B \to C, A \to \emptyset\}, \{A\})$$

gilt. In Schritt 3. wird dann lediglich $A \to \emptyset$ eliminiert, so daß $F_c = \{A \to B, B \to C\}$ übrigbleibt. Hier gibt es natürlich in Schritt 4. nichts mehr zusammenzufassen.

6.4 „Schlechte" Relationenschemata

Schlecht entworfene Relationenschemata können zu sogenannten *Anomalien* führen, die wir im folgenden anhand eines anschaulichen Beispiels illustrieren wollen. Dazu betrachten wir die Relation *ProfVorl*, in der Professoren zusammen mit den von ihnen gelesenen Vorlesungen modelliert sind:

ProfVorl						
PersNr	Name	Rang	Raum	VorlNr	Titel	SWS
2125	Sokrates	C4	226	5041	Ethik	4
2125	Sokrates	C4	226	5049	Mäeutik	2
2125	Sokrates	C4	226	4052	Logik	4
. . .	. . .	. . .	. . .	. . .	. . .	. . .
2132	Popper	C3	52	5259	Der Wiener Kreis	2
2137	Kant	C4	7	4630	Die 3 Kritiken	4

Es handelt sich hierbei um einen schlechten Entwurf, wie wir auch schon in Kapitel 3.3 festgestellt hatten. Dieser Entwurf führt demzufolge auch zu den (für diese Diskussion gewünschten) Anomalien. Wir unterscheiden drei Arten von Anomalien, die in den nachfolgenden Unterabschnitten behandelt werden.

6.4.1 Die Updateanomalien

Wenn ein Professor, sagen wir „Sokrates", von einem Raum in einen anderen umzieht, muß dies in der Datenbank entsprechend fortgeschrieben werden. Aufgrund des schlechten Schemas existiert diese Information aber mehrfach, also redundant. Deshalb kann leicht der Fall eintreten, daß einige Einträge übersehen werden. Selbst wenn man – durch ein entsprechendes Programm – sicherstellen kann, daß immer alle redundanten Einträge gleichzeitig abgeändert werden, hat der vorliegende Entwurf von *ProfVorl* dennoch zwei schwerwiegende Nachteile:

1. Erhöhter Speicherbedarf wegen der redundant zu speichernden Informationen und

2. Leistungseinbußen bei Änderungen, da mehrere Einträge abgeändert werden müssen.

6.4.2 Einfügeanomalien

Bei diesem schlechten Entwurf wurden Informationen zweier Entitytypen (aus der realen Anwendungswelt) vermischt. Deshalb treten Probleme auf, wenn man Information eintragen will, die zu nur einem Entitytypen gehört.

Will man z.B. die Daten für neu berufene Professoren eintragen, die noch keine Vorlesung halten, so geht dies nur, indem man die Attribute *VorlNr*, *Titel* und *SWS* mit NULL-Werten besetzt.

Ein analoges Problem tritt auf, wenn man eine Vorlesung eintragen will, für die aber noch kein Referent bestimmt wurde.

6.4.3 Löschanomalien

Wenn die Information bezüglich eines der zwei miteinander vermischten Entitytypen gelöscht wird, kann es zum gleichzeitigen und unbeabsichtigten Verlust der Daten des anderen Entitytyps kommen. Betrachten wir als Beispiel das Löschen der Vorlesung „Der Wiener Kreis". Da dies die einzige von „Popper" gehaltene Vorlesung ist, geht durch die Löschung des Vorlesungstupels gleichzeitig auch die Information zum Professor „Popper" verloren. Dies wäre nur zu vermeiden, wenn man die entsprechenden Attribute aus dem Vorlesungskontext mit NULL-Werten besetzt. Andererseits ist so etwas bei Professoren, die mehrere Vorlesungen halten, nicht notwendig. Beispielsweise kann man die Vorlesung „Mäeutik" löschen, ohne daß die Infomation zu „Sokrates" verloren ginge.

6.5 Zerlegung (Dekomposition) von Relationen

Die im vorhergehenden Abschnitt dargestellten Anomalien sind darauf zurückzuführen, daß nicht „zusammenpassende" Informationen in einer Relation gebündelt wurden. Um einen solchen unzulänglichen Entwurf zu revidieren, werden bei der sogenannten *Normalisierung*, die in den nachfolgenden Abschnitten behandelt wird, Relationenschemata aufgespalten. Mit anderen Worten, ein Relationenschema $\mathcal{R}$ wird in die Relationenschemata $\mathcal{R}_1, \ldots, \mathcal{R}_n$ zerlegt. Dabei enthalten die Schemata $\mathcal{R}_1, \ldots, \mathcal{R}_n$ natürlich jeweils nur eine Teilmenge der Attribute aus $\mathcal{R}$, also $\mathcal{R}_i \subseteq \mathcal{R}$ für $1 \leq i \leq n$.

Es gibt zwei sehr grundlegende Korrektheitskriterien für eine solche Zerlegung von Relationenschemata:

1. *Verlustlosigkeit*: Die in der ursprünglichen Relationenausprägung R des Schemas $\mathcal{R}$ enthaltenen Informationen müssen aus den Ausprägungen $R_1, \ldots, R_n$ der neuen Relationenschemata $\mathcal{R}_1, \ldots, \mathcal{R}_n$ rekonstruierbar sein.

2. *Abhängigkeitserhaltung*: Die für $\mathcal{R}$ geltenden funktionalen Abhängigkeiten müssen auf die Schemata $\mathcal{R}_1$, ..., $\mathcal{R}_n$ übertragbar sein.

Wir werden diese beiden Kriterien in den nachfolgenden Unterabschnitten etwas detaillierter behandeln.

6.5.1 Verlustlosigkeit

Für die Diskussion reicht es aus, sich auf die Zerlegung von $\mathcal{R}$ in zwei Relationenschemata $\mathcal{R}_1$ und $\mathcal{R}_2$ zu beschränken.[2] Ein Relationenschema $\mathcal{R}$ werde also auf zwei Schemata $\mathcal{R}_1$ und $\mathcal{R}_2$ aufgeteilt. Es handelt sich hierbei um eine gültige Zerlegung, wenn alle Attribute aus $\mathcal{R}$ erhalten bleiben, d.h. es muß gelten:

- $\mathcal{R} = \mathcal{R}_1 \cup \mathcal{R}_2$

Für eine Ausprägung R von $\mathcal{R}$ definieren wir jetzt die Ausprägungen R_1 von $\mathcal{R}_1$ und R_2 von $\mathcal{R}_2$ wie folgt:

$$
\begin{aligned}
R_1 &:= \Pi_{\mathcal{R}_1}(R) \\
R_2 &:= \Pi_{\mathcal{R}_2}(R)
\end{aligned}
$$

Die Zerlegung von $\mathcal{R}$ in $\mathcal{R}_1$ und $\mathcal{R}_2$ ist *verlustlos*, falls für jede mögliche (gültige) Ausprägung R von $\mathcal{R}$ gilt:

$$ R = R_1 \bowtie R_2 $$

Die in R enthaltene Information muß also durch den natürlichen Verbund (Join) der beiden Relationen R_1 und R_2 rekonstruierbar sein.

Wir wollen zunächst ein Beispiel betrachten, in dem die Zerlegung zu einem Verlust von Information führt. Die Relation *Biertrinker* habe folgende Gestalt:

Biertrinker		
Kneipe	Gast	Bier
Kowalski	Kemper	Pils
Kowalski	Eickler	Hefeweizen
Innsteg	Kemper	Hefeweizen

In dieser Relation seien Kneipen, Gäste und Biersorten eindeutig durch die Namen identifiziert. Die Relation enthält die Information, welche Biersorte die Gäste in der jeweiligen Kneipe trinken. Die getrunkene Biersorte kann je nach Kneipe (bzw. beliefernder Brauerei) für denselben Gast variieren – z.B. trinkt Kemper im Kowalski immer Pils aber im Innsteg immer Hefeweizen.

Eine Zerlegung von *Biertrinker* könnte wie folgt durchgeführt werden:

- Besucht: {[Kneipe, Gast]}

- Trinkt: {[Gast, Bier]}

---

[2]Zur Begründung siehe Aufgabe 6.13.

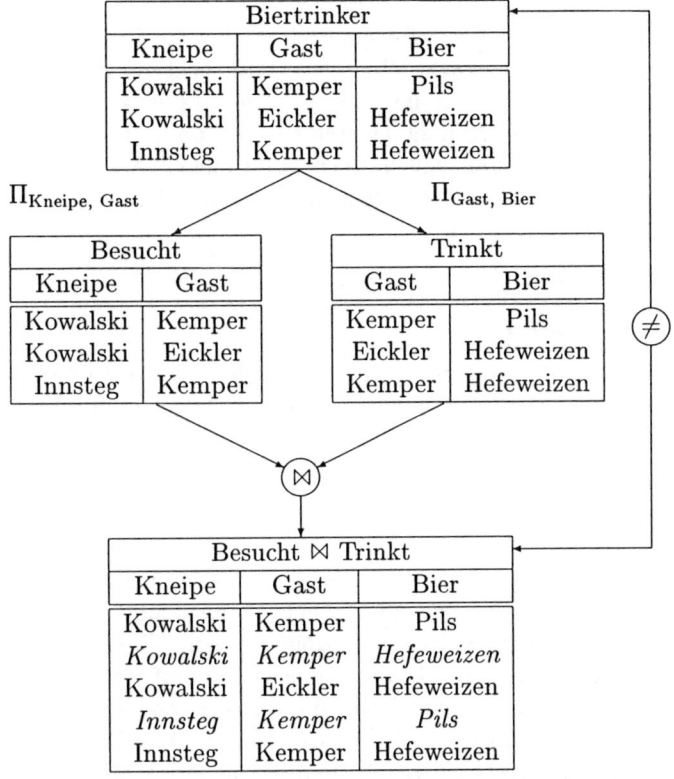

Abb. 6.1: Illustration der nicht-verlustlosen Zerlegung von *Biertrinker*

Diese Zerlegung ist **nicht** verlustlos! Das erkennt man schon an der obigen Ausprägung, wenn man die Relationenausprägungen für *Besucht* und *Trinkt* bildet:

$$Besucht := \Pi_{\text{Kneipe,Gast}}(Biertrinker)$$
$$Trinkt := \Pi_{\text{Gast,Bier}}(Biertrinker)$$

Die Projektionen resultieren in den beiden in der Mitte von Abbildung 6.1 gezeigten Ausprägungen der Relationen *Besucht* und *Trinkt*. Leider ergibt der natürliche Verbund der beiden Relationen *Besucht* und *Trinkt* nicht die Ausgangsrelation *Biertrinker*, d.h.:

$$Biertrinker \neq (Besucht \bowtie Trinkt)$$

Die Relation (*Besucht* ⋈ *Trinkt*) enthält nämlich die Tupel [*Kowalski, Kemper, Hefeweizen*] und [*Innsteg, Kemper, Pils*], die in der Ursprungsrelation *Biertrinker* nicht enthalten waren. Durch die Zerlegung ist die Assoziation von Biersorten und Gästen *relativ* zu der besuchten *Kneipe* verloren gegangen. Auch dies ist in Abbildung 6.1 gezeigt – die kursiv geschriebenen Einträge in der Relation *Besucht* ⋈ *Trinkt* waren in der Ursprungsrelation nicht vorhanden und stellen einen Informationsverlust dar. Es mag seltsam erscheinen, daß zusätzliche Tupel einen Informationsverlust darstellen – das ist aber tatsächlich so, weil die Zuordnungen dadurch verloren gingen.

6.5.2   Kriterien für die Verlustlosigkeit einer Zerlegung

Es ist – wie das vorangegangene Beispiel zeigt – für die Datenbankentwerfer nicht immer auf den ersten Blick ersichtlich, ob eine beabsichtigte Zerlegung verlustlos ist oder nicht. Deshalb ist eine formale Charakterisierung verlustloser Zerlegungen auf der Basis von funktionalen Abhängigkeiten sinnvoll und notwendig.

Eine Zerlegung von $\mathcal{R}$ mit zugehörigen funktionalen Abhängigkeiten $F_{\mathcal{R}}$ in $\mathcal{R}_1$ und $\mathcal{R}_2$ ist verlustlos, wenn mindestens eine der folgenden funktionalen Abhängigkeiten herleitbar ist:

- $(\mathcal{R}_1 \cap \mathcal{R}_2) \to \mathcal{R}_1 \in F_{\mathcal{R}}^+$

- $(\mathcal{R}_1 \cap \mathcal{R}_2) \to \mathcal{R}_2 \in F_{\mathcal{R}}^+$

Mit anderen Worten: Es gelte $\mathcal{R} = \alpha \cup \beta \cup \gamma$, $\mathcal{R}_1 = \alpha \cup \beta$ und $\mathcal{R}_2 = \alpha \cup \gamma$ mit paarweise disjunkten Attributmengen α, β und γ. Dann muß mindestens eine von zwei Bedingungen gelten:

- $\beta \subseteq AttrHülle(F_{\mathcal{R}}, \alpha)$ oder

- $\gamma \subseteq AttrHülle(F_{\mathcal{R}}, \alpha)$

Wir werden nachher bei der Diskussion der sogenannten mehrwertigen Abhängigkeiten (siehe Abschnitt 6.10) sehen, daß dies eine hinreichende, aber keine notwendige Bedingung für Verlustlosigkeit ist. Das bedeutet, wenn diese Bedingung erfüllt ist, kann man sicher sein, daß kein Informationsverlust auftreten kann. Aber es gibt auch verlustlose Zerlegungen, bei denen diese Bedingung nicht erfüllt ist, für die also die Bedingung zu „stark" ist. Unser *Biertrinker*-Beispiel war eine „verlustige" Zerlegung und dementsprechend war die Bedingung verletzt. Es gilt nämlich nur die eine nicht-triviale funktionale Abhängigkeit

- {Kneipe, Gast} → {Bier},

wohingegen keine der zwei möglichen, die Verlustlosigkeit garantierenden FDs

- {Gast} → {Bier}

- {Gast} → {Kneipe}

erfüllt sind.

Wir wollen natürlich noch ein anschauliches Beispiel für die verlustlose Zerlegung liefern. Man betrachte die Relation *Eltern* : {[*Vater, Mutter, Kind*]} und deren Zerlegung in *Väter* : {[*Vater, Kind*]} und *Mütter* : {[*Mutter, Kind*]}, die in Abbildung 6.2 gezeigt ist. Für dieses (anekdotische) Beispiel gehen wir davon aus, daß Personen eindeutig durch ihre Vornamen identifizierbar sind.

Diese Zerlegung ist verlustlos, da sogar beide funktionalen Abhängigkeiten

- {Kind} → {Mutter}

- {Kind} → {Vater}

gelten.

Allerdings ist diese Zerlegung auch nicht besonders sinnvoll, da dadurch keine Anomalien abgebaut werden – die Relation *Eltern* entspricht schon einem „sinnvollen" Design.

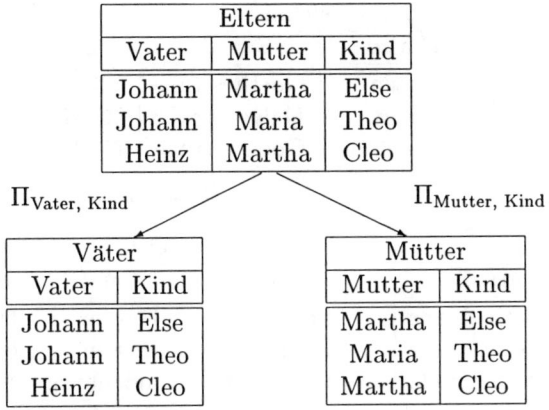

Abb. 6.2: Verlustlose Zerlegung der Relation *Eltern*

6.5.3 Abhängigkeitsbewahrung

Eine Zerlegung von $\mathcal{R}$ mit zugehörigen funktionalen Abhängigkeiten $F_{\mathcal{R}}$ in die Relationenschemata $\mathcal{R}_1, \ldots, \mathcal{R}_n$ sollte so erfolgen, daß die Überprüfung aller funktionalen Abhängigkeiten lokal auf den $\mathcal{R}_i$ erfolgen kann, ohne daß Joins notwendig sind. Wie bereits geschildert, stellen die FDs in $F_{\mathcal{R}}$ Konsistenzbedingungen dar, die von jeder aktuellen Ausprägung R von $\mathcal{R}$ erfüllt sein müssen. Dies bedeutet, daß man die Einhaltung der FDs bei Änderungen auf der Datenbank erneut überprüfen muß. Wenn jetzt aber $\mathcal{R}$ in $\mathcal{R}_1, \ldots, \mathcal{R}_n$ zerlegt wird, gibt es keine Ausprägung R mehr, sondern nur noch $R_1, \ldots, R_n$. Theoretisch könnte man R als $R_1 \bowtie \cdots \bowtie R_n$ jeweils neu berechnen und die Abhängigkeiten dann auf der Basis von R überprüfen. Das wäre aber viel zu aufwendig. Deshalb wird durch die *Abhängigkeitsbewahrung* gefordert, daß alle Abhängigkeiten in $F_{\mathcal{R}}$ lokal auf den R_i $(1 \leq i \leq n)$ überprüft werden können. Dazu bestimmt man für jedes $\mathcal{R}_i$ die Einschränkung $F_{\mathcal{R}_i}$ der Abhängigkeiten aus $F_{\mathcal{R}}^+$, d.h. $F_{\mathcal{R}_i}$ enthält die Abhängigkeiten aus der Hülle von $F_{\mathcal{R}}$, deren Attribute alle in $\mathcal{R}_i$ enthalten sind. Bei der Abhängigkeitsbewahrung wird dann folgendes gefordert:

- $F_{\mathcal{R}} \equiv (F_{\mathcal{R}_1} \cup \ldots \cup F_{\mathcal{R}_n})$ bzw. $F_{\mathcal{R}}^+ = (F_{\mathcal{R}_1} \cup \ldots \cup F_{\mathcal{R}_n})^+$

Entsprechend dieser Bedingung nennt man eine abhängigkeitsbewahrende Zerlegung oft auch eine *hüllentreue* Dekomposition.

Wir geben ein Beispiel für eine verlustlose, aber nicht abhängigkeitserhaltende Zerlegung. Die Relation *PLZverzeichnis* stelle ein Postleitzahlenverzeichnis dar (nach neuem fünfstelligen System):

$$\text{PLZverzeichnis} : \{[\text{Straße}, \text{Ort}, \text{BLand}, \text{PLZ}]\}$$

Wir nehmen vereinfachend an:

- Orte werden durch ihren Namen (*Ort*) und das Bundesland (*BLand*) eindeutig identifiziert.

PLZverzeichnis			
Ort	**BLand**	**Straße**	PLZ
Frankfurt	Hessen	Goethestraße	60313
Frankfurt	Hessen	Galgenstraße	60437
Frankfurt	Brandenburg	Goethestraße	15234

$\Pi_{\text{PLZ, Straße}}$ $\Pi_{\text{Stadt, BLand, PLZ}}$

Straßen	
PLZ	**Straße**
15234	Goethestraße
60313	Goethestraße
60437	Galgenstraße
15235	Goethestraße

Orte		
Ort	BLand	**PLZ**
Frankfurt	Hessen	60313
Frankfurt	Hessen	60437
Frankfurt	Brandenburg	15234
Frankfurt	Brandenburg	15235

Abb. 6.3: Zerlegung der Relation PLZverzeichnis

- Innerhalb einer Straße ändert sich die Postleitzahl nicht.

- Postleitzahlengebiete gehen nicht über Ortsgrenzen und Orte nicht über Bundeslandgrenzen hinweg.

Dann gelten folgende funktionale Abhängigkeiten:

- $\{\text{PLZ}\} \rightarrow \{\text{Ort, BLand}\}$

- $\{\text{Straße, Ort, BLand}\} \rightarrow \{\text{PLZ}\}$

Demnach ist die Zerlegung von *PLZverzeichnis* in

$$\begin{aligned} \text{Straßen} \quad &: \quad \{[\text{PLZ}, \text{Straße}]\} \\ \text{Orte} \quad &: \quad \{[\text{PLZ}, \text{Ort}, \text{BLand}]\} \end{aligned}$$

verlustlos, da *PLZ* das einzige gemeinsame Attribut ist und $\{PLZ\} \rightarrow \{Ort, BLand\}$ gilt.

Die funktionale Abhängigkeit $\{Straße, Ort, BLand\} \rightarrow \{PLZ\}$ ist aber jetzt keiner der beiden Relationen *Straßen* oder *Orte* zuzuordnen, so daß die Zerlegung von *PLZverzeichnis* in *Straßen* und *Orte* zwar verlustlos, aber **nicht** abhängigkeitserhaltend ist.

Wir wollen die nachteiligen Auswirkungen dieser nicht abhängigkeitserhaltenden Zerlegung verdeutlichen. In Abbildung 6.3 ist die Zerlegung für eine Beispielausprägung gezeigt. Die Schlüssel der jeweiligen Relationen sind durch Fettdruck markiert. In der Urspungsrelation *PLZverzeichnis* wurde sichergestellt, daß es zu einem (*Ort*, *BLand*, *Straße*)-Tripel nur einen Eintrag, d.h. eine eindeutige Postleitzahl geben kann. Das folgt aus der funktionalen Abhängigkeit

$$\{\text{Ort, BLand, Straße}\} \rightarrow \{\text{PLZ}\}$$

Diese Abhängigkeit, die für *PLZverzeichnis* den Schlüssel festlegt, ging bei der Zerlegung verloren, so daß für die Relation *Straßen* nur noch triviale Abhängigkeiten übrigbleiben.

Demgemäß besteht der Schlüssel von *Straßen* aus der Menge aller Attribute. Es ist jetzt – nach der Zerlegung – ohne weiteres möglich, die unten in der Abbildung 6.3 gezeigten Tupel [15235, *Goethestraße*] in *Straßen* und [*Frankfurt, Brandenburg*, 15235] in *Orte* einzufügen. Dadurch bekommt die *Goethestraße* im *Brandenburger Frankfurt* eine zusätzliche Postleitzahl. Die Relationen *Straßen* und *Orte* sind *lokal* konsistent; die Kombination dieser beiden Einfügungen verletzt aber eine *globale* funktionale Abhängigkeit der Relation *PLZverzeichnis*. Die Verletzung der Konsistenzbedingung {*Straße, Ort, BLand*} → {*PLZ*} ist nur nach einem Join der Relationen *Straßen* und *Orte* aufzudecken.

Dieses Beispiel sollte verdeutlichen, daß die Abhängigkeitserhaltung bei allen Zerlegungen anzustreben ist.

6.6   Erste Normalform

Die erste Normalform ist bei der von uns benutzten Definition des relationalen Modells automatisch eingehalten. Die erste Normalform verlangt, daß alle Attribute atomare Wertebereiche (Domänen) haben. Demnach wären zusammengesetzte, mengenwertige oder gar relationenwertige Attributdomänen nicht zulässig.

Das folgende ist ein Beispiel für eine Relation mit einem mengenwertigen Attribut:

Eltern		
Vater	Mutter	Kinder
Johann	Martha	{Else, Lucia}
Johann	Maria	{Theo, Josef}
Heinz	Martha	{Cleo}

In der Relation *Eltern* seien Personen eindeutig durch ihren Vornamen identifiziert. Das Attribut *Kinder* ist mengenwertig, wobei die Menge die Namen der Kinder enthält, die dieselben Eltern haben. Diese Relation ist nicht in erster Normalform. Ein gültiges Schema in erster Normalform wird durch „Flachklopfen" erreicht:

Eltern		
Vater	Mutter	Kind
Johann	Martha	Else
Johann	Martha	Lucia
Johann	Maria	Theo
Johann	Maria	Josef
Heinz	Martha	Cleo

Es wird also verlangt, daß Attributwerte nicht weiter zerlegbar sind.

Es gibt neuere Entwicklungen im Datenbankbereich, in denen gerade auf die Einhaltung der ersten Normalform verzichtet wurde. Dieses Modell wird dementsprechend oft als NF^2-Modell (non-first normal form Modell) oder geschachteltes relationales Modell (engl. nested relational model) bezeichnet.

Bei diesen erweiterten relationalen Modellen sind nicht nur mengenwertige Attribute, wie oben gezeigt, sondern sogar relationenwertige Attribute – also geschachtelte Relationen – möglich. Als Beispiel schauen wir uns die folgende geschachtelte Relation an, in der wir zusätzlich zum Namen auch noch das Alter der Kinder speichern:

Eltern			
Vater	Mutter	Kinder	
		KName	KAlter
Johann	Martha	Else	5
		Lucia	3
Johann	Maria	Theo	3
		Josef	1
Heinz	Martha	Cleo	9

Hier ist also z.B. in dem ersten Tupel der Relation *Eltern* die Relation mit den zwei Tupeln [*Else, 5*] und [*Lucia, 3*] geschachtelt.

In der weiteren Diskussion dieses Kapitels setzen wir stillschweigend immer die erste Normalform voraus.

6.7 Zweite Normalform

Intuitiv verletzt ein Relationenschema die zweite Normalform (2NF), wenn in der Relation Informationen über mehr als ein einziges Konzept modelliert werden. Demnach soll jedes Nichtschlüssel-Attribut der Relation, wie Kent (1983) es ausdrückt, einen Fakt zu dem dieses Konzept identifizierenden Schlüssel (und zwar den gesamten Schlüssel und nichts als den Schlüssel) ausdrücken.

Formal ausgedrückt: Eine Relation $\mathcal{R}$ mit zugehörigen FDs F ist in zweiter Normalform, falls jedes Nichtschlüssel-Attribut $A \in \mathcal{R}$ voll funktional abhängig ist von jedem Kandidatenschlüssel der Relation.

Seien also $\kappa_1, \ldots, \kappa_i$ die Kandidatenschlüssel[3] von $\mathcal{R}$ – einschließlich des ausgewählten Primärschlüssels, der ja auch Kandidatenschlüssel sein muß. Sei $A \in \mathcal{R} - (\kappa_1 \cup \cdots \cup \kappa_i)$. Ein solches Attribut A wird auch als *nicht-prim* bezeichnet – im Gegensatz zu den Schlüsselattributen, die man als *prim* bezeichnet. Dann muß also für alle κ_j $(1 \leq j \leq i)$ gelten:

$$\kappa_j \overset{\bullet}{\to} A \in F^+$$

D.h., es muß die FD $\kappa_j \to A$ gelten und diese FD ist linksreduziert.

Wir wollen uns ein Beispiel einer Relation anschauen, die diese Bedingung verletzt. Die Relation *StudentenBelegung* sei wie folgt gegeben:

---

[3]Man beachte, daß Kandidatenschlüssel – im Gegensatz zu Superschlüsseln – minimal sein müssen.

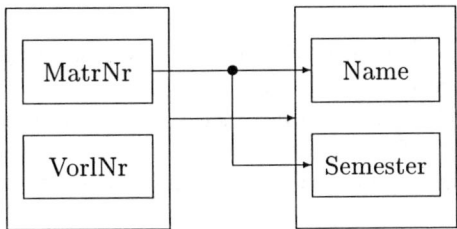

Abb. 6.4: Schematische Darstellung der funktionalen Abhängigkeiten

StudentenBelegung			
MatrNr	**VorlNr**	Name	Semester
26120	5001	Fichte	10
27550	5001	Schopenhauer	6
27550	4052	Schopenhauer	6
28106	5041	Carnap	3
28106	5052	Carnap	3
28106	5216	Carnap	3
28106	5259	Carnap	3
...	...	...	...

Die Leser werden bemerkt haben, daß diese Relation gerade dem Join der Relation *hören* und *Studenten* aus unserem Universitätsbeispiel entspricht.

Die Relation *StudentenBelegung* hat den Schlüssel {*MatrNr, VorlNr*}. Zusätzlich zu den aus diesem Schlüssel folgenden funktionalen Abhängigkeiten gibt es aber noch die funktionalen Abhängigkeiten

$$\{\text{MatrNr}\} \rightarrow \{\text{Name}\} \quad \text{und} \quad \{\text{MatrNr}\} \rightarrow \{\text{Semester}\},$$

wodurch die zweite Normalform verletzt wird. Graphisch kann man sich das wie in Abbildung 6.4 verdeutlichen.

Diese oben gezeigte Beispielausprägung illustriert (nochmals) die schwerwiegenden Anomalien:

- Einfügeanomalie: Was macht man mit Studenten, die (noch) keine Vorlesungen hören?

- Updateanomalien: Wenn z.B. „Carnap" ins vierte Semester kommt, muß sichergestellt werden, daß alle vier Tupel geändert werden.

- Löschanomalien: Was passiert, wenn „Fichte" ihre einzige Vorlesung absagt?

Die Lösung dieser Probleme ist relativ offensichtlich: Man zerlegt die Relation in mehrere Teilrelationen, die dann die zweite Normalform erfüllen. In unserem Fall wird *StudentenBelegung* in die beiden folgenden Relationen zerlegt:

- hören: {[MatrNr, VorlNr]}

- Studenten: {[MatrNr, Name, Semester]}

Diese beiden Relationen erfüllen beide die zweite Normalform. Weiterhin stellen sie natürlich eine verlustlose Zerlegung dar.

Wir werden hier nicht näher auf den Zerlegungsalgorithmus, der eine gegebene Relation $\mathcal{R}$ in mehrere 2NF-Teilrelationen $\mathcal{R}_1, \ldots, \mathcal{R}_n$ aufspaltet, eingehen. In der Praxis sollte nämlich immer die „schärfere" dritte Normalform angestrebt werden.

6.8 Dritte Normalform

Nach den Ausführungen von Kent (1983) wird die dritte Normalform intuitiv verletzt, wenn ein Nichtschlüssel-Attribut einen Fakt einer Attributmenge darstellt, die keinen Schlüssel bildet. Die Verletzung der Normalform könnte also dazu führen, daß derselbe Fakt mehrfach gespeichert wird.

Ein Relationenschema $\mathcal{R}$ ist in *dritter Normalform*, wenn für jede für $\mathcal{R}$ geltende funktionale Abhängigkeit der Form $\alpha \rightarrow B$ mit $\alpha \subseteq \mathcal{R}$ und $B \in \mathcal{R}$ mindestens *eine* von drei Bedingungen gilt:

- $B \in \alpha$, d.h. die FD ist trivial.

- Das Attribut B ist in einem Kandidatenschlüssel von $\mathcal{R}$ enthalten – also B ist *prim*.

- α ist Superschlüssel von $\mathcal{R}$.

Als Beispiel für eine Relation, die nicht in dritter Normalform ist, betrachten wir nochmals die in Abschnitt 6.3 bereits eingeführte Relation *ProfessorenAdr*:

ProfessorenAdr : {[PersNr, Name, Rang, Raum, Ort, Straße,
             PLZ, Vorwahl, BLand, EW, Landesregierung]}

Wir hatten schon folgende, teilweise vereinfachende Annahmen getroffen: Unter *Ort* verstehen wir den eindeutigen Erstwohnsitz der Professoren. Die *Landesregierung* ist die eine „tonangebende" Partei, die also den Ministerpräsidenten bzw. die Ministerpräsidentin stellt, so daß *Landesregierung* funktional abhängig von *BLand* ist. Weiterhin machen wir die Annahmen, daß Orte innerhalb der Bundesländer (nach wie vor) eindeutig benannt seien. Die Postleitzahl (*PLZ*) ändert sich nicht innerhalb einer Straße, Städte und Straßen gehen nicht über Bundeslandgrenzen hinweg.

Die aus diesen Annahmen folgenden funktionalen Abhängigkeiten sind in Abbildung 6.5 graphisch dargestellt. Es ist ersichtlich, daß {*PersNr*} und {*Raum*} jeweils Kandidatenschlüssel von *ProfessorenAdr* sind. Offensichtlich ist die Relation *ProfessorenAdr* nicht in dritter Normalform, da z.B. die FD {*Ort, BLand*} → {*Vorwahl*} die Kriterien der 3NF verletzt.

Wir geben jetzt einen sogenannten *Synthesealgorithmus* an, mit dem zu einem gegebenen Relationenschma $\mathcal{R}$ mit funktionalen Abhängigkeiten F eine Zerlegung in $\mathcal{R}_1, \ldots, \mathcal{R}_n$ ermittelt wird, die alle drei folgenden Kriterien erfüllt:

- $\mathcal{R}_1, \ldots, \mathcal{R}_n$ ist eine verlustlose Zerlegung von $\mathcal{R}$.

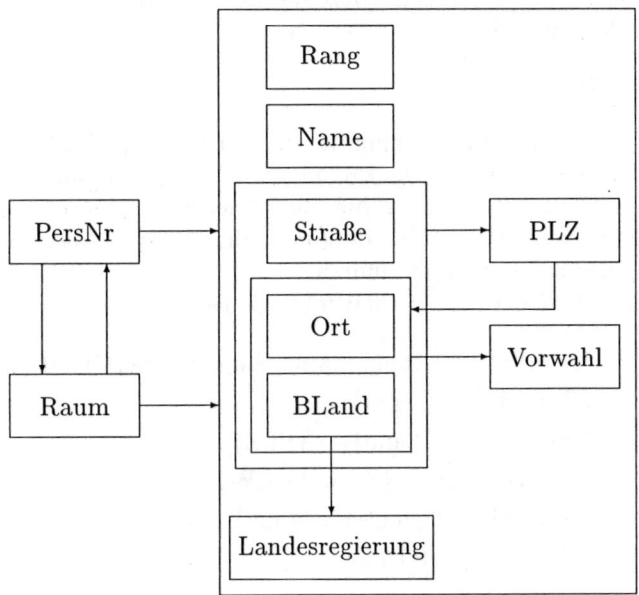

Abb. 6.5: Graphische Darstellung der funktionalen Abhängigkeiten

- Die Zerlegung ist abhängigkeitsbewahrend

- Alle $\mathcal{R}_i$ ($1 \leq i \leq n$) sind in dritter Normalform.

Der Synthesealgorithmus berechnet die Zerlegung auf der Basis der funktionalen Abhängigkeiten wie folgt:

1. Bestimme die kanonische Überdeckung F_c zu F. Zur Wiederholung:

   (a) Linksreduktion der FDs

   (b) Rechtsreduktion der FDs

   (c) Entfernung von FDs der Form $\alpha \to \emptyset$

   (d) Zusammenfassung von FDs mit gleichen linken Seiten

2. Für jede funktionale Abhängigkeit $\alpha \to \beta \in F_c$:

   - Kreiere ein Relationenschema $\mathcal{R}_\alpha := \alpha \cup \beta$.

   - Ordne $\mathcal{R}_\alpha$ die FDs $F_\alpha := \{\alpha' \to \beta' \in F_c \mid \alpha' \cup \beta' \subseteq \mathcal{R}_\alpha\}$ zu.

3. Falls eines der in Schritt 2. erzeugten Schemata $\mathcal{R}_\alpha$ einen Kandidatenschlüssel von $\mathcal{R}$ bzgl. F_c enthält, sind wir fertig; sonst wähle einen Kandidatenschlüssel $\kappa \subseteq \mathcal{R}$ aus und definiere folgendes zusätzliche Schema:

   - $\mathcal{R}_\kappa := \kappa$
   - $F_\kappa := \emptyset$

4. Eliminiere diejenigen Schemata $\mathcal{R}_\alpha$, die in einem anderen Relationenschema $\mathcal{R}_{\alpha'}$ enthalten sind, d.h.

- $\mathcal{R}_\alpha \subseteq \mathcal{R}_{\alpha'}$

Wir wollen den Synthesealgorithmus an unserer Beispielrelation *ProfessorenAdr* demonstrieren. In Schritt 1. wird die kanonische Überdeckung der funktionalen Abhängigkeiten ermittelt, wobei wir uns hier die Herleitung ersparen. Die Leser mögen die Berechnung der kanonischen Überdeckung anhand des in Abschnitt 6.3.1 ausgearbeiteten Algorithmus selbst durchführen.

Die kanonische Überdeckung enthält folgende FDs:

$$fd_1 \;:\; \{\text{PersNr}\} \to \{\text{Raum, Name, Rang, Straße, Ort, BLand}\}$$
$$fd_2 \;:\; \{\text{Raum}\} \to \{\text{PersNr}\}$$
$$fd_3 \;:\; \{\text{Straße, Ort, BLand}\} \to \{\text{PLZ}\}$$
$$fd_4 \;:\; \{\text{Ort, BLand}\} \to \{\text{Vorwahl, EW}\}$$
$$fd_5 \;:\; \{\text{BLand}\} \to \{\text{Landesregierung}\}$$
$$fd_6 \;:\; \{\text{PLZ}\} \to \{\text{Ort, BLand}\}$$

In Schritt 2. des Synthesealgorithmus werden diese sechs FDs $fd_1, \ldots, fd_6$ jetzt sukzessive behandelt. Aus fd_1 leitet sich das Relationenschema

Professoren : {[PersNr, Name, Rang, Raum, Straße, Ort, BLand}

mit den FDs fd_1 und fd_2 ab. Die funktionale Abhängigkeit fd_2 liefert keine neue Relation, da alle Attribute dieser FD schon in *Professoren* enthalten sind. Hier nehmen wir also den Schritt 4. des Synthesealgorithmus schon vorweg. Die funktionale Abhängigkeit fd_3 resultiert in der Relation.

PLZverzeichnis : {[Ort, BLand, Straße, PLZ]}

mit den zugeordneten FDs fd_3 und fd_6. Die funktionale Abhängigkeit fd_4 liefert

Städteverzeichnis : {[Ort, BLand, Vorwahl, EW]}

mit nur einer zugeordneten FD, nämlich fd_4 selber. Die FD fd_5 liefert die Relation

Regierungen : {[BLand, Landesregierung]}

mit gerade dieser einen zugeordneten FD fd_5. Die letzte FD, nämlich fd_6, liefert nichts Neues, da alle in der FD vorkommenden Attribute schon in der Relation *PLZverzeichnis* vorkommen.

In Schritt 3. des Synthesealgorithmus wird für unser Beispiel nichts Neues erzeugt, da ein Kandidatenschlüssel – nämlich *Raum* oder *PersNr* – schon in einer der Relationen enthalten ist – nämlich in *Professoren*. Im allgemeinen muß Schritt 3. aber beachtet werden, da sonst nicht immer die Verlustlosigkeit gesichert ist (siehe dazu auch die Übungsaufgabe 6.8)! Den Schritt 4. des Algorithmus hatten wir schon vorweg genommen, so daß hier nichts mehr zu tun bleibt.

6.9 Boyce-Codd Normalform

Die Boyce-Codd Normalform (BCNF) stellt nochmals eine Verschärfung dar. Ein Relationenschema $\mathcal{R}$ mit FDs F ist in BCNF, falls für jede funktionale Abhängigkeit $\alpha \to \beta \in F$ mindestens eine der folgenden zwei Bedingungen gilt:

- $\beta \subseteq \alpha$, d.h. die Abhängigkeit ist trivial oder

- α ist Superschlüssel von $\mathcal{R}$.

Ein Beispiel einer 3NF-Relation, die nicht die strengeren Bedingungen der Boyce-Codd Normalform erfüllt, ist *Städte*:

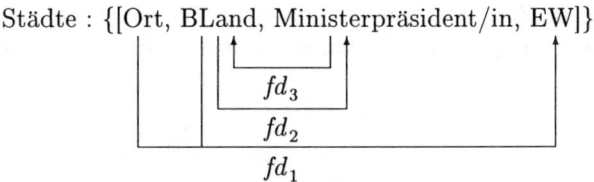

Die oben eingezeichneten drei funktionalen Abhängigkeiten fd_1, fd_2 und fd_3 implizieren, daß es zwei Kandidatenschlüssel gibt:

- $\kappa_1 = \{\text{Ort}, \text{BLand}\}$

- $\kappa_2 = \{\text{Ort}, \text{Ministerpräsident/in}\}$

Hieraus folgt, daß *Städte* in dritter Normalform ist, da die rechten Seiten von fd_2 und fd_3 jeweils Primattribute (also in Kandidatenschlüsseln enthalten) sind, und die linke Seite von fd_1 ein Kandidatenschlüssel ist. Aber *Städte* ist nicht in BCNF, da die linken Seiten von fd_2 und fd_3 keine Superschlüssel sind. Die Verletzung der BCNF hat zur Folge, daß die Information, wer welches Bundesland regiert, mehrfach abgespeichert wird.

Man kann grundsätzlich jedes Relationenschema $\mathcal{R}$ mit zugeordneten FDs F so in $\mathcal{R}_1, \ldots, \mathcal{R}_n$ zerlegen, daß gilt:

- Die Zerlegung ist verlustlos und

- die $\mathcal{R}_i$ $(1 \le i \le n)$ sind alle in BCNF.

Leider kann man nicht immer eine BCNF-Zerlegung finden, die auch abhängigkeitsbewahrend ist. Diese Fälle sind allerdings in der Praxis selten.

Die Zerlegung eines Relationenschemas $\mathcal{R}$ in BCNF-Teilrelationen wird nach folgendem Algorithmus durchgeführt, der die Menge $Z = \{\mathcal{R}_1, \ldots, \mathcal{R}_n\}$ von Zerlegungen sukzessive generiert:

- Starte mit $Z = \{\mathcal{R}\}$

- Solange es noch ein Relationenschema $\mathcal{R}_i \in Z$ gibt, das nicht in BCNF ist, mache folgendes:

  – Es gibt also eine für $\mathcal{R}_i$ geltende nicht-triviale FD $(\alpha \to \beta)$ mit

$* \ \alpha \cap \beta = \emptyset$

$* \ \alpha \nrightarrow \mathcal{R}_i$

Finde eine solche FD – man sollte sie so wählen, daß β alle von α funktional abhängigen Attribute $B \in (\mathcal{R}_i - \alpha)$ enthält, damit der Dekompositionsalgorithmus möglichst schnell terminiert.

– Zerlege $\mathcal{R}_i$ in $\mathcal{R}_{i_1} := \alpha \cup \beta$ und $\mathcal{R}_{i_2} := \mathcal{R}_i - \beta$

– Entferne $\mathcal{R}_i$ aus Z und füge $\mathcal{R}_{i_1}$ und $\mathcal{R}_{i_2}$ ein, also

$$Z := (Z - \{\mathcal{R}_i\}) \cup \{\mathcal{R}_{i_1}\} \cup \{\mathcal{R}_{i_2}\}$$

Sobald dieser Algorithmus beendet ist, enthält Z eine Menge von BCNF-Relationen, die eine verlustlose Zerlegung von $\mathcal{R}$ darstellen. Die nachfolgende Graphik illustriert abstrakt die Zerlegung eines Relationenschemas $\mathcal{R}_i$ in $\mathcal{R}_{i_1}$ und $\mathcal{R}_{i_2}$ entlang der FD $\alpha \rightarrow \beta$:

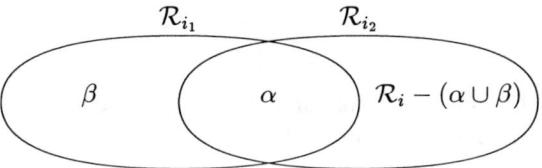

Für unser *Städte*-Beispiel ergibt sich die Zerlegung gemäß der FD $\{BLand\} \rightarrow \{Ministerpräsident/in\}$ wie folgt:

- $\underbrace{\text{Regierungen}}_{\mathcal{R}_{i_1}} : \{[\text{BLand, Ministerpräsident/in}]\}$

- $\underbrace{\text{Städte}'}_{\mathcal{R}_{i_2}} : \{[\text{Ort, BLand, EW}]\}$

Diese beiden Relationen sind jetzt in BCNF, so daß der Algorithmus terminiert. In diesem Beispiel sind auch keine Abhängigkeiten durch die Zerlegung verlorengegangen, da man fd_1 der Relation *Städte'* und fd_2 und fd_3 der Relation *Regierungen* zuordnen kann.

Ein Beispiel für eine BCNF-Zerlegung, bei der Abhängigkeiten verlorengehen, ist folgende Relation *PLZverzeichnis*:

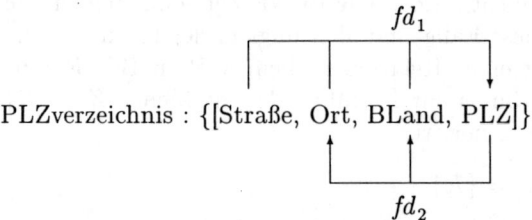

Die funktionale Abhängigkeit fd_2 verletzt die Boyce-Codd Normalform. Die Zerlegung der Relation *PLZverzeichnis* „entlang" dieser Abhängigkeit fd_2 ergibt die folgenden 2 Relationen:

- Straßen : {[Straße, PLZ]}

- Orte : {[Ort, BLand, PLZ]}

Wie in Abschnitt 6.5.3 schon detailliert ausgeführt, geht durch diese Zerlegung die Abhängigkeit fd_1 verloren.

Das ist auf jeden Fall zu vermeiden. Deshalb gibt man sich in den Fällen, wo eine BCNF-Zerlegung zu einem Abhängigkeitsverlust führen würde, mit der weniger „scharfen" dritten Normalform zufrieden. Also bleibt uns das *PLZverzeichnis* erhalten.

6.10 Mehrwertige Abhängigkeiten

Mehrwertige Abhängigkeiten (engl. *multivalued dependencies*, abgekürzt MVD) sind eine Verallgemeinerung funktionaler Abhängigkeiten, d.h. jede FD ist auch eine MVD, aber nicht umgekehrt.

Seien α, β, $\gamma \subseteq \mathcal{R}$, so daß $\mathcal{R} = \alpha \cup \beta \cup \gamma$. Dann ist β mehrwertig abhängig von α – in Zeichen $\alpha \twoheadrightarrow \beta$, wenn in jeder gültigen Ausprägung von $\mathcal{R}$ gilt: Für jedes Paar von Tupeln t_1 und t_2 mit $t_1.\alpha = t_2.\alpha$ existieren zwei weitere Tupel t_3 und t_4 mit folgenden Eigenschaften:

$$
\begin{aligned}
t_1.\alpha &= t_2.\alpha = t_3.\alpha = t_4.\alpha \\
t_3.\beta &= t_1.\beta \\
t_3.\gamma &= t_2.\gamma \\
t_4.\beta &= t_2.\beta \\
t_4.\gamma &= t_1.\gamma
\end{aligned}
$$

Mit anderen Worten: Bei 2 Tupeln mit gleichem α-Wert kann man die β-Werte vertauschen, und die resultierenden Tupel müssen auch in der Relation sein. Aus diesem Grund nennt man mehrwertige Abhängigkeiten auch *tupel-generierende* Abhängigkeiten, da eine Relationenausprägung bei Verletzung einer MVD durch das Einfügen zusätzlicher Tupel in einen gültigen Zustand überführt werden kann. Bei funktionalen Abhängigkeiten ist dies nicht der Fall. Warum?

Graphisch kann man sich die Definition der mehrwertigen Abhängigkeit $\alpha \twoheadrightarrow \beta$ wie folgt veranschaulichen:

R		
α	β	γ
$A_1 \ldots A_i$	$A_{i+1} \ldots A_j$	$A_{j+1} \ldots A_n$
$a_1 \ldots a_i$	$a_{i+1} \ldots a_j$	$a_{j+1} \ldots a_n$
$a_1 \ldots a_i$	$b_{i+1} \ldots b_j$	$b_{j+1} \ldots b_n$
$a_1 \ldots a_i$	$b_{i+1} \ldots b_j$	$a_{j+1} \ldots a_n$
$a_1 \ldots a_i$	$a_{i+1} \ldots a_j$	$b_{j+1} \ldots b_n$

Für den Spezialfall, daß α, β und γ jeweils nur aus einem Attribut A, B und C bestehen, kann man sich die MVD $\alpha \twoheadrightarrow \beta$ auch so vorstellen: Sortiere die Relation nach den A-Werten. Wenn $\{b_1, \ldots, b_i\}$ und $\{c_1, \ldots, c_j\}$ die B bzw. C-Werte für einen bestimmten A-Wert a sind, dann muß die Relation die folgenden $(i * j)$ dreistelligen Tupel

$$\{a\} \times \{b_1, \ldots, b_i\} \times \{c_1, \ldots, c_j\}$$

alle enthalten. Ein konkretes Beispiel möge die mehrwertigen Abhängigkeiten verdeutlichen. Betrachten wir die Relation *Fähigkeiten*, in der die Kenntnisse von natürlichen Sprachen und von Programmiersprachen der Assistenten modelliert werden:

Fähigkeiten		
PersNr	Sprache	ProgSprache
3002	griechisch	C
3002	lateinisch	Pascal
3002	griechisch	Pascal
3002	lateinisch	C
3005	deutsch	Ada

In dieser Relation gelten die MVDs $\{PersNr\} \twoheadrightarrow \{Sprache\}$ und $\{PersNr\} \twoheadrightarrow \{ProgrSprache\}$ – wie die Leser verifizieren mögen.

Offensichtlich handelt es sich hierbei um ein wenig befriedigendes Schema. Man verdeutliche sich dies an folgenden Zahlen: Für Assistenten, die fünf Programmiersprachen und vier natürliche Sprachen beherrschen, müssen jeweils 20 Tupel eingefügt werden. Diese Redundanz wird dadurch verursacht, daß zwei voneinander unabhängige Aspekte – nämlich Kenntnisse von Programmiersprachen und von natürlichen Sprachen – in derselben Relation gespeichert werden.

Glücklicherweise kann man die Relation so zerlegen, daß die Redundanz vermieden wird. Die zwei Relationen

Sprachen	
PersNr	Sprache
3002	griechisch
3002	lateinisch
3005	deutsch

ProgrSprachen	
PersNr	ProgrSprache
3002	C
3002	Pascal
3005	Ada

stellen eine verlustlose Zerlegung von *Fähigkeiten* dar, d.h.:

$$\text{Fähigkeiten} = \underbrace{\Pi_{\text{PersNr,Sprache}}(\text{Fähigkeiten})}_{\text{Sprachen}} \bowtie \underbrace{\Pi_{\text{PersNr,ProgrSprache}}(\text{Fähigkeiten})}_{\text{ProgrSprachen}}$$

Zum Glück ist es kein Zufall, daß diese Zerlegung verlustlos ist. Es gilt nämlich allgemein: Ein Relationenschema $\mathcal{R}$ mit einer Menge D von zugeordneten funktionalen und mehrwertigen Abhängigkeiten kann genau dann verlustlos in die beiden Schemata $\mathcal{R}_1$ und $\mathcal{R}_2$ zerlegt werden, wenn gilt:

- $\mathcal{R} = \mathcal{R}_1 \cup \mathcal{R}_2$ und

- mindestens eine der folgenden zwei MVDs gilt:

    1. $\mathcal{R}_1 \cap \mathcal{R}_2 \twoheadrightarrow \mathcal{R}_1$ oder

    2. $\mathcal{R}_1 \cap \mathcal{R}_2 \twoheadrightarrow \mathcal{R}_2$.

In unserer Beispielzerlegung galten sogar beide MVDs. Allgemein gilt nämlich: Wenn in einem Relationenschema $\mathcal{R}$ die mehrwertige Abhängigkeit $\alpha \twoheadrightarrow \beta$ gilt, dann gilt immer auch

$$\alpha \twoheadrightarrow \gamma, \quad \text{für} \quad \gamma = \mathcal{R} - \alpha - \beta.$$

Wir wollen nun noch einen Satz von Ableitungsregeln angeben, mit denen man zu einer gegebenen Menge D von funktionalen und mehrwertigen Abhängigkeiten die Hülle D^+ bestimmen kann. Dabei seien α, β, γ und δ Teilmengen der Attribute des Relationenschemas $\mathcal{R}$. Dann gelten folgende Inferenzregeln:

- *Reflexivität*: Falls $\beta \subseteq \alpha$ erfüllt ist, dann gilt $\alpha \to \beta$.

- *Verstärkung*: Sei $\alpha \to \beta$. Dann gilt $\gamma\alpha \to \gamma\beta$.

- *Transitivität*: Sei $\alpha \to \beta$ und $\beta \to \gamma$. Dann gilt $\alpha \to \gamma$.

- *Komplement*: $\alpha \twoheadrightarrow \beta$. Dann gilt $\alpha \twoheadrightarrow \mathcal{R} - \beta - \alpha$.

- *Mehrwertige Verstärkung*: Sei $\alpha \twoheadrightarrow \beta$ und $\delta \subseteq \gamma$. Dann gilt $\gamma\alpha \twoheadrightarrow \delta\beta$.

- *Mehrwertige Transitivität*: Sei $\alpha \twoheadrightarrow \beta$ und $\beta \twoheadrightarrow \gamma$. Dann gilt $\alpha \twoheadrightarrow \gamma - \beta$.

- *Verallgemeinerung*: Sei $\alpha \to \beta$. Dann gilt $\alpha \twoheadrightarrow \beta$.

- *Koaleszenz*: Sei $\alpha \twoheadrightarrow \beta$ und $\gamma \subseteq \beta$. Existiert ein $\delta \subseteq \mathcal{R}$, so daß $\delta \cap \beta = \emptyset$ und $\delta \to \gamma$, gilt $\alpha \to \gamma$.

In dem Buch von Maier (1983), das sich ausschließlich der Theorie relationaler Datenbanken widmet, kann man den Beweis finden, daß diese Regeln korrekt und vollständig sind. Die ersten drei Regeln sind gerade die Armstrong-Axiome, die benötigt werden, um die Hülle der funktionalen Abhängigkeiten, die ja in D^+ enthalten ist, zu bestimmen.

Es sind drei weitere Ableitungsregeln sinnvoll:

- *Mehrwertige Vereinigung*: sei $\alpha \twoheadrightarrow \beta$ und $\alpha \twoheadrightarrow \gamma$. Dann gilt $\alpha \twoheadrightarrow \gamma\beta$.

- *Schnittmenge*: Sei $\alpha \twoheadrightarrow \beta$ und $\alpha \twoheadrightarrow \gamma$. Dann gilt $\alpha \twoheadrightarrow \beta \cap \gamma$.

- *Differenz*: Sei $\alpha \twoheadrightarrow \beta$ und $\alpha \twoheadrightarrow \gamma$. Dann gilt $\alpha \twoheadrightarrow \beta - \gamma$ und $\alpha \twoheadrightarrow \gamma - \beta$.

Diese drei Regeln lassen sich aus den anderen, oben angegebenen Regeln ableiten – siehe Übungsaufgabe 6.14. Sie sind also somit korrekt, aber für die Vollständigkeit nicht notwendig.

6.11 Vierte Normalform

Die vierte Normalform (4NF) ist eine Verschärfung der Boyce-Codd Normalform – und somit auch der zweiten und dritten Normalform. Bei Relationen in 4NF wird die durch mehrwertige Abhängigkeiten verursachte Redundanz ausgeschlossen. Relationen in 4NF enthalten keine zwei voneinander unabhängigen mehrwertigen Fakten –

wie dies in der Beispielrelation *Fähigkeiten* mit 1) *Sprache* und 2) *ProgrSprache* der Fall war.

Um die 4NF definieren zu können, müssen wir vorher noch klären, was eine *triviale* MVD ist. Eine MVD $\alpha \twoheadrightarrow \beta$ bezogen auf $\mathcal{R} \supseteq \alpha \cup \beta$ ist trivial, wenn *jede* mögliche Ausprägung R von $\mathcal{R}$ diese MVD erfüllt. Man kann zeigen – siehe Übungsaufgabe 6.11 – daß $\alpha \twoheadrightarrow \beta$ trivial ist, genau dann wenn gilt:

1. $\beta \subseteq \alpha$ oder

2. $\beta = \mathcal{R} - \alpha$.

Die Leser mögen sich erinnern, daß funktionale Abhängigkeiten nur unter der ersten Bedingung trivial sind.

Eine Relation $\mathcal{R}$ mit zugeordneter Menge D von funktionalen und mehrwertigen Abhängigkeiten ist in *vierter Normalform* 4NF, wenn für jede MVD $\alpha \twoheadrightarrow \beta \in D^+$ eine der folgenden Bedingungen gilt:

1. Die MVD ist trivial oder

2. α ist ein Superschlüssel von $\mathcal{R}$.

Es ist offensichtlich, daß eine 4NF-Relation automatisch auch die Boyce-Codd Normalform erfüllt – das folgt daraus, daß jede funktionale Abhängigkeit $\alpha \to \beta$ auch eine mehrwertige Abhängigkeit $\alpha \twoheadrightarrow \beta$ ist.

Der Algorithmus für die Zerlegung eines gegebenen Schemas $\mathcal{R}$ mit MVDs D in eine Menge von Relationenschemata $\mathcal{R}_1, \ldots, \mathcal{R}_n$, die verlustlos bzgl. $\mathcal{R}$ und alle in 4NF sind, erfolgt analog zur BCNF-Zerlegung:

- Starte mit der Menge $Z := \{\mathcal{R}\}$,

- Solange es eine Relation $\mathcal{R}_i \in Z$ gibt, die nicht in 4NF ist, mache folgendes:

  - finde eine für $\mathcal{R}_i$ geltende nicht-triviale MVD $\alpha \twoheadrightarrow \beta$, für die gilt
    * $\alpha \cap \beta = \emptyset$
    * $\alpha \not\to \mathcal{R}_i$
  - zerlege $\mathcal{R}_i$ in $\mathcal{R}_{i_1} := \alpha \cup \beta$ und $\mathcal{R}_{i_2} := \mathcal{R}_i - \beta$
  - entferne $\mathcal{R}_i$ aus Z und füge $\mathcal{R}_{i_1}$ und $\mathcal{R}_{i_2}$ ein, also
    $$Z := (Z - \{\mathcal{R}_1\}) \cup \{\mathcal{R}_{i_1}\} \cup \{\mathcal{R}_{i_2}\}.$$

Sobald dieser Algorithmus terminiert, enthält Z eine Menge von 4NF-Relationenschemata, die $\mathcal{R}$ verlustfrei zerlegen.

Wir wollen die Vorgehensweise an einer Erweiterung der Beispielrelation *Assistenten'* demonstrieren:

Assistenten': {[PersNr, Name, Fachgebiet, Boss, Sprache, ProgrSprache]}

f_1

m_1

m_2

In dieser Relation gelten die Abhängigkeiten f_1, m_1, und m_2 – die erste ist funktional, die anderen beiden sind mehrwertig.

Sicherlich ist *Assistenten'* nicht in 4NF – die Relation ist nicht einmal in 2NF (warum?). Die erste „nicht-4NF-konforme" Abhängigkeit ist f_1 – man beachte, daß f_1 auch als MVD angesehen werden kann. Deshalb wird im ersten Schritt die Zerlegung in

- Assistenten: {[PersNr, Name, Fachgebiet, Boss]}

- Fähigkeiten: {[PersNr, Sprache, ProgrSprache]}

durchgeführt. Von diesen beiden Relationen erfüllt jetzt *Assistenten* die 4NF-Eigenschaft; aber *Fähigkeiten* wegen der MVDs m_1 und m_2 nicht. Also wird *Fähigkeiten* weiter zerlegt in:

- Sprachen: {[PersNr, Sprache]}

- ProgrSprachen: {[PersNr, ProgrSprache]}

Diese beiden Relationen sind in 4NF, so daß der Algorithmus jetzt terminiert.

Also haben wir mit *Assistenten*, *Sprachen* und *ProgrSprachen* eine verlustlose Zerlegung von *Assistenten'* in drei 4NF-Relationen erzielt.

Analog zur BCNF gilt allgemein, daß immer eine verlustlose Zerlegung in 4NF-Relationen möglich ist. Aber wir können nicht immer garantieren, daß diese Zerlegung auch die in der Ursprungsrelation geltenden funktionalen Abhängigkeiten erhält. Das ist eine logische Konsequenz aus der Tatsache, daß jede 4NF-Relation auch die BCNF-Kriterien erfüllt.

6.12 Zusammenfassung

Allgemein gelten die in Abbildung 6.6 dargestellten Beziehungen zwischen den Normalformen. Die graphischen Bereichsangaben im rechten Teil des Bildes sollen verdeutlichen, bis zu welchen Normalformen die entsprechenden Zerlegungsalgorithmen Verlustlosigkeit und Abhängigkeitserhaltung garantieren:

- Die Verlustlosigkeit ist für alle Zerlegungsalgorithmen in alle Normalformen garantiert.

- Die Abhängigkeitserhaltung kann nur bei den Zerlegungen bis zur dritten Normalform garantiert werden.

Man sollte die in diesem Kapitel vorgestellte formale Entwurfstheorie aber nur als Feinabstimmung eines solide durchgeführten konzeptuellen Entwurfs ansehen. Keinesfalls sollte der konzeptuelle Entwurf mit der Begründung, das könne man später im Zuge der Normalisierung „noch richten", nur nachlässig durchgeführt werden. Ein gewissenhafter konzeptueller Entwurf mit einer nachfolgenden systematischen Transformation in das relationale Modell resultiert in der Regel schon in „guten" Relationenschemata, die zumeist die Kriterien der hier vorgestellten Normalformen schon erfüllen.

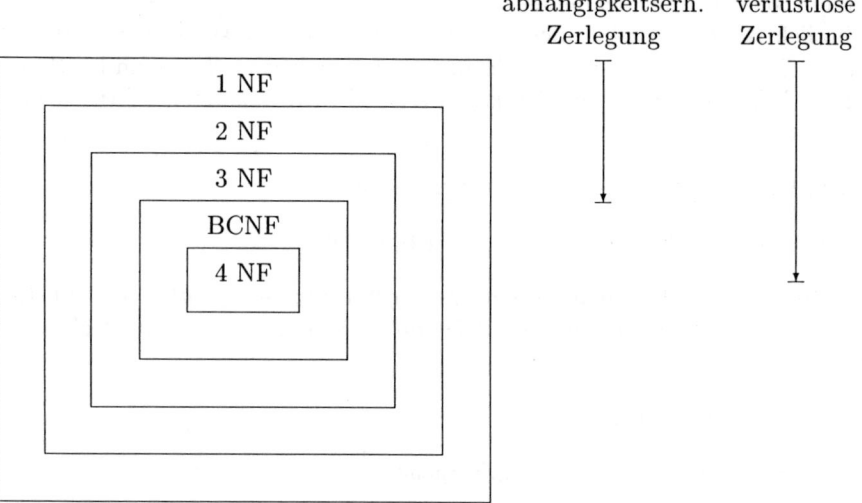

Abb. 6.6: Beziehungen der Normalformen zueinander

6.13 Übungen

6.1   Beweisen Sie die Korrektheit der Armstrong-Axiome.

6.2   Zeigen Sie, daß die Armstrong-Axiome minimal sind, d.h. es läßt sich keines
der drei Axiome aus den zwei anderen herleiten.

6.3   Zeigen Sie die Korrektheit der drei zusätzlich zu den Armstrong-Axiomen eingeführten Inferenzregeln (Vereinigungsregel, Dekompositionsregel und Pseudotransitivitätsregel) für funktionale Abhängigkeiten, indem Sie diese aus den
– in Aufgabe 6.1 als korrekt bewiesenen – Armstrong-Axiomen herleiten.

6.4   Sei F eine Menge von FDs über dem Relationenschema $\mathcal{R}$. Sei G die Menge
aller möglichen FDs über $\mathcal{R}$. Dann ist F^- definiert als $G - F^+$ und wird im
Englischen als *exterior* von F bezeichnet. F^- enthält also die FDs, die nicht
aus F ableitbar sind.

Zeigen Sie, daß es – unter der Voraussetzung, daß die Domänen der Attribute
aus $\mathcal{R}$ unendlich sind (z.B. *integer*) – für jedes $\mathcal{R}$ mit zugehöriger FD-Menge
F eine Relationenausprägung R gibt, in der jede FD $f \in F$ erfüllt ist aber
keine FD $f' \in F^-$ erfüllt ist. Eine derart konstruierte Relation nennt man
nach deren „Erfinder" Armstrong-Relation [Armstrong (1974)].

Illustrieren Sie Ihr Vorgehen an einem (hinreichend großen) Beispiel.

6.5   Zeigen Sie, daß FDs der Art

$$\alpha \to \beta$$

mit $\beta \subseteq \alpha$ trivial sind.

Zeigen Sie, daß nur FDs dieser Art trivial sind.

6.6 Ist die kanonische Überdeckung F_c einer Menge F von funktionalen Abhängigkeiten eindeutig? Begründen Sie Ihre Antwort.

6.7 Betrachten Sie ein abstraktes Relationenschema $\mathcal{R} = \{A, B, C, D, E, F\}$ mit den FDs

- $A \to BC$
- $C \to DA$
- $E \to ABC$
- $F \to CD$
- $CD \to BEF$

Bestimmen Sie hierzu die kanonische Überdeckung.

Berechnen Sie die Attributhülle von A.

Bestimmen Sie alle Kandidatenschlüssel.

6.8 Bringen Sie folgendes Relationenschema[4]

- AssisBossDiplomanden: {[PersNr, Name, Fachgebiet, BossPersNr, Boss-Name, MatrNr, SName, Semester, SWohnOrt]}

mittels des Synthesealgorithmus in die dritte Normalform.

Gehen Sie dabei schrittweise vor, d.h.:

1. Bestimmen Sie die geltenden FDs.
2. Bestimmen Sie die Kandidatenschlüssel.
3. Bestimmen Sie die kanonische Überdeckung der FDs.
4. Wenden Sie den Synthesealgorithmus an.

Dokumentieren Sie jeden Schritt Ihres Vorgehens, so daß man die Methodik erkennen kann.

6.9 Betrachten Sie einen gerichteten Graphen $G = (V, E)$ mit Knotenmenge V und Kantenmenge E. Die Knotenmenge V sei in n Klassen $C_1, \ldots, C_n$ aufgeteilt, so daß gilt:

1. $V = C_1 \cup \cdots \cup C_n$
2. für alle $(1 \leq i \neq j \leq n)$ gilt: $(C_i \cap C_j) = \emptyset$
   D.h. die Klassen sind paarweise disjunkt.

---

[4]MatrNr, SName, Semester, SWohnOrt sind die Daten der von den Assistenten betreuten Studenten; BossPersNr und BossName sind die Daten der Professoren, bei denen die Assistenten angestellt sind.

Weiterhin seien nur Kanten der Art (v, v') mit $v \in C_i$ und $v' \in C_{i+1}$ für $(1 \leq i \leq n-1)$ erlaubt. Unter der Annahme, daß von jedem Knoten mindestens eine Kante ausgeht, und jeder Knoten von mindestens einer Kante „getroffen" wird, läßt sich der Graph G als n-stellige Relation wie folgt darstellen:

G			
C_1	C_2	...	C_n
⋮	⋮	⋮	⋮

In dieser Relation sind also alle möglichen Pfade, die in einem Knoten $v_1 \in C_1$ anfangen und in einem Knoten $v_n \in C_n$ enden, aufgeführt.

- In welcher Normalform ist die Relation?
- Welche MVDs sind in dieser Relation gegeben?
- Überführen Sie das Schema in die vierte Normalform.

6.10 Eine Zerlegung eines Relationenschemas $\mathcal{R}$ in zwei Teil-Schemata $\mathcal{R}_1$ und $\mathcal{R}_2$ ist verlustlos, wenn

- $\mathcal{R}_1 \cap \mathcal{R}_2 \to \mathcal{R}_1$ oder
- $\mathcal{R}_1 \cap \mathcal{R}_2 \to \mathcal{R}_2$

gilt. Beweisen Sie dies.

6.11 Eine MVD $\alpha \twoheadrightarrow \beta$ bezogen auf $\mathcal{R} \supseteq \alpha \cup \beta$ heißt trivial, wenn *jede* mögliche Ausprägung R von $\mathcal{R}$ diese MVD erfüllt. Beweisen Sie, daß $\alpha \twoheadrightarrow \beta$ trivial ist, genau dann wenn

1. $\beta \subseteq \alpha$ oder
2. $\beta = \mathcal{R} - \alpha$

gilt. Beachten Sie, daß funktionale Abhängigkeiten nur unter der ersten Bedingung trivial sind.

6.12 Eine Zerlegung eines Relationenschemas $\mathcal{R}$ in zwei Teil-Schemata $\mathcal{R}_1$ und $\mathcal{R}_2$ ist genau dann verlustlos, wenn

- $\mathcal{R}_1 \cap \mathcal{R}_2 \twoheadrightarrow \mathcal{R}_1$ oder
- $\mathcal{R}_1 \cap \mathcal{R}_2 \twoheadrightarrow \mathcal{R}_2$

gilt. Beweisen Sie dies.

6.13 Beweisen Sie, daß die Zerlegung eines Relationenschemas $\mathcal{R}$ in n Teilschemata $\mathcal{R}_1, \dots, \mathcal{R}_n$ verlustlos ist, wenn $\mathcal{R}$ verlustlos in die zwei Teil-Schemata $\mathcal{R}_1$ und $\mathcal{R}'_2$; $\mathcal{R}'_2$ verlustlos in die zwei Teilschemata $\mathcal{R}_2$ und $\mathcal{R}'_3$; usw. zerlegt wurde.

6.14 Zeigen Sie die Korrektheit der drei zusätzlichen Ableitungsregeln für MVDs:

- *Mehrwertige Vereinigung*: Sei $\alpha \twoheadrightarrow \beta$ und $\alpha \twoheadrightarrow \gamma$. Dann gilt $\alpha \twoheadrightarrow \gamma\beta$.

- *Schnittmenge*: Sei $\alpha \twoheadrightarrow \beta$ und $\alpha \twoheadrightarrow \gamma$. Dann gilt $\alpha \twoheadrightarrow \beta \cap \gamma$.

- *Differenz*: Sei $\alpha \twoheadrightarrow \beta$ und $\alpha \twoheadrightarrow \gamma$. Dann gilt $\alpha \twoheadrightarrow \beta - \gamma$ und $\alpha \twoheadrightarrow \gamma - \beta$.

Diese drei Regeln lassen sich aus den anderen Regeln ableiten. Sie sind also für die Vollständigkeit nicht notwendig.

6.15 Es gibt verlustlose Zerlegungen einer nicht-leeren Relation R in R_1, R_2, R_3, ohne daß überhaupt irgendwelche nicht-trivialen MVDs in der Relationenausprägung erfüllt sind.

Begründen Sie, warum dies kein Widerspruch zu dem in Übungsaufgabe 6.12 bewiesenen Satz darstellt.

Geben Sie ein Beispiel für eine derartige Relation und deren Zerlegung in drei Teilrelationen an.

6.16 Betrachten Sie folgendes Schema:

- ProfessorenAllerlei: {[PersNr, Name, Rang, Raum, VorlNr, VorlTag, Hörsaal, AssiPersNR, AssiName, DiplomandenMatrNr]}.

Dieses Schema erfüllt sicherlich nicht unsere Qualitätsanforderungen.

In welcher Normalform ist das Schema?

- Bestimmen Sie die FDs.
- Bestimmen Sie den/die Kandidatenschlüssel.
- Bestimmen Sie die MVDs.
- Bringen Sie diese Relation in die dritte Normalform.
- Erfüllt das gerade erhaltene 3NF-Schema schon die „schärfere" BCNF? Wenn nein, überführen Sie das 3NF-Schema in ein BCNF-Schema.
- Überführen Sie das ursprüngliche Schema in die 4NF.
- Bringen Sie das vorher hergeleitete BCNF-Schema in die vierte Normalform und vergleichen Sie das Ergebnis mit dem 4NF-Schema, das aus dem ursprünglichen Schema generiert wurde.

6.17 Gegeben sei das folgende Schema:

- Familie: {[Opa, Oma, Vater, Mutter, Kind]}

Hierbei sei vereinfachend vorausgesetzt, daß Personen eindeutig durch ihren Vornamen identifiziert seien. Für ein Tupel [Theo, Martha, Herbert, Maria, Else] soll gelten, daß Theo und Martha entweder die Eltern von Herbert oder von Maria sind – die Großeltern werden also immer als Paar gespeichert, ohne daß ersichtlich ist, ob es die Großeltern väterlicher- oder mütterlicherseits sind. Wir gehen weiterhin davon aus, daß zu einem Kind immer beide Elternteile und beide Großeltern-Paare (also sowohl mütterlicherseits als auch väterlicherseits) bekannt sind.

- Bestimmen Sie alle FDs und MVDs.
  Beachten Sie die Komplementregel.
- Bestimmen Sie den Kandidatenschlüssel der Relation *Familie*.
- Führen Sie für das Schema alle möglichen Zerlegungen in die vierte Normalform durch.

6.14 Literatur

Die relationale Entwurfstheorie geht schon auf das frühe Papier von Codd (1970), dem Erfinder des relationalen Modells zurück – dort sind schon die erste, zweite und dritte Normalform eingeführt worden. Die BCNF-Normalform wurde ebenfalls von Codd (1972a) „nachgereicht".

Die vierte Normalform, basierend auf den mehrwertigen Abhängigkeiten, wurde von Fagin (1977) definiert.

Der Algorithmus zur Synthese eines Relationenschemata in dritter Normalform geht auf Biskup, Dayal und Bernstein (1979) zurück.

Sehr viel ausführlichere Abhandlungen zur relationalen Entwurfstheorie kann man in den Büchern über Datenbanktheorie von Maier (1983), Abiteboul, Hull und Vianu (1995), Kandzia und Klein (1993) finden. Das Buch von Thalheim (1991) widmet sich ganz der auf Abhängigkeiten basierenden relationalen Entwurfstheorie.

Kent (1983) behandelt die relationale Entwurfstheorie auf einer sehr anschaulichen Ebene – dieser kurze Aufsatz sei allen Lesern als Überblick empfohlen.

Die geschachtelten relationalen Datenmodelle wurden in den Achtziger Jahren entwickelt [Schek und Scholl (1986)]. Es wurden auch in Deutschland zwei renommierte Prototypen basierend auf dem NF^2-Modell entwickelt: AIM [Dadam et al. (1986)] wurde am Wissenschaftlichen Zentrum der IBM in Heidelberg und DASDBS [Schek et al. (1990)] an der Universität Darmstadt realisiert.

7. Physische Datenorganisation

Während des konzeptuellen und logischen Entwurfs untersucht man, welche Daten benötigt werden, und wie sie zusammenhängen. Die effektive Organisation der Daten und des Zugriffs auf den Hintergrundspeicher wird durch den physischen Entwurf festgelegt. Um einen auf eine Anwendung und ein Datenbanksystem sinnvoll zugeschnittenen physischen Entwurf bestimmen zu können, müssen zumindest grundlegend die Methodiken der Datenspeicherung und die Auswirkungen der verschiedenen Entwurfsstrategien auf die Leistung des Systems bekannt sein.

Zunächst werden in diesem Kapitel die Charakteristika der verschiedenen Speichermedien eines Computersystems und die Abbildung von Relationen auf diese Speichermedien betrachtet. Zur Unterstützung bestimmter Verhaltensmuster einer Anwendung werden Indexstrukturen und die sogenannte *Objektballung* eingeführt.

Maßgebliche Faktoren beim physischen Entwurf sind die Zugriffszeit, der Aufwand für die Wartung und der Platzbedarf der Daten. Zum Abschluß wird kurz darauf eingegangen, wie die wichtigen Eigenschaften des Anwendungsverhaltens erkannt und in Bezug auf diese Faktoren unterstützt werden können.

7.1 Speichermedien

Man unterscheidet meist drei Stufen von Speichermedien: Primärspeicher, Sekundärspeicher und Archivspeicher. Bei vielen Datenbanksystemen werden alle drei Speichermedien gleichzeitig eingesetzt, allerdings für unterschiedliche Zwecke.

Der Primärspeicher ist der Hauptspeicher des Rechners. Charakteristisch für den Hauptspeicher ist, daß er sehr teuer, sehr schnell und im allgemeinen, im Vergleich zur benötigten Datenmenge, eher klein ist. Die Granularität des Hauptspeichers ist sehr fein. Es ist möglich, auf beliebige Adressen direkt zuzugreifen. Alle Operationen auf Daten müssen im Hauptspeicher durchgeführt werden, der allerdings i.a. nicht gegen Systemausfälle gesichert ist. Er übernimmt in Datenbanksystemen daher Pufferfunktionen.

Ein typischer Sekundärspeicher ist die Festplatte. Der Zugriff auf Daten im Sekundärspeicher ist gegenüber dem Primärspeicher um etwa einen Faktor 10^5 langsamer. Dafür bietet der Sekundärspeicher aber wesentlich mehr Platz, ist relativ ausfallsicher und günstiger im Preis. Auch mit einer Festplatte ist ein Direktzugriff möglich, aber mit einer gröberen Granularität. Die kleinste Einheit des Zugriffs auf eine Festplatte ist ein Block. In Datenbanksystemen wird als kleinste Einheit meistens eine Seite verwendet. Eine Seite faßt mehrere, in einer Spur liegende Blöcke zusammen. Bild 7.1 skizziert den typischen Aufbau einer Festplatte. In größeren Laufwerken sind üblicherweise mehrere Platten übereinander auf einer Achse montiert, wie die Seitenansicht andeutet. Die Schreib-/Leseköpfe dieser Platten bewegen sich synchron, d.h. sie stehen alle auf übereinander liegenden Spuren. Die übereinander liegenden Spuren nennt man Zylinder.

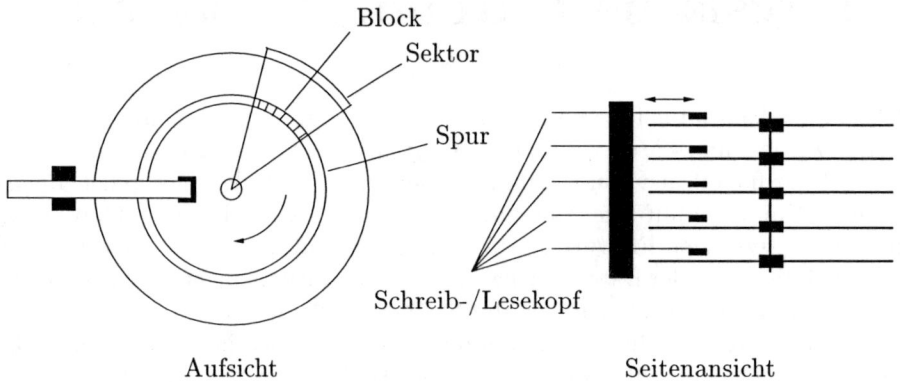

Für einen Zugriff auf einen bestimmten Block werden drei Arbeitsvorgänge benötigt. Zunächst muß der Schreib-/Lesekopf auf die entsprechende Spur plaziert werden. Die dazu benötigte Zeit wird als *Seek Time* bezeichnet. Dann wird gewartet, bis sich durch die Rotation der Platte der gesuchte Block am Kopf vorbeibewegt. Die zu erwartende Verzögerung wird *Latenzzeit* genannt. Ein Zugriff ist dementsprechend am schnellsten, wenn sich der Kopf bereits in der passenden Spur befindet, und die Blöcke innerhalb der Spur sequentiell gelesen werden. Im dritten Schritt wird der Block gelesen (*Lesezeit*). Den größten Anteil nimmt i.a. die Seek Time ein. Zusätzlich zu den rein mechanischen Arbeitsvorgängen entsteht außerdem noch ein nicht unerheblicher Programmaufwand für die Übertragung, Dekodierung und Verwaltung der von der Festplatte eingelesenen Blöcke.

Als Archivspeicher werden vielfach Magnetbänder verwendet. Heutzutage erreicht oder überschreitet die Kapazität von Festplatten häufig die der Bänder, jedoch liegt der Preis von Bandmaterial im Bereich von Pfennigen pro Megabyte. Ein Band kann nur sequentiell gelesen und beschrieben werden, die Zugriffszeit ist daher nicht direkt vergleichbar. Im Datenbankeinsatz sind Archivspeicher gerade auch wegen ihrer Ausfallsicherheit für die Protokollierung von Operationen wichtig (siehe dazu Kapitel 10).

7.2 Speicherarrays: RAID

Die Wartezeiten durch die mechanischen Arbeitsvorgänge in einer Festplatte sind nur schwer reduzierbar. Trotz der hohen Rotations- und Übertragungsgeschwindigkeiten moderner Laufwerke ist es nicht gelungen, die bereits erwähnte Zugriffslücke zwischen Haupt- und Hintergrundspeicher zu verkleinern – ganz im Gegenteil, die Lücke wird eher größer als kleiner.

Die RAID-Technologie (*redundant array of inexpensive disks*) nutzt aus, daß man anstelle eines einzigen (entsprechend großen) Laufwerks effizienter mehrere (entsprechend kleinere und billigere) Laufwerke parallel betreiben kann. Die preiswerten Laufwerke arbeiten durch einen entsprechenden *RAID-Controller* nach außen

(a) virtuelle/logische Platte (hier mit vier Datenblöcken)

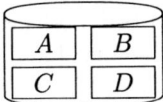

(b) RAID 0: Striping der Blöcke (hier auf nur zwei Platten)

(c) RAID 1: Spiegelung (mirroring)

(d) RAID 0+1: Striping und Spiegelung

(e) RAID 3: Bit-Level-Striping + separate Parity-Platte

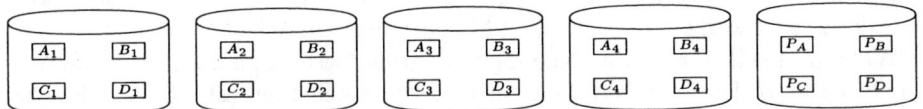

(f) RAID 5: Block-Level-Striping + verteilte Parity-Blöcke

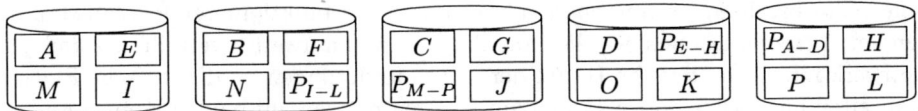

Abb. 7.2: Illustration verschiedener RAID-Level

transparent wie ein einziges logisches (virtuelles) Laufwerk mit vielen unabhängigen Schreib-/Leseköpfen.

Man unterscheidet bis zu acht *RAID-Level*: RAID 0 bis 6 und RAID 0+1 (oder RAID 10). Ein höherer RAID-Level bedeutet nicht unbedingt eine Leistungssteigerung, vielmehr existieren die Stufen nebeneinander und optimieren unterschiedliche Zugriffsprofile.

In **RAID 0** wird die Datenmenge des logischen Laufwerks durch blockweise Rotation auf die physischen Laufwerke verteilt. Existieren also beispielsweise zwei Laufwerke, erhält Laufwerk 1 die Datenblöcke $A, C, E, \ldots$ des logischen Laufwerkes, Laufwerk 2 die Blöcke $B, D, F, \ldots$ – wie in Abbildung 7.2 (b) dargestellt. Dieses Vorgehen nennt man *Striping*. Die Größe der Datenblöcke nennt man die *Stripinggranularität* und die Anzahl der Platten die *Stripingbreite*.

Wird nun eine Menge aufeinanderfolgender Blöcke vom Controller angefordert, kann er diese Anforderung auf die Laufwerke verteilen, die sie dann parallel bearbeiten können. Der Controller „sammelt" anschließend die Ergebnisse ein und fügt sie wieder zu einer logischen Einheit (z.B. $A, B, C, D, \ldots$) zusammen. Damit skaliert – für größere angeforderte Datenmengen – die Bearbeitungsgeschwindigkeit nahezu linear mit der Anzahl der vorhandenen Laufwerke.

Das zufällige Lesen einzelner Blöcke wird nicht so effektiv beschleunigt, da man innerhalb der einzelnen Anforderung eines Blockes natürlich keine Parallelität ausnutzen kann. Aber es tritt eine Lastbalancierung ein, wenn viele zufällig plazierte Blöcke von unterschiedlichen Prozessen parallel angefordert werden. Die Warteschlangen, die bei der Abarbeitung der Anforderungen entstehen, werden dann auf die einzelnen Festplatten verteilt und sind daher kürzer als im RAID-losen Fall.

Man beachte, daß RAID 0 bei entsprechend großer Anzahl von physischen Platten sehr fehleranfällig ist: Eine Datei wird auf alle physischen Laufwerke verteilt. Wenn auch nur eines dieser Laufwerke ausfällt, bewirkt dies wegen des Stripings den Verlust der Datei. Bei einer großen Zahl von physischen Laufwerken, sagen wir 100, beträgt bei heutiger Plattentechnologie die durchschnittliche Zeit bis zum Ausfall eines dieser Laufwerke nur etwa einen Monat (siehe Übungsaufgabe 7.1).

Während RAID 0 also auf eine möglichst große Beschleunigung von Anforderungen abzielt, berücksichtigt **RAID 1** auch die Datensicherheit. Das Prinzip ist wieder recht einfach: Jedes Laufwerk besitzt eine sogenannte Spiegelkopie (engl. *mirror*), die die gesamte Datenmenge redundant enthält – siehe Abbildung 7.2 (c). Fällt eines dieser beiden Laufwerke aus oder enthält defekte Blöcke, kann der RAID-Controller ohne Unterbrechung weiterarbeiten und das noch funktionierende Laufwerk verwenden. Leseoperationen werden auf die beiden Laufwerke verteilt, so daß jedes Laufwerk nur noch etwa die Hälfte der Leseanforderungen an die logische Platte zu bearbeiten hat. Schreiboperationen auf Blöcken müssen auf beiden Kopien durchgeführt werden, wobei auch hier der physische Schreibvorgang parallel stattfindet.

RAID 0+1 kombiniert einfach RAID 0 und RAID 1. Die Datenblöcke werden auf mehrere Laufwerke aufgeteilt und von diesen Laufwerken existieren Kopien – siehe Abbildung 7.2 (d). Es ist offensichtlich, daß man bei RAID 1 und RAID 0+1 einen doppelten Speicherplatzbedarf hat.

Ab dem RAID-Level 2 werden Paritätsinformationen verwendet, um auf eine ökonomisch günstigere Weise Datensicherheit anzubieten als RAID 1 und RAID 0+1. Dabei wird über mehrere Daten eine Art Prüfsumme – genauer, die Parität – berechnet und abgespeichert. Mit dieser Prüfsumme kann man dann feststellen, ob die Daten, die zur Berechnung verwendet wurden, noch korrekt sind und eine entsprechende Fehlerkorrektur anbringen. Wenn man mit dem Konzept der Parität nicht vertraut ist, kann man sich die Fehlerkorrektur mittels Paritätsinformation so vorstellen: Man speichert zu N Datenbereichen, die auf unterschiedlichen Platten liegen, zusätzlich deren (Prüf-)Summe auf einer anderen Platte ab. Wenn nun einer dieser N Datenbereiche (bzw. deren Platte) defekt ist, kann man den Wert dieses Datenbereichs aus der (Prüf-)Summe minus der Summe der noch intakten $N - 1$ Datenbereiche wiederherstellen.

RAID 2 führt ein Striping auf Bitebene durch und verwendet zusätzliche Platten zur Speicherung von Paritätsinformationen in Form von Fehlererkennungs- und Korrekturcodes ähnlich denen von Bandlaufwerken. Es wird allerdings in der Praxis selten eingesetzt, da die Plattencontroller sowieso schon eine Fehlererkennung eingebaut haben.

RAID 3 und **RAID 4** verwenden für die Paritätsinformationen eine einzige, dedizierte Festplatte. Diese Paritätsinformation dient nur zur Fehlerkorrektur, wenn eine der Datenplatten (bzw. ein Speicherbereich darauf) defekt ist. Das Grundschema für eine Konfiguration mit vier Datenplatten für „Stripes" und einer Paritätsplatte ist in Abbildung 7.2 (e) dargestellt.

In RAID 3 werden die Daten bit- oder byteweise auf die Datenplatten verteilt. In unserer Graphik ist dieses Verfahren für vier Datenplatten gezeigt. Dabei wird das erste Bit (oder Byte) eines Datenblocks auf die erste Platte, das zweite auf die zweite Platte, usw verteilt. Das fünfte Bit wird wiederum auf die erste Platte plaziert. Wenn wir die Bits des Datenblocks A mit $A[1], A[2], A[3], \ldots$ bezeichnen, enthält also das Stripe A_1 die Bits $A[1], A[5], A[9], A[15], \ldots$. Generell wird demnach bei vier Platten das Bit $A[i]$ auf die Platte $i \bmod 4$ plaziert. Die rechts eingezeichnete Paritätsplatte enthält die Paritätsinformation, die sich bitweise aus den zugehörigen Stripes wie folgt errechnet:

$$A[1] \oplus A[2] \oplus A[3] \oplus A[4] \, , \ A[5] \oplus A[6] \oplus A[7] \oplus A[8] \, , \ \ldots$$

wobei $\oplus$ das „exklusive oder" bezeichnet. Es wird also in einem Bit auf der Paritätsplatte abgespeichert, ob in den korrespondierenden vier Bits der vier Datenplatten eine ungerade (Parität = 1) oder eine gerade (Parität = 0) Anzahl Bits gesetzt sind. Bei N Datenplatten, die mittels einer Paritätsplatte gesichert werden, hat man demnach einen erhöhten Speicherbedarf von $1/N$ gegenüber der (unsicheren) RAID-losen Speicherung.

Bei RAID 3 muß eine Leseanforderung auf alle Datenplatten zugreifen, um einen logischen Datenblock zu rekonstruieren – die Paritätsplatte wird beim Lesen nur in Fehlerfällen verwendet. Eine Schreibanforderung benötigt sowohl die Datenplatten als auch die Paritätsplatte, um die Paritätsinformationen neuzuberechnen.

RAID 4 verteilt die Daten wieder blockweise auf die Platten und kann daher effizienter als RAID 3 mit kleinen Leseanforderungen umgehen. Dies geht zu Lasten von Schreibanforderungen: Hier muß sowohl der alte Inhalt des Datenblocks, als auch der Paritätsblock gelesen werden. Anschließend wird der neue Inhalt des Datenblocks und die korrigierte Parität geschrieben. Insbesondere nachteilig ist, daß jede Schreiboperation auf die eine Paritätsplatte zugreifen muß.

RAID 5 arbeitet ähnlich wie RAID 4, verteilt jedoch die Paritätsinformationen auf alle Laufwerke. Das ist in Abbildung 7.2 (f) dargestellt. Bei RAID 4 konnten die Leseoperationen nicht alle Laufwerke verwenden, da ja eines für die Parität verwendet wurde, und Schreiboperationen verwendeten immer die (einzige) Paritätsplatte. Dieser Flaschenhals durch die Paritätsplatte ist durch die geänderte Verteilung effektiv beseitigt. Nach wie vor ist aber der Overhead von Schreiboperationen nicht zu vernachlässigen, da das Schreiben eines Datenblocks die Neuberechnung des zugehörigen Paritätsblocks voraussetzt. Dazu müssen die alten Zustände des Datenblocks und des Paritätsblocks gelesen werden, der neue Paritätsblock aus dem alten und dem neuen Zustand des Datenblocks und dem alten Zustand des Paritätsblocks berechnet werden (wie?) und dann die neuen Zustände des Datenblocks und des Paritätsblocks geschrieben werden.

RAID 6 ist eine Verbesserung der Fehlerkorrekturmöglichkeiten von RAID 5, auf die hier nicht näher eingangen werden soll. Wichtig ist, daß RAID 3 und 5 nur höchstens einen Fehler in den für ein Paritätsdatum verwendeten Daten korrigieren können.

Welches dieser RAID-Level für eine gegebene Anwendung zu bevorzugen ist, hängt natürlich vom Anwendungsprofil (z.B. Anteil der Leseoperationen im Vergleich zu Schreiboperationen) und von der zu erzielenden Ausfallsicherheit ab.

Heutige kommerziell verfügbare RAID-Systeme erlauben oft eine flexible Konfiguration auf den für das jeweilige Anwendungsgebiet optimalen RAID-Level. Im Fehlerfall, wenn also eine Platte in dem Plattenarray ausfällt, können diese Systeme automatisch eine vorab installierte Ersatzplatte (ein sogenanntes *hot spare*) aktivieren und den Datenbestand der ausgefallenen Platte rekonstruieren und auf diese Ersatzplatte schreiben.

Viele Datenbanksysteme unterstützen das Striping von Datensätzen (Tupeln) auf unterschiedliche Platten auch dann, wenn keine RAID-Systeme eingesetzt werden. Bei einigen Systemen kann man die Plazierung der Datensätze nach semantischen Kriterien (also nach dem Wert bestimmter Attribute) steuern, um dadurch eine bessere Lastbalancierung der eingesetzten Platten zu erzielen.

Trotz der Fehlertoleranz von RAID-Systemen, seien die Leser eindringlich davor gewarnt, die systematische Archivierung und Protokollierung von Datenbankzuständen für die Fehlerrecovery – wie sie in Kapitel 10 behandelt wird – zu vernachlässigen. Man beachte, daß die meisten RAID-Level nur den gleichzeitigen Ausfall einer einzigen Platte tolerieren. Normalerweise stehen aber alle Platten des RAID-Systems in demselben Raum, so daß sie durch äußere Einflüsse (Feuer, Wasser, etc.) gefährdet sind. Der Einsatz von RAID-Systemen kann also nur dazu dienen, die mittlere Zeitdauer bis zu einer nötigen Datenbankrecovery zu erhöhen. RAID-Systeme machen die Archivierung und Protokollierung für die Datenbankrecovery aber nicht obsolet!

7.3   Der Datenbankpuffer

Im vorigen Abschnitt wurde erwähnt, daß alle Operationen auf Daten innerhalb des Hauptspeichers durchgeführt werden müssen. Es kann also nicht direkt auf den Seiten des Hintergrundspeichers gearbeitet werden, sie werden vor der Bearbeitung

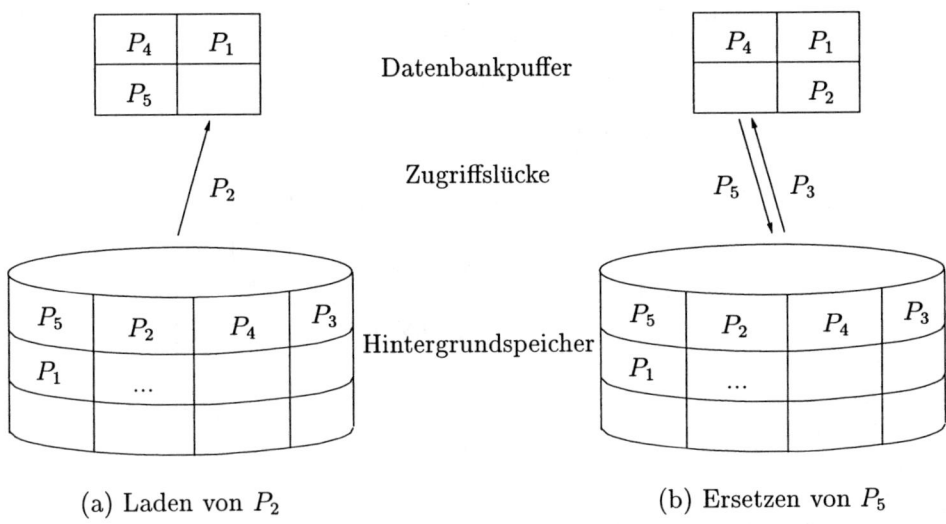

(a) Laden von P_2 (b) Ersetzen von P_5

Abb. 7.3: Pufferverwaltung in DBMS

in den sogenannten *Datenbankpuffer* gelesen.

Es ist sehr sinnvoll, Seiten auch länger im Hauptspeicher zu halten als nur für den Zeitraum der Operation, für die diese angefordert wurden. Meistens beobachtet man nämlich im Verhalten der Anwendungen eine *Lokalität*: Es wird mehrmals hintereinander auf ein und dieselben Daten zugegriffen. Sind die Daten dann noch im Hauptspeicher vorhanden, brauchen sie nicht ein weiteres Mal vom Hintergrundspeicher geladen zu werden. Es entsteht ein erheblicher Laufzeitgewinn, wenn man die „Zugriffslücke", also den oben erwähnten Faktor von etwa 10^5 zwischen Hauptspeicher- und Hintergrundspeicherzugriffen, in Betracht zieht.

Da aber der Hauptspeicher nicht nur wesentlich schneller, sondern auch wesentlich kleiner als der Hintergrundspeicher ist, kann eine Seite nicht ewig gepuffert bleiben. Irgendwann müssen alte Seiten aus dem Puffer entfernt werden um Platz für neue zu machen. Üblicherweise enthält der Datenbankpuffer eine feste Anzahl von *Pufferrahmen*, also Speicherbereichen von der Größe einer Seite. Wenn diese Pufferrahmen alle gefüllt sind, wird eine Seite ersetzt und unter Umständen, falls sie modifiziert wurde, zurück auf den Hintergrundspeicher geschrieben. Die Auswahl einer zu ersetzenden Seite hängt von der *Ersetzungsstrategie* ab. Idealerweise sollte eine Seite entfernt werden, die möglichst lange nicht mehr gebraucht wird. Im Rahmen dieses Buchs können wir aber nicht genauer auf Ersetzungstrategien eingehen.

Das Zusammenwirken zwischen Datenbankpuffer und Hintergrundspeicher ist in Abbildung 7.3 skizziert. Man beachte, daß es nicht immer möglich ist, „logisch benachbarte" Datenbankseiten direkt hintereinander auf die Blöcke des Hintergrundspeichers zu schreiben. Das ist durch die ungeordnete Seitennummerierung angedeutet.

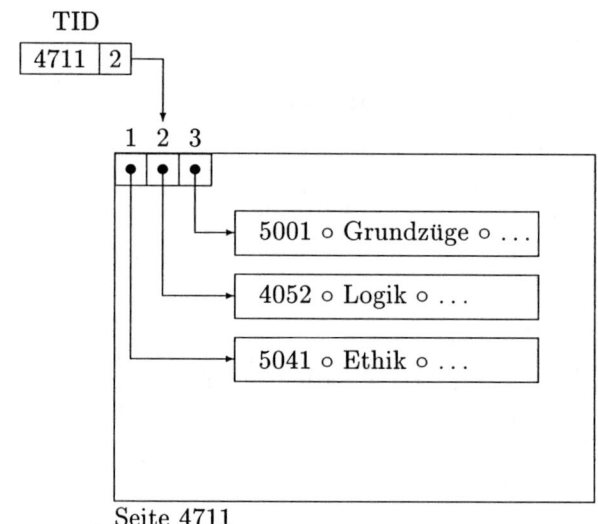

Abb. 7.4: Speicherung von Tupeln auf Seiten

In Abbildung 7.3 (a) wird gerade die Seite P_2 in den freien Rahmen im Datenbankpuffer eingelesen. Nach dem Einlesen von P_2 sind Zugriffe auf Daten, die sich in den Seiten P_1, P_2, P_4 und P_5 befinden ohne Umweg über den Hintergrundspeicher und daher sehr effizient durchführbar. Um Daten zu lesen, die sich auf Seite P_3 befinden, muß eine Seite des Puffers frei gemacht werden. Das ist in Abbildung 7.3 (b) gezeigt: Dort wurde P_5 entfernt, um Platz für P_3 zu machen. Wenn die Seite P_5 im Puffer geändert worden war, muß sie auf den Hintergrundspeicher zurückgeschrieben werden – andernfalls kann man sie einfach überschreiben.

7.4   Abbildung von Relationen auf den Sekundärspeicher

Für eine geeignete Abbildung von Relationen auf den Sekundärspeicher und eine gute Unterstützung des Zugriffs muß man sich an den Merkmalen des Speichermediums orientieren.

Eine naheliegende Abbildung ist die folgende: Für jede Relation werden mehrere Seiten auf dem Hintergrundspeicher zu einer Datei zusammengefaßt. Die Tupel einer Relation werden in den Seiten der Datei so gespeichert, daß sie nicht über eine Seitengrenze hinausgehen.[1] Jede Seite enthält eine interne Datensatztabelle, die Verweise auf alle auf der Seite befindlichen Tupel verwaltet. In Abbildung 7.4 sind einige Tupel der Relation *Vorlesungen* in eine Seite eingetragen.

Um ein bestimmtes Tupel direkt referenzieren zu können, beispielsweise durch eine der später in diesem Kapitel vorgestellten Indexstrukturen, verwendet man

---

[1]Außer einem Geschwindigkeitsverlust würde eine nicht an Seitengrenzen orientierte Verteilung auch Probleme bei der Adressierung, der Mehrbenutzersynchronisation und der Fehlerbehandlung hervorrufen.

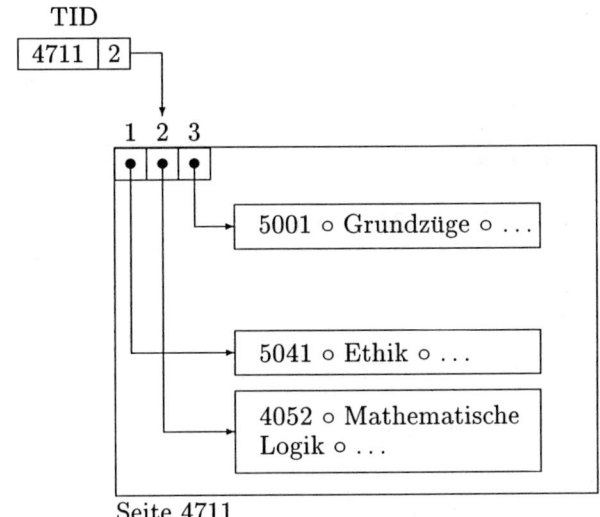

Abb. 7.5: Verschieben von Tupeln innerhalb einer Seite

einen sogenannten *Tupel-Identifikator* (TID). Ein TID besteht aus zwei Teilen: Einer Seitennummer und einer Nummer eines Eintrags in der internen Datensatztabelle, der auf das entsprechende Tupel verweist. Im Fall von Abbildung 7.4 verweist also der TID (4711, 2) auf das Tupel, das zur Vorlesung „Logik" gehört.

Diese zusätzliche Indirektion ist nützlich, wenn die Seite intern reorganisiert werden muß. Nehmen wir an, daß sich das Tupel zur Logikvorlesung vergrößert, auf der Seite aber noch genug Platz vorhanden ist. Dann kann es einfach wie in Abbildung 7.5 verschoben werden, ohne daß sich der zugehörige TID verändert. Daher bleiben auch alle Verweise auf dieses Tupel gültig.

Abbildung 7.6 demonstriert den Fall, daß sich das Tupel weiter vergrößert und nicht mehr genug Platz auf der Seite vorhanden ist. Es muß auf eine andere Seite transferiert werden. Um trotzdem die Verweise invariant zu halten, wird an der alten Position des Tupels eine Markierung hinterlassen, wo es jetzt zu finden ist. Das erfordert natürlich beim Lesen des Tupels mit TID (4711, 2) einen zusätzlichen Seitenzugriff, der vorher nicht notwendig war. Bei nochmaliger Verdrängung dieses Tupels von der Seite 4812 würde aber kein weiterer Platzhalter eingefügt, sondern die Markierung auf der Heimatseite 4711 geändert. Deshalb ist die Länge einer solchen Verweiskette auf maximal zwei beschränkt.

In unserem Beispiel enthielt eine Seite nur Tupel einer Relation. Das ist aber nicht zwingend notwendig. Es ist unter Umständen sehr nützlich, Tupel unterschiedlicher Relationen zusammen abzulegen, um dadurch die Lokalität einer Anwendung zu erhöhen. In Abschnitt 7.12 wird diese Variante als „verzahnte Objektballung" besprochen.

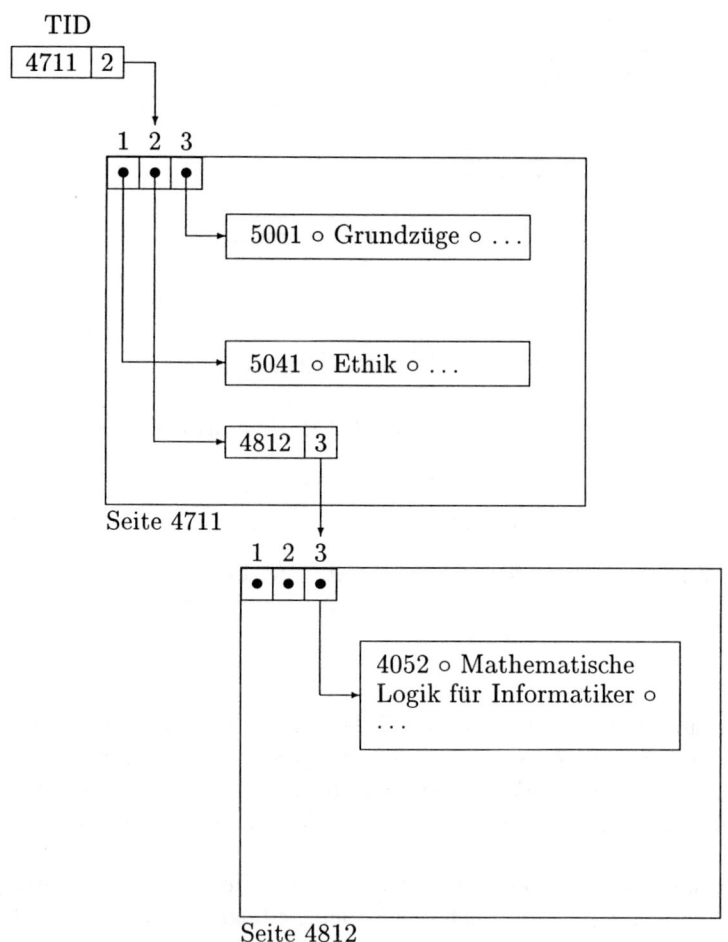

TID

1 2 3

5001 ∘ Grundzüge ∘ ...

5041 ∘ Ethik ∘ ...

4812 | 3

Seite 4711

1 2 3

4052 ∘ Mathematische Logik für Informatiker ∘ ...

Seite 4812

Abb. 7.6: Verdrängung eines Tupels von einer Seite

7.5 Indexstrukturen

Vielfach werden bei Anfragen auf die Datenbasis nur einige wenige Tupel einer Relation benötigt. Wenn die Datensätze allerdings ohne weitere Zusatzinformationen in den Dateien gespeichert sind, muß die ganze Datei durchsucht werden, um die ein bestimmtes Kriterium erfüllenden Tupel zu finden. Sinnvoller wäre es, die Direktzugriffsmöglichkeiten des Sekundärspeichers auszunutzen. Dazu dienen die im folgenden besprochenen Indexstrukturen, die zu einem gegebenen Suchkriterium die passenden Datensätze in einer Datei angeben.

Aber die Verbesserung des Zugriffs bekommt man nicht geschenkt: Wie alle anderen Informationen müssen auch Indexe gewartet werden und benötigen einen gewissen Platz. Gegen Ende dieses Kapitels wird untersucht, wann das Anlegen eines Indexes vorteilhaft ist.

Man unterscheidet zwischen *Primär-* und *Sekundärindexen*. Primärindexe legen die physische Anordnung der indizierten Daten fest. Daher kann es für jede Datei

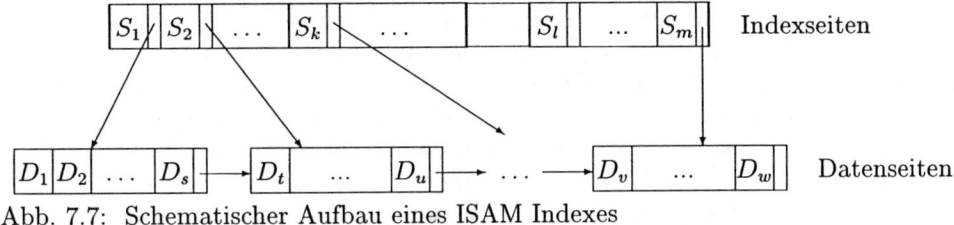

Abb. 7.7: Schematischer Aufbau eines ISAM Indexes

nur einen Primärindex geben, aber mehrere Sekundärindexe. In den meisten Fällen wird der Primärschlüssel einer Relation auch vom Primärindex indiziert.

Üblicherweise spricht man bei dem für den Index verwendeten Suchkriterium vom *Schlüssel* des Indexes. Dieser Schlüsselbegriff hat nichts mit den bisher eingeführten Schlüsseln zu tun. Es ist durchaus möglich, z.B. die Anzahl der Semester der Studenten als Suchkriterium für einen Index zu verwenden, obwohl *Semester* kein Schlüssel der Relation *Studenten* ist. Die in diesem Kapitel erwähnten Schlüssel sind alle als Suchschlüssel und nicht als Schlüssel von Relationen zu verstehen.

7.6 ISAM

Eine sehr einfache und unter bestimmten Voraussetzungen auch sehr effektive Indexstruktur ist die *Index-Sequential Access Method* (*ISAM*). Sie ist am ehesten mit einem Daumenindex auf dem Schnitt eines Buchs zu vergleichen, wie man ihn gelegentlich bei Wörterbüchern oder Lexika findet. Beim Nachschlagen wählt man zunächst über den Daumenindex einen Bereich aus, in dem sich das gesuchte Wort befinden müßte, falls es überhaupt vorhanden ist, und sucht es dann dort.

Bild 7.7 zeigt schematisch den Aufbau eines ISAM-Indexes. Sowohl der Index als auch die Datensätze D_i werden nach den Schlüsseln S_j geordnet abgespeichert. Ein Datensatz D_i besteht also aus dem Schlüssel S_i und weiteren Informationen (Attributen), die wir im folgenden aber vernachlässigen werden. Der Index befindet sich auf Seiten, die sequentiell hintereinander auf dem Sekundärspeicher abgelegt sind.

Innerhalb einer Seite des Indexes werden abwechselnd Schlüssel und Verweise abgespeichert. Ein Verweis zwischen Schlüssel S_i und S_{i+1} zeigt auf die Seite mit denjenigen Datensätzen, die einen Schlüsselwert größer als S_i und kleiner oder gleich S_{i+1} haben. Zur Vereinfachung wird angenommen, daß S_1 eine Art $-\infty$ des Wertebereiches des indizierten Schlüssels annimmt und keine Duplikate in den Suchschlüsseln vorkommen.

Suchen eines Schlüssels. Innerhalb des Indexes kann durch die sequentielle Anordnung der Seiten mit einer Binärsuche gearbeitet werden, um einen bestimmten Schlüsselwert oder ein Intervall zu finden. Ist die Position des Wertes gefunden, kann der zugehörige Verweis zur Datenseite verfolgt werden. Von dieser Datenseite an kann man wegen der Sortierung solange alle weiteren Datenseiten lesen, bis ein Datensatz gefunden wird, der nicht mehr das vorgegebene Suchkriterium erfüllt.

Einfügen eines Schlüssels. Die Einfachheit des Aufbaus und der Suche schlägt
sich leider negativ in der Wartung nieder. Das Einfügen von Datensätzen zieht unter
Umständen einen sehr hohen Aufwand nach sich, wenn die Datenseite gefüllt ist, in
die der einzufügende Satz gemäß des Suchschlüssels gehört. Zuerst wird dann ein
Ausgleich mit Nachbarseiten angestrebt, d.h. ein Datensatz wird in eine benachbarte
Seite mit freiem Platz geschoben und der Indexeintrag korrigiert. Ist ein Ausgleich
nicht möglich, muß im schlimmsten Fall eine neue Datenseite angelegt und der ganze
Index von dieser Position ab nach rechts verschoben werden.

Abbildung 7.8 zeigt die drei möglichen Fälle (normales Einfügen, Ausgleich, Anlegen einer neuen Datenseite) beim Einfügen von Datensätzen an einem Beispiel.[2]
Oben im Bild ist der initiale Zustand der Index- und Datenseiten angegeben.

Löschen eines Schlüssels. Schlüssel können solange aus einer Datenseite entfernt
werden, bis sie leer ist. Eine leere Datenseite muß aus dem Index entfernt werden,
wobei unter Umständen wieder der Index verschoben werden muß. Analog zum
Einfügen kann auch zunächst ein Ausgleich mit einem Nachbarn versucht werden,
wenn dieser gut gefüllt ist.

Um das schlechte Verhalten der ISAM-Indexstruktur bei Update-Operationen zu
verbessern, kann man eine weitere Indirektion einführen: Dann wird auch der Index,
wie die Datenblöcke, als verkettete Liste verwaltet und ein Array von Zeigern auf die
Index-Blöcke angelegt. Dadurch sind Verschiebungen seltener notwendig und nicht
so gravierend. Mit der zweiten Indirektion bekommt die Indexstruktur Ähnlichkeit
mit einem Baum. Man kann daher das ISAM-Verfahren als einen Vorgänger der im
folgenden besprochenen B-Bäume ansehen.

7.7 B-Bäume

Normale Binärbäume wurden als Suchstruktur für den Hauptspeicher konzipiert. Sie
eignen sich nicht als Speicherstruktur für den Hintergrundspeicher, da sie sich nicht
effektiv auf Seiten abbilden lassen. Man verwendet daher für die Hintergrundspei-
cherung Mehrwegbäume, deren Knotengrößen auf die Seitenkapazitäten abgestimmt
werden. Ein Knoten des Baums entspricht einer Seite des Hintergrundspeichers.

B-Bäume und deren Varianten bieten sowohl für die Auslastung als auch für die
Anzahl der Seitenzugriffe bei einer Suche feste Grenzen. Ein Seitenwechsel ist nur
notwendig, wenn eine Kante verfolgt wird. Die maximale Anzahl der Seitenzugriffe
während eines Suchvorgangs wird also durch die Höhe des Baums begrenzt. Bild 7.9
zeigt eine schematische Darstellung eines B-Baums. Aufgrund der Balancierung ist
jeder Weg von der Wurzel zu einem Blatt im Baum gleich lang.

In dieser Darstellung nehmen wir vereinfachend an, daß eine Seite, entsprechend
einem Knoten des Baums, maximal vier Einträge aufnehmen kann. In der Praxis ist
das Fassungsvermögen von Seiten um Größenordnungen höher. Ein Eintrag besteht
aus dem Schlüssel S_i und dem Datensatz D_i, der diesen Schlüssel enthält. Bei einem
Sekundärindex werden nicht die Datensätze, sondern die TIDs der Datensätze (also

---

[2]Es ist unter Umständen sinnvoll, beim Anlegen einer neuen Datenseite die Daten zwischen
übergelaufener und neuer Seite gleichmäßig zu verteilen, wie es später beim B-Baum besprochen
wird.

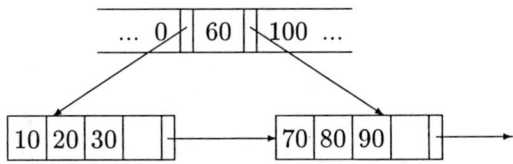

a) Einfügen von 40

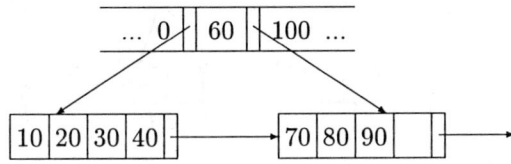

b) Einfügen von 25

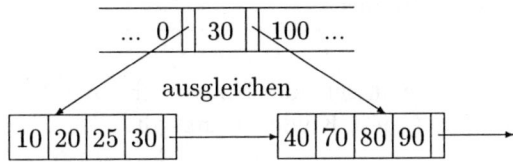

c) Einfügen von 26

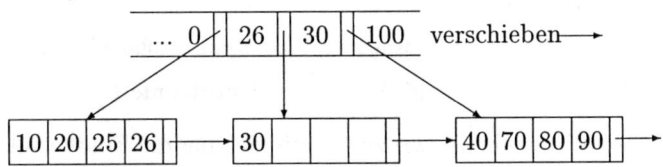

Abb. 7.8: Einfügen in eine ISAM-Indexstruktur

Verweise) eingetragen. Zu jedem Eintrag S_i gibt es einen Verweis V_{i-1} auf Knoten, die kleinere Schlüsselwerte enthalten, und einen Verweis V_i entsprechend auf Knoten mit größeren Schlüsselwerten. Der in Abbildung 7.9 vergrößert dargestellte Knoten enthält zwei Einträge, die verbleibenden zwei Einträge sind frei.

Ein B-Baum mit Grad k ist also durch die folgenden Eigenschaften charakterisiert:

1. Jeder Weg von der Wurzel zu einem Blatt hat die gleiche Länge.

2. Jeder Knoten außer der Wurzel hat mindestens k und höchstens $2k$ Einträge. Die Wurzel hat zwischen einem und $2k$ Einträgen. Die Einträge werden in allen Knoten sortiert gehalten.

3. Alle Knoten mit n Einträgen, außer den Blättern, haben $n + 1$ Kinder.

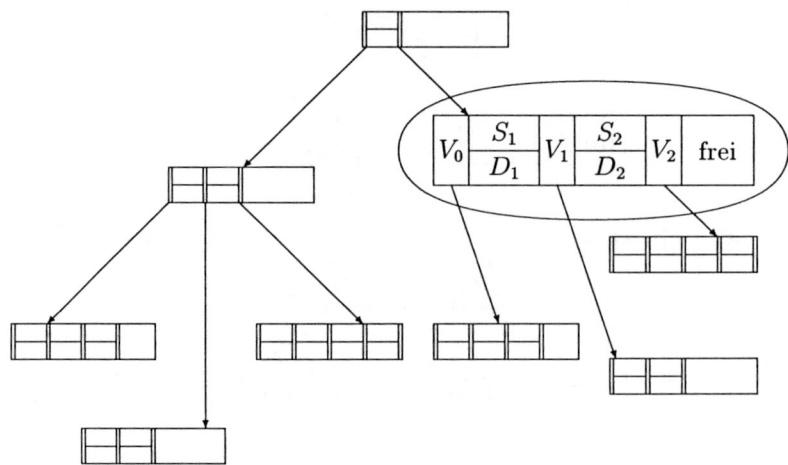

Abb. 7.9: Aufbau eines B-Baums

4. Seien $S_1, \ldots, S_n$ die Schlüssel eines Knotens mit $n + 1$ Kindern. $V_0, V_1, \ldots, V_n$
   seien die Verweise auf diese Kinder. Dann gilt:

   (a) V_0 weist auf den Teilbaum mit Schlüsseln kleiner als S_1.

   (b) V_i $(i = 1, \ldots, n - 1)$ weist auf den Teilbaum, dessen Schlüssel zwischen
       S_i und S_{i+1} liegen.

   (c) V_n weist auf den Teilbaum mit Schlüsseln größer als S_n.

   (d) In den Blattknoten sind die Zeiger nicht definiert.

In der obigen Definition nehmen wir zur Vereinfachung die Eindeutigkeit des Schlüssels an (siehe dazu auch Aufgabe 7.6).

Um die geforderte Eigenschaft nach einer Mindestbelegung von k Einträgen pro
Knoten einhalten zu können, müssen unter Umständen beim Löschen unterbelegte
Knoten zusammengelegt werden. Ebenso muß, falls bei der maximalen Belegung von
$2k$ Einträgen noch ein weiterer eingefügt werden soll, ein Knoten eventuell aufgeteilt
werden. In manchen Fällen ist auch ein Ausgleich mit benachbarten Knoten möglich.

Einfügen von Schlüsseln.   Das wollen wir anhand des vereinfachten Beispiels in
Bild 7.10 demonstrieren. In dem dort abgebildeten B-Baum vom Grad 2 soll die
Zahl 17 eingefügt werden - also der Datensatz mit dem Schlüssel 17, der hier allerdings nicht näher gezeigt wird. Es wird zunächst durch Absteigen im Baum die
Einfügestelle gesucht, in diesem Fall zwischen der Zahl 16 und 18. In dem zugehörigen Knoten ist allerdings nicht mehr genügend Platz vorhanden; er muß aufgeteilt
werden. Dazu wird der mittlere Eintrag, die Zahl 16, hochgeschoben in den Elternknoten. Die Zahlen, die vorher links und rechts von der 16 standen, bilden danach
je einen separaten Knoten, wie in Bild 7.11 dargestellt. Diese beiden neuen Knoten
erfüllen die geforderte Minimalbelegung. Unter Umständen kann sich ein Aufteilvorgang bis zur Wurzel fortsetzen. In dem Fall, daß auch die Wurzel vollständig belegt

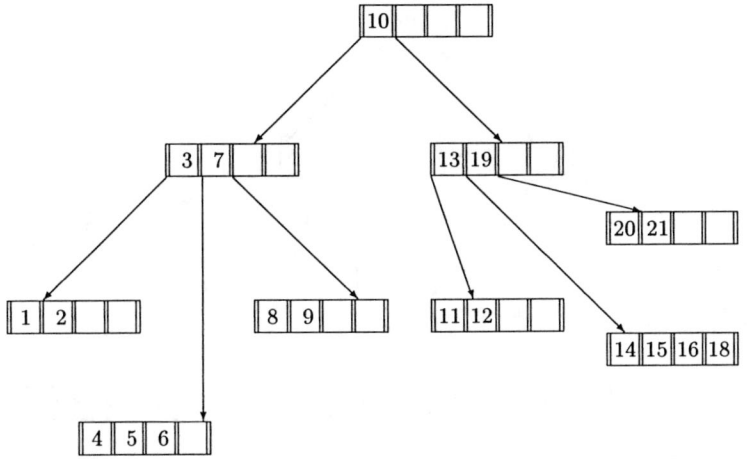

Abb. 7.10: Ein Beispielbaum ($k = 2$)

ist, muß ein neuer Wurzelknoten angelegt werden, und die ursprünglichen Einträge der Wurzel werden auf die zwei neuen Kinder aufgeteilt. Der Baum wächst so um eine Stufe in die Höhe. Abbildung 7.12 beschreibt den Einfügenvorgang noch einmal in algorithmischer Form.

Löschen eines Schlüssels. Die Vorgehensweise beim Löschen hängt davon ab, ob ein Eintrag aus einem Blattknoten oder aus einem inneren Knoten entfernt werden soll. In einem Blattknoten kann ein Eintrag einfach gelöscht werden. In einem inneren Knoten muß die Verbindung zu den Kindern des Knotens bestehen bleiben, daher wird der nächstgrößere (oder nächstkleinere) Schlüssel gesucht und an die Stelle des alten Schlüssels plaziert. In beiden Fällen kann ein Blattknoten unterbelegt zurückbleiben – im zweiten Fall ist es der ursprüngliche Aufenthaltsort des nächstgrößeren (-kleineren) Schlüssels. Damit der Baum nicht gegen die Bedingung 2 der Definition verstößt, wird der Knoten mit einem seiner Nachbarn entweder ausgeglichen oder verschmolzen. Ein Ausgleich bewirkt die gleichmäßige Verteilung der Inhalte der beiden Knoten. Ein Verschmelzen ist nur möglich, wenn beide Knoten minimal belegt sind. Dann tritt an deren Stelle ein Knoten, der zusätzlich zu deren Inhalt noch den zugehörigen Schlüssel aus dem Vaterknoten enthält. Das kann wiederum zur Unterbelegung des Vaterknotens führen und den Verschmelzungs- bzw. Ausgleichsvorgang nach oben fortsetzen.

Bild 7.13 zeigt den B-Baum, nachdem die 7 gelöscht wurde. Als Ausgleich sollte die 8 an die Stelle der 7 geschoben werden, das hätte zu einer Unterbelegung geführt. Ein Ausgleich mit dem Nachbarknoten führt dazu, daß die 6 den Platz im Vaterknoten einnimmt. Ein weiterer Löschversuch in diesem Teil des Baums, z.B. der 5, zieht kompliziertere Aktionen nach sich: Jetzt ist eine Verschmelzung zweier Blattknoten notwendig. Zusätzlich ergibt sich daraus eine Unterbelegung des Vaterknotens, der durch einen Ausgleich mit der rechten Baumhälfte beseitigt werden müßte. Erfahrungen mit realen Datenbanken zeigen jedoch, daß Löschoperationen

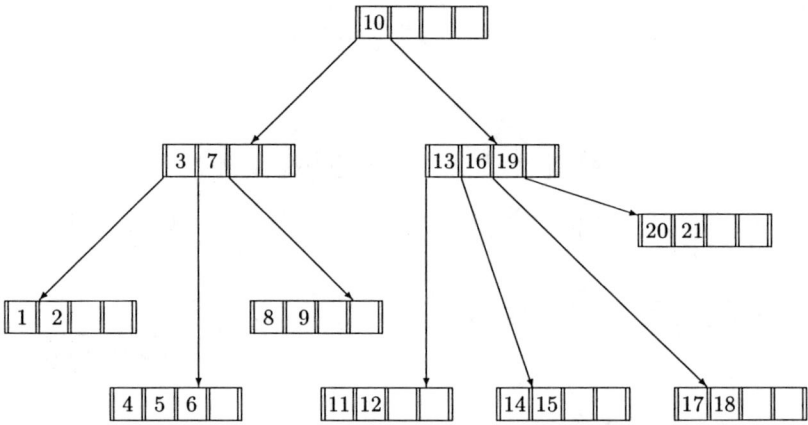

Abb. 7.11: Einfügen einer 17

1. Führe eine Suche nach dem Schlüssel durch; diese endet (scheitert) an der Einfügestelle.
2. Füge den Schlüssel dort ein.
3. Ist der Knoten überfüllt, teile ihn
   - Erzeuge einen neuen Knoten und belege ihn mit den Einträgen des überfüllten Knotens, deren Schlüssel größer ist als der des mittleren Eintrags.
   - Füge den mittleren Eintrag im Vaterknoten des überfüllten Knotens ein.
   - Verbinde den Verweis rechts des neuen Eintrags im Vaterknoten mit dem neuen Knoten.
4. Ist der Vaterknoten jetzt überfüllt?
   - Handelt es sich um die Wurzel, so lege eine neue Wurzel an.
   - Wiederhole Schritt 3 mit dem Vaterknoten.

Abb. 7.12: Algorithmus zum Einfügen in einen B-Baum

im Verhältnis zu Einfügeoperationen selten sind. Daher wird in Implementierungen von B-Bäumen häufig sogar auf Verschmelzungen ganz verzichtet – wodurch natürlich die in Bedingung 2 geforderte Minimalbelegung zumindest zeitweise verletzt werden kann.

Es soll noch einmal betont werden, daß die vorgeführten Größenordnungen nicht realistisch sind. Reale B-Bäume haben Verzweigungsgrade in der Größenordnung von 100 – abhängig natürlich von der Größe der Datensätze und dem Fassungsvermögen der Seiten. Deshalb reichen z.B. etwa vier Seitenzugriffe (entsprechend der Höhe des B-Baums), um einen Datensatz unter 10^7 Einträgen zu finden.

7.8 B$^+$-Bäume

Dadurch, daß jeder Knoten eine Seite des Hintergrundspeichers belegt, hängt die Höhe eines B-Baums direkt mit der Anzahl der Seitenzugriffe zum Auffinden eines

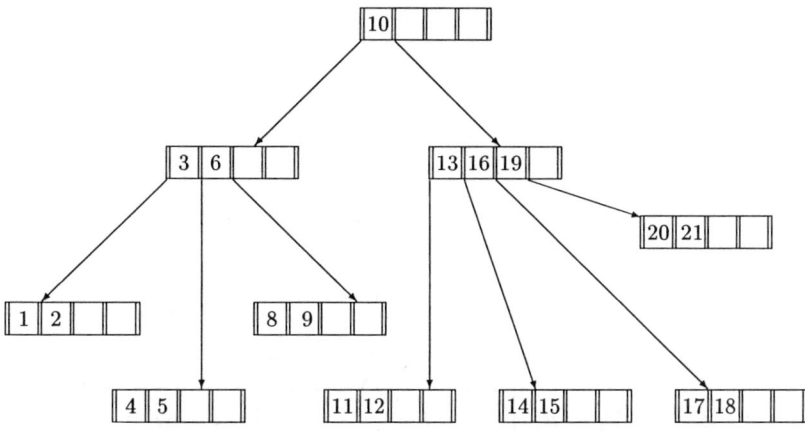

Abb. 7.13: Löschen der 7

Datums zusammen. Bei B-Bäumen ist also ein hoher Verzweigungsgrad wünschenswert, denn je weiter ein Baum verzweigt ist, desto flacher ist er. Der Verzweigungsgrad bei B-Bäumen hängt von der Satzgröße ab, wenn die Datensätze innerhalb der Knoten gespeichert werden. Bei B$^+$-Bäumen[3] wird die Höhe dadurch reduziert, daß Daten nur noch in den Blättern gespeichert werden. Daher spricht man auch von einem *hohlen* Baum. Die inneren Knoten enthalten lediglich Referenzschlüssel R_i als Wegweiser („road map"). Eine Suche nach einem Datensatz D_i muß deshalb immer komplett bis zu den Blättern durchgeführt werden. Der schematische Aufbau eines B$^+$-Baums ist in Bild 7.14 dargestellt.

Um zusätzlich eine effiziente sequentielle Verarbeitung der Datensätze zu ermöglichen, sind die Blattknoten jeweils mit einem Zeiger auf den vorhergehenden (P) und nachfolgenden Blattknoten (N) in der gewünschten Suchreihenfolge verbunden.

Ein B$^+$-Baum vom Typ (k, k^*) hat also folgende Eigenschaften:

1. Jeder Weg von der Wurzel zu einem Blatt hat die gleiche Länge.

2. Jeder Knoten – außer Wurzeln und Blättern – hat mindestens k und höchstens $2k$ Einträge. Blätter haben mindestens k^* und höchstens $2k^*$ Einträge. Die Wurzel hat entweder maximal $2k$ Einträge, oder sie ist ein Blatt mit maximal $2k^*$ Einträgen.

3. Jeder Knoten mit n Einträgen, außer den Blättern, hat $n + 1$ Kinder.

4. Seien $R_1, \ldots, R_n$ die Referenzschlüssel eines inneren Knotens (d.h. auch der Wurzel) mit $n + 1$ Kindern. Seien $V_0, V_1, \ldots, V_n$ die Verweise auf diese Kinder.

---

[3]Die Terminologie ist hier nicht ganz klar, vielfach wird auch der Name B*-Baum benutzt. Der von Knuth (1973) ursprünglich definierte B*-Baum ist eine Variante des B-Baums, bei dem eine Mindestbelegung der Knoten von 2/3 durch Umverteilungen garantiert wird. Der in diesem Abschnitt vorgestellte Baum wurde von Knuth nicht mit Namen versehen. Wir folgen einem Vorschlag von Comer (1979) und nennen ihn B$^+$-Baum.

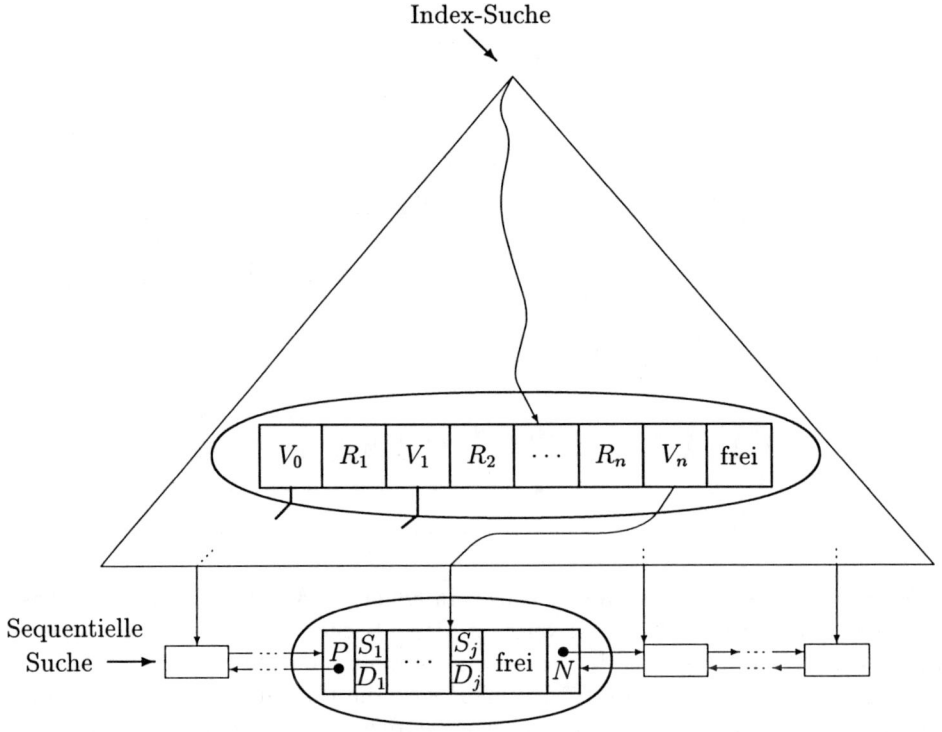

Abb. 7.14: Schematischer Aufbau eines B$^+$-Baums

(a) V_0 verweist auf den Teilbaum mit Schlüsseln kleiner oder gleich R_1.

(b) V_i $(i = 1, \ldots, n-1)$ verweist auf den Teilbaum, dessen Schlüssel zwischen R_i und R_{i+1} liegen (einschließlich R_{i+1}).

(c) V_n verweist auf den Teilbaum mit Schlüsseln größer als R_n.

Ein zusätzlicher Vorteil des B$^+$-Baums ist die effizientere Wartung durch die Verwendung von Referenzschlüsseln. Referenzschlüssel müssen nicht unbedingt einem realen Schlüssel entsprechen. Daher brauchen Referenzschlüssel nur gelöscht zu werden, falls Blattknoten zusammengelegt werden und eventuell bei den sich daraus ergebenden weiteren Verschmelzungen. Beim Aufteilen von Knoten wird der mittlere Referenzschlüssel nicht in den Vaterknoten verschoben, sondern wandert z.B. in die linke Hälfte. Im Vaterknoten wird eine Kopie eingetragen.

7.9   Präfix-B$^+$-Bäume

Eine zusätzliche Verbesserungsmöglichkeit bei B$^+$-Bäumen ist der Einsatz von Schlüsselpräfixen anstelle von kompletten Schlüsseln. Werden z.B. längere Zeichenketten als Schlüssel verwendet, wird der Verzweigungsgrad des B$^+$-Baums klein. Da B$^+$-Bäume nur Referenzschlüssel enthalten, braucht nur irgendein Schlüssel gefunden

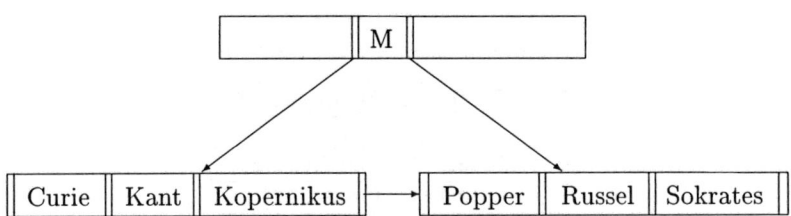

Abb. 7.15: Schematische Darstellung zum Präfix-B$^+$-Baum

zu werden, der die Teilbäume zur linken und zur rechten trennt. Die Situation wird schematisch in Bild 7.15 verdeutlicht.

Normalerweise wäre „Kopernikus" der eingetragene Referenzschlüssel, anhand dessen die Verzweigungsentscheidung getroffen wird. Platzsparender ist es jedoch, irgendeinen anderen kürzestmöglichen Schlüssel R einzutragen, der die Eigenschaft

$$\text{Kopernikus} \leq R < \text{Popper}$$

erfüllt, z.B. ein „M". Bei dicht beieinanderliegenden Schlüsseln kann das Verfahren jedoch versagen, z.B. wenn ein R gesucht wird mit

$$\text{Systemprogramm} \leq R < \text{Systemprogrammierer}$$

7.10   Hashing

Das ultimative Ziel aller Bemühungen um ein gutes physisches Design ist es, wirklich nur diejenigen Seiten vom Hintergrundspeicher zu lesen, die absolut benötigt werden. Hash-Verfahren ermöglichen es, ein bestimmtes Datum im Durchschnitt mit einem bis zwei Seitenzugriffen zu finden. Bäume benötigen Seitenzugriffe in der Ordnung von $\log_k(n)$, wobei k der durchschnittliche Verzweigungsgrad und n die Anzahl der eingetragenen Datensätze ist.[4]

Beim Hashing wird mit Hilfe einer sogenannten *Hashfunktion* der Schlüssel auf einen Behälter (engl. *bucket*) abgebildet, der das dem Schlüssel zugehörige Datum aufnehmen soll. Im allgemeinen ist nicht für den gesamten Wertebereich des Schlüssels Platz im Speicher vorhanden. Es kann daher vorkommen, daß mehrere Datensätze an die gleiche Stelle gespeichert werden sollen. In diesem Fall wird entweder eine hier nicht weiter ausgeführte Kollisionsbehandlung eingeschaltet oder das sogenannte *offene Hashing* verwendet, das weiter unten erläutert wird.

Formaler ausgedrückt ist also eine Hashfunktion (oder auch *Schlüsseltransformation*) h eine Abbildung

$$h : S \rightarrow B,$$

wobei S eine beliebig große Schlüsselmenge und B eine Nummerierung der n Behälter, also ein Intervall $[0..n)$ ist. Normalerweise ist die Anzahl der möglichen Elemente in der Schlüsselmenge sehr viel größer als die Anzahl der zur Verfügung stehenden

---

[4]Diese Zahlen werden meist durch Pufferungseffekte relativiert.

0	
1	(27550, 'Schopenhauer', 6)
2	(24002, 'Xenokrates', 18)
	(25403, 'Jonas', 12)

Abb. 7.16: Eine aus drei Seiten bestehende Hash-Tabelle

Behälter ($|S| \gg |B|$), daher kann h i.a. nicht injektiv sein. Es sollte aber die Elemente von S gleichmäßig auf B verteilen, da eine Kollisionsbehandlung bzw. der Überlauf eines Behälters zusätzlichen Aufwand verursacht. Gilt für zwei Schlüssel S_1 und S_2, daß $h(S_1) = h(S_2)$ ist, nennt man S_1 und S_2 *synonym*.

Nehmen wir an, die Daten der Studenten werden häufig anhand ihrer Matrikelnummer gesucht. Deshalb sollen sie in eine Hash-Tabelle eingetragen werden, für die drei Seiten reserviert sind, die jeweils zwei Einträge aufnehmen können. Häufig wird als Hashfunktion der Schlüsselwert modulo der Tabellengröße verwendet. Für einen aus drei Seiten bestehenden Speicherbereich könnte also die folgende Hashfunktion verwendet werden:

$$h(x) = x \bmod 3$$

Dieses *Divisionsrestverfahren* ist die gebräuchlichste Art einer Hashfunktion. Es hat sich gezeigt, daß man am günstigsten eine Primzahl für die Berechnung des Divisionsrestes wählt, um eine gute Streuung zu gewährleisten.

Bild 7.16 zeigt die Hash-Tabelle nachdem Xenokrates ($h(24002) = 2$), Jonas ($h(25403) = 2$) und Schopenhauer ($h(27550) = 1$) eingetragen wurden. Die durchgezogenen Linien deuten Seitengrenzen an.

Versucht man, in diese Tabelle noch Fichte ($h(26120) = 2$) einzutragen, tritt ein Überlauf auf, da Seite 2 bereits durch Xenokrates und Jonas belegt ist. Beim offenen Hashing wird nun in der Seite ein Zeiger auf einen weiteren Behälter gespeichert. Dieser weitere Behälter ist ein Überlaufbereich fester Größe (in unserem Fall eine Seite), der die zusätzlichen Kandidaten für den zugehörigen Speicherplatz enthält. Ein Überlaufbehälter kann wiederum überlaufen und einen Verweis auf weitere Behälter enthalten (siehe Bild 7.17). Man sieht schon, daß unsere Hashfunktion $h(x)$ nicht gut gewählt wurde. Es gibt zu viele Matrikelnummern, die auf den Platz 2 abgebildet werden.

Das gerade vorgestellte Hash-Verfahren ist für eine reale Datenbasis zu statisch. Da eine einmal angelegte Hash-Tabelle nicht effizient vergrößert werden kann, gibt es nur zwei wenig wünschenswerte Alternativen, wenn viele Einfügeoperationen erwartet werden: Entweder es wird von vornherein sehr viel Platz für die Tabelle reserviert, so daß der Platz zunächst verschwendet ist, oder es entstehen im Laufe der Zeit immer längere Überlaufketten. Diese Überlaufketten können nur durch Änderung der Hashfunktion und aufwendige Reorganisation der Tabelle beseitigt werden.

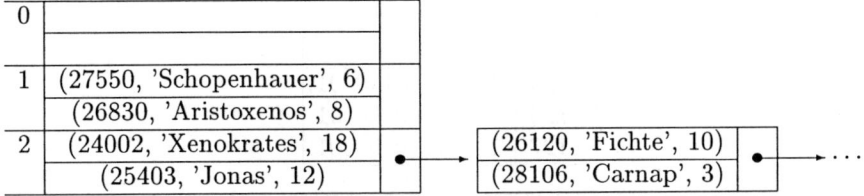

Abb. 7.17: Kollisionsbehandlung durch Überlaufbehälter

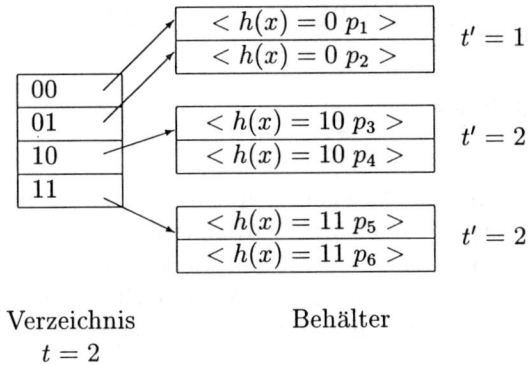

Abb. 7.18: Schematische Darstellung des erweiterbaren Hashings

7.11 Erweiterbares Hashing

Eine Verbesserung bietet das *erweiterbare Hashing*. Dazu wird die Hashfunktion h so modifiziert, daß sie nicht mehr unbedingt auf einen Index eines tatsächlich vorhandenen Behälters abbildet, sondern auf einen wesentlich größeren Bereich. Das Ergebnis einer Berechnung von $h(x)$ wird binär dargestellt und nur ein Präfix dieser binären Darstellung berücksichtigt, der dann auf den tatsächlich verwendeten Behälter verweist.

Bild 7.18 zeigt eine schematische Darstellung des erweiterbaren Hashings. Die binäre Darstellung des Ergebnisses der Hashfunktion wird in zwei Teile aufgeteilt: $h(x) = dp$. d gibt die Position des Behälters im *Verzeichnis* an. Das Verzeichnis (engl. *directory*) faßt in der gezeigten Konstellation 2^2 Einträge, also werden zwei Bits für d gebraucht. Die Größe von d wird die *globale Tiefe t* genannt. p ist der zur Zeit nicht benutzte Teil des Schlüssels.

Müßte ein neuer Datensatz in einen bereits vollen Behälter eingetragen werden, würde er aufgeteilt werden. Die Aufteilung erfolgt anhand eines weiteren Bits des bisher unbenutzten Teils p. Ist die globale Tiefe nicht ausreichend, um den Verweis auf den neuen Behälter eintragen zu können, muß das Verzeichnis verdoppelt werden. Es wäre – insbesondere bei Anwendung der Hashfunktion auf einen Nichtschlüssel – denkbar, daß mehr Datensätze auf denselben (vollständigen) Hashwert abgebildet

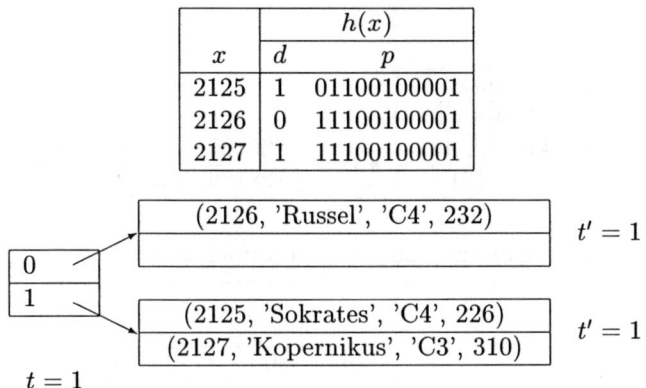

x	$h(x)$	
	d	p
2125	1	01100100001
2126	0	11100100001
2127	1	11100100001

Abb. 7.19: Ein Hash-Index

werden, als in einem Behälter Platz haben. In diesem Fall muß man das erweiterbare Hashing mit einer Überlauftechnik wie in Abbildung 7.17 kombinieren.

Die *lokale Tiefe* t' eines Behälters gibt an, wieviele Bits des Schlüssels für diesen Behälter tatsächlich verwendet werden. Eine Verdoppelung des Verzeichnisses erfolgt also, wenn nach einer Aufteilung eines Behälters die lokale Tiefe größer als die globale Tiefe ist.

Bild 7.19 zeigt einen Hash-Index auf dem Attribut *PersNr* der Relation *Professoren*, in dem schon Sokrates, Russel und Kopernikus eingetragen sind. Als Hashfunktion wird die umgedrehte binäre Darstellung der Personalnummer verwendet. In realistischen Anwendungen sollte jedoch zur besseren Streuung noch z.B. das Divisionsrestverfahren vorgeschaltet werden. Zur Orientierung ist oberhalb des Indexes eine Tabelle mit den Hashwerten der Personalnummern angegeben. Nun soll Descartes eingefügt werden.

Descartes hat die Personalnummer 2129 und fällt in den bereits von Sokrates und Kopernikus vollständig belegten Behälter. Die globale Tiefe stimmt mit der lokalen Tiefe dieses Behälters überein, also muß das Verzeichnis verdoppelt werden (Bild 7.20). Durch die Vergrößerung des maßgebenden Teils des Hash-Wertes kann Descartes jetzt eingeordnet werden.

Ist durch die Hinzunahme eines neuen Bits zum relevanten Teil des Hash-Wertes immer noch keine Aufteilung des angestrebten Behälters möglich, muß das Verzeichnis nochmals verdoppelt werden.

Werden Daten gelöscht, ist es unter Umständen möglich, Behälter wieder zu verschmelzen oder gar das Verzeichnis zu halbieren. Eine Verschmelzung ist immer dann möglich, wenn sich der Inhalt zweier benachbarter Behälter zusammen in einem unterbringen läßt. „Benachbart" sind Behälter, wenn sie die gleiche lokale Tiefe haben und der Wert der ersten $t'-1$ Bits des Hash-Wertes (von links) übereinstimmt. In Bild 7.20 sind die unteren beiden Behälter benachbart. Sie haben beide die lokale Tiefe $t' = 2$, der d-Anteil des Hash-Wertes ist binär 10 und 11. Hätten sie insgesamt zwei Einträge, könnten sie wieder zusammengelegt werden. Ihre lokale Tiefe würde sich um eins erniedrigen. Der obere Behälter hat keinen Nachbarn.

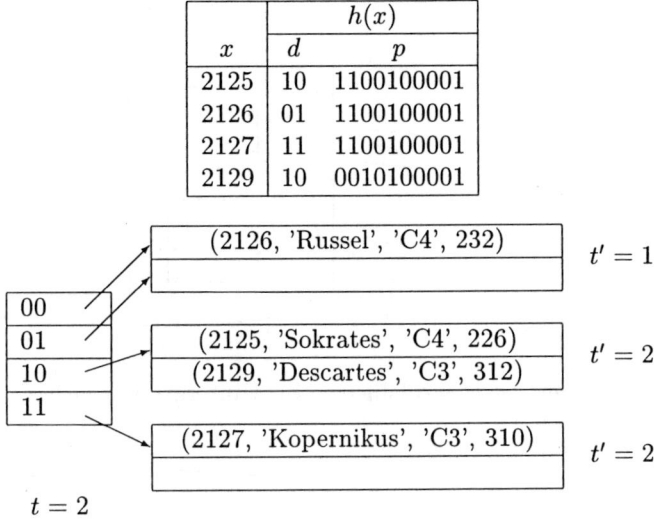

	$h(x)$	
x	d	p
2125	10	1100100001
2126	01	1100100001
2127	11	1100100001
2129	10	0010100001

Abb. 7.20: Einfügen von (2129, Descartes, C3, 312)

Das Verzeichnis kann immer dann halbiert werden, wenn alle lokalen Tiefen echt kleiner sind als die globale Tiefe t. Durch das Halbieren erniedrigt sich die globale Tiefe um eins.

7.12 Ballung logisch verwandter Datensätze

Ein weiteres wichtiges Mittel zur Zugriffsbeschleunigung stellt die sogenannte *Ballung* (engl. *Clustering*) dar. Mit der Ballung *logisch verwandter* Datensätze wird dafür gesorgt, daß Daten, die häufig zusammen benötigt werden, dicht beieinander auf dem Hintergrundspeicher liegen – idealerweise auf einer Seite.

Abbildung 7.21 skizziert den Hintergrundspeicher und den als Puffer verwendeten Hauptspeicher bei der Bearbeitung einer Anfrage der Form

select *
from R
where $A = x$;

Im oberen Fall sind die drei Tupel, die den Wert x im Attribut A enthalten, auf drei unterschiedliche Seiten des Hintergrundspeichers verteilt. Es sind also – unter der Annahme, daß die Tupel mit Hilfe eines Indexes direkt gefunden werden können – drei Seitenzugriffe für den Transfer der Tupel in den Hauptspeicher notwendig. Zusätzlich werden für das Laden der drei Seiten auch drei Pufferrahmen im Hauptspeicher verschwendet. Im unteren Fall sind die Tupel geballt auf einer Seite abgespeichert, und es muß nur ein Seitenzugriff zum Laden aller benötigten Tupel investiert werden. Es ist offensichtlich, daß auf diese Weise der Aufwand erheblich reduziert werden kann.

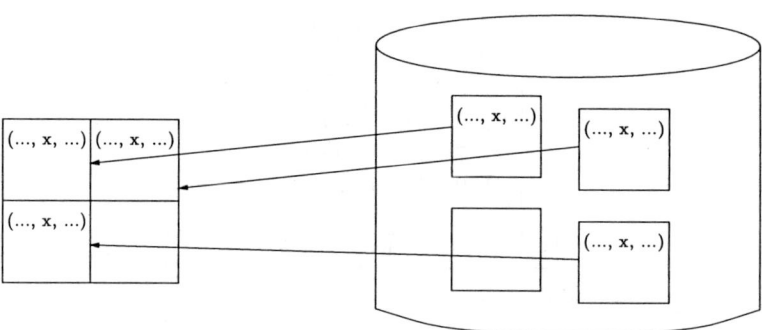

Hauptspeicher   ◄—Zugriffslücke—►   Hintergrundspeicher

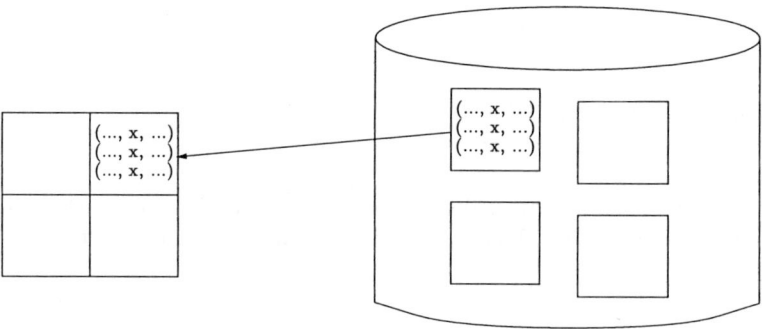

Abb. 7.21: Lesen ungeballter und geballter Tupel

Auf Kosten einer zusätzlichen Indirektion lassen sich Indexstrukturen mit einer Ballung verträglich machen. Es wurde bereits in Abschnitt 7.7 erwähnt, daß bei Sekundärindexen nur Verweise auf Datensätze eingetragen werden. Diese Situation ist noch einmal in Abbildung 7.22 für den B$^+$-Baum verdeutlicht. Dort sind beim Primärindex die Datensätze direkt in den Blättern eingetragen. Während der Primärindex die Ballung festlegt, also die Anordnung der Datensätze auf den Seiten, benötigt man im Sekundärindex eine zusätzliche Indirektion, um zu den Datensätzen zu gelangen. Es lassen sich bei einem Sekundärindex also mit anderen Worten zumeist keine Ballungseffekte in den Datenseiten ausnutzen, wohl aber in den Knoten des Indexes.

Anschaulich kann man sich den Primärindex wie den Daumenindex in einem Lexikon vorstellen, wohingegen der Sekundärindex das Analogon zu einem Sachindex in einem Lehrbuch (wie diesem) darstellt. Zu einem Schlüssel des Sekundärindexes kann es also durchaus mehrere Verweise geben, die u.U. auf unterschiedliche Seiten verweisen.

Bei Verwendung des TID-Konzepts – siehe Abschnitt 7.4 – ergibt sich aber ein Problem: Bei der Aufspaltung eines Blattknotens werden etwa die Hälfte der Da-

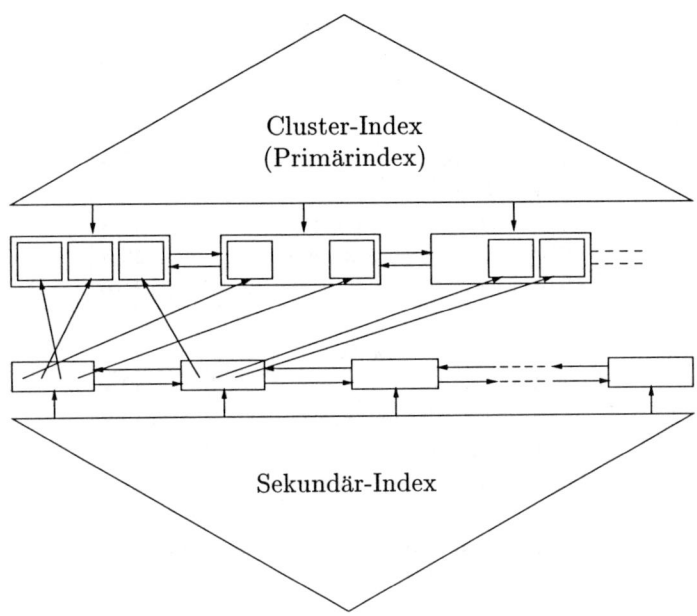

Abb. 7.22: Indexe und Ballung

tensätze in einen neuen Knoten verschoben. Nach dem TID-Konzept müßte für all diese Datensätze ein „Forward" im alten Knoten angelegt werden. Dies ist in der Regel nicht tolerierbar, da sich der Zugriff auf diese verschobenen Tupel aufgrund der Indirektion erheblich aufwendiger gestaltet. Es sind mehrere Lösungen praktikabel: Man könnte auch in den geballten Primärindexen nur TIDs anstatt der Datensätze ablegen, wobei dann aber benachbarte TIDs (meist) auf dieselbe Datenseite verweisen. Wird ein neues Tupel eingefügt, wird zuerst der Index „befragt", auf welche Datenseite die benachbarten TIDs verweisen, um das neue Tupel, wenn möglich, dort zu plazieren. Eine andere Möglichkeit besteht darin, den geballten Primärindex erst anzulegen, wenn schon (fast) alle Datensätze vorhanden sind. Dazu müssen die Tupel aber neu in die Datenbank geladen werden. Die TIDs werden erst nach Aufbau des Primärindex-Baums vergeben. Erst danach werden die Sekundärindexe mit den TID-Verweisen aufgebaut. Die (wenigen) in Zukunft neu hinzukommenden Tupel haben dann hoffentlich Platz in den Blattseiten, ohne zu Knotenspaltungen zu führen. Wenn doch zu viele Spaltungen vorkommen, muß man periodisch die Datenbasis neu strukturieren, indem die Datensätze neu plaziert werden und die Indexe neu angelegt werden. Viele DBMS-Produkte haben spezielle „Utilities" für die effiziente Durchführung dieser Reorganisation, so daß das Datenbanksystem nur kurzzeitig außer Betrieb genommen werden muß.

Eine weitergehende Möglichkeit des Clusterings besteht in der „Materialisierung" von Beziehungen. Es ist beispielsweise denkbar, daß Vorlesungen häufig mit den zugehörigen Referenten benötigt werden. Das kann unterstützt werden, indem die Referenten quasi verzahnt mit ihren Vorlesungen abgespeichert werden, wie es Bild 7.23

Seite P_i

2125 o Sokrates	o C4 o	226 •
5041 o Ethik	o 4 o	2125 •
5049 o Mäeutik	o 2 o	2125 •
4052 o Logik	o 4 o	2125 •
2126 o Russel	o C4 o	232 •
5043 o Erkenntnistheorie	o 3 o	2126 •
5052 o Wissenschaftstheorie	o 3 o	2126 •
5216 o Bioethik	o 2 o	2126 •

Seite P_j

2133 o Popper	o C3 o	52 •
5259 o Der Wiener Kreis	o 2 o	2133 •
2134 o Augustinus	o C3 o	309 •
5022 o Glaube und Wissen	o 2 o	2134 •
2137 o Kant	o C4 o	7 •
5001 o Grundzüge	o 4 o	2137 •
4630 o Die 3 Kritiken	o 4 o	2137 •

⋮

Abb. 7.23: Verzahnte Objektballung

verdeutlicht. Auf diese Weise können beispielsweise die Daten von Russel mit all seinen Vorlesungen in einem Seitenzugriff gelesen werden.

7.13   Unterstützung eines Anwendungsverhaltens

Sowohl B$^+$-Bäume als auch Hashing sind Standardtechniken, die heute von den meisten DBMS angeboten werden. Während B$^+$-Bäume dort angewendet werden, wo ein gutes Verhalten „in allen Lebenslagen" gefragt ist, können Hash-Indexe einen Geschwindigkeitsvorteil in bestimmten Anwendungsgebieten – genauer, bei sogenannten Punktanfragen – bringen.

Nehmen wir an, es würde ein ganz bestimmtes Tupel einer Tabelle gesucht, z.B. eine Personalnummer in der Tabelle *Professoren*. Eine entsprechende *Exact Match Query* hätte die Form

select Name
from Professoren
where PersNr = 2136;

Wurde ein B$^+$-Baum auf das Attribut *PersNr* angelegt, kann das gewünschte Tupel durch das Absteigen im Baum von der Wurzel aus gefunden werden. Bei einem Hash-Index muß zuerst das Verzeichnis gelesen werden, dann das passende Bucket. Damit ist der Hash-Index im allgemeinen mit einem geringeren Aufwand verbunden.[5]

Wird eine andere Anfrage-Form gewählt, schneiden B^+-Bäume deutlich besser ab. Eine sogenannte *Range Query* testet, ob ein Attribut innerhalb eines bestimmten Bereichs liegt; nehmen wir für unser Beispiel an, daß die Relation *Professoren* ein Attribut *Gehalt* besitzt.

select Name
from Professoren
where Gehalt $>= 90\,000$ **and** Gehalt $<= 100\,000$;

Wenn es einen B^+-Baum-Index auf *Gehalt* gibt, sind seine Blätter nach dem Attribut *Gehalt* sortiert. Der Baum wird auf der Suche nach dem ersten passenden Wert (hier 90 000) abgestiegen, und von dort aus kann eine sequentielle Abarbeitung erfolgen, bis ein Tupel mit einem Attributwert größer als 100 000 gefunden wird.

Hashfunktionen hingegen können meistens nicht die Ordnung der Tupel erhalten, ohne daß darunter die gleichförmige Ausnutzung der Buckets leidet. So müssen die passenden Tupel für jeden Wert aus dem Bereich 90 000 bis 100 000 einzeln gesucht werden.

Gerade bei Bereichsanfragen ist aber auch Vorsicht bei der Verwendung nicht-geballter Sekundärindexe geboten: Der Zugriff auf die Datensätze erzeugt *random I/O* – d.h. die Datensätze liegen verstreut auf der Platte – wodurch sehr hohe Plattenzugriffszeiten entstehen können. Hier ist das sequentielle Durchsuchen aller Datensätze oft effizienter, da dabei weniger *seek time* anfällt (Stichwort: *chained I/O*). Es ist Aufgabe des Anfrageoptimierers, anhand der Selektivitätsabschätzung eines derartigen Prädikats den optimalen Auswertungsplan (also Indexnutzung oder sequentielle Suche) zu generieren – siehe dazu Kapitel 8.

Generell ist ein wichtiger Faktor für den Einsatz einer Indexstruktur das Verhältnis von Leseoperationen zu Änderungsoperationen. Während durch einen Index Leseoperationen beschleunigt werden, erfordern Änderungsoperationen oftmals mehr Zugriffe auf den Hintergrundspeicher. Ein gutes Beispiel dafür ist die ISAM-Indexstruktur, bei der das Verhältnis besonders unterschiedlich ist. Daher werden ISAM-Indexe überwiegend für statische Daten eingesetzt.

7.14 Physische Datenorganisation in SQL

Gerade im Bereich der physischen Datenorganisation unterscheiden sich die derzeit erhältlichen Datenbanksysteme sehr stark. Selbst in SQL-92 wurden keinerlei Maßnahmen getroffen, um zumindest einige Konzepte des physischen Entwurfs zu

---

[5]Nehmen wir an, es wären eine Million Tupel in der Relation R gespeichert. Bei einer 3/4-Auslastung der Knoten, einer Seitengröße p von 1024 Bytes und einer Größe von vier Bytes sowohl für einen Verweis v als auch für einen Referenzschlüssel (r) kann man die Höhe des Baums mit $\lceil \log_{0.75 \cdot (1+(p-v)/(v+r))}(1000000) \rceil = 4$ abschätzen. Dabei ist $\lfloor 1 + (p-v)/(v+r) \rfloor$ der maximale Verzweigungsgrad eines Knotens. Zusätzlich wird noch ein Seitenzugriff für den Blattknoten benötigt. Im Vergleich dazu braucht ein Hash-Index nur zwei Seitenzugriffe, wenn die richtige Stelle im Verzeichnis direkt gefunden werden kann. Diese Abschätzung berücksichtigt allerdings nicht, daß DBMS einen Puffer verwenden: Bei häufigem Zugriff auf den B-Baum bleiben im allgemeinen die Wurzel und Teile des ersten Levels im Hauptspeicher gepuffert.

vereinheitlichen, wie zum Beispiel das Anlegen oder Entfernen eines Indexes auf einem Attribut. Es hat sich aber die folgende Syntax eingebürgert (am Beispiel eines Indexes auf dem Attribut *Semester* der Relation *Studenten*):

create index SemesterInd **on** Studenten(Semester);

Über den Namen *SemesterInd* könnte der Index auch wieder gelöscht werden:

drop index SemesterInd;

7.15 Übungen

7.1   Nehmen wir an, daß heutige Plattenspeicher im Durchschnitt 100.000 Stunden fehlerfrei arbeiten bis ein Fehler auftritt (MTBF: mean time before failure). Berechnen Sie die MTBF für ein RAID 0 Platten-Array bestehend aus 100 solcher Platten. Beachten Sie, daß bei RAID 0 der Defekt einer Platte immer auch zu einem Datenverlust führt, so daß die MTBF mit der mittleren Dauer bis zum Datenverlust (mean time before data loss (MTDL)) übereinstimmt. Wie sieht das bei anderen RAID-Leveln aus? Berechnen Sie die MTDL-Zeit für ein RAID 3- oder RAID 5-System bestehend aus 9 Platten (einschließlich der Parity-Platte). Wir nehmen an, daß die Reparatur (bzw. der Ersatz) einer defekten Platte 24 Stunden dauert.

7.2   Skizzieren Sie einen Algorithmus zum Einfügen eines Datensatzes in eine Datei mit ISAM-Index. Dabei soll so weit wie möglich auf das Verschieben von Seiten verzichtet werden.

7.3   Fügen Sie in einen anfänglich leeren B-Baum mit $k = 2$ die Zahlen eins bis zwanzig in aufsteigender Reihenfolge ein. Was fällt Ihnen dabei auf?

7.4   Beschreiben Sie das Löschen in einem B-Baum in algorithmischer Form, ähnlich der Beschreibung des Einfügevorgangs in Abbildung 7.12.

7.5   Modifizieren Sie den Einfüge- und Löschalgorithmus für den B-Baum so, daß eine Minimalbelegung von 2/3 des Platzes in den Knoten garantiert werden kann. Hinweis: Betrachten Sie beim Löschen den linken und rechten Nachbarn des Knotens, in dem gelöscht wird. Beim Aufsplitten werden zwei Knoten gleichzeitig betrachtet.

7.6   [Helman (1994)] Der vorgestellte B-Baum geht von der Duplikatfreiheit der Schlüssel aus. Eine einfache Erweiterung wäre es, bei Duplikaten anstelle des TID's einen Verweis auf einen externen „Mini-Index" zu hinterlassen. Denken Sie sich sinnvolle Datenstrukturen und Algorithmen dafür aus.

7.7   Geben Sie Algorithmen für das Einfügen und Löschen von Schlüsseln in B^+-Bäumen an.

7.8   Geben Sie für den B- und den B^+-Baum je eine Formel an, mit der man die obere und untere Schranke für die Höhe des Baums bei gegebenem k, k^* und n (der Anzahl der eingetragenen TIDs) bestimmen kann.

7.9 Bestimmen Sie k und k^* für einen B$^+$-Baum bei gegebener Seitengröße p und Schlüsselgröße s. Verweise innerhalb des Baums (V_i, P, N) haben die Größe v, die TIDs die Größe d. Berechnen Sie k und k^* für den Fall $p = 4096$, $s = 4$, $v = 6$ und $d = 8$.

7.10 Beim Hashing wird der Modulofunktion häufig eine *Faltung* vorgeschaltet. Das kann beispielsweise für Zahlen die Quersumme sein und für Zeichenketten die Summe der Buchstabenwerte. Fügen Sie die Studenten aus Abbildung 3.7 in eine Hashtabelle der Größe vier mit Überlaufbuckets ein und schalten Sie bei der Berechnung der Hashwerte zusätzlich eine Quersummenfunktion vor. Werden die Studenten jetzt gleichmäßiger verteilt?

7.11 Gegeben sei eine erweiterbare Hashtabelle mit globaler Tiefe t. Wie viele Verweise zeigen vom Verzeichnis auf einen Behälter mit lokaler Tiefe t'?

7.12 Was wäre in dem Beispiel zum erweiterbaren Hashing passiert, wenn Kopernikus die Personalnummer 2121 gehabt hätte?

7.13 Warum wurde die binäre Darstellung *rückwärts* verwendet?

7.14 Geben Sie eine algorithmische Beschreibung für die Operationen suchen, einfügen und löschen in einer erweiterbaren Hashtabelle an.

7.15 Erfinden Sie ein Verfahren, um mit dem Mechanismus des erweiterbaren Hashings auch direkt den Datensatz innerhalb eines Buckets zu finden. Hinweis: Eine weitere Möglichkeit der Kollisionsbehandlung beim Hashing ist beispielsweise, einfach den nächsten freien Platz zu benutzen.

7.16 Literatur

Detaillierte Informationen zur RAID-Technologie findet man in dem Übersichtspapier von Chen et al. (1994), den Erfindern dieser Techniken. Weikum und Zabback (1993a) befasssen sich mit dem Problem der Datenallokation in Platten-Arrays, um möglichst gleichmäßige Auslastungen – und damit eine hohe Parallelität der Plattenzugriffe – zu erzielen. In einem Folgeartikel behandeln Weikum und Zabback (1993b) die Fehlertoleranz und gehen auch auf die Ausfallwahrscheinlichkeiten ein. Aktuelle Produktinformationen zu RAID-Systemen findet man auf den Web-Seiten der Hardwareanbieter, wie z.B. Sun Microsystems (1997). Berchtold et al. (1997) behandeln das Striping von Daten zum Zweck der optimierten parallelen Auswertung von Ähnlichkeits-Suchanfragen in Multimedia-Datenbanken. Seeger (1996) behandelt die Optimierung von Plattenzugriffen auf Seitenmengen.

Ein Buch, das sich speziell mit Fragen der physischen Datenorganisation auseinandersetzt, wurde von Shasha (1992) geschrieben. Dort werden Daumenregeln für den Einsatz der verschiedenen Techniken vorgestellt und beispielhaft in Szenarien eingesetzt. Automatisiertes physisches Design wird von Rozen und Shasha (1991) besprochen. Weikum et al. (1994) untersuchen automatisches Tuning im Rahmen von Sperren und Pufferstrategien. Scholl und Schek (1992) beschreiben das COCOON

Projekt, in dem die Optimierung der physischen Datenorganisation ein zentrales Anliegen ist.

Die möglichen Strategien zur Pufferverwaltung wurden sehr systematisch von Effelsberg und Härder (1984) untersucht. Küspert, Dadam und Günauer (1987) haben eine Pufferverwaltung für das am IBM Wissenschaftlichen Zentrum Heidelberg entwickelte Datenbanksystem AIM entwickelt. O'Neil, O'Neil und Weikum (1993) entwarfen das für Datenbankpuffer besonders sinnvolle Seitenersetzungsverfahren LRU/k, das darauf beruht, die Seiten auf der Basis ihrer letzten k Referenzen zu ersetzen. Johnson und Shasha (1994) schlugen eine effiziente Realisierung für eine Approximation des LRU/2-Verfahrens vor.

Zum Gebiet Indexstrukturen gibt es sehr vielfältige Literatur. B-Bäume wurden Anfang der siebziger Jahre von Bayer und McCreight (1972) vorgestellt. Im dritten Band seines „The Art of Computer Programming" stellt Knuth (1973) einige Varianten von B-Bäumen vor. Dort werden auch verschiedene Hashfunktionen untersucht. Comer (1979) beschreibt den „allgegenwärtigen" B-Baum in einem Übersichtsartikel der Computing Surveys. Trotz des „hohen Alters" des B-Baums werden immer noch neue Optimierungen bei seiner Realisierung gefunden, beispielsweise das Verteilen des Baums auf mehrere Festplatten [Seeger und Larson (1991)]. Aktuelle deutschsprachige Werke über Datenstrukturen wurden z.B. von Güting (1992) und Ottmann und Widmayer (1993) verfaßt. Ein deutschsprachiges Buch über Implementierungstechniken für Datenbanksysteme ist das Datenbankhandbuch, das von Lockemann und Schmidt (1987) herausgegeben wurde.

Knuth (1973) diskutiert ausführlich Hashverfahren für den Hauptspeicher. Dynamische Hashverfahren sind noch nicht so lange verbreitet. Das hier beschriebene erweiterbare Hashing wurde von Fagin et al. (1979) vorgestellt. Larson (1988) gibt einen Überblick über zwei dynamische Hashverfahren, die kein Verzeichnis verwalten müssen. Eine neuere Variante stellt Ahn (1993) vor.

Besonders in geographischen Informationssystemen ist es notwendig, mehrdimensionale Daten zu indizieren. Günther und Schek (1991) gaben einen Sammelband über fortgeschrittene Datenstrukturen zur Realisierung sogenannter „Spatial Databases" heraus. Populäre mehrdimensionale Indexstrukturen sind das Grid-File von Nievergelt, Hinterberger und Sevcik (1984), der K-D-B-Baum von Robinson (1981), der R-Baum von Guttman (1984), der LSD'-Baum von Henrich, Six und Widmayer (1989) und, neueren Datums, der R*-Baum von Beckmann et al. (1990) und schließlich der Buddy-Baum, beschrieben von Seeger und Kriegel (1990). Hinrichs (1985) hat Implementierungstechniken für das Grid-File konzipiert.

Für die erweiterte Funktionalität, die die in Kapitel 13 besprochenen objektorientierten Datenbanken bieten, sind maßgeschneiderte Indexstrukturen konzipiert worden. Stichworte hier sind Multiset-Indexe [Kilger und Moerkotte (1994)], Pfad-Indexe [Kemper und Moerkotte (1992)] und Funktionenmaterialisierung [Kemper, Kilger und Moerkotte (1994)]. Eine Übersicht geben Kemper und Moerkotte (1995) und Bertino (1993). Um die Ortsunabhängigkeit von Objekten zu gewähren, gibt es in objektorientierten Datenbanken ein dem TID ähnliches Konzept [Eickler, Gerlhof und Kossmann (1995)]. Pufferungsstrategien, die flexibel sowohl Seiten als auch Objekte verwalten können, werden von Kemper und Kossmann (1994) beschrieben. Gerlhof et al. (1993) untersuchen die Effizienz von Ballungsverfahren in Objektbanken.

8. Anfragebearbeitung

Wie wir bereits in Kapitel 4 festgestellt hatten, werden Anfragen im allgemeinen deklarativ auf dem logischen Schema formuliert. Dies unterstützt die Idee der Datenunabhängigkeit: Die Anfrage des Benutzers ist nicht vom physischen Schema der Datenbasis – also der Speicherungsstruktur – abhängig. Bei der Anfragebearbeitung muß nun die Grenze von der logischen zur physischen Ebene überschritten und eine geeignete Implementierung der Anfrage gefunden werden. Der Weg dahin ist in Abbildung 8.1 skizziert.

Zunächst wird die Anfrage syntaktisch und semantisch analysiert und in einen äquivalenten Ausdruck der relationalen Algebra umgewandelt. Bei diesem Schritt werden auch die vorkommenden Sichten durch ihre definierende Anfrage ersetzt.

Mit der relationalen Algebra als Eingabe wird die *Anfrageoptimierung* gestartet. Die Anfrageoptimierung sucht zu einem gegebenen algebraischen Ausdruck eine effiziente Implementierung, einen sogenannten *Auswertungsplan* (engl. query evaluation plan, QEP). Dieser Auswertungsplan kann dann entweder kompiliert oder bei interaktiven Anfragen direkt interpretativ gestartet werden.

Auch ein Algorithmus zur Implementierung eines Operators kann wieder als Operator einer *physischen Algebra* angesehen werden. Genau wie relationale Operatoren „verbraucht" eine Implementierung ein oder mehrere Eingabequellen, um eine oder mehrere Ausgaben zu erzeugen.

Man spricht von einem „Anfrageoptimierer", da es zu einer gegebenen deklarativen Anfrage eine unter Umständen große Menge möglicher Auswertungsstrategien gibt, die sich in ihrer Ausführungsdauer stark unterscheiden. Leider ist es nicht auf effiziente Weise möglich, die schnellste dieser Alternativen zu finden. Man ist auf eine Art „try and error"-Verfahren angewiesen, das mehr oder weniger gezielt Alternativen erzeugt und deren Ausführungsdauer (oder *Kosten*) mit Hilfe eines *Kostenmodells* abschätzt. Das Kostenmodell arbeitet auf der Grundlage von Schemainformationen, dem Wissen über den Aufwand der eingesetzten Algorithmen und Statistiken über Relationen, Indexstrukturen und der Verteilung der Attributwerte.

Die Alternativen entstehen auf zwei verschiedene Weisen, im folgenden *logische* und *physische Optimierung* genannt. Zum einen besteht die Möglichkeit, auf relationenalgebraische Ausdrücke Äquivalenzumformungen anzuwenden; z.B. können die Argumente der Joinoperation aufgrund ihrer Kommutativität vertauscht werden. Zum anderen gibt es für einen Operator der logischen Algebra oft mehrere unterschiedliche Implementierungen, d.h. Übersetzungsmöglichkeiten in die physische Algebra. In beiden Fällen werden *Heuristiken* zur Steuerung der Alternativengenerierung eingesetzt. Heuristiken repräsentieren Erfahrungswerte über die sinnvolle Anwendung bestimmter Umformungsregeln.

Dieses Kapitel ist zweigeteilt: Zunächst werden die Eigenschaften der relationalen Algebra vorgestellt und die Anwendung von Heuristiken demonstriert. Im zweiten Teil werden Implementierungstechniken und Kostenmaße vorgestellt.

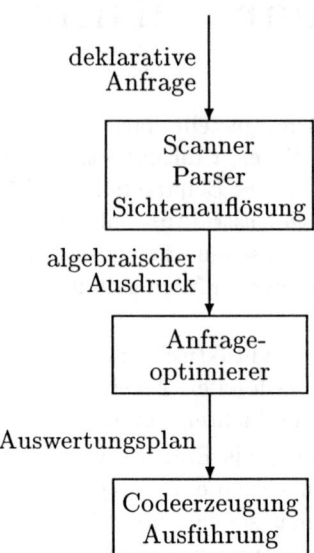

Abb. 8.1: Ablauf der Anfragebearbeitung

8.1 Logische Optimierung

Ausgangspunkt der Optimierung ist eine sogenannte algebraische Normalform, die schon in Kapitel 4 eingeführt wurde. Diese Normalform ist noch einmal zur Wiederholung in Abbildung 8.2 dargestellt: Eine SQL-Anfrage der allgemeinen Form **select** ... **from** ... **where** ... wird in einen algebraischen Ausdruck mit Kreuzprodukten der Basisrelationen, gefolgt von einer Selektion und einer Projektion umgewandelt.

In diesem Kapitel wird oft auch die anschauliche Baumdarstellung algebraischer Ausdrücke verwendet, um deren Manipulation besser zu verdeutlichen. Die Blätter des Baums werden dabei von Basisrelationen gebildet, die inneren Knoten von Operatoren der relationalen Algebra. Auf diese Weise wird der „Fluß" der Daten verdeutlicht.

Ein einfaches Beispiel soll den Sinn der algebraischen Optimierung verdeutlichen. In SQL bestimmt man die von Popper gehaltenen Vorlesungen mit

select Titel
from Professoren, Vorlesungen
where Name = 'Popper' **and** PersNr = gelesenVon;

Laut Kapitel 4 läßt sich diese Anfrage in den folgenden algebraischen Ausdruck übersetzen:

$$\Pi_{\text{Titel}}(\sigma_{\text{Name='Popper'} \land \text{PersNr=gelesenVon}}(\text{Professoren} \times \text{Vorlesungen}))$$

Überlegen wir uns, welche Schritte zur Berechnung des Ausdrucks notwendig sind. Das Kreuzprodukt verknüpft alle Professoren und Vorlesungen, insgesamt ergeben sich bei sieben Professoren und zehn Vorlesungen also $7 \cdot 10 = 70$ Tupel. Aus diesen

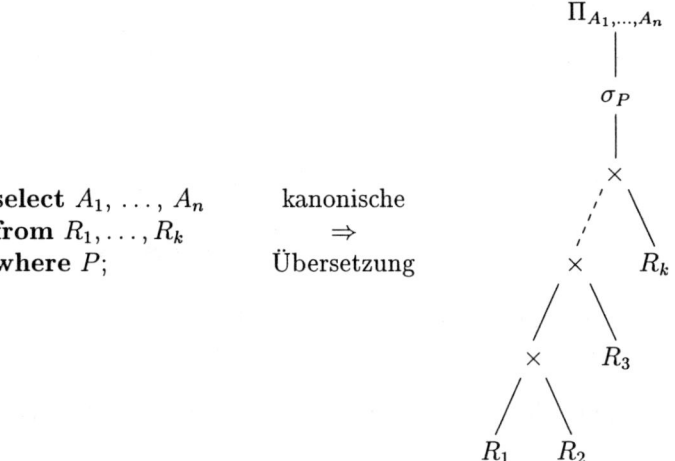

select $A_1, \ldots, A_n$ kanonische
from $R_1, \ldots, R_k$ $\Rightarrow$
where P;   Übersetzung

Abb. 8.2: Kanonische Übersetzung einer SQL-Anfrage

70 Tupeln werden diejenigen ausgewählt, die die Selektionsbedingung erfüllen, in diesem Fall ist es nur eines.

Offensichtlich wurde hier viel zu viel Arbeit investiert. Eine einfache Verbesserung wäre es, zuerst den „richtigen" Professor zu finden und dann das Kreuzprodukt zu bilden, also

$$\Pi_{\text{Titel}}(\sigma_{\text{PersNr=gelesenVon}}(\sigma_{\text{Name='Popper'}}(\text{Professoren}) \times \text{Vorlesungen}))$$

Auf diese Weise werden zuerst die sieben Professoren durchsucht. Anschließend wird der verbleibende Professor mit den zehn Vorlesungen verknüpft. Das Ergebnis kann also in $7 + 10 = 17$ Schritten bestimmt werden. Damit haben wir bereits die erste wichtige Heuristik der Anfrageoptimierung kennengelernt: das Aufbrechen von Selektionen und deren Verschieben in den Ausdruck hinein.

Dieser Auswertungsplan liesse sich dann noch durch die Zusammenfassung der Selektion $\sigma_{\text{PersNr=gelesenVon}}$ und des Kreuzprodukts $\times$ zu einem Join $\bowtie_{\text{PersNr=gelesenVon}}$ weiter optimieren. Abbildung 8.3 zeigt die obigen Ausdrücke in der Baumdarstellung.

8.1.1 Äquivalenzen in der relationalen Algebra

Vor einer systematischeren Untersuchung der Transformation von relationalen Ausdrücken sollten erst einmal die möglichen Regeln vorgestellt werden. Seien R, R_1, $R_2, \ldots$ Relationen (seien es Basis- oder abgeleitete Relationen, d.h. Zwischenergebnisse), p, q, p_1, $p_2, \ldots$ Bedingungen, l_1, $l_2, \ldots$ Attributmengen und $attr$ die Abbildung von Bedingungen auf die Menge der in ihnen enthaltenen Attribute (z.B. $attr(\text{Name} = \text{'Popper'}) = \{\text{Name}\}$). Nach wie vor bezeichnen wir mit $\mathcal{R}$ das Schema (also die Menge der Attribute) und mit R die aktuelle Ausprägung einer Relation. Dann gilt:

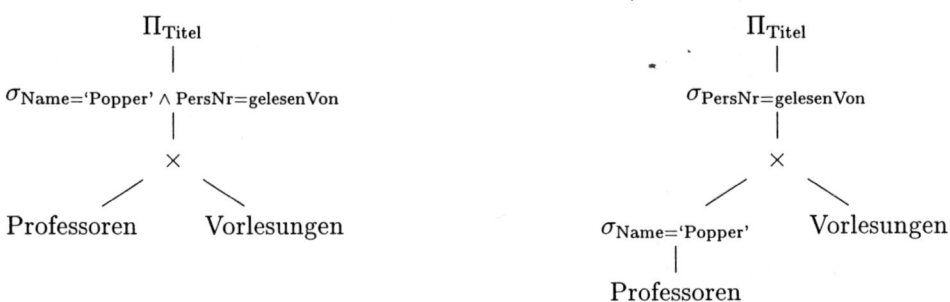

Abb. 8.3: Baumdarstellung der algebraischen Ausdrücke

1. Join, Vereinigung, Schnitt und Kreuzprodukt sind kommutativ, also:

$$
\begin{aligned}
R_1 \bowtie R_2 &= R_2 \bowtie R_1 \\
R_1 \cup R_2 &= R_2 \cup R_1 \\
R_1 \cap R_2 &= R_2 \cap R_1 \\
R_1 \times R_2 &= R_2 \times R_1
\end{aligned}
$$

2. Selektionen sind untereinander vertauschbar:

$$
\sigma_p(\sigma_q(R)) = \sigma_q(\sigma_p(R))
$$

3. Join, Vereinigung, Schnitt und Kreuzprodukt sind assoziativ, also:

$$
\begin{aligned}
R_1 \bowtie (R_2 \bowtie R_3) &= (R_1 \bowtie R_2) \bowtie R_3 \\
R_1 \cup (R_2 \cup R_3) &= (R_1 \cup R_2) \cup R_3 \\
R_1 \cap (R_2 \cap R_3) &= (R_1 \cap R_2) \cap R_3 \\
R_1 \times (R_2 \times R_3) &= (R_1 \times R_2) \times R_3
\end{aligned}
$$

4. Konjunktionen in einer Selektionsbedingung können in mehrere Selektionen aufgebrochen, bzw. nacheinander ausgeführte Selektionen können durch Konjunktionen zusammengefügt werden.

$$
\sigma_{p_1 \wedge p_2 \wedge \ldots \wedge p_n}(R) = \sigma_{p_1}(\sigma_{p_2}(\ldots(\sigma_{p_n}(R))\ldots))
$$

5. Geschachtelte Projektionen können eliminiert werden.

$$
\Pi_{l_1}(\Pi_{l_2}(\ldots(\Pi_{l_n}(R))\ldots)) = \Pi_{l_1}(R)
$$

Damit eine solche Schachtelung überhaupt sinnvoll ist, muß gelten:

$$
l_1 \subseteq l_2 \subseteq \ldots \subseteq l_n \subseteq \mathcal{R} = \mathbf{sch}(R)
$$

6. Eine Selektion kann an einer Projektion „vorbeigeschoben" werden, falls die Projektion keine Attribute aus der Selektionsbedingung entfernt. Es gilt also:

$$
\Pi_l(\sigma_p(R)) = \sigma_p(\Pi_l(R)), \text{ falls } attr(p) \subseteq l
$$

7. Eine Selektion kann an einer Joinoperation (oder einem Kreuzprodukt) vorbeigeschoben werden, falls sie nur Attribute *eines* der beiden Join-Argumente verwendet. Enthält die Bedingung p beispielsweise nur Attribute aus $\mathcal{R}_1$, dann gilt:

$$\sigma_p(R_1 \bowtie R_2) = \sigma_p(R_1) \bowtie R_2$$
$$\sigma_p(R_1 \times R_2) = \sigma_p(R_1) \times R_2$$

8. Auf ähnliche Weise können auch Projektionen verschoben werden. Hier muß allerdings beachtet werden, daß die Joinattribute bis zum Join erhalten bleiben.

$$\Pi_l(R_1 \bowtie_p R_2) = \Pi_l(\Pi_{l_1}(R_1) \bowtie_p \Pi_{l_2}(R_2)) \text{ mit}$$
$$l_1 = \{A | A \in \mathcal{R}_1 \cap l\} \cup \{A | A \in \mathcal{R}_1 \cap attr(p)\} \text{ und}$$
$$l_2 = \{A | A \in \mathcal{R}_2 \cap l\} \cup \{A | A \in \mathcal{R}_2 \cap attr(p)\}$$

9. Selektionen können mit Mengenoperationen wie Vereinigung, Schnitt und Differenz vertauscht werden, also:

$$\sigma_p(R \cup S) = \sigma_p(R) \cup \sigma_p(S)$$
$$\sigma_p(R \cap S) = \sigma_p(R) \cap \sigma_p(S)$$
$$\sigma_p(R - S) = \sigma_p(R) - \sigma_p(S)$$

10. Der Projektionsoperator kann mit der Vereinigung vertauscht werden. Sei $\mathbf{sch}(R_1) = \mathbf{sch}(R_2)$, dann gilt

$$\Pi_l(R_1 \cup R_2) = \Pi_l(R_1) \cup \Pi_l(R_2)$$

Eine Vertauschung der Projektion mit Durchschnitt und Differenz ist allerdings nicht zulässig (siehe Aufgabe 8.1).

11. Eine Selektion und ein Kreuzprodukt können zu einem Join zusammengefaßt werden, wenn die Selektionsbedingung eine Joinbedingung ist, sie also Attribute einer Argumentrelation mit Attributen der anderen vergleicht. Für Equijoins gilt beispielsweise

$$\sigma_{R_1.A_1 = R_2.A_2}(R_1 \times R_2) = R_1 \bowtie_{R_1.A_1 = R_2.A_2} R_2$$

12. Auch an Bedingungen können Veränderungen vorgenommen werden. Beispielsweise kann eine Disjunktion mit Hilfe von DeMorgans Gesetz in eine Konjunktion umgewandelt werden, um vielleicht später die Anwendung von Regel 4 zu ermöglichen:

$$\neg(p_1 \vee p_2) = \neg p_1 \wedge \neg p_2$$
$$\neg(p_1 \wedge p_2) = \neg p_1 \vee \neg p_2$$

Weiterhin ist diese Regel anwendbar, um Negationen „von außen nach innen" zu schieben.

select distinct s.Semester
from Studenten s, hören h,
    Vorlesungen v, Professoren p
where p.Name = 'Sokrates' **and**
    v.gelesenVon = p.PersNr **and**
    v.VorlNr = h.VorlNr **and**
    h.MatrNr = s.MatrNr;

$\Pi_{\text{s.Semester}}$
|
$\sigma_{\text{p.Name='Sokrates'}\wedge\text{v.gelesenVon}...}$
|
×
/ \
×   p
/ \
×   v
/ \
s   h

Abb. 8.4: Die Ausgangsanfrage und ihre kanonische Übersetzung

8.1.2 Anwendung der Transformationsregeln

Anhand eines komplexeren Beispiels können wir nun eine typische Vorgehensweise bei der Anfrageoptimierung vorstellen. Die Grundidee besteht darin, die Regeln so anzuwenden, daß die Ausgaben der einzelnen Operatoren möglichst klein bleiben. Das ist umso wichtiger, wenn die Ausgaben aufgrund Hauptspeichermangels temporär auf dem Hintergrundspeicher abgelegt werden müssen.

Die zu optimierende Anfrage lautet: In welchen Semestern sind die Studenten, die Vorlesungen von Sokrates hören? Sie ist in Abbildung 8.4 sowohl in SQL als auch in der Baumdarstellung der kanonischen Übersetzung in die relationale Algebra abgebildet. In der Baumdarstellung wurden aus Platzgründen die abgekürzten Namen der Relationen verwendet.

Als erstes werden die Konjunktionsglieder der Selektion „aufgebrochen" (Regel 4). Es entstehen vier Selektionen, die einzeln innerhalb des Ausdrucks verschoben werden können (Regeln 2, 6, 7 und 9). Es ist sinnvoll, eine Selektion so früh wie möglich einzusetzen und bereits einen großen Anteil später nicht mehr benötigter Tupel auszusortieren. In Abbildung 8.5 wird die Auswahl des „richtigen" Professoren-Tupels – also das mit dem Namen „Sokrates" – direkt getroffen, so daß am Kreuzprodukt nur noch ein Professor und nicht wie vorher alle Professoren teilnehmen. Ferner wurden die Vergleiche von *MatrNr* und *VorlNr* unmittelbar über der Stelle plaziert, wo beide im Vergleich benötigten Attribute das erste Mal gleichzeitig auftreten.

Wie bereits in Kapitel 3 beschrieben, sind Joinoperationen Kreuzprodukten vorzuziehen, da Kreuzprodukte ein Zwischenergebnis stark aufblähen würden. Es ist daher sinnvoll, wann immer möglich, Kreuzprodukte in Joins umzuwandeln (Regel 11). In unserem Fall können alle Kreuzprodukte durch Joinoperationen ersetzt werden, wie Abbildung 8.6 zeigt.

Nun bestimmen wir die Reihenfolge der Joinoperationen. Mit Hilfe der Assoziativregel (Regel 3) kann die Joinreihenfolge verändert werden. Dieser Schritt allein

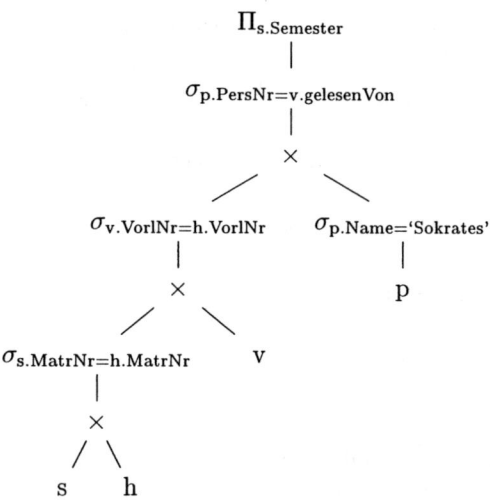

Abb. 8.5: Aufbrechen und Verschieben von Selektionen

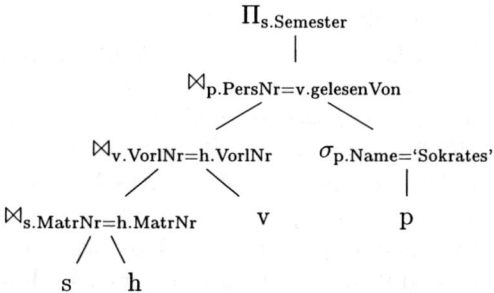

Abb. 8.6: Zusammenfassen von Selektionen und Kreuzprodukten

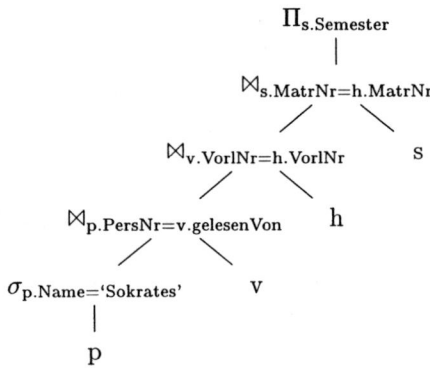

Abb. 8.7: Bestimmung der Joinreihenfolge

ist schon ein komplexes Thema, und es gibt keine effiziente Methode, in jedem Fall eine Reihenfolge zu finden, die eine minimale Größe der Zwischenergebnisse garantiert. In unserem überschaubaren Beispiel kann man sich aber verdeutlichen, daß es nur einen Professor mit Namen Sokrates gibt, der nur drei Vorlesungen hält. Daher sollte der Join von *Professoren* mit *Vorlesungen* als erstes vorgenommen werden. Dies ist in Abbildung 8.7 dargestellt.

Eine mögliche Heuristik zur Bestimmung der vollständigen Joinreihenfolge könnte so verlaufen: Mit Hilfe der sogenannten *Selektivität*, mit der man die Kardinalität des Joins relativ zum Kreuzprodukt abschätzt und die noch in Abschnitt 8.3.1 vorgestellt wird, ist es möglich, die Ergebnisgröße eines Joins zu bestimmen. Man verbindet zuerst die beiden Relationen, die nach dieser Abschätzung das kleinste Zwischenergebnis liefern. Im Beispiel würden die Joins *Vorlesungen* ⋈ *hören* und *hören* ⋈ *Studenten* jeweils 13 Tupel liefern. Sokrates aber hält, wie oben bereits erwähnt, nur drei Vorlesungen. Also wird Sokrates zuerst mit seinen Vorlesungen verbunden. Im zweiten Schritt wählt man die Relation aus den verbleibenden, die das kleinste Zwischenergebnis beim Join mit der aus dem ersten Schritt hervorgegangenen Relation erzeugt. Das wäre im Beispiel die Relation *hören*, da eine Verbindung von *Professoren* ⋈ *Vorlesungen* mit *Studenten* zu einem Kreuzprodukt entarten würde. Im dritten und letzten Schritt bleibt nur die Relation *Studenten* übrig, also wird sie mit dem Ergebnis des zweiten Schrittes verbunden.

Zum Vergleich wollen wir die Größe der Zwischenergebnisse der alten und neuen Version anhand der Beispielausprägung (aus Abbildung 3.7, Seite 71) bestimmen.

In der neuen Version enthält das Zwischenergebnis nach dem Verbund von *Professoren* und *Vorlesungen*, wie gesagt, drei Tupel (die Vorlesungen Ethik, Mäeutik und Logik). Zu diesen drei Vorlesungen existieren vier Einträge in der Relation *hören*. Wird dieses Ergebnis wiederum mit *Studenten* verbunden, ergeben sich keine neuen Tupel, die vorhandenen werden lediglich um die Informationen aus *Studenten* „angereichert". Die Summe der Zwischenergebnisse der Joins ist hier also $3 + 4 + 4 = 11$.

Die alte Version aus Abbildung 8.6 verbindet zuerst die Relationen *Studenten*

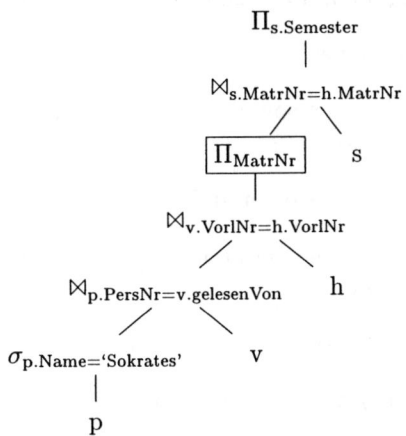

Abb. 8.8: Einfügen und Verschieben von Projektionen

und *hören.* Im Ergebnis befinden sich für unsere Beispielausprägung 13 Tupel. Bei einem Join mit *Vorlesungen* ergeben sich keine weiteren Tupel. Durch den letzten Join werden nur die Hörer von Sokrates weitergereicht, das Ergebnis enthält vier Tupel. Insgesamt ergibt sich eine Größe von $13 + 13 + 4 = 30$ Tupel in den Zwischenergebnissen.

Eine letzte Maßnahme, die aber mit Vorsicht anzuwenden ist, besteht im Verschieben bzw. Einfügen von Projektionen (Regeln 5, 6, 8 und 10). Die dadurch enstehende Reduzierung der Zwischenergebnisse hat zwei Ursachen: Einerseits können durch die Projektion Duplikate entstehen, die eliminiert werden können. Dieser Effekt tritt natürlich nicht auf, wenn in der Projektion noch ein Schlüssel enthalten ist. Andererseits wird die Größe der einzelnen Tupel reduziert, so daß bei einer Zwischenspeicherung des Ergebnisses auf dem Hintergrundspeicher weniger Seiten benötigt werden. Dieser geringere Platzbedarf äußert sich dann später in kleinerem Zugriffsaufwand bei der weiteren Bearbeitung, ein wichtiger Faktor bei sehr großen Attributen.

In unserem Beispiel kann durch Einfügen einer Projektion auf die Matrikelnummer – wie in Abbildung 8.8 gezeigt – ein Tupel eliminiert und viele für die weitere Bearbeitung unnötige Attribute entfernt werden. An dieser Stelle enthält das Zwischenergebnis alle Attribute aus *Professoren, Vorlesungen* und *hören,* aber lediglich das Attribut *MatrNr* wird gebraucht. Eine solche Maßnahme ist aber aufgrund der Duplikateliminierung, wie später noch besprochen wird, mit einigen Kosten verbunden. An dieser Stelle würde sie sich wahrscheinlich nicht lohnen. Folgendes soll als Entscheidungshilfe dienen: Ist der Wertebereich der zu projizierenden Attribute klein im Vergleich zu der Anzahl der Tupel (wie beispielsweise das Attribut *Semester* bei *Studenten*) oder können sehr große Attribute (z.B. Photos der Studenten in Form von Bitmaps) entfernt werden, lohnt sich eine Projektion.

Fassen wir nochmal die verwendeten Techniken zusammen und formulieren diese als Optimierungsheuristik, die auf der kanonischen Normalform aufsetzt:

1. Aufbrechen von Selektionen,

2. Verschieben der Selektionen soweit wie möglich nach unten im Operatorbaum (engl. pushing selections),

3. Zusammenfassen von Selektionen und Kreuzprodukten zu Joins,

4. Bestimmung der Reihenfolge der Joins in der Form, daß möglichst kleine Zwischenergebnisse entstehen,

5. unter Umständen Einfügen von Projektionen,

6. Verschieben der Projektionen soweit wie möglich nach unten im Operatorbaum.

8.2   Physische Optimierung

Man unterscheidet die logischen Algebraoperatoren von den physischen Algebraoperatoren, die die Realisierung der logischen Operatoren darstellen. Es kann für einen logischen Operator durchaus mehrere physische Operatoren geben.

Bisher haben wir uns nur auf der logischen Ebene bewegt. In diesem Abschnitt wird der physische Aufbau der Datenbank, also z.B. Indexe oder Sortierung von Relationen, bei der Auswahl von Implementierungen für die logischen Operatoren ausgenutzt.

Eine elegante Lösung, um Auswertungspläne baukastenartig zusammenzusetzen, stellen die sogenannten *Iteratoren* dar. Ein Iterator ist ein abstrakter Datentyp, der Operationen wie **open**, **next**, **close**, **cost** und **size** als Schnittstelle zur Verfügung stellt.

Die Operation **open** ist eine Art Konstruktor, der die Eingaben öffnet und eventuell eine Initialisierung vornimmt. Die Schnittstellenoperation **next** liefert das nächste Tupel des Ergebnisses der Berechnung. Die Operation **close** schließt die Eingaben und gibt möglicherweise noch belegte Ressourcen frei. Diese drei Funktionen sind vergleichbar mit denen eines Cursors in Embedded SQL (vergleiche Kapitel 4).

Die beiden Operationen **cost** und **size** geben Informationen über die geschätzten Kosten für die Berechnung und die Größe des Ergebnisses an. Halbwegs realistische Kostenmodelle sind leider sehr umfangreich und kompliziert. Wir werden daher auf eine vollständige Diskussion verzichten und in Abschnitt 8.3 nur einige Varianten angeben.

Genau wie die relationalen Operatoren einer Anfrage baumartig dargestellt werden können, ist dies auch mit Iteratoren möglich. Mehrere Iteratoren werden so zu einem Auswertungsplan kombiniert. Schematisch kann man sich das Zusammensetzen von Iteratoren wie in Abbildung 8.9 vorstellen.

Das Anwendungsprogramm (oder die Benutzerschnittstelle bei einer interaktiven Anfrage) öffnet den Wurzeliterator und fordert mit Hilfe des **next**-Befehls solange Ergebnisse an, bis keine mehr geliefert werden können. Der Wurzeliterator benötigt

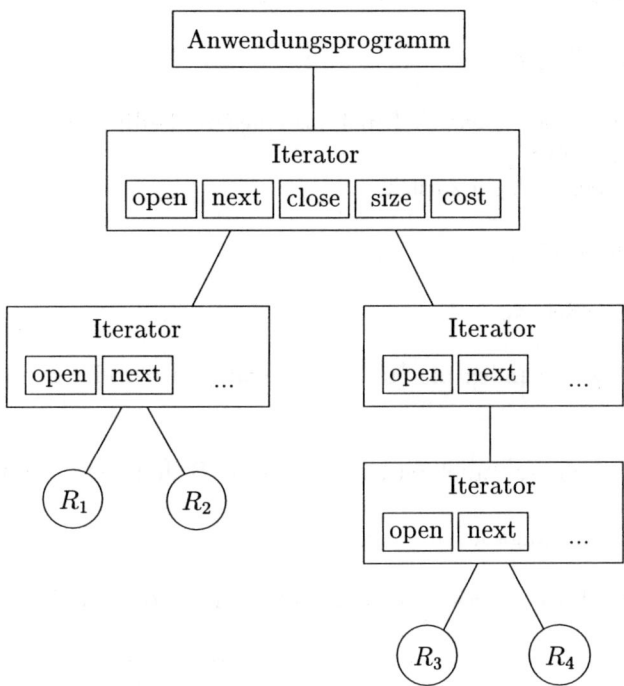

Abb. 8.9: Schematische Darstellung eines Auswertungsplanes

für die Berechnung der Ergebnistupel die Ausgaben der mit ihm verbundenen Tochteriteratoren. Daher ruft er bei den Tochteriteratoren wieder entsprechend **open**, **next** und **close** auf. Der Prozeß setzt sich so bis zu den Blättern fort, an denen die Basisrelationen der Datenbank stehen.

Zusätzlich zu einer eleganteren Architektur bietet das Iteratorkonzept den Vorteil, daß man nicht notwendigerweise Zwischenergebnisse speichern muß. Nehmen wir beispielsweise an, daß eine Anfrage ausschließlich Selektionen und Projektionen enthält. Ständen nur Prozeduren zur Verfügung, die jeweils einen algebraischen Operator komplett berechnen, müßte im allgemeinen für jedes Teilergebnis eine Zwischenspeicherung stattfinden. Bei der schrittweisen Realisierung werden Ergebnisse Stück für Stück durchgereicht. Man spricht hier auch von *Pipelining*. Ein Nachteil des Iteratorkonzepts ist, daß die Realisierung der unterschiedlichen Iteratoren komplizierter ist als eine entsprechende Realisierung durch Prozeduren.

Für die Diskussion der Funktionsweise der einzelnen Iteratortypen wollen wir sie in fünf Gruppen unterteilen:[1]

1. Selektion

2. Binäre Zuordnung (Matching)

---

[1]Die Umbenennung dient in der relationalen Algebra der eindeutigen Identifizierung von Attributen. In der physischen Algebra spielt sie keine Rolle, da solche Schema-Informationen im allgemeinen über interne und somit eindeutige Bezeichner gehandhabt werden.

a) **iterator** Select$_p$
    open
- Öffne Eingabe

    next
- Hole solange nächstes Tupel, bis eines die Bedingung p erfüllt, ansonsten ist man fertig
- Gib dieses Tupel zurück

    close
- Schließe Eingabe

b) **iterator** IndexSelect$_p$
    open
- Schlage im Index die erste Stelle nach, an der ein Tupel die Bedingung erfüllt

    next
- Gib nächstes Tupel zurück, falls es die Bedingung p noch erfüllt

    close
- Schließe Eingabe

Abb. 8.10: Zwei Implementierungen der Selektion: a) ohne und b) mit Indexunterstützung

---

3. Gruppierung und Duplikateliminierung

4. Projektion und Vereinigung

5. Zwischenspeicherung

Im allgemeinen gibt es drei prinzipielle Methoden, die Operatoren der ersten drei Gruppen zu implementieren. Zunächst wäre da der „Brute Force"-Ansatz, bei dem einfach sequentiell alle Möglichkeiten durchgetestet werden. Der zweite Weg besteht in der Ausnutzung der Reihenfolge bzw. Sortierung der Tupel. Als dritte Möglichkeit können Indexstrukturen ausgenutzt werden, um direkt auf bestimmte Tupel zuzugreifen.

8.2.1 Implementierung der Selektion

Abbildung 8.10 zeigt eine Implementierung der Selektion in der „Brute Force"-Variante und über den Zugriff auf eine Indexstruktur (sei es ein B-Baum oder eine Hashtabelle). Bei jedem Aufruf von **next** wird ein die Bedingung erfüllendes Tupel zurückgeliefert, bis die Eingabequellen erschöpft sind. In der Index-Variante wird beim Öffnen des Iterators zusätzlich schon das erste passende Tupel nachgeschlagen. Bei einem B$^+$-Baum beispielsweise geschieht das durch Absteigen innerhalb des Baums bis zu den Blättern. Die Blätter können dann bei jedem **next**-Aufruf sequentiell durchsucht werden, bis die Bedingung nicht mehr zutrifft.

iterator NestedLoop$_p$

    open

        • Öffne die linke Eingabe

    next

        • Rechte Eingabe geschlossen?

          – Öffne sie

        • Fordere rechts solange Tupel an, bis Bedingung p erfüllt ist

        • Sollte zwischendurch rechte Eingabe erschöpft sein

          – Schließe rechte Eingabe

          – Fordere nächstes Tupel der linken Eingabe an

          – Starte **next** neu

        • Gib den Verbund von aktuellem linken und aktuellem rechten Tupel zurück

    close

        • Schließe beide Eingabequellen

Abb. 8.11: Nested-Loop Iterator

8.2.2 Implementierung von binären Zuordnungsoperatoren

Join, Mengendifferenz und Mengendurchschnitt lassen sich auf sehr ähnliche Weise implementieren. Daher faßt man sie unter der Bezeichnung *binäre Zuordnungsoperatoren* zusammen. Beim Join werden Attribute zweier Tupel verglichen, bei Differenz und Schnitt komplette Tupel. In diesem Abschnitt werden nur Implementierungen von Equijoins vorgestellt (siehe dazu auch Übungsaufgabe 8.6).

Ein einfacher Join-Algorithmus

Es liegt am nächsten, zwei ineinander geschachtelte Schleifen (engl. nested loops) zu verwenden. Dabei wird jedes Tupel der einen Menge mit jedem der anderen verglichen. In vereinfachter Form als normale Prozedur formuliert sähe der Join $R \bowtie_{R.A=S.B} S$ so aus:

    for each $r \in R$

        for each $s \in S$

            if $r.A = s.B$ **then**

                $res := res \cup (r \times s)$

Hierbei wird das Ergebnis *res* sukzessive mit (r,s)-Kombinationen gefüllt, bei denen die Joinbedingung erfüllt ist.

Die Iteratorformulierung in Abbildung 8.11 ist schon etwas komplizierter, da bei jedem Aufruf der Funktion **next** ja nur ein Tupel weitergereicht wird. Doch auch sie ist noch stark vereinfacht, reale Implementierungen berücksichtigen auch Fragen der Verteilung der Tupel auf Hintergrundspeicherseiten und der Systempufferverwaltung.

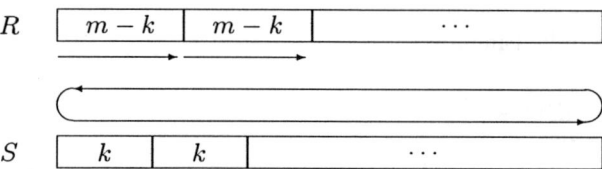

Abb. 8.12: Schematische Darstellung des seitenorientierten Nested-Loop Joins

Ein verfeinerter Join-Algorithmus

Die Tupel einer Relation sind auf Seiten abgespeichert und müssen dementsprechend für eine Bearbeitung seitenweise vom Hintergrundspeicher in den Hauptspeicher geladen werden.

Stehen im Hauptspeicher m Seiten für die Berechnung des Joins zur Verfügung, reserviert der verfeinerte Join-Algorithmus k Seiten für die innere Schleife und $m-k$ für die äußere. Die äußere Relation, nennen wir sie R, wird in Portionen zu $m-k$ Seiten eingelesen. Für jede dieser Portionen muß die komplette innere Relation S in Portionen zu k Seiten eingelesen werden. Alle Tupel der Relation R, die sich auf den $m-k$ Seiten befinden, werden mit allen Tupeln aus S in den k Seiten verglichen.

Man kann pro Durchlauf das Einlesen einer Portion von k Seiten sparen, wenn die innere Relation im Zick-Zack-Verfahren durchlaufen wird, also abwechselnd vorwärts und rückwärts. Das ist in Abbildung 8.12 skizziert. Der optimale Fall tritt bei $k=1$ und Verwendung der kleineren Relation als äußeres Argument – hier also R – ein, wie wir in Abschnitt 8.3.3 sehen werden.

Im allgemeinen ist eine Nested-Loop Auswertung mit ihrem quadratischen Aufwand zu teuer. Sie hat jedoch den Vorteil, daß sie sehr einfach ist und ohne wesentliche Modifikation auch andere Joinformen (Theta-Joins und Semi-Joins) berechnen kann.

Ausnutzung der Sortierung

Falls eine Sortierung beider Eingaben nach den zu verbindenden Attributen vorliegt, kann eine wesentlich effizientere Methode gewählt werden: der sogenannte *Merge-Join*. Dabei werden beide Relationen parallel von oben nach unten abgearbeitet. An jeder Position innerhalb der Relationen ist bekannt, daß kein Tupel mit einem kleineren Wert im Joinattribut mehr folgt. Wenn also ein potentieller (Equi-) Joinpartner des gerade aktuellen Tupels schon größer ist, braucht das aktuelle Tupel nicht mehr betrachtet zu werden.

In Abbildung 8.13 soll $R \bowtie_{R.A=S.B} S$ berechnet werden. Beim Öffnen der Eingaben (hier R und S) wird je ein Zeiger auf das erste Tupel von R und S positioniert – hier z_r und z_s genannt. Wir beginnen mit dem kleinsten Attributwert in der Eingabe, hier der 0. Die andere Eingabe besitzt den Wert 5 im Joinattribut. Wir wissen daher aufgrund der Sortierung, daß kein Joinpartner für das Tupel mit der 0 existiert und bewegen z_r vorwärts auf die 7. Nun ist die 5 der kleinste Wert in der Eingabe und wir bewegen z_s vorwärts. Nach zwei Schritten erreicht z_s die

R					S	
	A				B	
...	0	$\xleftarrow{z_r}$	$\xrightarrow{z_s}$		5	...
...	7				6	...
...	7				7	...
...	8				8	...
...	8				8	...
...	10				11	...
⋮	⋮				⋮	⋮

Abb. 8.13: Beispiel einer Merge-Join Ausführung

7, und ein Joinpartner ist gefunden. Der Join wird durchgeführt und in R nach weiteren potentiellen Joinpartnern gesucht. Es existiert noch ein weiteres Tupel mit Attributwert 7, daher kann noch ein zweiter Join durchgeführt werden. Dieser Prozeß kann jetzt fortgesetzt werden, bis beide Tabellen durchlaufen sind.

Eines muß allerdings noch beachtet werden: Sobald beim Durchlauf ein erster Joinpartner gefunden wird, muß er markiert werden. Existieren nämlich auf beiden Seiten mehrere Tupel mit gleichem Attributwert, muß nach einem Durchlauf auf einer Seite der Zeiger wieder auf die Markierung zurückgesetzt werden. Dies ist bei der 8 der Fall, bei der vier Ergebnistupel erzeugt werden müssen. Der Leser möge das Beispiel mit Hilfe der Iterator-Darstellung in Abbildung 8.14 nachvollziehen.

Im Durchschnitt kann man bei diesem Algorithmus mit linearem Aufwand rechnen – falls die Sortierung gegeben ist. Im schlechtesten Fall kann er natürlich auch quadratisch werden, wenn der Join zu einem Kreuzprodukt entartet. Dies wäre bei der Situation $\Pi_A(R) = \{c\} = \Pi_B(S)$ gegeben, wenn also sowohl im Attribut A von R als auch im Attribut B von S nur gleiche Werte, nämlich c, vorkommen.

Bei nicht vorhandener Sortierung muß diese natürlich vorher durchgeführt werden, um den Merge-Join anwenden zu können. Man bezeichnet diese Variante oft als *Sort/Merge-Join*.

Ausnutzung von Indexstrukturen

Ein weiteres Verfahren besteht in der Ausnutzung eines Indexes auf einem der Joinattribute. Das ist in Abbildung 8.15 demonstriert. Auf das Attribut B der Relation S ist ein Index angelegt. Daher braucht man für jedes Tupel aus R nur die passenden Tupel aus B im Index nachzuschlagen. Die Iterator-Darstellung ist in Abbildung 8.16 angegeben. Auch hier muß berücksichtigt werden, daß unter Umständen zu einem Attributwert mehrere Tupel im Index eingetragen sind.

Für den B^+-Baum wäre das Nachschlagen des Joinattributwerts im Index also gleichbedeutend mit dem Absteigen des Baums zu der Stelle in den Blättern, an der der Wert das erste Mal vorkommt. Weitere Tupel mit dem Joinattributwert findet man im B^+-Baum, indem man den Blattknoten „nach rechts" durchsucht und gegebenenfalls die Verkettungen zu anderen Blattknoten verfolgt.

iterator MergeJoin$_p$

   open
- Öffne beide Eingaben
- Setze *akt* auf linke Eingabe
- Markiere rechte Eingabe

   next
- Solange Bedingung *p* nicht erfüllt
  - Setze *akt* auf Eingabe mit dem kleinsten anliegenden Wert im Joinattribut
  - Rufe **next** auf *akt* auf
  - Markiere andere Eingabe
- Gib Verbund der aktuellen Tupel der linken und rechten Eingabe zurück
- Bewege andere Eingabe vor
- Ist Bedingung nicht mehr erfüllt oder andere Eingabe erschöpft?
  - Rufe **next** auf *akt* auf
  - Wert des Joinattributs in *akt* verändert?
    - · Nein, dann setze andere Eingabe auf Markierung zurück
    - · Ansonsten markiere andere Eingabe

   close
- Schließe beide Eingabequellen

Abb. 8.14: Merge-Join Iterator

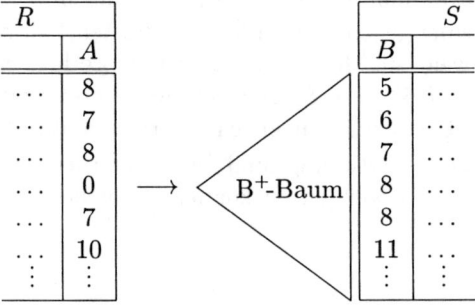

Abb. 8.15: Schematische Darstellung eines Index-Joins

iterator IndexJoin$_p$
    open
        - Sei Index auf Joinattribut der rechten Eingabe vorhanden
        - Öffne die linke Eingabe
        - Hole erstes Tupel aus linker Eingabe
        - Schlage Joinattributwert im Index nach
    next
        - Bilde Join, falls Index ein (weiteres) Tupel zu diesem Attributwert liefert
        - Ansonsten bewege linke Eingabe vor und schlage Joinattributwert im Index nach
    close
        - Schließe die Eingabe

Abb. 8.16: Index-Join Iterator

Hash-Joins

Ein einfacher Index-Join, wie er oben vorgestellt ist, hat verschiedene Nachteile:

- Manchmal sind die Eingaben eines Joins Zwischenergebnisse anderer Berechnungen, für die keine Indexstrukturen existieren.

- Das Anlegen von temporären Hashtabellen oder B-Bäumen für die Berechnung einer Anfrage lohnt sich allgemein nur, wenn die Indexstruktur im Hauptspeicher Platz findet.

- Man geht bei einer größeren Hashtabelle als Indexstruktur davon aus, daß jedes Nachschlagen aufgrund der nicht vorhandenen Ballung (siehe Kapitel 7) mindestens einen Seitenzugriff erfordert. Daher ist die Ausnutzung einer Hashtabelle bei einem normalen Index-Join nur sinnvoll, wenn die nicht-indizierte Relation klein ist.

Die Idee des Hash-Joins besteht darin, die Eingabedaten so zu partitionieren, daß die Verwendung einer Hauptspeicher-Hashtabelle möglich ist. Die Wirkung der Partitionierung kann man sich mit Hilfe von Abbildung 8.17 verdeutlichen. Beim Nested-Loop Join muß jedes Element der Argumentrelation R mit jedem Element der Relation S verglichen werden, was einer vollständigen Schraffierung der Fläche im Bild entspricht (linke Abbildung). Mit der Partitionierung werden vorher die Tupel der Argumentrelationen so gruppiert, daß nur die schraffierten Rechtecke in der Diagonalen berücksichtigt werden müssen (rechte Abbildung). Die Vorgehensweise dazu ist in Abbildung 8.18 dargestellt.

Die kleinere der beiden Argumentrelationen wird zum sogenannten *Build Input*: Sie wird solange partitioniert, bis die Partitionen in den Hauptspeicher passen.

Stehen für einen Partitionierungsvorgang m Hauptspeicherseiten zur Verfügung, werden $m - 1$ für die Ausgabe und eine für die Eingabe reserviert. Die Hashfunktionen h_i werden so gewählt, daß sie die Eingabe auf die $m - 1$ Ausgabeseiten abbilden. Es wird jeweils eine Seite gelesen und mit der Hashfunktion h_i auf die restlichen $m - 1$ Seiten verteilt. Läuft eine der Ausgabeseiten über, wird sie in die

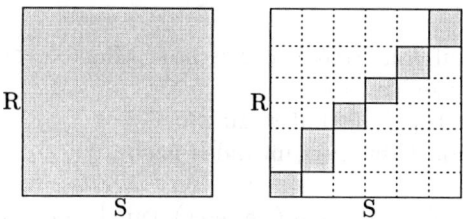

Abb. 8.17: Effekt der Partitionierung (angelehnt an Mishra und Eich (1992))

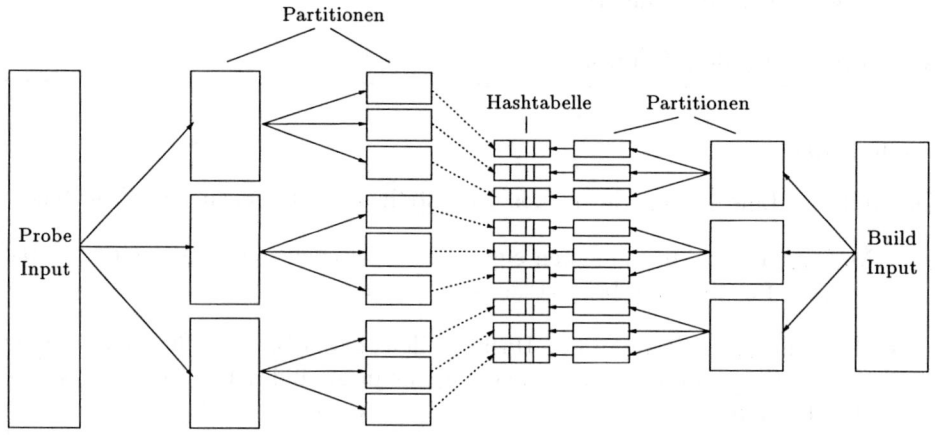

Abb. 8.18: Partitionierung von Relationen mit einer Hash-Funktion

zugehörige Partition geschrieben. Am Ende werden alle verbleibenden Seiten in ihre Partitionen geschrieben. So entstehen in jedem Schritt aus jeder Partition rekursiv $m - 1$ kleinere Partitionen. In der Abbildung ist dies für $m - 1 = 3$ gezeigt.

Als nächstes wird die größere Argumentrelation bearbeitet, der sogenannte *Probe Input*. Sie wird mit den gleichen Hashfunktionen h_i partitioniert wie der Build Input. Die sich ergebenden Partitionen brauchen jedoch nicht unbedingt in den Hauptspeicher zu passen.

Nach der Partitionierungsphase befinden sich die potentiellen Joinpartner, anschaulich ausgedrückt, in „gegenüberliegenden" Partitionen. Jetzt wird immer jeweils eine Partition des Build Inputs in den Hauptspeicher gelesen und dort als normale Hauptspeicher-Hashtabelle organisiert. Die entsprechende Partition des Probe Inputs kann nun Seite für Seite eingelesen werden. Mit Hilfe der Hashtabelle sind alle potentiellen Joinpartner im Hauptspeicher schnell zu finden. Dieser abschließende Bearbeitungsschritt ist in Abbildung 8.18 durch gestrichelte Pfeile dargestellt.

Verdeutlichen wir das noch einmal an dem etwas konkreteren Beispiel in Abbildung 8.19. Dort wird ein Join von gleichaltrigen Männern und Frauen durchgeführt. Die Relation *Frauen* ist etwas größer, daher wird sie als Probe Input verwendet. Der Anschaulichkeit halber sei eine Hash-Funktion gewählt, die nach dem Alter ordnet

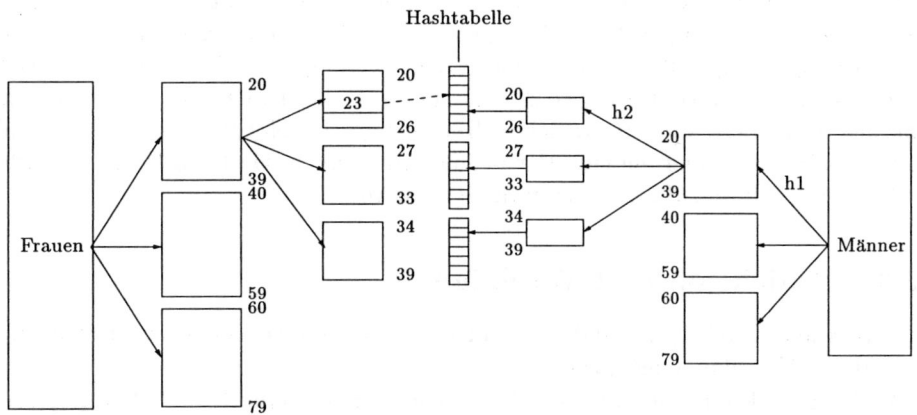

Abb. 8.19: Berechnung von Frauen ⋈$_{\text{Frauen.Alter=Männer.Alter}}$ Männer

– in der Praxis wäre das sicher nicht sinnvoll (siehe Aufgabe 8.4). So sind nach der ersten Partitionierung des Build Inputs die 20 − 39 Jahre alten Männer in der ersten Partition, die 40 − 59 Jahre alten in der zweiten Partition usw. Im zweiten Partitionierungsschritt werden diese Partitionen weiter zerlegt. Danach seien alle Partitionen klein genug, um in den Hauptspeicher zu passen. Das Gleiche wird für die Frauen durchgeführt.

Jetzt kann die Partition mit den 20 − 26 Jahre alten Männern in den Hauptspeicher geladen werden, um sie auf die Hashtabelle zu verteilen. Auf der anderen Seite wird die Partition mit den 20 − 26 Jahre alten Frauen durchgegangen, und es werden die entsprechenden Joinpartner gesucht, die sich ja im Hauptspeicher befinden müssen.

Man beachte, daß ein *HashJoin*-Iterator, den wir hier nicht mehr detaillierter spezifizieren, beim **open** schon einen Großteil der „Arbeit verrichtet". Bei der Initialisierung (Aufruf von **open**) wird schon die gesamte Partitionierung und der Aufbau der Hashtabelle für die erste Partition des Build-Inputs durchgeführt. Erst danach kann dieser Iterator sukzessive (durch Aufruf von **next**) Ergebnistupel des Joins liefern.

8.2.3 Gruppierung und Duplikateliminierung

Auch Gruppierung und Duplikateliminierung sind miteinander verwandt. Ihre Gemeinsamkeit ist ähnlich der von Join und Differenz bzw. Schnitt. Während bei der Gruppierung Tupel zusammengefaßt werden, bei denen ein bestimmtes Attribut im Wert übereinstimmt, werden bei der Duplikateliminierung diejenigen Tupel zusammengefaßt, die vollständig übereinstimmen.

Es können wieder die schon im vorigen Abschnitt benutzten drei Methoden eingesetzt werden (daher geben wir hier auch nicht mehr die Iterator-Schreibweise an). Die Brute-Force Methode vergleicht einfach analog zum Nested-Loop Join in einer geschachtelten Schleife jedes Tupel mit jedem. Liegt eine Sortierung vor, braucht die Eingabe lediglich von Anfang bis Ende einmal durchsucht und alle Duplikate eliminiert bzw. Gruppen bearbeitet zu werden. Alternativ kann ein vorliegender Sekundärindex ausgenutzt werden. Wurde beispielsweise ein B^+-Baum verwendet, befinden sich in den Blättern des Baums entweder die Tupel oder Zeiger auf die Tupel der Eingaberelation in sortierter Reihenfolge. Im Normalfall ist es sinnvoll, für die Duplikateliminierung eine Partitionierung ähnlich wie beim Hash-Join oder eine Sortierung durchzuführen, wenn diese nicht vorliegt.

8.2.4   Projektion und Vereinigung

Projektion und Vereinigung sind sehr einfach zu implementieren, es wird daher nur kurz auf das Vorgehen eingegangen.

Da der Projektionsoperator der physischen Algebra keine Duplikateliminierung vornimmt (dafür ist ja ein spezieller Operator vorgesehen), braucht er lediglich jedes Tupel der Eingabe auf die entsprechenden Attribute zu reduzieren und an die Ausgabe weiterzureichen.

Bei der Vereinigung werden nur nacheinander alle Tupel der linken und rechten Eingabe ausgegeben, da auch hier in der physischen Algebra keine automatische Duplikateliminierung durchgeführt wird.

8.2.5   Zwischenspeicherung

Es ist durchaus möglich, Iteratoren so zu verwenden, daß zwischendurch kein einziges Tupel auf dem Hintergrundspeicher abgelegt werden muß. Sie brauchen lediglich einzeln nach oben weitergegeben zu werden. Das ist aber sicherlich nicht immer der effizienteste Weg. Besteht die innere Schleife eines Nested-Loop-Joins beispielsweise wieder aus einem Nested-Loop-Join, müßte für jedes Tupel des äußeren Arguments der innere Join komplett neu berechnet werden. In diesem Fall ist es vielfach effizienter einen Operator zur Zwischenspeicherung einzufügen, den wir *Bucket* nennen wollen.[2]

Der Bucket-Operator legt einfach alle Tupel der Eingabe temporär auf dem Hintergrundspeicher ab, quasi als eine Art „Auffangbecken". Bei später folgenden Durchläufen kann er dann auf diese Daten zugreifen.

Eine weitere Anwendungsmöglichkeit gibt es bei der Eliminierung (bzw. Faktorisierung) gemeinsamer Teilausdrücke. Sollte in einer Anfrage ein Ausdruck mehrmals vorkommen, ist es oft sinnvoll, ihn nur einmal auszuwerten und zwischenzuspeichern. Der Auswertungsplan wird dann zu einem Graph, wie es Abbildung 8.20 skizziert.

Eine Verfeinerung des Bucket-Operators sind die Operatoren *Sort*, *Hash* und *BTree*. Auch sie führen eine Zwischenspeicherung durch, bearbeiten die Eingabe jedoch vorher. Im ersten Fall wird sie sortiert, im zweiten und dritten wird eine Hashtabelle bzw. ein B-Baum mit der Eingabe als Inhalt angelegt. Dadurch ist es möglich, die effizienteren Sort- und Index-Algorithmen auch auf Zwischenergebnissen zu verwenden.

---

[2]Aufgrund des hohen Speicherverbrauchs einer Joinberechnung ist es meistens auch notwendig, die Ausgabe abzuspeichern. Ansonsten kann bei mehreren Joinberechnungen jeder einzelnen nicht genügend Hauptspeicherplatz zugeteilt werden.

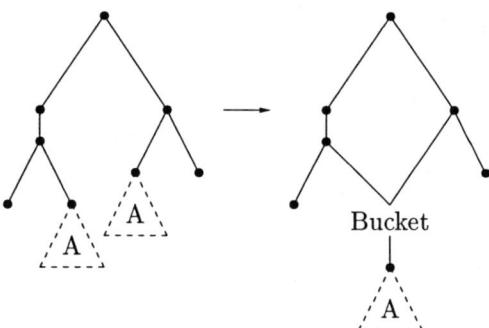

Abb. 8.20: Eliminierung gemeinsamer Teilausdrücke

Sortierung von Zwischenergebnissen

Hier soll eine einfache Version des üblicherweise verwendeten Mergesorts vorgestellt werden. Das Problem bei der Sortierung ist wieder, daß Relationen im allgemeinen wesentlich größer sind als der Hauptspeicher. Sie können also immer jeweils nur teilweise bearbeitet werden; Verfahren wie Quicksort sind daher nicht anwendbar.

Die Idee des Mergesorts ist es, eine Relation in sortierte Stücke zu zerteilen, sogenannte *Läufe* (engl. *runs*). Zwei (oder mehrere) sortierte Läufe können dann zu einem größeren sortierten Lauf, ähnlich wie beim Merge-Join, zusammengemischt werden. Das wird solange fortgesetzt, bis nur noch ein Lauf vorhanden ist.

Die initialen, sogenannten *Level-0 Läufe* werden durch eine Hauptspeichersortierung, beispielsweise mit Hilfe von Quicksort, gebildet. Dazu wird die Relation stückweise eingelesen, sortiert und in eine temporäre Relation zurückgeschrieben.

Danach beginnt der Mischvorgang. Stehen m Seiten im Hauptspeicher zur Verfügung, werden $m-1$ Läufe (ähnlich wie beim Merge-Join) gemischt. Die freie Seite wird für die Ausgabe benötigt.

Sei b_R die Anzahl der Seiten, die die Relation R belegt. Betrachten wir als Beispiel für die Situation $m=5$ und $b_R=30$ die Abbildung 8.21. Nach der initialen Sortierung entstehen sechs Level-0 Läufe der Länge m. Jeder Mischvorgang kann jeweils $m-1=4$ Seiten lesen und sie in die verbleibende fünfte Seite mischen.

Die verbleibenden zwei Läufe werden noch nicht gemischt. Würden sie an dieser Stelle schon bearbeitet werden, entstände ein zweiter Lauf auf Level 1, der mit dem ersten gemischt werden müßte. Dadurch würden die Daten der beiden Läufe einmal mehr gelesen und wieder geschrieben als notwendig. Im zweiten Level ergibt sich dann die vollständig sortierte Relation. Trotz der Verzögerung des Mischens kann dieser Vorgang noch weiter verbessert werden – siehe Aufgabe 8.8.

Ein einzelner Mischvorgang wird in Abbildung 8.22 gezeigt. Im Hauptspeicher M befindet sich je eine Seite jedes Laufs und die Ausgabeseite. Nun wird immer der kleinste der anliegenden Werte, hier die 1, in die Ausgabeseite geschrieben. Ist die Ausgabeseite voll, wird sie fortgeschrieben. Ist eine der Eingabeseiten leer, wird sie aus dem entsprechenden Lauf aufgefüllt.

Um die Anzahl der Durchgänge zu reduzieren, sollten die initialen Läufe so lang

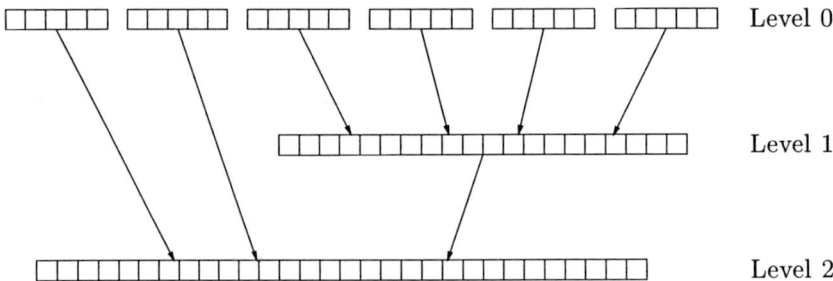

Abb. 8.21: Demonstration eines einfachen Mergesorts

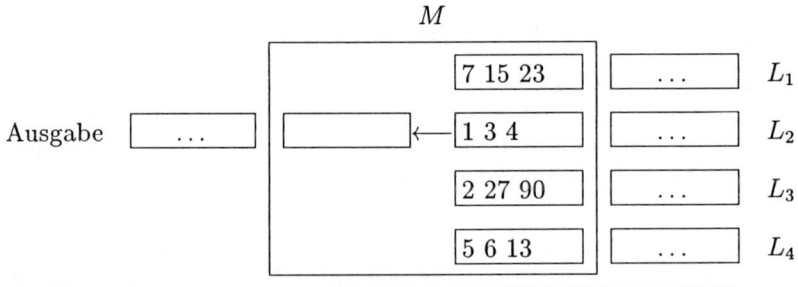

Abb. 8.22: Demonstration des Mischvorgangs

wie möglich sein. Eine Verbesserung läßt sich mit einer sogenannten *Replacement-Selection*-Strategie erreichen.

Bei der Bildung eines Level-0 Laufs werden die Daten dabei nicht direkt vollständig wieder zurückgeschrieben, sondern nur stückweise. Jedesmal, wenn wieder Platz frei wird, wird dieser mit neuen Elementen aus der Eingabe belegt. Sind die Elemente größer als die bereits zurückgeschriebenen, können sie in diesem Lauf mitverwendet werden. Ansonsten werden sie „gesperrt" und erst im nächsten Lauf verwendet. Ein Lauf endet, wenn nur noch gesperrte Einträge vorhanden sind. Mit einem solchen Verfahren läßt sich die Länge der initialen Läufe im Durchschnitt verdoppeln. Ein Beispiel ist in Abbildung 8.23 angegeben. Eingeklammerte Zahlen deuten gesperrte Elemente an.

Im ersten Schritt ist der Speicher mit den Zahlen 10, 20, 30 und 40 belegt. Die kleinste Zahl wird ausgegeben und durch den nächsten Wert der Eingabe ersetzt, die 25. Dieser Wert ist größer als die 10 und kann in diesem Lauf mitverwendet werden. Auf die gleiche Weise wird die 20 ausgegeben und die 73 von der Eingabe geholt. Der nächste Wert in der Eingabe, die 16, ist kleiner als das gerade kleinste Element 25. Daher kann sie nicht in diesem Lauf verwendet werden. Nach drei weiteren Schritten sind alle Werte im Speicher gesperrt und ein neuer Lauf muß begonnen werden.

Wir überlassen es den Lesern, den *Sort*-Iterator zu spezifizieren. Ähnlich wie

Ausgabe						Speicher				Eingabe						
						10	20	30	40	25	73	16	26	33	50	31
					10	20	25	30	40	73	16	26	33	50	31	
				10	20	25	30	40	73	16	26	33	50	31		
			10	20	25	(16)	30	40	73	26	33	50	31			
		10	20	25	30	(16)	(26)	40	73	33	50	31				
	10	20	25	30	40	(16)	(26)	(33)	73	50	31					
10	20	25	30	40	73	(16)	(26)	(33)	(50)	31						
					16	26	31	33	50							

Abb. 8.23: Berechnung der initialen Läufe mit Replacement-Selection

beim *HashJoin*-Iterator muß auch der *Sort*-Iterator bei der Initialisierung (**open**) schon den Großteil der Arbeit verrichten. Nur die letzte *merge*-Phase wird während der sukzessiven Anforderung von Ergebnistupeln durch **next**-Aufrufe durchgeführt.

8.2.6 Übersetzung der logischen Algebra

In diesem Abschnitt werden die einzelnen Operatoren der logischen Algebra in eine äquivalente Darstellung der physischen Algebra übersetzt. Dabei werden die physischen Eigenschaften der Daten ausgenutzt. Eine physische Eigenschaft kann z.B. „Eingabe befindet sich im Hauptspeicher" oder „Attribut A ist aufsteigend sortiert" sein. Diese Eigenschaften können von den Operatoren erhalten, neu eingeführt oder zerstört werden. Index-Join und Nested-Loop-Join erhalten beispielsweise die Sortierung in Attributen der äußeren Relation, nicht aber in Attributen der inneren. Ein Sort-Operator führt eine Sortierung neu ein.

Abbildung 8.24 zeigt einige Übersetzungsmöglichkeiten für relationale Operatoren. Die Argumente R und S deuten dabei nicht notwendigerweise abgespeicherte Relationen an, sondern beliebige weitere Teilbäume. Beispielsweise kann ein Join durch einen Merge-Join implementiert werden, wenn die Eigenschaft der Sortierung auf den Joinattributen vorhanden ist. Diese muß unter Umständen durch das Einfügen eines Sort-Operators erzeugt werden. Eine Projektion kann, wenn nötig, von einer Duplikateliminierung gefolgt werden. Setzt die Duplikateliminierungsmethode bestimmte physische Eigenschaften voraus, können diese durch Voranstellen eines entsprechenden Operators geschaffen werden. Eine „Möglichkeit" wird im Bild durch die eckigen Klammern [...] angedeutet. Eine Operation in eckigen Klammern kann fehlen, wenn sie nicht notwendig ist.

Ein möglicher Auswertungsplan für die Beispielanfrage aus Abbildung 8.7 könnte wie in Abbildung 8.25 aussehen. Dabei wurde angenommen, daß sich auf allen Primärschlüsseln des Schemas ein Primärindex in Form einer Hashtabelle befindet und auf dem Attribut *gelesenVon* der Relation *Vorlesungen* ein Sekundärindex (B$^+$-Baum). Für unsere Datenbasis ist die vorgestellte Auswertung sicherlich nicht die optimale, bei so kleinen Datenmengen würde sich ohnehin der Einsatz einer Indexstruktur nicht lohnen. Es wird jedoch demonstriert, wie ein guter Auswertungsplan

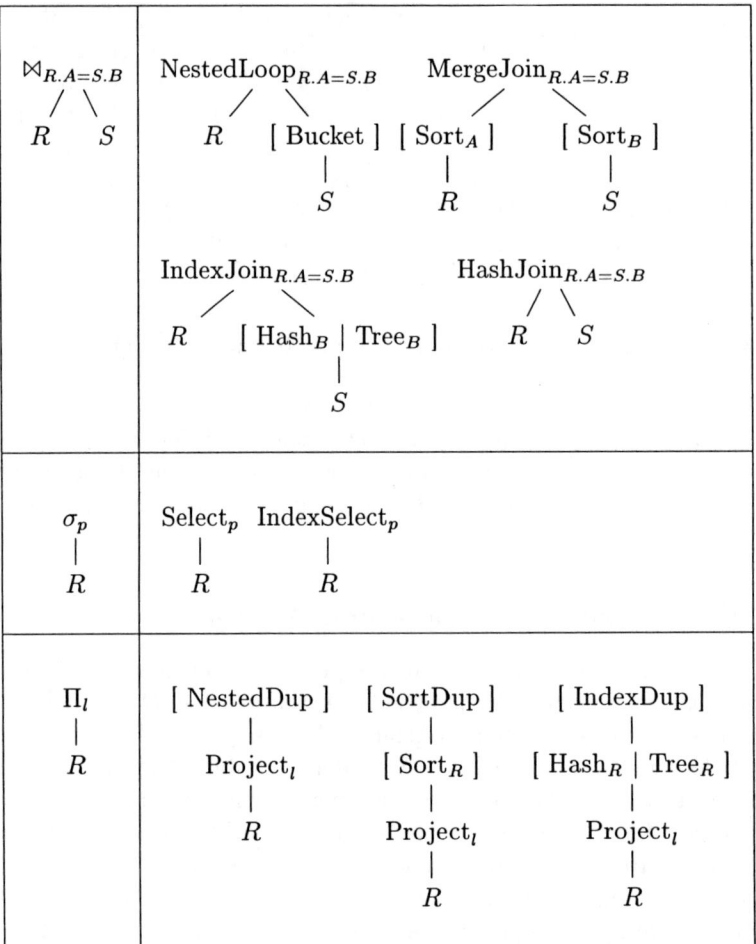

Abb. 8.24: Mögliche Umsetzungen einiger relationaler Operatoren

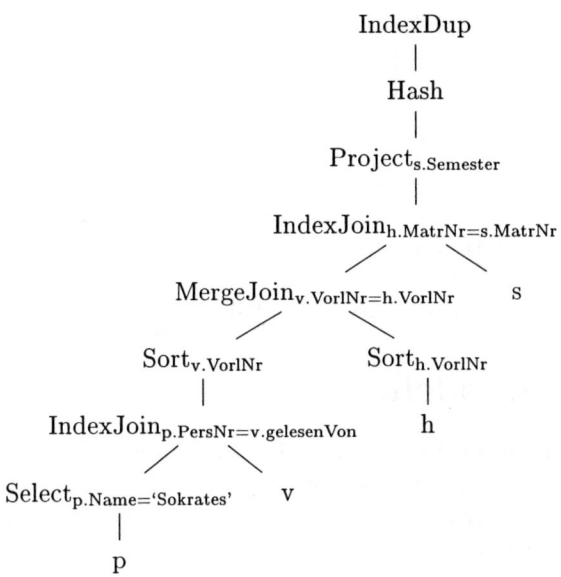

Abb. 8.25: Ein Auswertungsplan

bei einer realistischen (großen) Datenbasis aussehen könnte.

Zunächst wurde die Selektion in Ermangelung eines Indexes auf dem Namen der Professoren durch einen einfachen „Select" ersetzt. Der Sekundärindex auf dem Attribut *gelesenVon* ermöglicht den Einsatz eines Index-Joins, damit nicht die (normalerweise große) Relation *Vorlesungen* komplett gelesen werden muß.

Für den zweiten Join wurde ein Merge-Join ausgewählt. Dazu müssen beide Eingaben nach den Joinattributen sortiert sein. Alternativ wäre auch das Aufbauen einer temporären Indexstruktur möglich gewesen. Wie wir aber bereits gesehen haben, sind temporäre Indexstrukturen i.a. nur sinnvoll, wenn sie im Hauptspeicher Platz finden (Für „Hash" und „Tree" sollten demnach Hauptspeicher-Versionen verwendet werden). Es ist zu beachten, daß *VorlNr* nur ein Teil des Primärschlüssels der Relation *hören* ist und daher der Primärindex im allgemeinen nicht ausgenutzt werden kann.

Im nächsten Join kann der Primärindex der Relation *Studenten* ausgenutzt werden. Das einzige, was noch übrig bleibt, ist die Projektion auf das Attribut *Semester* durchzuführen. Da die Projektion alleine keine Duplikateliminierung durchführt, wird diese nachträglich angewendet. Der Operator, der die Duplikateliminierung durchführt, wurde im Bild „IndexDup" genannt. Diese Wahl ist für das Beispiel wohl tatsächlich die effizienteste, weil wir, wegen des kleinen Wertebereichs von *Semester* (siehe Abschnitt 8.1.2), nur mit wenigen Tupeln in der Ausgabe rechnen müssen. Die Hashtabelle bleibt daher klein und kann im Speicher gehalten werden. Die Eingabe braucht lediglich einmal sequentiell gelesen zu werden.

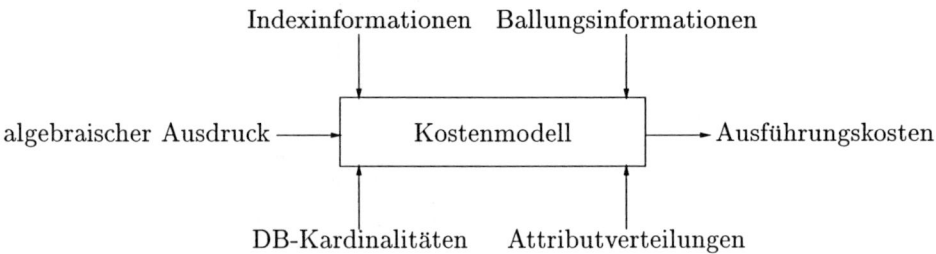

Abb. 8.26: Funktionsweise des Kostenmodells

8.3 Kostenmodelle

Heuristische Optimierungstechniken sind darauf ausgerichtet, in der Mehrzahl der Fälle innerhalb kurzer Laufzeit gute Ergebnisse – d.h. nahezu optimale Anfrageauswertungspläne – zu liefern. Leider generieren derartige Heuristiken manchmal eher schlechte Auswertungspläne. Um dies auszuschließen, ist ein Kostenmodell notwendig, mit dem man verschiedene alternative Auswertungspläne miteinander vergleichen kann, um den besten auszuwählen.

Ein Kostenmodell stellt Funktionen zur Verfügung, die den Aufwand, d.h. die Laufzeit, der Operatoren der physischen Algebra abschätzen. Dazu werden diverse Parameter benötigt, die schon in der Einleitung dieses Kapitels erwähnt wurden, unter anderem Informationen über Indexe, Ballungen, Kardinalitäten und Verteilungen (siehe Abbildung 8.26). Wie schon anfangs erwähnt, werden wir nur einige Varianten der Operatoren etwas detaillierter beschreiben und bewerten. Vorher muß aber noch einiges an Vorarbeit geleistet werden. Bei der Aufwandsbestimmung spielt in vielen Fällen eine Rolle, wieviele Tupel sich bei Auswertung einer Bedingung qualifizieren würden. Diesem Thema wollen wir uns zuerst widmen.

8.3.1 Selektivitäten

Der Anteil der qualifizierenden Tupel wird die *Selektivität sel*[3] genannt. Für die Selektion und den Join ist sie wie folgt definiert:

- Selektion mit Bedingung p:

$$sel_p := \frac{|\sigma_p(R)|}{|R|}$$

- Join von R mit S:

$$sel_{RS} := \frac{|R \bowtie S|}{|R \times S|} = \frac{|R \bowtie S|}{|R| \cdot |S|}$$

Die Selektivität der Selektion gibt also den relativen Anteil der Tupel an, die das Selektionskriterium p erfüllen. Beim Join wird der Anteil relativ zur Kardinalität des Kreuzprodukts angegeben.

---

[3]In der Literatur wird die Selektivität häufig als σ bezeichnet. Hier wird sie *sel* genannt, damit Verwechslungen mit dem Selektionsoperator ausgeschlossen sind.

Nun muß irgendwie die Selektivität abgeschätzt werden, damit man Rückschlüsse auf die Größe der Zwischenergebnisse ($|\sigma_p(R)|$ bzw. $|R \bowtie S|$) ziehen kann. Einfache Abschätzungen sind z.B.

- Die Selektivität der Operation $\sigma_{R.A=c}$, also des Vergleiches des Attributs A aller Tupel von R mit der Konstante c, beträgt $1/|R|$, falls A ein Schlüssel ist (es qualifiziert sich ein Tupel von $|R|$ möglichen).

- Bei einer Gleichverteilung der Werte von $R.A$ ist die Selektivität der Operation $\sigma_{R.A=c}$ $1/i$. Dabei ist i die Anzahl der unterschiedlichen Attributwerte (jedes i-te Tupel qualifiziert sich).

- Besitzt bei einem Equijoin ($R \bowtie_{R.A=S.B} S$) das Attribut A Schlüsseleigenschaften, kann die Größe des Ergebnisses mit $|S|$ abgeschätzt werden. Jedes Tupel aus S findet nur maximal einen Joinpartner (abhängig von der Einhaltung der referentiellen Integrität), da B wohl einen Fremdschlüssel auf R darstellt. In diesem Falle ist die Selektivität $sel_{RS} = 1/|R|$.

Das sind jedoch nur Spezialfälle. Im allgemeinen ist man auf anspruchsvollere Methoden zur Selektivitätsabschätzung angewiesen, denn vielfach sind Annahmen über Gleichverteilung bzw. Schlüsseleigenschaften nicht gegeben. In der Literatur sind drei Arten von Verfahren bekannt, mit deren Hilfe man testen kann, wieviele Tupel sich innerhalb eines bestimmten Wertebereiches befinden:

a) parametrisierte Verteilungen,

b) Histogramme und

c) Stichproben.

Die erste Methode versucht, zu der vorhandenen Werteverteilung die Parameter einer Funktion so zu bestimmen, daß diese die Verteilung möglichst gut annähert. Sie ist in Abbildung 8.27 a) vereinfacht dargestellt. Dort sind zwei Normalverteilungen mit unterschiedlichen Parametern und die tatsächliche Verteilung aufgetragen. Man sieht, daß beide Normalverteilungen die tatsächliche Verteilung in bestimmten Bereichen nicht gut annähern können.

Eine Abschätzung der Selektivität ist recht einfach zu berechnen, die Funktion liefert die Anzahl der Tupel im qualifizierenden Bereich. Unter Umständen können die Parameter bei Veränderungen (updates) der Datenbasis nachgezogen werden, so daß sich die Verteilungskurve angleicht.

Leider sind realistische Werteverteilungen oft nicht gut mit parametrisierten Funktionen annäherbar. Vor allem bei mehrdimensionalen Anfragen (also z.B. bei Selektionen, die sich auf mehrere Attribute beziehen) gestaltet sich dieses schwierig. In der Literatur wurden dafür flexiblere, aber auch wesentlich kompliziertere Verteilungen als in unserer Skizze vorgestellt. Auch muß eine sinnvolle und effiziente Möglichkeit der Parameterbestimmung bestehen. Hier kann auf Stichprobenverfahren zurückgegriffen werden.

Bei Histogrammverfahren wird der Wertebereich der betreffenden Attribute in Intervalle unterteilt und alle Werte gezählt, die in ein bestimmtes Intervall fallen. Das

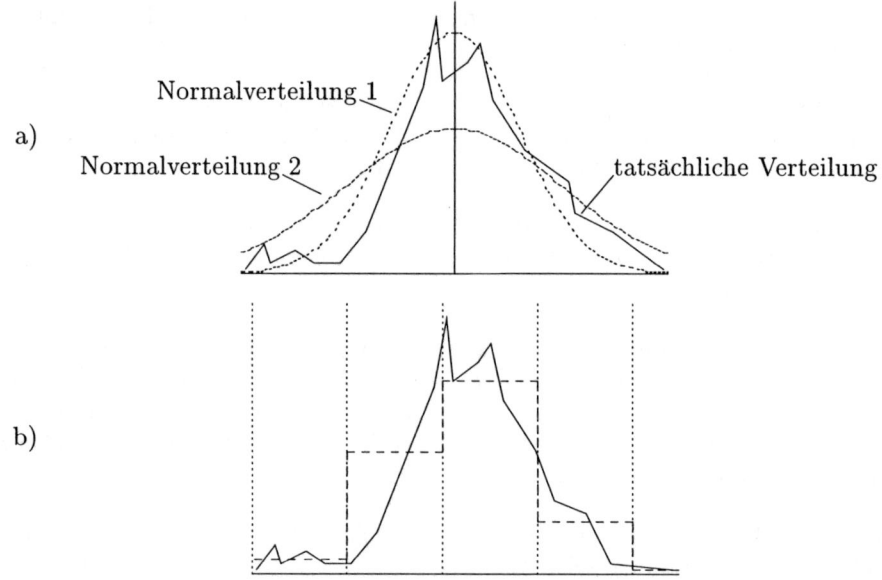

Abb. 8.27: Schematische Darstellung der Selektivitätsabschätzung: a) parametrisierte Verteilungen und b) ein Histogramm

ist in Abbildung 8.27 b) dargestellt. Auf diese Weise ist eine sehr flexible Annäherung der Verteilung möglich.

Normale Histogramme unterteilen den Wertebereich in äquidistante Stücke, wie es in der Abbildung zu sehen ist. Das hat den Nachteil, daß vergleichsweise viele Unterteilungen in spärlich besetzten Bereichen vorgenommen werden. Dafür werden sehr häufig vorkommende Werte nur ungenau abgeschätzt. Aus diesem Grund wurden sogenannte *Equi-Depth-Histogramme* vorgeschlagen, die den Wertebereich so in Abschnitte unterteilen, daß in jeden Abschnitt gleich viele Werte fallen. So sind Abschnitte mit selten vorkommenden Werten sehr breit und solche mit häufig vorkommenden Werten sehr schmal. Mit dieser Methode ist eine genauere Annäherung an die tatsächliche Verteilung möglich. Nachteilig ist der höhere Verwaltungsaufwand, da Equi-Depth-Histogramme nur mit hohen Kosten an Veränderungen der Datenbasis anpaßbar sind.

Stichprobenverfahren zeichnen sich durch ihre außerordentliche Einfachheit aus. Es wird einfach eine zufällige Menge von Tupeln einer Relation gezogen und deren Verteilung als repräsentativ für die ganze Relation angesehen. Das Lesen der Tupel erfordert jedoch „teure" Zugriffe auf den Hintergrundspeicher. Es ist daher wichtig, daß nicht mehr Zeit durch das Ziehen von Stichproben aufgewendet wird als für eine beliebige Abarbeitung der Anfrage. Insofern muß ein gutes Stichprobenverfahren adaptiv sein.

8.3.2 Kostenabschätzung für die Selektion

Wir gehen davon aus, daß Hintergrundspeicherzugriffe so dominierend sind, daß der CPU-Aufwand vernachlässigbar ist. Die Frage lautet also: Wieviele Hintergrundspeicherzugriffe verursacht eine Selektion?

Diese Frage ist im Falle des Select-Operators sehr einfach zu beantworten: Handelt es sich bei der Eingabe um eine auf dem Hintergrundspeicher abgelegte Relation, müssen alle zur Relation gehörenden Blöcke gelesen werden. Falls die Eingabe von einem anderen Iterator produziert wurde, kann sie einfach entsprechend der Selektionsbedingung „gefiltert" werden. Dabei entstehen keine weiteren Hintergrundspeicherzugriffe.

Im Falle der Selektion mit Index-Unterstützung müssen die Kosten durch den Indexzugriff berücksichtigt werden. Es ist eine gebräuchliche Vereinfachung, für ein Absteigen der Knoten eines B$^+$-Baums zwei Hintergrundspeicher-Zugriffe zu veranschlagen. Man geht davon aus, daß ein sinnvoll eingesetzter B$^+$-Baum eine Höhe von $h = 3$ oder $h = 4$ hat. Bei häufigem Zugriff befindet sich die Wurzel und zumindest ein Teil der zweiten Ebene im Datenbank-Puffer.

Betrachten wir die Operation $\sigma_{A\theta c}(R)$, wobei A ein Attribut, c eine Konstante und θ ein Vergleichsoperator ist. Die Relation R besitze einen Cluster-Index in Form eines B$^+$-Baums auf dem Attribut A, sie ist also nach A sortiert abgelegt. Dann wird für die Selektion der Wert c im B$^+$-Baum nachgeschlagen. Von dort aus kann – die Richtung wird durch den Vergleichsoperator bestimmt – die Relation sequentiell durchlaufen werden, bis die Bedingung nicht mehr zutrifft. Wenn die Relation also b_R Blöcke des Hintergrundspeichers belegt und für das Nachschlagen im Index t Zugriffe notwendig sind, ergeben sich die Gesamtkosten in etwa zu

$$t + \lceil sel_{A\theta c} \cdot b_R \rceil$$

Bei einer Hashtabelle geht man von einem Hintergrundspeicherzugriff aus, wenn ein verzeichnisloses Verfahren wie lineares Hashing verwendet wird. Beim erweiterbaren Hashing muß mit zwei Zugriffen gerechnet werden, da das Verzeichnis im allgemeinen sehr groß ist. Es kann nicht davon ausgegangen werden, daß sich der gerade gesuchte Teil im Puffer befindet.

Da eine Hashtabelle normalerweise nicht ordnungserhaltend ist, geht man davon aus, daß jeder Wert, der das Selektionsprädikat erfüllt, auch nachgeschlagen werden muß. Wenn also ein Zugriff auf die Hashtabelle h Seitenfehler verursacht und d unterschiedliche Werte nachgeschlagen werden müssen, ergeben sich die Gesamtkosten zu $h \cdot d$. Hierbei nehmen wir vereinfachend an, daß alle Tupel mit gleichem Wert in denselben Behälter passen.

8.3.3 Kostenabschätzung für den Join

Betrachten wir den „verfeinerten" Nested-Loop-Join. Seien dabei b_R und b_S die Anzahl der Seiten, die R respektive S belegen. Für die innere Schleife wurden k Seiten reserviert, für die äußere $m - k$. Die Relation R wird einmal vollständig durchlaufen, es ergeben sich dabei b_R Seitenzugriffe. Die innere Schleife wird $\lceil b_R/(m - k) \rceil$-mal durchlaufen. Bei jedem Durchlauf ergeben sich $b_S - k$ Zugriffe, da durch das Zick-Zack-Vorgehen die letzten k Seiten des vorigen Durchlaufes wiederverwendet werden können. Lediglich der erste Durchlauf muß komplett alle b_S Seiten lesen. Insgesamt ergeben sich die Kosten zu

$$b_R + k + \lceil b_R/(m - k)\rceil \cdot (b_S - k)$$

Dieser Ausdruck wird minimal, wenn R die kleinere der beiden Relationen ist und für die innere Schleife nur ein Puffer von einer Seite ($k = 1$) verwendet wird (siehe Aufgabe 8.7).

8.3.4 Kostenabschätzung für die Sortierung

Zu Beginn werden die b_R Seiten der Eingaberelation in sortierte Level-0 Läufe geschrieben, die jeweils m Seiten groß sind. Von diesen gibt es $i = \lceil b_R/m \rceil$ Stück. Bei der Replacement-Selection-Strategie kann man im Durchschnitt von $2 \cdot m$ anstelle von m Seiten in jedem Level-0 Lauf ausgehen.

Während des Mischens werden auf jeder Stufe jeweils $m - 1$ Läufe gleichzeitig betrachtet. Insgesamt werden daher $l = \lceil \log_{m-1}(i) \rceil$ Stufen benötigt.

Jede Stufe liest und schreibt im schlimmsten Fall alle Tupel der Relation. Als Gesamtkosten ohne Berücksichtigung der möglichen Optimierungen ergeben sich

$$2 \cdot l \cdot b_R.$$

8.4   „Tuning" von Datenbankanfragen

Entwickler von zeitkritischen Datenbankanwendungen werden in der Regel nicht umhin kommen, ihre Anfragen bzw. die vom Optimierer generierten Auswertungspläne zu analysieren. Aus dieser Analyse kann man dann Rückschlüsse ziehen, ob unbefriedigende Antwortzeiten auf Fehler beim physischen Datenbankentwurf – wie z.B. fehlende Indexe, ungünstige Objektballung – oder auf ungeeignete Auswertungspläne zurückzuführen sind.

Zunächst sollten Datenbankbenutzer darauf achten, daß viele DBMS-Produkte unterschiedliche Optimierungslevel anbieten. Die Optimierungslevel legen u.a. fest, wieviel Zeit der Optimierer verwenden sollte, nach einem guten (möglichst dem optimalen) Plan zu suchen. Möglicherweise wird aus Effizienzgründen des Optimierungsvorgangs ganz auf eine Kostenberechnung verzichtet, indem nur heuristische Regeln (Pushing Selections, Nutzung von Indexen wann immer anwendbar, etc.) angewendet werden. Fast alle DBMS-Produkte haben beute aber (auch) einen kostenbasierten Optimierer, der viele mögliche Anfragepläne generiert und von diesen den billigsten – gemäß der Kostenabschätzung – auswählt. Das Kostenmodell des Optimierers kann aber nur dann vernünftig funktionieren, wenn entsprechende Statistikdaten über die Datenbank zur Verfügung stehen. Diese werden i.a. weder automatisch generiert noch bei Datenbankänderungen fortgeschrieben – das würde die Änderungsoperationen auf der Datenbank zu sehr „bestrafen". Die Datenbankadministratoren müssen die Generierung der Statistiken explizit anstoßen. Dazu dient z.B. in Oracle7 der Befehl

analyze table Professoren **compute statistics for table**;

Die Sprachkonzepte zum Tuning von Datenbanksystemen sind leider nicht standardisiert. So hat beispielsweise der Befehl zum Sammeln von Statistiken in DB2 folgende Form:

runstats on table ...

Auf diese Art müssen alle Datenbankstrukturen (Relationen und auch Indexe) analysiert werden. Es ist darauf zu achten, daß man diese Analyse periodisch wiederholt, da der kostenbasierte Optimierer nur dann vernünftig arbeiten kann, wenn die Statistiken (einigermaßen) „up-to-date" sind. Die ermittelten Statistiken werden in speziellen Relationen des sogenannten *Data Dictionary*, wo auch die Schemainformation verwaltet wird, gespeichert. Hierauf hat man als autorisierter Benutzer auch Zugriff, um diese Daten auswerten zu können.

Falls nach Erstellung bzw. „Auffrischung" der Statistiken einige Anfragen immer noch eine unbefriedigende Antwortzeit haben, kann man sich in den meisten Systemen die generierten Anfrageauswertungspläne anzeigen lassen. Dazu gibt es den **explain plan**-Befehl, der leider wiederum in uneinheitlicher Syntax von den Systemen benutzt wird. In Oracle7 könnte man sich mit

explain plan for
    select distinct s.Semester
    from Studenten s, hören h, Vorlesungen v, Professoren p
    where p.Name = 'Sokrates' **and** v.gelesenVon = p.PersNr **and**
        v.VorlNr = h.VorlNr **and** h.MatrNr = s.MatrNr;

den vom Optimierer generierten Plan ausgeben lassen. Präziser gesagt, der Auswertungsplan wird in einer speziellen Relation *plan_table* abgelegt, aus der man ihn sich mittels einer SQL-Anfrage ausgeben lassen kann. Beispielsweise hat unsere Datenbankinstallation folgenden Plan generiert:

```
SELECT STATEMENT    Cost = 37710
  SORT UNIQUE
    HASH JOIN
      TABLE ACCESS FULL STUDENTEN
      HASH JOIN
        HASH JOIN
          TABLE ACCESS BY ROWID PROFESSOREN
            INDEX RANGE SCAN PROFNAMEINDEX
          TABLE ACCESS FULL VORLESUNGEN
        TABLE ACCESS FULL HOEREN
```

Die Kostenbewertung beträgt 37710 Einheiten (was immer eine *Einheit* ist). Der Plan entspricht dem in Abbildung 8.28 gezeigten Auswertungsbaum. Die am weitesten nach innen eingerückten Operationen werden also zuerst ausgewertet. Viele Datenbankprodukte haben mittlerweile auch graphische Benutzerschnittstellen, in denen solche Auswertungspläne als Baumdarstellung angezeigt werden können.

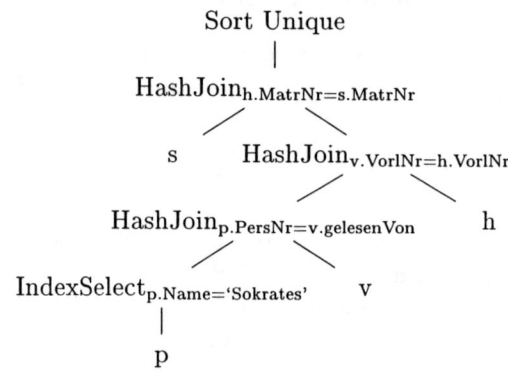

Abb. 8.28: Baumdarstellung des Auswertungsplans

Sollte man bei der Analyse eines generierten Auswertungsplans feststellen, daß der Optimierer einen sub-optimalen Plan ausgewählt hat (z.B. aufgrund fehlerhafter Selektivitätsabschätzungen), lassen sich in einigen DBMS-Produkten sogenannte „Hints" angeben, mit denen man dem Optimierer den „richtigen Weg weisen" kann, um zu einem besseren Auswertungsplan zu gelangen. Manchmal ist leider auch ein Umschreiben der Anfragen nötig, um gute Antwortzeiten zu erzielen. Dies ist z.B. oft bei tief geschachtelten (korrelierten) Unteranfragen der Fall – wie wir sie beispielsweise bei den Anfragen mit Allquantifizierung in Abschnitt 4.10 gesehen hatten.

8.5   Übungen

8.1   Beweisen oder widerlegen Sie folgende Äquivalenzen:

- $\sigma_{p_1 \wedge p_2 \wedge ... \wedge p_n}(R) = \sigma_{p_1}(\sigma_{p_2}(\ldots(\sigma_{p_n}(R))\ldots))$

- $\sigma_p(R_1 \bowtie R_2) = \sigma_p(R_1) \bowtie R_2$ (falls p nur Attribute aus $\mathcal{R}_1$ enthält)

- $\Pi_l(R_1 \cap R_2) = \Pi_l(R_1) \cap \Pi_l(R_2)$

- $\Pi_l(R_1 \cup R_2) = \Pi_l(R_1) \cup \Pi_l(R_2)$

- $\Pi_l(R_1 - R_2) = \Pi_l(R_1) - \Pi_l(R_2)$

8.2   Überlegen Sie, wie der Semi-Join bei der algebraischen Optimierung eingesetzt werden könnte. Inwieweit wirkt sich die Verwendung von Semi-Joins auf das Einführen von Projektionen aus? Konzipieren Sie einen effizienten Auswertungsalgorithmus für Semi-Joins.

8.3   In Abschnitt 8.1.2 wurde eine sehr einfache Heuristik zur Bestimmung einer Anordnung der Joins eines algebraischen Ausdruckes vorgestellt. Mit dieser Heuristik werden allerdings nur Reihenfolgen von Joins berücksichtigt und

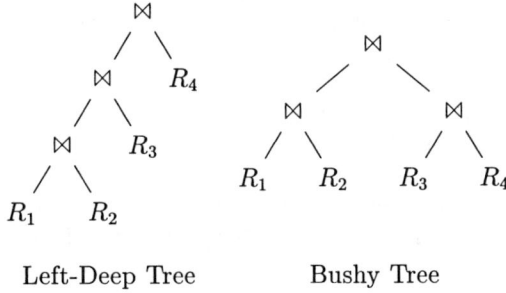

Left-Deep Tree   Bushy Tree

Abb. 8.29: Zwei Klassen von Auswertungsplänen

nicht allgemeine Anordnungen. Es kann nicht passieren, daß das rechte Argument eines Joins aus einem anderen Join entstanden ist. Solche Auswertungspläne nennt man *Left-Deep Tree*. Allgemeine Auswertungspläne, von denen es natürlich wesentlich mehr gibt, nennt man *Bushy Trees*. Abbildung 8.29 zeigt ein Beispiel mit den abstrakten Relationen R_1, R_2, R_3 und R_4.

- Bestimmen Sie die Anzahl der möglichen Left-Deep Trees bzw. Bushy Trees für einen gegebenen algebraischen Ausdruck mit n Relationen, der nur Joinoperationen enthält.

- Diskutieren Sie, inwieweit Bushy-Trees effizientere Auswertungspläne bezüglich der Größe der Zwischenergebnisse liefern können. Ist es sinnvoll, Bushy Trees bei der Suche nach einem effizienten Auswertungsplan zu berücksichtigen, wenn man die Anzahl der Möglichkeiten in Betracht zieht?

8.4 Warum wurde immer die größere Relation als Probe Input beim Hash-Join verwendet? Warum wäre es in einer realen Umsetzung von dem Beispiel in Abbildung 8.19 keine gute Idee, die Hashfunktion nach dem Alter sortieren zu lassen?

8.5 Wenn der Wertebereich des Joinattributs bekannt ist, kann ein Bitvektor angelegt werden, in dem für jeden vorkommenden Wert in einer Relation eine Markierung gesetzt wird. Beschreiben Sie einen Algorithmus, in dem diese Methode zur Verbesserung des Hash-Joins eingesetzt wird.

8.6 In diesem Kapitel wurden nur Methoden für Equijoins vorgestellt, d.h. solchen Joins, bei denen auf Gleichheit getestet wird. Formulieren Sie die Joinimplementierungen so um, daß Sie auch für die Vergleichsoperatoren „<", „>" und „≠" funktionieren. Ist dies in allen Kombinationen möglich?

8.7 Erläutern Sie, warum die Kostenformel für den verfeinerten Nested-Loop Join minimal wird, wenn $k = 1$ und R die kleinere der beiden Relationen ist.

8.8   In Abbildung 8.21 werden wegen der ungünstigen Verteilung von Läufen auf Mischvorgänge überflüssige Schreib- und Lesezugriffe durchgeführt. Wie kann der Mischalgorithmus verbessert werden?

8.9   Geben Sie eine Pseudocode-Implementierung des Replacement-Selection an. Spezifizieren Sie den *Sort*-Iterator in Pseudocode.

8.10   Finden Sie eine Implementierung des Divisionsoperators. Eine einfache Möglichkeit besteht in einer geeigneten Sortierung von Dividend und Divisor und anschließendem wiederholten Durchlaufen des Divisors. Eine Alternative besteht im Anlegen einer Hashtabelle für den Divisor und den Quotienten.

8.11   Diskutieren Sie, inwieweit sich Integritätsbedingungen für die Anfrageauswertung ausnutzen lassen. Betrachten Sie u.a. auch den oben implementierten Divisionsoperator.

8.12   Geben Sie eine Kostenabschätzung für die Anzahl der Seitenzugriffe bei der Durchführung eines Hash-Joins an (abhängig von der Anzahl der Seiten der Eingaberelationen b_R und b_S sowie der reservierten Seiten im Hauptspeicher m).

8.13   Führen Sie eine Kostenabschätzung für die Ausdrücke in Abbildung 8.6 und 8.7 durch. Gehen Sie davon aus, daß die Selektion durch den Select-Operator implementiert wird und die Joins durch den verfeinerten Nested-Loop Join. Verwenden Sie folgende Parameter:

- Relationengrößen
    - $|p| = 800$
    - $|s| = 38000$
    - $|v| = 2000$
    - $|h| = 60000$
- durchschnittliche Tupelgrößen
    - p: 50 Bytes
    - s: 50 Bytes
    - v: 100 Bytes
    - h: 16 Bytes
- Selektivitäten
    - Join von s und h: $sel_{sh} = 2{,}6 \cdot 10^{-5}$
    - Join von h und v: $sel_{hv} = 5 \cdot 10^{-4}$
    - Join von v und p: $sel_{vp} = 1{,}25 \cdot 10^{-3}$
    - Selektion auf p: $sel_p = 1{,}25 \cdot 10^{-3}$
- Seitengröße 1024 Bytes
- Hauptspeicher 20 Seiten

8.6   Literatur

Die Anfrageoptimierung ist immer noch ein sehr „heißes" Thema in der Datenbankforschung, leider gibt es aber keine aktuellen Übersichtsartikel. Ein „Klassiker" ist der Computing Surveys Artikel von Jarke und Koch (1984). Eine Übersicht über neuere Trends im Bereich Anfrageoptimierung findet sich in dem Sammelband von Freytag, Maier und Vossen (1994). Mitschang (1995) ist ein noch aktuelleres Buch zur Anfrageoptimierung. Zur Auswertung von Anfragen gibt es einen sehr detaillierten Überblick von Graefe (1993), der auch viele praktische Probleme erläutert. Diesem Artikel ist das Iteratorkonzept entnommen. Mishra und Eich (1992) diskutieren Auswertungstechniken für Joins. Shapiro (1986) stellt verschiedene Hash-Join-Verfahren vor.

Die ersten Techniken für Anfrageoptimierung findet man im INGRES Optimierer, beschrieben von Wong und Youssefi (1976). Er beruht auf der Zerlegung von Anfragegraphen. Selinger et al. (1979) veröffentlichten ein wegweisendes Papier über den System R Optimierer, in dem physische Eigenschaften von Relationen zur Auswahl einer günstigen Joinoperation ausgenutzt werden. Die Optimierung basiert auf Dynamic Programming, wobei alle Alternativen bewertet werden.

Häufig werden regelbasierte Systeme eingesetzt, um viele Heuristiken in einem einheitlichen Rahmen verwenden zu können, was z.B. von Freytag (1987), Lohman (1988), Becker und Güting (1992) oder Lehnert (1988) erläutert wird. Den regelbasierten Optimierer von Starburst beschreiben Haas et al. (1990). Grust et al. (1997) verfolgen in ihrem *CROQUE*-Projekt den Ansatz, Anfragen auf der Basis von Monoid-Kalkülen zu optimieren.

Berichte über generische Optimiererarchitekturen wurden von Kemper, Moerkotte und Peithner (1993) und Graefe und DeWitt (1987) verfaßt. Kemper, Moerkotte und Peithner (1993) verwenden einen Blackboardansatz, der eine flexible und effiziente Optimierung auch unter Zeitbeschränkungen ermöglicht. Der Nachfolger des von Graefe und DeWitt (1987) beschriebenen Optimierergenerator Volcano, wird von Graefe und McKenna (1993) erläutert.

In diesem Kapitel konnten einige wichtige Themen nicht behandelt werden. Einen Überblick über Methoden zur Bestimmung von Joinreihenfolgen gibt Swami (1989). Interessante Techniken sind das sogenannte Simulated Annealing [Ioannidis und Wong (1987)], der KBZ-Algorithmus [Krishnamurthy, Boral und Zaniolo (1986)], der eine Teilklasse des Problems effizient lösen kann, und dessen Verallgemeinerung in [Swami und Iyer (1993)]. Eine vergleichende Bewertung verschiedener heuristischer Verfahren zur Bestimmung von (guten) Joinreihenfolgen wurde von Steinbrunn, Moerkotte und Kemper (1997) durchgeführt. Ibaraki und Kameda (1984) zeigen, daß die Bestimmung der Joinreihenfolge NP-hart ist. Cluet und Moerkotte (1995) und Scheufele und Moerkotte (1997) haben weitergehende Komplexitätsanalysen für Anfrageauswertungspläne mit Join- und Kreuzproduktoperatoren durchgeführt. Für die Optimierung von Anfragen mit Disjunktionen bieten sich sogenannte Bypass-Techniken an, wie sie von Kemper et al. (1994) und Steinbrunn et al. (1995) beschrieben wurden.

Helmer und Moerkotte (1997) haben spezielle Joinverfahren entwickelt, die anwendbar sind, wenn das Joinprädikat auf einem Mengenvergleich beruht. Dies kommt insbesondere in den objektorientierten und den sogenannten objektrelationalen Datenmodellen vor, da diese mengenwertige Attribute zulassen. Claussen et al. (1997) behandeln die Optimierung von Anfragen mit Allquantifizierung. Carey und Kossmann (1997) zeigen Techniken für die Optimierung von Anfragen, bei denen die Datenbankbenutzer nur an den ersten N Ergebnistupeln interessiert sind.

Christodoulakis (1983) gibt ein Verfahren zur Selektivitätsabschätzung mit Hilfe einer Verteilungsfunktion an. Lynch (1988) schlägt eine Möglichkeit zur Auswahl des Abschätzungsverfahrens durch den Benutzer vor und betrachtet zusätzlich nichtnumerische Schlüssel. Muralikrishna und DeWitt (1988) führen mehrdimensionale Equi-Depth-Histogramme als Verbesserung der Standardhistogramme ein. Poosala et al. (1996) beschreiben Histogramme zur Abschätzung der Ergebniskardinalität von Bereichsanfragen. Dieses Verfahren ist im Rahmen der DB2-Entwicklung bei IBM konzipiert worden. DB2 ist eines der wenigen derzeit verfügbaren DBMS-Produkte, das eine präzise Selektivitätsabschätzung mittels Histogrammen durchführt. Viele andere Produkte legen einfach eine Gleichverteilung der Attributwerte zugrunde – was natürlich zu fehlerhaften Abschätzungen und möglicherweise zu schlechten Auswertungsplänen führen kann. Lipton, Naughton und Schneider (1990) beschreiben ein adaptives Stichprobenverfahren.

9. Transaktionsverwaltung

Das Konzept der *Transaktion* wird oftmals als einer der größten Beiträge der Datenbankforschung für andere Informatikbereiche – z.B. Betriebssysteme und Programmiersprachen – angesehen. Unter einer Transaktion versteht man die „Bündelung" mehrerer Datenbankoperationen, die in einem Mehrbenutzersystem ohne unerwünschte Einflüsse durch andere Transaktionen als *Einheit* fehlerfrei ausgeführt werden sollen.

In diesem Kapitel werden wir die Eigenschaften von Transaktionen und die daraus ableitbaren Realisierungsanforderungen diskutieren. Wir werden sehen, daß es zwei grundlegende Anforderungen gibt:

1. Recovery, d.h. die Behebung von eingetretenen, oft unvermeidbaren Fehlersituationen.

2. Synchronisation von mehreren gleichzeitig auf der Datenbank ablaufenden Transaktionen.

Im nächsten Kapitel werden Realisierungsstrategien für die Fehlertoleranz und Fehlerbehebung (Recovery) diskutiert. In Kapitel 11 werden dann die Konzepte zur Mehrbenutzersynchronisation vorgestellt.

9.1 Begriffsbildung

Aus der Sicht des Datenbankbenutzer ist eine Transaktion eine *Arbeitseinheit* in einer Anwendung, die eine bestimmte Funktion erfüllt. Auf der Ebene des Datenbankverwaltungssystems sind natürlich derartige abstrakte Konzepte wie Arbeitseinheit unbekannt. Auf dieser Ebene stellt eine Transaktion eine Folge von Datenverarbeitungsbefehlen (lesen, verändern, einfügen, löschen) dar, die die Datenbasis von einem konsistenten Zustand in einen anderen – nicht notwendigerweise unterschiedlichen – konsistenten Zustand überführt. Das wesentliche dabei ist, daß diese Folge von Befehlen (logisch) ununterbrechbar, d.h. atomar ausgeführt wird.

Wir wollen diese abstrakten Begriffe an einem klassischen Transaktionsbeispiel erläutern. Dazu betrachten wir eine typische Transaktion in einer Bankanwendung: den Transfer von 50,– DM von Konto A nach Konto B. Diese Transaktion besteht aus mehreren elementaren Operationen:

1. Lese den Kontostand von A in die Variable a: **read**(A,a);

2. Reduziere den Kontostand um 50,– DM: $a := a - 50$;

3. Schreibe den neuen Kontostand in die Datenbasis: **write**(A,a);

4. Lese den Kontostand von B in die Variable b: **read**(B,b);

5. Erhöhe den Kontostand um 50,– DM: $b := b + 50$;

6. Schreibe den neuen Kontostand in die Datenbasis: **write**(B,b);

Es sollte einleuchten, daß diese Folge von Befehlen, die eine Transaktion darstellen, atomar, also ununterbrechbar auszuführen ist. Anderenfalls könnte der Fall eintreten, daß nach Ausführung von Schritt 3. das System (z.B. aufgrund eines Stromausfalls) „abstürzt", und deshalb Konto A um 50,– DM reduziert wurde, ohne daß Konto B jemals erhöht wurde. Es muß also gelten, daß entweder *alle* Befehle einer Transaktion ausgeführt werden oder gar keiner. Bei einer unkontrollierten Unterbrechbarkeit einer Transaktion kann es zu schwerwiegenden Konsistenzverletzungen aufgrund anderer parallel ablaufender Transaktionen kommen. Weiterhin wird die Konsistenzerhaltung gefordert. D.h., eine Transaktion beginnt mit einem konsistenten Zustand der Datenbasis und hinterläßt auch wieder einen konsistenten Zustand. Bezogen auf unser Beispiel wäre denkbar, daß es folgende Konsistenzbedingung gibt: Die Summe der Kontostände aller Konten eines Kunden darf den Dispositionskredit D nicht überschreiten. Bezogen auf unser Beispiel wäre es denkbar, daß beide Konten A und B einem Kunden gehören. Dann könnte nach Ausführung von Schritt 3. diese Konsistenzbedingung verletzt sein. Das ist durchaus zulässig, solange bei Abschluß der Transaktion die Konsistenz wiederhergestellt ist – was unter diesen Annahmen auf jeden Fall gewährleistet ist.

Wenn aber die beiden Konten unterschiedlichen Kunden gehören, könnte der Transfer zu einer Konsistenzverletzung führen, da durch die Reduzierung von A um 50,– DM der entsprechende Dispositionskredit überschritten sein könnte. In dem Fall muß die gesamte Transaktion „ausgesetzt" werden – aus Sicht der Bank ist es natürlich nicht wünschenswert, den Kontostand von A beizubehalten, wenn gleichzeitig B erhöht wird.

9.2 Anforderungen an die Transaktionsverwaltung

Um den Durchsatz des Systems zu erhöhen, muß die Transaktionsverwaltung in der Lage sein, mehrere – i.a. sehr viele – gleichzeitig (nebenläufig) ablaufende Transaktionen zu verarbeiten. Dazu ist natürlich eine Synchronisation notwendig, die die anderenfalls durch unkontrollierte Nebenläufigkeit möglicherweise verursachten Konsistenzverletzungen ausschließt.

Weiterhin stellen Datenbanken i.a. einen ungeheuren Wert für die Unternehmen dar. Deshalb müssen Datenbanken gegen Soft- und Hardwarefehler geschützt werden. Diese Fehlertoleranz ist transaktionsorientiert durchzuführen: Abgeschlossene Transaktionen müssen auch nach einem Fehler hinsichtlich ihrer Wirkung erhalten bleiben, und noch nicht abgeschlossene Transaktionen müssen vollständig revidiert (zurückgesetzt) werden.

9.3 Operationen auf Transaktions-Ebene

Wie schon beschrieben besteht eine Transaktion aus einer Folge von elementaren Operationen. Aus der „Sicht" des Datenbanksystems handelt es sich hierbei um die

Operationen **read** und **write**. Für die Steuerung der Transaktionsverarbeitung sind zusätzlich noch Operationen auf der Transaktionsebene notwendig:

- **begin of transaction (BOT)**: Mit diesem Befehl wird der Beginn einer eine Transaktion darstellenden Befehlsfolge gekennzeichnet.

- **commit**: Hierdurch wird die Beendigung der Transaktion eingeleitet. Alle Änderungen der Datenbasis werden durch diesen Befehl *festgeschrieben*, d.h. sie werden dauerhaft in die Datenbank eingebaut.

- **abort**: Dieser Befehl führt zu einem Selbstabbruch der Transaktion. Das Datenbanksystem muß sicherstellen, daß die Datenbasis wieder in den Zustand zurückgesetzt wird, der vor Beginn der Transaktionsausführung existierte.

In den klassischen Transaktionssystemen gibt es nur diese drei Befehle, die ja auch ausreichen, wenn man eine Transaktion als atomare Einheit betrachtet. In neueren Datenbankanwendungen – wie z.B. technischen Entwurfsvorgängen – sind Transaktionen jedoch von langer Dauer. Deshalb ist es dort sinnvoll, zwischenzeitlich Sicherungspunkte setzen zu können, auf die die laufende Transaktionsverarbeitung zurückgesetzt werden kann. Hierzu sind die beiden folgenden Befehle notwendig:

- **define savepoint**: Hierdurch wird ein Sicherungspunkt definiert, auf den sich die (noch aktive) Transaktion zurücksetzen läßt. Das DBMS muß sich dazu alle bis zu diesem Zeitpunkt ausgeführten Änderungen an der Datenbasis „merken". Diese Änderungen dürfen aber noch nicht in der Datenbasis festgeschrieben werden, da die Transaktion durch ein **abort** immer noch gänzlich aufgegeben werden kann.

- **backup transaction**: Dieser Befehl dient dazu, die noch aktive Transaktion auf den jüngsten – also den zuletzt angelegten – Sicherungspunkt zurückzusetzen. Es hängt von der Funktionalität des Systems ab, ob auch ein Rücksetzen auf weiter zurückliegende Sicherungspunkte möglich ist. Um diese Funktionalität zu realisieren, benötigt man selbstverständlich entsprechend mehr Speicherkapazität, um die Zustände mehrerer Sicherungspunkte temporär abzuspeichern – oder wie wir in Kapitel 10 sehen werden, mehr Zeit, um die ausgeführten Operationen rückgängig zu machen.

9.4 Abschluß einer Transaktion

Wie oben bereits angedeutet, gibt es zwei Möglichkeiten für den Abschluß einer Transaktion:

1. den erfolgreichen Abschluß durch ein **commit** und

2. den erfolglosen Abschluß durch ein **abort**.

Im ersten Fall wird eine Folge von elementaren Operationen durch die **BOT-** (**begin of transaction**) und **commit**-Befehle „geklammert":

BOT

op_1

op_2

$\vdots$

op_n

commit

Für die Transaktionsverwaltung sind nur die Interaktionen mit der Datenbank relevant, d.h. alle Operationen auf z.B. lokalen Variablen sind in dieser Hinsicht nicht von Interesse. Wir werden uns deshalb in den nachfolgenden Diskussionen (Kapitel 10 und 11) nur mit den Befehlen **read** und **write** beschäftigen.

Für den erfolglosen Abschluß von Transaktionen mag es zwei Gründe geben: Zum einen könnten die Benutzer – d.h. die Transaktionen – selbst den Abbruch der noch aktiven Transaktion veranlassen. Dies geschieht explizit durch den Befehl **abort**:

BOT

op_1

op_2

$\vdots$

op_j

abort

Der Grund für diesen Abbruch ist aus Sicht der Transaktionsverwaltung irrelevant. Die Transaktionsverwaltung muß gewährleisten, daß in der Datenbank der Zustand wieder „restauriert" wird, der vor Ausführung der ersten Operation op_1 existierte. Dieses Zurücksetzen der Transaktion nennt man auch „*rollback*".

Es gibt auch den Fall des außengesteuerten – also nicht „freiwilligen" – Zurücksetzens einer Transaktion:

BOT

op_1

op_2

$\vdots$

op_k

$\sim\!\sim\!\sim\!\sim\!\sim\!\sim$ Fehler

Nach Ausführung des Befehls op_k tritt z.B. irgendein Fehler auf, der die weitergehende Bearbeitung der Transaktion unmöglich macht. In diesem Fall müssen die durch $op_1, \ldots, op_k$ getätigten Änderungen der Datenbasis rückgängig gemacht werden. Es gibt verschiedene Möglichkeiten für einen derartigen Fehler: Hardwarefehler, Stromausfall, Fehler im Programmcode der Transaktion oder auch eine aufgedeckte Verklemmung (Deadlock), die durch das Zurücksetzen dieser Transaktion vom Transaktionsverwalter gelöst werden soll. Es kann auch vorkommen, daß eine Transaktion nach Abarbeitung aller Operatoren wegen Verletzung von Konsistenzbedingungen zurückgesetzt werden muß. Diese dürfen – wie oben bereits ausgeführt – während der Transaktionsverarbeitung (teilweise) verletzt werden; aber bei Beendigung der Transaktion müssen alle auf der Datenbank definierten Konsistenzbedingungen erfüllt sein. Wenn dies nicht der Fall ist, muß die gesamte Transaktion zurückgesetzt werden.

9.5 Eigenschaften von Transaktionen

Wir haben mit der vorhergehenden Diskussion (hoffentlich) schon ein intuitives Verständnis des Transaktionsbegriffs erzielt. Die Eigenschaften des Transaktionskonzepts werden oft unter der Abkürzung *ACID* zusammengefasst. Das sogenannte *ACID-Paradigma* steht dabei für vier Eigenschaften:

Atomicity (Atomarität)   Diese Eigenschaft verlangt, daß eine Transaktion als kleinste, nicht mehr weiter zerlegbare Einheit behandelt wird, d.h. entweder werden alle Änderungen der Transaktion in der Datenbasis festgeschrieben oder gar keine. Man kann sich dies auch als „alles-oder-nichts"-Prinzip merken.

Consistency   Eine Transaktion hinterläßt nach Beendigung einen konsistenten Datenbasiszustand. Anderenfalls wird sie komplett (siehe *Atomarität*) zurückgesetzt. Zwischenzustände, die während der TA-Bearbeitung entstehen, dürfen inkonsistent sein, aber der resultierende Endzustand muß die im Schema definierten Konsistenzbedingungen (z.B. referentielle Integrität) erfüllen.

Isolation   Diese Eigenschaft verlangt, daß nebenläufig (parallel, gleichzeitig) ausgeführte Transaktionen sich nicht gegenseitig beeinflussen. Jede Transaktion muß – logisch gesehen – so ausgeführt werden, als wäre sie die einzige Transaktion, die während ihrer gesamten Ausführungszeit auf dem Datenbanksystem aktiv ist. Mit anderen Worten, alle anderen parallel ausgeführten Transaktionen bzw. deren Effekte dürfen nicht sichtbar sein.

Durability (Dauerhaftigkeit)   Die Wirkung einer erfolgreich abgeschlossenen Transaktion bleibt dauerhaft in der Datenbank erhalten. Die Transaktionsverwaltung muß sicherstellen, daß dies auch nach einem Systemfehler (Hardware oder Systemsoftware) gewährleistet ist. Die einzige Möglichkeit, die Wirkungen einer einmal erfolgreich abgeschlossenen Transaktion ganz oder teilweise aufzuheben, besteht darin, eine andere sogenannte kompensierende Transaktion auszuführen.

Die Transaktionsverwaltung besteht aus zwei „großen" Komponenten: der *Mehrbenutzersynchronisation* und der *Recovery*. Die Aufgabe der Recovery besteht i.a. darin, die Atomarität und die Dauerhaftigkeit zu gewährleisten. Wir wollen dies an Abbildung 9.1 erläutern. In diesem Schaubild sind zwei Transaktionen T_1 und T_2 gezeigt, deren Ausführung zum Zeitpunkt t_1 bzw. t_2 beginnt. Aufgrund einer Fehlersituation kommt es zum Zeitpunkt t_3 zu einem Systemabsturz. Die Recovery-Komponente muß nach Wiederanlauf folgendes sicherstellen:

1. Die Wirkungen der zum Zeitpunkt t_3 abgeschlossenen Transaktion T_1 müssen in der Datenbasis vorhanden sein.

2. Die Wirkungen der zum Zeitpunkt des Systemabsturzes noch nicht abgeschlossenen Transaktion T_2 müssen vollständig aus der Datenbasis entfernt sein. Diese Transaktion kann man nur durch ein erneutes Starten durchführen.

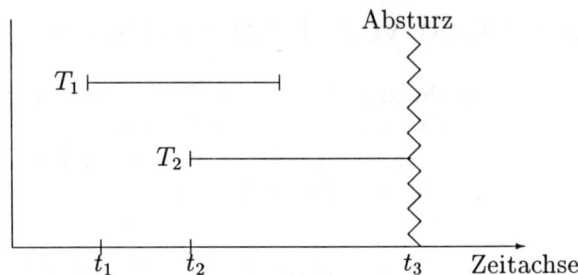

Abb. 9.1: Transaktionsbeginn und -ende relativ zu einem Systemabsturz

Die Aufgabe der Mehrbenutzersynchronisation besteht darin, die *Isolation* von parallel ablaufenden Transaktionen zu gewährleisten. Dazu müssen Mehrbenutzerkontrollkonzepte realisiert werden, die die Beeinflussung einer Transaktion durch andere Transaktionen ausschließt. Logisch gesehen gewährleistet die Mehrbenutzersynchronisation einen „Ein-Benutzer"- bzw. „Eine-Transaktion"-Betrieb, indem jeder Transaktion vorgetäuscht wird, die gesamte Datenbasis alleine zu besitzen. Mit anderen Worten wird den Benutzern der Eindruck einer seriellen Ausführung der Transaktionen vermittelt. Unter der seriellen Tranaktionsausführung versteht man, daß eine Transaktion nach der anderen ausgeführt wird.

9.6   Transaktionsverwaltung in SQL

In SQL-92 – dem aktuellen SQL-Standard – werden Transaktionen implizit begonnen. Es gibt also keinen **begin of transaction**-Befehl, sondern mit Ausführung der ersten Anweisung wird automatisch eine Transaktion begonnen. Eine Transaktion wird durch einen der folgenden Befehle abgeschlossen:

- **commit work**: Die in der Transaktion vollzogenen Änderungen werden – falls keine Konsistenzverletzungen oder andere Probleme aufgedeckt werden – festgeschrieben. Das Schlüsselwort **work** ist optional, d.h. das Transaktionsende kann auch einfach mit **commit** „befohlen" werden.

- **rollback work**: Alle Änderungen sollen zurückgesetzt werden. Anders als der **commit**-Befehl muß das DBMS die „erfolgreiche" Ausführung eines **rollback**-Befehls immer garantieren können.

Als Beispiel betrachte man die folgende Sequenz von SQL-Befehlen auf Basis des in Abbildung 5.4 gezeigten Universitätsschemas:

insert into Vorlesungen
    values (5275, 'Kernphysik', 3, 2141);
insert into Professoren
    values (2141, 'Meitner', 'C4', 205);
commit work

Wegen der Integritätsbedingung für den Fremdschlüssel *gelesenVon* der Relation *Vorlesungen*, dürfte der **commit work**-Befehl nicht schon nach dem ersten

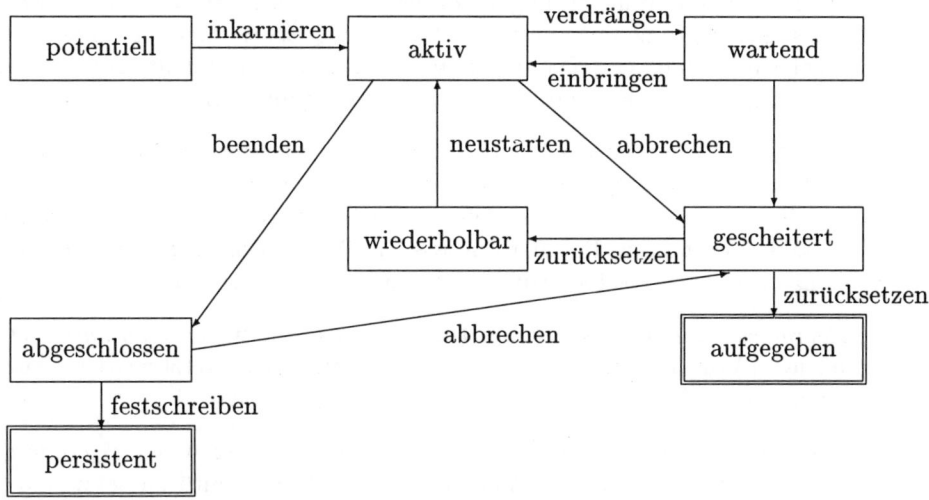

Abb. 9.2: Zustandsübergangs-Diagramm für Transaktionen

insert-Befehl folgen. Dadurch wäre nämlich die referentielle Integrität der Datenbasis verletzt, weil es zu diesem Zeitpunkt ja noch keine Professorin namens Meitner mit *PersNr* 2141 in der *Professoren*-Relation gibt. Zwischenzustände der Datenbank während einer Transaktionsausführung dürfen aber sehr wohl inkonsistent sein – nur am Schluß der Transaktion muß die Konsistenz wiederhergestellt sein.

9.7 Zustandsübergänge einer Transaktion

In Abbildung 9.2 sind die möglichen Zustände und die Übergänge zwischen diesen Zuständen für Transaktionen dargestellt. Eine Transaktion befindet sich in einem der folgenden Zustände:

- *potentiell*: Die Transaktion ist codiert und „wartet darauf", in den Zustand *aktiv* zu wechseln. Diesen Übergang nennen wir *inkarnieren*.

- *aktiv*: Die aktiven (d.h. derzeit rechnenden) Transaktionen konkurrieren untereinander um die Betriebsmittel, wie z.B. Hauptspeicher, Rechnerkern zur Ausführung von Operationen, etc.

- *wartend*: Bei einer Überlast des Systems: (z.B. thrashing (Seitenflattern) des Puffers) kann die Transaktionsverwaltung einige aktive Transaktionen in den Zustand *wartend* verdrängen. Nach Behebung der Überlast werden diese wartenden Transaktionen sukzessive wieder eingebracht, d.h., wieder aktiviert.

- *abgeschlossen*: Durch den **commit**-Befehl wird eine aktive Transaktion beendet. Die Wirkung *abgeschlossener* TAs kann aber nicht gleich in der Datenbank festgeschrieben werden. Vorher müssen noch möglicherweise verletzte Konsistenzbedingungen überprüft werden.

- *persistent*: Die Wirkungen abgeschlossener Transaktionen werden – wenn die Konsistenzerhaltung sichergestellt ist – durch *festschreiben* dauerhaft in die Datenbasis eingebracht. Damit ist die Transaktion *persistent*. Dies ist einer von zwei möglichen Endzuständen einer Transaktionverarbeitung.

- *gescheitert*: Transaktionen können aufgrund vielfältiger Ereignisse scheitern. Z.B. kann der Benutzer selbst durch ein **abort** eine aktive Transaktion abbrechen. Weiterhin können Systemfehler zum Scheitern aktiver oder wartender Transaktionen führen. Bei abgeschlossenen Transaktionen können auch Konsistenzverletzungen festgestellt werden, die ein Scheitern veranlassen.

- *wiederholbar*: Einmal gescheiterte Transaktionen sind u.U. *wiederholbar*. Dazu muß deren Wirkung auf die Datenbasis zunächst zurückgesetzt werden. Danach können sie durch Neustarten wiederum aktiviert werden.

- *aufgegeben*: Eine gescheiterte Transaktion kann sich aber auch als „hoffnungslos" herausstellen. In diesem Fall wird ihre Wirkung zurückgesetzt und die Transaktionsverarbeitung geht in den Endzustand *aufgegeben* über.

9.8 Literatur

Das Transaktionskonzept hat es zwar anscheinend schon früher gegeben; erstmals formalisiert wurde es aber in dem System R-Projekt am IBM-Forschungslabor San Jose von Eswaran et al. (1976). Gray (1981) gibt eine Retrospektive zu diesen Arbeiten und setzt sich mit den Grenzen des Transaktionskonzepts auseinander Der Begriff ACID zur Charakterisierung von Transaktionen geht auf Härder und Reuter (1983) zurück – diese Arbeit war auch wegweisend für die Recoverykonzepte.

Das Konzept der Sicherungspunkte ist eine Vorform der geschachtelten Transaktionen, die von Moss (1985) systematisch behandelt werden. Walter (1984) hat diesen Ansatz zur Strukturierung komplexer Anwendungstransaktionen ausgenutzt.

Es gibt mittlerweile eine Reihe von Lehrbüchern zur Transaktionsverwaltung:

- Bernstein, Hadzilacos und Goodman (1987) ist eine zwar formale, aber dennoch sehr zugängliche Referenz.

- Das Buch von Papadimitriou (1986) ist sehr formal ausgerichtet.

- Gray und Reuter (1993) haben ein sehr umfangreiches Buch zur Realisierung der Transaktionskonzepte verfaßt.

- Meyer-Wegener (1988) und Bernstein und Newcomer (1997) behandeln die Realisierung von Hochleistungs-Transaktionssystemen, insbsondere auch sogenannter *Transaction Processing Monitors*.

- Das Buch von Weikum (1988) behandelt neuere Forschungs- und Realisierungsansätze zur Transaktionsverwaltung.

Wir werden zu den beiden grundlegenden Teilproblemen – nämlich Recovery und Mehrbenutzersynchronisation – noch zahlreiche Originalarbeiten zitieren.

10. Fehlerbehandlung

Die Datenbasis stellt im allgemeinen einen immensen Wert für ein Unternehmen dar. Deshalb ist es unabdingbar, ihre Konsistenz auch im Fehlerfall wiederherstellen zu können. Ein vordringliches Ziel bei der Entwicklung eines Datenbankverwaltungssystems sollte es natürlich sein, Fehler, gleich welcher Art, (weitgehend) auszuschließen. Wie in jedem komplexen System lassen sich aber Fehler nie vollständig vermeiden – und selbst wenn es gelänge, das DBMS fehlerfrei zu codieren, so wären andere Komponenten (wie z.B. die Hardware) oder äußere Einflüsse (wie z.B. Bedienungsfehler, Feuer im Computerraum) unvermeidbare Fehlerquellen. Nach einem Systemfehler ist es die Aufgabe der *Recoverykomponente* des DBMS, den Wiederanlauf des Systems und die Rekonstruktion des *jüngsten* konsistenten Datenbasiszustands zu gewährleisten.

10.1 Fehlerklassifikation

Abhängig von der aufgetretenen Fehlersituation müssen unterschiedliche Recoverymechanismen eingesetzt werden. Wir unterscheiden grob drei Fehlerkategorien:

1. lokaler Fehler in einer noch nicht festgeschriebenen (committed) Transaktion,

2. Fehler mit Hauptspeicherverlust,

3. Fehler mit Hintergrundspeicherverlust.

10.1.1 Lokaler Fehler einer Transaktion

In diese Kategorie fallen solche Fehler, die zwar zum Scheitern der jeweiligen Transaktion führen, aber den Rest des Systems hinsichtlich der Datenbankkonsistenz nicht beeinflussen. Typische Fehlerquellen sind:

- Fehler im Anwendungsprogramm,

- expliziter Abbruch (**abort**) der Transaktion durch den Benutzer, weil z.B. das gewünschte Ergebnis nicht zustandekommt,

- systemgesteuerter Abbruch einer Transaktion, um beispielsweise eine Verklemmung (engl. deadlock) zu beheben.

Diese lokalen Fehler werden behoben, indem alle Änderungen an der Datenbasis, die von dieser noch aktiven Transaktion verursacht wurden, rückgängig gemacht werden. Diesen Vorgang bezeichnet man auch als *lokales Undo*. Lokale Fehler treten relativ häufig auf und müssen deshalb sehr schnell und effizient behoben werden können. Mit anderen Worten, die Recoverykomponente sollte einen lokalen Fehler innerhalb weniger Millisekunden beheben können – sogar ohne daß das System für andere Transaktionen gesperrt werden muß.

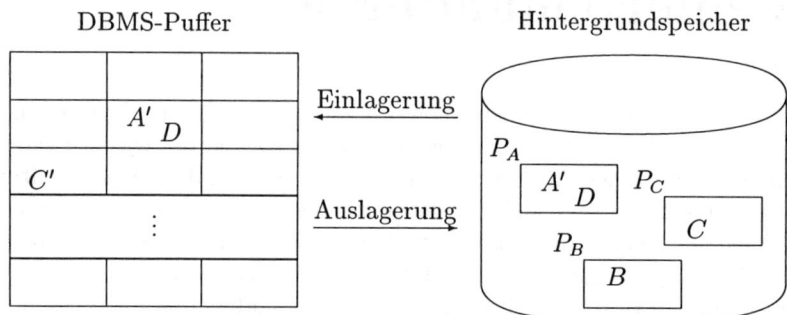

Abb. 10.1: Schematische Darstellung der (zweistufigen) Speicherhierarchie

10.1.2   Fehler mit Hauptspeicherverlust

Ein Datenbankverwaltungssystem bearbeitet Daten innerhalb des sogenannten Datenbankpuffers. Der Puffer ist Teil des Hauptspeichers und ist in Seitenrahmen segmentiert, die jeweils genau eine Seite fassen können (vgl. Abschnitt 7.3). Diese Situation ist graphisch in Abbildung 10.1 beschrieben. Alle Datensätze (Tupel) – hier in unserem Beispiel abstrakt mit A, B, C und D bezeichnet – müssen auf Seiten abgebildet werden, die dauerhaft auf dem Hintergrundspeicher (in der materialisierten Datenbasis) gespeichert werden. Die Seiten sind hier mit P_A, P_B und P_C bezeichnet, wobei die Seite P_A neben dem Datum A auch noch das Datum D enthält – i.a. enthalten Seiten viele Datensätze. Beim Zugriff auf ein Datum, das sich (noch) nicht im Puffer befindet, muß die Seite, auf der sich das Datum befindet, *eingelagert* werden. Die Änderungen werden auf dieser Kopie der Seite im Puffer vollzogen. Sie werden dann „früher oder später" durch ein Rückkopieren der Pufferkopie auf den Hintergrundspeicher in die materialisierte Datenbasis eingebracht. In unserem Beispiel ist die Änderung des Datums A, die durch A' gekennzeichnet ist, bereits zurückgeschrieben, wohingegen die Änderung auf C noch nicht in den Hintergrundspeicher eingebracht ist.

Ein Problem ergibt sich dadurch, daß bei sehr vielen Fehlern (wie z.B. Stromausfall) der Inhalt des Puffers verlorengeht. Dadurch werden alle Änderungen an Daten vernichtet, die sich nur im Puffer aber noch nicht auf dem Hintergrundspeicher befinden. Das Transaktionsparadigma verlangt, daß

- alle durch nicht abgeschlossene Transaktionen schon in die materialisierte Datenbasis eingebrachten Änderungen rückgängig gemacht werden und

- alle noch nicht in die materialisierte Datenbasis eingebrachten Änderungen durch abgeschlossene Transaktionen nachvollzogen werden.

Den ersten Vorgang bezeichnet man als (globales) *Undo*, den zweiten Vorgang als (globales) *Redo*.

Diese Fehlerklasse geht also davon aus, daß die materialisierte Datenbasis nicht zerstört ist, sich aber nicht in einem transaktionskonsistenten Zustand befindet. Der

transaktionskonsistente Zustand wird gerade durch das *Undo* und *Redo* wiederhergestellt. Dazu sind natürlich Zusatzinformationen aus einer sogenannten *Log-Datei*
(Protokolldatei) notwendig.

Die Fehler dieser Fehlerklasse treten i.a. im Intervall von Tagen auf, da sie durch
z.B. Stromausfall, Fehler im Betriebssystemcode, Hardwareausfall, etc. verursacht
werden. Die Recoverydauer sollte hierbei in der Größenordnung von einigen Minuten
liegen.

10.1.3 Fehler mit Hintergrundspeicherverlust

Fehler mit Hintergrundspeicherverlust treten z.B. in folgenden Situationen auf:

- „head crash", der die Platte mit der materialisierten Datenbank zerstört,

- Feuer/Erdbeben, wodurch die Platte zerstört wird,

- Fehler in Systemprogrammen (z.B. im Plattentreiber), die zu einem Datenverlust führen.

Obwohl solche Situationen im Durchschnitt sehr selten (etwa im Zeitraum von Mo-
naten oder Jahren) auftreten, muß man **unbedingt** Vorkehrungen treffen, um die
Datenbasis nach einem derartigen Fehler wieder in den jüngsten konsistenten Zustand bringen zu können. Dazu sind – wie wir später noch detaillierter ausführen
werden – eine Archivkopie der materialisierten Datenbasis und ein Log-Archiv mit
allen seit Anlegen dieser Datenbasis-Archivkopie vollzogenen Änderungen notwendig. Die beiden Archivkopien sollten natürlich räumlich getrennt von dem Plattenspeicher aufbewahrt werden, um z.B. bei Feuer nicht sämtliche Informationen zu
verlieren.

10.2 Die Speicherhierarchie

In Abbildung 10.1 haben wir die zweistufige Speicherhierarchie bestehend aus dem
DBMS-Puffer und dem Hintergrundspeicher mit der materialisierten Datenbasis
skizziert. Wir wollen hier die Wechselwirkungen zwischen Transaktionsbearbeitung
und der Ein- und Auslagerung von Datenseiten in den Puffer bzw. zurück auf den
Hintergrundspeicher behandeln.

10.2.1 Ersetzung von Puffer-Seiten

Eine Transaktion benötigt im allgemeinen mehrere Datenseiten, die sich entweder
schon (zufällig) im Puffer befinden oder aber eingelagert werden müssen. Für die
Dauer eines Zugriffs bzw. einer Änderungsoperation wird die jeweilige Seite im Puffer *fixiert*. Durch das Setzen eines *FIX*-Vermerks wird verhindert, daß die betreffende
Seite aus dem Puffer verdrängt wird. Werden Daten auf dieser Seite durch die Operation geändert, wird die Seite als modifiziert („dirty") gekennzeichnet. In diesem
Fall stimmt der im Puffer gehaltene Zustand der Seite nicht mehr mit dem Zustand
der betreffenden Seite auf dem Hintergrundspeicher überein. Nach Beendigung der

Operation wird der *FIX*-Vermerk wieder gelöscht. Dadurch ist diese Seite prinzipiell wieder als mögliches „Opfer" für die Ersetzung freigegeben.

Salopp ausgedrückt herrscht im Datenbankpuffer ein „Kommen und Gehen" von Seiten. Es gibt zwei Strategien in Bezug auf aktive, also noch nicht festgeschriebene Transaktionen:

- ¬*steal*: Bei dieser Strategie wird die Ersetzung von Seiten, die von einer noch aktiven Transaktion modifiziert wurden, ausgeschlossen.

- *steal*: Jede nicht fixierte Seite ist prinzipiell ein Kandidat für die Ersetzung, falls neue Seiten eingelagert werden müssen.

Bei der ¬*steal*-Strategie kann es nie vorkommen, daß Änderungen einer noch nicht abgeschlossenen Transaktion in die materialisierte Datenbasis übertragen werden. Bei einem *rollback* einer (natürlich noch) aktiven Transaktion braucht man sich also nicht um den Zustand des Hintergrundspeichers kümmern, da die Transaktionen dort vor dem **commit** keine Spuren hinterlassen können. Anders sieht es aus bei *steal*: In diesem Fall muß man bei einem *rollback* einer Transaktion u.U. auch schon in die materialisierte Datenbasis eingebrachte Seiten durch ein *Undo* in den vor Transaktionsbeginn existierenden Zustand zurücksetzen.

10.2.2 Einbringen von Änderungen einer abgeschlossenen Transaktion

Die von einer abgeschlossenen Transaktion verursachten Änderungen – d.h. alle von ihr modifizierten Seiten – werden unter der *force*-Strategie beim **commit** in die materialisierte Datenbasis übertragen (durch Kopieren der Seiten). Die mit ¬*force* bezeichnete Strategie erzwingt diese Einbringung aller Änderungen nicht. Deshalb können Änderungen einer abgeschlossenen Transaktion verlorengehen, da sie nur im Systempuffer vorhanden waren und erst zu einem späteren Zeitpunkt, z.B. wenn die betreffende Seite sowieso ersetzt werden sollte, in die materialisierte Datenbasis eingebracht werden sollten. Aus diesem Grund benötigt man bei einer ¬*force*-Pufferverwaltung andere Protokolleinträge aus einer separaten Log-Datei, um diese noch nicht in die Datenbasis propagierten Änderungen nachvollziehen (*Redo*) zu können. Bei Einhaltung der *force*-Strategie ist dies nicht notwendig, da die materialisierte Datenbasis immer alle Änderungen abgeschlossener Transaktionen enthalten muß.

Es wäre auf den ersten Blick verlockend, die Stategien *force* und ¬*steal* zu kombinieren: Es erscheint, daß man dann *alle* Änderungen abgeschlossener Transaktionen und *keine* Änderungen noch aktiver Transaktionen in der materialisierten Datenbasis dauerhaft gespeichert hat. Es gibt aber viele Gründe, die gegen diese Systemkonfiguration sprechen: Zum einen ist die erzwungene Propagierung aller Änderungen zum Transaktionende sehr teuer. Es gibt Seiten, die von vielen Transaktionen benötigt werden und deshalb über längere Zeit im Puffer residieren. Solche sogenannten „hot spot"-Seiten würden somit nur zur Propagation der Änderungen in die Datenbasis kopiert, ohne daß sie im Puffer ersetzt werden. Dort wird lediglich gekennzeichnet, daß die Seiten danach – wahrscheinlich nur für kurze Zeit – unmodifiziert sind. Außerdem muß die Propagation, also das Kopieren der von der abgeschlossenen TA mo-

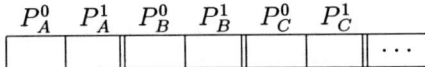

Abb. 10.2: Twin-Block-Anordnung der Seiten P_A, P_B und P_C.

difizierten Seiten, *atomar* (also „alles oder nichts") erfolgen. Das System darf nicht mitten im Kopiervorgang abstürzen und einen inkonsistenten Datenbasis-Zustand hinterlassen. Um das zu erzielen, ist ein zusätzlicher Aufwand nötig. Weiterhin können die Strategien *force* und ¬*steal* nicht kombiniert werden, wenn Transaktionen kleinere Objekte als ganze Seiten exklusiv bearbeiten (sperren) können – siehe dazu Übungsaufgabe 10.1 und das nachfolgende Kapitel über Mehrbenutzersynchronisation.

Wir fassen die vier Kombinationsmöglichkeiten von *force*/¬*force* und *steal*/¬*steal* hinsichtlich ihrer Anforderungen an die *Redo*- und *Undo*-Recovery wie folgt zusammen:

	force	¬force
¬steal	• kein Redo • kein Undo	• Redo • kein Undo
steal	• kein Redo • Undo	• Redo • Undo

10.2.3 Einbringstrategie

Unter der Einbringstrategie versteht man die Methodik, nach der Änderungen in die materialisierte Datenbasis propagiert werden. Die heute mit Abstand gängigste Methode heißt „*update-in-place*" und kann als *direkte* Einbringstrategie klassifiziert werden. Bei dieser Strategie wird jeder Seite genau ein Speicherplatz im Hintergrundspeicher zugeordnet. Wenn die Seite aus dem DBMS-Puffer verdrängt wird (und modifiziert war), wird sie direkt an diesen Speicherplatz kopiert, so daß der vorhergehende Zustand der Seite verlorengeht. Diese Vorgehensweise war auch in Abbildung 10.1 zugrundegelegt. Falls der vorhergehende Zustand im Rahmen eines *Undo* wiederhergestellt werden muß, benötigt man zusätzliche Protokollinformation.

Bei den indirekten Einbringstrategien werden geänderte Seiten an einem separaten Platz gespeichert, und nur zu bestimmten, vom System initiierten Zeitpunkten werden die alten Zustände durch die neuen ersetzt. Die einfachste Methode besteht darin, für jede Seite zwei Blöcke im Hintergrundspeicher freizuhalten. Die Situation ist für unser Beispiel in Abbildung 10.2 skizziert. Jeder Seite , wie z.B. P_A sind zwei Blöcke P_A^0 und P_A^1 zugeordnet. Es gibt ein globales Bit *aktuell*, das angibt, welche der Blöcke gerade aktuell ist. Also werden Änderungen jeweils nach $P_A^{aktuell}$, $P_B^{aktuell}$ und $P_C^{aktuell}$ geschrieben. Kommt es zu einem Fehler, kann das System sehr effizient auf die in $P_A^{\neg aktuell}$, $P_B^{\neg aktuell}$ und $P_C^{\neg aktuell}$ noch verfügbaren Zustände „zurückschalten". Durch dieses sogenannte Twin-Block-Verfahren wird die *atomare* Propagation des gesamten Pufferinhalts sehr gut unterstützt, da man zunächst alle modifizierten Seiten aus dem Puffer in ihre jeweiligen aktuellen Twin-Blöcke kopieren kann.

Wenn dies erfolgt ist, wird das Bit *aktuell* auf den komplementären Wert gesetzt. Geht zwischenzeitlich, also während des Kopierens, etwas „schief", hat man immer noch die alten Zustände aller Seiten.

Das Twin-Block-Verfahren hat den großen Nachteil, daß der Speicherbedarf sich verdoppelt. Das *Schattenspeicherkonzept* leistet hier eine gewisse Abhilfe, da dabei nur die tatsächlich modifizierten Seiten verdoppelt werden. Aber die Diskussion dieses Konzepts würde hier den Rahmen sprengen – zumal es etliche Nachteile aufweist, die seinen Einsatz in heutigen Datenbanksystemen fast immer ausschließen.

10.2.4   Hier zugrunde gelegte Systemkonfiguration

Die nachfolgende Diskussion der Recoverykomponente eines DBMS geht von der allgemeinsten und für die Recovery schwierigsten (und auch aufwendigsten) Konfiguration aus:

- *steal*: nicht-fixierte Seiten können jederzeit ersetzt bzw. auch nur propagiert (d.h. ohne Ersetzung zurückgeschrieben) werden.

- ¬*force*: geänderte Seiten werden auf kontinuierlicher Basis in die Datenbasis propagiert, aber nicht notwendigerweise alle geänderten Seiten zum Ende einer Transaktion.

- *update-in-place*: Jede Seite hat einen Heimatplatz (Block) auf dem Hintergrundspeicher. Wird sie – auch vor dem **commit** einer Transaktion, die sie verändert hat – aus dem Puffer verdrängt, muß sie auf diesen Block kopiert werden.

- *Kleine Sperrgranulate*: Transaktionen können auch kleinere Objekte als eine komplette Seite exklusiv sperren und verändern. D.h., bezogen auf unser in Abbildung 10.1 dargestelltes Beispiel kann eine Transaktion T_1 das Datum A auf Seite P_A verändern und eine parallele Transaktion T_2 könnte gleichzeitig das Datum D auch auf Seite P_A modifizieren. Das Problem aus der Sicht der Recoverykomponente besteht darin, daß eine Seite im Datenbankpuffer zu einem gegebenen Zeitpunkt sowohl Änderungen einer abgeschlossenen Transaktion als auch Änderungen einer noch nicht abgeschlossenen Transaktion enthalten kann.

Wir werden uns jetzt mit den Recoverykonzepten beschäftigen, die bei der oben beschriebenen Systemkonfiguration notwendig sind, um die Konsistenz der Datenbasis nach einem Fehlerfall wiederherzustellen.

10.3   Protokollierung von Änderungsoperationen

Die materialisierte Datenbasis enthält meist nicht den jüngsten konsistenten Zustand der Datenbasis – sie enthält i.a. nicht einmal einen konsistenten Zustand. Deshalb benötigt man Zusatzinformationen, die an anderer Stelle gespeichert werden als die Datenbasis – nämlich in einer sogenannten *Log*-Datei (oder auch *Protokolldatei* genannt). Wir haben im vorangegangenen Abschnitt gesehen, daß Änderungen noch nicht abgeschlossener Transaktionen in die materialisierte Datenbasis eingebracht werden können. Gleichzeitig können in der materialisierten Datenbasis auch Änderungen von bereits erfolgreich abgeschlossenen Transaktionen fehlen, da die modifizierten Seiten noch nicht aus dem Puffer in die Datenbasis propagiert wurden.

10.3.1 Struktur der Log-Einträge

Man benötigt für jede Änderungsoperation, die von einer Transaktion durchgeführt wird, zwei Protokollinformationen:

1. Die *Redo*-Information gibt an, wie die Änderung nachvollzogen werden kann.

2. Die *Undo*-Information beschreibt, wie die Änderung rückgängig gemacht werden kann.

Bei dem von uns vorgestellten Recoveryverfahren enthält jeder normale *Log*-Eintrag zusätzlich zur *Redo* und *Undo*-Information noch die folgenden Komponenten:

- *LSN* (*Log Sequence Number*), eine eindeutige Kennung des Log-Eintrags. Es wird verlangt, daß die *LSNs* monoton aufsteigend vergeben werden, so daß man die chronologische Reihenfolge der Protokolleinträge ermitteln kann.

- *Transaktionskennung TA* der Transaktion, die die Änderung durchgeführt hat.

- *PageID*, die Kennung der Seite, auf der die Änderungsoperation vollzogen wurde. Wenn eine Änderung mehr als eine Seite betrifft, müssen entsprechend viele Log-Einträge generiert werden.

- *PrevLSN*, einen Zeiger auf den vorhergehenden Log-Eintrag der jeweiligen Transaktion. Diesen Eintrag benötigt man aus Effizienzgründen.

10.3.2 Beispiel einer Log-Datei

Wir wollen jetzt die Log-Einträge für zwei parallel ablaufende Transaktionen T_1 und T_2 in Abbildung 10.3 demonstrieren. Die *Log-Einträge* für die **BOT**- und **commit**-Operationen haben eine besondere Struktur, da sie nur die *LSN*, die *TA* und den Operationsnamen enthalten. Der *PrevLSN*-Zeiger der **BOT**-Einträge ist auf 0 gesetzt, da es natürlich keinen vorhergehenden Eintrag zu der jeweiligen Transaktion geben kann. Mithilfe der *PrevLSN*-Zeiger kann man sehr effizient die *Log-Einträge* einer Transaktion in Rückwärtsrichtung durchlaufen.

Der Log-Eintrag mit der *LSN* #3 besagt zum Beispiel folgendes:

- Dieser Logeintrag bezieht sich auf Transaktion T_1 und die Seite P_A.

- Wenn ein *Redo* durchgeführt werden muß, ist das Datum A auf Seite P_A um 50 zu erniedrigen (durch die der Sprache C angelehnte Notation A-=50 ausgedrückt).

- Wenn ein *Undo* auszuführen ist, muß A um 50 erhöht werden.

- Der vorhergehende Log-Eintrag hat die *LSN* #1.

Schritt	T_1	T_2	Log
			[LSN,TA,PageID,Redo,Undo,PrevLSN]
1.	**BOT**		$[\#1, T_1, \textbf{BOT}, 0]$
2.	$r(A, a_1)$		
3.		**BOT**	$[\#2, T_2, \textbf{BOT}, 0]$
4.		$r(C, c_2)$	
5.	$a_1 := a_1 - 50$		
6.	$w(A, a_1)$		$[\#3, T_1, P_A, A\text{-}=50, A\text{+}=50, \#1]$
7.		$c_2 := c_2 + 100$	
8.		$w(C, c_2)$	$[\#4, T_2, P_C, C\text{+}=100, C\text{-}=100, \#2]$
9.	$r(B, b_1)$		
10.	$b_1 := b_1 + 50$		
11.	$w(B, b_1)$		$[\#5, T_1, P_B, B\text{+}=50, B\text{-}=50, \#3]$
12.	**commit**		$[\#6, T_1, \textbf{commit}, \#5]$
13.		$r(A, a_2)$	
14.		$a_2 := a_2 - 100$	
15.		$w(A, a_2)$	$[\#7, T_2, P_A, A\text{-}=100, A\text{+}=100, \#4]$
16.		**commit**	$[\#8, T_2, \textbf{commit}, \#7\ ]$

Abb. 10.3: Verzahnte Ausführung zweier Transaktionen und das erstellte Log

10.3.3 Logische oder physische Protokollierung

In unserem Beispiel (siehe Abbildung 10.3) wurden die *Redo*- und die *Undo*-Informationen logisch protokolliert, d.h. es wurden jeweils Operationen angegeben. Eine andere Alternative besteht in der physischen Protokollierung. Dann wird für das *Undo* das sogenannte *Before-Image* und für das *Redo* das *After-Image* des Datenobjekts abgespeichert. Bezogen auf den Log-Eintrag #3 hätte man also den ursprünglichen Wert von A, sagen wir 1000, als *Undo*-Information, und den neuen Wert, nämlich 950, als *Redo*-Information abgespeichert.

Bei der logischen Protokollierung wird

- das *Before-Image* durch Ausführung des *Undo*-Codes aus dem *After-Image* generiert und

- das *After-Image* durch Ausführung des *Redo*-Codes aus dem *Before-Image* berechnet.

Dazu ist es natürlich notwendig, daß man weiß (bzw. erkennen kann), ob das *Before-Image* oder das *After-Image* in der materialisierten Datenbasis enthalten ist. Hierzu dient die LSN: Beim Anlegen jedes neuen Log-Eintrags wird die neu generierte, eindeutige LSN in einen reservierten Bereich der betreffenden Seite geschrieben. Man beachte, daß die neu generierte LSN die derzeit größte LSN darstellt, da wir ein monotones Wachsen der LSNs verlangt haben. Wenn die Seite auf den Hintergrundspeicher propagiert wird, wird der derzeitige LSN-Eintrag dieser Seite mitkopiert. Daran kann man dann erkennen, ob für einen bestimmten Log-Eintrag das *Before-Image* oder das *After-Image* in der Seite steht:

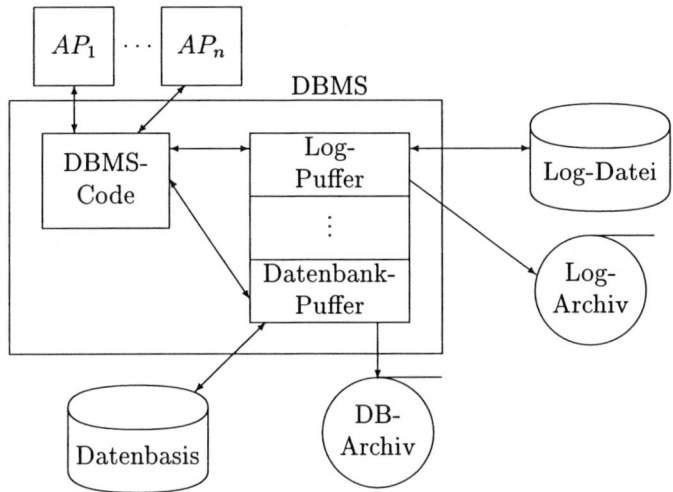

Abb. 10.4: Speicherhierarchie eines Datenbankverwaltungssystems nach Härder und Reuter (1983)

- Wenn die LSN der Seite einen kleineren Wert als die LSN des Log-Eintrags enthält, handelt es sich um das *Before-Image.*

- Ist die LSN der Seite größer oder gleich der LSN des Log-Eintrags, dann war schon das *After-Image* bezüglich der protokollierten Änderungsoperationen auf den Hintergrundspeicher propagiert worden.

10.3.4 Schreiben der Log-Information

Bevor eine Änderungsoperation ausgeführt wird, muß der zugehörige Log-Eintrag angelegt werden. Bei physischer Protokollierung muß man das *Before-Image* vor Ausführung der Änderungsoperation und das *After-Image* nach Ausführung der Änderungs-Operation in den Log-Record eintragen. Bei logischer Protokollierung kann man gleich beide Informationen – also *Redo*- und *Undo*-Code – in den Log-Record eintragen. Die Log-Einträge werden im sogenannten *Log-Puffer* im Hauptspeicher zwischengelagert. Diese Anordnung ist in Abbildung 10.4 schematisch gezeigt. Demnach befinden sich im Hauptspeicher getrennte Pufferbereiche für die Datenbankseiten und die Log-Einträge. Der Log-Puffer ist i.a. sehr viel kleiner als der Datenbankpuffer. Sobald er voll ist, muß er *spätestens* auf den Hintergrundspeicher geschrieben werden. In modernen Datenbankarchitekturen ist der Log-Puffer als Ringpuffer organisiert: An einem Ende wird kontinuierlich ausgeschrieben und am anderen Ende kommen laufend neue Einträge hinzu. Dadurch kommt es zu einer gleichmäßigen Auslastung. Es wird also verhindert, daß man stoßweise sehr große Auslagerungsvorgänge bearbeiten muß, die die Transaktionsverarbeitung behindern würden. Die Anordnung des Log-Ringpuffers ist in Abbildung 10.5 gezeigt. Die Log-Einträge werden gleich zweifach ausgeschrieben:

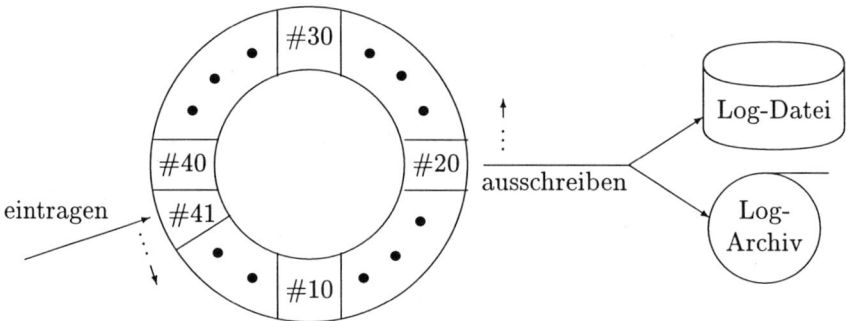

Abb. 10.5: Anordnung des Log-Ringpuffers

1. auf das temporäre Log und

2. auf das Log-Archiv.

Das temporäre Log befindet sich i.a. auf einem Plattenspeicher und wird on-line gehalten. Das Log-Archiv befindet sich normalerweise auf einem Magnetband, um es weitestgehend vor Hardwaredefekten zu schützen. Das Log-Archiv wird für die Recovery nach einem Hintergrundspeicherverlust benötigt – vergleiche dazu auch den Abschnitt 10.9.

10.3.5   Das WAL-Prinzip

Wir hatten gerade bemerkt, daß die Log-Einträge spätestens dann geschrieben werden müssen, wenn sich der zur Verfügung stehende Ringpuffer gefüllt hat. Bei der von uns zugrundegelegten Systemkonfiguration (¬*force*, *steal*, und *update-in-place*) ist aber zusätzlich unabdingbar, das sogenannte WAL-Prinzip (Write Ahead Log) einzuhalten. Dafür gibt es zwei Regeln, die *beide* befolgt werden müssen:

1. Bevor eine Transaktion festgeschrieben (**committed**) wird, müssen alle „zu ihr gehörenden" Log-Einträge ausgeschrieben werden.

2. Bevor eine modifizierte Seite ausgelagert werden darf, müssen alle Log-Einträge, die zu dieser Seite gehören, in das temporäre und das Log-Archiv ausgeschrieben werden.

Die erste Regel des WAL-Prinzips ist notwendig, um erfolgreich abgeschlossene Transaktionen nach einem Fehler nachvollziehen (*redo*) zu können. Die zweite Regel wird benötigt, um im Fehlerfall die Änderungen nicht abgeschlossener Transaktionen aus den modifizierten Seiten der materialisierten Datenbasis entfernen zu können.

Beim WAL-Prinzip schreibt man natürlich alle Log-Einträge bis zu dem letzten notwendigen aus – d.h. man übergeht keine Log-Einträge, die von Regel 1. und 2. nicht erfaßt sind. Dies ist essentiell, um die chronologische Reihenfolge der Log-Einträge im Ringpuffer zu wahren.

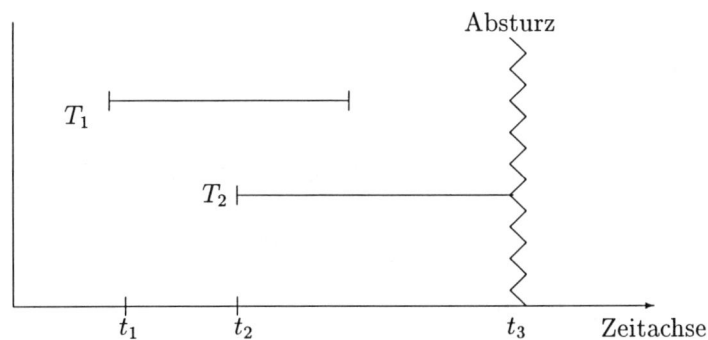

Abb. 10.6: Transaktionsbeginn und -ende relativ zu einem Systemabsturz

10.4   Wiederanlauf nach einem Fehler

Nach einem Fehler mit Verlust des Hauptspeicherinhalts hat man die in Abbildung 10.6 dargestellte Situation zu behandeln. Im allgemeinen muß die Recovery natürlich viel mehr als zwei Transaktionen bearbeiten. T_1 und T_2 repräsentieren die zwei zu behandelnden Transaktionstypen:

- Transaktionen der Art T_1 müssen hinsichlich ihrer Wirkung vollständig nachvollzogen werden. Transaktionen dieser Art nennt man *Winner*.

- Transaktionen, die wie T_2 zum Zeitpunkt des Absturzes noch aktiv waren, müssen rückgängig gemacht werden. Diese Transaktionen bezeichnen wir als *Loser*.

Nach dem von uns hier vorgestellten Recoverykonzept geschieht der Wiederanlauf in drei Phasen:

1. *Analyse*: Die temporäre Log-Datei wird von Anfang bis Ende analysiert, um die *Winner*-Menge von Transaktionen des Typs T_1 und die *Loser*-Menge von Transaktionen der Art T_2 zu ermitteln.

2. *Wiederholung der Historie*: Es werden *alle* protokollierten Änderungen in der Reihenfolge ihrer Ausführung in die Datenbasis eingebracht.

3. *Undo der Loser*: Die Änderungoperationen der *Loser*-Transaktionen werden in umgekehrter Reihenfoge ihrer ursprünglichen Ausführung rückgängig gemacht.

Diese Vorgehensweise ist in Abbildung 10.7 schematisch dargestellt. Wir wollen die drei Phasen des Wiederanlaufs nachfolgend etwas detaillierter beschreiben.

10.4.1   Analyse des Logs

Die Analyse der Log-Datei geht sehr einfach vonstatten. Die **BOT**-Einträge geben Aufschluß über alle Transaktionen, die in der betreffenden Zeitspanne gestartet wurden. Die **commit**-Einträge im Log kennzeichnen die *Winner*-Transaktionen. Alle

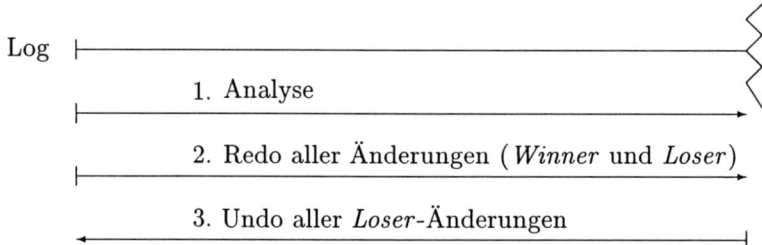

Abb. 10.7: Wiederanlauf in drei Phasen

begonnenen Transaktionen, zu denen kein **commit** in der Log-Datei gefunden werden kann, sind *Loser*. Jetzt dürfte nochmals nachhaltig die Bedeutung der Regel 1. des WAL-Prinzips (Ausschreiben aller Log-Einträge vor Abschluß einer Transaktion) klar werden.

10.4.2 Redo-Phase

In der *Redo*-Phase wird die Log-Datei sequentiell – in der Reihenfolge des Anlegens der Log-Einträge – durchlaufen. Für jeden Log-Eintrag wird die betroffene Seite aus der materialisierten Datenbasis in den Datenbankpuffer geholt (falls sie nicht schon aufgrund vorhergehender *Redo*-Vorgänge dort ist) und deren LSN ermittelt. Falls die in der Seite stehende LSN gleich oder größer ist als die LSN des Log-Eintrags, braucht nichts gemacht zu werden – das After-Image zu der protokollierten Änderungsoperation befindet sich schon auf der Seite. Anderenfalls, wenn die Seiten-LSN kleiner als die Log-Record-LSN ist, muß die im Log-Record gespeicherte *Redo*-Operation ausgeführt werden. Außerdem muß in diesem Fall (also bei durchgeführter *Redo*-Operation) die LSN der Seite durch die LSN des gerade bearbeiteten Log-Records ersetzt werden. Dies ist wichtig für den erneuten Wiederanlauf nach einem Fehler in der Wiederanlaufphase (siehe Abschnitt 10.5). Man beachte, daß auch die Änderungen der *Loser*-Transaktionen nachvollzogen werden – siehe dazu die Übungsaufgabe 10.6.

10.4.3 Undo-Phase

Nachdem die *Redo*-Phase abgeschlossen ist, wird die Log-Datei in umgekehrter Richtung (von hinten nach vorne) für die *Undo*-Phase durchlaufen. Wir übergehen alle Log-Einträge, die zu einer *Winner*-Transaktion gehören. Aber für jeden Log-Eintrag einer *Loser*-Transaktion wird die *Undo*-Operation ausgeführt. Anders als beim *Redo* wird das *Undo* auf jeden Fall ausgeführt, egal welche LSN auf der Seite steht. Dies ist notwendig, da auf jeden Fall das After-Image der protokollierten Operation auf der Seite steht: Entweder wurde es noch vor dem Absturz in die materialisierte Datenbasis geschrieben oder in der vorangegangenen *Redo*-Phase wiederhergestellt.

Wir werden im nächsten Abschnitt sehen, daß in der *Undo*-Phase auch noch Protokoll-Einträge – sogenannte Kompensationseinträge – generiert werden müssen.

10.5   Fehlertoleranz (Idempotenz) des Wiederanlaufs

Bei der Entwicklung der Recoverykomponente muß man natürlich auch die Fehlertoleranz bei einem Absturz innerhalb der Wiederanlaufphasen gewährleisten. Anders ausgedrückt: die *Redo-* und die *Undo-*Phasen müssen *idempotent* sein, d.h. sie müssen auch bei mehrfacher Ausführung (hintereinander) immer wieder dasselbe Ergebnis liefern. Zu jeder auf der Datenbasis ausgeführten (Änderungs-)Aktion a muß also gelten:

$$undo(undo(\cdots(undo(a))\cdots)) = undo(a)$$
$$redo(redo(\cdots(redo(a))\cdots)) = redo(a)$$

Die Idempotenz der *Redo-*Phase wird dadurch erreicht, daß die LSN des Log-Records, für den ein *Redo* (tatsächlich) ausgeführt wird, in die Seite eingetragen wird. Dadurch wird sichergestellt, daß auch nach einem Absturz während des Wiederanlaufs ein *Redo* einer Operation nicht „versehentlich" auf dem After-Image der Operation ausgeführt wird. Wieso? – siehe dazu Übungsaufgabe 10.7.

Für die Gewährleistung der Idempotenz der *Undo-*Phase müssen wir noch das Konzept der Kompensations-Protokolleinträge (CLR, compensation log record) einführen. Für jede ausgeführte *Undo-*Operation wird ein CLR angelegt, der genau wie „normale" Log-Records eine eindeutige LSN zugeteilt bekommt. Der CLR enthält die folgenden Informationen:

- LSN,
- Transaktionskennung,
- Seitenkennung,
- *Redo-*Information,
- *PrevLSN*,
- *UndoNxtLSN*.

Die *Redo-*Information eines CLR entspricht der während der *Undo-*Phase des Wiederanlaufs ausgeführten *Undo-*Operation. Bei einem erneuten Wiederanlauf wird diese Operation aber innerhalb der *Redo-*Phase ausgeführt. Kompensationseinträge benötigen keine *Undo-*Informationen, da sie – obwohl sie den *Loser-*Transaktionen zugeordnet werden – während nachfolgender *Undo-*Phasen übersprungen werden. Um das Überspringen zu gewährleisten, enthalten sie das Feld *UndoNxtLSN*. Dieses Feld enthält die LSN der zu dieser Transaktion gehörenden Änderungsoperation, die der kompensierten Operation vorausging. Diese Information ist relativ effizient aus der Rückwärtsverkettung (*PrevLSN*) der Protokolleinträge einzelner Transaktionen zu ermitteln. Die Abbildung 10.8 skizziert diese Situation für unsere Beispielausführung aus Abbildung 10.3. Wir nehmen an, daß der Absturz kurz vor dem **commit** von Transaktion T_2 stattfindet. In Abbildung 10.8 (a) ist die nach dem Absturz vorgefundene Log-Datei skizziert. Sie enthält alle Log-Records bis zur LSN #7.[1] Der

---

[1] Was würde passieren, wenn die Log-Datei nur die Einträge bis LSN #6 enthielte? – Siehe Übungsaufgabe 10.5.

(a) Historie und Log

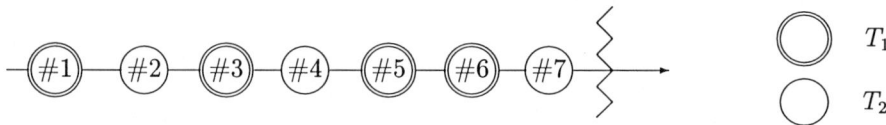

(b) Wiederanlauf und Log

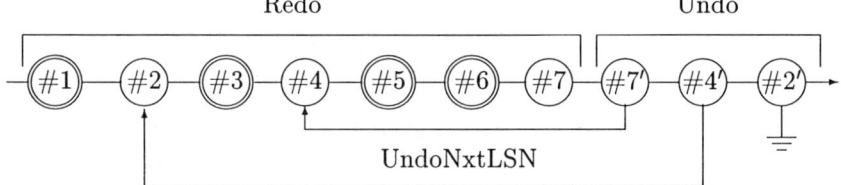

Abb. 10.8: Wiederanlauf nach einem Absturz: (a) das vorgefundene Log und (b) die Fortschreibung der Log-Datei aufgrund der *Undo*-Aktionen

untere Teil (b) der Abbildung zeigt den Zustand der Log-Datei nach dem vollständigen Wiederanlauf. Die drei Einträge #2, #4 und #7 der *Loser*-Transaktion T_2 – gekennzeichnet durch einfache Kreise, wohingegen T_1 Log-Einträge durch doppelte Kreise markiert sind – sind durch die CLRs #7', #4' und #2' kompensiert worden. Wir haben die (hoffentlich) anschauliche Notation #i' als LSN des Kompensationseintrages für den Log-Record #i verwendet, obwohl natürlich auch die LSNs der Kompensationseinträge fortlaufend sein müssen. Also muß die LSN #4' einen größeren Wert als #7' haben und #7' einen größeren Wert als #7. Weiterhin sind in der Abbildung die *UndoNxtLSN*-Verweise der Kompensationseinträge gezeigt.

Nach Abschluß des Wiederanlaufs hätte die Log-Datei – bzw. die Log-Datei einschließlich des Log-Ringpuffers – die Gestalt, wie sie in Abbildung 10.9 gezeigt wird (vgl. Abbildung 10.3). Die Log-Einträge mit spitzen Klammern sind die CLR-Einträge. Der letzte davon – mit der Kennung #2' – enthält keine Seiten- bzw. *Redo*-Information, da er sich nur auf das **BOT** der Transaktion T_2 bezieht. An dem NULL-Eintrag des *UndoNxtLSN*- Feldes dieses CLR ist außerdem erkennbar, daß zu diesem

$$[\#1, T_1, \mathbf{BOT}, 0]$$
$$[\#2, T_2, \mathbf{BOT}, 0]$$
$$[\#3, T_1, P_A, A\text{-}=50, A\text{+}=50, \#1]$$
$$[\#4, T_2, P_C, C\text{+}=100, C\text{-}=100, \#2]$$
$$[\#5, T_1, P_B, B\text{+}=50, B\text{-}=50, \#3]$$
$$[\#6, T_1, \mathbf{commit}, \#5]$$
$$[\#7, T_2, P_A, A\text{-}=100, A\text{+}=100, \#4]$$
$$\langle\#7', T_2, P_A, A\text{+}=100, \#7, \#4\rangle$$
$$\langle\#4', T_2, P_C, C\text{-}=100, \#7', \#2\rangle$$
$$\langle\#2', T_2, -, -, \#4', 0\rangle$$

Abb. 10.9: Logeinträge nach abgeschlossenem Wiederanlauf

Zeitpunkt die Transaktion T_2 vollständig zurückgesetzt ist, so daß zumindest für diese *Loser*-Transaktion keine weiteren *Undo*-Operationen mehr ausgeführt werden müssen.

Was passiert jetzt bei einem erneuten Systemabsturz und dadurch initiierten Wiederanlauf? In der *Redo*-Phase würde die gesamte Log-Datei von #1 bis #2' in Vorwärtsrichtung bearbeitet. Es wird sichergestellt, daß alle protokollierten Änderungen – einschließlich der Kompensationen – in die Datenbasis eingebracht werden. In der nachfolgenden *Undo*-Phase wird die Log-Datei dann in umgekehrter Richtung bearbeitet. Da der Zeiger *UndoNxtLSN* von #2' aber *NULL* ist, wäre dadurch kenntlich gemacht, daß die Transaktion T_2 vollständig zurückgesetzt ist.

Nehmen wir aber mal den Fall an, daß die Log-Datei nur die Einträge bis einschließlich #7' enthält. In diesem Fall werden in der *Redo*-Phase alle Operationen von #1 bis #7 und die Kompensation #7' nachvollzogen. Bei der anschließenden *Undo*-Phase wird #7' nicht rückgängig gemacht (es ist ja eine Kompensation, die in der Datenbasis erhalten bleiben soll), sondern anhand des *UndoNxtLSN*-Zeigers ermittelt, daß die nächste zu kompensierende Operation von T_2 in #4 protokolliert ist. Die dort gespeicherte *Undo*-Operation wird ausgeführt und der CLR #4' angelegt. In #4 steht ein *PrevLSN*-Verweis auf #2, die als nächstes kompensiert und mit #2' protokolliert wird. Danach hat man dann den Zustand, der in Abbildung 10.8 (b) beschrieben ist.

10.6   Lokales Zurücksetzen einer Transaktion

Wir können jetzt auch das isolierte Zurücksetzen einer einzelnen Transaktion behandeln. Dazu muß man lediglich die zu dieser Transaktion gehörenden Log-Einträge in chronologisch umgekehrter Reihenfolge abarbeiten. Man beachte, daß wir jetzt einen intakten Hauptspeicher – also sowohl Datenbankpuffer als auch Log-Puffer – voraussetzen. Man ermittelt den zuletzt angelegten Log-Record der zurückzusetzenden Transaktion. Einen Zeiger auf diesen jüngsten Log-Record könnte man für jede Transaktion im Haupspeicher unterhalten.

Durch die Rückwärtsverkettung der Log-Records über den *PrevLSN*-Eintrag kann man dann alle Protokolleinträge einer Transaktion sehr effizient rückwärts durchlaufen. Jede protokollierte Operation wird durch Ausführung der *Undo*-Information zurückgesetzt. Vor der Ausführung wird ein entsprechender Kompensations-Record (CLR) protokolliert. Die LSN des Kompensations-Records wird in die betreffende Seite eingetragen, damit man bei einem später evtl. notwendigen Wiederanlauf erkennen kann, ob die Kompensation in der Seite enthalten ist oder nicht. Bei einer vernünftigen Größe des Log-Ringpuffers kann man davon ausgehen, daß die meisten Protokolleinträge einer noch aktiven Transaktion im Hauptspeicher verfügbar sind. Deshalb ist das lokale Rollback einer Transaktion sehr effizient durchführbar.

Die beim lokalen Rollback angelegten Kompensationseinträge unterscheiden sich nicht von denen, die beim globalen *Undo* infolge eines Wiederanlaufs angelegt werden. Auch die beim lokalen Rollback angelegten CLRs werden bei einem später eventuell durchgeführten Wiederanlauf in der *Undo*-Phase übersprungen. Deshalb muß auch hier jeweils der *UndoNxtLSN*-Zeiger gesetzt werden – so wie das in Abbildung 10.8 (b) angedeutet war.

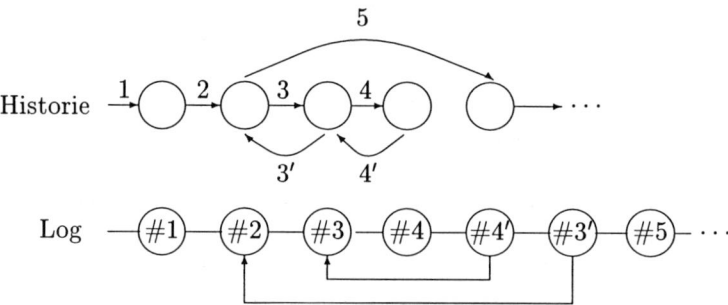

Abb. 10.10: Partielles Rücksetzen einer Transaktion

Beim isolierten Rollback müssen zusätzlich noch die von der Transaktion gesetzten Sperren (siehe Kapitel 11) aufgegeben werden. Dies war beim Wiederanlauf
nicht notwendig, da die im Hauptspeicher verwalteten Sperren durch den Absturz
sowieso verloren gingen, also zwangsläufig freigegeben wurden.

10.7 Partielles Zurücksetzen einer Transaktion

Im vorangegangen Kapitel hatten wir gesehen, daß einige Datenbanksysteme die
Definition von Rücksetzpunkten innerhalb einer Transaktion erlauben. Dadurch soll
das Rollback der Transaktion bis zu einem definierten Rücksetzpunkt ermöglicht
werden. Dieses Konzept kann mit unserer bislang vorgestellten Recoverymethode
leicht unterstützt werden. Die chronologisch nach der Definition des Rücksetzungs-
punkts erfolgten Änderungsoperationen werden lokal zurückgenommen, indem die
Undo-Operation ausgeführt wird und entsprechende Kompensationseinträge in das
Log angehängt werden. Graphisch ist dies in Abbildung 10.10 gezeigt.

In dieser Skizze werden zunächst die Operationen 1, 2, 3 und 4 ausgeführt. Dazu
gibt es entsprechende Log-Einträge #1, #2, #3 und #4. Die letzten beiden Operationen – also 3 und 4 – werden zurückgesetzt. Die Kompensationen sind in den
CLRs #4' und #3' dokumentiert – wiederum muß natürlich gelten, daß die LSN
#4' größer als #4 und #3' größer als #4' ist. Danach wird die Operation 5 ausge-
führt und im Log mit der LSN #5 dokumentiert. Somit hat die Transaktion nur die
Operationen 1, 2 und 5 ausgeführt, wohingegen 3 und 4 wieder rückgängig gemacht
wurden.

10.8 Sicherungspunkte

Die bislang vorgestellte Recoverymethodik hat einen entscheidenden Nachteil: Der
Wiederanlauf des Systems wird mit zunehmender Betriebszeit des Datenbanksystems immer langwieriger, da die zu verarbeitende Log-Datei immer umfangreicher
wird. Abhilfe schaffen *Sicherungspunkte*, die sozusagen als Brandmauer (engl. fire
wall) für den Wiederanlauf dienen. Durch einen Sicherungspunkt wird eine Position im Log markiert, über die man beim Wiederanlauf nicht hinausgehen muß. Alle

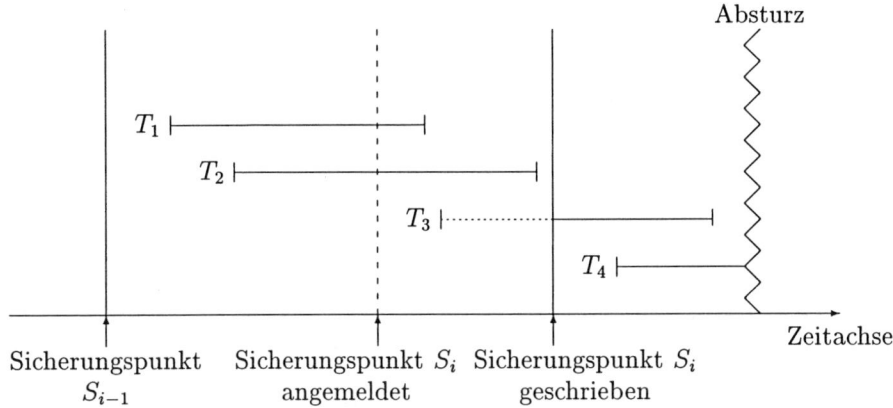

Abb. 10.11: Transaktionsausführung relativ zu einem transaktionskonsistenten Sicherungspunkt und einem Systemabsturz

älteren Log-Einträge sind irrelevant und könnten demnach auch aus der temporären Log-Datei entfernt werden. Aber schon an dieser Stelle sei betont, daß nicht unbedingt der Zeitpunkt des Sicherungspunktes den „cut-off" bildet – bei einigen Sicherungspunktverfahren muß man auch ältere Log-Einträge beachten. Auf jeden Fall wird aber beim Anlegen des Sicherungspunkts der „cut-off" – also die kleinste noch benötigte LSN – für den Wiederanlauf festgelegt. Wir behandeln drei Arten von Sicherungpunkten:

1. (globale) transaktionskonsistente Sicherungspunkte,

2. aktionskonsistente Sicherungspunkte und

3. unscharfe (fuzzy) Sicherungspunkte.

10.8.1 Transaktionskonsistente Sicherungspunkte

Bei der vorangegangenen Diskussion der Recoveryverfahren hatten wir stillschweigend angenommen, daß die Log-Datei zu einem Zeitpunkt begonnen wurde, als sich die Datenbasis in einem transaktionskonsistenten Zustand auf der Platte befand. Man kann dann nach einer bestimmten Betriebszeit des Systems einen neuen transaktionskonsistenten Sicherungspunkt anmelden. Daraufhin wird das Datenbanksystem in den „Ruhezustand" überführt. Alle neu ankommenden Transaktionen müssen warten und alle noch aktiven Transaktionen können zu Ende geführt werden. Sobald letzteres geschehen ist, werden alle modifizierten Seiten auf den Hintergrundspeicher ausgeschrieben. Jetzt enthält die materialisierte Datenbasis einen transaktionskonsistenten Zustand, d.h. die Seiten enthalten ausschließlich die Änderungen von erfolgreich abgeschlossenen Transaktionen. Somit kann man jetzt die Log-Datei wieder von neuem beginnen. Abbildung 10.11 zeigt dieses Vorgehen schematisch. Der Beginn der Transaktion T_3 wird verzögert (gepunktete Linie), bis der ange-

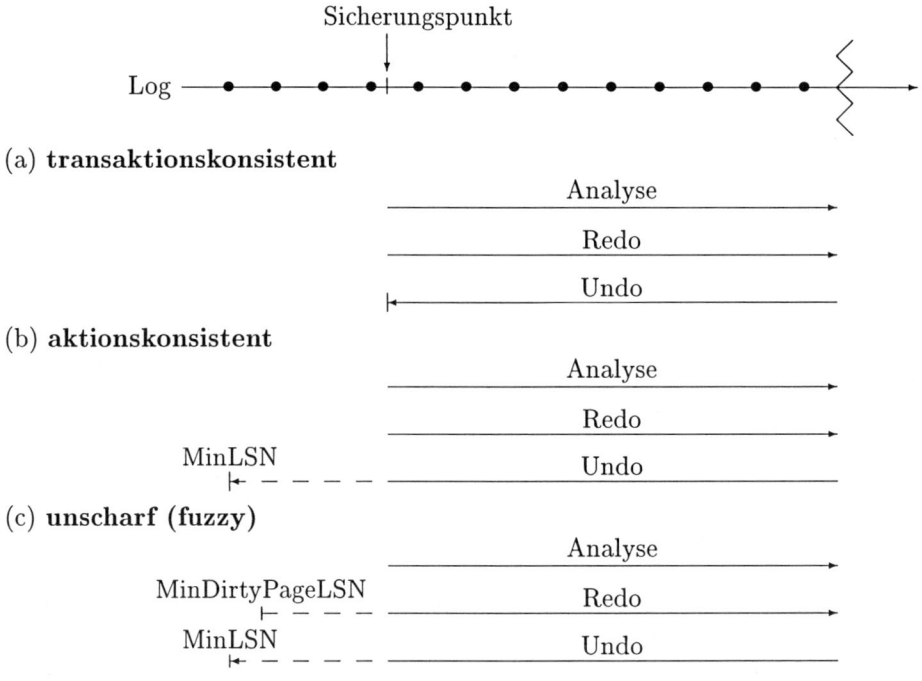

Abb. 10.12:   Wiederanlauf bei den drei unterschiedlichen Sicherungspunkt-Qualitäten

meldete Sicherungspunkt S_i geschrieben ist. Bei einem späteren Absturz benötigt man dann nur die Log-Information, die seit dem Schreiben des Sicherungspunkts S_i angelegt wurde. Sie enthält alle Einträge, um T_3 nachvollziehen (*Redo*) und T_4 zurücksetzen zu können (*Undo*). Die Änderungen von T_1 und T_2 sind in der materialisierten Datenbasis enthalten und benötigen deshalb keinerlei Aufmerksamkeit seitens der Recovery. Die Vorgehensweise ist in Abbildung 10.12 (a) skizziert. Das Anlegen transaktionskonsistenter Sicherungspunkte ist sehr zeitaufwendig und deshalb nur in Ausnahmefällen durchführbar – z.B. am Wochenende, wenn das System sowieso heruntergefahren wird. Zum einen muß man den Beginn neu ankommender Transaktionen verzögern, zum anderen muß man die gesamten modifizierten Pufferinhalte auf den Hintergrundspeicher ausschreiben. Bei der update-in-place Einbringstrategie muß man natürlich auch beim Schreiben eines Sicherungspunkts das WAL-Prinzip befolgen und folglich den gesamten Log-Ringpuffer ausschreiben (siehe dazu Übungsaufgabe 10.8).

10.8.2   Aktionskonsistente Sicherungspunkte

Aufgrund der unzumutbaren Verzögerung neu eintreffender Transaktionen beim Anlegen transaktionskonsistenter Sicherungspunkte ist man gezwungen, Abstriche hinsichtlich der Qualität der Sicherungspunkte in Kauf zu nehmen. Die aktionskonsistenten Sicherungspunkte verlangen nur, daß vor dem Anlegen eines Sicherungspunkts alle (elementaren) Änderungsoperationen vollständig abgeschlossen sind. Ab-

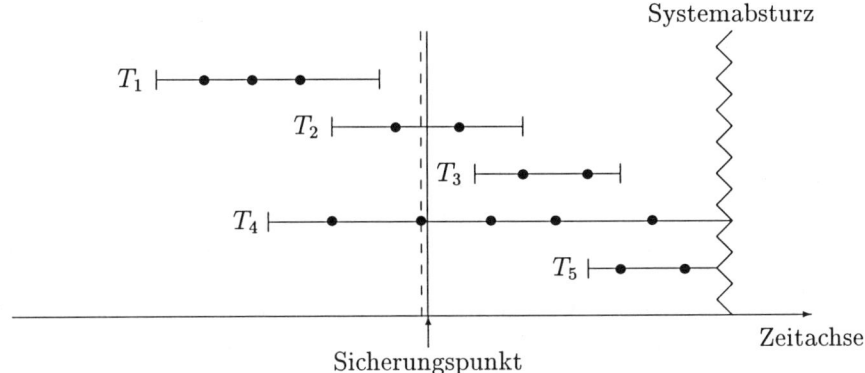

Abb. 10.13: Transaktionsausführung relativ zu einem aktionskonsistenten Sicherungspunkt und einem Systemabsturz

bildung 10.13 zeigt schematisch das Anlegen eines solchen Sicherungspunkts. Die Punkte (•) repräsentieren Änderungsoperationen der Transaktionen. Nach Anmeldung des Sicherungspunkts (gestrichelte senkrechte Linie) werden gerade bearbeitete Operationen abgeschlossen – wie z.B. die zweite Operation von T_4. Danach werden alle modifizierten Seiten aus dem Puffer in den Hintergrundspeicher übertragen – wiederum muß nach dem WAL-Prinzip die Log-Information zuerst ausgeschrieben werden. Nach Abschluß des Sicherungspunkts braucht man bei einem späteren Wiederanlauf garantiert keine *Redo*-Informationen, die älter sind als der Sicherungspunkt. Wohl aber benötigt man u.U. *Undo*-Informationen, die älter sind als der Zeitpunkt, zu dem der Sicherungspunkt geschrieben wurde. Dies ist in Abbildung 10.13 z.B. für T_4 der Fall, da die ersten beiden Änderungen von T_4 auf jeden Fall in der materialisierten Datenbasis vorhanden sind.

Beim Anlegen eines aktionskonsistenten Sicherungspunkts kann man die kleinste LSN aller zu diesem Zeitpunkt aktiven Transaktionen ermitteln. In unserem Beispiel entspricht diese dem Protokolleintrag der ersten Operation von T_4. Diese LSN bezeichnen wir mit *MinLSN*. Weiterhin wird in der Protokolldatei eine Liste aller zum Zeitpunkt des Sicherungspunkts aktiven Transaktionen abgelegt. Diese Liste wird in der *Analyse*-Phase des Wiederanlaufs benötigt, um alle *Loser*-Transaktionen ermitteln zu können. Warum?

Beim Wiederanlauf setzt die *Analyse*- und *Redo*-Phase auf dem Sicherungspunkt auf. Die *Undo*-Phase muß allerdings über den Sicherungspunkt hinausgehen – und zwar bis zur Position *MinLSN* der Log-Datei. Diese Vorgehensweise ist in Abbildung 10.12 (b) gezeigt.

10.8.3 Unscharfe (fuzzy) Sicherungspunkte

Das Anlegen eines aktionskonsistenten Sicherungspunkts verlangt, daß der gesamte modifizierte Teil des Datenbankpuffers und die gesamte Log-Information „auf einen

Schwung" ausgeschrieben wird. Dies führt zu einer starken Systembelastung. Normalerweise sollte man versuchen, modifizierte Seiten kontinuierlich auszuschreiben, da man dadurch CPU- und Ein/Ausgabe-Vorgänge überlappen kann. Dadurch entfällt das untätige Warten des Prozessors auf den langsameren Hintergrundspeicher, was letztlich zu einem sehr viel größeren Durchsatz (hinsichtlich Anzahl bearbeiteter Transaktionen) führt.

Die Idee der unscharfen (fuzzy) Sicherungspunkte besteht darin, anstatt die modifizierte Seite auszuschreiben, nur deren Kennungen in der Log-Datei zu notieren – nennen wir diese Menge *DirtyPages*. Für die Seiten in *DirtyPages* muß zusätzlich noch die minimale LSN – nennen wir sie *MinDirtyPageLSN* – ermittelt werden, mit der die am längsten nicht mehr ausgeschriebene Seite in den Hintergrundspeicher propagiert wurde. Diese LSN steht natürlich nicht in den Pufferseiten, sondern könnte höchstens durch Inspektion der Seiten im Hintergrundspeicher ermittelt werden. Das ist natürlich viel zu teuer, weshalb man sich zu jeder Seite im Puffer die LSN der ältesten noch nicht ausgeschriebenen Änderungsoperation merken muß. Die kleinste aller dieser LSNs bildet also die *MinDirtyPageLSN*. Diese *MinDirtyPageLSN* legt den Aufsetzpunkt für die *Redo*-Phase fest. Innerhalb der Spanne von der *MinDirtyPageLSN* bis zum Sicherungspunkt braucht man nur die Seiten aus *DirtyPages* zu beachten.

Den „cut-off" für die rückwärts gerichtete *Undo*-Phase bildet wieder die analog zu oben ermittelte *MinLSN* der beim Sicherungspunkt aktiven Transaktionen.

Das Vorgehen des Wiederanlaufs bei unscharfen Sicherungspunkten ist in Abbildung 10.12 (c) skizziert.

Die Effizienz des Wiederanlaufs bei unscharfen Sicherungspunkten hängt von der Pufferverwaltung ab. Wenn einige „hot-spot"-Seiten dauerhaft im Puffer verbleiben, ohne daß ihre Änderungen je ausgeschrieben werden, muß in der *Redo*-Phase die Log-Datei von ganz vorne bis hinten durchlaufen werden. Deshalb ist es unabdingbar, daß modifizierte Seiten kontinuierlich ausgeschrieben werden. Einige Systeme erzwingen das Ausschreiben der Seiten, die bei zwei aufeinanderfolgenden unscharfen Sicherungspunkten in der Menge *DirtyPages* enthalten sind und zwischenzeitlich noch nicht ausgeschrieben wurden.

10.9   Recovery nach einem Verlust der materialisierten Datenbasis

Der bislang vorgestellte Mechanismus für den Wiederanlauf setzte voraus, daß die materialisierte Datenbasis *und* die Log-Datei intakt vorgefunden werden. Wenn eine (oder sogar beide) dieser Dateien zerstört sind, benötigt man für die Recovery sogenannte Archivkopien, die auf ein Archivmedium – i.a. ein Magnetband – kopiert werden. Wir setzen hier voraus, daß sich die Datenbasis dabei in einem transaktionskonsistenten Zustand befindet. Die Log-Information wird kontinuierlich auf ein Archivband geschrieben – d.h. bei jedem Ausschreiben von Log-Einträgen aus dem Ringpuffer wird die temporäre Log-Datei *und* das Log-Archiv geschrieben. Diese Archivierungsvorgänge waren in Abbildung 10.4 eingezeichnet.

Bei Zerstörung der materialisierten Datenbasis oder der Log-Datei kann man somit aus der Archivkopie und dem Log-Archiv, dessen Einträge zu dem Zeitpunkt

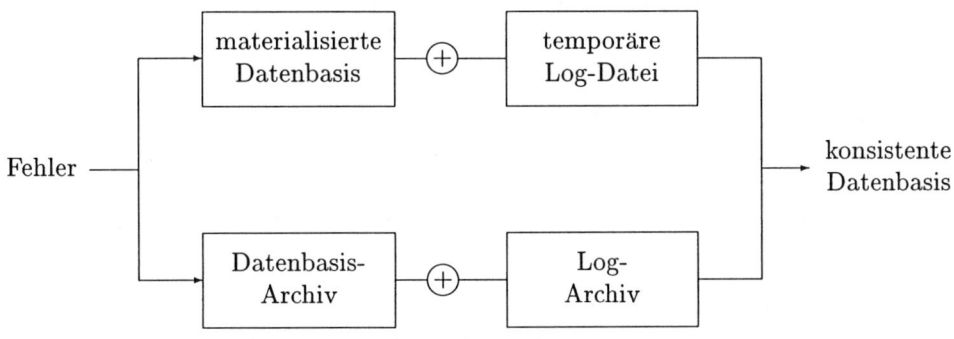

Abb. 10.14: Die zwei Recovery-Alternativen

des Anlegens der DB-Archivkopie beginnen, den jüngsten konsistenten Zustand wiederherstellen.

Man kann auch aktionskonsistente Zustände der Datenbasis archivieren. Dann muß aber das Log-Archiv auch ältere Einträge beinhalten – siehe Aufgabe 10.9.

In Abbildung 10.14 sind die zwei möglichen Recoveryarten nach einem Systemabsturz eingezeichnet:

1. Der obere (schnellere) Weg wird bei intakten Hintergrundspeichern (sowohl materialisierte Datenbasis als auch Log-Datei) beschritten.

2. Der untere (langsamere) Pfad muß bei zerstörtem Hintergrundspeicherinhalt gewählt werden.

Es ist natürlich auch denkbar, daß man bei zerstörter Log-Datei die materialisierte Datenbasis und das Log-Archiv als Ausgangsinformationen wählt. Kann man auch das DB-Archiv und die Log-Datei für den Wiederanlauf kombinieren?

10.10 Übungen

10.1 Demonstrieren Sie anhand eines Beispiels, daß man die Strategien *force* und ¬*steal* nicht kombinieren kann, wenn parallele Transaktionen gleichzeitig Änderungen an Datenobjekten innerhalb einer Seite durchführen. Betrachten Sie dazu z.B. die in Abbildung 10.1 dargestellte Seitenbelegung, wo die Seite P_A die beiden Datensätze A und D enthält. Entwerfen sie eine verzahnte Ausführung zweier Transaktionen, bei denen eine Kombination aus *force* und ¬*steal* ausgeschlossen ist.

10.2 In Abbildung 10.3 ist die verzahnte Ausführung der beiden Transaktionen T_1 und T_2 und das zugehörige *Log* auf der Basis logischer Protokollierung gezeigt. Wie sähe das Log bei physischer Protokollierung aus, wenn die Datenobjekte A, B und C die Initialwerte 1000, 2000 und 3000 hätten?

10.3 Wie sähe die Log-Datei bei physischer Protokollierung nach Durchführung des Wiederanlaufs – also in dem in Abbildung 10.8 (b) skizzierten Zustand – aus?

10.4 In Abschnitt 10.7 ist das partielle Rücksetzen einer Transaktion beschrieben worden. Es wurde an der in Abbildung 10.10 skizzierten Transaktion demonstriert. Wie würde sich das vollständige Rollback dieser Transaktion gestalten, nachdem Operation 5 ausgeführt ist? Wie sieht das Log nach dem vollständigen Rollback aus?

10.5 Betrachten Sie Abbildung 10.8. In Teil (a) ist das Log bis LSN #7 skizziert. Was passiert, wenn die auf der Platte stehende Log-Datei nur die Einträge bis LSN #6 enthielte? Demonstrieren Sie den Wiederanlauf des Systems unter diesem Gesichtspunkt.

Könnte auch der Eintrag#5 in der temporären Log-Datei fehlen, obwohl der Absturz erst nach Schritt 15 in Abbildung 10.3 stattfand? Welches Prinzip wäre dadurch verletzt?

10.6 [Mohan et al. (1992)] Weisen Sie nach, daß die Idempotenz des Wiederanlaufs das *Redo aller* protokollierten Änderungen – also auch der von *Losern* durchgeführten Änderungen – verlangt.

Hinweis: Betrachten Sie zwei Transaktionen T_L und T_W, wobei T_L ein *Loser* und T_W ein *Winner* ist.

T_L modifiziere ein Datum A auf Seite P_1 und anschließend T_W ein Datum B, auch auf Seite P_1. Diskutieren Sie unterschiedliche Zustände der Seite P_1 auf dem Hintergrundspeicher:

- Zustand vor Modifikation von A,
- Zustand nach Modifikation von A aber vor Modifikation von B,
- Zustand nach Modifikation von B.

Was passiert beim Wiederanlauf in Bezug auf diese drei möglichen Zustände der Seite P_1? Veranschaulichen Sie Ihre Diskussion graphisch.

10.7 Zeigen Sie, daß es für die Erzielung der Idempotenz der *Redo*-Phase notwendig ist, die – und nur die – LSN einer tatsächlich durchgeführten *Redo*-Operation in der betreffenden Seite zu vermerken.

- Was würde passieren, wenn man in der *Redo*-Phase gar keine LSN-Einträge in die Datenseiten schriebe?
- Was würde passieren, wenn man auch LSN-Einträge von Log-Records, für die die *Redo*-Operation nicht ausgeführt wird, in die Datenseiten übertragen würde?
- Was passiert, wenn der Kompensationseintrag geschrieben wurde, und dann noch vor der Ausführung des *Undo* (d.h. der Kompensation) das Datenbanksystem abstürzt?

10.8 Warum muß beim Anlegen eines transaktionskonsistenten Sicherungspunkts der gesamte Log-Ringpuffer ausgeschrieben werden – wo man doch nach Fertigstellung des Sicherungspunkts wieder mit einer „leeren" Log-Datei anfangen kann?

10.9 Wie weit in die Vergangenheit müssen die Einträge des Log-Archives gehen, wenn man einen aktionskonsistenten Zustand der Datenbasis archiviert? Wie sieht in diesem Fall die Wiederherstellung des jüngsten konsistenten DB-Zustands nach Verlust des Hintergrundspeichers aus?

10.11 Literatur

Die ersten wegweisenden Recoverytechniken wurden von Gray et al. (1981) in der System R-Entwicklung bei IBM konzipiert. Härder und Reuter (1983) lieferten in ihrem vielbeachteten Aufsatz die erste systematische Klassifikation einzelner Techniken und die Einordnung existierender Systemlösungen. In diesem Aufsatz wurde der ACID-Begriff geprägt; ferner ist unsere Klassifizierung der Einbring- und Ersetzungsstrategien an diesen Aufsatz angelehnt. Eine ähnliche Klassifizierung findet sich auch in dem Buch von Bernstein, Hadzilacos und Goodman (1987). Reuter (1980) hat Protokollierungsverfahren für die Undo-Recovery beschrieben. Elhardt und Bayer (1984) entwickelten den sogenannten „Datenbank-Cache", der den Wiederanlauf eines Datenbanksystems nach einem Systemfehler beschleunigt. Reuter (1984) untersuchte die Leistungsfähigkeit verschiedener Recovery-Strategien.

Die hier beschriebene Recoverytechnik lehnt sich eng an das ARIES-Verfahren von Mohan et al. (1992) an. Dieses Verfahren findet sich heute in vielen kommerziellen Systemen – insbesondere den IBM-Produkten, wie z.B. DB2. Das ARIES-Verfahren wurde von Franklin et al. (1992) und von Mohan und Narang (1994) für Client/Server-Architekturen weiterentwickelt.

Härder und Rothermel (1987) haben die Recoverykonzepte auf geschachtelte Transaktionen ausgedehnt.

Das umfangreiche Buch von Gray und Reuter (1993) beschreibt sehr detailliert die Konzepte zur Fehlertoleranz in Transaktionssystemen. Dieses Buch ist eine absolute Pflichtlektüre für alle Systementwickler.

11. Mehrbenutzersynchronisation

Unter „*Multiprogramming*" (Mehrbenutzerbetrieb) versteht man die gleichzeitige (nebenläufige, parallele) Ausführung mehrerer Programme. Der Mehrbenutzerbetrieb führt i.a. zu einer weitaus besseren Auslastung eines Computersystems als dies im Einzelbenutzerbetrieb möglich wäre. Dies liegt daran, daß Programme – insbesondere Datenbankanwendungen – sehr oft auf langsame Betriebsmittel (wie z.B. Hintergrundspeicher) oder interaktive Benutzereingaben warten müssen. In einem Einbenutzersystem wäre der Rechner (d.h. der Prozessor) während dieser Wartezeiten untätig, wohingegen im Mehrbenutzerbetrieb eine andere Anwendung während dieser Wartezeiten bedient werden kann – bis sie selbst auf ein Ereignis warten muß. In Abbildung 11.1 sind die Vorteile des Mehrbenutzerbetriebs bei der Ausführung von drei Transaktionen (T_1, T_2 und T_3) in idealisierter Weise dargestellt.

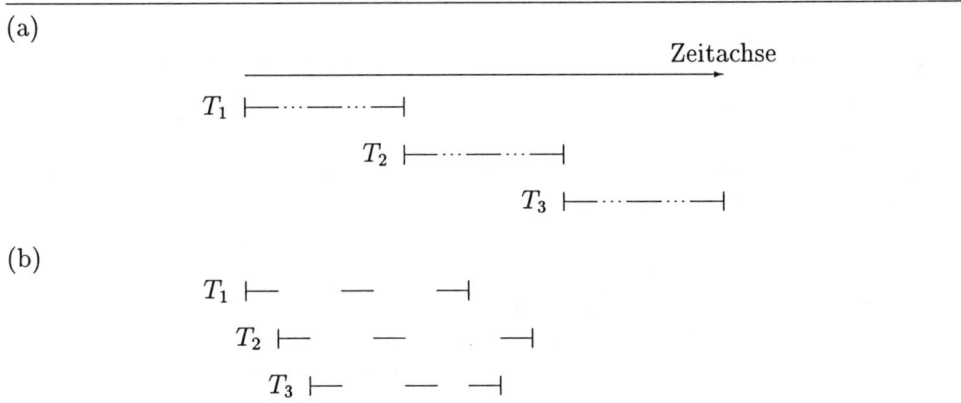

Abb. 11.1: Ausführung der drei Transaktionen T_1, T_2 und T_3: (a) im Einbenutzerbetrieb und (b) im (verzahnten) Mehrbenutzerbetrieb (gestrichelte Linien repräsentieren Wartezeiten)

   Es ist erkennbar, daß die Verzahnung (engl. *interleaving*) bei der Ausführung der drei Transaktionen zu einer wesentlich besseren Auslastung der CPU führt.[1]
   Wir wollen uns in diesem Kapitel mit den Kontrollkonzepten beschäftigen, die für die Konsistenzerhaltung der Datenbank bei Mehrbenutzerbetrieb notwendig sind. Bezogen auf das ACID-Paradigma, beschäftigen wir uns in diesem Kapitel vorrangig mit dem *I* für *Isolation*. Unter der Anforderung *Isolation* versteht man, daß jeder Transaktion die Datenbank so erscheinen muß, als wenn sie die einzige Anwendung darauf wäre.

---

[1]In unserer idealisierten Darstellung ist die CPU 100 % ausgelastet und kein zusätzlicher Overhead, der durch den Mehrbenutzerbetrieb benötigt wird, berücksichtigt.

11.1 Fehler bei unkontrolliertem Mehrbenutzerbetrieb

Wir wollen uns zunächst mit den möglichen Fehlern, die im unkontrollierten (und nicht synchronisierten) Mehrbenutzerbetrieb auftreten können, beschäftigen. Wir werden diese Fehler in drei Fehlerklassen, denen jeweils ein Unterabschnitt gewidmet ist, aufteilen.

11.1.1 Verlorengegangene Änderungen (*lost update*)

Dieses Problem soll anhand der folgenden zwei Transaktionen aus dem Bankenbereich demonstriert werden:

- Transaktion T_1 transferiert 300,– DM von Konto A nach Konto B, wobei zunächst Konto A belastet wird und danach die Gutschrift auf Konto B erfolgt.

- Die gleichzeitig ablaufende Transaktion T_2 schreibt dem Konto A die 3 % Zinseinkünfte gut.

Der Ablauf dieser beiden Transaktionen könnte wie folgt verzahnt ablaufen – wenn es keine Mehrbenutzersynchronisation gäbe:

Schritt	T_1	T_2
1.	$\mathrm{read}(A, a_1)$	
2.	$a_1 := a_1 - 300$	
3.		$\mathrm{read}(A, a_2)$
4.		$a_2 := a_2 * 1.03$
5.		$\mathrm{write}(A, a_2)$
6.	$\mathrm{write}(A, a_1)$	
7.	$\mathrm{read}(B, b_1)$	
8.	$b_1 := b_1 + 300$	
9.	$\mathrm{write}(B, b_1)$	

Der Effekt dieser Ausführung ist, daß die in Schritt 5. dem Konto A gutgeschriebenen Zinsen verloren gehen, da der in Schritt 5. von T_2 geschriebene Wert in Schritt 6. gleich wieder von T_1 überschrieben wird. Deshalb geht der Effekt von Transaktion T_2 verloren.

11.1.2 Abhängigkeit von nicht freigegebenen Änderungen

Diese Fehlerklasse wird manchmal auch als „dirty read" bezeichnet, da ein Datum gelesen wird, das so niemals in einem gültigen (transaktionskonsistenten) Zustand der Datenbasis vorkommt. Wir wollen auch dies an unseren Beispieltransaktionen T_1 (Überweisung) und T_2 (Zinsgutschrift) demonstrieren:

Schritt	T_1	T_2
1.	read(A, a_1)	
2.	$a_1 := a_1 - 300$	
3.	write(A, a_1)	
4.		read(A, a_2)
5.		$a_2 := a_2 * 1.03$
6.		write(A, a_2)
7.	read(B, b_1)	
8.	$\cdots$	
9.	**abort**	

In dieser verzahnten Ausführung liest T_2 in Schritt 4. einen Wert für Konto A, von dem T_1 schon 300,– DM abgebucht hat. Aber T_1 wird in Schritt 9. mit **abort** abgebrochen, so daß die Wirkung von T_1 gänzlich zurückgesetzt werden muß. Leider hat aber T_2 in Schritt 5. die Zinsen basierend auf dem „falschen" Wert von A berechnet und in Schritt 6. dem Konto gutgeschrieben. D.h., die Transaktion T_2 wurde auf der Basis inkonsistenter Daten (*dirty data*) durchgeführt.

11.1.3 Phantomproblem

Das Phantomproblem taucht auf, wenn während der Abarbeitung einer Transaktion T_2 eine andere Transaktion T_1 ein neues Datum generiert, das T_2 eigentlich hätte mit berücksichtigen müssen. Wir wollen dies an einem konkreten Beispiel beleuchten. Dazu betrachten wir die folgenden beiden Transaktionen:

T_1	T_2
	select sum(KontoStand)
	from Konten
insert into Konten	
values $(C, 1000, \ldots)$	
	select sum(KontoStand)
	from Konten

Hierbei führt T_2 (innerhalb einer Transaktion) zweimal die SQL-Anfrage aus, um die Summe aller Kontostände zu ermitteln. Das Problem besteht nun darin, daß T_1 zwischenzeitlich ein neues Konto – nämlich das Konto mit der Kennung C und dem Kontostand 1000, – DM einfügt, das aber erst beim zweiten „Durchgang" der SQL-Anfrage berücksichtigt wird. Die Transaktion T_2 berechnet also zwei unterschiedliche Werte, da zwischenzeitlich das „Phantom" C eingefügt wurde.

11.2 Serialisierbarkeit

In der Einleitung des Kapitels haben wir die Nachteile der seriellen (Nacheinander-) Ausführung von Transaktionen hinsichtlich der Leistungsfähigkeit des Gesamtsystems beschrieben.

Andererseits können die vorhin aufgeführten Fehler bei der seriellen Ausführung nicht auftreten, da sich Transaktionen nicht gegenseitig beeinflussen können. Beim Konzept der *Serialisierbarkeit* werden die Vorzüge der seriellen Ausführung –

Schritt	T_1	T_2
1.	**BOT**	
2.	read(A)	
3.		**BOT**
4.		read(C)
5.	write(A)	
6.		write(C)
7.	read(B)	
8.	write(B)	
9.	**commit**	
10.		read(A)
11.		write(A)
12.		**commit**

Abb. 11.2: Serialisierbare Historie von T_1 und T_2

---

nämlich Isolation – mit den Vorteilen des Mehrbenutzerbetriebs – nämlich erhöhter Durchsatz – kombiniert. Intuitiv gesprochen entspricht die serialisierbare Ausführung einer Menge von Transaktionen einer kontrollierten, nebenläufigen, verzahnten Ausführung, wobei die Kontrollkomponente dafür sorgt, daß die (beobachtbare) Wirkung der nebenläufigen Ausführung einer möglichen seriellen Ausführung der Transaktionen entspricht.

11.2.1 Beispiele serialisierbarer Ausführungen (Historien)

Unter einer *Historie* versteht man die zeitliche Anordnung der einzelnen verzahnt ausgeführten Elementaroperationen einer Menge von nebenläufig bearbeiteten Transaktionen. Aus der Sicht der Mehrbenutzersynchronisation sind nur die elementaren Datenbankoperationen **read**, **write**, **insert** und **delete** relevant, da die Bearbeitung lokaler Variablen nicht von der Nebenläufigkeit beeinflußt wird.

Betrachten wir unsere zwei Beispieltransaktionen T_1 und T_2 aus Kapitel 10:

- T_1 transferiere einen bestimmten Betrag von A nach B.

- T_2 transferiere einen Betrag von C nach A.

Die nebenläufige Bearbeitung könnte zu der in Abbildung 11.2 gezeigten Historie führen. Da wir die Bearbeitung lokaler Variablen nicht mehr beachten, haben wir auch in den Lese- und Schreiboperationen auf die Angabe der lokalen Variablen verzichtet – also z.B. **read**(A) anstatt **read**(A, a_1).

Die oben gezeigte verzahnte Verarbeitung von T_1 und T_2 hat offensichtlich denselben Effekt wie die serielle Abarbeitung $T_1 \mid T_2$, die in Abbildung 11.3 gezeigt ist. Deshalb ist die Historie aus Abbildung 11.2 serialisierbar.

Schritt	T_1	T_2
1.	**BOT**	
2.	read(A)	
3.	write(A)	
4.	read(B)	
5.	write(B)	
6.	**commit**	
7.		**BOT**
8.		read(C)
9.		write(C)
10.		read(A)
11.		write(A)
12.		**commit**

Abb. 11.3: Serielle Ausführung von T_1 vor T_2, also $T_1 \mid T_2$

11.2.2 Nicht serialisierbare Historie

Die in Abbildung 11.4 gezeigte Verzahnung der zwei Transaktionen T_1 und T_3 ist nicht serialisierbar. Bezogen auf das Datenobjekt A kommt nämlich T_1 *vor* T_3; aber hinsichtlich des Datums B kommt T_3 *vor* T_1. Deshalb ist diese Historie nicht äquivalent zu einer der beiden möglichen seriellen Ausführungen von T_1 und T_3, nämlich $T_1 \mid T_3$ oder $T_3 \mid T_1$.

Die aufmerksamen Leser werden sich an dieser Stelle fragen, wieso die in Abbildung 11.4 gezeigte Historie zu Inkonsistenzen führen sollte. Wenn T_1 und T_3 tatsächlich beide Überweisungen durchführen, wie in Abbildung 11.5 gezeigt, ist auch keine Inkonsistenz zu befürchten. Diese verzahnte Ausführung wäre auch tatsächlich äquivalent zu einer seriellen Ausführung. Wehe aber, wenn die Schritte 5. und 6. vor Schritt 4. ausgeführt worden wären. Dann hätten wir das Problem des „lost update" gehabt.

Warum wird die in Abbildung 11.5 dargestellte Historie dann aber nicht als serialisierbar betrachtet? Der Grund liegt darin, daß sie nur rein zufällig – wegen der speziellen Anwendungssemantik – äquivalent ist zu einer seriellen Historie. Aus der Sicht des Datenbanksystems ist diese Semantik jedoch nicht „erkennbar", denn das DBMS „sieht" nur die Lese- und Schreibvorgänge. Deshalb könnte die Historie aus Abbildung 11.4 sowohl zu der Ausführung in Abbildung 11.5 als auch zu der in Abbildung 11.6 gehören, wo T_3 einer Zinsgutschrift-Transaktion entspricht. Die Leser mögen verifizieren, daß diese Historie zu keiner der beiden möglichen seriellen Historien $T_1 \mid T_3$ oder $T_3 \mid T_1$ äquivalent ist (in jeder seriellen Ausführung hätte die Bank in der Summe $1,50$ DM mehr Zinsen bezahlen müssen). Das Datenbanksystem darf also bei der Mehrbenutzersynchronisation keine Annahmen hinsichtlich der Verarbeitung der Datenobjekte seitens der Anwendungstransaktionen machen. Die Konsistenz muß für jeden möglichen Datenbankzustand und für jede denkbare Verarbeitung garantiert werden.

Schritt	T_1	T_3
1.	**BOT**	
2.	read(A)	
3.	write(A)	
4.		**BOT**
5.		read(A)
6.		write(A)
7.		read(B)
8.		write(B)
9.		**commit**
10.	read(B)	
11.	write(B)	
12.	**commit**	

Abb. 11.4: Nicht serialisierbare Historie

Schritt	T_1	T_3
1.	**BOT**	
2.	read(A, a_1)	
3.	$a_1 := a_1 - 50$	
4.	write(A, a_1)	
5.		**BOT**
6.		read(A, a_2)
7.		$a_2 := a_2 - 100$
8.		write(A, a_2)
9.		read(B, b_2)
10.		$b_2 := b_2 + 100$
11.		write(B, b_2)
12.		**commit**
13.	read(B, b_1)	
14.	$b_1 := b_1 + 50$	
15.	write(B, b_1)	
16.	**commit**	

Abb. 11.5: Zwei verzahnte Überweisungs-Transaktionen

Schritt	T_1	T_3
1.	**BOT**	
2.	$read(A, a_1)$	
3.	$a_1 := a_1 - 50$	
4.	$write(A, a_1)$	
5.		**BOT**
6.		$read(A, a_2)$
7.		$a_2 := a_2 * 1.03$
8.		$write(A, a_2)$
9.		$read(B, b_2)$
10.		$b_2 := b_2 * 1.03$
11.		$write(B, b_2)$
12.		**commit**
13.	$read(B, b_1)$	
14.	$b_1 := b_1 + 50$	
15.	$write(B, b_1)$	
16.	**commit**	

Abb. 11.6: Eine Überweisung (T_1) und eine Zinsgutschrift (T_3)

11.3 Theorie der Serialisierbarkeit

11.3.1 Definition einer Transaktion

Um die zugrundeliegende Theorie entwickeln zu können, benötigen wir zunächst eine formale Definition von Transaktionen. Eine Transaktion T_i besteht aus folgenden elementaren Operationen:

- $r_i(A)$ zum Lesen des Datenobjekts A,

- $w_i(A)$ zum Schreiben des Datenobjekts A,

- a_i zur Durchführung eines **abort**,

- c_i zur Durchführung des **commit**.

Eine Transaktion kann nur eine der beiden Operationen **abort** oder **commit** durchführen.

Weiterhin ist eine Reihenfolge (Ordnung) der Operationen einer Transaktion zu spezifizieren. Meistens gehen wir von einer streng sequentiellen Reihenfolge der Operationen aus, wodurch eine totale Ordnung gegeben wäre. Die Theorie läßt sich aber auch auf der Basis einer partiellen Ordnung entwickeln. Es müssen aber mindestens folgende Bedingungen hinsichtlich der auf den Operationen von T_i definierten partiellen Ordnung $<_i$ eingehalten werden:

- Falls T_i ein **abort** durchführt, müssen alle anderen Operationen $p_i(A)$ vor a_i ausgeführt werden, also $p_i(A) <_i a_i$.

$$r_1(A) \to w_1(A) \to r_1(B) \to w_1(B) \to c_1$$

Abb. 11.7: Historie einer Überweisungstransaktion T_1

- Analoges gilt für das **commit**, d.h. $p_i(A) <_i c_i$ falls T_i „committed".

- Wenn T_i ein Datum A liest und auch schreibt, muß die Reihenfolge festgelegt werden, also entweder $r_i(A) <_i w_i(A)$ oder $w_i(A) <_i r_i(A)$.

Wir können uns nun den Ablauf einer Überweisungstransaktion T_1 anschauen. Die Operationen und die zugehörige Ordnung (in diesem Fall ist es sogar eine totale Ordnung) sind in Abbildung 11.7 gezeigt. Beachten Sie bitte, daß wir auf die explizite Angabe des **BOT** verzichten – wir nehmen implizit ein **BOT** vor der ersten Operation der Transaktion an. Die sich aus der Transitivität ergebenden Reihenfolgen werden i.a. nicht explizit eingezeichnet, also z.B. die Reihenfolge $r_1(A) \to r_1(B)$, die aus $r_1(A) \to w_1(A)$ und $w_1(A) \to r_1(B)$ folgt.

11.3.2 Historie (Schedule)

Unter einer *Historie* (manchmal auch *Schedule* genannt) versteht man den Ablauf einer verzahnten Ausführung mehrerer Transaktionen. Jede einzelne Transaktion besteht aus den Elementaroperationen $r_i(A)$ und $w_i(A)$ für ein Datenobjekt A und a_i oder c_i. Die Historie spezifiziert die Reihenfolge, in der diese Elementaroperationen verschiedener Transaktionen ausgeführt werden. Man kann sich das intuitiv auch so vorstellen, daß eine Monitorkomponente (also ein „Geschichtsschreiber") protokolliert, welche Operationen der Prozessor in welcher Reihenfolge ausgeführt hat. Bei einem Einprozessorsystem werden alle Operationen sequentiell ausgeführt, so daß man eine totale Ordnung definieren kann. Es ist aber auch denkbar, daß einige Operationen „wirklich" parallel ausgeführt werden und man deshalb keine Reihenfolge festlegen kann bzw. will. Bei der Spezifikation der Historie muß aber mindestens für alle sogenannten *Konfliktoperationen* eine Reihenfolge festgelegt werden.

Was sind Konfliktoperationen? Das sind solche Operationen, die bei unkontrollierter Nebenläufigkeit potentiell Inkonsistenzen verursachen können. Das kann aber nur geschehen, wenn die Operationen auf dasselbe Datenobjekt zugreifen und mindestens eine davon das Datum modifiziert.

Betrachten wir zwei Transaktionen T_i und T_j, die beide auf das Datum A zugreifen. Dann sind folgende Operationen möglich:

- $r_i(A)$ und $r_j(A)$: In diesem Fall ist die Reihenfolge der Ausführungen irrelevant, da beide TAs in jedem Fall denselben Zustand lesen. Diese beiden Operationen stehen also nicht in Konflikt zueinander, so daß in der Historie ihre Reihenfolge zueinander irrelevant ist

- $r_i(A)$ und $w_j(A)$: Hierbei handelt es sich um einen Konflikt, da T_i entweder den alten oder den neuen Wert von A liest. Es muß also entweder $r_i(A)$ *vor* $w_j(A)$ oder $w_j(A)$ *vor* $r_i(A)$ spezifiziert werden.

$$
\begin{array}{ccccccc}
& r_2(A) \rightarrow & w_2(B) \rightarrow & w_2(C) \rightarrow & c_2 \\
& \uparrow & \uparrow & \uparrow \\
H = & r_3(B) \rightarrow & w_3(A) \rightarrow & w_3(B) \rightarrow & w_3(C) \rightarrow & c_3 \\
& \uparrow \\
& r_1(A) \rightarrow & w_1(A) \rightarrow & c_1
\end{array}
$$

Abb. 11.8: Historie für drei Transaktionen

- $w_i(A)$ und $r_j(A)$: analog.

- $w_i(A)$ und $w_j(A)$: Auch in diesem Fall ist die Reihenfolge der Ausführung entscheidend für den Zustand der Datenbasis; also handelt es sich um Konfliktoperationen, für die die Reihenfolge festzulegen ist.

Formal ist eine Historie H für eine Menge von Transaktionen $\{T_1, \ldots, T_n\}$ eine Menge von Elementaroperationen mit partieller Ordnung $<_H$, so daß gilt:

- $H = \cup_{i=1}^n T_i$,

- $<_H$ ist verträglich mit allen $<_i$, d.h. $<_H \supseteq \cup_{i=1}^n <_i$,

- für zwei Konfliktoperationen $p, q \in H$ gilt entweder $p <_H q$ oder $q <_H p$.

In Abbildung 11.8 ist eine Historie H für drei Transaktionen T_1, T_2 und T_3 gezeigt – dies sind „neue" abstrakte Transaktionen, die mit den vorher in diesem Kapitel beschriebenen nicht übereinstimmen. In diesem Beispiel ist nur eine partielle Ordnung gegeben. Es wird z.B. nicht spezifiziert, in welcher Reihenfolge $r_3(B)$ und $r_1(A)$ ausgeführt werden – dies ist natürlich nur für nicht in Konflikt stehende Operationen zulässig.

Im allgemeinen werden wir aber eine totale Ordnung angeben, die wie folgt aussehen könnte:

$$r_1(A) \rightarrow r_3(B) \rightarrow w_1(A) \rightarrow w_3(A) \rightarrow c_1 \rightarrow w_3(B) \rightarrow \ldots$$

11.3.3 Äquivalenz zweier Historien

Zwei Historien H und H' über der gleichen Menge von Transaktionen sind äquivalent (in Zeichen $H \equiv H'$), wenn sie die Konfliktoperationen der nicht abgebrochenen Transaktionen in derselben Reihenfolge ausführen. Formaler ausgedrückt: Wenn p_i und q_j Konfliktoperationen sind und $p_i <_H q_j$ gilt, dann muß auch $p_i <_{H'} q_j$ gelten.

Die Anordnung der nicht in Konflikt stehenden Operationen ist also für die Äquivalenz zweier Historien irrelevant. Die Reihenfolge der Operationen innerhalb einer Transaktion bleibt invariant, d.h. zwei Operationen v_i und w_i der Transaktion T_i sind in H in derselben Reihenfolge auszuführen wie in H'; also $v_i <_H w_i$ impliziert $v_i <_{H'} w_i$. Betrachten wir als Beispiel zwei Überweisungstransaktionen mit der in Abbildung 11.2 gezeigten Historie. In unserer Kurznotation sieht das wie folgt aus:

$$r_1(A) \rightarrow r_2(C) \rightarrow w_1(A) \rightarrow w_2(C) \rightarrow r_1(B) \rightarrow w_1(B) \rightarrow c_1 \rightarrow r_2(A) \rightarrow w_2(A) \rightarrow c_2$$

Da $r_2(C)$ und $w_1(A)$ nicht in Konflikt stehen, ist der obige Schedule äquivalent zu

$$r_1(A) \to w_1(A) \to r_2(C) \to w_2(C) \to r_1(B) \to w_1(B) \to c_1 \to r_2(A) \to w_2(A) \to c_2$$

wobei lediglich $r_2(C)$ und $w_1(A)$ vertauscht wurden. Weiterhin steht $r_1(B)$ nicht in Konflikt mit $w_2(C)$ und $r_2(C)$, so daß wir durch zweifache Vertauschung folgenden Schedule erhalten:

$$r_1(A) \to w_1(A) \to r_1(B) \to r_2(C) \to w_2(C) \to w_1(B) \to c_1 \to r_2(A) \to w_2(A) \to c_2$$

Analog können wir $w_1(B)$ durch sukzessive Vertauschung an $w_2(C)$ und $r_2(C)$ vorbei propagieren. Letztendlich machen wir dasselbe mit c_1 und erhalten folgenden äquivalenten Schedule:

$$r_1(A) \to w_1(A) \to r_1(B) \to w_1(B) \to c_1 \to r_2(C) \to w_2(C) \to r_2(A) \to w_2(A) \to c_2$$

Jetzt werden die aufmerksamen Leser gemerkt haben, daß wir durch sukzessives (zielgerichtetes) Vertauschen von Operationen, die nicht in Konflikt stehen, aus dem in Abbildung 11.2 dargestellten verzahnten Schedule den seriellen Schedule aus Abbildung 11.3 generiert haben. Daraus folgt, daß diese beiden Schedules äquivalent sind.

11.3.4   Serialisierbare Historien

Die an unserem Beispiel dargestellte Vorgehensweise bildet die Grundlage der Serialisierbarkeit. Eine Historie H ist serialisierbar, wenn sie äquivalent zu einer seriellen Historie H_s ist.

11.3.5   Kriterien für Serialisierbarkeit

Wir haben oben an einem Beispiel gezeigt, wie man durch „zielgerichtetes" Vertauschen von Operationen aus einer verzahnten Historie eine serielle Historie generieren kann – falls das überhaupt möglich ist. Wir geben jetzt eine Methodik an, mit der man

1. effizient entscheiden kann, ob es eine äquivalente serielle Historie gibt und

2. in welcher Reihenfolge die Transaktionen in der äquivalenten seriellen Historie ausgeführt werden müßten.

Dazu konstruieren wir zu einer gegebenen Historie H über den in der Historie erfolgreich abgeschlossenen Transaktionen $\{T_1, \ldots, T_n\}$ den sogenannten Serialisierbarkeitsgraphen $SG(H)$. $SG(H)$ hat die Knoten $T_1, \ldots, T_n$. Für je zwei Konfliktoperationen p_i, q_j aus der Historie H mit $p_i <_H q_j$ (also p_i wird vor q_j ausgeführt) fügen wir die Kante $T_i \to T_j$ in den Graphen $SG(H)$ ein – falls es diese Kante nicht schon aus anderem Grund gibt. In Abbildung 11.9 ist eine Beispiel-Historie H mit zugehörigem Serialisierbarkeitsgraphen $SG(H)$ gezeigt. Die Kante $T_2 \to T_3$ in dem Graphen $SG(H)$ kommt z.B. durch die Anordnung der beiden Konfliktoperationen $w_3(A)$ nach $r_2(A)$ in der Historie H zustande.

$$
\begin{array}{l}
\quad\quad\quad\quad r_1(A) \;\rightarrow\; w_1(A) \;\rightarrow\; w_1(B) \;\rightarrow\; c_1 \\
\quad\quad\quad\quad\quad\quad\quad\quad \uparrow \quad\quad\quad\quad \uparrow \\
H = \quad\quad\quad \swarrow \;\; r_2(A) \;\rightarrow\; w_2(B) \;\rightarrow\; c_2 \\
\quad\quad\quad\quad\quad\quad\quad\quad \downarrow \\
\quad\quad r_3(A) \;\rightarrow\; w_3(A) \;\rightarrow\; c_3
\end{array}
$$

$$
SG(H) = \;\; T_2 \;
\begin{array}{c}
\;\;\;\; T_3 \\
\nearrow \quad \uparrow \\
\searrow \\
\;\;\;\; T_1
\end{array}
$$

Abb. 11.9: Historie und zugehöriger Serialisierbarkeitsgraph

$$
H = w_1(A) \rightarrow w_1(B) \rightarrow c_1 \rightarrow r_2(A) \rightarrow r_3(B) \rightarrow w_2(A) \rightarrow c_2 \rightarrow w_3(B) \rightarrow c_3
$$

$$
SG(H) = \;\; T_1 \;
\begin{array}{c}
\;\;\;\; T_2 \\
\nearrow \\
\searrow \\
\;\;\;\; T_3
\end{array}
$$

$$
H_s^1 = T_1 \mid T_2 \mid T_3
$$
$$
H_s^2 = T_1 \mid T_3 \mid T_2
$$
$$
H \equiv H_s^1 \equiv H_s^2
$$

Abb. 11.10: Serialisierbare Historie H mit zugehörigem Serialisierbarkeitsgraphen $SG(H)$ und den zwei äquivalenten seriellen Historien H_s^1 und H_s^2.

Serialisierbarkeitstheorem Das sogenannte Serialisierbarkeitstheorem besagt, daß eine Historie H genau dann *serialisierbar* ist, wenn der zugehörige Serialisierbarkeitsgraph $SG(H)$ azyklisch ist.

Weiterhin ist eine serialisierbare Historie H äquivalent zu all den seriellen Historien H_s, in denen die Anordnung der Transaktionen einer topologischen Sortierung von *SG(H)* entspricht. Unter einer topologischen Sortierung versteht man eine sequentielle Anordnung der Transaktionen des Serialisierbarkeitsgraphen in der Form, daß keine Transaktion T_i vor einer Transaktion T_j steht, wenn es einen gerichteten Pfad von T_j nach T_i im Serialisierbarkeitsgraphen gibt. Auch hierzu ist in Abbildung 11.10 ein Beispiel gegeben. Die beiden möglichen topologischen Sortierungen des Serialisierbarkeitsgraphen – nämlich $T_1 \mid T_2 \mid T_3$ und $T_1 \mid T_3 \mid T_2$ – entsprechen den beiden seriellen Historien H_s^1 und H_s^2.

11.4 Eigenschaften von Historien bezüglich der Recovery

Die Serialisierbarkeit ist eine minimale Anforderung an die im DBMS zugelassenen Schedules. Eine zusätzliche Anforderung ergibt sich aus der Recovery: Die in der Transaktionsverarbeitung zulässigen Historien sollten so gestaltet sein, daß jede Transaktion zu jedem Zeitpunkt vor Ausführung eines **commit** lokal zurückgesetzt werden kann – ohne daß davon andere Transaktionen beeinträchtigt werden.

11.4.1 Rücksetzbare Historien

Bezüglich der Recovery ist die Minimalanforderung, daß man noch aktive Transaktionen jederzeit abbrechen kann, ohne daß andere schon mit **commit** abgeschlossene Transaktionen in Mitleidenschaft gezogen werden können. Historien, die diese Eigenschaft erfüllen, nennen wir *rücksetzbare* Historien.

Um die rücksetzbaren Historien charakterisieren zu können, müssen wir zunächst die Schreib/Leseabhängigkeiten zwischen Transaktionen einführen. Wir sagen, daß in der Historie H T_i von T_j liest, wenn folgendes gilt:

1. T_j schreibt mindestens ein Datum A, das T_i nachfolgend liest, also:

$$w_j(A) <_H r_i(A)$$

2. T_j wird (zumindest) nicht vor dem Lesevorgang von T_i zurückgesetzt, also:

$$a_j \not<_H r_i(A)$$

3. Alle anderen zwischenzeitlichen Schreibvorgänge auf A durch andere Transaktionen T_k werden vor dem Lesen durch T_i zurückgesetzt. Falls also ein $w_k(A)$ mit $w_j(A) < w_k(A) < r_i(A)$ existiert, so muß es auch ein $a_k < r_i(A)$ geben.

Intuitiv ausgedrückt, besagen die drei Bedingungen, daß T_i ein Datum A in genau dem Zustand, den T_j geschrieben hat, liest.

Eine Historie heißt rücksetzbar, falls immer die schreibende Transaktion (in unserer Notation T_j) vor der lesenden Transaktion (T_i genannt) ihr **commit** durchführt, also: $c_j <_H c_i$. Anders ausgedrückt: Eine Transaktion darf erst dann ihr **commit** durchführen, wenn alle Transaktionen, von denen sie gelesen hat, beendet sind. Wäre diese Bedingung nicht erfüllt, könnte man die schreibende Transaktion womöglich nicht zurücksetzen, da die lesende Transaktion dann mit einem „offiziell" nie existenten Wert für A ihre Berechnung „**committed**" hätte – und nach Durchführung des **commit** ist eine Transaktion gemäß des ACID-Paradigmas nicht mehr rücksetzbar.

11.4.2 Historien ohne kaskadierendes Rücksetzen

Selbst rücksetzbare Historien können noch folgenden unangenehmen Effekt verursachen: Das Rücksetzen einer Transaktion setzt eine Lawine von weiteren Rollbacks in Gang. Die Historie in Abbildung 11.11 verdeutlicht dies. Die Transaktion T_1 schreibt

Schritt	T_1	T_2	T_3	T_4	T_5
0.	$\cdots$				
1.	$w_1(A)$				
2.		$r_2(A)$			
3.		$w_2(B)$			
4.			$r_3(B)$		
5.			$w_3(C)$		
6.				$r_4(C)$	
7.				$w_4(D)$	
8.					$r_5(D)$
9.	a_1 (**abort**)				

Abb. 11.11: Historie mit kaskadierendem Rücksetzen

in Schritt 1. ein Datum A, das T_2 liest. Abhängig vom gelesenen Wert von A – zumindest muß das DBMS dies annehmen – schreibt T_2 einen neuen Wert in B, der wiederum von T_3 gelesen wird. T_3 schreibt C, das von T_4 gelesen wird. T_4 schreibt D, das von T_5 gelesen wird. Jetzt, nachdem alle anderen Transaktionen T_2, T_3, T_4 und T_5 abhängig von dem von T_1 in A geschriebenen Wert geworden sind, kommt es in Schritt 9. zum **abort** der Transaktion T_1. Natürlich müssen dann auch alle anderen Transaktionen zurückgesetzt werden. In der Theorie ist dies kein Problem, da die Historie rücksetzbar ist; praktisch wird dadurch aber die Leistungsfähigkeit des Systems drastisch beeinträchtigt. Deshalb sind wir an Schedules interessiert, die kaskadierendes Rücksetzen vermeiden.

Eine Historie H vermeidet kaskadierendes Rücksetzen, wenn

- $c_j <_H r_i(A)$ gilt, wann immer T_i ein Datum A von T_j liest.

Anders ausgedrückt: Änderungen werden erst nach dem **commit** freigegeben.

11.4.3 Strikte Historien

Bei strikten Historien dürfen auch veränderte Daten einer noch laufenden Transaktion nicht überschrieben werden. Wenn also für ein Datum A die Ordnung $w_j(A) <_H o_i(A)$ mit $o_i = r_i$ oder $o_i = w_i$ gilt, dann muß T_j zwischenzeitlich mit **commit** oder **abort** abgeschlossen worden sein. Also muß entweder

- $c_j <_H o_i(A)$ oder

- $a_j <_H o_i(A)$

gelten.

11.4.4 Beziehungen zwischen den Klassen von Historien

Es gelten die in Abbildung 11.12 dargestellten Beziehungen (Inklusionen) zwischen den Historienklassen. Hierbei sind folgende Abkürzungen gebraucht worden [Bernstein, Hadzilacos und Goodman (1987)]:

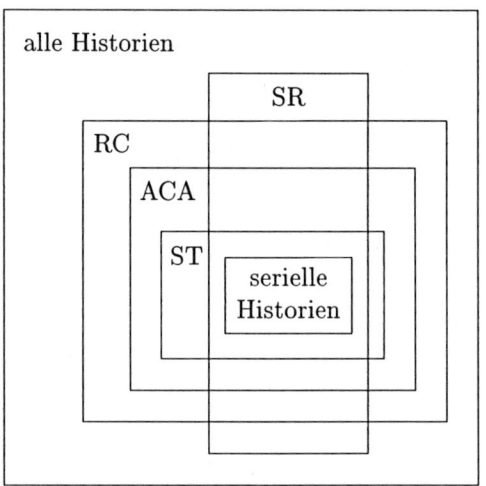

Abb. 11.12: Beziehungen der Historienklassen zueinander

- *SR*: serialisierbare Historien,

- *RC*: rücksetzbare Historien,

- *ACA*: Historien ohne kaskadierendes Rücksetzen,

- *ST*: strikte Historien.

11.5   Der Datenbank-Scheduler

Hinsichtlich der Transaktionsverarbeitung können wir uns eine Datenbanksystem-Architektur mit einem *Scheduler* – stark vereinfacht – so vorstellen, wie in Abbildung 11.13 gezeigt.

Die Aufgabe des Schedulers besteht darin, die Operationen – d.h. Einzeloperationen verschiedener Transaktionen $T_1, \ldots, T_n$ – in einer derartigen Reihenfolge auszuführen, daß die resultierende Historie „vernünftig" ist. Unter einer „vernünftigen" Historie verstehen wir als Mindestanforderung die Serialisierbarkeit, aber i.a. wird vom Scheduler sogar verlangt, daß die resultierende Historie ohne kaskadierendes Rollback rücksetzbar ist. D.h., bezogen auf den vorangegangenen Abschnitt (siehe Abbildung 11.12), sollten die vom Scheduler zugelassenen Historien aus dem Bereich $ACA \cap SR$ sein.

Wir werden mehrere mögliche Techniken für die Realisierung eines Schedulers kennenlernen. Die mit Abstand bedeutendste ist die sperrbasierte Synchronisation, die in fast allen kommerziellen relationalen Systemen verwendet wird.

Weiterhin gibt es eine Zeitstempel-basierte Synchronisation, wobei jedes Datum einen Eintrag für den Zeitstempel derjenigen Transaktion erhält, die die letzte Modifikation vorgenommen hat. Diese beiden Methoden – sperrbasierte und zeitstem-

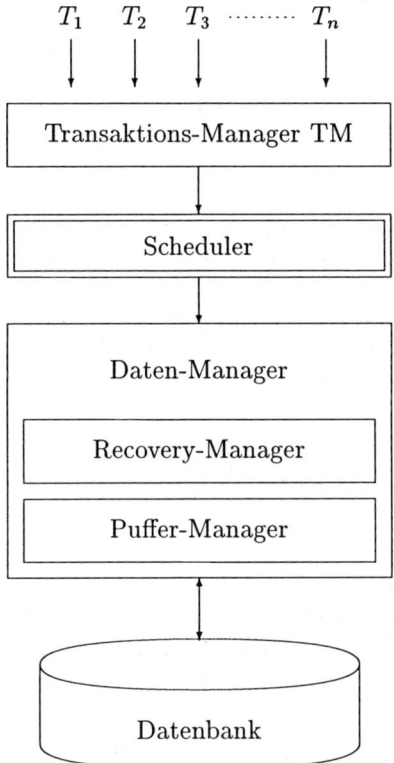

Abb. 11.13: Die Stellung des *Schedulers* in der Datenbanksystem-Architektur

pelbasierte Synchronisation – werden oft als *pessimistische* Verfahren eingestuft, da hier die Grundannahme herrscht, daß potentielle Konflikte auch tatsächlich zu einer nicht serialisierbaren Historie führen – was nicht immer der Fall ist.

Demgegenüber gibt es noch die *optimistische* Synchronisation. In diesem Fall führt der Scheduler erst mal alle Operationen aus – merkt sich aber für jede Transaktion, welche Daten gelesen und geschrieben wurden. Erst wenn die Transaktion ihr **commit** durchführen will, wird verifiziert, ob sie ein Problem – d.h. einen nicht serialisierbaren Schedule – verursacht hat. In diesem Falle wird die Transaktion zurückgesetzt.

11.6 Sperrbasierte Synchronisation

Bei der sperrbasierten Synchronisation wird während des laufenden Betriebs sichergestellt, daß die resultierende Historie serialisierbar bleibt. Dies geschieht dadurch, daß eine Transaktion erst nach Erhalt einer entsprechenden Sperre auf ein Datum zugreifen kann.

11.6.1   Zwei Sperrmodi

Je nach Operation (**read** oder **write**) unterscheiden wir zwei Sperrmodi:

- S (shared, read lock, Lesesperre): Wenn Transaktion T_i eine S-Sperre für ein Datum A besitzt, kann T_i **read**(A) ausführen. Mehrere Transaktionen können gleichzeitig eine S-Sperre auf demselben Objekt A besitzen.

- X (exclusive, write lock, Schreibsperre): Ein **write**(A) darf nur die *eine* Transaktion ausführen, die eine X-Sperre auf A besitzt.

Die Verträglichkeit von Sperranforderungen mit schon existierenden Sperren (auf demselben Objekt durch andere Transaktionen) faßt man in einer sogenannten *Verträglichkeitsmatrix* (auch *Kompatibilitätsmatrix* genannt) zusammen:

	NL	S	X
S	$\sqrt{}$	$\sqrt{}$	$-$
X	$\sqrt{}$	$-$	$-$

Hierbei ist in der Waagerechten die existierende Sperre – NL (no lock, also keine Sperre) S oder X – eingetragen und auf der Senkrechten die Sperranforderung. Existiert z.B. schon eine S-Sperre, dann kann eine weitere S-Sperre gewährt werden („$\sqrt{}$"-Eintrag) aber keine X-Sperre („$-$"-Eintrag).

11.6.2   Zwei-Phasen-Sperrprotokoll

Die Serialisierbarkeit ist bei Einhaltung des folgenden Zwei-Phasen-Sperrprotokolls (Engl. *two-phase locking*, 2PL) durch den Scheduler gewährleistet. Bezogen auf eine individuelle Transaktion wird folgendes verlangt:

1. Jedes Objekt, das von einer Transaktion benutzt werden soll, muß vorher entsprechend gesperrt werden.

2. Eine Transaktion fordert eine Sperre, die sie schon besitzt, nicht erneut an.

3. Eine Transaktion muß die Sperren anderer Transaktionen auf dem von ihr benötigten Objekt gemäß der Verträglichkeitstabelle beachten. Wenn die Sperre nicht gewährt werden kann, wird die Transaktion in eine entsprechende Warteschlange eingereiht – bis die Sperre gewährt werden kann.

4. Jede Transaktion durchläuft zwei Phasen:

   - Eine *Wachstumsphase*, in der sie Sperren anfordern, aber keine freigeben darf und

   - Eine *Schrumpfungsphase*, in der sie ihre bisher erworbenen Sperren freigibt, aber keine weiteren anfordern darf.

5. Bei EOT (Transaktionsende) muß eine Transaktion alle ihre Sperren zurückgeben.

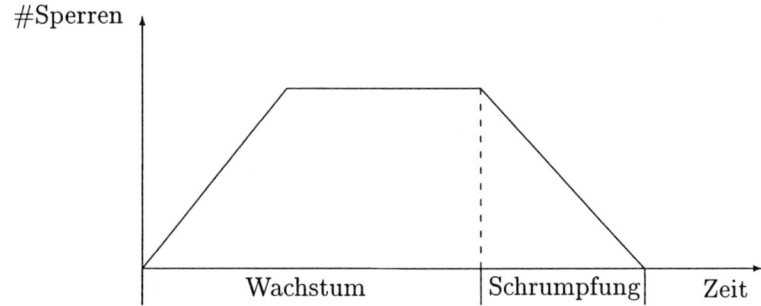

Abb. 11.14: Zwei-Phasen Sperrprotokoll

In Abbildung 11.14 sind die beiden Phasen – Wachstums- und Schrumpfungsphase – des 2PL-Protokolls visualisiert. Auf der y-Achse ist die Anzahl der von der Transaktion gehaltenen Sperren aufgezeichnet, die während der ersten Phase nur zunehmen (oder stagnieren) darf und in der zweiten Phase nur abnehmen darf.

In Abbildung 11.15 ist eine Historie zweier Transaktionen T_1 und T_2 gezeigt:

- T_1 modifiziert nacheinander die Datenobjekte A und B (z.B. eine Überweisung)

- T_2 liest nacheinander dieselben Datenobjekte A und B (z.B. zur Aufsummierung der beiden Kontostände).

Mittels **lockX**$(\ldots)$ wird eine X-Sperre und mit **lockS**$(\ldots)$ eine S-Sperre angefordert. Mit **unlockX**$(\ldots)$ und **unlockS**$(\ldots)$ werden die Sperren wieder freigegeben. Dieser Schedule gehorcht dem Zwei-Phasen-Sperrprotokoll. Warum?

In Schritt 6. fordert T_2 eine S-Sperre für A an. Diese kann aber zu diesem Zeitpunkt nicht gewährt werden, so daß T_2 *blockiert* werden muß. Erst nach Freigabe der X-Sperre durch T_1 in Schritt 9. kann T_2 wieder aktiviert werden, indem ihre Sperranforderung erfüllt wird. Das Analoge geschieht in Schritt 11., wenn T_2 das Datum B sperren will.

Die gezeigte Historie ist natürlich serialisierbar (alle 2PL-Schedules sind serialisierbar) und entspricht der seriellen Ausführung von T_1 vor T_2 (also $T_1 \mid T_2$).

11.6.3 Kaskadierendes Rücksetzen (Schneeballeffekt)

Das Zwei-Phasen-Sperrprotokoll garantiert auf jeden Fall die Serialisierbarkeit. Aber es hat (in der bislang vorgestellten Form) gravierende Mängel: Es vermeidet nicht das kaskadierende Rollback – ja, es läßt sogar nicht-rücksetzbare Historien zu (siehe Übungsaufgabe 11.4). Schauen wir uns nochmals den Schedule aus Abbildung 11.15 an. Wenn T_1 z.B. direkt vor Schritt 15. scheitern würde, dann müßte auch T_2 zurückgesetzt werden – da T_2 von T_1 geschriebene Daten („dirty data") gelesen hat.

Die Lösung besteht darin, das 2PL-Protokoll zum sogenannten *strengen 2PL-Protokoll* wie folgt zu verschärfen:

Schritt	T_1	T_2	Bemerkung
1.	**BOT**		
2.	**lockX**(A)		
3.	read(A)		
4.	write(A)		
5.		**BOT**	
6.		**lockS**(A)	T_2 muß warten
7.	**lockX**(B)		
8.	read(B)		
9.	**unlockX**(A)		T_2 wecken
10.		read(A)	
11.		**lockS**(B)	T_2 muß warten
12.	write(B)		
13.	**unlockX**(B)		T_2 wecken
14.		read(B)	
15.	**commit**		
16.		**unlockS**(A)	
17.		**unlockS**(B)	
18.		**commit**	

Abb. 11.15: Verzahnung zweier Transaktionen mit Sperranforderungen und Sperr-
freigaben nach 2PL

- Die Anforderungen (1) bis (5) des 2PL-Protokolls bleiben erhalten.

- Es gibt keine Schrumpfungsphase mehr, sondern *alle* Sperren werden erst zum
  Ende der Transaktion (EOT) freigegeben.

Abbildung 11.16 zeigt diese verschärfte Anforderung graphisch. Unter Einhaltung
des strengen 2PL-Protokolls entspricht die Reihenfolge, in der die Transaktionen
beendet werden, einer äquivalenten seriellen Abarbeitungsreihenfolge (Engl. *commit
order serializability*). Warum?

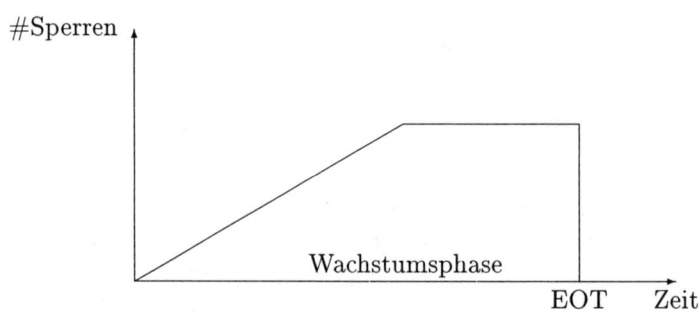

Abb. 11.16: Strenges Zwei-Phasen Sperrprotokoll

Schritt	T_1	T_2	Bemerkung
1.	**BOT**		
2.	**lockX**(A)		
3.		**BOT**	
4.		**lockS**(B)	
5.		read(B)	
6.	read(A)		
7.	write(A)		
8.	**lockX**(B)		T_1 muß warten auf T_2
9.		**lockS**(A)	T_2 muß warten auf T_1
10.	...	...	$\Rightarrow Deadlock$

Abb. 11.17: Ein verklemmter Schedule

11.7 Verklemmungen (Deadlocks)

Leider gibt es ein schwerwiegendes und inherentes (also nicht vermeidbares) Problem mit den sperrbasierten Synchronisationsmethoden: Das Auftreten von *Verklemmungen* (Engl. *deadlocks*). Eine solche Verklemmung ist in Abbildung 11.17 gezeigt. Nach Schritt 9. ist die Ausführung der beiden Transaktionen T_1 und T_2 *verklemmt*, da T_1 auf die Freigabe einer Sperre durch T_2 wartet und umgekehrt T_2 auf die Freigabe einer Sperre durch T_1 wartet. Beide Transaktionen sind blockiert.

11.7.1 Erkennung von Verklemmungen

Eine „brute-force"-Methode zur Erkennung von (potentiellen) Verklemmungen ist die *Time-out* Strategie. Hierbei wird ganz einfach die Ausführung der Transaktionen überwacht. Falls eine Transaktion innerhalb eines Zeitmaßes (z.B. 1 Sekunde) keinerlei Fortschritt erzielt, geht das System von einer Verklemmung aus und setzt die betreffende Transaktion zurück.

Diese Time-out Methode hat den Nachteil, daß wenn das Zeitmaß zu klein gewählt wird, zu viele Transaktionen abgebrochen werden, die tatsächlich gar nicht verklemmt waren – sondern nur auf Ressourcen (CPU, Sperren, etc.) gewartet haben. Andererseits, wenn das Zeitmaß zu groß gewählt wird, werden tatsächlich existierende Verklemmungen zu lange geduldet – wodurch die Systemauslastung beeinträchtigt werden könnte.

Eine präzise – aber auch teurere – Methode Verklemmungen zu erkennen, basiert auf einem sogenannten Wartegraphen. Die Knoten des Wartegraphen entsprechen den Kennungen der (derzeit im System aktiven) Transaktionen. Die Kanten sind gerichtet. Wann immer eine Transaktion T_i auf die Freigabe einer Sperre durch eine Transaktion T_j wartet, wird die Kante $T_i \rightarrow T_j$ eingefügt.

Eine Verklemmung liegt dann (und nur dann) vor, wenn der Wartegraph einen Zyklus aufweist. Ein solcher Zyklus muß natürlich nicht auf die Länge 2 (wie in unserem verklemmten Schedule von Abbildung 11.17) beschränkt sein, sondern kann beliebig lang sein. Zwei derartige Zyklen sind in Abbildung 11.18 gezeigt. In der Praxis hat sich aber gezeigt, daß die weitaus größte Zahl von Verklemmungen in

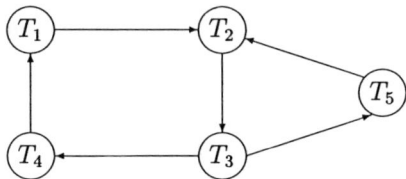

Abb. 11.18: Wartegraph mit zwei Zyklen: $T_1 \rightarrow T_2 \rightarrow T_3 \rightarrow T_4 \rightarrow T_1$ und $T_2 \rightarrow T_3 \rightarrow T_5 \rightarrow T_2$

Datenbanken tatsächlich durch Zyklen der (minimalen) Länge 2 verursacht wird.

Eine Verklemmung wird durch das Zurücksetzen einer der im Zyklus vorkommenden Transaktionen aufgelöst. Welche der n Transaktionen man aus einem Zyklus der Länge n auswählt, kann von verschiedenen Kriterien abhängig gemacht werden:

- Minimierung des Rücksetzaufwands: Man wählt die jüngste Transaktion, oder diejenige mit den wenigsten Sperren, aus.

- Maximierung der freigegebenen Ressourcen: Man wählt die Transaktion mit den meisten Sperren aus, um die Gefahr eines nochmaligen Deadlocks zu verkleinern.

- Vermeidung von „Starvation"(Verhungern): Man muß verhindern, daß immer wieder die gleiche Transaktion zurückgesetzt wird. Man muß sich also merken, wie oft eine Transaktion schon wegen eines Deadlocks zurückgesetzt wurde und ihr ggf. einen „Freifahrschein" – also eine Markierung, die sie als zukünftiges Opfer ausschließt – geben.

- Mehrfache Zyklen: Manchmal ist eine Transaktion an mehreren Verklemmungszyklen beteiligt – wie z.B. Transaktion T_2 in Abbildung 11.18. Durch das Zurücksetzen dieser Transaktion löst man somit gleich mehrere (hier zwei) Verklemmungen auf einmal.

11.7.2 Preclaiming zur Vermeidung von Verklemmungen

Eine sehr einfache – aber leider in der Praxis meist nicht realisierbare – Methode zur Deadlock-Vermeidung besteht im sogenannten „Preclaiming". Transaktionen werden erst begonnen, wenn alle ihre Sperranforderungen schon bei Transaktionsbeginn (**BOT**) erfüllt werden können.

Dieses Preclaiming-Verfahren setzt natürlich voraus, daß eine Transaktion schon vorab „weiß", welche Datenobjekte sie benötigt und hier liegt die Krux des Verfahrens. Da die genaue Menge der benötigten Datenobjekte vom jeweiligen Kontrollfluß des Transaktionsprogramms – man denke an „**if** ... **then** ... **else** ..."-Anweisungen – abhängt, muß man i.a. eine Obermenge der tatsächlich benötigten Objekte sperren. Das führt dann zu einer übermäßigen Ressourcenbelegung und damit zu einer Einschränkung der Parallelität. Abbildung 11.19 zeigt das Preclaiming in Verbindung mit dem *strengen* 2PL-Protokoll.

Abb. 11.19: Preclaiming in Verbindung mit dem strengen 2 PL-Protokoll

11.7.3 Verklemmungsvermeidung durch Zeitstempel

Jeder Transaktion wird hierbei ein eindeutiger Zeitstempel TS (time stamp) zu-geordnet. Die Zeitstempel werden monoton wachsend vom Transaktionsmanager vergeben, so daß eine ältere Transaktion T_a einen kleineren Zeitstempel als eine jüngere Transaktion T_j besitzt, also: $TS(T_a) < TS(T_j)$. Verklemmungen werden da-durch vermieden, daß Transaktionen nicht mehr „bedingungslos" auf die Freigabe einer Sperre durch eine andere Transaktion warten. Der Scheduler kann nach zwei – auf den ersten Blick ähnlich erscheinenden, aber hinsichtlich der Wirkung sehr unterschiedlichen – Strategien verfahren, wenn T_1 eine Sperre anfordert, die T_2 aber erst freigeben müßte:[2]

- *wound-wait*: Wenn T_1 älter als T_2 ist, wird T_2 abgebrochen und zurückgesetzt, so daß T_1 weiterlaufen kann. Sonst wartet T_1 auf die Freigabe der Sperre durch T_2.

- *wait-die*: Wenn T_1 älter als T_2 ist, wartet T_1 auf die Freigabe der Sperre. Sonst wird T_1 abgebrochen und zurückgesetzt.

Die Benennung der Strategien erfolgte jeweils aus der Sicht der Transaktion T_1, die eine Sperre anfordert. Diese Methode ist garantiert verklemmungsfrei. Warum? (siehe Übungsaufgabe 11.12).

Der Nachteil dieser Art der Verklemmungsvermeidung besteht darin, daß i.a. zu viele Transaktionen zurückgesetzt werden, ohne daß tatsächlich eine Verklemmung auftreten würde (siehe Übungsaufgabe 11.13).

Die beiden Strategien *wound-wait* und *wait-die* zeigen große Unterschiede hin-sichtlich der Priorisierung einer älteren Transaktion. Bei *wound-wait* „bahnt" sich eine ältere Transaktion ihren Weg durch des System, wohingegen bei *wait-die* eine ältere Transaktion mit zunehmendem „Lebensalter" immer mehr Zeit in Warte-schlangen zubringt, um auf die Freigabe von Sperren zu warten.

---

[2]Also fordert T_1 eine X-Sperre an oder T_2 besitzt eine X-Sperre (und T_1 fordert X oder S an).

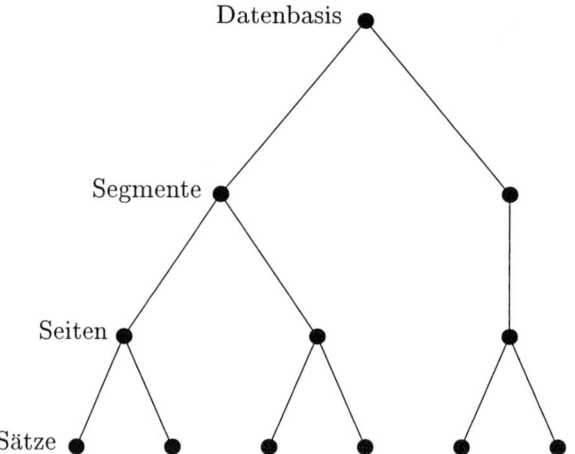

Abb. 11.20: Hierarchische Anordnung der möglichen Sperrgranulate

11.8   Hierarchische Sperrgranulate

Bislang haben wir nur die zwei Sperrmodi S und X betrachtet. Weiterhin waren wir bislang davon ausgegangen, daß alle Sperren auf derselben „Granularität" erworben werden. Mögliche Sperrgranulate sind:

- *Datensätze*: Ein Datensatz (Tupel) ist i.a. die kleinste Sperreinheit, die in einem Datenbanksystem angeboten wird. Transaktionen, die auf sehr viele Datensätze zugreifen, müssen bei dieser Sperrgranularität einen hohen Sperraufwand in Kauf nehmen.

- *Seiten*: In diesem Fall werden durch Vergabe einer Sperre implizit alle auf der Seite gespeicherten Datensätze gesperrt.

- *Segmente*: Ein Segment ist eine logische Einheit von mehreren (i.a. vielen) Seiten. Werden Segmente als Sperreinheit gewählt, wird natürlich die Parallelität drastisch eingeschränkt, da bei einer X-Sperrung implizit alle Seiten innerhalb des betreffenden Segments exklusiv gesperrt werden.

- *Datenbasis*: Dies ist der Extremfall, da dadurch die serielle Abarbeitung aller Änderungstransaktionen erzwungen wird.

In Abbildung 11.20 sind diese hierarchisch miteinander in Beziehung stehenden Sperrgranulate graphisch dargestellt. Bezogen auf Abbildung 11.20 waren wir bislang davon ausgegangen, daß alle Transaktionen ihre Sperren auf derselben Hierarchiestufe – also auf der Ebene der Sätze, Seiten, Segmente oder Datenbasis – anfordern. Überlegen wir uns, welche Auswirkungen die Vermischung der Sperrgranulate hätte: Nehmen wir an, Transaktion T_1 will das „linke" Segment exklusiv sperren. Dann müßte man alle Sperren auf Seitenebene durchsuchen, um zu überprüfen ob nicht irgendeine andere Transaktion eine in dem Segment enthaltene Seite gesperrt hat.

Gleichfalls muß man alle Sperren auf der Satz-Ebene durchsuchen, ob nicht ein Satz, der in einer Seite des Segments steht, von einer anderen Transaktion gesperrt ist. Dieser Suchaufwand ist so immens, daß sich diese einfache Vermischung von Sperrgranulaten verbietet. Andererseits hat die Beschränkung auf nur eine Sperrgranularität für alle Transaktionen auch entscheidende Nachteile:

- Bei zu kleiner Granularität werden Transaktionen mit hohem Datenzugriff stark belastet, da sie viele Sperren anfordern müssen.

- Bei zu großer Granularität wird der Parallelitätsgrad des Systems unnötig eingeschränkt, da implizit zu viele Datenobjekte unnötigerweise gesperrt werden – es werden also Datenobjekte implizit gesperrt, die gar nicht benötigt werden.

Die Lösung des Problems besteht in der Einführung zusätzlicher Sperrmodi, wodurch die flexible Auswahl eines bestimmten Sperrgranulats pro Transaktion ermöglicht wird. Dieses Verfahren wird wegen der flexiblen Wahl der Sperrgranularität in der englischsprachigen Literatur als *multiple-granularity locking* (MGL) bezeichnet.

Die zusätzlichen Sperrmodi bezeichnet man als *Intentionssperren*, da dadurch auf höheren Ebenen der Sperrgranulatshierarchie die Absicht einer weiter unten in der Hierarchie gesetzten Sperre angezeigt wird. Die Sperrmodi sind:

- *NL*: keine Sperrung (no lock),

- *S*: Sperrung durch Leser,

- *X*: Sperrung durch Schreiber,

- *IS* (intention share): Weiter unten in der Hierarchie ist eine Lesesperre (*S*) beabsichtigt,

- *IX* (intention exclusive): Weiter unten in der Hierarchie ist eine Schreibsperre (*X*) beabsichtigt.

Die Kompatibilität dieser Sperrmodi zueinander ist in der folgenden Kompatibilitätsmatrix aufgeführt (in der Horizontalen ist die derzeitige Sperre eines Objekts angegeben, in der Vertikalen die – von einer anderen Transaktion – angeforderte Sperre):

	NL	*S*	*X*	*IS*	IX
S	√	√	–	√	–
X	√	–	–	–	–
IS	√	√	–	√	√
IX	√	–	–	√	√

Die Sperrung eines Datenobjekts muß dann so durchgeführt werden, daß erst geeignete Sperren in allen übergeordneten Knoten in der Hierarchie erworben werden. D.h. die Sperrung verläuft „top-down" und die Freigabe „bottom-up" nach folgenden Regeln:

1. Bevor ein Knoten mit *S* oder *IS* gesperrt wird, müssen alle Vorgänger in der Hierarchie vom Sperrer (also der Transaktion, die die Sperre anfordert) im *IX*- oder *IS*- Modus gehalten werden.

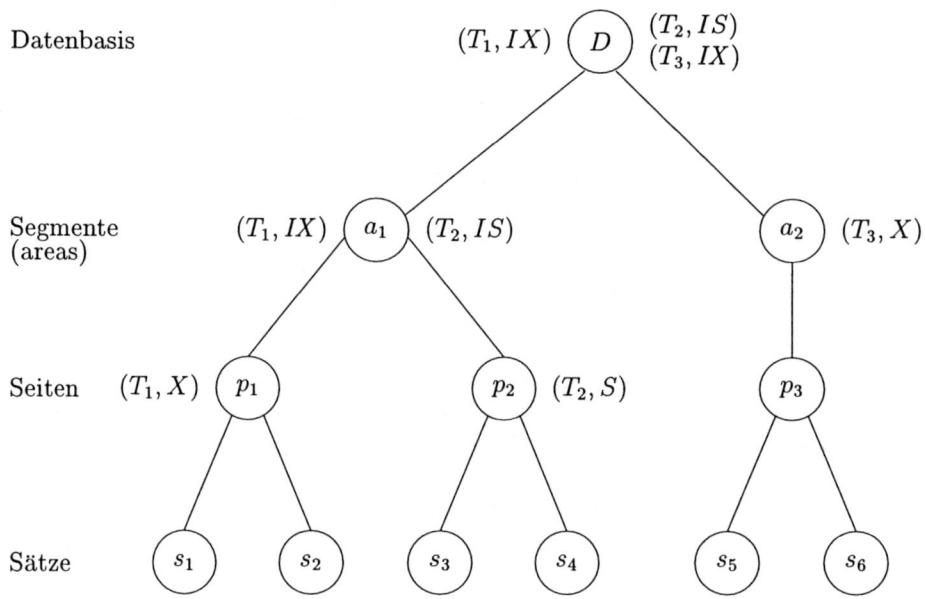

Abb. 11.21: Datenbasis-Hierarchie mit Sperren

2. Bevor ein Knoten mit X oder IX gesperrt wird, müssen alle Vorgänger vom Sperrer im IX-Modus gehalten werden.

3. Die Sperren werden von unten nach oben (bottom up) freigegeben, so daß bei keinem Knoten die Sperre freigegeben wird, wenn die betreffende Transaktion noch Nachfolger dieses Knotens gesperrt hat.

Wenn das strenge 2-Phasen-Sperrprotokoll befolgt wird, werden Sperren natürlich erst am Ende der Transaktion freigegeben. Anhand von Abbildung 11.21 wollen wir das Sperrprotokoll illustrieren. Sperren sind hier mit (T_i,M) bezeichnet, wobei T_i die Transaktion und M den Sperrmodus darstellt. Dazu betrachten wir drei Transaktionen:

- T_1 will die Seite p_1 exklusiv sperren und muß dazu zunächst IX-Sperren auf der Datenbasis D und auf a_1 (den beiden Vorgängern von p_1) besitzen.

- T_2 will die Seite p_2 mit einer S-Sperre belegen, wozu T_2 erst IS-Sperren oder IX-Sperren auf den beiden Vorgänger-Knoten D und a_1 anfordert. Da IS mit den an T_1 vergebenen IX-Sperren kompatibel ist, können diese Sperren gewährt werden.

- T_3 will das Segment a_2 mit X sperren und fordert IX für D an, um danach die X-Sperre auf a_2 zu bekommen. Damit hat T_3 dann alle Objekte unterhalb von a_2 – hier die Seite p_3 mit den Datensätzen s_5 und s_6 – implizit mit X gesperrt.

Die Abbildung 11.21 zeigt den Zustand zu diesem Zeitpunkt – nachdem alle Sperranforderungen der drei Transaktionen erfüllt wurden.

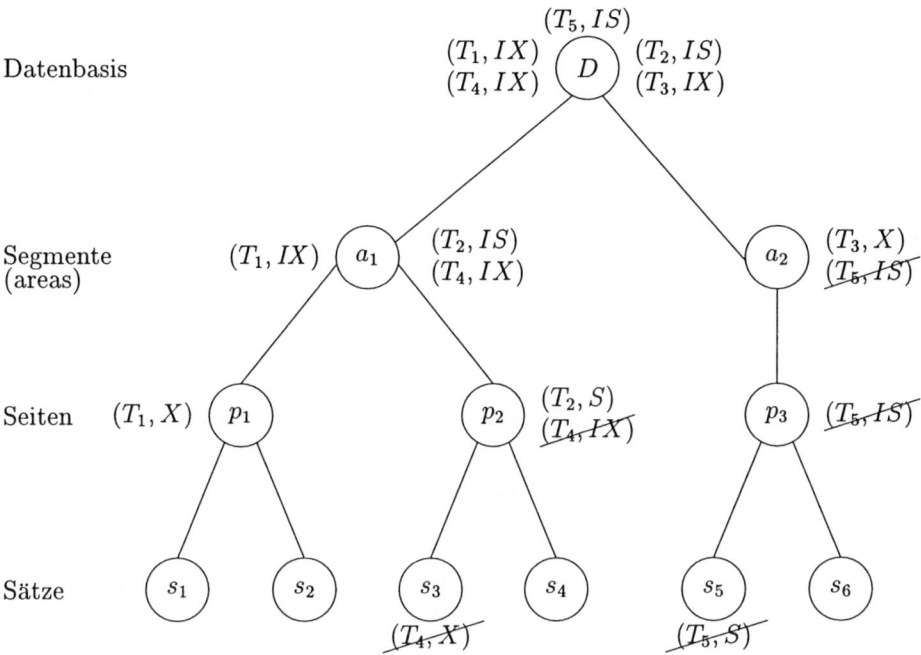

Abb. 11.22: Datenbasis-Hierarchie mit zwei blockierten Transaktionen T_4 und T_5.

Wir wollen nun noch zwei weitere Transaktionen T_4 (Schreiber) und T_5 (Leser) betrachten, deren Sperranforderungen in dem aktuell herrschenden Zustand nicht gewährt werden können.

- T_4 will den Datensatz s_3 exklusiv sperren. Dazu wird T_4 zunächst IX-Sperren für D, a_1 und p_2 – in dieser Reihenfolge – anfordern. Die IX-Sperren für D und a_1 können gewährt werden, da sie mit den dort existierenden Sperren IX und IS kompatibel sind – laut Kompatibilitätsmatrix. Aber die IX-Sperre auf p_2 kann nicht gewährt werden, da IX nicht mit S verträglich ist.

- T_5 will eine S-Sperre auf s_5 erwerben. Dazu wird T_5 IS-Sperren auf D, a_2 und p_3 erwerben müssen. Nur die IS-Sperre auf D ist mit den existierenden Sperren verträglich, wohingegen die auf a_2 benötigte IS-Sperre nicht mit der von T_3 gesetzten X-Sperre kompatibel ist.

Die Abbildung 11.22 zeigt den Zustand nach den oben beschriebenen erfüllten Sperranforderungen. Die noch ausstehenden Sperren sind durch die Durchstreichung gekennzeichnet. Die Transaktionen T_4 und T_5 sind blockiert aber nicht verklemmt und müssen auf die Freigabe der Sperren (T_2, S) auf p_2 bzw. (T_3, X) auf a_2 warten. Erst danach können die beiden Transaktionen T_4 und T_5 mit ihren Sperranforderungen von oben nach unten fortfahren und sukzessive die „durchgestrichenen" Sperren erwerben.

Beim MGL-Sperrverfahren können – obwohl das in diesem Beispiel nicht der Fall ist – durchaus Verklemmungen auftreten (siehe Übungsaufgabe 11.16).

Aus den Beispielen sollte deutlich geworden sein, daß man zu einem gegebenen Knoten in der Datenbasis-Hierarchie alle Sperren verwalten muß. Wenn z.B. in Abbildung 11.21 T_1 die IX-Sperre auf a_1 freigibt, muß der Knoten weiterhin im IS-Modus für T_2 gesperrt bleiben. Deshalb muß man bei einer Sperranforderung im Prinzip die angeforderte Sperre mit allen am Knoten gesetzten Sperren hinsichtlich Kompatibilität überprüfen. Man kann dies aber beschleunigen, indem jedem Knoten ein Gruppenmodus zugewiesen wird. Dazu werden die zueinander kompatiblen Sperren geordnet. Es gilt:

$$S \; > \; IS$$
$$IX \; > \; IS$$

Alle anderen Sperrmodi können laut Kompatibilitätsmatrix nicht gleichzeitig an demselben Knoten gehalten werden – und brauchen demnach auch nicht geordnet zu werden. Der Gruppenmodus stellt dann die größte (d.h. schärfste) am Knoten gehaltene Sperre dar, und neu eintreffende Sperranforderungen brauchen nur gegen diesen Gruppenmodus auf Verträglichkeit überprüft zu werden.

In der Literatur wurde für das MGL-Sperrverfahren noch ein zusätzlicher Sperrmodus SIX vorgeschlagen, der einen Knoten im S-Modus und gleichzeitig im IX-Modus sperrt. Dieser Modus ist vorteilhaft für Transaktionen die einen Unterbaum der Hierarchie vollständig (oder zumindest zu großen Teilen) lesen, aber nur wenige Daten in diesem Unterbaum modifizieren. Der Sperrmodus SIX erlaubt parallel arbeitenden Transaktionen den Sperrmodus IS, so daß diese Transaktionen gleichzeitig die Daten lesen können, die von der „SIX-Transaktion" nicht modifiziert werden. Die Erweiterung des MGL-Sperrverfahren um diesen Sperrmodus ist Gegenstand der Übungsaufgabe 11.17.

Zusammenfassend erlaubt das MGL-Sperrverfahren den Transaktionen mit geringem Datenaufkommen auf niedriger Hierarchieebene – also in kleiner Granularität – zu sperren, um dadurch die Parallelität zu erhöhen. Transaktionen mit großem Datenvolumen erwerben ihre Sperren auf entsprechend höherer Hierarchieebene – also in größerer Granularität –, um dadurch den Sperraufwand zu reduzieren. Bei einigen Systemen wird automatisch von einer niedrigen Granularität auf die nächst-höhere Granularität umgeschaltet, sobald eine bestimmte Anzahl von Sperren in der kleineren Granularität erworben wurde. Diesen Vorgang nennt man im Englischen „lock escalation".

11.9   Einfüge- und Löschoperationen, Phantome

Es ist klar, daß man auch Einfüge- und Löschoperationen in die Mehrbenutzersynchronisation einbeziehen muß. Die naheliegende Methode besteht in folgendem Vorgehen:

- Vor dem Löschen eines Objekts muß die Transaktion eine X-Sperre für dieses Objekt erwerben. Man beachte aber, daß eine andere TA, die für dieses Objekt ebenfalls eine Sperre erwerben will, diese nicht mehr erhalten kann, falls die Löschtransaktion erfolgreich (mit **commit**) abschließt.

- Beim Einfügen eines neuen Objekts erwirbt die einfügende Transaktion eine X-Sperre.

In beiden Fällen muß die Sperre gemäß des 2PL-Protokolls bis zum Ende der TA gehalten werden.

Diese einfache Erweiterung des Synchronisationsverfahrens schützt Transaktionen leider nicht gegen das sogenannte *Phantomproblem* – siehe dazu auch Abschnitt 11.1.3. Dieses Problem entsteht beispielsweise wenn während der Abarbeitung einer Transaktion neue Datenobjekte in die Datenbank eingefügt werden. Als Beispiel betrachte man folgende SQL-Anweisungen:

T_1	T_2
select count($*$) **from** prüfen **where** Note **between** 1 **and** 2;	
	insert into prüfen **values**(29555, 5001, 2137, 1);
select count($*$) **from** prüfen **where** Note **between** 1 **and** 2;	

Falls Sperren nur tupelweise vergeben worden sind, kann T_2 diese Einfügeoperation verzahnt mit der Anfragebearbeitung von T_1 ausführen. Bei der zweiten Ausführung der Anfrage von T_1 würde dann ein anderer Wert ermittelt, da ja jetzt T_2's Einfügeoperation erfolgreich abgeschlossen ist. Dies widerspricht sicherlich der Serialisierbarkeit! Das gleiche Problem könnte auch dadurch auftreten, daß T_2 eine Note von bspw. 3,0 in 2,0 ändert – also ist das Phantomproblem nicht nur auf Einfügeoperationen begrenzt.

Das Problem läßt sich dadurch lösen, daß man zusätzlich zu den Tupeln auch den Zugriffsweg, auf dem man zu den Objekten gelangt ist, sperrt. Wenn man z.B. über einen Index die Objekte gefunden hat, muß man zusätzlich zu den Tupelsperren noch Indexbereichssperren setzen. Wenn also ein Index für das Attribut *Note* existiert, würde der Indexbereich [1, 2] für T_1 mit einer S-Sperre belegt. Indexe müssen im Zuge von Einfüge- und Änderungsoperationen natürlich fortgeschrieben werden. Wenn jetzt also Transaktion T_2 versucht, das Tupel [29555, 5001, 2137, 1] in *prüfen* einzufügen, wird die TA blockiert, da sie die notwendige X-Sperre für den Indexbereich nicht erlangen kann – darauf hat T_1 ja schon eine S-Sperre. Es reicht aber nicht aus, nur diese Indexsperren zu erwerben; man muß zusätzlich die Sperren auf den Tupeln erwerben – denn nicht alle Zugriffe gehen über den betreffenden Index.

11.10 Zeitstempel-basierende Synchronisation

Wir hatten Zeitstempel schon in Abschnitt 11.7.3 kennengelernt. Dort wurden Sie in Verbindung mit dem Sperrverfahren für die Vermeidung von Verklemmungen eingesetzt. Wir werden jetzt ein Verfahren vorstellen, bei dem die Synchronisation ohne Sperren nur auf der Basis von Zeitstempelvergleichen durchgeführt wird.

Jeder Transaktion wird zu Beginn ein Zeitstempel TS zugewiesen, so daß ältere Transaktionen einen (echt) kleineren Zeitstempel haben als jüngere Transaktionen.

Jedem Datum A in der Datenbasis werden bei diesem Synchronisationsverfahren zwei Marken zugeordnet:

1. $readTS(A)$: Diese Marke enthält den Zeitstempelwert der jüngsten Transaktion, die dieses Datum A gelesen hat.

2. $writeTS(A)$: In dieser Marke wird der Zeitstempel der jüngsten Transaktion vermerkt, die das Datum A geschrieben hat.

Die Synchronisation einer Menge von Transaktionen wird dann so durchgeführt, daß immer ein Schedule entsteht, der einer seriellen Abarbeitung der Transaktionen in Zeitstempel-Reihenfolge äquivalent ist. Um das zu garantieren, muß der Scheduler vor Durchführung einer Lese- oder Schreiboperation durch Transaktion T_i auf dem Datum A – also $r_i(A)$ bzw. $w_i(A)$ – zunächst den Zeitstempel $TS(T_i)$ mit den A zugeordneten Marken vergleichen. Wir unterscheiden zwischen Lesen (read) und Schreiben (write):

- T_i will A lesen, also $r_i(A)$

  - Falls $TS(T_i) < writeTS(A)$ gilt, haben wir ein Problem: Die Transaktion T_i ist älter als eine andere Transaktion, die A schon geschrieben hat. Also muß T_i zurückgesetzt werden.

  - Anderenfalls, wenn also $TS(T_i) \geq writeTS(A)$ gilt, kann T_i ihre Leseoperation durchführen und die Marke $readTS(A)$ wird auf $max(TS(T_i),$ $readTS(A))$ gesetzt.

- T_i will A schreiben, also $w_i(A)$

  - Falls $TS(T_i) < readTS(A)$ gilt, gab es eine jüngere Lesetransaktion, die den neuen Wert von A, den T_i gerade beabsichtigt zu schreiben, hätte lesen müssen. Also muß T_i zurückgesetzt werden.

  - Falls $TS(T_i) < writeTS(A)$ gilt, gab es eine jüngere Schreibtransaktion. D.h. T_i beabsichtigt einen Wert einer jüngeren Transaktion zu überschreiben. Das muß natürlich verhindert werden, so daß T_i auch in diesem Fall zurückgesetzt werden muß.

  - Anderenfalls darf T_i das Datum A schreiben und die Marke $writeTS(A)$ wird auf $TS(T_i)$ gesetzt.

Bei dieser Synchronisationsmethode muß man dennoch darauf achten, daß geänderte, aber noch nicht festgeschriebene Daten, nicht gelesen bzw. überschrieben werden. Warum? Dies kann durch die Zuordnung eines („dirty") Bits geschehen, das so lange gesetzt bleibt bis das Datenobjekt festgeschrieben (**committed**) ist. Solange das Bit gesetzt ist, werden Zugriffe anderer Transaktionen verzögert.

Die letzte Bedingung für Schreiboperationen kann man noch optimieren, so daß weniger Abbrüche stattfinden – siehe dazu die Übungsaufgabe 11.19. Eine zurückgesetzte Transaktion wird – anders als in dem in Abschnitt 11.7.3 beschriebenen Verfahren! – mit einem neuen (d.h. dem aktuell größten) Zeitstempel neu gestartet.

Die Leser mögen verifizieren, daß diese Methode serialisierbare Schedules garantiert und verklemmungsfrei arbeitet (siehe Übungsaufgabe 11.18).

Diese Zeitstempel-basierende Synchronisation liefert also Schedules, die äquivalent zu einer seriellen Abarbeitung der Transaktionen in Zeitstempel-Reihenfolge

sind. Demgegenüber liefert die strenge 2PL-Synchronisation Schedules, die zu der
seriellen Abarbeitung der Transaktionen in **commit**-Reihenfolge äquivalent sind.
Die Leser mögen dies verifizieren.

11.11 Optimistische Synchronisation

Die bisher betrachteten Synchronisationsmethoden werden als *pessimistische* Verfahren bezeichnet, da sie von der Prämisse ausgehen, daß Mehrbenutzerkonflikte
auftreten werden. Deshalb werden Vorkehrungen getroffen, diese potentiellen Konflikte zu verhindern – in manchen Fällen auf Kosten der Parallelität, da auch einige
serialisierbare Schedules „abgewiesen" werden.

Bei der *optimistischen* Synchronisation geht man davon aus, daß Konflikte selten
auftreten und man Transaktionen einfach mal ausführen sollte und im nachhinein
(à posteriori) entscheidet, ob ein Mehrbenutzerkonflikt aufgetreten ist oder nicht. In
diesem Fall kommt dem Scheduler eine Art Beobachterrolle (Protokollant) während
der Ausführung zu. Auf der Basis der (protokollierten) Beobachtungen wird dann
entschieden, ob die Ausführung der betreffenden Transaktion konfliktfrei war oder
nicht. Im Falle eines Konflikts wird die Transaktion zurückgesetzt – also nachdem
die komplette Arbeit verrichtet worden ist. Diese optimistische Art der Synchronisation eignet sich besonders für Datenbank-Anwendungen mit einer Mehrzahl von
Lesetransaktionen, die sich sowieso nicht gegenseitig „stören" können.

Es gibt viele unterschiedliche Varianten der optimistischen Synchronisation. Wir
werden hier nur eine Methode vorstellen. Eine Transaktion wird dabei in drei Phasen
aufgeteilt:

1. *Lesephase*: In dieser Phase werden alle Operationen der Transaktion ausgeführt – also auch die Änderungsoperationen. Gegenüber der Datenbasis tritt
   die Transaktion in dieser Phase aber nur als Leser in Erscheinung, da alle gelesenen Daten in lokalen Variablen der Transaktion gespeichert werden und alle
   Schreiboperationen (zunächst) auf diesen lokalen Variablen ausgeführt werden.

2. *Validierungsphase*: In dieser Phase wird entschieden, ob die Transaktion möglicherweise in Konflikt mit anderen Transaktionen geraten ist. Dies wird anhand von Zeitstempeln entschieden, die den Transaktionen in der Reihenfolge
   zugewiesen werden, in der sie in die Validierungsphase eintreten.

3. *Schreibphase*: Die Änderungen der Transaktionen, bei denen die Validierung
   positiv verlaufen ist, werden in dieser Phase in die Datenbank eingebracht.

Transaktionen, bei denen die Validierung scheitert, werden zurückgesetzt, und die
Schreibphase entfällt. Da sie bis zur Validierungsphase noch keine Änderungen am
Datenbestand verursacht haben, können keine anderen Transaktionen von einer ge-
scheiterten Transaktion in Mitleidenschaft gezogen worden sein. Es gibt also kein
kaskadierendes Zurücksetzen.

Die Validierung einer Transaktion T_j geht wie folgt vonstatten. Man muß *alle*
Transaktionen T_a betrachten, die älter sind als T_j, also $TS(T_a) < TS(T_j)$. Das
sind, wie gesagt, nicht unbedingt Transaktionen die früher als T_j gestartet wurden,
sondern Transaktionen, die vor T_j die Validierungsphase erreicht haben. Erst zu

diesem Zeitpunkt werden die Zeitstempel vergeben. Für jede derartige Transaktion T_a muß – bezogen auf T_j – mindestens eine von zwei Bedingungen erfüllt sein:

1. T_a war zum Beginn der Transaktion T_j schon abgeschlossen – einschließlich der Schreibphase.

2. Die Menge der von T_a geschriebenen Datenelemente, genannt $WriteSet(T_a)$, enthält keine Elemente der Menge der von T_j gelesenen Datenelemente, genannt $ReadSet(T_j)$. Es muß also gelten:

$$WriteSet(T_a) \cap ReadSet(T_j) = \emptyset$$

Nur wenn für alle älteren Transaktionen mindestens eine der beiden Bedingungen erfüllt ist, darf T_j **commit**ten und in die Schreibphase übergehen. Anderenfalls wird T_j zurückgesetzt.

Für die Korrektheit dieser Synchronisationsmethode ist zudem erforderlich, daß die Validierungs- und Schreibphase ununterbrechbar durchgeführt werden, damit sich nicht zwei Schreibvorgänge ins „Gehege kommen". Mit anderen Worten, das System sollte immer nur eine Transaktion gleichzeitig in die Validierungs- und Schreibphase lassen.

11.12 Synchronisation von Indexstrukturen

Es wäre theoretisch möglich, Indexstrukturen genauso wie „normale" Daten zu behandeln. Dann würden die Datensätze eines Indexes – also z.B. Knoten eines B^+-Baums – denselben Synchronisations- und Recoverytechniken unterliegen, wie die anderen Datensätze eines DBMS. Diese Vorgehensweise ist aber i.a. zu aufwendig für Indexstrukturen:

• Indexe enthalten redundante, d.h. aus dem „normalen" Datenbestand abgeleitete Informationen. Deshalb kann man abgeschwächte – und daher weniger aufwendige – Recoverytechniken einsetzen.

• Für die Mehrbenutzersynchronisation ist das Zweiphasen-Sperrprotokoll – das am häufigsten eingesetzte Synchronisationsverfahren für normale Datenbestände – zu aufwendig. Aus der speziellen Bedeutung der Indexeinträge lassen sich abgeschwächte Synchronisationstechniken konzipieren, die mehr Parallelität gewähren.

Wir wollen hier exemplarisch die sperrbasierte Mehrbenutzersynchronisation für B^+-Bäume diskutieren. Unter Verwendung des strengen Zweiphasen-Sperrprotokolls würde ein Lesezugriff auf einen B^+-Baum alle Knoten auf dem Weg von der Wurzel bis zum Blatt für die Dauer der Transaktion mit einer Lesesperre versehen. Dann wären zwar noch beliebig viele andere Lesevorgänge auf dem B^+-Baum möglich, aber Einfügeoperationen wären auf diesem Teil des B^+-Baums für die Dauer der Lesetransaktion nicht möglich. Besonders gravierend wäre das bei Bereichsanfragen, die über eine große Anzahl von Blattknoten eines B^+-Baums hinweg ausgewertet würden – alle diese Knoten wären dann mit einer Lesesperre versehen.

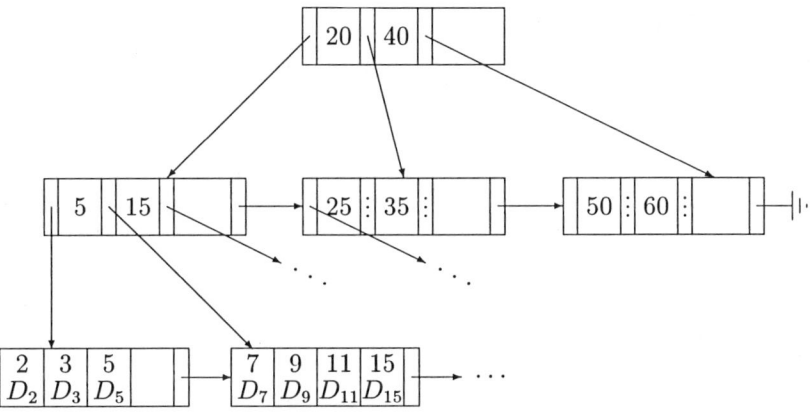

Abb. 11.23: B^+-Baum mit *rechts*-Verweisen zur Synchronisation

Eine analoge Konstellation ergibt sich bei einem Einfüge- oder Löschvorgang. Dann wäre mindestens ein Knoten – u.U. auch mehrere Knoten – exklusiv gesperrt, so daß auf diesen Knoten des Baums für die Dauer der Änderungstransaktion gar keine Lesevorgänge ausgeführt werden könnten.

Unter Berücksichtigung der speziellen Semantik von B^+-Bäumen kann man jedoch ein Sperrprotokoll einsetzen, das Sperren früher – also vor EOT der jeweiligen Transaktion – wieder freigibt. Dies erfordert jedoch eine kleine Modifikation der Knotenstruktur: Die Knoten einer Stufe des Baumes werden über sogenannte *rechts*-Verweise miteinander verkettet. D.h., ein Knoten ist über den *rechts*-Verweis mit seinem nächsten Geschwisterknoten verkettet. Dies ist exemplarisch in Abbildung 11.23 gezeigt.

Die Operationen auf dem B^+-Baum werden dann wie folgt durchgeführt.

Suche Man startet eine Suche, indem für die Wurzel des B^+-Baums eine (kurze) Lesesperre angefordert wird. Dann ermittelt man den Weg (Zeiger) zum Knoten der nächst-niedrigeren Ebene des Baums und gibt die Lesesperre wieder frei. Für den nächsten zu lesenden Knoten wird wiederum eine (kurze) Lesesperre angefordert, um das Intervall, in das der Suchschlüssel fällt, aufzusuchen. Falls dieses Intervall gefunden wird, kann die Lesesperre wieder freigegeben werden, und die Suche geht zur nächsten Ebene über. Es kann aber vorkommen, daß in der Zwischenzeit eine (oder auch mehrere) Einfügeoperationen zum Überlauf – und damit zur Spaltung – des aktuellen Knotens geführt haben. In diesem Fall wird das Intervall u.U. nicht in dem gerade aktuellen Knoten gefunden, sondern befindet sich in einem der rechten Geschwisterknoten. Dann muß zunächst für den direkten rechten Geschwisterknoten eine Lesesperre angefordert werden, und die Lesesperre des anderen Knotens kann freigegeben werden. Die Suchoperation geht dann vom rechten Geschwisterknoten aus in gleicher Form weiter. Entweder wird das Suchintervall hier gefunden und man kann eine Stufe im Baum weitergehen oder man muß nochmals den *rechts*-Verweis verfolgen – dieser Fall kann natürlich nur auftreten, wenn in der Zwischenzeit sehr viele Einfügungen stattgefunden haben, die eine wiederholte Spaltung von Knoten bewirkt haben.

Auch auf der Blattebene muß eine Lesesperre gesetzt werden, und auch hier kann es aufgrund eines verzahnten Einfügevorgangs mit einhergehender Seitenspaltung notwendig sein, die rechten Geschwisterknoten mit in die Suche einzubeziehen.

Einfügen Zum Zweck des Einfügens wird zunächst die Seite (d.h. der Blattknoten) gesucht, in die das neue Datum einzufügen ist. Die während der Suche erworbene Lesesperre auf diesem Blattknoten muß zu einer exklusiven Schreibsperre konvertiert werden – dazu muß man natürlich die Beendigung möglicher anderer paralleler Lesezugriffe abwarten. Falls ausreichend Platz auf der Seite existiert, kann das neue Datum eingetragen und die Schreibsperre aufgegeben werden. Im Falle eines Überlaufs muß die Operation *Seitenspaltung* durchgeführt werden.

Seitenspaltung Diese Operation wird aufgerufen, falls eine Einfüge-Operation auf eine vollständig belegte Blattseite stößt. Diese Blattseite ist demnach schon mit einer exklusiven Schreibsperre versehen. Es wird ein neuer Knoten angelegt, und (etwa) die Hälfte der Einträge der vollen Seite werden auf diesen neuen Knoten transferiert. Die *rechts*-Verweise der beiden Knoten werden gesetzt – d.h. der *rechts*-Verweis der ursprünglich vollen Seite wird auf die neue Seite gesetzt und der *rechts*-Verweis der neuen Seite auf den alten *rechts*-Verweis der ursprünglich vollen Seite. Danach kann die Sperre auf dem ursprüglich vollen Knoten aufgegeben und eine Schreib-Sperre im Vaterknoten angefordert werden, damit ein Verweis auf die neu eingefügte Seite eingebaut werden kann.[3]

Es kann natürlich vorkommen, daß auch dieser Vaterknoten schon voll belegt ist. Dann wird auf dieser Stufe nochmals eine *Seitenspaltung* durchgeführt.

Löschen Diese Operation ist analog zum *Einfügen* realisierbar. Es wird also zunächst die Blattseite gesucht und dann – nachdem eine Exklusivsperre erworben wurde – der Eintrag von dieser Seite entfernt.

Nach der Löschung des Eintrags kann es zu einem Unterlauf kommen, wodurch eigentlich das Verschmelzen zweier benachbarter Seiten erforderlich würde. Die Verschmelzung, oder präziser gesagt, das Löschen eines Knotens aus dem Baum führt bei dieser Synchronisationsmethode zu Problemen, da dann eine Suchoperation möglicherweise auf einen nicht mehr vorhandenen Knoten gelenkt werden könnte. Dies passiert, wenn ein Suchvorgang von einer Löschoperation überholt wird und diese Löschoperation wegen eines Unterlaufs genau den Knoten entfernt, auf den die Suche als nächstes zugreifen will. Aus diesem Grunde wird in der Literatur vorgeschlagen, auf die Unterlaufbehandlung ganz zu verzichten – in der Regel wird ein Unterlauf ohnehin durch nachfolgende Einfügeoperationen wieder revidiert.

Wir wollen das verzahnte Zusammenspiel zweier Operationen auf dem B^+-Baum aus Abbildung 11.23 illustrieren:

- Suchen(15)

---

[3]Man beachte, daß der Vaterknoten u.U. über die *rechts*-Verweise aufzufinden ist, falls der beim „Herunternavigieren" besuchte Vaterknoten selbst in der Zwischenzeit aufgespalten wurde.

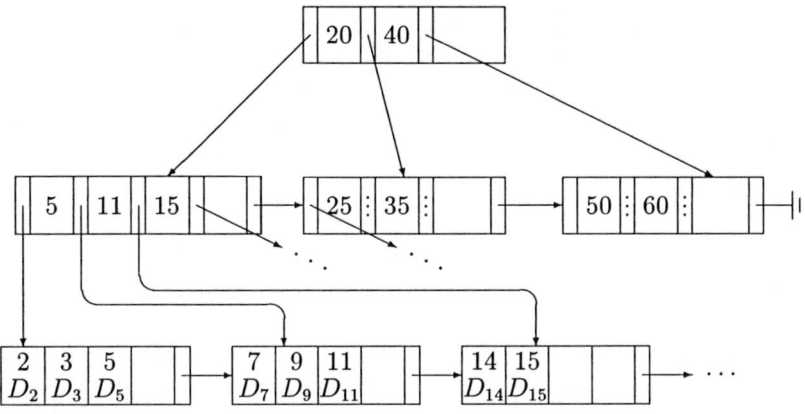

Abb. 11.24: B$^+$-Baum mit *rechts*-Verweisen nach Einfügen von 14

- Einfügen(14)

Wir nehmen an, daß die Suchoperation als erstes startet und die Wurzel und den linken Knoten der zweiten Stufe inspiziert. Als nächstes würde die *Suche* den zweiten Blattknoten von rechts besuchen. Jetzt nehmen wir aber an, daß zu diesem Zeitpunkt ein Kontextwechsel stattfindet, so daß *Einfügen*(14) ausgeführt wird. Im Zuge des Einfügevorgangs wird der zweite Blattknoten von rechts aufgespalten und der Zustand aus Abbildung 11.24 erzeugt. Wenn jetzt die Ausführung der Operation *Suchen*(15) wieder aufgenommen wird, befindet sich der Eintrag 15 nicht mehr auf der ursprünglich ermittelten Seite (2. von rechts). Deshalb muß die Suche auf den rechten Geschwisterknoten ausgedehnt werden.

11.13 Mehrbenutzersynchronisation in SQL-92

Bislang haben wir immer die *Serialisierbarkeit* als Korrektheitskriterium für die Parallelausführung von Transaktionen zugrunde gelegt. Die Erzwingung der Serialisierbarkeit schränkt natürlich die Parallelität ein. Deshalb haben die SQL-92-Entwerfer einige weitere weniger restriktive (aber teilweise obskure und potentiell die Datenbankkonsistenz gefährdende) Konsistenzstufen eingeführt. Diese Konsistenzstufen werden als „isolation level" bezeichnet, da sie die Isolationsstufe von parallel ausgeführten Transaktionen zueinander beschreiben. Der Transaktionsmodus wird in folgender Syntax beschrieben:

> **set transaction**
>   [read only, | read write,]
>   [**isolation level**
>   read uncommitted, |
>   read committed, |
>   repeatable read, |
>   serializable,]
>   [**diagnostics size** ...,]

Der senkrechte Strich „|" gibt Alternativen an, die durch „[" und „]" eingegrenzten Teile sind optional. Bei Verwendung des **set transaction**-Befehls muß mindestens einer der optionalen Teile vorhanden sein; weiterhin muß bei einer Anweisung, die aus obiger Vorschrift hergeleitet wurde, das letzte Komma wegfallen. Unterstrichene Schlüsselwörter werden als default-Einstellungen bei fehlendem **set transaction** Befehl verwendet.

Zum Beispiel kann eine Transaktion auf Lesezugriffe durch **read only** beschränkt werden oder allgemein lesend und schreibend auf die Datenbasis zugreifen (**read write**). Die vier Konsistenzstufen sind wie folgt (auch im Standard sehr vage) definiert:

read uncommitted   Dies ist die schwächste Konsistenzstufe. Sie darf auch nur für **read only**-Transaktionen spezifiziert werden. Eine derartige Transaktion hat Zugriff auf noch nicht festgeschriebene Daten. Zum Beispiel ist folgender Schedule möglich:

T_1	T_2
	read(A)
	$\dots$
	write(A)
read(A)	
$\dots$	
	rollback

Hierbei liest die Transaktion T_1 einen Wert des Datums A, der von T_2 nie festgeschrieben wurde. Man kann sich leicht vorstellen, daß eine solche „**read uncommitted**"-Transaktion beliebig inkonsistente Datenbasis-Zustände zu sehen bekommt. Deshalb ist die Einschränkung solcher Transktionen auf reine Lesezugriffe (**read only**) äußerst notwendig.

Transaktionen dieser Art sind i.a. nur sinnvoll, um sich einen globalen Überblick über die Datenbasis zu verschaffen (*browsing*). Die „**read uncommitted**"-Transaktionen behindern die parallele Ausführung anderer Transaktionen nicht, da sie selbst keine Sperren benötigen.

read committed   Diese Transaktionen lesen nur festgeschriebene Werte. Allerdings können sie unterschiedliche Zustände der Datenbasis-Objekte zu sehen bekommen:

T_1	T_2
read(A)	
	write(A)
	write(B)
	commit
read(B)	
read(A)	
$\dots$	

In diesem Fall liest die „**read committed**"-Transaktion T_1 zunächst den Wert von A, bevor T_2 A und B verändert. Danach liest T_1 den Wert von B – das reicht schon aus, um die Serialisierbarkeit zu verletzen. Warum? Noch schwerwiegender ist, daß T_1 jetzt nochmals A mit einem anderen Wert als zuvor liest. Man bezeichnet dieses Problem als *„non repeatable read"*.

repeatable read Das oben aufgeführte Problem des *non repeatable read* wird durch diese Konsistenzstufe ausgeschlossen. Allerdings kann es hierbei noch zum Phantomproblem kommen. Dies kann z.B. dann passieren, wenn eine parallele Änderungstransaktion dazu führt, daß Tupel ein Selektionsprädikat erfüllen, das sie zuvor nicht erfüllten.

serializable Diese Konsistenzstufe fordert die Serialisierbarkeit. Es dürfte klar sein, daß die schwächeren (als **serializable**) Isolationsstufen u.U. zu sehr schwerwiegenden Konsistenzverletzungen führen können. Ein DBMS muß – gemäß dem SQL92-Standard – nicht alle aufgeführten Isolationsstufen auch tatsächlich implementieren. Wenn eine benötigte Isolationsstufe nicht verfügbar ist, muß die jeweils „schärfere" vorhandene Form angewendet werden. Daraus folgt, daß mindestens die Serialisierbarkeit realisiert sein muß. Datenbankanwender sollten darauf achten, daß einige kommerzielle DBMS-Produkte eine andere, also schwächere, Konsistenzstufe als **serializable** als Default eingestellt haben.

11.14 Übungen

11.1 Entwerfen Sie Historien, die – bezogen auf die Abbildung 11.12 – in folgende Klassen fallen:

- $RC \cap SR$ • $ACA \cap SR$ • $ST \cap SR$

11.2 Diskutieren Sie die Vorteile *strikter* Historien hinsichtlich der Recovery anhand von Beispiel-Transaktionen. Warum sind nicht-strikte Historien – also z.B. solche aus $(SR \cap ACA) - ST$ – problematisch? Denken Sie an das lokale Rücksetzen von Transaktionen bei der Recovery-Behandlung.

11.3 Zeigen Sie, daß es serialisierbare Historien gibt, die ein Scheduler basierend auf dem Zwei-Phasen-Sperrprotokoll nicht zulassen würde. Anders ausgedrückt: Zeigen Sie, daß die Klasse SR größer ist als die Klasse $2PL$ (wobei $2PL$ die Klasse aller nach dem Zwei-Phasen-Sperrprotokoll generierbarer Historien darstellt).

11.4 Zeigen Sie, daß das (normale) Zwei-Phasen-Sperrprotokoll Historien aus $SR - RC$ zuläßt. Mit anderen Worten, das 2PL-Verfahren würde nicht-rücksetzbare Historien zulassen.

11.5 Wäre es beim strengen 2PL-Protokoll ausreichend, alle Schreibsperren bis zum EOT zu halten, aber Lesesperren schon früher wieder abzutreten? Begründen Sie Ihre Antwort.

11.6 Wann genau können die Sperren gemäß des strengen 2PL-Protokolls freigegeben werden? Denken Sie an die Recovery-Komponente.

11.7   Skizzieren Sie die Implementierung eines *Lock-Managers*, d.h. des Moduls, das Sperren verwaltet, Sperranforderungen entgegennimmt und diese ggfls. gewährt oder die entsprechende Transaktion blockiert. Wie würden Sie die aktuell gewährten Sperren verwalten?

11.8   Weisen Sie (halbwegs) formal nach, daß das strenge 2PL-Protokoll nur strikte serialisierbare Historien zuläßt.

11.9   Zur Erkennung von Verklemmungen wurde der Wartegraph eingeführt. Dabei wird eine Kante $T_i \rightarrow T_j$ eingefügt, wenn T_i auf die Freigabe einer Sperre durch T_j wartet. Kann es vorkommen, daß dieselbe Kante mehrmals eingefügt wird? Kann es vorkommen, daß gleichzeitig zwei Kanten $T_i \rightarrow T_j$ im Wartegraph existieren? Diskutieren Sie diese Aufgabe unter Annahme sowohl des normalen 2PL als auch des strengen 2PL-Protokolls.

11.10 Erläutern Sie den Zusammenhang zwischen dem Wartegraphen (zur Erkennung von Verklemmungen) und dem Serialisierbarkeitsgraphen (zur Feststellung, ob eine Historie serialisierbar ist).

11.11 Wie würden Sie die Zeitstempelmethode zur Vermeidung von Deadlocks anwenden, wenn eine Transaktion T_1 eine X-Sperre auf A anfordert, aber mehrere Transaktionen eine S-Sperre auf A besitzen? Diskutieren Sie die möglichen Fälle für **wound-wait** und **wait-die**.

11.12 Beweisen Sie, daß bei der Zeitstempelmethode garantiert keine Verklemmungen auftreten können. Hinweis: Verwenden Sie für Ihre Argumentation den Wartegraphen (der natürlich im System nicht aufgebaut wird, da er ja nicht benötigt wird).

11.13 Zeigen Sie Schedules, bei denen unnötigerweise Transaktionen nach der Zeitstempelmethode abgebrochen werden, obwohl eine Verklemmung nie aufgetreten wäre. Demonstrieren Sie dies für *wound-wait* und auch für *wait-die*.

11.14 Warum heißt die Strategie *wound-wait* und nicht *kill-wait*? Denken Sie daran, daß die „verwundete" Transaktion schon „so gut wie fertig" sein könnte. Beachten Sie das strenge 2PL-Protokoll und die Recovery-Komponente.

11.15 Beim „multiple-granularity locking" (MGL) werden Sperren von oben nach unten (top-down) in der Datenhierarchie erworben. Zeigen Sie mögliche Fehlerzustände, die eintreten könnten, wenn man die Sperren in umgekehrter Reihenfolge (also bottom-up) setzen würde.

11.16 Zeigen Sie an der Beispielhierarchie aus den Abbildungen 11.20 – 11.22 eine mögliche Verklemmungssituation des MGL-Sperrverfahrens.

11.17 Erweitern Sie das MGL-Sperrverfahren um einen weiteren Sperrmodus *SIX*. Dieser Sperrmodus sperrt den betreffenden Knoten im S-Modus (und damit implizit alle Unterknoten) und kennzeichnet die beabsichtigte Sperrung von einem (oder mehreren) Unterknoten im X-Modus.

- Erweitern Sie die Kompatibilitätsmatrix von Seite 295 um diesen Sperrmodus.

- Zeigen Sie an Beispielen das Zusammenspiel dieses Sperrmodus mit den anderen Modi.

- Skizzieren Sie mögliche Transaktionen, für die dieser Modus vorteilhaft ist.

- Wie verhält sich *SIX* mit den anderen Sperrmodi hinsichtlich eines (höchsten) Gruppenmodus?

11.18 Verifizieren Sie für das Zeitstempel-basierende Synchronisationsverfahren aus Abschnitt 11.10, daß

1. nur serialisierbare Schedules generierbar sind und

2. keine Verklemmungen auftreten können.

11.19 Thomas (1979) hat erkannt, daß man die Bedingung für Schreiboperationen bei der Zeitstempel-basierenden Synchronisation aus Abschnitt 11.10 abschwächen kann, um dadurch u.U. unnötiges Rücksetzen von Transaktionen zu verhindern. Die zweite Bedingung wird wie folgt modifiziert:

- T_i will A schreiben, also $w_i(A)$

  - Falls $TS(T_i) < readTS(A)$ gilt, setze T_i zurück (wie gehabt).

  - Falls $TS(T_i) < writeTS(A)$ gilt, ignoriere diese Operation von T_i einfach; aber fahre mit T_i fort.

  - Anderenfalls führe die Schreiboperation aus und setze $writeTS(A)$ auf $TS(T_i)$.

Verifizieren Sie, daß die generierbaren Schedules immer noch serialisierbar sind.

Zeigen Sie einen Beispiel-Schedule, der mit dieser Modifikation möglich ist, aber beim Originalverfahren abgewiesen würde.

Hinweis: Betrachten Sie sogenannte „blind writes", das sind Schreiboperationen auf ein Datum, denen in derselben Transaktion kein Lesen des betreffenden Datums vorausgegangen ist. Wenn man mehrere „blind writes" $w_1(A), w_2(A), \ldots, w_i(A)$ hat, die in der angegebenen Reihenfolge hätten ausgeführt werden müssen, so ist dies äquivalent zu der alleinigen Ausführung des letzten „blind writes", nämlich $w_i(A)$ und der Ignorierung der anderen Schreibvorgänge auf A. Tatsächlich muß nur der letzte Schreibvorgang – hier $w_i(A)$ – ein „blind write" sein; die anderen Schreibvorgänge könnten auch „normale" Schreiboperationen mit vorausgegangenem Lesen das Datums sein.

11.20 Finden Sie jeweils Anwendungsbeispiele für Anfragen, die ohne Gefährdung der Integrität der Datenbasis die Konsistenzstufen **read committed** und **repeatable read** benutzen können.

11.21 Beschreiben Sie jeweils für die Konsistenzstufen **read committed, repeatable read** und **serializable** die Sperrenvergabe beim MGL-Sperrverfahren für exact-match-queries und range-queries, wobei die Parallelität so wenig wie möglich einschränkt werden soll.

11.15 Literatur

Die Grundkonzepte der Serialisierbarkeit wurden im Rahmen der System R-Entwicklung am IBM Forschungslabor San Jose entwickelt. In dem dazugehörigen Artikel von Eswaran et al. (1976) wurde auch das Zweiphasen-Sperrprotokoll eingeführt.

Schlageter (1978) hat schon sehr früh einen Aufsatz zur Prozeßsychronisation in Datenbanksystemen verfaßt.

Ein sehr gutes (und umfassendes) Buch zur Mehrbenutzersynchronisation wurde von Bernstein, Hadzilacos und Goodman (1987) geschrieben. Papadimitriou (1986) beschreibt die Transaktionskonzepte noch etwas formaler.

Die verschiedenene Synchronisationslevel des SQL-92-Satndards sind Gegenstand vieler Diskussionen. Berenson et al. (1995) versuchen die verschiedenen Level präziser zu charakterisieren, als dies im Standard (und natürlich auch in unserer sehr kurzen Abhandlung in Abschnitt 11.13) geschehen ist.

Die Zeitstempel-basierende Synchronisation ist von Reed (1983) entwickelt worden.

Das MGL-Sperrverfahren für unterschiedliche Sperrgranulate wurde erstmals von Gray, Lorie und Putzolu (1975) vorgestellt.

Es gibt viele Untersuchungen zur optimistischen Synchronisation: Härder (1984) analysierte verschiedene Varianten, Lausen (1983) hat eine Formalisierung entwickelt und Prädel, Schlageter und Unland (1986) haben Abwandlungen der Verfahren zur Steigerung der Leistungsfähigkeit vorgestellt. Trotzdem haben sich diese Synchronisationsverfahren in der Praxis (noch?) nicht durchsetzen können.

Peinl und Reuter (1983) haben versucht, die Leistungsfähigkeit der unterschiedlichen Synchronisationsverfahren empirisch zu bewerten.

Korth (1983) hat untersucht, inwieweit die Semantik der Operationen – also solcher Operationen, die über die primitiven Datenbankoperationen *read* und *write* hinausgehen – für die Synchronisation ausgenutzt werden können. Diese Arbeiten wurden im Zusammenhang mit abstrakten Datentypen von Schwarz und Spector (1984) und von Weihl und Liskov (1985) erweitert.

Weikum (1988) untersuchte "mehrschichtige" Transaktionskonzepte. Diese Arbeiten sind auch in Weikum (1991) zusammengefaßt.

Alonso et al. (1994) stellten eine konzeptuelle Vereinheitlichung der Mehrbenutzer-Synchronisation und der Recovery vor.

Klahold et al. (1985) haben Transaktionskonzepte für Design-Anwendungen vorgeschlagen.

Synchronisationskonzepte für Suchbäume wurden u.a. von Bayer und Schkolnick (1977) vorgeschlagen. Das in diesem Kapitel behandelte Verfahren für die B^+-Bäume beruht auf Arbeiten von Lehman und Yao (1981) – die wiederum die Arbeiten zur Synchronisation von binären Suchbäumen von Kung und Lehman (1980) als Grundlage haben.

12. Sicherheitsaspekte

Bisher haben wir uns nur mit dem Schutz von Daten vor unabsichtlicher Beschädigung befaßt (Kapitel 5 und Kapitel 9 bis 11). Im folgenden soll der Schutz gegen absichtliche Beschädigung und Enthüllung von sensiblen oder persönlichen Daten betrachtet werden. Die Schutzmechanismen sollen dazu in drei Kategorien unterteilt werden:

- **Identifikation und Authentisierung.** Bevor Benutzer Zugang zu einem Datenbanksystem erhalten, müssen sie sich in der Regel identifizieren. Eine Identifikation kann zum Beispiel durch Eingabe des Benutzernamens erfolgen. Die Authentisierung überprüft, ob es sich bei den Benutzern auch wirklich um diejenigen handelt, für die sie sich ausgeben. Üblicherweise werden hierzu Paßwörter verwendet.

- **Autorisierung und Zugriffskontrolle.** Eine Autorisierung besteht aus einer Menge von Regeln, die die erlaubten Arten des Zugriffs auf *Sicherheitsobjekte* durch *Sicherheitssubjekte* festlegen. Ein Sicherheitsobjekt ist eine passive Entität, die Informationen beinhaltet, wie z.B. ein Tupel oder ein Attribut. Ein Sicherheitssubjekt ist eine aktive Entität, die einen Informationsfluß bewirkt. Sicherheitssubjekte können Benutzer oder Benutzergruppen sein, aber auch Datenbankprozesse bzw. Anwendungsprogramme.

- **Auditing.** Um die Richtigkeit und Vollständigkeit der Autorisierungsregeln zu verifizieren und Schäden rechtzeitig zu erkennen, kann über jede sicherheitsrelevante Datenbankoperation Buch geführt werden.

Wie die Autorisierungsregeln formuliert und durchgesetzt werden, hängt stark vom Schutzbedürfnis der Datenbankbetreiber ab. Gerade im Sicherheitsbereich gibt es eine Vielzahl von einsetzbaren *Strategien* (engl. policies). Als Veranschaulichung unterschiedlicher Schutzbedürfnisse sollen folgende Beispielfälle dienen:

- **Datenbank an einer Hochschule.** In der Datenbank werden Versuchsergebnisse gespeichert. Austausch von Informationen spielt eine wichtige Rolle, das Sicherheitsbedürfnis ist gering. Daher sind standardmäßig alle Daten lesbar, nur in Ausnahmesituationen ist ein größerer Schutz notwendig.

- **Datenbank in einem Betrieb.** Das Datenbanksystem ist eine zentrale Ressource und muß vor Ausfall geschützt werden. Die Leistung ist ein wichtiger Aspekt. Es existieren einige vertrauliche Daten. Schäden am Datenbestand bzw. Enthüllung von vertraulichen Daten lassen sich vielfach als finanzieller Verlust ausdrücken. In den meisten Fällen wird ein einfacher Schutzmechanismus verwendet, der Benutzergruppen Zugang zu Daten gewährt bzw. entzieht.

- **Datenbank in einer militärischen Anlage.** Es existieren Daten mit sehr stark unterschiedlichen Sicherheitsanforderungen. Eine Enthüllung oder Beschädigung läßt sich nicht als finanzieller Verlust ausdrücken, Leistungseinbußen zur Garantie der Sicherheit werden in Kauf genommen. Ein mehrstufiges Schutzkonzept ist notwendig. Zusätzlich muß nicht nur der Zugriff, sondern auch der Informationsfluß kontrolliert werden.

Um einen wirksamen Schutz sicherheitsrelevanter Daten zu gestalten, müssen die Schwachstellen eines Systems bekannt sein. Typische Arten von „Angriffen" sind:

- **Mißbrauch von Autorität.** Diebstahl, Veränderung oder Zerstörung von Daten oder Programmen.

- **Inferenz und Aggregation.** Inferenz bezeichnet das Schließen auf sensitive Daten durch Ansammlung und Kombination von nicht sensitiven Daten. Dabei spielt unter Umständen auch Wissen, das außerhalb der Datenbank gesammelt wurde, eine Rolle. Umgekehrt bezeichnet Aggregation den Fall, daß einzelne Daten nicht sensitiv sind, aber eine große Anzahl von Daten zusammen genommen.

- **Maskierung.** Unautorisierter Zugriff auf Daten durch jemanden, der sich als ein autorisierter Benutzer ausgibt.

- **Umgehung der Zugriffskontrolle.** Ausnutzung von Sicherheitslücken im Betriebssystemcode oder in Anwendungsprogrammen.

- **Browsing.** Geschützte Informationen können manchmal auch durch Betrachtung des Datenwörterbuchs oder von Dateiverzeichnissen erhalten werden.

- **Trojanische Pferde.** Ein trojanisches Pferd ist ein Programm, das sich in einem anderen Programm versteckt oder als ein anderes Programm ausgibt und Daten an nicht autorisierte Benutzer weitergibt. Möglich ist z.B. eine Tarnung als Paßwortabfrage und Speicherung der dann eingegebenen Paßwörter.

- **Versteckte Kanäle.** Der Zugriff auf Informationen durch nicht bestimmungsgemäße Kanäle, wie z.B. das direkte Auslesen einer Datenbankdatei unter Umgehung des Datenbankverwaltungssystems.

In diesem Kapitel werden zwei grundlegende Sicherheitsstrategien vorgestellt: die *Discretionary Access Control* (DAC) und die *Mandatory Access Control* (MAC).[1] Bei der DAC werden Regeln zum Zugriff auf Objekte angegeben. Die MAC regelt zusätzlich den Fluß der Informationen zwischen Objekten und Subjekten, gewährleistet also eine verbesserte Sicherheit.

Zunächst wird das DAC-Basismodell und dessen Realisierung in SQL-92 besprochen. Zur Erleichterung der Administration wird das Konzept der *impliziten Autorisierung* eingeführt. Das MAC-Modell führt zu den sogenannten *Multilevel-Datenbanken*, die Thema eines eigenen Abschnittes sind. Zuletzt werden einige populäre kryptographische Methoden angerissen, die zur Authentisierung und Sicherung von Informationskanälen verwendet werden können.

---

[1]Das Wort „discretionary" steht dabei in etwa für „nach dem Ermessen des Subjektes", während „mandatory" „verpflichtend" bedeutet.

12.1 Discretionary Access Control

Die Zugriffsregeln der DAC geben zu einem Subjekt s die möglichen Zugriffsarten t auf ein Objekt o an. Formal ausgedrückt ist eine Regel ein Quintupel (o, s, t, p, f), wobei

- $o \in O$, der Menge der Objekte (z.B. Relationen, Tupel, Attribute),

- $s \in S$, der Menge der Subjekte (z.B. Benutzer, Prozesse),

- $t \in T$, der Menge der Zugriffsrechte (z.B. $T = \{\text{lesen}, \text{schreiben}, \text{löschen}\}$),

- p ein Prädikat, das eine Art Zugriffsfenster auf o festlegt (z.B. *Rang* = 'C4' für die Relation *Professoren*), und

- f ein Boolescher Wert ist, der angibt, ob s das Recht (o, t, p) an ein anderes Subjekt s' weitergeben darf.

Die methodisch einfachste Art, um solche Regeln abzuspeichern, ist eine Zugriffsmatrix. Die Subjekte werden in den Zeilen der Matrix abgelegt, die Objekte in den Spalten. Ein Zugriff eines Subjektes auf ein Objekt wird gewährt, wenn die entsprechende Zugriffsart in der Matrix eingetragen ist. Abhängig von der Granularität der Autorisierung können Zugriffsmatrizen allerdings sehr groß werden.

Für die Durchsetzung der Regeln werden entweder Sichten eingesetzt,[2] oder die Anfrage entsprechend den Zugriffsbedingungen abgeändert. Sichten wurden bereits in Kapitel 4 besprochen. Eine Veränderung der Anfrage des Benutzers wird auf eine sehr ähnliche Weise vorgenommen: Beispielsweise könnte in SQL dafür gesorgt werden, daß in der **select**-Anweisung nur auf die Attribute projiziert wird, auf die der Benutzer Zugriffsrechte hat, oder daß das Zugriffsprädikat p konjunktiv an den **where**-Teil der Anfrage angehängt wird.

Die DAC ist ein einfaches und sehr gebräuchliches Modell, sie hat jedoch einige Schwachstellen. Sie geht davon aus, daß die Erzeuger der Daten auch deren Eigner und damit verantwortlich für deren Sicherheit sind. Die Erzeuger haben freie Hand, Zugriffsrechte auf die Daten weiterzugeben. Diese Situation ist aber häufig nicht gegeben: In Firmen erzeugen die einzelnen Angestellten die Daten, sie gehören aber der Firma. Trotzdem werden die Angestellten mit der Verantwortung für die Sicherheit der Daten belastet. Ein weiteres Problem der DAC wird in Übungsaufgabe 12.1 besprochen.

12.2 Zugriffskontrolle in SQL

Der SQL-92 Standard stellt keine Normen für Authentisierung und Auditing auf und sieht nur eine einfache Zugriffskontrolle unter Verwendung des DAC-Modells vor. Es existiert ein Befehl zur Vergabe von Rechten (**grant**) und einer zum Entzug von Rechten (**revoke**). Trotzdem bieten die meisten größeren SQL-Anbieter (wie Oracle, Ingres und Informix, um einige zu nennen) bereits Versionen ihrer Datenbanken mit Unterstützung des MAC-Modells an.

---

[2]wobei allerdings das bereits erwähnte Update-Problem auftritt.

Initial liegen die Rechte zur Verwaltung der Zugriffskontrolle beim *Datenbankadministrator* (DBA). Der oder die DBA operiert unter einer speziellen Systemkennung, die ähnlich der Systemadministrator-Kennung Rechte für alle gespeicherten Daten besitzt. In dieser speziellen Position liegt natürlich auch eine Gefahr: Die Administration müßte eigentlich vertrauenswürdiger sein als alle Benutzer. Es existieren allerdings theoretische Modelle, die die zentrale Rolle der Administration etwas abschwächen.

12.2.1 Identifikation und Authentisierung

Wie eingangs bereits erwähnt, findet die Identifikation meistens über eine Benutzerkennung und die Authentisierung über ein Paßwort statt. Paßwörter werden üblicherweise bei der Einrichtung einer Benutzerkennung verschlüsselt gespeichert. Zu Beginn jeder Sitzung werden die Benutzer nach ihrem Namen und dem zugehörigen Paßwort gefragt. Dieses Paßwort wird dann verschlüsselt und mit dem bereits gespeicherten verglichen. Bei Übereinstimmung gelten die Benutzer als authentisiert.[3]

Da zur Gewährleistung der Sicherheit der Daten auch das Betriebssystem einen Schutzmechanismus aufweisen muß, wird die Authentisierung oft diesem ganz überlassen; wenn die Benutzer sich für eine Betriebssystemkennung authentisiert haben, können sie auch das DBMS unter dieser Kennung ohne weitere Authentisierung benutzen. Das Anlegen einer solchen Kennung erfolgt z.B. in Oracle mit

create user eickler **identified externally**;

12.2.2 Autorisierung und Zugriffskontrolle

Eine Autorisierung erfolgt mit dem **grant**-Kommando. Der Benutzer mit der Kennung „eickler" erhält beispielsweise einen Lesezugriff auf die Relation *Professoren* durch den Befehl:

grant select
    on Professoren
    to eickler;

Außer **select** existieren in SQL noch die Standardprivilegien **delete**, **insert** und **update**, die die Berechtigung zur Ausführung der gleichnamigen Befehle beinhalten, und **references**. Die Rechte **insert**, **update** und **references** lassen eine Qualifizierung der Attribute zu, auf denen das Recht besteht. Wenn der Benutzer „eickler" also keinen Einfluß auf das *Note*-Attribut der Relation *prüfen* haben soll, ansonsten aber Prüfungen verändern darf, wird eine solche Berechtigung mit

---

[3]Manche der heute üblichen Paßwortabfragen sind allerdings mit großer Vorsicht zu genießen. Eine potentielle Gefahrenquelle ist die Identifikation durch ein Kommandozeilenargument. Eine Oracle-Sitzung kann beispielsweise mit

sqlplus Name/Paßwort

vom Kommandozeileninterpreter aus gestartet werden. In Unix-Systemen können nun alle anderen Benutzer die Namen aller laufenden Prozesse einschließlich deren Argumente auflisten.

grant update (MatrNr, VorlNr, PersNr)
   on prüfen
   to eickler;

ausgedrückt.

Das **references**-Privileg erlaubt Benutzern, Fremdschlüssel auf das spezifizierte Attribut anzulegen. Das ist aus mehreren Gründen wichtig: Einerseits können Benutzer durch Fremdschlüssel anderer aufgrund der referentiellen Integrität (siehe Kapitel 5) am Löschen von Tupeln in ihrer eigenen Relation gehindert werden. Andererseits können aus dem gleichen Grund durch geschicktes Testen die Schlüsselwerte einer ansonsten lesegeschützten Tabelle herausgefunden werden. Nehmen wir als Beispiel eine Relation *Agenten* mit einem Schlüssel, der die geheime Kennung der Agenten beinhaltet. Nehmen wir weiterhin an, daß potentielle Angreifer zwar das Schema kennen, aber keinerlei Berechtigung auf der Relation besitzen. Sie könnten dann folgende Tabelle anlegen

create table Agententest(Kennung **character**(4) **references** Agenten);

und einige Zeilen einfügen, um zu sehen, ob ein Agent mit diesen Kennungen existiert.

Das Recht zur Weitergabe von Privilegien an andere Benutzer wird durch das Anhängen von **with grant option** an einen **grant**-Befehl gewährt. Das Entziehen eines Rechts erfolgt über eine **revoke**-Anweisung. Wie in Aufgabe 12.1 besprochen, ist es wichtig, beim Entzug zu überprüfen, ob eine Autorisierung mit Weitergaberecht auch wirklich in der Weitergabe eines Rechts resultiert hat. Diese Überprüfung kann auf zwei verschiedene Weisen erfolgen: Wenn dem **revoke**-Befehl ein **restrict** angehängt wird, bricht das Datenbanksystem mit einer Fehlermeldung ab, falls eine Weitergabe erfolgt ist. Bei Angabe von **cascade** werden kaskadierend auch alle Rechte zurückgenommen, die aus dem Weitergaberecht entstanden sind. Nehmen wir an, daß die Vergabe des **update**-Rechts auf *prüfen* mit **grant option** erfolgt war, dann kann eine Rücknahme des Rechts mit Rücknahme aller daraus abgeleiteten Rechte folgendermaßen durchgeführt werden:

revoke update (MatrNr, VorlNr, PersNr)
   on prüfen
   from eickler **cascade**;

12.2.3 Sichten

Im DAC-Modell besteht die Möglichkeit, ein Recht von einer bestimmten Bedingung abhängig zu machen. Dieses wird in SQL durch die bereits in Abschnitt 4.16 eingeführten Sichten erreicht. Nehmen wir an, ein Tutor für Studenten des ersten Semesters soll deren Daten lesen können, aber nicht die Daten anderer Studenten. Eine mögliche Realisierung wäre:

create view ErstSemestler **as**
   select ∗
   from Studenten
   where Semester = 1;

```
grant select
    on ErstSemestler
    to tutor;
```

Sichten sind auch dazu geeignet, um Daten zu aggregieren. Dadurch können schützenswerte Individualdaten den Benutzern verborgen bleiben, wohingegen aggregierte, einen Überblick vermittelnde Daten den Benutzern zugänglich gemacht werden. Als Beispiel betrachten wir folgende Sicht:

```
create view VorlesungsHärte (VorlNr, Härte) as
    select VorlNr, avg(Note)
    from prüfen
    group by VorlNr;
```

Man muß aber bei solchen statistischen Sichten darauf achten, daß hinreichend viele Daten aggregiert werden. Ansonsten könnte man vom Aggregatwert auf den Individualwert einzelner Einträge schließen. Weiterhin dürfen die Benutzer nicht gezielt die Aggregation beeinflussen können, um auf individuelle Werte Rückschlüsse zu ziehen.

12.2.4 Auditing

Auditing bezeichnet die Möglichkeit, über Operationen von Benutzern Buch zu führen. Die erzeugten Daten werden *Auditfolge* genannt. Eine regelmäßige Überprüfung der Auditfolge kann helfen, frühzeitig Sicherheitslücken in einem System aufzudecken und zu beheben. Beispielsweise sollten alle fehlgeschlagenen Zugriffsversuche auf die Systemkennung protokolliert werden:

```
audit session by system
    whenever not successful;
```

Veränderungen an der Relation *Professoren* werden mit folgendem Kommando erfaßt:

```
audit insert, delete, update on Professoren;
```

Beim Auditing sollte man allerdings nicht das Prinzip „mehr Überwachung – mehr Sicherheit" anwenden. Auditing erfordert einen Zusatzaufwand, der alle protokollierten Operationen verlangsamt. Weiterhin wächst bei uneingeschränkter Überwachung die Größe der Protokolldaten so rasch, daß in der Masse kaum noch die potentiell sicherheitsgefährdenden Operationen gefunden werden können.

12.3 Verfeinerung des Autorisierungsmodells

Bisher wurde nur die *explizite Autorisierung* behandelt. Ein Zugriff auf ein Objekt kann nur erfolgen, wenn explizit in einer Autorisierungsregel der Zugriff erlaubt ist. Existieren nun sehr viele Objekte, können die Autorisierungsregeln einen großen Umfang annehmen, und sie werden schwer zu warten.

Aus diesem Grund existiert die sogenannte *implizite Autorisierung*. Für eine implizite Autorisierung werden Subjekte, Objekte und Operationen hierarchisch angeordnet. Eine Autorisierung auf einer bestimmten Stufe der Hierarchie bewirkt implizite Autorisierungen auf anderen Stufen der Hierarchie. Nehmen wir beispielsweise an, daß es zwei Benutzergruppen *Angestellte* und *Abteilungsleiter* gibt. Diese beiden Benutzergruppen können hierarchisch angeordnet werden, so daß alle Rechte für *Angestellte* implizit auch für *Abteilungsleiter* gelten. Darüberhinaus können Benutzer aus der Gruppe *Abteilungsleiter* auch zusätzliche Rechte besitzen.

Als Gegenstück zur *positiven Autorisierung*, die einen Zugriff erlaubt, kann auch eine *negative Autorisierung* eingeführt werden, die ein Verbot des Zugriffs darstellt. Auch negative Autorisierungen können in explizite und implizite unterschieden werden. Eine negative Autorisierung wird durch das Zeichen $\neg$ angedeutet. Wenn die Regel (o, s, t) dem Subjekt s den Zugriff t auf das Objekt o erlaubt, dann ist die entsprechende negative Autorisierung $(o, s, \neg t)$.

Zuletzt wird zwischen *schwacher* und *starker Autorisierung* unterschieden. Eine schwache Autorisierung kann dabei als Standardeinstellung verwendet werden. Beispielsweise kann eine in verschiedene andere Benutzergruppen unterteilte Benutzergruppe *Alle* standardmäßig das schwache Recht zum Lesen eines Objektes erhalten. Der Teil der Benutzergruppe *Alle* allerdings, der in der Gruppe *Aushilfen* ist, erhält ein starkes Verbot zum Lesen des Objektes. Ohne die Unterscheidung zwischen starker und schwacher Autorisierung hätten alle Gruppen in *Alle* explizit ein Recht oder ein Verbot erhalten müssen. Im folgenden wird eine starke Autorisierung mit runden Klammern $(\dots)$ und eine schwache Autorisierung mit eckigen Klammern $[\dots]$ notiert.

Ein einfacher Algorithmus zur Überprüfung einer Autorisierung (o, s, t) kann mit den erweiterten Autorisierungsmöglichkeiten wie folgt formuliert werden:

wenn es eine explizite oder implizite starke Autorisierung (o, s, t) gibt,
    dann erlaube die Operation
wenn es eine explizite oder implizite starke negative Autorisierung $(o, s, \neg t)$ gibt,
    dann verbiete die Operation
ansonsten
    wenn es eine explizite oder implizite schwache Autorisierung $[o, s, t]$ gibt,
        dann erlaube die Operation
    wenn es eine explizite oder implizite schwache Autorisierung $[o, s, \neg t]$ gibt,
        dann verbiete die Operation

Hier wird vorausgesetzt, daß keine Konflikte zwischen den Regeln bestehen. Es gibt also keine widersprüchlichen starken oder schwachen Einträge. Betrachten wir nun die Regeln für die implizite Autorisierung.

12.3.1 Implizite Autorisierung von Subjekten

Für eine implizite Autorisierung von Subjekten werden sogenannte *Rollenhierarchien* eingeführt. Eine Rolle repräsentiert die Funktion eines Benutzers in einem System und beinhaltet die zur Erfüllung der Funktion notwendigen Rechte. Eine mögliche Rollenhierarchie zeigt Abbildung 12.1 (unter der Annahme, daß der Rektor oder die

Abb. 12.1: Eine Rollenhierarchie für die Universitätswelt

Rektorin sowohl Chef der Verwaltung als auch der wissenschaftlichen Angestellten ist). In der hierarchischen Anordnung gibt es zwei spezielle Positionen:

- eine eindeutige Rolle mit der maximalen Menge an Rechten, die z.B. die Datenbankadministration oder die Firmenleitung beinhaltet.

- eine eindeutige grundlegende Rolle, die z.B. alle Angestellten enthält.

Für die implizite Autorisierung werden dann zwei Regeln festgehalten:

- Eine explizite positive Autorisierung auf einer Stufe resultiert in einer impliziten positiven Autorisierung auf allen höheren Stufen. Die Dekane besitzen daher implizit alle Zugriffsmöglichkeiten, die explizit und implizit für Professoren gelten. Ebenso besitzt der Rektor bzw. die Rektorin implizit alle Autorisierungen, die sowohl die Dekane als auch die Referatsleiter besitzen.

- Eine explizite negative Autorisierung auf einer Stufe resultiert in einer impliziten negativen Autorisierung auf allen niedrigeren Stufen. Wenn beispielsweise den Referatsleitern explizit ein Schreibzugriff auf ein Objekt verwehrt wird, gilt dieses Verbot implizit auch für Verwaltungsangestellte und Angestellte.

12.3.2 Implizite Autorisierung von Operationen

Analog können auch Operationshierarchien festgelegt werden. Abbildung 12.2 zeigt eine solche, die nur aus den Operationen *lesen* und *schreiben* besteht. Die zugehörigen Autorisierungsregeln lauten:

- Eine explizite positive Autorisierung auf einer Stufe impliziert eine implizite positive Autorisierung auf allen *niedrigeren* Stufen. Eine Schreibberechtigung beinhaltet daher eine Leseberechtigung, da eine Änderungsoperation im allgemeinen einen Lesevorgang beinhaltet.

- Umgekehrt gilt eine explizite negative Autorisierung implizit für alle *höheren* Stufen. Wenn noch nicht einmal eine Leseerlaubnis besteht, dann ist auch implizit das Schreiben verboten.

schreiben
↓
lesen

Abb. 12.2: Eine Operationshierarchie

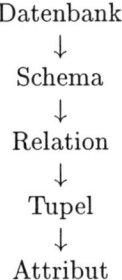

Datenbank
↓
Schema
↓
Relation
↓
Tupel
↓
Attribut

Abb. 12.3: Eine Granularitätshierarchie

12.3.3 Implizite Autorisierung von Objekten

Es ist sinnvoll festzulegen, daß ein Recht zum Lesen einer Relation auch implizit für die Tupel dieser Relation gilt. Diese Festlegung wird bei der impliziten Autorisierung von Objekten durch *Granularitätshierarchien* berücksichtigt. Eine mögliche Granularitätshierarchie für eine Datenbank ist in Abbildung 12.3 dargestellt. Die gröbste Granularität ist die gesamte Datenbank.

Es ergibt sich allerdings eine zusätzliche Schwierigkeit im Verhältnis zu den beiden vorigen Dimensionen der impliziten Autorisierung: Die Regeln dieser Dimension hängen von der auszuführenden Operation ab. Je nach Operation müssen die Implikationen auf andere Granularitäten separat festgelegt werden.

Eine explizite Erlaubnis eine Relation zu lesen oder zu schreiben, beinhaltet beispielsweise immer auch eine implizite Erlaubnis, das Schema der Relation zu lesen, ansonsten könnte die Relation nicht richtig interpretiert werden. Diese Erlaubnis zum Lesen der Definition eines Objektes muß also nach oben weitergereicht werden.

Eine explizite Erlaubnis ein Objekt zu lesen, impliziert auch automatisch, alle Objekte feinerer Granularität zu lesen. Daher müssen Leseberechtigungen nach unten weitergereicht werden.

Als dritten Fall gibt es noch Operationen, die keine Implikationen auf anderen Ebenen der Granularitätshierarchie haben. Eine solche Operation ist beispielsweise das Definieren einer Relation.

12.3.4 Implizite Autorisierung entlang einer Typhierarchie

Eine zusätzliche Dimension für implizite Autorisierung bieten die Typhierarchien, die durch das bereits in Kapitel 2 vorgestellte Konzept der Generalisierung entstehen. Dort wurde eine **is-a**-Beziehung zwischen Entitytypen eingeführt. Der generel-

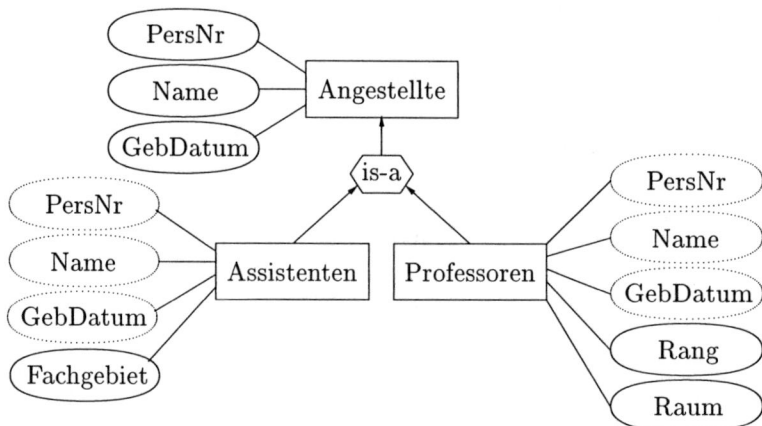

Abb. 12.4: Tatsächliche Struktur der Angestellten-Objekte

lere Entitytyp wurde als „Obertyp", der speziellere als „Untertyp" bezeichnet. Es wurde festgestellt, daß die Generalisierung im relationalen Modell nur simuliert werden kann. In objektorientierten Systemen wird sie jedoch, wie im nächsten Kapitel beschrieben, unterstützt.

Betrachten wir dazu als Beispiel wieder die Generalisierung von *Professoren* und *Assistenten* zu *Angestellte*, wie in Abbildung 12.4 dargestellt. Die gestrichelten Ovale verdeutlichen dabei geerbte Attribute. Man beachte, daß Objekte eines Untertyps auch automatisch zum Obertyp gehören; also sind z.B. alle Assistenten implizit auch Angestellte.

Nehmen wir an, daß mit diesem Schema Verwaltungsangestellte und wissenschaftliche Angestellte arbeiten. Verwaltungsangestellte besitzen die Berechtigung, die Namen aller Angestellten zu lesen. Wissenschaftliche Angestellte dürfen Namen und Rang aller Professoren lesen. Beide Personengruppen stellen die folgenden Anfragen:

- Q_1: Lese die Namen aller Angestellten

- Q_2: Lese Namen und Rang aller Professoren

Welches Verhalten wird nun vom Datenbanksystem erwartet? Sicherlich sollen Verwaltungsangestellte bei Q_1 auch die Namen aller Professoren und Assistenten erhalten, da diese ja Angestellte sind. Bei Q_2 hingegen sollte der Rang der Professoren ausgeblendet werden, weil er nicht Teil der Berechtigung der Verwaltungsangestellten ist.

Da wissenschaftliche Angestellte nur eine Berechtigung für den Zugriff auf Professoren besitzen, sollten sie als Ergebnis der Anfrage Q_1 nur diejenigen Angestellten sehen, die auch Professoren sind.

Es können drei Grundregeln formuliert werden:

- Benutzer mit einem Zugriffsrecht auf einen Objekttypen haben auf die geerbten Attribute in den Untertypen ein gleichartiges Zugriffsrecht.

- Ein Zugriffsrecht auf einen Objekttyp impliziert auch ein Zugriffsrecht auf alle von Obertypen geerbten Attribute in diesem Typ.

- Ein Attribut, das in einem Untertyp definiert wurde, ist nicht von einem Obertyp aus erreichbar.

12.4 Mandatory Access Control

Besonders in militärischen Einrichtungen ist es üblich, Dokumente nach ihrer Sicherheitsrelevanz hierarchisch zu klassifizieren. Eine mögliche Sicherheitshierarchie ist beispielsweise „streng geheim", „geheim", „vertraulich" und „unklassifiziert". Diese Praxis wurde im MAC-Modell übernommen. Alle Subjekte und Objekte erhalten eine Markierung mit ihrer Sicherheitseinstufung. Die Sicherheitseinstufung repräsentiert für Subjekte deren Vertrauenswürdigkeit (bezeichnet mit $clear(s)$, von engl. clearance) und für Objekte deren Sensitivität (bezeichnet mit $class(o)$, von engl. classification). Üblicherweise werden die folgenden Zugriffsregeln verwendet:

- Ein Subjekt s darf ein Objekt o nur lesen, wenn das Objekt eine geringere Sicherheitseinstufung besitzt ($class(o) \leq clear(s)$).

- Ein Objekt o muß mit mindestens der Einstufung des Subjektes s geschrieben werden ($clear(s) \leq class(o)$).

Mit der zweiten Regel wird Kontrolle auf den Informationsfluß ausgeübt, um auch einen Mißbrauch durch autorisierte Benutzer zu verhindern. Ohne sie könnte ein autorisierter Benutzer z.B. eine streng geheime Information öffentlich zugänglich machen (ein sogenannter *Write-Down*).

Unter Umständen ist es auch sinnvoll, noch weitere Einschränkungen zu formulieren: Werden nur die obigen zwei Regeln verwendet, ist es möglich, daß niedrig eingestufte Objekte durch einen Schreibvorgang hochklassifiziert werden und damit vertrauenswürdiger erscheinen, als sie in Wirklichkeit sind.

Auch wenn Mandatory Access Control eine potentiell größere Sicherheit bietet, ergeben sich aus ihr jedoch einige organisatorische Probleme. So können beispielsweise Benutzer mit unterschiedlichen Klassifikationen nur schwer zusammenarbeiten, da von höher eingestuften Benutzern veränderte Daten sofort von niedriger eingestuften Kollegen nicht mehr lesbar sind. Außerdem muß jedes Objekt eingestuft werden, was bei großen Datenbanken auch einen großen Aufwand mit sich bringt. Es gibt bisher nur wenige Möglichkeiten, eine automatische oder semi-automatische Einstufung von Objekten vorzunehmen.

12.5 Multilevel-Datenbanken

Es ist wünschenswert, daß Benutzer nicht wissen, auf welche Daten sie keinen Zugriff haben. Das bedeutet, ein Versuch des Zugriffs auf nicht-autorisierte Daten soll nicht vom System sichtbar abgelehnt werden. Trotzdem soll nach außen ein konsistentes Bild gezeigt werden.

Betrachten wir als Beispiel die folgende Relation *Agenten*. Dabei gehen wir davon aus, daß jedes Tupel und jedes Attribut klassifiziert werden kann (sg = streng geheim, g = geheim). *TC* ist ein spezielles Attribut, das die Klassifizierung des Tupels angibt. *KC*, *NC* und *SC* beinhalten die Klassifizierungen der Attribute *Kennung*, *Name* und *Spezialität*.

Agenten						
TC	Kennung	KC	Name	NC	Spezialität	SC
g	007	g	Blond, James	g	meucheln	sg
sg	008	sg	Mata, Harry	sg	spitzeln	sg

Benutzer, die auf geheime Informationen zugreifen dürfen, würden das folgende Bild der Relation sehen:

Agenten						
TC	Kennung	KC	Name	NC	Spezialität	SC
g	007	g	Blond, James	g	–	g

Nehmen wir an, einer dieser Benutzer möchte ein neues Tupel mit dem Schlüssel „008" einfügen. Das ist aber normal nicht möglich, weil bereits ein Tupel mit diesem Schlüssel existiert, das lediglich höher eingestuft ist. Dadurch könnte man auf die Tatsache schließen, daß es einen Agenten mit der Kennung „008" gibt.

Die Lösung dieses Problems nennt sich *Polyinstanziierung*. Dabei darf ein Tupel mehrfach, mit unterschiedlichen Sicherheitseinstufungen vorkommen. Eine Datenbank mit Polyinstanziierung heißt Multilevel-Datenbank, da sie sich Benutzern mit unterschiedlichen Einstufungen unterschiedlich darstellt. Im Beispiel würde nach der Einfügeoperation des geheimen Benutzers also sowohl ein streng geheimes als auch ein geheimes Tupel mit dem Schlüssel „008" existieren.

Betrachten wir noch zwei weitere Fälle, bei denen eine Polyinstanziierung notwendig ist: Da die Benutzer aufgrund der unklaren Semantik des Nullwertes nicht wissen, ob das Attribut *Spezialität* von „007" nur unbekannt ist oder höher eingestuft, könnten sie versuchen, es zu verändern. Diese Änderung würde zu einer Polyinstanziierung führen: Es würden zwei u.U. nur bis auf die Klassifizierung der Spezialität gleiche Tupel existieren.

Auch wenn als „streng geheim" eingestufte Benutzer Veränderungen an geheimen Tupeln durchführen wollen, müssen die geheimen Tupel erhalten bleiben und weitere streng geheime Tupel, die die Änderungen enthalten, eingeführt werden. Diese Notwendigkeit ergibt sich aus der zweiten Regel des MAC-Modells: Ein Schreibzugriff muß mindestens mit der Einstufung des Benutzers erfolgen, damit keine Informationen herunterklassifiziert werden können.

In Multilevel-Datenbanken lassen sich aufgrund der Polyinstanziierung natürlich nicht die normalen Integritätsbedingungen des einfachen relationalen Modells anwenden. Bevor die erweiterten Integritätsbedingungen betrachtet werden, sollen Multilevel-Relationen genauer definiert werden.

Das Schema einer Multilevel-Relation wird wie folgt beschrieben:

$$\mathcal{R} = \{A_1, C_1, A_2, C_2, \ldots, A_n, C_n, TC\}$$

Dabei sind die A_i Attribute mit jeweils der Domäne $\mathbf{dom}(A_i) = D_i$. C_i ist die Klassifizierung des Attributes A_i, und TC bezeichnet die Klassifizierung des gesamten Tupels.

Eine Multilevel-Relation wird dann, je nach Zugriffsklasse c, durch *Relationeninstanzen* R_c repräsentiert. R_c ist eine Menge unterschiedlicher Tupel der Form $[a_1, c_1, a_2, c_2, \ldots, a_n, c_n, tc]$ mit $c \geq c_i$. Ein a_i ist sichtbar, d.h. aus D_i, wenn die Zugriffsklasse größer oder gleich c_i ist, ansonsten ist es Null.

Im normalen relationalen Modell sind die fundamentalen Integritätsbedingungen die Eindeutigkeit des Schlüssels und die referentielle Integrität. In einer Multilevel-Relation heißt der benutzerdefinierte Schlüssel *sichtbarer Schlüssel*. Sei κ der sichtbare Schlüssel einer Multilevel-Relation R mit dem wie oben definierten Schema $\mathcal{R}$. Dann werden die folgenden Integritätsbedingungen gefordert:

Entity-Integrität. R erfüllt die Entity-Integrität genau dann, wenn für alle Instanzen R_c und $r \in R_c$ die folgenden Bedingungen gelten:

1. $A_i \in \kappa \Rightarrow r.A_i \neq$ Null

2. $A_i, A_j \in \kappa \Rightarrow r.C_i = r.C_j$

3. $A_i \notin \kappa \Rightarrow r.C_i \geq r.C_\kappa$ (wobei C_κ die Zugriffsklasse des Schlüssels ist)

Mit anderen Worten: Ein Schlüsselattribut darf keinen Nullwert beinhalten. Alle Schlüsselattribute müssen die gleiche Klassifizierung haben, damit eindeutig bestimmt werden kann, ob ein Zugriff auf ein Tupel möglich ist. Nichtschlüssel-Attribute müssen mindestens die Zugriffsklasse des Schlüssels besitzen, andernfalls könnte ein nicht-identifizierbares Tupel ein Attribut mit einem Wert ungleich Null besitzen.

Null-Integrität. R erfüllt die Null-Integrität genau dann, wenn für jede Instanz R_c von R gilt:

1. $\forall r \in R_c, r.A_i =$ Null $\Rightarrow r.C_i = r.C_\kappa$

2. R_c ist subsumierungsfrei, d.h. es existieren keine zwei Tupel r und s, bei denen für alle Attribute A_i entweder

   • $r.A_i = s.A_i$ und $r.C_i = s.C_i$ oder

   • $r.A_i \neq$ Null und $s.A_i =$ Null gilt.

Damit erhalten Nullwerte immer die Klassifizierung des Schlüssels. Die Subsumtionsfreiheit bewirkt das „Verschlucken" von Tupeln, über die schon mehr bekannt ist. Das ist in Abbildung 12.5 demonstriert. Nehmen wir an, ein streng geheimer Benutzer sieht die Agententabelle 12.5a) und ändert das Attribut *Spezialität*. Er erwartet dann eine Ausprägung wie in Tabelle 12.5b). Würde keine Subsumtionsfreiheit bestehen, ergäbe sich aber Tabelle 12.5c).

a) R_{sg}

Agenten						
TC	Kennung	KC	Name	NC	Spezialität	SC
g	007	g	Blond, James	g	–	g

b) Änderung von R_{sg}

Agenten						
TC	Kennung	KC	Name	NC	Spezialität	SC
sg	007	g	Blond, James	g	meucheln	sg

c) Fehlende Subsumtionsfreiheit

Agenten						
TC	Kennung	KC	Name	NC	Spezialität	SC
g	007	g	Blond, James	g	–	g
sg	007	g	Blond, James	g	meucheln	sg

Abb. 12.5: Subsumtionsfreiheit von Relationen

Interinstanz-Integrität. R erfüllt die Interinstanz-Integrität genau dann, wenn für alle Instanzen R_c und $R_{c'}$ von R mit $c' < c$

$$R_{c'} = f(R_c, c')$$

gilt. Die Filterfunktion f arbeitet wie folgt:

1. Für jedes $r \in R_c$ mit $r.C_\kappa \leq c'$ muß ein Tupel $s \in R_{c'}$ existieren, mit

$$s.A_i = \begin{cases} r.A_i & \text{wenn } r.C_i \leq c' \\ \text{Null} & \text{sonst} \end{cases}$$

$$s.C_i = \begin{cases} r.C_i & \text{wenn } r.C_i \leq c' \\ r.C_\kappa & \text{sonst} \end{cases}$$

2. $R_{c'}$ enthält außer diesen keine weiteren Tupel.

3. Subsumierte Tupel werden eliminiert.

Mit dieser Regel wird die Konsistenz zwischen den einzelnen Instanzen der Multilevel-Relation gewährleistet.

Polyinstanziierungsintegrität. R erfüllt die Polyinstanziierungsintegrität genau dann, wenn für jede Instanz R_c für alle A_i die folgende funktionale Abhängigkeit gilt: $\{\kappa, C_\kappa, C_i\} \to A_i$. Diese Bedingung entspricht der Schlüsselintegrität im normalen relationalen Modell: Ein Tupel ist eindeutig bestimmt, wenn der Schlüssel und die Klassifizierungen aller Attribute bekannt sind.

Mit den obigen Regeln läßt sich eine Unterstützung für Multilevel-Relationen als „Frontend" für ein normales relationales Datenbanksystem implementieren. Dabei wird eine Multilevel-Relation im Frontend in mehrere normale Relationen zerlegt (*fragmentiert*), die dann bei Benutzeranfragen wieder zusammengesetzt werden können.

12.6   Kryptographie

Kryptographische Methoden können in Datenbanksystemen zur Authentisierung von Benutzern und zur Sicherung gegen den Zugriff auf Daten über versteckte Kanäle eingesetzt werden. Wie bereits anfangs erwähnt, sind Beispiele für das Ausnutzen von versteckten Kanälen der Direktzugriff auf einen Hintergrundspeicher mit Datenbankdateien oder das Abhören von Kommunikationsleitungen.

Gerade die Gefahr des Abhörens von Kommunikationskanälen ist in heutigen Datenbankarchitekturen und Anwendungen sehr groß. Die meisten Datenbankanwendungen werden in einer verteilten Umgebung betrieben – sei es als Client/Server-System oder als „echte" verteilte Datenbank. In beiden Fällen ist die Gefahr des unlegitimierten Abhörens sowohl innerhalb eines LAN (local area network, z.B. Ethernet) als auch im WAN (wide area network, z.B. Internet) gegeben und kann technisch fast nicht ausgeschlossen werden. Deshalb kann nur die Verschlüsselung der gesendeten Information einen effektiven Datenschutz gewährleisten.

Eine kryptographische Methode transformiert einen gegebenen Text mit einer Verschlüsselungsmethode v in einen verschlüsselten Text. Dieser verschlüsselte Text wird dann gespeichert bzw. übertragen. Der autorisierte Benutzer kennt eine zugehörige Entschlüsselungsmethode e, mit der der Originaltext wiederhergestellt werden kann.

Typischerweise handelt es sich bei v und e um generelle Methoden, die von einem Schlüssel gesteuert werden. Dabei sollte die Sicherheit der Verschlüsselung nicht auf der Geheimheit der Algorithmen beruhen, sondern ausschließlich auf der Geheimheit des Schlüssels – ansonsten wäre es auch unmöglich, Standards für Verschlüsselungsverfahren anzugeben. Idealerweise sollte es nur durch erschöpfendes Austesten aller potentiellen Schlüssel möglich sein, die Verschlüsselung ohne Kenntnis des wirklichen Schlüssels zu „knacken".

Die verbreitetsten kryptographischen Verfahren sind der DES- (Data Encryption Standard) und der RSA-Algorithmus (benannt nach den Autoren Rivest, Shamir und Adleman), beide Mitte der 70er Jahre entstanden. In den folgenden beiden Abschnitten soll versucht werden, kurz die Idee der Verfahren anzureißen.

12.6.1   Der Data Encryption Standard

Für eine Verschlüsselung mit dem DES-Verfahren wird die Eingabe in 64-Bit-Blöcke unterteilt, die je mit einem 64-Bit-Schlüssel chiffriert werden. Die grobe Vorgehensweise ist in Abbildung 12.6 dargestellt. Ein Block der Eingabe wird zunächst einer Permutation der Bits unterzogen. Danach findet eine wiederholte Chiffrierung mit 48 Bit großen Codes statt, die ein sogenannter *Key Scheduler* aus dem vorgegebenen Schlüssel berechnet. Zuletzt wird auf dem Ergebnis der Chiffrierung die inverse

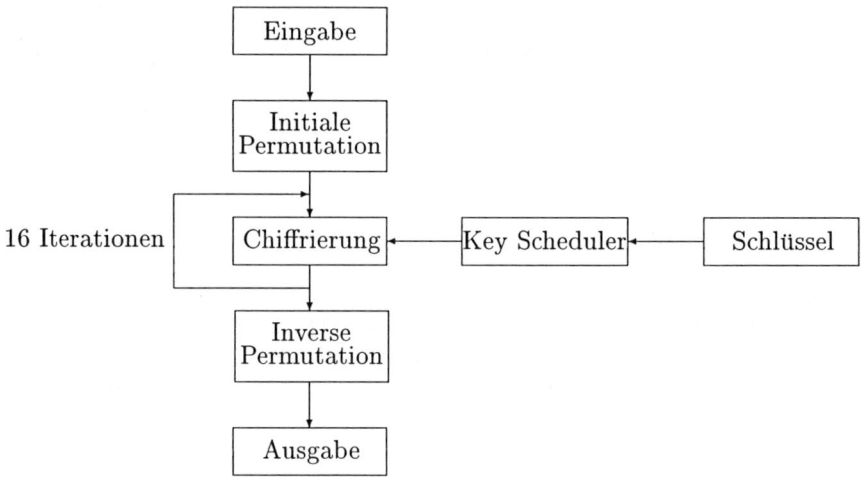

Abb. 12.6: Der DES-Algorithmus

ursprüngliche Permutation angewendet.

Für den Chiffriervorgang werden verschiedene Operatoren angewendet:

- **P-Boxen.** Eine P-Box ist ein Permutationsoperator, der die Bits des Eingabewortes nach einer festgelegten Tabelle permutiert.

- **S-Boxen.** Substituierungsboxen ersetzen mit Hilfe einer Tabelle einen Eingabewert durch einen Ausgabewert. Sie bringen eine „Nichtlinearität" in den Algorithmus, im Gegensatz zur Permutation, die die Anzahl der 0- und 1-Bits des Eingabewortes unverändert läßt. Im DES erhält eine S-Box eine 6 Bit große Eingabe, zu der ein 4 Bit großer Ausgabewert auf eine bestimmte Weise in einer Tabelle nachgeschlagen wird.

- **Expansion.** Der Expansionsoperator erweitert einen 32-Bit-Wert durch Verdopplung einiger Bits zu einem 48-Bit-Wert.

- **Modulo-2 Addition.** Die im DES verwendete Addition summiert bitweise zwei Eingaben, wobei Überträge unberücksichtigt bleiben (d.h. $0 + 0 = 0, 0 + 1 = 1, 1 + 1 = 0$).

Ein einzelner Chiffriervorgang ist in Abbildung 12.7 dargestellt. Der eingegebene 64-Bit-Block wird in zwei Hälften L_i und R_i zu 32 Bit aufgeteilt. Die Expansion E erzeugt aus R_i einen 48-Bit-Wert, der mit der Ausgabe K_i des Key-Schedulers (wieder 48 Bit) addiert wird. Eine S-Box verwendet einen 6-Bit-Eingabewert. Um also einen 48-Bit-Eingabewert zu verarbeiten, gruppiert man acht S-Boxen. Das Ergebnis ist wieder ein 32-Bit-Wert, der, nach einer Permutation P und der Addition mit L_i, als eine Eingabehälfte für eine neue Iteration dienen kann.

Man sieht schon, daß eine Kodierung recht aufwendig ist. Die Dekodierung erfolgt mit dem gleichen Algorithmus (lediglich die generierten Schlüssel werden in umgekehrter Reihenfolge angewendet).

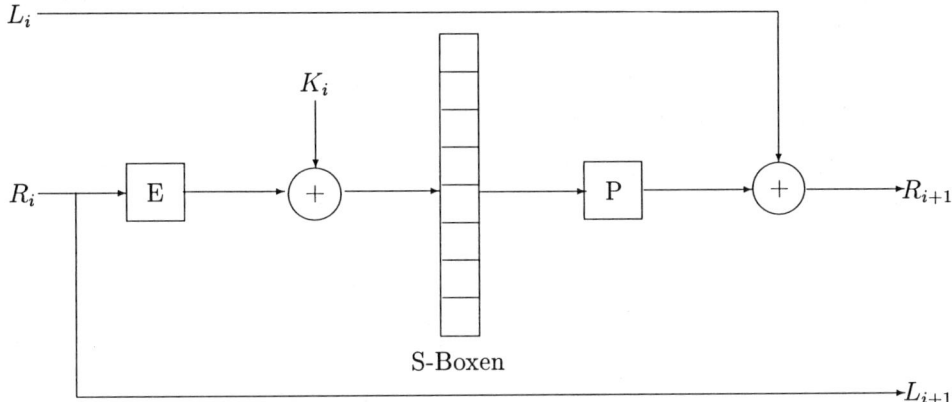

Abb. 12.7: Ein Chiffriervorgang

12.6.2 Public-Key Kryptographie

Bei Public-Key-Verfahren, für die hier stellvertretend der RSA betrachtet werden soll, werden Paare von Schlüsseln verwendet. Benutzer eines Public-Key-Systems geben das Verschlüsselungsverfahren und einen ihrer beiden Schlüssel öffentlich bekannt, den anderen Schlüssel halten sie geheim. Mit dem öffentlichen Schlüssel kann jeder Daten verschlüsseln; entschlüsseln kann sie aber nur, wer den geheimen Schlüssel kennt.

Als Analogon kann man sich Schnappschlösser vorstellen: Ein Benutzer gibt eine Reihe von Schnappschlössern an andere aus, zu denen nur er bzw. sie den Schlüssel besitzt. Alle anderen können nun mit diesen Schnappschlössern Dinge verschließen. Sobald das Schloß aber einmal zugeschnappt ist, kann nur noch der Besitzer des Schlüssels es öffnen.

Die Motivation für diese Art der Verschlüsselung liegt darin, daß ein sicherer Austausch von Daten möglich ist, ohne daß vorher eine geheime Information bekannt sein muß. Wenn Benutzer A für Benutzer B eine Nachricht hinterlassen möchte, die beispielsweise mit dem DES verschlüsselt ist, muß B auch der Schlüssel mitgeteilt werden – u.U. auf ungesicherten Kanälen. Beim RSA hingegen verwendet A einfach den öffentlichen Schlüssel von B, woraufhin nur B mit dem privaten geheimen Schlüssel die Nachricht lesen kann.

Das Verfahren arbeitet mit sogenannten Falltürfunktionen. v ist eine Falltürfunktion, wenn die folgenden Eigenschaften erfüllt sind:

1. Für alle $x \geq 0$ existiert $v(x)$ und ist positiv und eindeutig.

2. Es gibt eine inverse Funktion e, so daß für alle $x \geq 0$: $e(v(x)) = x$ ist.

3. $v(x)$ und $e(x)$ können für gegebenes x effizient berechnet werden.

4. Es gibt keinen effizienten Weg, e bei gegebenem v zu bestimmen.

Im RSA werden die Punkte 3 und 4 durch die folgenden Annahmen verwirklicht:

1. Es gibt einen bekannten effizienten Algorithmus, der testet, ob eine große Zahl prim ist.

2. Es gibt keinen bekannten effizienten Algorithmus, der die Primfaktoren einer großen (nichtprimen) Zahl bestimmt.

Als ausreichend groß werden heute Faktoren mit einer Länge in der Ordnung von 150 bis 300 Stellen erachtet. Der Algorithmus zur Bestimmung des Schlüsselpaares arbeitet wie folgt:

1. Wähle zwei zufällige große Primzahlen p und q und berechne $r = p \cdot q$.

2. Wähle eine zufällige große Zahl v, die relativ prim zu $(p-1) \cdot (q-1)$ ist,[4] also

$$ggT(v, (p-1) \cdot (q-1)) \neq 1.$$

3. Berechne e, so daß gilt

$$e \cdot v = 1 \bmod (p-1) \cdot (q-1).$$

Nun können v und r veröffentlicht werden. e dient zur Entschlüsselung und bleibt geheim. Eine Verschlüsselung C einer Botschaft B (hier vereinfachend als Zahl kleiner r angenommen) mit v und r berechnet sich mit

$$C = B^v \bmod r.$$

Der Besitzer von e kann aus der Verschlüsselung C wieder die alte Botschaft herstellen mit

$$B = C^e \bmod r.$$

Insgesamt handelt es sich bei dem RSA Algorithmus um ein sehr elegantes Verfahren. Eine Sicherheitsgarantie kann aber bei keinem Verschlüsselungsverfahren gegeben werden. Insbesondere der DES wurde heftig diskutiert, weil die amerikanische National Security Agency (NSA) in die Grundlagen der Entwicklung des DES eingeweiht war, sie aber ansonsten nicht veröffentlicht wurden. Dadurch entstanden Vermutungen, daß der NSA eine Möglichkeit zur Umgehung des DES bekannt ist. Für den RSA spricht, daß trotz des einfachen Algorithmus und der vielen bisherigen Versuche er bisher noch nicht effizient „geknackt" wurde.

12.7 Zusammenfassung

Abbildung 12.8 zeigt zusammenfassend die Ebenen des Datenschutzes in einem Informationssystem. In diesem Kapitel haben wir uns nur mit technischen Maßnahmen befaßt. Mit legislativen Maßnahmen wird festgelegt, wer in welchem Umfang Daten speichern darf. In diese Kategorie fällt beispielsweise das Bundesdatenschutzgesetz. Organisatorische Maßnahmen betreffen den Betrieb, in dem das Informationssystem läuft; beispielsweise sollen Rechner und Datenträger nicht für Unbefugte zugänglich sein.

---

[4]Hier kann beispielsweise eine beliebige Primzahl größer als p und q verwendet werden.

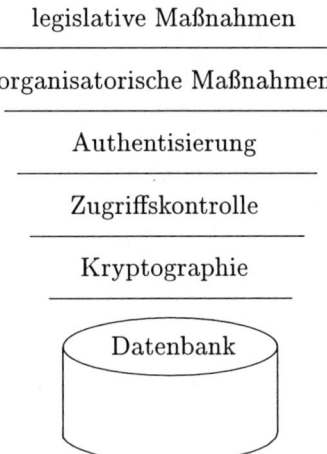

legislative Maßnahmen

organisatorische Maßnahmen

Authentisierung

Zugriffskontrolle

Kryptographie

Datenbank

Abb. 12.8: Ebenen des Datenschutzes

12.8 Übungen

12.1 Betrachten Sie drei Benutzer S_1, S_2 und S_3, wobei S_1 ein Recht besitzt, das er oder sie weitergeben darf. Diskutieren Sie die folgenden beiden Autorisierungsabläufe:

(a) 1. S_2 erhält das Recht von S_1 und gibt es an S_3 weiter.
2. S_3 erhält das Recht von S_1.
3. S_2 entzieht S_3 das Recht.

(b) 1. S_1 gibt sein Recht an S_2 und S_3 weiter.
2. S_3 erhält das Recht von S_2.
3. S_2 erhält das Recht von S_3.
4. S_1 entzieht S_2 und S_3 das Recht.

Geben Sie Algorithmen für die Rechtevergabe an, die die obigen Probleme berücksichtigen.

12.2 Nehmen Sie an, daß es in der Universitätswelt einige Fakultäten gibt, denen die Professoren zugeordnet sind. Lese- und Schreibrechte auf Vorlesungen sollen nun nach Fakultät vergeben werden, z.B. gibt es eine Benutzergruppe, die nur Vorlesungen der Fakultät für Physik ändern darf. Definieren Sie ein Schema mit Sichten so, daß die Benutzergruppen Änderungen durchführen können, aber die dritte Normalform der Relationen nicht verletzt wird.

12.3 Eine statistische Datenbank ist eine Datenbank, die sensitive Einträge enthält, die aber nicht einzeln betrachtet werden dürfen, sondern nur über statistische Operationen. Legale Operationen sind beispielsweise Summe, Durchschnitt von Spalten und Anzahl der Tupel in einem Ergebnis (*count, sum,* *avg*, ...). Ein Beispiel wäre eine Volkszählungsdatenbank. Für diese Art von Systemen existiert das in der Einleitung erwähnte *Inferenzproblem*.

Nehmen wir an, Sie haben die Erlaubnis, im *select*-Teil einer Anfrage ausschließlich die Operationen *sum* und *count* zu verwenden. Weiterhin werden alle Anfragen, die nur ein Tupel oder alle Tupel einer Relation betreffen, abgewiesen. Sie möchten nun das Gehalt eines bestimmten Professors herausfinden, von dem Sie wissen, daß sein Rang „C4" ist und er den höchsten Verdienst aller C4-Professoren hat. Beschreiben Sie Ihre Vorgehensweise.

12.4 In dem hier vorgestellten MAC-Modell sind keine Sicherheitsanforderungen der Art realisierbar, daß ein Benutzer z.B. zwar auf geheime Studentendaten zugreifen kann, aber nur maximal auf vertrauliche Professorendaten. Entwerfen Sie eine Erweiterung des MAC-Modells, die dieses berücksichtigt.

12.5 Entwerfen Sie für eine objektorientierte Datenbank einen Algorithmus, der zu einem Objekt die Menge der Attribute ausgibt, für die eine Autorisierung besteht.

12.6 Implementieren Sie den RSA (effiziente Algorithmen für die Teilprobleme finden Sie in [Rivest, Shamir und Adleman (1978)] und [Knuth (1981)]).

12.9 Literatur

Ein aktuelles Textbuch über Datenbanksicherheit ist von Castano et al. (1995) verfaßt worden. Ein guter Übersichtsartikel über verschiedene Sicherheitsmodelle wurde von Pernul (1994) veröffentlicht.

Die hier vorgestellte implizite Autorisierung ist entnommen aus Artikeln von Rabitti, Woelk und Kim (1988) und Fernandez, Gudes und Song (1994). In einigen OODBMS Prototypen wurden objektorientierte Sicherheitsmodelle untersucht und implementiert, darunter DAMOKLES, beschrieben von Dittrich, Gotthard und Lockemann (1987) und ORION, beschrieben von Rabitti, Woelk und Kim (1988).

Ein interessantes alternatives Sicherheitsmodell, das auch den Datenschutz berücksichtigt, wurde von Biskup und Brüggemann (1991) im Rahmen des Informationssystems DORIS vorgestellt. In diesem Modell ist die Grundeinheit der Modellierung die *Person*. Eine Person beinhaltet alle Informationen über sich selber und ihre Beziehungen zu anderen Personen. Darüberhinaus darf sie keine weiteren Informationen dauerhaft speichern. Die Menge der Beziehungen zu anderen Personen entspricht ihrem sozialen Umfeld, in dem die Person agieren darf. Innerhalb des Umfeldes kann die Person Nachrichten an andere Personen schicken und die Ausführung einer bestimmten Menge von Operationen anfordern. Insofern ist das personenbezogene Datenmodell eng mit dem objektorientierten Datenmodell verknüpft.

Bosworth (1982) beschreibt den DES im Detail. Aus diesem Buch sind auch die Abbildungen 12.6 und 12.7 entnommen. Der RSA wird in dem Artikel von Rivest, Shamir und Adleman (1978) beschrieben.

13. Objektorientierte Datenbanken

Die relationalen Datenbanksysteme sind derzeit marktbeherrschend – zumindest in administrativen Anwendungsbereichen. Es hat sich gezeigt, daß die sehr einfache Strukturierung der Daten in flachen Tabellen (Relationen) in diesen Anwendungsbereichen recht benutzerfreundlich ist. Anfang der 80er Jahre entdeckte man dann aber die Unzulänglichkeiten des relationalen Datenmodells (und damit der relationalen Datenbanksysteme) für komplexere Anwendungsbereiche, wie z.B. ingenieurwissenschaftliche Entwurfsanwendungen, Multimedia-Anwendungen, Architektur etc. Diese Erkenntnis führte zu zwei unterschiedlichen Ansätzen der Entwicklung neuer Datenmodelle. Der eine Ansatz, der oft *evolutionär* genannt wird, erweiterte das relationale Datenmodell um sogenannte *komplexe Objekte*. Ein Beispiel hierfür ist das geschachtelte relationale Modell (NF^2, vgl. Abschnitt 6.6). Der andere Ansatz – manchmal *revolutionär* genannt – beruht auf Anleihen der Datenbankwelt aus dem Bereich der Programmiersprachen, insbesondere aus den objektorientierten Programmiersprachen. Bei der objektorientierten Datenmodellierung wird die *strukturelle* Repräsentation mit der *verhaltensmäßigen* (operationalen) Komponente in einem Objekttyp integriert. Es werden also strukturell und verhaltensmäßig ähnliche Objekte in einem gemeinsamen Objekttyp spezifiziert. Weiterhin können Objekttypen durch den Vererbungsmechanismus in eine Generalisierungs- bzw. Spezialisierungshierarchie strukturiert werden.

Zunächst soll in diesem Kapitel die objektorientierte Datenmodellierung motiviert werden. Dazu machen wir als erstes eine Bestandsaufnahme der relationalen Datenbanktechnologie. Danach werden die Grundkonzepte objektorientierter Datenmodellierung mit Hilfe eines Modells vorgestellt, das sich als de-facto Standard durchzusetzen beginnt: das ODMG-93-Modell (*O*bject *D*atabase *M*anagement *G*roup). Die „Konzepte" von ODMG-93 (Version 2.0) werden hier anhand einiger Beispiele aus unserer Universitätsanwendung – manchmal etwas informell, aber anschaulich – vermittelt. Zusätzlich wird auf die Einbindung in C++ und die deklarative Anfragesprache Object Query Language (OQL) für interaktive und eingebundene Anfragen eingegangen.

Zum Abschluß des Kapitels erläutern wir kurz die neu aufgekommene objektorientierte konzeptuelle Modellierung – als Gegenstück zum traditionell eingesetzen Entity-Relationship-Modell. Zur Illustration verwenden wir die mittlerweile recht weit verbreitete Booch-Notation.

13.1 Bestandsaufnahme relationaler Datenbanksysteme

Für die Bestandsaufnahme verlassen wir (kurzzeitig) unser Universitätsbeispiel und betrachten ein sehr einfaches Beispiel aus dem ingenieurtechnischen Anwendungsbereich. Die Nachteile des relationalen Datenmodells sollen anhand der Modellierung von Polyedern nach dem Begrenzungsflächenmodell (engl. boundary representation) illustriert werden. Das konzeptuelle Schema für die Modellierung geometrischer Körper dieser Art ist in Abbildung 13.1(a) skizziert.

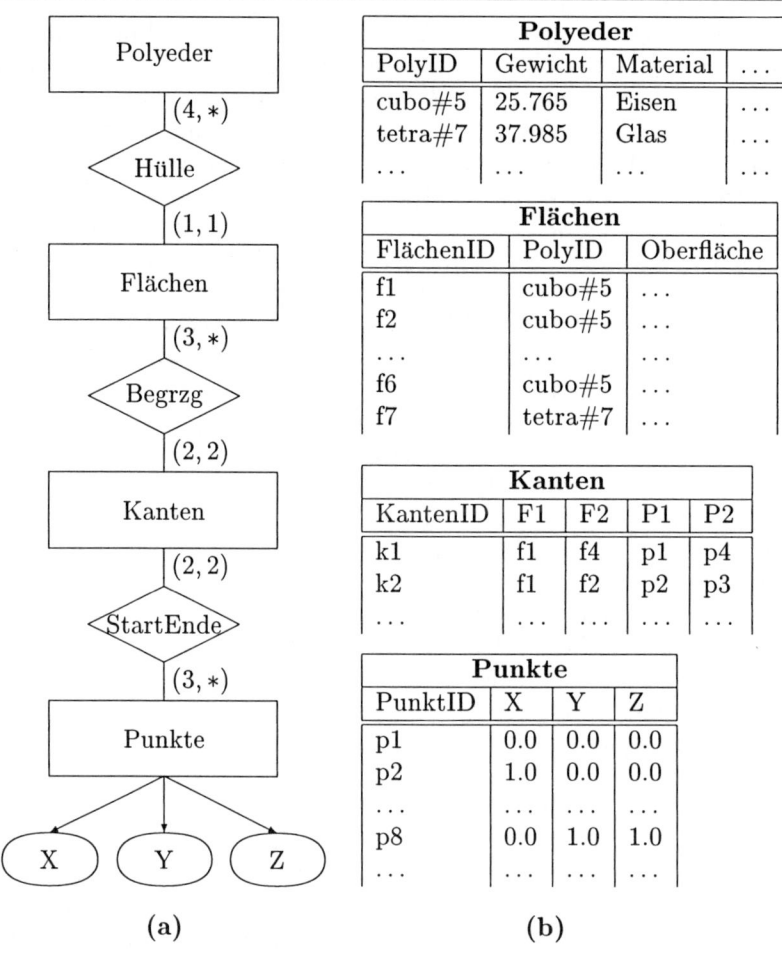

Polyeder			
PolyID	Gewicht	Material	...
cubo#5	25.765	Eisen	...
tetra#7	37.985	Glas	...
...	...	...	...

Flächen		
FlächenID	PolyID	Oberfläche
f1	cubo#5	...
f2	cubo#5	...
...	...	...
f6	cubo#5	...
f7	tetra#7	...

Kanten				
KantenID	F1	F2	P1	P2
k1	f1	f4	p1	p4
k2	f1	f2	p2	p3
...	...	...	...	...

Punkte			
PunktID	X	Y	Z
p1	0.0	0.0	0.0
p2	1.0	0.0	0.0
...	...	...	...
p8	0.0	1.0	1.0
...	...	...	...

(a)   (b)

Abb. 13.1: Modellierung von Polyedern nach dem Begrenzungsflächenmodell: (a) Entity-Relationship Schema und (b) relationales Schema

Ein Polyeder wird also durch seine Hülle, d.h. seine begrenzenden Flächen, beschrieben, wobei ein Tetraeder die Minimalzahl von 4 Begrenzungsflächen besitzt. Vereinfachend nehmen wir an, daß keine zwei Polyeder über eine gemeinsame Fläche verfügen. Flächen werden durch Kanten begrenzt, wobei jede Fläche mindestens drei Kanten besitzt,[1] und jede Kante zu genau zwei Flächen gehört. Kanten werden durch genau zwei Punkte modelliert: ihren Start- und Endpunkt. Ein Punkt[2] gehört zu mindestens drei Kanten.

---

[1]Diese Minimalanzahl ist wiederum im Falle eines Tetraeders gegeben.
[2]Mit Punkt ist immer ein Eckpunkt eines Polyeders gemeint.

Eine mögliche Umsetzung dieses konzeptuellen Schemas in eine relationale Datenbank ist in Abbildung 13.1(b) dargestellt. Bei der Umsetzung ins relationale Modell werden die Gegenstandstypen – hier *Polyeder*, *Flächen*, *Kanten* und *Punkte* – in eigenständige Relationen umgesetzt. Im allgemeinen würde man mit den Beziehungstypen des ER-Schemas genauso verfahren. In unserem Beispiel kann man aber die Kardinalitätseinschränkungen ausnutzen, um die Beziehungen *Hülle*, *Begrzg* (für Begrenzung) und *StartEnde* innerhalb der Relationen, die die Entitytypen repräsentieren, zu modellieren. So werden die beiden Beziehungen *Begrzg* und *StartEnde* in der Relation *Kanten* modelliert:

- Die Attribute *F1* und *F2* der Relation *Kanten* sind jeweils Fremdschlüssel auf die beiden *Flächen*, die von der betreffenden Kante begrenzt werden.

- Die Attribute *P1* und *P2* der Relation *Kanten* sind jeweils Fremdschlüssel auf die beiden *Punkte*, die Endpunkte der betreffenden Kante sind.

Weiterhin ist die $1 : N$-Beziehung *Hülle* innerhalb der Relation *Flächen* durch den Fremdschlüssel *PolyID*, der auf *Polyeder* verweist, repräsentiert worden.

Die relationale Modellierung hat etliche Schwachpunkte, die wir im folgenden kurz darlegen wollen:

Segmentierung   Ein Anwendungsobjekt wird in der relationalen Darstellung i.a. auf viele unterschiedliche Relationen segmentiert. In unserem Fall wird ein geometrischer Körper auf die vier Relationen *Polyeder*, *Flächen*, *Kanten* und *Punkte* abgebildet. Bei einem Zugriff auf ein segmentiertes Objekt muß dieses mittels Verbund- (also Join-) Operationen (mühsam und zeitaufwendig) zusammengebaut werden.

Künstliche Schlüsselattribute   Um Tupel eindeutig identifizieren zu können, müssen in einigen Relationen künstliche Schlüssel eingeführt werden. In unserem Beispiel ist dies der Fall für die Relationen *Flächen* mit dem Schlüssel *FlächenID*, *Kanten* mit dem Schlüssel *KantenID* und *Punkte* mit dem Schlüssel *PunktID*. Diese Schlüsselattribute müssen von den Benutzern relationenweit eindeutig generiert werden; so kann man z.B. die Schlüsselwerte „f1",..., „f6", die für die *Flächen* des „cubo#5"-Objekts verwendet wurden, nicht nochmals für einen anderen Polyeder verwenden.

Fehlendes Verhalten   Objekte besitzen i.a. ein anwendungsspezifisches Verhalten. In unserem Beispiel sind dies die geometrischen Transformationen *rotate*, *translate* und *scale* sowie weitere Operationen zur Zustandsbestimmung, wie z.B. *volume*, *weight*, etc. Das anwendungsspezifische Verhalten der Objekte findet im relationalen Schema keine Berücksichtigung – es kann nur als Anwendungsprogramm außerhalb des DBMS realisiert werden.

Externe Programmierschnittstelle   Die unzureichende Mächtigkeit der Datenmanipulationssprachen im relationalen Bereich macht weitere Programmierschnittstellen notwendig, meist in der Form von Einbettungen der Datenbanksprache in eine bestehende Programmiersprache. Während erstere *mengenorientiert* arbeitet,

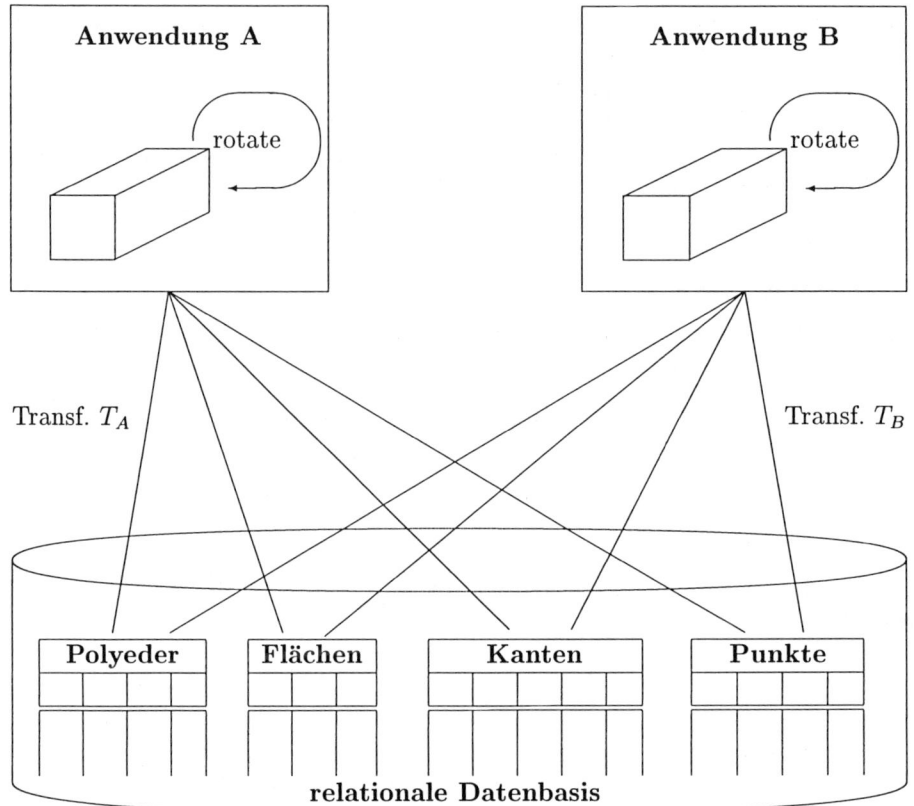

Abb. 13.2: Visualisierung des „Impedance Mismatch"

verfolgt letztere mit ihrer *Satzorientierung* – „one-record-at-a-time" – ein ande-res Verarbeitungsparadigma. Dies führt zu umständlicher Anwendungsprogrammie-rung. Man denke hier beispielsweise an die Einbettungen von SQL in C. Dieses Phänomen wird oft als „Impedance Mismatch" bezeichnet. Bereits im relationa-len Bereich gab es Ansätze, diesen zu beheben (siehe etwa die von Schmidt (1977) entwickelte Sprache Pascal-R).

In Abbildung 13.2 sind die oben aufgeführten Probleme der relationalen Model-lierung komplexer Anwendungsobjekte graphisch dargestellt. Das DBMS verwaltet nur die strukturelle Information zu den Anwendungsobjekten – noch dazu in seg-mentierter Form, wie wir oben ausgeführt haben. Die den Objekten zugeordneten Operationen, wie z.B. die den *Polyeder*-Objekten zugeordnete Operation *rotate*, mit der eine Rotation im dreidimensionalen Raum durchgeführt werden kann, muß in Anwendungsprogrammen realisiert und außerhalb des Datenbanksystems verwaltet werden. Weiterhin müssen die Anwendungen – bevor die eigentlichen Operationen implementiert werden können – das entsprechende Anwendungsobjekt aus den ver-schiedenen Relationen wieder „zusammenbauen". Dieser Vorgang ist in der Graphik als Transformation – hier T_A und T_B – bezeichnet. Nach Durchführung der Ope-ration muß das geänderte Objekt dann wieder in die Datenbasis zurückpropagiert werden. Dadurch, daß die Operationen nicht vom DBMS verwaltet werden, wird die Wiederverwendung (engl. reusability) von einmal definierten Operationen auch nicht datenbankseitig unterstützt. Dies ist in der Graphik dadurch angedeutet, daß zwei Anwendungen – *A* und *B* genannt – die gleiche Operation *rotate* zweimal, unabhängig voneinander realisiert haben.

13.2 Vorteile der objektorientierten Datenmodellierung

In objektorientierten Datenbanksystemen werden die im Zusammenhang mit der relationalen Datenmodellierung angesprochenen Probleme vermieden. Hauptsächlich geschieht dies durch die Integration von *Verhaltens-* und *Struktur*-Beschreibung in einer einheitlichen Objekttyp-Definition. Das anwendungsspezifische Verhaltensmuster, d.h. die Operationen, wird integraler Bestandteil der Objektbank. Dadurch werden die umständlichen und i.a. ineffizienten Transformationen zwischen Datenbank und Programmiersprache vermieden. Vielmehr sind die den Objekten zugeordneten Operationen direkt ausführbar – ohne detaillierte Kenntnis der strukturellen Repräsentation der Objekte. Dies wird durch das *Geheimnisprinzip (engl. information hiding)* erreicht, wonach an der Schnittstelle des Objekttyps eine Kollektion von Operationen angeboten wird, für deren Ausführung man lediglich die Signatur (Aufrufstruktur) kennen muß. Oft spricht man in diesem Zusammenhang auch von einer *Objektkapselung*, da die interne Struktur eines Objekts (d.h. die strukturelle Repräsentation) den Benutzern verborgen bleibt. Die Benutzer bekommen nur die den Objekttypen zugeordneten Operationen zu sehen.

Die anwendungsspezifischen Operationen gehören somit zum Datenbankschema, d.h. zu den Objekttyp-Definitionen. Daher kann jeder Benutzer der Objektbank diese Operationen anwenden. Dadurch wird die Wiederverwendbarkeit von einmal implementierten Operationen unterstützt. Der sogenannte „Impedance Mismatch" ist dadurch behoben, daß die Operationen direkt in der Sprache des Objektmodells realisiert werden können. Es entfallen somit die in relationalen Datenbankanwendungen notwendigen Transformationen, die ein segmentiertes Anwendungsobjekt erst mühsam wieder in den Datenstrukturen der Anwendungssprache "zusammenbauen", um dann darauf die Operationen realisieren zu können.

Graphisch ist dies zusammenfassend in Abbildung 13.3 dargestellt. Hier ist ein Beispielobjekt – ein Quader – dargestellt. Das doppelte Oval, das um die interne Struktur dieses Beispielobjekts gezeichnet ist, soll die Objektkapselung repräsentieren. Die Benutzer brauchen nur die Aufrufstruktur einer Operation – also deren *Signatur* – zu kennen, um ein Objekt bearbeiten zu können. Durch die Objektkapselung können auch inkonsistente Modifikationen von Objekten durch unerfahrene Benutzer vermieden werden, indem man ihnen nur den Aufruf der vordefinierten (korrekten) Änderungsoperationen gestattet.

Die in der relationalen Modellierung angesprochene Problematik der Segmentierung der Anwendungsobjekte auf verschiedene Relationen und deren Wiederzusammenfügung über die (vom Benutzer) künstlich einzufügenden Schlüsselattribute wird durch die *Objektidentität* behoben. Jedes Objekt ist eindeutig über seine automatisch

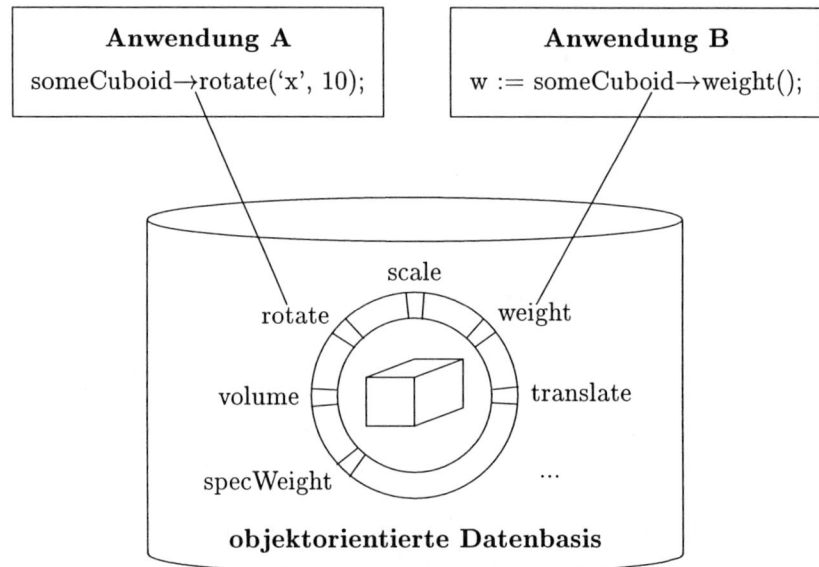

Abb. 13.3: Visualisierung der Vorteile objektorientierter Datenmodellierung

vom System generierte Identität referenzierbar; somit kann man über Objektreferenzen beliebig komplexe Objektstrukturen (sogenannte Objektnetze) konstruieren.

13.3 Der ODMG-Standard

Da objektorientierte Datenbanksysteme eine verhältnismäßig neue Technologie darstellen, hat sich bislang auch noch kein standardisiertes Objektmodell oder eine Anfragesprache so durchgesetzt, wie es bei SQL im relationalen Bereich der Fall ist. Die Vielfalt hat bisher die Portabilität von objektorientierten Datenbankanwendungen stark eingeschränkt.

Die *Object Database Management Group* setzt sich aus mehreren Herstellern objektorientierter Datenbankprodukte zusammen, die sich verpflichtet haben, ein einheitlich festgelegtes Objektmodell zu implementieren, um damit einen (de-facto) Standard zu setzen. Die Betonung lag dabei auf einer möglichst einfachen Einbindung in bereits bestehende Systeme und Sprachen. Dies wird in Abbildung 13.4 veranschaulicht.

Das ODMG-Modell umschließt ein evtl. schon existierendes objektorientiertes Datenbanksystem und bietet nach außen eine einheitliche Anbindung an eine bestehende Programmiersprache. Bisher wurden Schnittstellen für die Programmiersprachen C++ und Smalltalk vorgesehen. Diese Schnittstellen stehen dann für die Erstellung von Anwendungsprogrammen zur Verfügung. Zusätzlich wurde von der ODMG eine an SQL angelehnte deklarative Anfragesprache namens *OQL* (Object Query Language) entworfen.

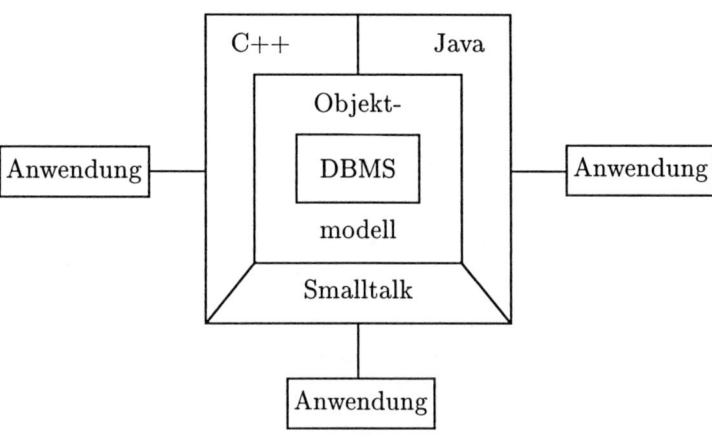

Abb. 13.4: Integration des ODMG Objektmodells

13.4 Eigenschaften von Objekten

Im relationalen Modell ist die einzige Möglichkeit der Darstellung von Entitäten das Tupel. Ein Tupel besteht aus einer festen Anzahl von atomaren *Literalen*. Ein Literal ist ein unveränderlicher Wert, wie beispielsweise die Zahl „2". „Atomar" bedeutet, daß das Literal nicht aus komplexeren Strukturen, wie z.B. mehreren anderen Literalen, zusammengesetzt ist.

Das objektorientierte Datenmodell erlaubt demgegenüber eine sehr viel flexiblere Strukturbeschreibung. Im objektorientierten Modell hat ein Objekt drei Bestandteile:

- *Identität*: Jedes Objekt hat eine systemweit eindeutige Objektidentität, die sich während seiner Lebenszeit nicht verändert.

- *Typ*: Der Objekttyp legt die Struktur und das Verhalten des Objekts fest. Individuelle Objekte werden durch eine sogenannte *Instanziierung* eines Objekttyps erzeugt. Dadurch wird sichergestellt, daß sie die in dem Objekttyp festgelegte Struktur besitzen und die dem Typ zugeordneten Operationen „verstehen".

- *Wert* bzw. *Zustand*: Ein Objekt hat zu jedem Zeitpunkt seiner Lebenszeit einen bestimmten Zustand (auch Wert genannt). Der Zustand eines Objekts ist durch die Werte seiner beschreibenden Attribute und die mit anderen Objekten bestehenden Beziehungen gegeben.

Um diese drei Bestandteile eines Objekts zu veranschaulichen, kehren wir zu dem Universitätsbeispiel zurück. Abbildung 13.5 zeigt einige Objekte aus der Universitätswelt. Dabei ist id_1 der Identifikator und *Professoren* der Typ des strukturierten Objekts mit dem Namen *Kant*. Der Identifikator eines Objekts wird benutzt, um das Objekt zu referenzieren. Beispielsweise wird id_1 in Objekt id_2 verwendet, um

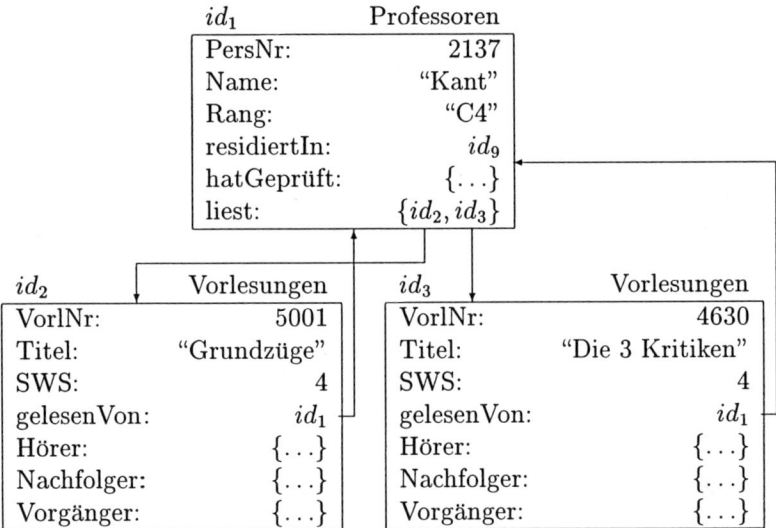

Abb. 13.5: Einige Objekte aus der Universitätswelt

das Objekt *Kant* als Referenten auszuweisen. Die Werte (d.h. die Zustände) der Objekte sind im zugehörigen Kasten eingetragen. Dabei bestehen ihre Wertebereiche nicht nur aus atomaren Literalen, sondern können eine beliebige Form annehmen. Im Beispiel enthält das Objekt *Kant* die Menge *liest* (angedeutet durch den Mengenkonstruktor $\{\dots\}$).

13.4.1 Objektidentität

Betrachten wir nun etwas genauer den Begriff der Objektidentität, den wir oben schon kurz eingeführt hatten. Im relationalen Modell wurden Tupel anhand der (Werte der) Schlüsselattribute identifiziert. Um den Professor bzw. die Professorin zu finden, die eine bestimmte Vorlesung liest, wurde in der Relation *Professoren* das Tupel gesucht, dessen Wert in *PersNr* mit dem Wert des Attributs *gelesenVon* der Vorlesung übereinstimmt. Folgerichtig wird diese Methode der Identifizierung in der Literatur als „identity through contents" bezeichnet. Dieser Ansatz hat verschiedene Nachteile:

- Objekte mit gleichem Wert müssen nicht unbedingt identisch sein. Diese Tatsache resultiert aus der Abstraktion von realen Objekten; es könnte durchaus zwei Studenten mit Namen „Peter Müller" im dritten Semester geben.

- Aus diesem Grund werden oft künstliche Schlüsselattribute zur Identifizierung der Tupel (Entities) eingefügt – wie z.B. *MatrNr* bei *Studenten* oder die künstlichen Schlüsselattribute in der Polyeder-Modellierung in Abschnitt 13.1. Obwohl sie im allgemeinen keine Anwendungssemantik besitzen, müssen sie trotzdem vom Benutzer gewartet werden.

- Schlüssel dürfen während der Lebenszeit des Objekts nicht verändert werden, da ansonsten alle Bezugnahmen auf das Objekt ungültig werden.

In Standardprogrammiersprachen, wie Pascal oder C, verwendet man Zeiger, um Objekte zu referenzieren. Ein Objekt wird dort also durch seinen „Aufenthaltsort" im Speicher identifiziert. Auch diese Methode erweist sich meistens als ungeeignet:

- Ein Objekt kann während seiner Lebensdauer nicht bewegt werden. Das ist bei kurzlebigen (transienten) Hauptspeicherobjekten natürlich weniger schwerwiegend als im Datenbankbereich, wo man es mit sogenannten persistenten Objekten zu tun hat.

- Wenn ein Objekt gelöscht wird, kann nicht garantiert werden, daß auch alle Referenzen auf das Objekt ungültig gemacht werden. Der ehemalige Speicherbereich könnte unbemerkt durch neue, andere Objekte belegt werden.

Um diese Probleme zu lösen, verwenden objektorientierte Datenbanken zustands- und speicherungsort-unabhängige *Objektidentifikatoren* (OIDs). Ein OID wird vom Datenbanksystem systemweit eindeutig generiert, sobald ein neues Objekt erzeugt wird, und steht dann für die Referenzierung des Objekts zur Verfügung. Der OID bleibt während der Lebenszeit des Objekts unverändert (invariant). Das Datenbanksystem trägt auch Sorge dafür, daß jeder OID immer auf genau ein bestimmtes Objekt verweist, d.h. auch der OID eines gelöschten Objekts wird nie wiederverwendet. In unserer Darstellung werden Objektidentifikatoren abstrakt mit id_1, $id_2, \ldots$ bezeichnet.

13.4.2 Typ eines Objekts

Genau wie gleichartige Entities zu Entitytypen zusammengefaßt werden, werden gleichartige Objekte durch einen gemeinsamen *Objekttyp* – oft auch *Klasse* (engl. *class*) genannt – modelliert. Die einem Objekttyp zugehörigen Objekte heißen *Instanzen* dieses Typs. Sie weisen eine gemeinsame Typdefinition auf, also eine einheitliche strukturelle Repräsentation sowie ein einheitliches Verhaltensmuster. Die Menge aller Objekte (Instanzen) eines Typs wird als (Typ-)*Extension* (engl. *extent*) bezeichnet.

Leider ist die Terminologie in diesem Zusammenhang etwas uneinheitlich und verschwommen. In vielen Veröffentlichungen werden die Begriffe *Klasse* und *Objekttyp* als Synonyme verwendet. Andere Autoren verstehen *Klasse* und *Typextension*, also die Menge aller Objekte (Instanzen) eines Typs als Synonym. Und wieder andere Autoren verstehen unter einer Klasse die beiden Konzepte Objekttyp und deren Extension zusammen. Eine ähnlich verwobene Begriffsbildung hatten wir ja auch schon beim relationalen Modell kennengelernt: Unter einer Relation wurde je nach Kontext das Relationenschema, deren Ausprägung oder beides verstanden.

13.4.3 Wert eines Objekts

Die Werte (d.h. die Zustände) der Objekte sind in Abbildung 13.5 im zugehörigen Kasten eingetragen. Dabei bestehen die Wertebereiche der Attribute nicht nur aus atomaren Literalen, sondern auch aus komplexeren Strukturen – wie z.B. Listen, Mengen, Tupel –, die mittels eingebauter Typkonstruktoren generiert werden können. Im Beispiel enthält das Objekt *Kant* die Menge *liest* (angedeutet durch den

Mengenkonstruktor $\{\ldots\}$), wobei diese Menge Referenzen (OIDs) auf die von Kant gelesenen Vorlesungen enthält – hier also id_2 und id_3.

13.5 Definition von Objekttypen

In der Objekttyp-Definition werden folgende Bestandteile der Objekte festgelegt:

- die Strukturbeschreibung der Instanzen, bestehend aus den Attributen und Beziehungen zu anderen Objekten,

- die Verhaltensbeschreibung der Instanzen, bestehend aus einer Menge von Operationen und

- die Typeigenschaften, z.B. die Generalisierungs-/Spezialisierungsbeziehungen zu anderen Typen.

Für die Definition von Objekttypen verwenden wir im folgenden die ODL-Sprache (Object Definition Language) des ODMG-Standards. Dies ist eine implementations-unabhängige Spezifikationssprache.

13.5.1 Attribute

Betrachten wir als einfaches Beispiel zunächst nur die Attribute des Objekttyps *Professoren*, der wie folgt definiert würde:

```
class Professoren {
    attribute long PersNr;
    attribute string Name;
    attribute string Rang;
};
```

Attribute werden – wie im relationalen Modell – durch Angabe des zulässigen Wertebereichs und des Attributnamens spezifiziert. In diesem Beispiel haben wir uns auf atomare Wertebereiche (**long** und **string**) beschränkt. Im ODMG-Modell sind aber auch strukturierte Wertebereiche für Attribute zulässig – wie wir im nächsten Unterabschnitt für das Attribut *PrüfDatum* des Objekttyps *Prüfungen* noch sehen werden.

13.5.2 Beziehungen

Wir wollen die Modellierung von Beziehungen im objektorientierten Modell anhand von Beispielen erläutern.

1:1-Beziehungen

Betrachten wir zunächst die einfachste bzw. restriktivste Form einer Beziehung, die wir an dem folgenden Beispiel *residiertIn* demonstrieren wollen:

id_1 Professoren

PersNr:	2137
Name:	"Kant"
Rang:	"C4"
residiertIn:	id_9
hatGeprüft:	$\{\dots\}$
liest:	$\{\dots\}$

id_9 Räume

RaumNr:	007
Größe:	18
$\dots$	$\dots$
beherbergt:	id_1

Abb. 13.6: Beispiel-Ausprägung der Beziehung *residiertIn/beherbergt*

Diese Beziehung wird im objektorientierten Modell „symmetrisch" in beiden Objekttypen, also *Professoren* und *Räume*, modelliert.

In dem Objekttyp *Professoren* wird die Beziehung über eine **relationship**-Eigenschaft namens *residiertIn* und in dem Objekttyp *Räume* über eine **relationship**-Eigenschaft namens *beherbergt* realisiert. Beide Eigenschaften nehmen als Wert eine Referenz auf ein Objekt des jeweiligen Typs an; d.h. *beherbergt* verweist auf ein *Professoren*-Objekt und *residiertIn* auf ein *Räume*-Objekt. Damit ergibt sich folgende (immer noch unvollständige) Klassenspezifikation:

class Professoren {
    attribute long PersNr;
    $\dots$
    relationship Räume residiertIn;
};

class Räume {
    attribute long RaumNr;
    attribute short Größe;
    $\dots$
    relationship Professoren beherbergt;
};

Hiermit haben wir die Beziehung in beiden „Richtungen" – also von *Professoren* zu *Räumen* und von *Räumen* zu *Professoren* – spezifiziert. Für ein sehr kleines Beispiel könnte man dann den in Abbildung 13.6 gezeigten Zustand der Objektbank haben. Hier referenziert das *Professoren*-Objekt mit dem Identifikator id_1 das *Räume*-Objekt mit dem OID id_9 – und umgekehrt.

Leider kann durch die gegebene Klassenspezifikation aber weder die Symmetrie noch die 1:1-Einschränkung der Beziehung garantiert werden. Dies ist in Abbildung 13.7 beispielhaft gezeigt:

- *Verletzung der Symmetrie:* Der Raum id_9 mit der *RaumNr* 007 ist angeblich (immer noch) von Kant belegt. Kant ist aber mittlerweile in den Raum id_8

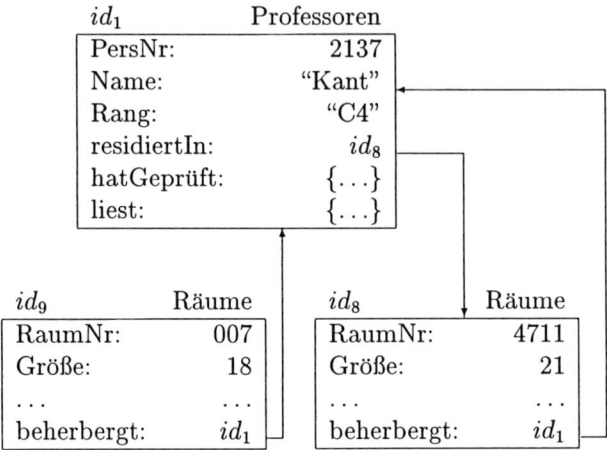

Abb. 13.7: Inkonsistenter Zustand der Beziehung *residiertIn/beherbergt*

umgezogen – wie der aktuelle Wert der Eigenschaft *residiertIn* des Objekts id_1 belegt.

- *Verletzung der 1:1-Einschränkung:* Durch diese Inkonsistenz ist natürlich auch die 1:1-Einschränkung der Beziehung verletzt worden, da gemäß den Werten der *beherbergt*-Eigenschaften zwei Räume – nämlich id_9 und id_8 – von Kant belegt sind.

Die einzige Konsistenz, die durch die obige Klassendefinition garantiert werden kann, besteht darin, daß *residiertIn* immer auf ein *Räume*-Objekt und *beherbergt* immer auf eine *Professoren*-Instanz verweist. Um Inkonsistenzen von Beziehungen systematisch auszuschließen, wurde in dem ODMG-Objektmodell das **inverse**-Konstrukt integriert. Damit ergibt sich folgende korrekte Klassenspezifikation:

```
class Professoren {
    attribute long PersNr;
    ...
    relationship Räume residiertIn inverse Räume::beherbergt;
};
```

```
class Räume {
    attribute long RaumNr;
    attribute short Größe;
    ...
    relationship Professoren beherbergt inverse Professoren::residiertIn;
};
```

Im Objekttyp *Professoren* wird jetzt beispielsweise festgelegt, daß die Beziehung *residiertIn* invers zur Beziehung *beherbergt* aus *Räume* – notiert als *Räume::beherbergt*

– ist. Jetzt wird vom Objektbanksystem für alle *Professoren p* und alle *Räume r* immer folgende Konsistenzbedingung garantiert:

$$p = r.\text{beherbergt} \quad \Leftrightarrow \quad r = p.\text{residiertIn}$$

Damit wird der inkonsistente Zustand aus Abbildung 13.7 ausgeschlossen. Warum?

1:N-Beziehungen

Die Beziehung *lesen* ist ein Beispiel für eine 1:N-Beziehung, da wir (vereinfachend) annehmen, daß *Professoren* mehrere *Vorlesungen* lesen, aber jede *Vorlesung* von höchstens einem *Professor* bzw. einer Professorin gelesen wird.

Eine derartige binäre 1:N-Beziehung modelliert man im Objektmodell wie folgt:

class Professoren {

   . . .

   relationship set⟨Vorlesungen⟩ liest **inverse** Vorlesungen::gelesenVon;
};

class Vorlesungen {

   . . .

   relationship Professoren gelesenVon **inverse** Professoren::liest;
};

Bei dieser Spezifikation wurde der Mengenkonstruktor **set**⟨. . .⟩ benutzt, um die Eigenschaft *liest* als Menge von Referenzen auf *Vorlesungen*-Objekte zu definieren. *Professoren*-Objekte beinhalten jetzt also eine Menge von Verweisen auf *Vorlesungen*. Eine Beispiel-Ausprägung ist in Abbildung 13.5 schon gezeigt. Der Professor namens „Kant" liest die Vorlesungen id_2 („Grundzüge") und id_3 („Die drei Kritiken"). Andererseits verweist jedes *Vorlesungen*-Objekt über die Eigenschaft *gelesenVon* auf höchstens eine *Professoren*-Instanz. Durch die **inverse**-Spezifikation von *Professoren::liest* und *Vorlesungen::gelesenVon* wird die Symmetrie dieser Beziehungsmodellierung garantiert.

Man beachte, daß wir hier die 1:N-Beziehung auch über die Eigenschaft *liest* in *Professoren* realisiert haben, was im relationalen Modell zu Anomalien, d.h. zu einer Verletzung der 3. Normalform, führen würde. Warum ist das im Objektmodell nicht problematisch?

N:M-Beziehungen

Die Beziehung *hören* zwischen *Studenten* und *Vorlesungen* ist ein konkretes Beispiel für eine N:M-Beziehung: Studenten hören mehrere Vorlesungen, und eine Vorlesung hat mehrere Hörer.

Dieser Beziehungstyp wird wie folgt – wiederum symmetrisch – im Objektmodell umgesetzt.

class Studenten {

    . . .

    relationship set⟨Vorlesungen⟩ hört **inverse** Vorlesungen::Hörer;
};

class Vorlesungen {

    . . .

    relationship set⟨Studenten⟩ Hörer **inverse** Studenten::hört;
};

Jetzt sind also beide **relationship**-Eigenschaften mengenwertig; sowohl *Studenten::hört* als auch *Vorlesungen::Hörer*. Wiederum ist durch die **inverse**-Spezifikation garantiert, daß eine Vorlesung v, die ein Student bzw. eine Studentin s über die Eigenschaft *Hörer* referenziert, ihrerseits über die Eigenschaft *hört* des Objekts s referenziert wird. Das Objektbank-System muß also für alle *Studenten* s und alle *Vorlesungen* v folgendes garantieren:

$$s \in v.\text{Hörer} \quad \Leftrightarrow \quad v \in s.\text{hört}$$

Rekursive N:M-Beziehungen

Ganz analog kann man rekursive $N:M$-Beziehungen wie *voraussetzen* repräsentieren.

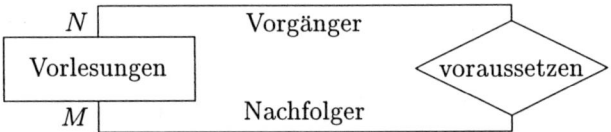

Der Unterschied bei der Umsetzung in das Objektmodell besteht lediglich darin, daß beide **relationship**-Eigenschaften in demselben Objekttyp enthalten sind:

class Vorlesungen {

    . . .

    relationship set⟨Vorlesungen⟩ Vorgänger **inverse** Vorlesungen::Nachfolger;
    relationship set⟨Vorlesungen⟩ Nachfolger **inverse** Vorlesungen::Vorgänger;
};

Die Leser mögen sich zur Veranschaulichung selbst eine kleine Beispielausprägung „aufmalen" - am besten verwende man unsere Relationenausprägung aus Kapitel 3 (Abbildung 3.7) als Beispiel.

Ternäre Beziehungen

Ternäre – oder $n \geq 3$-stellige – Beziehungen lassen sich im Objektmodell nicht auf diese bislang vorgestellte Art repräsentieren. Man benötigt dazu einen eigenständigen Objekttyp, der die Beziehung repräsentiert. Diese Vorgehensweise ist analog zur relationalen Modellierung, wo man bestimmte Beziehungen auch nur über eigenständige Relationen darstellen kann.

Betrachten wir als Beispiel den Beziehungstyp *prüfen*.

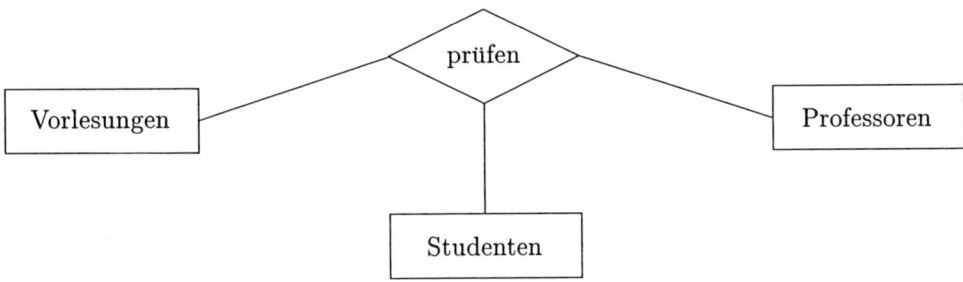

Diese Beziehung wird mittels des eigenständigen Objekttyps *Prüfungen* wie folgt repräsentiert:

class Prüfungen {
    attribute struct Datum
        { **short** Tag; **short** Monat; **short** Jahr; } PrüfDatum;
    attribute float Note;

    relationship Professoren Prüfer **inverse** Professoren::hatGeprüft;
    relationship Studenten Prüfling **inverse** Studenten::wurdeGeprüft;
    relationship Vorlesungen Inhalt **inverse** Vorlesungen::wurdeAbgeprüft;
};

Man beachte, daß nach dieser Spezifikation eine Prüfung immer nur eine einzige Vorlesung betrifft, da die Eigenschaft *Inhalt* einzelwertig ist. Es wäre aber sehr einfach möglich, auch Prüfungen zu spezifizieren, die sich über mehrere Vorlesungen erstrecken. Wie?

In der obigen Klassendefinition wurde erstmals auch ein Tupelkonstruktor – nämlich **struct** { ... } – benutzt. Dadurch kann man Record- bzw. Tupel-Strukturen mit benannten Feldern (Attributen) definieren. Man kann sich leicht vorstellen, daß man durch Schachtelung der Typkonstruktoren – set⟨...⟩, **struct** { ... } usw. – beliebig komplexe Strukturbeschreibungen der Objekte realisieren kann. (Für das Datum gibt es im ODMG-Modell allerdings auch einen vordefinierten Typ **date**.)

Die in der Klassendefinition von *Prüfungen* enthaltenen **inverse**-Spezifikationen müssen dann natürlich auf analoge, d.h. symmetrische Weise in den Objekttypen *Professoren*, *Studenten* und *Vorlesungen* enthalten sein:

class Professoren {
    attribute long PersNr;
    attribute string Name;
    attribute string Rang;

    relationship Räume residiertIn **inverse** Räume::beherbergt;
    relationship set⟨Vorlesungen⟩ liest **inverse** Vorlesungen::gelesenVon;
    relationship set⟨Prüfungen⟩ hatGeprüft **inverse** Prüfungen::Prüfer;
};

class Vorlesungen {
    attribute long VorlNr;

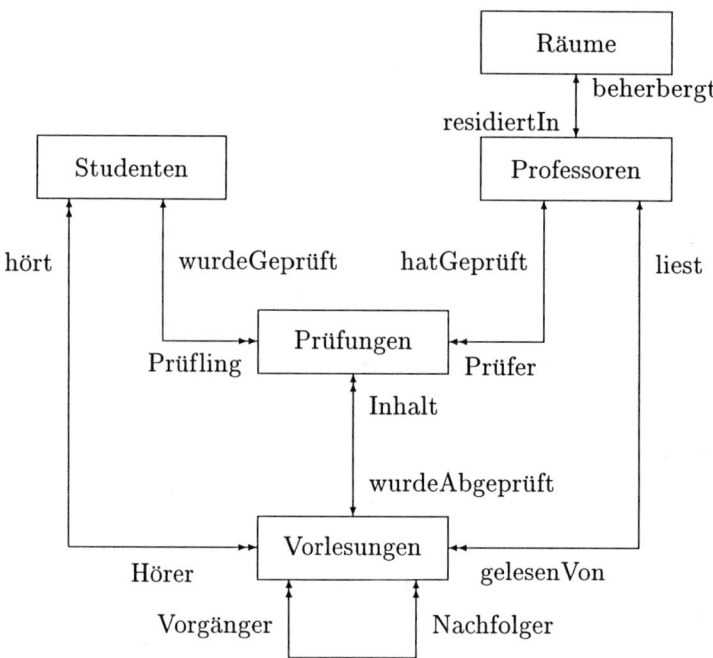

Abb. 13.8: Modellierung von Beziehungen im Objektmodell

---

    attribute string Titel;
    attribute short SWS;

    relationship Professoren gelesenVon **inverse** Professoren::liest;
    relationship set⟨Studenten⟩ Hörer **inverse** Studenten::hört;
    relationship set⟨Vorlesungen⟩ Nachfolger **inverse** Vorlesungen::Vorgänger;
    relationship set⟨Vorlesungen⟩ Vorgänger **inverse** Vorlesungen::Nachfolger;
    relationship set⟨Prüfungen⟩ wurdeAbgeprüft **inverse** Prüfungen::Inhalt;
};

class Studenten {
    . . .
    relationship set⟨Prüfungen⟩ wurdeGeprüft **inverse** Prüfungen::Prüfling;
}

In Abbildung 13.8 ist die Modellierung der bislang eingeführten Beziehungen im Objektmodell graphisch veranschaulicht. Hierbei gibt die „Anzahl der Pfeilspitzen" die Wertigkeit der **relationship**-Eigenschaft in der jeweiligen Richtung an:

- Eine 1:1-Beziehung wird durch einen einfachen beidseitigen Pfeil ↔ repräsentiert.

- Ein Pfeil der Art ↔↠ repräsentiert eine 1:*N*-Beziehung, wobei der Doppelpfeil „in Richtung N" zeigt. *N*:1-Beziehungen werden natürlich analog repräsentiert.

- Eine allgemeine binäre $N{:}M$-Beziehung wird in dieser Notation durch einen Pfeil der Art ↞→↠ modelliert.

Die Pfeile sind jeweils durch die Namen der **relationship**-Eigenschaften aus der **class**-Definition markiert.

13.5.3 Typeigenschaften: Extensionen und Schlüssel

Eine *Extension* (engl. *extent*) ist die Menge aller Instanzen eines Objekttyps.[3] Sie kann für Anfragen der Art „Suche alle Objekte eines Typs, die eine bestimmte Bedingung erfüllen" verwendet werden. Das ODMG-Modell sieht eine Möglichkeit vor, Extensionen durch das DBMS automatisch zu verwalten. Neue Objekte eines Typs werden dann zum Zeitpunkt ihrer Instanziierung implizit in die zugehörige Extension eingefügt.

Man kann zu einem Objekttyp auch *Schlüssel* definieren, deren Eindeutigkeit innerhalb der Extension gewährleistet wird. Diese Schlüsseldefinitionen werden jedoch nur als Integritätsbedingung verwendet und nicht zur Referenzierung von Objekten, wie im relationalen Modell. Der Objekttyp *Studenten* kann mit einer Extension namens *AlleStudenten* und dem Schlüssel *MatrNr* folgendermaßen definiert werden:

```
class Studenten (extent AlleStudenten key MatrNr) {
    attribute long MatrNr;
    attribute string Name;
    attribute short Semester
    relationship set⟨Vorlesungen⟩ hört inverse Vorlesungen::Hörer;
    relationship set⟨Prüfungen⟩ wurdeGeprüft inverse Prüfungen::Prüfling;
};
```

Die Klassendefinition legt also jetzt die Typeigenschaften (**extent** und **key**), die es pro Objekttyp nur einmal gibt, und die Instanzeigenschaften (**attribute** und **relationship**), also solche, die es für jede Instanz (Objekt) gesondert gibt, fest.

13.6 Modellierung des Verhaltens: Operationen

Wir hatten bereits betont, daß die Integration von Struktur- und Verhaltensbeschreibung ein grundlegender Vorteil des objektorientierten Datenmodells gegenüber dem relationalen Modell ist. Das Verhalten von Objekten wird durch Operationen, die den Objekttypen zugeordnet werden, beschrieben. Alle Objekte eines Typs haben demnach das gleiche Verhaltensmuster bestehend aus der Menge der dem Objekttyp zugeordneten Operation.

Der Zugriff auf den Objektzustand und die Manipulation des Zustands wird durch die *Schnittstelle*, d.h. die Menge der dem Objekttyp zugeordneten Operationen definiert. Diese Tatsache wird *Objektkapselung* (engl. *encapsulation*) oder auch *Geheimnisprinzip* (engl. *information hiding*) genannt. Dadurch wird den Anwendern, den sogenannten *Klienten* der Objekte, nach außen eine feste Schnittstelle

---

[3]Wir werden später noch sehen, daß die Extension eines Typs auch alle Instanzen der direkten und indirekten Untertypen beinhaltet.

angeboten, mit der sie das Objekt beobachten und manipulieren können. Dabei soll es den Klienten nicht möglich sein, die Konsistenz des Objekts zu verletzen, d.h. die Operationen sollten so definiert sein, daß sie das Objekt immer in einen konsistenten Zustand überführen – das ist natürlich Aufgabe der „Objekttyp-Designer".

Die Schnittstellenoperationen stellen Möglichkeiten zur Verfügung, um

- Objekte zu erzeugen (instanziieren) und zu initialisieren,

- die für Klienten interessanten Teile des Zustands der Objekte zu erfragen,

- legale und konsistenzerhaltende Operationen auf diesen Objekten auszuführen und letztendlich

- die Objekte wieder zu zerstören.

Demnach kann man Operationen in drei grundlegend unterschiedliche Klassen einteilen:

- *Beobachter* (engl. *observer*): Diese Operationen – oft auch Funktionen genannt – dienen dazu, den Objektzustand zu „erfragen". Beobachter-Operationen lassen den Zustand der Objekte und damit der Datenbasis unverändert, d.h. sie haben keinerlei objektändernde Seiteneffekte.

- *Mutatoren*: Operationen dieser Klasse führen Änderungen am Zustand der Objekte durch.[4] Einen Objekttyp mit mindestens einer Mutator-Operation bezeichnet man als *mutierbar*. Objekte eines Typs ohne jegliche Mutatoren sind unveränderbar (engl. *immutable*). Unveränderbare Typen bezeichnet man oft als *Literale* oder *Wertetypen*.

- *Konstruktoren und Destruktoren*: Erstere werden verwendet, um neue Objekte eines bestimmten Objekttyps zu erzeugen. Man spricht in diesem Zusammenhang auch von Instanziierung und bezeichnet das neu erzeugte Objekt als Instanz des betreffenden Typs. Der Destruktor wird dazu verwendet, ein existierendes Objekt auf Dauer zu zerstören.

  Bei genauerer Betrachtung wird man einen grundlegenden syntaktischen Unterschied zwischen Konstruktoren und Destruktoren feststellen. Konstruktoren werden sozusagen auf einem Objekttyp angewandt, um ein neues Objekt zu erzeugen. Destruktoren werden demgegenüber auf existierende Objekte angewandt und könnten demnach eigentlich auch den Mutatoren zugerechnet werden.

Wir wollen unser objektorientiertes Universitätsschema mit der Verhaltensbeschreibung anreichern. In der **class**-Spezifikation wird nur die Aufrufstruktur der Operationen beschrieben. Diese wird als *Signatur* bezeichnet und legt folgendes fest:

- den Namen der Operation;

- die Anzahl und die Typen der Parameter;

---

[4]Zusätzlich können Mutatoren natürlich auch noch ein Ergebnis zurückliefern, so daß sie gleichzeitig die Funktion eines *Beobachters* erfüllen.

- den Typ des Rückgabewerts der Operation – falls die Operation einen Rückgabewert hat, sonst **void**;

- eine eventuell durch die Operationsausführung ausgelöste *Ausnahme* (engl. *exception*).

Betrachten wir zunächst die **class**-Definition von *Professoren*:

class Professoren {
    exception hatNochNichtGeprüft { };
    exception schonHöchsteStufe { };
    . . .
    float wieHartAlsPrüfer() **raises** (hatNochNichtGeprüft);
    void befördert() **raises** (schonHöchsteStufe);
};

Dem Objekttyp *Professoren* wurden jetzt also zwei Operationen – bzw. deren Signaturen – hinzugefügt:

- Die Beobachter-Operation *wieHartAlsPrüfer* ermittelt die Durchschnittsnote, die von dem betreffenden Professor bzw. der Professorin in den bisherigen Prüfungen vergeben wurde und gibt diese als *float*-Wert zurück. Eine Ausnahmebehandlung – hier *hatNochNichtGeprüft* genannt – wird angestoßen, wenn er bzw. sie noch gar keine Prüfungen abgenommen hat.

- Die Mutator-Operation *befördert* führt eine einstufige Beförderung – d.h. von C2 auf C3 bzw. von C3 auf C4 – durch. Sie kann in den Ausnahmefall kommen, daß der zu befördernde Professor bzw. die Professorin schon die höchste Stufe (nämlich C4) erreicht hat. In diesem Fall wird die mit *schonHöchsteStufe* bezeichnete Ausnahmebehandlung angestoßen.

Man bezeichnet den Objekttyp, auf dem die Operationen definiert wurden – hier *Professoren* –, als *Empfängertyp* (engl. *receiver type*) und das Objekt, auf dem die Operation aufgerufen wird, als *Empfängerobjekt*. Wir werden später noch sehen, daß der genaue Typ des Empfängerobjekts eine wichtige Rolle bei der Ausführung geerbter Operationen spielen wird.

Die Aufrufstruktur ist je nach Sprachanbindung unterschiedlich. In der C++-Anbindung (siehe Abschnitt 13.12) würde *befördert* als

meinLieblingsProf→befördert();

aufgerufen, wenn *meinLieblingsProf* eine Referenz auf ein *Professoren*-Objekt wäre. In der deklarativen Anfragesprache OQL (siehe Abschnitt 13.11) ist der Aufruf einer Operation wahlweise mit dem Pfeil „→" oder einem Punkt durchzuführen:

select p.wieHartAlsPrüfer()
from p **in** AlleProfessoren
where p.Name = "Curie";

Hierbei wird also ermittelt, wie hart die Professorin namens Curie als Prüferin ist.

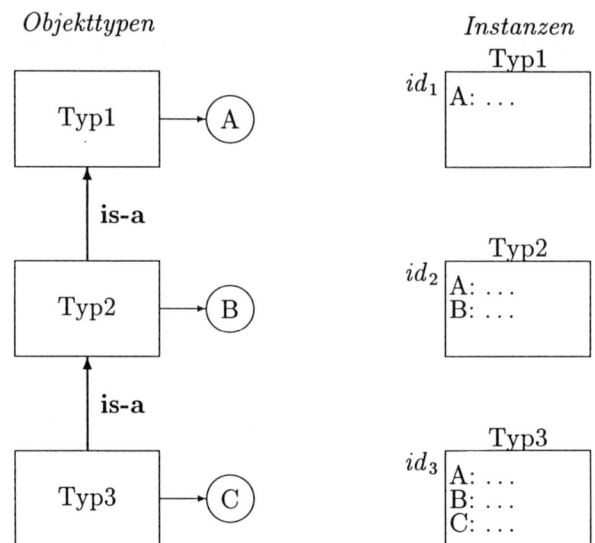

Abb. 13.9: Schematische Darstellung einer abstrakten Typhierarchie

13.7 Vererbung und Subtypisierung

Bereits in Kapitel 2 wurde zur Faktorisierung von Gemeinsamkeiten bei Entitätstypen das Konzept der Generalisierung bzw. Spezialisierung eingeführt. Die Gemeinsamkeiten wurden in einem Obertyp gesammelt, die Unterschiede verblieben
im Untertyp. Dort wurde auch bereits erwähnt, daß Untertypen alle Eigenschaften der Obertypen *erben*. Dieses Konzept spielt in objektorientierten Systemen eine wesentliche Rolle, da hier nicht nur die Struktur vererbt wird, sondern auch
das Verhalten, d.h. die Operationen. Ein weiterer ganz wichtiger Vorteil der Ober-
/Untertyp-Hierarchie besteht in der *Substituierbarkeit*: Instanzen eines Untertyps
sind überall dort einsetzbar (substituierbar), wo Instanzen des Obertyps erforderlich
sind. Dadurch wird die Flexibilität des Modells wesentlich erhöht.

13.7.1 Terminologie

Wir wollen die Terminologie anhand der abstrakten Typhierarchie in Abbildung 13.9
erläutern. Hier ist auf der linken Seite die Typebene und auf der rechten Seite die
Objektebene (mit nur einem Beispielobjekt je Typ) gezeigt. Der *Typ1* ist der *direkte Obertyp* (engl. *supertype*) von *Typ2*; gleichzeitig ist er aber auch ein (indirekter)
Obertyp von *Typ3*. Analog ist *Typ3* ein *direkter Untertyp* (engl. *subtype*) von *Typ2*
und ein (indirekter) Untertyp von *Typ1*. Ein Typ erbt sämtliche Eigenschaften – also
Attribute, **relationship**-Eigenschaften und Operationen – von *allen* seinen direkten und indirekten Obertypen. In unserem abstrakten Beispiel erbt also *Typ3* das
Attribut *B* von *Typ2* und das Attribut *A* von *Typ1* – um das Beispiel einfach zu
halten, haben wir jedem Typ nur je ein neues Attribut zugeordnet und Operationen
noch gänzlich außer Acht gelassen. Auf der rechten Seite der Abbildung 13.9 sehen
wir, daß die Instanz (mit dem Objektidentifikator) id_1 vom *Typ1* nur das Attribut *A*
hat. Die Instanz id_3 vom *Typ3* hat drei Attribute, nämlich *A*, *B* und *C*. Das Objekt

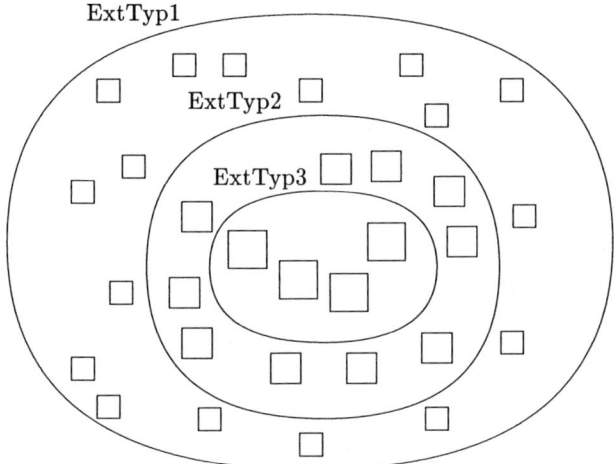

Abb. 13.10: Darstellung der Subtypisierung

id_3 gehört gemäß der Subtypisierung aber auch zur Extension von *Typ2* und von *Typ1*. Jede Untertyp-Instanz ist also implizit immer auch eine Obertyp-Instanz. In unserem Beispiel gehört demnach das Objekt id_3 sowohl zur Extension von *Typ3* als auch zu den Extensionen von *Typ2* und *Typ1*. Dieser Zusammenhang, der oft auch *Inklusionspolymorphismus* genannt wird, ist in Abbildung 13.10 für unsere abstrakte Typhierarchie dargestellt.

Die Extensionen sind mit *ExtTyp1*, *ExtTyp2* und *ExtTyp3* benannt. Die unterschiedliche Größe der Kästchen, die die Objekte repräsentieren, soll andeuten, daß eine Untertyp-Instanz mehr Eigenschaften hat als die direkten Instanzen eines Obertyps. Es ist diese Inklusion der Untertyp-Extensionen in den Obertyp-Extensionen, die die oben schon angesprochene *Substituierbarkeit* bewirkt:

> *Eine Untertyp-Instanz ist überall dort einsetzbar, wo eigentlich eine Instanz eines Obertyps gefordert ist.*

Schon an unserem abstrakten Beispiel kann man sich verdeutlichen, warum die Substituierbarkeit „funktioniert". Eine *Typ3*-Instanz „weiß mehr" als eine *Typ2*-Instanz, da sie alle Attribute einer *Typ2*-Instanz (nämlich A und B) und zusätzlich noch das Attribut C aufweist. Da eine *Typ3*-Instanz „mehr weiß", kann sie problemlos überall dort verwendet werden, wo eine direkte *Typ2*-Instanz ausgereicht hätte. Andererseits kann eine Obertyp-Instanz nicht anstelle einer Untertyp-Instanz substituiert werden, da sie i.a. „weniger kann". In unserem Beispiel fehlt einer *Typ2*-Instanz das Attribut C, das eine *Typ3*-Instanz aufzuweisen hat.

13.7.2 Einfache und Mehrfachvererbung

Man unterscheidet zwei unterschiedliche Arten der Vererbung und Subtypisierung:

- *singuläre* oder *einfache Vererbung* (engl. *single inheritance*): Jeder Objekttyp hat höchstens einen direkten Obertyp.

- *Mehrfachvererbung* (engl. *multiple inheritance*): Ein Objekttyp kann mehrere direkte Obertypen haben.

In beiden Fällen – also sowohl bei Einfach- als auch bei Mehrfachvererbung – muß die Unter/Obertyp-Struktur azyklisch sein. Warum?

Unsere einfache Typstruktur aus Abbildung 13.9 basiert natürlich auf der Einfachvererbung. Im allgemeinen kann die Typstruktur aber auch bei Einfachvererbung sehr viel komplexer aussehen; ein abstraktes Beispiel dafür ist in Abbildung 13.11 gezeigt. Diese allgemeine Typstruktur basiert immer noch auf der singulären Vererbung und hat einen gemeinsamen Obertyp namens *ANY* für *alle* Typen. Ein derartiger „Super"-Obertyp findet sich in vielen Objektmodellen; manchmal wird er auch *Object* genannt (*d_Object* in der ODMG C++-Einbindung).

Ein grundlegender Vorteil der Einfachvererbung gegenüber der Mehrfachvererbung besteht darin, daß es für jeden Typ einen *eindeutigen* Pfad zur Wurzel *ANY* der Typhierarchie gibt. Betrachten wir in unserem allgemeinen Typschema den Objekttyp OT_n. Dann gibt es den eindeutigen Pfad

$$OT_n \to OT_{n-1} \to \ldots \to OT_2 \to OT_1 \to ANY$$

von OT_n zur Wurzel *ANY*. Der Typ OT_n erbt alle Eigenschaften von Objekten, die auf diesem Pfad liegen. Bei der Einfachvererbung gibt es also keine unterschiedlichen „Wege" von OT_n zur Wurzel der Typhierarchie – das ist bei der Mehrfachvererbung anders. Der Typ OT_n erbt alle Eigenschaften von Objekten, die auf diesem Pfad liegen. Wir werden in Abschnitt 13.10 noch die Nachteile erläutern, die bei der Mehrfachvererbung wegen des Verlustes des eindeutigen Vererbungspfads auftreten können.

13.8 Beispiel einer Typhierarchie

Wir wollen nun die im vorhergehenden Abschnitt abstrakt eingeführten Konzepte veranschaulichen. Dazu betrachten wir eine Typhierarchie aus dem Universitätsbereich: *Angestellte* werden spezialisiert in *Professoren* und *Assistenten*. Damit ergibt sich die in Abbildung 13.12 gezeigte Typstruktur. In der ODL-Sprache würden die Objekte wie folgt spezifiziert:

```
class Angestellte (extent AlleAngestellten) {
    attribute long PersNr;
    attribute string Name;
    attribute date GebDatum;
    short Alter();
    long Gehalt();
};
class Assistenten extends Angestellte (extent AlleAssistenten) {
    attribute string Fachgebiet;
};
class Professoren extends Angestellte (extent AlleProfessoren) {
```

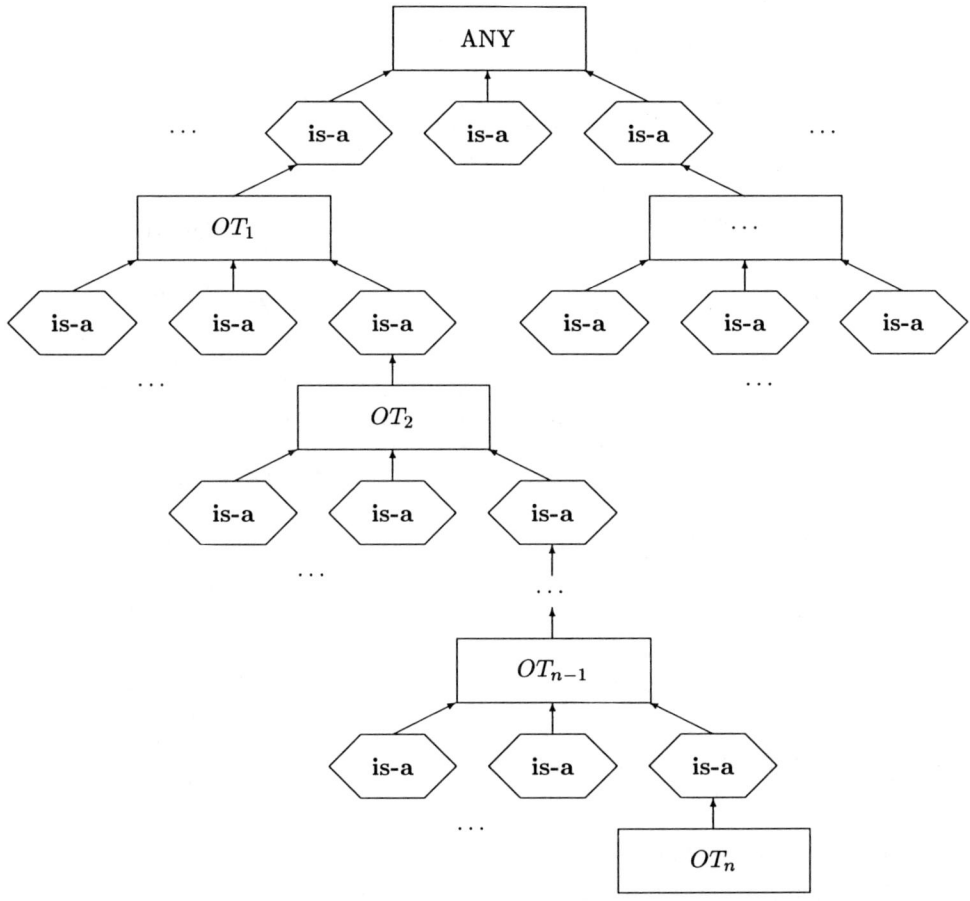

Abb. 13.11: Abstrakte Typhierarchie bei singulärer (einfacher) Vererbung

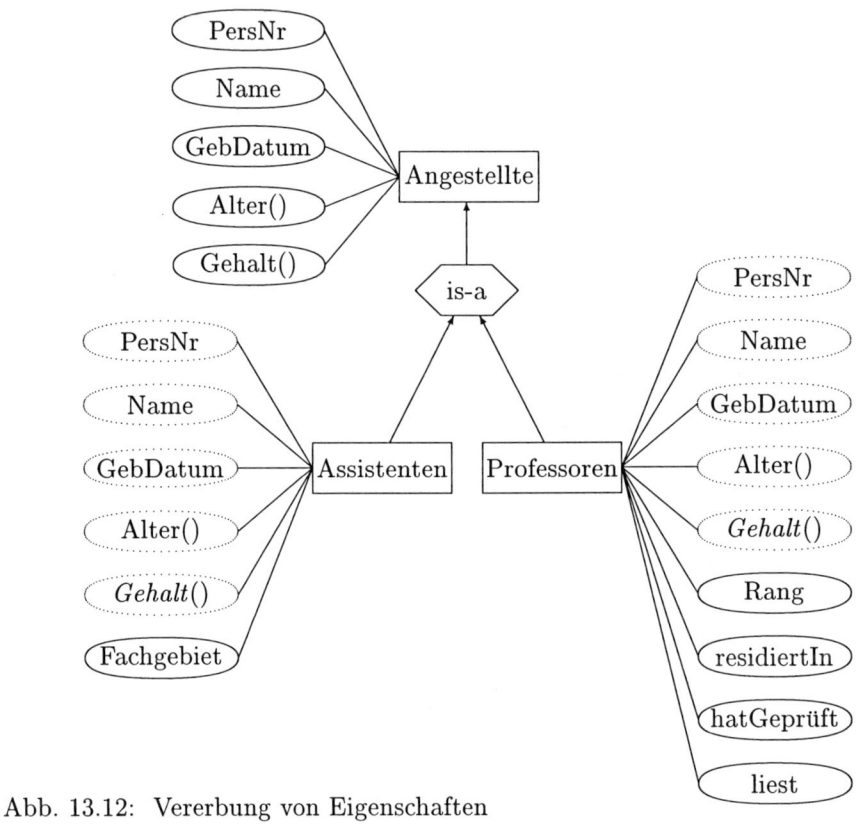

Abb. 13.12: Vererbung von Eigenschaften

    attribute string Rang;

    relationship Räume residiertIn **inverse** Räume::beherbergt;

    relationship set⟨Vorlesungen⟩ liest **inverse** Vorlesungen::gelesenVon;

    relationship set⟨Prüfungen⟩ hatGeprüft **inverse** Prüfungen::Prüfer;

};

Die Untertypisierung erfolgt durch Angabe des Schlüsselworts **extends** gefolgt
vom Namen des Obertypen. Also spezifiziert z.B. „*Professoren* **extends** *Angestellte*", daß *Professoren* ein Untertyp von *Angestellte* ist. In Abbildung 13.12 sind den
Objekttypen alle Eigenschaften zugeordnet, wobei die geerbten Eigenschaften in den
gepunkteten Ovalen angegeben sind. Dadurch wird nochmals hervorgehoben, daß
ein Untertyp (wie *Professoren*) alle Eigenschaften seines Obertyps (wie *Angestellte*)
besitzt – und noch einige weitere spezifische Eigenschaften (wie *Rang, residiertIn,
hatGeprüft* und *liest*). Dies ist der Grund, warum die *Substituierbarkeit* funktioniert: *Professoren* haben alle Eigenschaften von (generischen) *Angestellen* – und
noch zusätzliche Eigenschaften. Ein Objekt o_{Prof} vom Typ *Professoren* hat eine echte Obermenge der Eigenschaften eines Objekts o_{Ang} vom (direkten) Typ *Angestellte*.
Aus diesem Grund kann ein Objekt vom Typ *Professoren* überall dort substituiert
werden, wo ein Objekt vom Typ *Angestellte* gefordert ist. Diese Substituierbarkeit
von Untertyp-Instanzen anstelle von Obertyp-Instanzen ist einer der wesentlichen

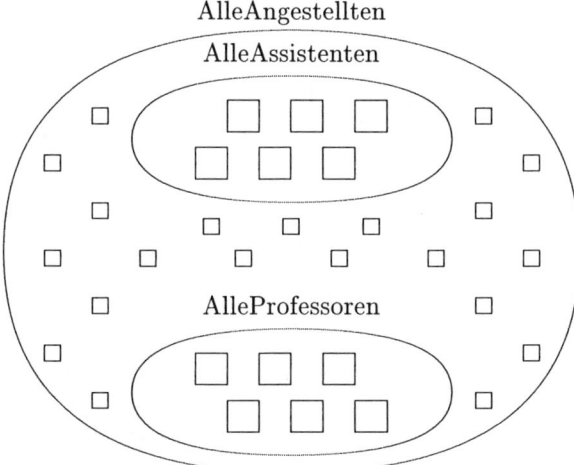

Abb. 13.13: Visualisierung der Extensionen *AlleAngestellten*, *AlleAssistenten* und *AlleProfessoren*

Gründe für die Expressivität und Flexibilität des Objektmodells. In Abbildung 13.13 ist die aus der Ober-/Untertyp-Beziehung resultierende Inklusion der Extensionen *AlleProfessoren* und *AlleAssistenten* in der Extension *AlleAngestellten* schematisch dargestellt.

13.9 Verfeinerung (Spezialisierung) und spätes Binden von Operationen

Genau wie Attribute werden auch Operationen vom Obertyp an alle Untertypen vererbt. Meistens kann die Implementierung dieser Operationen so beibehalten werden, wie sie im Obertyp definiert wurde. Es kann z.B. davon ausgegangen werden, daß das Alter von Angestellten immer auf die gleiche Weise berechnet wird, egal ob es sich um Professoren oder Assistenten handelt. Daher kann eine Operation *Alter* einmalig im Obertyp *Angestellte* definiert werden und gilt ab dort auch für alle Untertypen. Bei einem Aufruf der Operation *Alter* auf einer Instanz des Typs *Professoren* wird also die in *Angestellte* definierte Funktion berechnet.

Bei anderen Operationen ist aber eine sogenannte *Verfeinerung* bzw. *Spezialisierung* (engl. *refinement*) der geerbten Operation notwendig, um die Implementierung der Operation an die Besonderheiten des Untertyps anzupassen. Ein Beispiel dafür sei die Operation *Gehalt*: Alle *Angestellten* erhalten zwar ein Gehalt, es berechnet sich jedoch unterschiedlich. Daher wird für die Gehaltsfunktion in *Angestellte* eine Standardberechnungsvorschrift vorgegeben, die, wenn nötig, *verfeinert* werden kann.

Für unser Beispiel nehmen wir folgende Berechnungsvorschriften für das *Gehalt* der in der Universität beschäftigten Angestellten an:

- *Angestellte* werden nach der Standard-Formel

$$2000 + (\text{Alter}() - 21) * 100$$

  bezahlt. Sie haben also ein monatliches Grundgehalt von 2000 DM und eine „Erfahrungszulage" von 100 DM pro Lebensjahr, das über das 21. Jahr hinausgeht.[5]

- *Assistenten* bekommen ein höheres Grundgehalt und eine etwas höhere „Erfahrungszulage", so daß sich deren Gehalt nach folgender Formel berechnet:

$$2500 + (\text{Alter}() - 21) * 125$$

- *Professoren* seien – in unserem Beispiel – die Spitzenverdiener mit folgender Gehaltsberechnung:

$$3000 + (\text{Alter}() - 21) * 150$$

Die *Gehalt*-Operation wird – wie oben ausgeführt – in den Objekttypen *Professoren* und *Assistenten* gegenüber der aus *Assistenten* geerbten Operation spezialisiert (verfeinert). Dies ist in Abbildung 13.12 durch den kursiven Schrifttyp der geerbten *Gehalt*-Eigenschaft gekennzeichnet.

Die Möglichkeit der Verfeinerung von Operationen muß vom Laufzeitsystem berücksichtigt werden: Jede Instanz des Untertyps *Professoren* und des Untertyps *Assistenten* gehört auch zum Obertyp *Angestellte*. In Abbildung 13.14 ist die Extension *AlleAngestellten* mit nur drei Elementen gezeigt:

- Objekt id_1 ist eine direkte *Professoren*-Instanz,

- Objekt id_{11} ist eine direkte *Assistenten*-Instanz, und

- Objekt id_7 ist eine direkte *Angestellte*-Instanz.

Die *Gehalt*-Operation wurde in *Angestellte* eingeführt und vererbt sich an alle Untertypen, also an *Assistenten* und *Professoren*. Wir hatten allerdings oben beschrieben, daß die geerbte Operation in den Untertypen *verfeinert* wurde. Die Verfeinerung einer Operation muß aber bei der Ausführung der Operation zur Laufzeit beachtet werden. Es muß sichergestellt werden, daß immer bezüglich des Empfängerobjekts, auf dem die Operation ausgeführt werden soll, die „spezialisierteste" Version *gebunden* wird. Dies wird durch das *späte* oder *dynamische Binden* (engl. *late binding*) der verfeinerten Operation erreicht. Dies bedeutet, daß erst zur Laufzeit eines Programms bestimmt wird, welche verfeinerte Version einer Operation tatsächlich ausgeführt wird. Wir wollen dies für unsere Beispielextension aus Abbildung 13.14 anhand folgender Anfrage demonstrieren:

select sum(a.Gehalt())
from a **in** AlleAngestellten

---

[5]In der Realität bemißt sich diese Erfahrungszulage im öffenlichen Dienst in Deutschland nach Dienstalter, wobei das Dienstalter – je nach Tätigkeitsdauer im öffentlichen Dienst – kleiner oder gleich dem tatsächlichen Lebensalter ist. Eine realistischere Gehaltsberechnung sei den Lesern in Übungsaufgabe 13.5 überlassen.

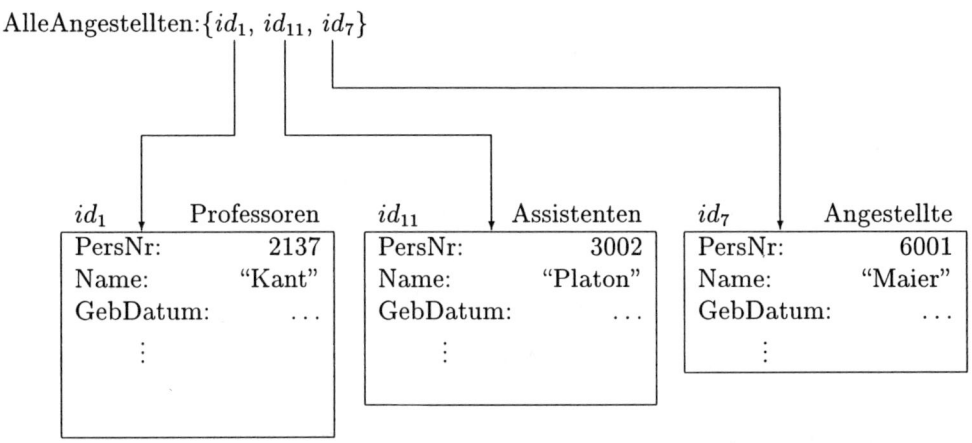

AlleAngestellten: $\{id_1, id_{11}, id_7\}$

id_1	Professoren
PersNr:	2137
Name:	"Kant"
GebDatum:	...

id_{11}	Assistenten
PersNr:	3002
Name:	"Platon"
GebDatum:	...

id_7	Angestellte
PersNr:	6001
Name:	"Maier"
GebDatum:	...

Abb. 13.14: Die Extension *AlleAngestellten* mit (nur) drei Objekten

Diese OQL-Anfrage – die Anfragesprache OQL wird später noch etwas detaillierter besprochen – berechnet nun für jedes Objekt in der Extension *AlleAngestellten* das Gehalt und summiert alle berechneten Gehälter. Aus dem aktuellen Zustand der Extension *AlleAngestellten* folgt aber nun, daß für die Objekte mit den Namen Kant und Platon nicht dieselbe Implementierung der Operation *Gehalt* ausgeführt werden darf, wie für die *Angestellte*-Instanz namens Maier. Dies muß durch das dynamische Binden des Operationscodes erreicht werden. Wie funktioniert das dynamische Binden? Es dürfte offensichtlich sein, daß man nicht statisch entscheiden kann, welchen direkten Typ die Objekte haben. Die Extension *AlleAngestellten* enthält ja beispielsweise Instanzen dreier unterschiedlicher Typen, die alle eine spezifische *Gehalt*-Implementierung haben. Deshalb muß zur Laufzeit zunächst der direkte Typ des Objekts bestimmt werden. Man beachte, daß – u.a. um das dynamische Binden zu ermöglichen – jedes Objekt seinen direkten Typ „weiß".

Nachdem der direkte Typ des Objekts bekannt ist, kann dann in der Typstruktur die spezialisierteste Version der Operation bestimmt werden. Es ist die Version, die als erste auf dem Vererbungspfad in Richtung der Wurzel *ANY* der Typhierarchie liegt. In unserem *Gehalt*-Beispiel ist die Bestimmung der spezialisiertesten Implementierung trivial, da jeder Objekttyp seine eigene Implementierung aufweist. Es wird also zur Laufzeit

- für das Objekt id_1 die *Professoren*-spezifische *Gehalt*-Berechnung durchgeführt,

- für das Objekt id_{11} die *Assistenten*-spezifische und

- für das Objekt id_7 die allgemeinste, also *Angestellten*-spezifische Realisierung der Operation *Gehalt* gebunden.

Es ist die Aufgabe des Laufzeitsystems eines Objektbanksystems, diese dynamische Bindung der verfeinerten Operationen durchzuführen.

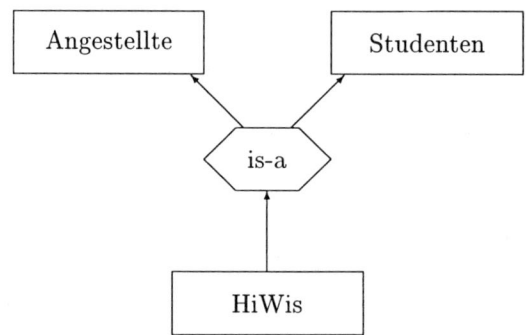

Abb. 13.15: Ein Beispiel für Mehrfachvererbung

13.10   Mehrfachvererbung

In unserer Beispielanwendung hatten wir uns bislang auf die *Einfachvererbung* beschränkt. Dabei hat jeder Objekttyp höchstens einen Obertyp, dessen Eigenschaften er erbt. Bei der *Mehrfachvererbung* wird diese Beschränkung aufgegeben, so daß ein Objekttyp die Eigenschaften mehrerer *direkter* Obertypen erben kann. Wir wollen dies an dem in Abbildung 13.15 (Hilfs-Wissenschaftler) gezeigten Beispiel diskutieren. Der Objekttyp *HiWis* erbt die Eigenschaften von zwei direkten Obertypen. *HiWis* erben

- von *Angestellte* die Eigenschaften *PersNr*, *Name* und die Operationen *Gehalt* und *Alter* und

- von *Studenten* die Eigenschaften *MatrNr*, *Name*, *Semester*, *hört* und *wurde-Geprüft*.

Diese Mehrfachvererbung könnte wie folgt spezifiziert werden:

class HiWis **extends** Studenten, Angestellte (**extent** AlleHiWis) {
    attribute short Arbeitsstunden;
    . . .
};

Das Attribut *Name* wird in diesem Beispiel sowohl von *Angestellte* als auch von *Studenten* geerbt. Um solchen Mehrdeutigkeiten (und anderen implementierungstechnischen Schwierigkeiten) aus dem Weg zu gehen, wurde in der Version 2.0 von ODL das Schnittstellen-Konzept (engl. *interface*) eingeführt, das es in einer ähnlichen Form auch in der Programmiersprache Java gibt. Eine **interface**-Definition ist eine abstrakte Definition der Methoden, die alle Klassen besitzen müssen, die diese Schnittstelle implementieren. Schnittstellen dürfen keine eigenen Attribute oder Beziehungen besitzen (d.h. keinen Zustand) und nicht direkt instanziiert werden. Eine Klasse im ODMG-Modell kann mehrere Schnittstellen implementieren, darf aber nur höchstens von einer Klasse mit **extends** abgeleitet werden. Die im **interface** definierten Opertionen (genauer, die Operationssignaturen) werden von der Klasse, die diese Schnittstelle realisiert geerbt.

In unserem Beispiel kann man für die Angestellten lediglich die Schnittstelle fest-legen. Die Klasse *HiWis* implementiert diese Schnittstelle und erbt nur den Zustand und die Methoden der Klasse *Studenten*. Die Liste der Schnittstellen, die eine Klasse implementiert, wird in der Klassendefinition nach dem Klassennamen und der mög-lichen **extends**-Anweisung hinter einem Doppelpunkt angegeben. Zusätzlich muß noch der nicht mitgeerbte, aber benötigte Teil des Zustandes der ursprünglichen *Angestellten*-Klasse „nachgereicht" werden.

```
interface AngestellteIF {
    short Alter();
    long Gehalt();
};

class Angestellte : AngestellteIF (extent AlleAngestellten) {
    attribute long PersNr;
    attribute string Name;
    attribute date GebDatum;
};

class HiWis extends Studenten : AngestellteIF (extent AlleHiWis) {
    attribute long PersNr;
    attribute date GebDatum;
    attribute short Arbeitsstunden;
};
```

Man beachte, daß – so wie es oben definiert ist – die *HiWis* nicht in die Ex-tension *AlleAngestellten* eingefügt werden. Dazu müßte man diese Extension der Schnittstelle *AngestellteIF* zuordnen, was aber nach der Syntaxbeschreibung des ODMG-Standards (siehe Cattell et al. (1997), S. 67–72) nicht möglich ist.

Die Restriktion der Mehrfachvererbung auf Schnittstellen allein schließt aber nicht aus, daß in den implementierten Schnittstellen und geerbten Klassen Kon-flikte bei gleichbenannten Methoden existieren. In vielen Systemen wird durch eine Prioritätenregel festgelegt, welche Methode in einem solchen Fall tatsächlich geerbt wird. Das ODMG-Modell „löst" diese Situation auf eine einfachere Weise – es ver-bietet Ableitungen, bei denen Konflikte entstehen könnten.

13.11 Die Anfragesprache OQL

Die Object Query Language (OQL) des ODMG-Standards ist syntaktisch an SQL angelehnt. Auch hier werden Anfragen in einem **select-from-where**-Block formu-liert. Gegenüber SQL-92 hat OQL den großen Vorteil, daß man flexibler auf beliebig strukturierten Objekten arbeiten kann. Weiterhin kann man in OQL die den Typen zugeordneten Operationen aufrufen.

13.11.1 Einfache Anfragen

Beginnen wir mit der einfachen Anfrage nach den Namen aller C4-Professoren:

select p.Name
from p **in** AlleProfessoren
where p.Rang = "C4";

Diese Anfrage ist bis auf eine Kleinigkeit im **from**-Teil identisch mit einer äquivalenten SQL-Anfrage. Im **from**-Teil werden Variablen an Mengen gebunden, in unserem Fall wird die Variable *p* an die Extension *AlleProfessoren* gebunden.

Anfragen, die Tupel anstelle von einzelnen Objekten zurückgeben, enthalten den Tupelkonstruktor **struct**. Soll in der obigen Anfrage auch der Rang der *Professoren* ausgegeben werden, muß ein zweistelliges Tupel generiert werden:

select struct(n: p.Name, r: p.Rang)
from p **in** AlleProfessoren
where p.Rang = "C4";

In diesem Fall ist der Rang natürlich bei allen gleich, nämlich „C4".

13.11.2   Geschachtelte Anfragen und Partitionierung

Ein Gruppierungsoperator, der in SQL-92 für die Formulierung von Prädikaten auf Untermengen einer Relation verwendet werden mußte, ist in OQL aufgrund der einfacheren Mengenverarbeitung meist nicht notwendig. Die Gruppierung wurde in SQL verwendet, um eine Partitionierung innerhalb einer Relation durchzuführen, ohne dabei die flache relationale Struktur zu zerstören. Im objektorientierten Modell braucht man die Einschränkung auf flache Tupel nicht mehr. Die Frage nach der Lehrbelastung der Referenten, die überwiegend lange Vorlesungen halten, kann durch geschachtelte Anfragen wie folgt bestimmt werden:

select struct(n: p.Name, a: **sum**(**select** v.SWS **from** v **in** p.liest))
from p **in** AlleProfessoren
where avg(**select** v.SWS **from** v **in** p.liest) > 2;

Die Aggregatfunktionen **sum** und **avg** werden hierbei also auf das Ergebnis von Unteranfragen angewendet – das ist in SQL so nicht möglich. Weiterhin können in OQL Variablen, wie z.B. *v*, sehr flexibel an beliebige Objektmengen gebunden werden. Hier wird *v* zum Beispiel an die Menge der von *p* gelesenen Vorlesungen gebunden – also an die Menge, die die Beziehung *liest* realisiert.

Trotzdem existiert ein **group by**-Operator in OQL, der allerdings allgemeiner als der in SQL ist; mit ihm lassen sich auf einfache Weise beliebige Partitionierungen vornehmen. Wir wollen hier nur ein einfaches Beispiel zeigen. Die Vorlesungen sollen nach ihrer Länge in drei Gruppen eingeteilt werden: kurze, mittlere und lange Vorlesungen. *AlleVorlesungen* ist die Extension des Typs *Vorlesungen*.

select *
from v **in** AlleVorlesungen
group by kurz: v.SWS <= 2, mittel: v.SWS = 3, lang: v.SWS > 4;

Das Ergebnis besteht aus drei Tupeln vom Typ

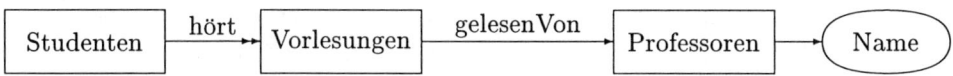

Abb. 13.16: Graphische Darstellung des Pfadausdrucks von *Studenten* über *Vorlesungen* zu *Professoren*

struct(kurz: **boolean**, mittel: **boolean**, lang: **boolean**,
      partition: **bag**⟨**struct**(v: Vorlesungen)⟩).

Dabei handelt es sich bei *partition* um ein mengenwertiges Attribut, das die in die jeweilige Partition fallenden Vorlesungen enthält. Die Booleschen Werte markieren, um welche Partition es sich handelt.

13.11.3 Pfadausdrücke

Da durch die Einführung von Referenzen die Möglichkeit besteht, zwischen Objekten direkt zu traversieren (durch Dereferenzierung der entsprechenden Objektreferenz), werden Joinausdrücke bei objektorientierten Anfragesprachen seltener verwendet. Dort finden sogenannte *implizite* oder *funktionale Joins* – darunter versteht man gerade die Dereferenzierung von Objektreferenzen – Verwendung.

Um die Studenten zu finden, die bei Sokrates Vorlesungen hören, wird mit einem sogenannten *Pfadausdruck* entlang der Beziehungen zwischen *Studenten*, *Vorlesungen* und *Professoren* navigiert:

select s.Name
from s **in** AlleStudenten, v **in** s.hört
where v.gelesenVon.Name = "Sokrates";

Der Ausdruck *s.hört* ergibt die Menge von Vorlesungen des Studenten bzw. der Studentin, an die *s* gebunden ist. Für jede dieser Vorlesungen wird das *gelesenVon*-Attribut verfolgt und der Name der referenzierten *Professoren*-Instanz überprüft. Dieser Pfadausdruck ist in Abbildung 13.16 graphisch dargestellt.

Pfadausdrücke können eine beliebige Länge haben. Man darf in OQL aber innerhalb eines Pfadausdrucks der Form $o.A_1.\cdots.A_{i-1}.A_i.A_{i+1}.\cdots.A_n$ keine mengenwertige Eigenschaft A_i haben. Dazu wäre eine zusätzliche Variable notwendig:

$$v_i \text{ in } o.A_1.\cdots.A_i, \; v_n \text{ in } v_i.A_{i+1}.\cdots.A_n$$

Hierbei ist also die Variable v_i an die Elemente der Menge $o.A_1.\cdots.A_i$ gebunden, und v_n ist an die Elemente der Menge $v_i.A_{i+1}.\cdots.A_n$ gebunden.

In unserem Universitätsbeispiel hätte man also in der Bedingung nicht direkt

$$s.hört.gelesenVon.Name = \text{"Sokrates"}$$

schreiben können, da *hört* mengenwertig ist. Deshalb war es nötig in der **from**-Klausel die zusätzliche Variable *v* einzuführen, die jeweils an die Menge *s.hört* gebunden wird.

13.11.4   Erzeugung von Objekten

Die Ergebnisse der bisherigen Anfragen waren ausschließlich Literale, also unveränderliche Werte, und keine „richtigen" Objekte. Um vollständige, veränderbare Objekte mit Identität und Lebensdauer (Persistenz) zu erzeugen, wird anstelle des Tupelkonstruktors **struct** einfach ein Objektkonstruktor der gleichen Form verwendet, der den Namen des Typs trägt.[6] Der Objekttyp *Vorlesungen* könnte also beispielsweise mit der folgenden „Anfrage" instanziiert werden:

Vorlesungen(VorlNr: 5555, Titel: "Ethik II", SWS: 4, gelesenVon: (
   select p
   from p **in** AlleProfessoren
   where p.Name = "Sokrates"));

Man beachte, daß hierbei ein neues *Vorlesungen*-Objekt instanziiert wird. Die **relationship**-Eigenschaften *Hörer* und *wurdeAbgeprüft* werden hierbei nicht explizit initialisiert – sondern auf den u.U. typspezifischen Default gesetzt.

13.11.5   Operationsaufruf

Für komplexere Anfragen ist es nützlich, auch Operationen von Objekten aufrufen zu können. Zur Demonstration greifen wir auf das Gehaltsbeispiel von oben zurück. Es sollen alle Angestellten mit einem Gehalt von über 100.000 DM im Jahr herausgesucht werden.

select a.Name
from a **in** AlleAngestellte
where a.Gehalt() > 100.000;

Dabei ist zu beachten, daß sich in der Extension *AlleAngestellten* auch alle *Professoren* und *Assistenten* befinden. Daher muß bei der Anfrageauswertung das späte Binden berücksichtigt werden, damit die korrekte (d.h. spezialisierteste) Gehaltsfunktion verwendet wird.

13.12   C++-Einbettung

Gerade in objektorientierten Systemen ist aufgrund der Integration von struktureller und verhaltensmäßiger Modellierung eine möglichst nahtlose Einbindung in eine Programmiersprache wichtig, da ja insbesondere auch die den Objekttypen zugeordneten Operationen in der Programmiersprache implementiert werden müssen. Dazu gibt es drei unterschiedliche Ansätze:

- **Entwurf einer neuen Sprache.** Dies ist wohl die eleganteste Methode, denn man kann die Sprache speziell auf persistente Objekte „zuschneidern". Andererseits ist diese Möglichkeit mit einem hohem Realisierungsaufwand verbunden, und Benutzer müssen eine neue Programmiersprache lernen.

---

[6]Nicht zu verwechseln mit dem C++-Konstruktor, der in der derzeitigen OQL-Version nicht berücksichtigt wird.

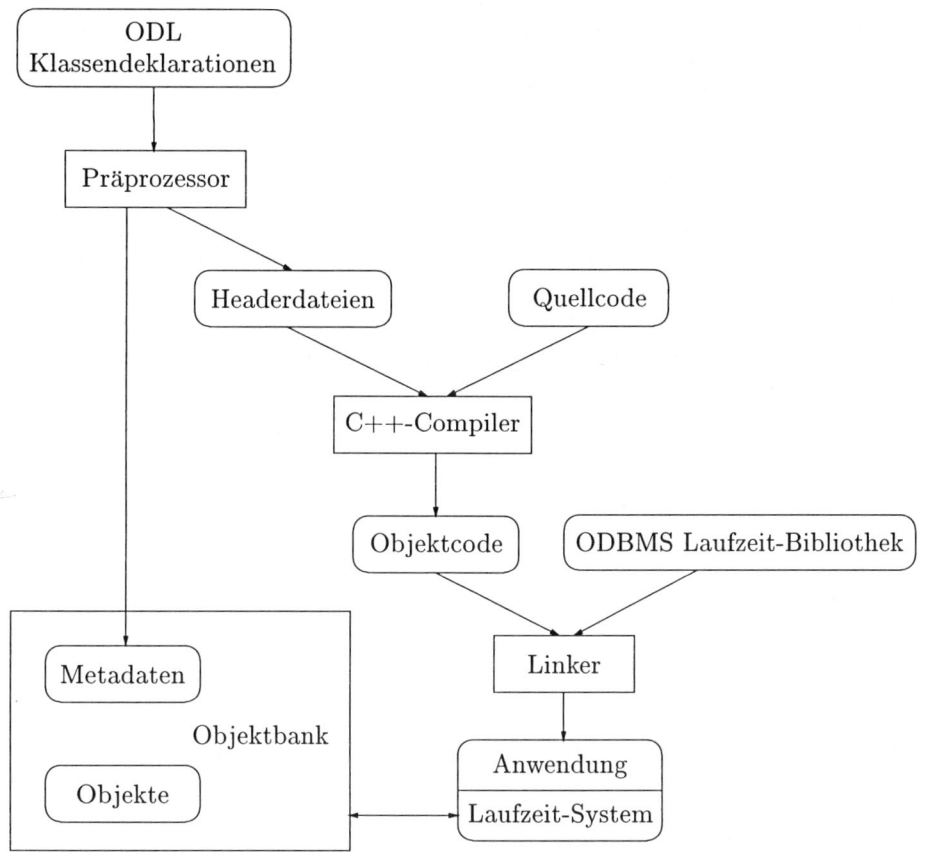

Abb. 13.17: C++-Einbindung [Cattell et al. (1997)]

- **Erweiterung einer bestehenden Sprache.** Vom Realisierungsaufwand ist diese Vorgehensweise ähnlich der ersten Methode. Der Benutzer muß keine vollständig neue Sprache lernen, aber er muß mit – manchmal unnatürlich wirkenden – Erweiterungen der Basissprache leben.

- **Datenbankfähigkeiten durch Typbibliothek.** Dies ist die einfachste Möglichkeit für das Erreichen von Persistenz, allerdings mit den höchsten „Reibungsverlusten". Häufig leiden die Transparenz der Einbindung und die Typüberprüfung der Programmiersprache unter diesem Ansatz, vielfach ist zusätzliche „Handarbeit" (z.B. explizite Konvertierungen) des Benutzers notwendig.

Die von der ODMG gewählte Einbindung entspricht weitestgehend dem letzten Ansatz. Ihre Realisierung ist in Abbildung 13.17 dargestellt.

Die Benutzer erstellen die Klassendeklarationen und den Quellcode der Anwendung. Die Klassendeklarationen werden mit Hilfe eines Präprozessors in die Datenbank eingetragen. Zusätzlich werden Headerdateien in Standard-C++ erzeugt, die

durch einen handelsüblichen C++-Compiler übersetzt werden können. Der Quellcode enthält die Realisierungen der den Objekttypen zugeordneten Operationen. Der
übersetzte Quellcode wird mit dem Laufzeitsystem gebunden. Das Laufzeitsystem
sorgt in der fertigen Anwendung für die Kommunikation mit der Datenbank.

13.12.1 Objektidentität

Wie bereits erwähnt, kennen die meisten Programmiersprachen, wie auch C++, das
Konzept der Objektidentität nicht – zumindest nicht in der im Datenbankbereich
erforderlichen Form. Um trotzdem eine geeignete Realisierung von Beziehungen zwi-
schen persistenten Objekten in C++ zu ermöglichen, bietet die C++-Einbindung
Objekte vom Typ *d_Rel_Ref* und *d_Rel_Set* an. Betrachten wir als Beispiel die
Beziehung zwischen *Vorlesungen* und *Professoren*:

```
const char _liest[] = "liest";
const char _gelesenVon[] = "gelesenVon";

class Vorlesungen : public d_Object {
    d_String Titel;
    d_Short SWS;

    ...

    d_Rel_Ref⟨Professoren, _liest⟩ gelesenVon;
};

class Professoren : public Angestellte {
    d_Long PersNr;

    ...

    d_Rel_Set⟨Vorlesungen, _gelesenVon⟩ liest;
};
```

Es wurden hier zwei C++-Klassen definiert. *Vorlesungen* ist direkt vom Typ
d_Object abgeleitet; *Professoren* ist indirekt über *Angestellte* (nicht gezeigt) davon
abgeleitet. Dieser Typ *d_Object* sorgt dafür, daß von *Vorlesungen* und *Professoren*
nicht nur transiente (also nur im virtuellen Adreßraum befindliche), sondern auch
persistente Instanzen gebildet werden können. Die Typen *d_String*, *d_Short* und
d_Long sind die C++-Versionen der ODL-Typen **string**, **short** und **long**. Um
Plattformunabhängigkeit zu gewährleisten, sind die direkt in C++ vorgegebenen
Datentypen ungeeignet.
    Komplizierter wird es bei der Übersetzung der Beziehung in C++: Das Attribut
gelesenVon der Klasse *Vorlesungen* referenziert ein Objekt vom Typ *Professoren* (definiert durch das erste Argument in der Winkelklammer hinter *d_Rel_Ref*). In *Professoren* gibt es eine entsprechende inverse Referenz *liest* (definiert durch den Inhalt
der Variable, die als zweites Argument in der Winkelklammer hinter *d_Rel_Ref*)
steht. Hier wird jedoch ein Attribut vom Typ *d_Rel_Set* verwendet, da Professoren
ja mehrere Vorlesungen halten können. Die etwas seltsam anmutende Konstruktion
eines Template-Arguments, das eine Variable (also *_liest* bzw. *_gelesenVon*) mit
einem Attributnamen enthält, ist der Ersatz für das in C++ fehlende Schlüsselwort
inverse.

13.12.2 Objekterzeugung und Ballung

Eine Instanziierung wird in C++ mit dem Operator **new** durchgeführt. Eine persistente Speicherung erfordert allerdings noch die Angabe einer Plazierung. Möglich ist dabei entweder die Ablage an einem beliebigen Platz in der spezifizierten Datenbasis oder die Positionierung „nahe" eines anderen Objekts. Die zweite Variante ist eine einfache Möglichkeit, eine Ballung von Objekten festzulegen: „Nahe" bedeutet im Idealfall auf derselben Seite, so daß beide Objekte mit einem Seitentransfer gelesen werden können. Im folgenden Beispiel wird ein neues Objekt *Russel* erzeugt, das beliebig in der Datenbasis *UniDB* plaziert wird. Das Objekt *Popper* wird in der Nähe von *Russel* abgelegt:

d_Ref⟨Professoren⟩ Russel =
   new(UniDB, "Professoren") Professoren(2126, "Russel", "C4", ...);
d_Ref⟨Professoren⟩ Popper =
   new(Russel, "Professoren") Professoren(2133, "Popper", "C3", ...);

Dabei sind *Russel* und *Popper* zwei Variablen vom Typ *d_Ref⟨Professoren⟩*, die auf die neuen Objekte verweisen. *d_Ref* implementiert Referenzen zu persistenten Objekten, die aber im Gegensatz zu *d_Rel_Ref* keine inversen Referenzen besitzen. Als zweites Argument in den Klammern wird der Name des erzeugten Objekttypen als Zeichenkette angegeben.

13.13 Transaktionen

Um den Bereich einer Transaktion zu markieren, werden Objekte von einem systemdefinierten Typ *d_Transaction* verwendet. Transaktionsobjekte besitzen die Operationen *begin*, *commit*, *abort* und *checkpoint*, die von der Funktionalität den gleichnamigen Operationen in Kapitel 10 entsprechen. Eine typische Verwendung wird wie im folgenden Programmfragment aussehen:

void Professoren::Umziehen(d_Ref⟨Räume⟩ neuerRaum) {
   d_Transaction TAumziehen;
   TAumziehen.begin();

   ...

   if (/* Fehler? */)
      TAumziehen.abort();

   ...

   TAumziehen.commit();
};

Transaktionen müssen im ODMG-Modell ineinander verschachtelbar sein. Das ist sinnvoll, weil ein Benutzer einer Operation nicht voraussehen kann, ob diese Operation nicht selber eine Transaktion startet.

13.13.1 Einbettung von Anfragen

Auch bei der Einbettung von Anfragen gilt, daß eine Erweiterung des Sprachumfangs der Programmiersprache die elegantere, aber aufwendigere Methode ist. Ist die

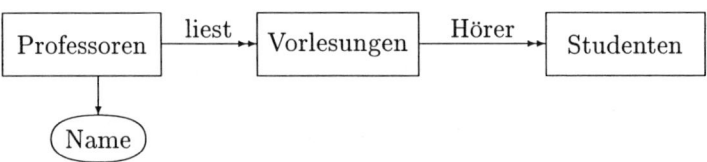

Abb. 13.18: Graphische Darstellung des Pfadausdrucks von Professoren über Vorlesungen zu Studenten

Anfrage Teil des Programmtextes, kann bereits zur Übersetzungszeit eine statische Typüberprüfung und Anfrageoptimierung durchgeführt werden.

Die ODMG-Standardisierungsorganisation wählte eine „lose" Kopplung zwischen Anfragesprache und Programmiersprache. Dabei wird der Anfragebearbeitung zur Laufzeit die Anfrage als Zeichenkette übergeben, möglicherweise mit zusätzlichen Parametern aus dem aufrufenden C++-Programm. Die Anfragebearbeitung führt anschließend das Parsen, die Typüberprüfung und die Optimierung der Anfrage durch und wertet die Anfrage aus. Das Ergebnis der Anfrage wird dann dem aufrufenden Programm in einer Variablen übergeben. Der Vorteil dieses Ansatzes der losen Kopplung liegt in deren relativ geringen Implementierungsaufwand.

Als Beispielanfrage wollen wir die Menge der *Schüler* eines bestimmten Professors bzw. einer Professorin ermitteln. Diese Anfrage wird wie folgt formuliert:

d_Bag⟨Studenten⟩ Schüler;
char* profname = ...;

d_OQL_Query anfrage("**select** s
        from s **in** v.Hörer, v **in** p.liest, p **in** AlleProfessoren
        where p.Name = $1");

anfrage ≪ profname;

d_oql_execute(anfrage, Schüler);

Zunächst wird ein Objekt vom Typ *d_OQL_Query* gebildet. Dieses Objekt erhält als Konstruktorargument die Anfrage in Form einer Zeichenkette. In der Anfrage können Platzhalter für Anfrageparameter stehen; an Stelle von $1 wird der erste übergebene Parameter eingesetzt – in unserem Fall der Name des Professors oder der Professorin, deren Schüler wir suchen. Die Übergabe erfolgt mit einem überladenen „≪"-Operator, der in der Klasse *d_OQL_Query* definiert ist. Anschließend kann die Anfrage mit der Funktion *d_oql_execute* ausgeführt werden, die das Ergebnis in der Kollektionsvariablen *Schüler* zurückliefert. Die Kollektionsvariablen ist vom Typ *d_Bag*, d.h. sie ist eine sogenannte „Multimenge", die auch Duplikate enthalten kann.

In der Anfrage wird wiederum ein Pfadausdruck ausgewertet, der in der Extension *AlleProfessoren* anfängt, über die **relationship**-Eigenschaft *liest* zu *Vorlesungen* und von dort über die Eigenschaft *Hörer* zu den gesuchten *Studenten* führt. Dieser Pfadausdruck ist in Abbildung 13.18 veranschaulicht.

13.14 Objektorientierte Modellierung

Da die Methodologie des objektorientierten Entwurfs der Entity-Relationship Modellierung sehr ähnlich ist, kann man sie als Erweiterung der ER-Entwurfsmethode verstehen. Auch beim Entwurf objektorientierter Anwendungen wird man nach der Anforderungsanalyse mit der Bestimmung von Kandidaten für Objekttypen (entsprechend den Entitätstypen) und deren Beziehungen (entsprechend den Beziehungstypen) beginnen.

Zusätzlich wird aber die Modellierung des Verhaltens in den Entwurf integriert. Wir werden hier drei Hilfsmittel dazu kurz vorstellen. Eine umgangssprachliche, aber rezeptartige Methode für die Anforderungsanalyse bilden die sogenannten *Use Cases*. Mit *Objektszenarien* und *Interaktionsdiagrammen* können Abläufe von Operationen graphisch dargestellt werden. Doch zunächst wird die für die Strukturbeschreibung von Objekten verwendete Notation eingeführt.

13.14.1 Modellierung der Struktur von Objekten

Abbildung 13.19 zeigt die Universitätswelt in einer für die objektorientierte Modellierung gebräuchlichen Darstellungsform: der Booch-Notation. Hier werden Objekttypen als „Wolken" dargestellt; ihre Attribute werden mit in die Wolke aufgenommen. Beziehungen zwischen zwei Typen werden durch eine einfache Verbindungslinie repräsentiert. Die Verbindungslinie wird mit dem Namen der Beziehung und ihrer Funktionalität beschriftet.

Es ist keine Möglichkeit vorgesehen, ternäre Beziehungen zu modellieren, daher ist aus *prüfen* ein Typ *Prüfungen* geworden. In unserem Fall hat das sogar eine flexiblere Modellierung zur Folge – man kann beispielsweise mehrere Vorlesungen innerhalb einer Prüfung gemeinsam mit einer Note bewerten.

Eine Beziehung kann durch weitere Symbole genauer spezifiziert werden: Ein „fetter" Pfeil repräsentiert eine Generalisierung, die Pfeilspitze zeigt dabei auf den Obertyp. Eine Aggregation wird durch einen Punkt angedeutet, der sich an der Seite des übergeordneten Objekts befindet (siehe Abbildung 13.20).

13.14.2 Modellierung des Verhaltens von Objekten

Use Cases

Bei der objektorientierten Modellierung soll, wie gesagt, von vornherein das Verhalten der Objekte mitberücksichtigt werden. Das beginnt bereits in der Anforderungsanalyse, wo sogenannte *Use Cases* bestimmt werden. Use Cases sollen typische Anwendungssituationen dokumentieren, die nach der Anforderungsanalyse die weitere Softwareentwicklung begleiten. Sie erleichtern die Kommunikation mit den späteren Anwendern (Kunden) des Systems und fördern das Verständnis der Entwickler für die spezielle Anwendung. Erste Schritte lassen sich besser mit konkreten Beispielen beschreiben als mit abstrakteren allgemeinen Fällen. Während der Modellierung und Softwareentwicklung dienen sie als Testfälle, um die Tauglichkeit des Systems zu überprüfen.

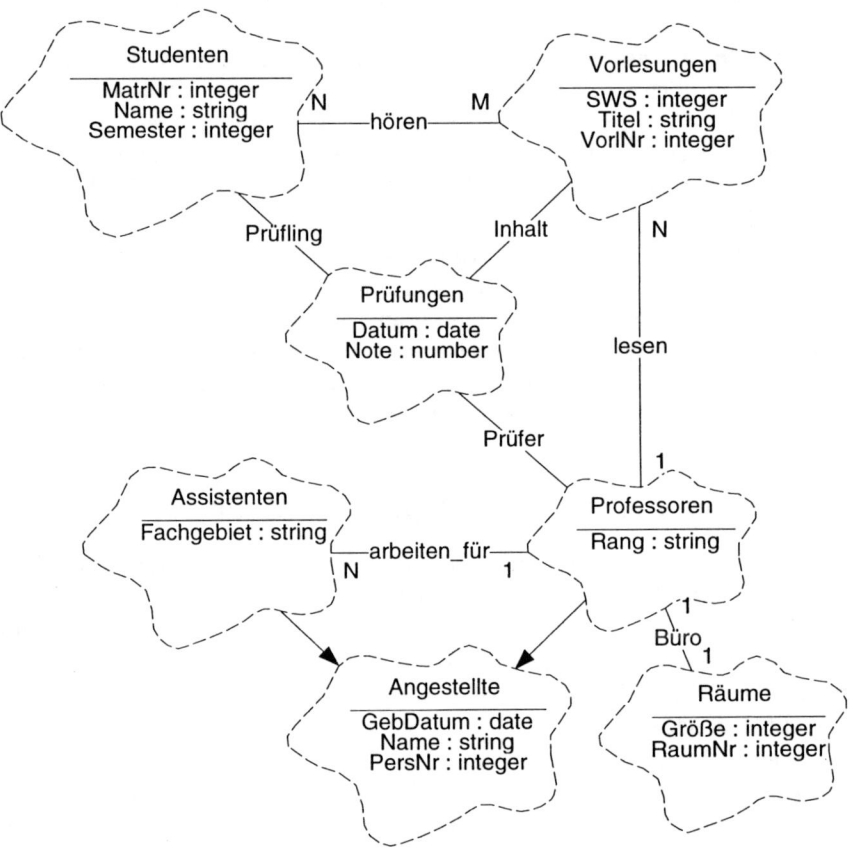

Abb. 13.19: Modellierung der Universität in Booch-Notation

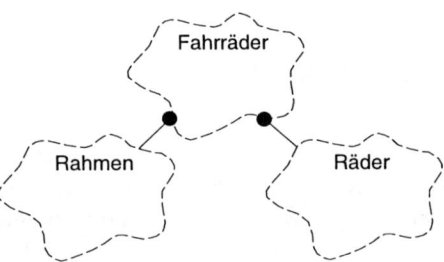

Abb. 13.20: Aggregation in der Booch-Notation

Neue Vorlesung anbieten
1. Leihe Buch aus, falls vorhanden, ansonsten Abbruch.
2. Wähle nächsten freien Termin.
3. Reserviere Raum, falls möglich, ansonsten gehe zu Schritt 2.
4. Belege Termin im Terminkalender.
5. Trage Vorlesung im Vorlesungsverzeichnis ein.

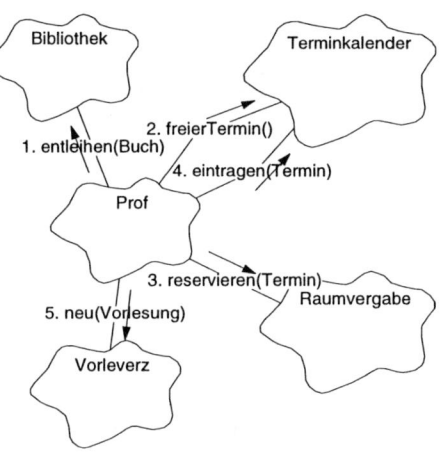

Abb. 13.21: Ein Objektszenario zur Vorlesungsvorbereitung

Nehmen wir an, ein Professor bzw. eine Professorin möchte für das nächste Semester eine Vorlesung anbieten. Ein möglicher Use Case legt die dazu notwendigen Abläufe fest:

Neue Vorlesung anbieten.
1. begleitende Literatur auswählen
2. möglichen Vorlesungstermin bestimmen
3. Hörsaal reservieren
4. Eintrag ins Vorlesungsverzeichnis vornehmen

Anmerkung: Falls ein Schritt scheitert, müssen alle Schritte rückgängig gemacht werden.

Objektszenarien und Interaktionsdiagramme

Nachdem in der Entwurfsphase die Objekttypen und deren Beziehungen festgelegt wurden, können die informell spezifizierten Use Cases modelliert werden. Dazu stehen zwei Beschreibungsmöglichkeiten zur Verfügung: *Objektszenarien* und *Interaktionsdiagramme.*

In Objektszenarien wird das Zusammenwirken von Objekten verdeutlicht. Eine mögliche Modellierung des Use Cases aus dem letzten Abschnitt ist in Abbildung 13.21 dargestellt. Eine Verbindung zwischen zwei Objekten bezeichnet einen Kommunikationsvorgang. Die Richtung der Kommunikation wird durch einen Pfeil angedeutet. Eine Numerierung gibt die Reihenfolge des Ablaufs an. Links befindet sich ein Skript, das den Arbeitsvorgang verdeutlicht und Bedingungen und Iterationsschritte angibt.

Eine ähnliche Darstellungsform, die aber die Ablaufreihenfolge noch stärker betont, ist das sogenannte Interaktionsdiagramm. Ein Beispiel für ein Interaktionsdiagramm zeigt Abbildung 13.22. Die am Ablauf beteiligten Objekte werden horizontal nebeneinander dargestellt, die Operationen nach ihrer Reihenfolge vertikal von oben

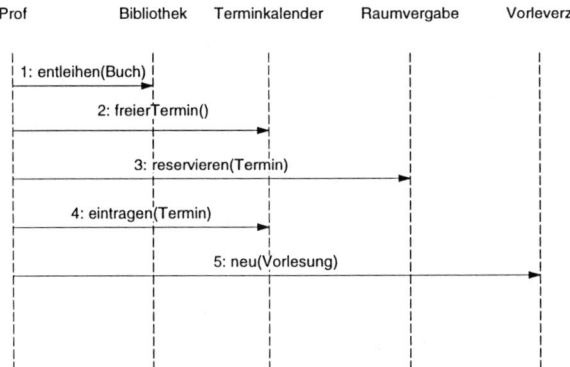

Abb. 13.22: Ein Interaktionsdiagramm

nach unten. Es empfiehlt sich auch hier, das Diagramm mit einem Skript wie oben zu kommentieren.

13.15   Objektrelationale Datenbanken

Die meisten Hersteller relationaler Systeme arbeiten an der funktionalen Erweiterung des relationalen Datenmodells. Für diese Erweiterungen wurde das Schlagwort *objektrelationales Datenmodell* geprägt, da man Konzepte aus der objektorientierten Datenmodellierung in das relationale Modell integriert. Die Erweiterungen beziehen sich im wesentlichen auf folgende Aspekte:

Mengenwertige Attribute Man gibt bewußt die flache Struktur des relationalen Modells auf, um einem Tupel (Objekt) in einem Attribut eine Menge von Werten zuordnen zu können. Damit ist es beispielsweise möglich, den *Studenten* ein mengenwertiges Attribut *ProgrSprachenKenntnisse* zuzuordnen. Dieses Attribut enthält eine Menge von Strings. Um mit mengenwertigen Attributen sinnvoll umgehen zu können, muß man in der Anfragesprache Möglichkeiten zur Schachtelung (Bildung von Mengen) und Entschachtelung („Flachklopfen" von Mengen) haben.

Typdeklarationen Objektrelationale Datenbanksysteme unterstützen die Definition von anwendungsspezifischen Typen. Man ist also nicht mehr nur an den (sehr begrenzten) Satz von vordefinierten SQL-Attributtypen gebunden. Dadurch kann man dann komplexe Objektstrukturen aufbauen, da man die benutzerdefinierten Typen als Attributtypen verwenden kann. Oft unterscheidet man zwischen (wertbasierten) abstrakten Datentypen, die nur als Komponente (Attribut) eines Tupels vorkommen können, und Tupeltypen (engl. *row types*), die als eigenständiger Datensatz in einer Relation vorkommen können.

Referenzen Attribute können direkte Referenzen auf Tupel (derselben oder anderer Relationen) als Wert haben. Dadurch ist man nicht mehr nur auf die

Nutzung von Fremdschlüsseln zur Realisierung von Beziehungen beschränkt. Insbesondere kann ein Attribut auch eine Menge von Referenzen als Wert haben, so daß man auch N:M-Beziehungen ohne separate Beziehungsrelation repräsentieren kann. Z.B. könnte *Studenten* das Attribut *gehörteVorlesungen* zugeordnet werden, das eine Menge von Referenzen auf Tupel in der Relation *Vorlesungen* enthält.

Objektidentität Referenzen setzen natürlich voraus, daß man Objekte (Tupel) anhand einer Objektidentität eindeutig identifizieren kann.

Pfadausdrücke Referenzattribute führen unweigerlich zur Notwendigkeit, Pfadausdrücke in der Anfragesprache zu unterstützen.

Vererbung Relationen können als Untertyp von einer oder auch mehreren Relationen definiert werden.

Operationen Die im relationalen Modell fehlende Möglichkeit, den Daten auch Operationen zuordnen zu können, wurde im objektrelationalen Modell revidiert. Die Operationen können, wenn sie einfach genug sind, direkt in SQL implementiert werden. Wenn es komplexere Berechnungen sind, stellen viele Systeme den Benutzern eine Schnittstelle zur Verfügung, die Operationen in einer prozeduralen Sprache (z.B. C++) zu realisieren und dann dem DBMS hinzuzubinden. Diese Möglichkeit wird aber von vielen Datenbankentwicklern kritisch gesehen, da diese Operationen ein potentielles Sicherheitsrisiko darstellen, da sie – der Effizienz wegen – im selben Adreßraum wie der DBMS-Code ausgeführt werden.

Die SQL3-Standardisierung hat das Ziel, ein standardisiertes objektrelationales Datenmodell einschließlich der Anfragesprache zu entwickeln. Die Standardisierung wird von dem amerikanischen *National Institute of Standards and Technology* getragen. Man kann sich auf deren Webserver (`http://www.itl.nist.gov/`) über die Fortschritte informieren. Es wird sicherlich noch einige Jahre dauern, bis ein Standard verabschiedet wird. Trotzdem verfügen viele kommerzielle relationale DBMS-Produkte schon heute über einige der objektrelationalen Konzepte – leider in uneinheitlicher Form.

13.16 Übungen

13.1 In Abschnitt 13.1 wurde das relationale Schema für die Begrenzungsflächendarstellung von Polyedern eingeführt. Dort wurde u.a. auch die Problematik der Realisierung von Operationen erörtert. Implementieren Sie die den Polyedern zugeordneten Operationen (rotate, scale, translate, volume, weight etc.) in C oder C++ mit eingebetteten SQL-Befehlen für die Datenbankzugriffe. Implementieren Sie auch die anderen geometrischen Transformationen *translate* und *scale*. Falls Ihnen grundlegende Kenntnisse aus dem Bereich Computergeometrie fehlen, ziehen Sie bitte das Lehrbuch von Foley und van Dam (1983) zu Rate.

13.2 Wenn Sie Zugriff auf ein objekt-orientiertes Datenbanksystem haben, realisieren Sie die Begrenzungsflächendarstellung von Polyedern in diesem System. Verwirklichen Sie die geometrischen Transformationen *rotate*, *scale* und *translate*. Weiterhin sollten Sie einige sogenannte Beobachtungsoperationen implementieren, wie z.B. die Visualisierung (*display*) eines Polyeders auf dem Bildschirm. Wenn Sie keinen Zugriff auf ein objektorientiertes Datenbanksystem haben, führen Sie die objektorientierte Modellierung in C++ (oder einer anderen objektorientierten Programmiersprache) durch.

Vergleichen Sie die objektorientierte Modellierung mit der in Abschnitt 13.1 skizzierten und in Übung 13.16 vervollständigten relationalen Repräsentation.

13.3 Entwerfen Sie eine vollständige Typhierarchie für die Mitglieder einer Universität. Diskutieren Sie, inwieweit die Mehrfachvererbung zu einer besseren oder schlechteren Modellierung führt.

13.4 Vervollständigen Sie die objektorientierte Modellierung der Universitätswelt. Realisieren Sie dieses Modell in einem Ihnen verfügbaren objektorientierten Datenbanksystem oder in C++ (falls Ihnen kein objektorientiertes DBMS zur Verfügung stehen sollte). Bauen Sie eine kleine Beispiel-Datenbasis auf.

13.5 Implementieren Sie die Objekttypen *Angestellte*, *Assistenten* und *Professoren* in einem Ihnen zur Verfügung stehenden Objektmodell, evtl. C++. Finden Sie die in Ihrer Universität gültige Gehaltsberechnung für diese Universitätsangehörigen heraus und implementieren diese. Zeigen Sie an Beispielen, daß das dynamische Binden „funktioniert".

13.6 „Bauen" Sie eine objektorientierte Datenbank für das in Übungsaufgabe 2.6 auf Seite 56 konzeptuell entworfene Zugauskunftsystem. Sie sollten insbesondere Operationen zur Fahrplanermittlung integrieren.

- Führen Sie zunächst den objektorientierten Entwurf nach der hier vorgestellten Booch-Notation aus. Vielleicht haben Sie ja auch Zugriff auf ein objektorientiertes Entwurfswerkzeug, wie z.B. das System „Rose" von der Firma „Rational".

- Setzen Sie ihren objektorientierten konzeptuellen Entwurf um in ein Objektmodell – entweder auf der Basis eines objektorientierten Datenbanksystems (wenn vorhanden) oder einer objektorientierten Programmiersprache, wie z.B. C++.

13.7 Entwerfen Sie mögliche Realisierungen für die Objektidentität. Achten Sie darauf, daß ein einmal vergebener Identifikator nicht wiederverwendet werden darf – auch nicht zu einem späteren Zeitpunkt, an dem das ursprünglich referenzierte Objekt schon gelöscht ist.

13.17 Literatur

Innerhalb der Informatik tauchten die ersten Konzepte der Objektorientierung im Programmiersprachenbereich auf. Bereits Simula-67 (beschrieben von Dahl, Myrhaug und Nygaard (1970)), eine insbesondere auf Simulationsanwendungen zugeschnittene Programmiersprache, enthält die meisten für Objektorientierung als wesentlich geltenden Eigenschaften. Sie gilt als Vorläufer aller folgenden objektorientierten Programmiersprachen. Direkte Nachfolger von Simula-67 sind die Sprachen Smalltalk-80 [Goldberg und Robson (1983)], Eiffel [Meyer (1988)], ObjectiveC [Cox (1986)] und C^{++} [Stroustrup (1992)], um nur einige wenige zu nennen.

Das erste kommerzielle objektorientierte Datenbanksystem war GemStone [Copeland und Maier (1984)] (von der Firma GemStone Systems Inc.), dessen Datenmodell auf der Sprache Smalltalk-80 basiert. Poet [Poet Software (1997)] ist ein in Deutschland entwickeltes objektorientiertes Datenbanksystem.

Für eine tiefergehende Behandlung der Konzepte objektorientierter Datenbanken empfiehlt es sich, eines der Lehrbücher zur Hand zu nehmen, wie z.B. das von Kemper und Moerkotte (1994). Dort erläutern die Autoren anhand des Objektmodells GOM die Besonderheiten objektorientierter Datenbanken und führen eine Gegenüberstellung von relationaler und objektorientierter Technologie durch. Ein kurzer Überblick über die objektorientierte Datenbankentwicklung wurde von Kemper und Moerkotte (1993) für das Informatik Spektrum verfaßt. Auch Unland (1995) hat einen Überblick über diese neue Technologie geschrieben. In dem Sammelband von Bayer, Härder und Lockemann (1992) findet sich eine Übersicht über deutsche Forschungsarbeiten im Bereich Objektbanken. Auch Heuer (1992) bespricht verschiedene objektorientierte Systeme. Matthes (1993) beschreibt Realisierungskonzepte für ein persistentes Objektsystem. Kürzlich erschienene Bücher zu objektorientierten Datenbanken sind von Lausen und Vossen (1996) und Saake, Schmitt und Türker (1997) und Hohenstein et al. (1996). Geppert (1997) hat ein Praktikum für objektorientierte Datenbanken (Schwerpunkt O$_2$) ausgearbeitet.

Da die verschiedenen Systeme eine Vielzahl unterschiedlicher Fähigkeiten haben, wurde von Atkinson et al. (1989) im „Manifesto" festgehalten, welches die wichtigsten Merkmale objektorientierter Datenbanksysteme sind.

Der ODMG-93 Standard ist von Cattell et al. (1997) beschrieben worden. Mittlerweile ist allgemein anerkannt, daß „die Datenbanksysteme der nächsten Generation" ein mächtiges objektorientiertes Datenmodell anbieten werden – sei es in der Form eines „reinen" Objektmodells nach dem hier vorgestellten ODMG-Standard oder als objektrelationales Modell nach dem zukünftigen SQL3-Standard [Pistor (1993)].

Die Object Query Language des ODMG-Standards ist dem O$_2$ System von O$_2$Technology entnommen [Bancilhon, Delobel und Kanellakis (1992)]. Weitere kommerzielle Systeme sind in der Sonderausgabe der Communications of the ACM [Association for Computing Machinery (1991)] beschrieben – u.a. auch ObjectStore, das auf C++ basiert.

Es gibt seit einigen Jahren Bestrebungen, das objektorientierte Datenmodell zu formalisieren: Kifer, Lausen und Wu (1995), Hartmann et al. (1992) und Gottlob, Kappel und Schrefl (1990) sind Beispiele für Arbeiten auf diesem Gebiet.

Booch (1994) beschreibt Methoden zum Entwurf objektorientierter Software; diese Notation wird auch in dem Modellierungssystem Rose von der Firma Rational benutzt. Eine alternative Notation findet sich in dem Buch von Rumbaugh et al. (1991), wo auch die funktionalen und dynamischen Aspekte einer Software etwas systematischer behandelt werden.

Es gibt schon seit vielen Jahren Projekte mit dem Ziel, objektorientierte Konzepte in ein erweitertes relationales System zu integrieren. Linnemann et al. (1988) beschreiben die Integration von ADTs in das geschachtelte relationale System AIM. Haas et al. (1990) beschreiben das Starburst-Projekt. Stonebraker, Rowe und Hirohama (1990) diskutieren die Implementierung von Postgres, dem Nachfolger von Ingres. Das Buch von Stonebraker (1996) beschreibt im wesentlichen die Konzepte von Illustra, einem kommerziellen objektrelationalen Datenbanksystem, das mittlerweile über die Firma Informix unter dem Namen *Universal Server* vertrieben wird. Auch die nächste Version von Oracle, Oracle8 genannt, wird einige objektrelationale Konzepte enthalten. Chamberlin (1996) beschreibt die objektrelationalen Modellierungskonzepte von DB2.

14. Deduktive Datenbanken

Bei den *deduktiven Datenbanksystemen* handelt es sich um eine Erweiterung des relationalen Datenmodells um eine sogenannte *Deduktionskomponente*. Die Deduktionskomponente basiert auf dem Prädikatenkalkül – also der Logik erster Stufe. Deshalb kann man deduktive Datenbanken auch als „Verheiratung" der relationalen Datenmodellierung mit der Logikprogrammierung sehen. Die Motivation der deduktiven Datenbanktechnologie besteht darin, daß man durch Auswertung von Deduktionsregeln weiteres „Wissen" aus den in der Datenbasis abgespeicherten Fakten gewinnen kann.

14.1 Terminologie

In Abbildung 14.1 ist die Grundstruktur eines deduktiven Datenbanksystems graphisch dargestellt. Die drei grundlegenden Komponenten sind:

- Die *extensionale Datenbasis (EDB)*, die manchmal auch *Faktenbasis* genannt wird. Die EDB besteht aus einer Menge von Relationen(ausprägungen) und entspricht einer „ganz normalen" relationalen Datenbasis.

- Die *Deduktionskomponente*, die aus einer Menge von (Herleitungs-)*Regeln* besteht. Die Regelsprache heißt *Datalog* – abgeleitet von dem Wort *Data* und dem Namen der Logikprogrammiersprache *Prolog*.

- Die *intensionale Datenbasis (IDB)*, die aus einer Menge von hergeleiteten Relationen(ausprägungen) besteht. Die IDB wird durch Auswertung des Datalog-Programms aus der EDB generiert.

Es gibt auch in den herkömmlichen relationalen Datenbanken mit der Anfragesprache SQL eine Analogie zur EDB und IDB:

- Die Basis-Relationen entsprechen der EDB.

- Die in SQL mittels des **create view**-Konstruktes definierten Sichten entsprechen der IDB, da sie jeweils „aufs Neue" hergeleitet werden.

Allerdings ist die Regelsprache der deduktiven Datenbanken *ausdrucksmächtiger* als SQL, so daß es IDB-Relationen gibt, die man nicht als SQL-Sicht definieren kann.

14.2 Datalog

Datalog-Programme bestehen aus einer (endlichen) Anzahl von Regeln folgender Art:

$$\text{sokLV}(T, S) :\!-\, \text{vorlesungen}(V, T, S, P), \text{professoren}(P, \text{``Sokrates''}, R, Z), >(S, 2).$$

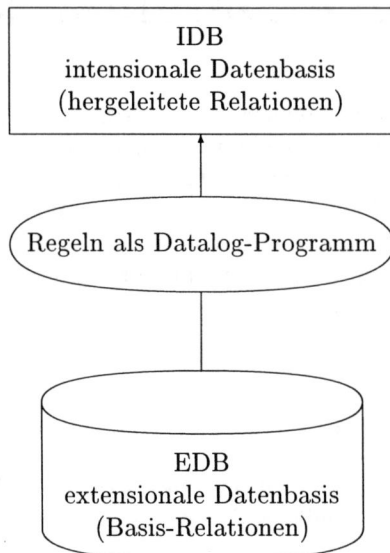

Abb. 14.1: Grundkonzepte einer deduktiven Datenbank

Diese Regel *sokLV* definiert ein *Prädikat* bzw. eine abgeleitete zweistellige Relation, deren Ausprägung durch folgenden relationalen Domänenkalkül-Ausdruck definiert ist:

$$\{[t, s] \mid \exists v, p([v, t, s, p] \in \text{Vorlesungen} \wedge$$
$$\exists n, r, z([p, n, r, z] \in \text{Professoren} \wedge$$
$$n = \text{"Sokrates"} \wedge s > 2))\}$$

Es werden also die *Titel/SWS*-Paare der von Sokrates gehaltenen Vorlesungen, die einen Umfang von mehr als 2 SWS haben, gebildet.

Nachdem wir die Datalog-Regeln intuitiv erläutert haben, sollten wir nun eine formale Definition „nachreichen". Die Grundbausteine von Regeln sind sogenannte *atomare Formeln* oder *Literale*, die folgende Gestalt haben:

$$q(A_1, \ldots, A_m).$$

Hierbei ist q der Name einer Basisrelation (EDB-Relation), der Name einer abgeleiteten (IDB-)Relation oder ein eingebautes Prädikat ($\neq, <, \leq, >, \geq$, usw.). Bei den eingebauten Vergleichs-Prädikaten benutzt man häufig die gebräuchlichere Infixnotation, also $X < Y$ anstatt $<(X, Y)$. Die A_i ($1 \leq i \leq m$) sind entweder Variablen, die in Datalog in Anlehnung an die Prolog-Konventionen mit einem Großbuchstaben beginnen, oder Konstanten. Ein Beispiel für eine atomare Formel wäre

$$\text{professoren}(S, \text{"Sokrates"}, R, Z).$$

wobei Sokrates eine Konstante ist und S, R und Z Variablen sind. Das Prädikat *professoren* repräsentiert die EDB-Relation *Professoren*. Der Wahrheitswert eines solchen Prädikats wird dann durch die (aktuelle) Ausprägung der zugrundeliegenden

Relation gegeben. Das Prädikat ist also für die in der Ausprägung enthaltenen Tupel *true* und für alle anderen möglichen Tupel *false*.

Eine Datalog-Regel hat dann folgende abstrakte Form:

$$p(X_1, \ldots, X_m) :\!- q_1(A_{11}, \ldots, A_{1m_1}), \ldots, q_n(A_{n1}, \ldots, A_{nm_n}).$$

Es muß hierbei gelten:

- Jedes $q_j(\ldots)$ ist eine atomare Formel. Die q_j werden oft als *Subgoals* bezeichnet.

- $X_1, \ldots, X_m$ sind Variablen, die mindestens einmal auch auf der rechten Seite des Zeichens :– vorkommen müssen.

Den linken Teil der Regel, also $p(\ldots)$, bezeichnet man als den *Kopf* (engl. *head*) und den rechten Teil, der aus den *Subgoals* besteht, als den *Rumpf* (engl. *body*). Diese Form von Regeln bezeichnet man auch als Horn-Klauseln.[1]

Die Bedeutung der Regel ist: Wenn $q_1(\ldots)$ **und** $q_2(\ldots)$ **und** ... **und** $q_n(\ldots)$ wahr sind, dann ist auch $p(\ldots)$ wahr. Deshalb kann man die oben gezeigte abstrakte Regel auch folgendermaßen notieren ($\neg$ ist das Negationszeichen):

$$p(\ldots) \vee \neg q_1(\ldots) \vee \ldots \vee \neg q_n(\ldots)$$

Ein IDB-Prädikat p wird i.a. durch mehrere Regeln mit Kopf $p(\ldots):\!-\ldots$ definiert. Ein EDB-Prädikat $q(\ldots)$ wird durch die abgespeicherte EDB-Relation Q definiert. Deshalb taucht ein EDB-Prädikat nicht auf der linken Seite einer Regel auf, sondern nur als Subgoals auf der rechten Seite von Regeln, die IDB-Prädikate definieren. IDB-Prädikate können aber durchaus – sogar rekursiv – aufeinander aufbauen, so daß sie auch als Subgoals auf der rechten Seite einer Regel auftreten können.

Wir werden uns durchweg an folgende Notation halten:

- Die Prädikate beginnen mit einem Kleinbuchstaben.

- Die zugehörigen Relationen – seien es EDB- oder IDB-Relationen – werden mit gleichem Namen, aber mit einem Großbuchstaben beginnend, bezeichnet.

In Abbildung 14.2 ist ein Datalog-Programm aus dem Kontext unserer Universitäts-Datenbank gezeigt. Dieses Datalog-Programm basiert auf den beiden EDB-Relationen

- Voraussetzen: {[Vorgänger, Nachfolger]}

- Vorlesungen: {[VorlNr, Titel, SWS, gelesenVon]}

Durch die sieben Datalog-Regeln werden vier IDB-Relationen definiert:

- GeschwisterVorl: {[$N1, N2$]}
  Diese Relation enthält Paare von Vorlesungen – d.h. Paare von *VorlNr*-Werten – die einen gemeinsamen direkten *Vorgänger* gemäß der EDB-Relation *Voraussetzen* haben. Solcherart Paare mögen für die Stundenplangestaltung wichtig sein, da sie nicht zur gleichen Zeit stattfinden sollten. Das Subgoal $N1 < N2$ in der Regel mag auf den ersten Blick verwundern: Dadurch wird die Symmetrie ausgeschaltet, so daß beispielsweise nicht zusätzlich zu dem Tupel [5041, 5043] auch noch das symmetrische Tupel [5043, 5041] herleitbar ist.

---

[1]Nach dem Mathematiker *Alfred Horn* benannt.

$$\text{geschwisterVorl}(N1, N2) \quad :- \quad \begin{array}{l} \text{voraussetzen}(V, N1), \\ \text{voraussetzen}(V, N2), N1 < N2. \end{array} \tag{14.1}$$

$$\text{geschwisterThemen}(T1, T2) \quad :- \quad \begin{array}{l} \text{geschwisterVorl}(N1, N2), \\ \text{vorlesungen}(N1, T1, S1, R1), \\ \text{vorlesungen}(N2, T2, S2, R2). \end{array} \tag{14.2}$$

$$\text{aufbauen}(V, N) \quad :- \quad \text{voraussetzen}(V, N). \tag{14.3}$$

$$\text{aufbauen}(V, N) \quad :- \quad \text{aufbauen}(V, M), \text{voraussetzen}(M, N). \tag{14.4}$$

$$\text{verwandt}(N, M) \quad :- \quad \text{aufbauen}(N, M). \tag{14.5}$$

$$\text{verwandt}(N, M) \quad :- \quad \text{aufbauen}(M, N). \tag{14.6}$$

$$\text{verwandt}(N, M) \quad :- \quad \text{aufbauen}(V, N), \text{aufbauen}(V, M). \tag{14.7}$$

Abb. 14.2: Datalog-Programm zur Bestimmung von (thematisch) verwandten Vorlesungspaaren

---

- GeschwisterThemen: $\{[T1, T2]\}$
  Diese IDB-Relation enthält die Paare von Vorlesungs-Titeln für Geschwistervorlesungen, wobei Geschwistervorlesungen gemäß der Regel (14.1) definiert sind. In dieser Regel (14.2) wird also der Join der hergeleiteten Relation *GeschwisterVorl* mit zwei Kopien der EDB-Relation *Vorlesungen* gebildet.

- Aufbauen: $\{[V, N]\}$
  Diese abgeleitete IDB-Relation wird durch zwei Regeln definiert. Die Ausprägung der Relation entspricht – wie später noch detaillierter erklärt wird – der Vereinigung der Tupel, die nach Regel (14.3) und Regel (14.4) hergeleitet werden können.

  Schon an dieser Stelle sei darauf hingewiesen, daß es sich hierbei um ein rekursives Programm handelt, was hier sehr leicht an dem Subgoal *aufbauen(...)*, das dem Kopf der Regel (14.4) entspricht, zu erkennen ist. Die durch dieses rekursive Prädikat definierte Relation *Aufbauen* enthält die *transitive Hülle* der EDB-Relation *Voraussetzen*.

- Verwandt: $\{[N, M]\}$
  Zwei Vorlesungen N und M sind „verwandt", wenn die eine auf der anderen *aufbaut* (Regeln (14.5) und (14.6)) oder wenn sie einen gemeinsamen Vorfahren, also eine Vorlesung V, die Grundlage beider Vorlesungen N und M ist, besitzen (Regel (14.7)).

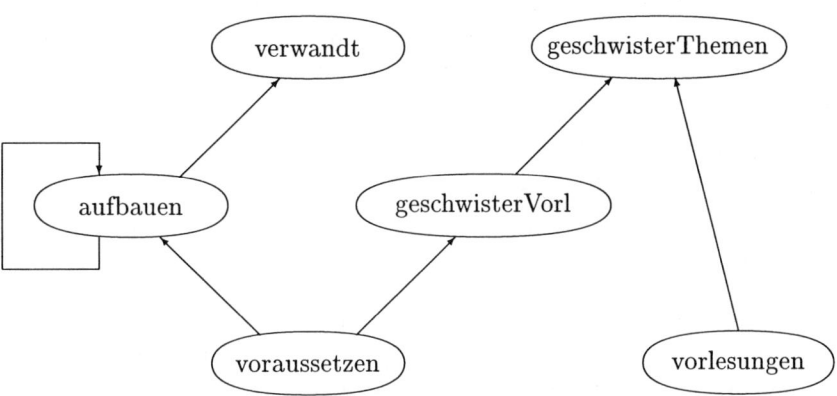

Abb. 14.3: Abhängigkeitsgraph für unser Datalog-Beispielprogramm

14.3 Eigenschaften von Datalog-Programmen

14.3.1 Rekursivität

Zur Charakterisierung von Datalog-Programmen hinsichtlich Rekursivität dient der sogenannte *Abhängigkeitsgraph*. Hierbei bildet jedes im Datalog-Programm vorkommende Prädikat einen Knoten des Graphen – die eingebauten Prädikate (wie $=$, $\neq$, $<$, ...) kann man dabei vernachlässigen. Für jede Regel der Form

$$p(\ldots) :\text{-} q_1(\ldots), \ldots, q_n(\ldots).$$

werden die n Kanten

$$q_1 \to p, \ldots, q_n \to p$$

eingefügt – falls sie nicht schon vorhanden waren. Ein Datalog Programm ist genau dann rekursiv, falls der Abhängigkeitsgraph zyklisch ist – falls also mindestens ein Zyklus vorhanden ist.

Für unser Beispielprogramm aus Abbildung 14.2 ist der Abhängigkeitsgraph in Abbildung 14.3 gezeigt. An diesem Graphen ist die Rekursivität aufgrund des Zyklus

$$\text{aufbauen} \to \text{aufbauen}$$

erkennbar. Im allgemeinen kann so ein Zyklus natürlich beliebig viele Knoten einschließen. Allerdings sind Zyklen mit nur einem Knoten in der Praxis häufiger als Zyklen über mehrere Knoten.

14.3.2 Sicherheit von Datalog-Regeln

Analog zum Relationenkalkül muß man auch bei Datalog-Regeln Sorge tragen, daß die durch eine Regel definierte Relation endlich ist. Ein Beispiel einer Regel, die eine unendliche Relation definiert, ist folgende:

$$\text{ungleich}(X, Y) \quad :\text{-} \quad X \neq Y.$$

Es gibt natürlich unendlich viele Paare von Werten, die ungleich sind. Grundsätzlich verursachen Variablen, die nur in einem eingebauten Prädikat im Rumpf einer Regel vorkommen, Probleme. Die gleiche Schwierigkeit taucht bei Variablen auf, die im Kopf einer Regel vorkommen, aber im Rumpf gar nicht auftreten:

$$\text{aufbauend}(V, N) \quad :- \quad \text{vorlesungen}(V, \text{``Grundzüge``}, S, R).$$

Hierdurch wird definiert, daß „alles" auf der Vorlesung mit dem Titel „Grundzüge" aufbaut. Die Variable N wird in keiner Weise eingeschränkt und liefert somit eine unendliche IDB-Relation *Aufbauend*.

Wir müssen demnach verlangen, daß jede in einer Regel vorkommende Variable *eingeschränkt* ist. Die Einschränkung einer Variablen erfolgt i.a. dadurch, daß sie im Rumpf der Regel innerhalb eines normalen Prädikats – welches einer IDB- oder EDB-Relation entspricht – vorkommt. Da alle IDB- und (sowieso alle) EDB-Relationen endlich sind, wird die Variable dadurch auf die endliche Menge der betreffenden Attributwerte eingeschränkt. Die eingebauten Vergleichs-Prädikate sind hierzu nicht geeignet, da sie selbst unendliche Relationen darstellen und deshalb Variablen nicht einschränken.

Eine Variable X ist in einer bestimmten Regel eingeschränkt, falls

- die Variable im Rumpf der Regel in mindestens einem normalen Prädikat – also nicht nur in eingebauten Vergleichsprädikaten – vorkommt oder

- ein Prädikat der Form $X = c$ mit einer Konstanten c im Rumpf der Regel existiert oder

- ein Prädikat der Form $X = Y$ im Rumpf vorkommt, und man schon nachgewiesen hat, daß Y eingeschränkt ist.

Eine Regel ist *sicher*, wenn alle Variablen eingeschränkt sind.

Die Regeln unseres Datalog-Programms aus Abbildung 14.2 sind alle sicher. Andererseits sind die oben angegebenen Regeln für die Prädikate *ungleich* und *aufbauend* nicht sicher, da keine der beiden Variablen X und Y in *ungleich* eingeschränkt ist, und die Variable N in der Regel *aufbauend* nicht eingeschränkt ist.

14.4   Auswertung von nicht-rekursiven Datalog-Programmen

14.4.1   Auswertung eines Beispielprogramms

Wir betrachten als Beispiel das folgende nicht-rekursive Datalog-Programm – ein Teil des Programms aus Abbildung 14.2:

$$gV(N1, N2) \quad :- \quad vs(V, N1), vs(V, N2), N1 < N2.$$
$$gT(T1, T2) \quad :- \quad gV(N1, N2), vL(N1, T1, S1, R1), vL(N2, T2, S2, R2).$$

Hierbei wurden folgende Abkürzungen verwendet: gV für *geschwisterVorl*, vs für *voraussetzen*, gT für *geschwisterThemen* und vL für *vorlesungen*. Für dieses Programm erhält man den in Abbildung 14.4 gezeigten zyklenfreien Abhängigkeitsgraphen. Wir wollen uns die Ausprägung unserer Universitäts-Datenbank nochmals

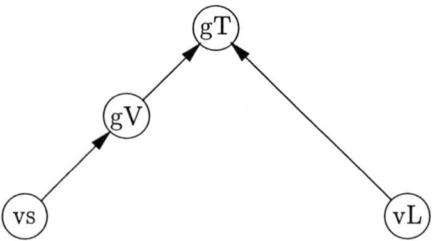

Abb. 14.4: Ein zyklenfreier Abhängigkeitsgraph

vergegenwärtigen. In Abbildung 14.5 ist die Ausprägung der EDB-Relation *Voraus-setzen* visualisiert. Aus Gründen der Veranschaulichung ist zusätzlich zur *VorlNr* noch der *Titel* der jeweiligen Vorlesung in Klammern angeführt. Der *Titel* ist natürlich nicht in der Relation *Voraussetzen* enthalten, sondern muß durch einen Verbund (Join) mit der Relation *Vorlesungen* „gewonnen" werden – wie dies in der Regel *gT* geschehen ist.

Basierend auf den EDB-Relationen *Voraussetzen* und *Vorlesungen* würde das Datalog-Programm die in Abbildung 14.6 gezeigten IDB-Relationen *GeschwisterVorl* und *GeschwisterThemen* herleiten.

Wie geht man nun systematisch vor, um diese IDB-Relationen herzuleiten? Die Grundidee besteht darin, für den zyklenfreien Abhängigkeitsgraphen eine topologische Sortierung der Knoten zu finden, so daß in der Sortierreihenfolge der Knoten q vor einem Knoten p steht, falls es im Abhängigkeitsgraphen eine (gerichtete) Kante von q nach p (also $q \rightarrow p$) gibt. Für unser Beispiel wäre

$$vs, gV, vL, gT$$

eine derartige topologische Sortierung.[2] Diese Sortierung ist bei zyklenfreien Abhängigkeitsgraphen – also bei nicht-rekursiven Datalog-Programmen – immer möglich.

Die IDB-Relationen werden dann in der Reihenfolge der topologischen Sortierung hergeleitet (materialisiert). Dabei geht man in zwei Schritten vor (bezogen auf ein Prädikat p):

1. Für jede Regel mit dem Kopf $p(\ldots)$, also

$$p(\ldots) :- q_1(\ldots), \ldots, q_n(\ldots).$$

bilde eine Relation, in der alle im Körper der Regel vorkommenden Variablen als Attribute vorkommen. Diese Relation wird im wesentlichen durch einen natürlichen Verbund der Relationen $Q_1, \ldots, Q_n$, die den Relationen der Prädikate $q_1, \ldots, q_n$ entsprechen, gebildet. Man beachte, daß diese Relationen $Q_1, \ldots, Q_n$ wegen der Einhaltung der topologischen Sortierung bereits ausgewertet (materialisiert) sind.

---

[2]Die topologische Sortierung ist nicht eindeutig; z.B. wäre vs, vL, gV, gT auch eine gültige topologische Sortierreihenfolge.

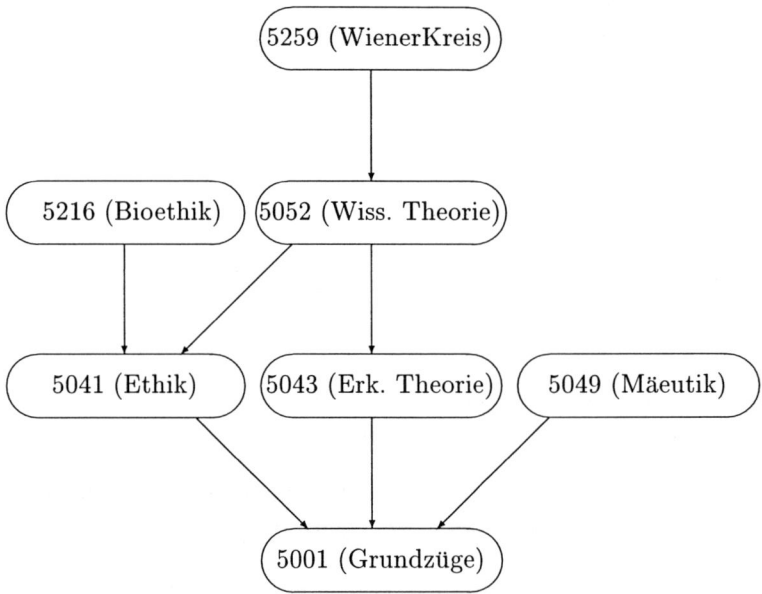

Abb. 14.5: Graphische Veranschaulichung der EDB-Relation *Voraussetzen*

GeschwisterVorl	
*N*1	*N*2
5041	5043
5043	5049
5041	5049
5052	5216

GeschwisterThemen	
*T*1	*T*2
Ethik	Erkenntnistheorie
Erkenntnistheorie	Mäeutik
Ethik	Mäeutik
Wissenschaftstheorie	Bioethik

Abb. 14.6:   Ausprägung der beiden IDB-Relationen *GeschwisterVorl* und *GeschwisterThemen*

2. Da das Prädikat p durch mehrere Regeln definiert sein kann, werden in diesem zweiten Schritt die Relationen aus Schritt 1. vereinigt. Hierzu muß man aber vorher noch auf die im Kopf der Regeln vorkommenden Attribute projizieren. Wir nehmen an, daß alle Köpfe der Regeln für p dieselben Attributnamen an derselben Stelle verwenden – durch Umformung der Regeln kann man dies immer erreichen (siehe Übungsaufgabe 14.1).

Da in unserem Beispiel jedes IDB-Prädikat (gV und gT) nur durch jeweils eine Regel definiert ist, vereinfacht sich Schritt 2. Die Relation zu Prädikat gV ergibt sich nach Schritt 1. aus folgendem Relationenalgebra-Ausdruck:

$$\sigma_{N1 < N2}(Vs1(V, N1) \bowtie Vs2(V, N2))$$

Hierbei steht $Vs1(V,N1)$ für folgenden Ausdruck, der nur Umbenennungen durchführt:

$$Vs1(V, N1) := \rho_{V \leftarrow \$1}(\rho_{N1 \leftarrow \$2}(\rho_{Vs1}(\text{Voraussetzen})))$$

Hierbei wird also die EDB-Relation *Voraussetzen* in *Vs1* umbenannt; weiterhin werden die Attribute, die in Datalog über die Reihenfolge $\$1, \$2, \ldots$ identifiziert werden, in V bzw. $N1$ umbenannt.

Der Ausdruck $Vs2(V, N2)$ ist analog als zweite (separate) Kopie namens *Vs2* der EDB-Relation *Voraussetzen* mit Umbenennung der Attribute in V und $N2$ definiert.

Die durch den obigen Algebraausdruck definierte dreistellige Relation enthält also Tupel der Art $[v, n1, n2]$ mit Konstanten $v, n1$ und $n2$, für die gilt:

- das Tupel $[v, n1]$ ist in der Relation *Voraussetzen* enthalten,

- das Tupel $[v, n2]$ ist in der Relation *Voraussetzen* enthalten und

- $n1 < n2$.

Daraus folgt, daß die Relation nur solche dreistelligen Tupel enthält, für die die rechte Seite der Regel (des Prädikats) bei Substitution der jeweiligen Attributwerte für die Variablen den Wahrheitswert *true* ergibt.

Gemäß Schritt 2. des Algorithmus werden aus dem oben gegebenen Algebra-Ausdruck noch die beiden Attribute $N1$ und $N2$ projiziert:

$$GV(N1, N2) := \Pi_{N1, N2}(\sigma_{N1 < N2}(Vs1(V, N1) \bowtie Vs2(V, N2)))$$

Eine Vereinigung ist – wie oben erwähnt – nicht notwendig.

In analoger Weise ergibt sich der relationenalgebraische Ausdruck für die Herleitung von GT wie folgt:

$$GT(T1, T2) := \Pi_{T1, T2}(GV(N1, N2) \bowtie VL1(N1, T1, S1, R1) \bowtie VL2(N2, T2, S2, R2))$$

14.4.2 Auswertungs-Algorithmus

Wir wollen nachfolgend die Methodik zur Auswertung einer Datalog-Regel etwas detaillierter darstellen. Wir betrachten folgende abstrakte Regel:

$$p(X_1, \ldots, X_m) \;\; :- \;\; q_1(A_{11}, \ldots, A_{1m_1}), \ldots, q_n(A_{n1}, \ldots, A_{nm_n}).$$

Die Regel habe die Variablen $X_1, \ldots, X_m, \ldots, X_r$, wobei die $X_1, \ldots, X_m$ im Kopf (und auch im Rumpf – warum?) und die restlichen Variablen nur im Rumpf vorkommen. Wir gehen davon aus, daß der Kopf der Regel nur paarweise verschiedene Variablen enthalte, was durch Umformungen immer zu erreichen ist (siehe Übungsaufgabe 14.1). Die Relationen für die Prädikate $q_1, \ldots, q_n$ seien bereits hergeleitet (materialisiert), da sie in der topologischen Sortierung vor p eingereiht sein müssen. Falls irgendwelche der q_j eingebauten Prädikaten ($=, \neq, <, \ldots$) entsprechen, so werden diese Subgoals in Selektionsbedingungen umgeformt. Die anderen Relationen Q_i haben folgendes Schema:

$$Q_i : \{[\$1, \ldots, \$m_i]\}$$

Die m_i Attribute der Relation sind also einfach durchnumeriert – dies ist erforderlich, da sie in den einzelnen Subgoals abhängig von den Variablen unterschiedliche Namen bekommen können. Für das Subgoal

$$q_i(A_{i1}, \ldots, A_{im_i})$$

bilde folgenden Ausdruck E_i:

$$E_i := \Pi_{V_i}(\sigma_{F_i}(Q_i))$$

Hierbei enthält V_i die in $q_i(\ldots)$ vorkommenden Variablen – bzw. die Positionen, an denen die Variablen stehen. Das Selektionsbedingungsprädikat F_i setzt sich aus einer Menge von konjunktiv verknüpften Bedingungen zusammen:

- Falls in $q_i(\ldots, c, \ldots)$ eine Konstante c an j-ter Stelle vorkommt, füge die Bedingung

  $$\$j = c$$

  hinzu.

- Falls eine Variable X mehrfach an Positionen k und l in $q_i(\ldots, X, \ldots, X, \ldots)$ vorkommt, füge für jedes solche Paar die Bedingung

  $$\$k = \$l$$

  hinzu.

Für eine Variable Y, die nicht in den normalen Prädikaten vorkommt, gibt es zwei Möglichkeiten:

- Sie kommt nur als Prädikat

  $$Y = c$$

  für eine Konstante c vor. Dann wird eine einstellige Relation mit einem Tupel

  $$Q_Y := \{[c]\}$$

  gebildet.

- Sie kommt als Prädikat

$$X = Y$$

vor, und X kommt in einem normalen Prädikat $q_i(\ldots, X, \ldots)$ an k-ter Stelle vor. In diesem Fall setze

$$Q_Y := \rho_{Y \leftarrow \$k}(\Pi_{\$k}(Q_i))$$

Nun bilde man den Algebra-Ausdruck

$$E := E_1 \bowtie \ldots \bowtie E_n$$

und wende abschließend

$$\sigma_F(E)$$

an, wobei F aus der konjunktiven Verknüpfung der Vergleichsprädikate

$$X \phi Y$$

besteht, die in der Regel vorkommen. Die so hergeleitete Relation enthält diejenigen Tupel $[v_1, \ldots, v_r]$, die bei Substitution für die Variablen $X_1, \ldots, X_r$ den Rumpf der Regel erfüllen. Schließlich projizieren wir noch auf die im Kopf der Regel vorkommenden Variablen:

$$\Pi_{X_1, \ldots, X_m}(\sigma_F(E))$$

Wenn ein Prädikat p durch mehrere Regeln definiert ist, so nehmen wir an, daß der Kopf aller dieser Regeln gleich ist, nämlich $p(X_1, \ldots, X_m)$. Durch Umbenennung von Variablen und möglicherweise Einführung zusätzlicher Variablen ist dies, wie bereits ausgeführt, immer möglich – siehe Übung 14.1. In diesem Fall wird zunächst für jede Regel die resultierende Relation gesondert gebildet. Danach wird durch die Vereinigung dieser Relationen die durch das betreffende Prädikat definierte Relation gebildet.

Wir wollen diese Vorgehensweise nochmals am Beispiel demonstrieren:

$$(r_1) \quad nvV(N1, N2) \quad :- \quad gV(N1, N2).$$
$$(r_2) \quad nvV(N1, N2) \quad :- \quad gV(M1, M2), vs(M1, N1), vs(M2, N2).$$

Dieses Beispielprogramm baut auf dem Prädikat gV auf und ermittelt nahe verwandte Vorlesungen, die einen gemeinsamen Vorgänger erster oder zweiter Stufe haben. Für die erste Regel erhält man folgenden Algebra-Ausdruck:

$$E_{r_1} := \Pi_{N1, N2}(\sigma_{\text{true}}(GV(N1, N2)))$$

Für die zweite Regel ergibt sich gemäß dem oben skizzierten Algorithmus:

$$E_{r_2} := \Pi_{N1, N2}(GV(M1, M2) \bowtie Vs1(M1, N1) \bowtie Vs2(M2, N2)).$$

Daraus ergibt sich dann durch die Vereinigung

$$NvV := E_{r_1} \cup E_{r_2}$$

die Relation NvV, die durch das Prädikat nvV definiert ist. Die Leser mögen bitte die Auswertung dieses Relationenalgebra-Ausdrucks an unserer Beispiel-Datenbasis durchführen.

Aufbauen	
V	N
5001	5041
5001	5043
5001	5049
5041	5216
5041	5052
5043	5052
5052	5259
5001	5216
5001	5052
5001	5259
5041	5259
5043	5259

Abb. 14.7: Ausprägung der IDB-Relation *Aufbauen*

14.5 Auswertung rekursiver Regeln

Betrachten wir als Beispiel das Prädikat *aufbauen* (abgekürzt a), das durch zwei Regeln definiert ist:

$$a(V, N) \ :- \ vs(V, N).$$
$$a(V, N) \ :- \ a(V, M), vs(M, N).$$

Hier funktioniert der Auswertungs-Algorithmus aus Abschnitt 14.4.2 nicht mehr, da das Prädikat a auf sich selbst aufbaut – in der zweiten Regel kommt a auch im Rumpf vor. Die Relation *Aufbauen* (abgekürzt A) enthält die transitive Hülle von *Voraussetzen* und ist in Abbildung 14.7 gezeigt.

Betrachten wir das Tupel [5001, 5052] aus der Relation *Aufbauen*. Dieses Tupel kann wie folgt hergeleitet werden:

1. $a(5001, 5043)$ folgt aus der ersten Regel, da $vs(5001, 5043)$ gilt.

2. $a(5001, 5052)$ folgt aus der zweiten Regel, da

   (a) $a(5001, 5043)$ nach Schritt 1. gilt und

   (b) $vs(5043, 5052)$ gemäß der EDB-Relation *Voraussetzen* gilt.

Wir sehen also, daß für die Herleitung von Tupeln in A andere Tupel aus A, die in vorhergehenden Schritten hergeleitet wurden, benötigt werden.

Die Grundidee bei der Auswertung rekursiver Datalog-Regeln besteht darin, schrittweise die IDB-Relationen zu bestimmen. Man fängt dabei mit leeren IDB-Relationen an und generiert sukzessive neue Tupel für die IDB-Relationen. Bei der Herleitung neuer Tupel können Tupel, die in vorhergehenden Schritten generiert wurden, verwendet werden. Der Vorgang wird abgebrochen, sobald sich keine weiteren Tupel mehr generieren lassen.

Formal gesehen wird bei dieser Vorgehensweise auf der Basis gegebener EDB-Relationen der *kleinste Fixpunkt* für die IDB-Relationen bestimmt. Zur Berechnung dieses Fixpunktes wird ein rekursives Datalog-Programm zunächst durch Gleichungen charakterisiert. Diese Gleichungen ergeben sich analog zu dem in Abschnitt 14.4.2 beschriebenen Algorithmus.

Für unser Beispielprädikat a (*aufbauen*) erhalten wir folgende Gleichung:

$$A(V, N) = Vs(V, N) \cup \Pi_{V,N}(A(V, M) \bowtie Vs(M, N))$$

Hierbei repräsentiert A die IDB-Relation *Aufbauen* und Vs die EDB-Relation *voraussetzen*.

Zur Ermittlung des kleinsten Fixpunktes für A kann man nach folgendem Programm vorgehen:

$A := \{\};$ /* Initialisierung auf die leere Menge */
repeat
    $A' := A;$
    $A := Vs(V, N);$ /* erste Regel */
    $A := A \cup \Pi_{V,N}(A'(V, M) \bowtie Vs(M, N));$ /* zweite Regel */
until $A' = A$
output $A;$

Für unsere Ausprägung der Relation *Voraussetzen* benötigt dieser Algorithmus vier Schritte bis zur Terminierung – also bis der Fixpunkt berechnet ist und deshalb „nichts Neues" mehr generiert wird:

1. Im ersten Durchlauf werden nur die 7 Tupel aus *Voraussetzen* nach A „übertragen", da der Join leer ist (das linke Argument A' des Joins wurde zur leeren Relation $\{\}$ initialisiert).

2. Im zweiten Schritt kommen zusätzlich die Tupel $[5001, 5216]$, $[5001, 5052]$, $[5041, 5259]$ und $[5043, 5259]$ hinzu.

3. Jetzt wird nur noch das eine Tupel $[5001, 5259]$ neu generiert.

4. In diesem Schritt kommt kein neues Tupel mehr hinzu, so daß die Abbruchbedingung $A' = A$ erfüllt ist.

Die Leser mögen die Abarbeitung des Algorithmus im Detail nachvollziehen. In Abbildung 14.8 ist diese iterative Auswertung für unsere Beispieldatenbank nochmals zusammengefaßt.

14.6 Inkrementelle (semi-naive) Auswertung rekursiver Regeln

Die im vorhergehenden Abschnitt beschriebene Methode wird in der Literatur als *naive* Auswertung bezeichnet, da sie u.U. sehr ineffizient sein kann. Der Grund liegt darin, daß in jedem Schritt der iterativen Auswertung die im vorhergehenden Schritt

Schritt	A
1	[5001, 5041], [5001, 5043], [5001, 5049], [5041, 5216], [5041, 5052], [5043, 5052], [5052, 5259]
2	[5001, 5041], [5001, 5043], [5001, 5049], [5041, 5216], [5041, 5052], [5043, 5052], [5052, 5259] [5001, 5216], [5001, 5052], [5041, 5259], [5043, 5259],
3	[5001, 5041], [5001, 5043], [5001, 5049], [5041, 5216], [5041, 5052], [5043, 5052], [5052, 5259] [5001, 5216], [5001, 5052], [5041, 5259], [5043, 5259], [5001, 5259]
4	wie in Schritt 3 (keine Veränderung, also Terminierung des Algorithmus)

Abb. 14.8: (Naive) Auswertung der rekursiven Regel *aufbauen*

generierten Tupel *nochmals* generiert werden – zusätzlich zu den eventuell neu hinzukommenden. Im letzten Auswertungsschritt – also vor der Terminierung – wird die gesamte IDB-Relation, die im vorletzten Schritt schon vollständig materialisiert worden war, nochmals berechnet.

Die Schlüsselidee der *semi-naiven Auswertung* liegt in der Beobachtung, daß für die Generierung eines neuen Tupels t der rekursiv definierten IDB-Relation P eine bestimmte Regel[3]

$$p(\ldots) :\!- q_1(\ldots), \ldots, q_n(\ldots).$$

für Prädikat p „verantwortlich" ist. Dann wird also im iterativen Auswertungprogramm ein Algebra-Ausdruck der Art

$$E(Q_1 \bowtie \ldots \bowtie Q_n)$$

ausgewertet, wobei E die gemäß der Regel notwendigen Projektionen, Selektionen und Umbenennungen repräsentiert. Nehmen wir an, daß t erstmals im Iterationsschritt k (der naiven Auswertung) erzeugt wurde. Nehmen wir weiter an, daß für die Herleitung von t die Tupel $t_1 \in Q_1, \ldots, t_n \in Q_n$ notwendig sind. Dann muß im Iterationsschritt $(k-1)$ mindestens eines dieser Tupel – sagen wir $t_i \in Q_i$ – erstmals neu generiert worden sein. Mit ΔQ_i bezeichnen wir die Tupel, die im zuletzt durchgeführten Iterationsschritt in der IDB-Relation Q_i erstmals generiert wurden. Dann ist also für die Generierung von t die Auswertung von

$$E(Q_1 \bowtie \ldots \bowtie \Delta Q_i \bowtie \ldots \bowtie Q_n)$$

ausreichend. In diesem Ausdruck ist also anstelle der gesamten – bis zu diesem Zeitpunkt generierten – Relation Q_i die im zuletzt durchgeführten Iterationsschritt neu generierte Tupelmenge verwendet worden.

Da wir aber nicht vorhersagen können, aus welchem der Subgoals Q_i dieses inkrementelle Tupel t_i stammt, muß man das Delta (Δ) aller Subgoal-Relationen gesondert betrachten. Wir müssen also für jede derartige Regel die folgende Vereinigung auswerten:

$$E(\Delta Q_1 \bowtie Q_2 \bowtie \ldots \bowtie Q_n) \cup E(Q_1 \bowtie \Delta Q_2 \bowtie \ldots \bowtie Q_n) \cup \ldots \cup E(Q_1 \bowtie Q_2 \bowtie \ldots \bowtie \Delta Q_n)$$

Es ist ganz wichtig (siehe Aufgabe 14.3), daß immer nur für eine *einzige* Subgoal-Relation das Delta aus dem vorhergehenden Auswertungsschritt eingesetzt wird. Es könnte nämlich sein, daß für die Generierung von t nur t_i im direkt vorausgehenden Iterationsschritt erzeugt wurde, und $t_1, \ldots, t_{i-1}$ und $t_{i+1}, \ldots, t_n$ bereits in (sehr viel) früheren Schritten generiert wurden. Dann ist sichergestellt, daß t auf jeden Fall durch

$$E(\underbrace{Q_1}_{t_1} \bowtie \ldots \bowtie \underbrace{Q_{i-1}}_{t_{i-1}} \bowtie \underbrace{\Delta Q_i}_{t_i} \bowtie \underbrace{Q_{i+1}}_{t_{i+1}} \bowtie \ldots \bowtie \underbrace{Q_n}_{t_n})$$

generiert wird. Hätte man aber gleich noch ein weiteres *Delta* (z.B. ΔQ_n) in diesen Algebraausdruck eingebaut, dann fehlte uns womöglich t_n für die Generierung von t.

---

[3]Es kann sein, daß einige t auf unterschiedliche Weise – verschiedene Regeln und/oder verschiedene Subgoal-Instanziierungen – generiert werden. Wir betrachten hier nur eine ausgewählte Generierungsalternative.

1. $A := \{\}; \Delta Vs := \{\};$
2. $\Delta A := Vs(V, N);$ /* erste Regel */
3. $\Delta A := \Delta A \cup \Pi_{V,N}(A(V, M) \bowtie Vs(M, N));$ /* zweite Regel */
4. $A := \Delta A;$
5. **repeat**
6. $\Delta A' := \Delta A;$
7. $\Delta A := \Delta Vs(V, N);$ /* erste Regel, liefert $\emptyset$ */
8. $\Delta A := \Delta A \cup$ /* zweite Regel */;
9. $\Pi_{V,N}(\Delta A'(V, M) \bowtie Vs(M, N)) \cup$
10. $\Pi_{V,N}(A(V, M) \bowtie \Delta Vs(M, N));$
11. $\Delta A := \Delta A - A;$ /* entferne „neue" Tupel, die schon vorhanden waren */
12. $A := A \cup \Delta A;$
13. **until** $\Delta A = \emptyset;$

Abb. 14.9: Programm zur semi-naiven Auswertung von *aufbauen*

Betrachten wir hierzu ein Beispieltupel, das bei der naiven Auswertung der Relation *Aufbauen* in Schritt 3 erzeugt wurde:

$$t = [5001, 5259]$$

Dieses Tupel wurde aus dem folgenden Join gebildet:

$$\underbrace{[5001, 5052]}_{t_1 \in A} \bowtie \underbrace{[5052, 5259]}_{t_2 \in Vs}$$

Das Tupel t_1 wurde im 2. Schritt generiert, wohingegen das Tupel t_2 von Anfang an in der (invariant bleibenden) EDB-Relation *Vs* enthalten war.

Wir wollen jetzt die semi-naive (inkrementelle) Auswertung an unserem Beispielprädikat *aufbauen* demonstrieren. Das Programm ist in Abbildung 14.9 gezeigt. In diesem Programm haben wir aus Gründen der Systematik bewußt Befehle aufgenommen, die man getrost hätte „wegoptimieren" können. Wir wollen das Programm kurz diskutieren: In Zeile 1. werden die Relationen-Variablen A und ΔVs zur leeren Menge initialisiert. In den Zeilen 2. und 3. wird die Berechnung von A durch einmalige Auswertung des zum Prädikat a hergeleiteten Relationenalgebra-Ausdrucks

$$\underbrace{Vs(V, N)}_{\text{erste Regel}} \cup \underbrace{\Pi_{V,N}(A(V, M) \bowtie Vs(M, N))}_{\text{zweite Regel}}$$

angestoßen. Man hätte hierbei die Zeile 3. auch ganz weglassen können, da die zweite Regel zu diesem Zeitpunkt kein Tupel beisteuern kann – man bedenke, daß A zur leeren Menge initialisiert wurde, und der *Join* deshalb die leere Menge ergibt. In Zeile 4. wird A zu dem Wert initialisiert, der in den Zeilen 2. und 3. berechnet wurde. In unserem speziellen Beispiel hätte man diese Zuweisung auch gleich durchführen können, i.a. hängen aber weitere Regeln von A ab, die mit dem Initialwert – nämlich $\{\}$ – auszuwerten sind. In Zeile 6. wird der alte Wert von ΔA in $\Delta A'$ gesichert – dieses $\Delta A'$ wird für diesen Iterationsschritt verwendet. In Schritt 7. wird die erste

Schritt	ΔA
Initialisierung (Zeile 2. und 3.)	(sieben Tupel aus Vs) $[5001, 5042], [5001, 5043]$ $[5043, 5052], [5041, 5052]$ $[5001, 5049], [5041, 5216]$ $[5052, 5259]$
1. Iteration	(Pfade der Länge 2) $[5001, 5216], [5001, 5052]$ $[5041, 5259], [5043, 5259]$
2. Iteration	(Pfade der Länge 3) $[5001, 5259]$
3. Iteration	$\emptyset$ (Terminierung)

Abb. 14.10: Illustration der semi-naiven Auswertung von *Aufbauen*

Regel zu a inkrementell ausgewertet. Da diese Regel aber nur auf einer einzigen EDB-Relation, nämlich *Vs*, basiert, werden hierdurch keine neuen Tupel generiert. Das Delta einer EDB-Relation ist natürlich immer leer. Alle Tupel, die aus der ersten Regel abgeleitet werden können, wurden schon in Zeile 2. generiert. In den Zeilen 8.−10. wird die zweite Regel des Prädikats a bearbeitet. In Zeile 9. wird das Delta von A, nämlich $\Delta A'$, in den Algebra-Ausdruck eingesetzt. In Zeile 10. wird das Delta von *Vs*, nämlich ΔVs, eingesetzt. Der Ausdruck aus Zeile 10. ergibt somit immer die leere Menge, da das Delta der EDB-Relation *Vs* leer ist. In Zeile 11. werden die Tupel aus ΔA entfernt, die – auf andere Weise – schon in vorhergehenden Iterationsschritten generiert worden waren. In Zeile 13. wird das Abbruchkriterium für die Schleife überprüft. Wenn nichts Neues mehr generiert wurde, kann die Auswertung terminiert werden.

Bei der semi-naiven Auswertung wird die Relation *Aufbauen* sukzessive erweitert. In Abbildung 14.10 ist die schrittweise Generierung von ΔA gezeigt.

14.7 Bottom-Up oder Top-Down Auswertung

Die bislang beschriebene Auswertungsmethode für Datalog-Programme wird auch *Bottom-Up* Auswertung genannt, weil man ausgehend von den EDB-Relationen (also der Faktenbasis) die gesamte intensionale Datenbasis berechnet. Man nennt diese Auswertungsmethode *forward chaining*, weil man sich ausgehend von Fakten (Tupeln der EDB) „nach vorne hangelt", um Tupel der IDB herzuleiten. Der Hauptvorteil dieser Bottom-Up Strategie besteht darin, daß man die bekannten Optimierungs- und Auswertungstechniken – vgl. Kapitel 8 – der Relationenalgebra ausnutzen kann.

Es gibt allerdings auch einen schwerwiegenden Nachteil bei der Bottom-Up Auswertung. Wenn man nur an einem kleinen Ausschnitt der IDB-Relation(en) interessiert ist, wird bei der Bottom-Up Auswertung trotzdem (und unnötigerweise) die gesamte intensionale Datenbasis berechnet und danach der für die jeweilige Anfrage interessierende Ausschnitt aus der IDB extrahiert.

Dieser Nachteil wird bei der sogenannten *Top-Down* Auswertung vermieden. Dabei geht man von der Anfrage – dem Ziel (*goal*) – aus und „hangelt sich rückwärts" bis hin zu Fakten der EDB, um das Ziel zu beweisen. Man spricht deshalb auch von *backward chaining*.

Wir können in dem hier gegebenen Rahmen die Top-Down Auswertung nur an einem Beispiel skizzieren. Unser Beispiel basiert wiederum auf dem Prädikat *aufbauen* (abgekürzt a), dessen zwei Regeln wir mit r_1 und r_2 bezeichnen.

$$(r_1) \quad a(V, N) :- vs(V, N).$$
$$(r_2) \quad a(V, N) :- a(V, M), vs(M, N).$$

Darauf aufbauend sind wir an allen direkten und indirekten Vorgängern der Vorlesung 5052 interessiert. Die Leser mögen sich an Abbildung 14.5 vergegenwärtigen, daß dies die Vorlesungen 5041 und 5043 als direkte Vorgänger und die Vorlesung 5001 als (einziger) indirekter Vorgänger sind. Die Anfrage wird in Datalog wie folgt formuliert:

$$query(V) :- a(V, 5052).$$

Jetzt ist also $a(V, 5052)$ das Ziel, das herzuleiten ist, indem alle möglichen Bindungen von V abgeleitet werden. Bei der Top-Down Auswertung wird ein sogenannter *Rule/Goal*-Baum aufgebaut. In diesem Baum alternieren Goal- und Rule-Knoten. Die Rule-Knoten dienen dazu, den übergeordneten Goal-Knoten abzuleiten. Für unser Beispiel ist der Rule/Goal-Baum in Abbildung 14.11 gezeigt.

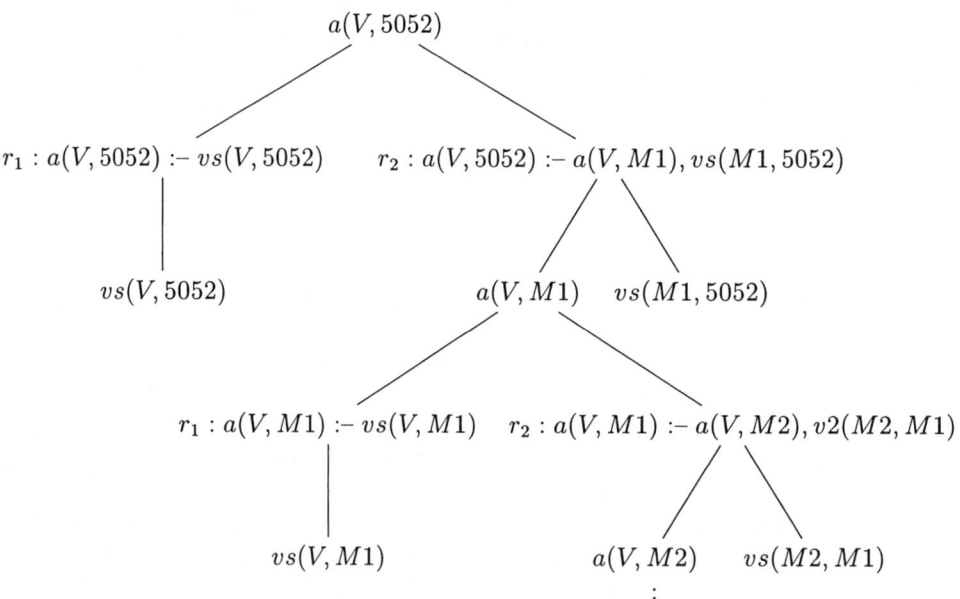

Abb. 14.11: Rule/Goal-Baum zur Top-Down Auswertung

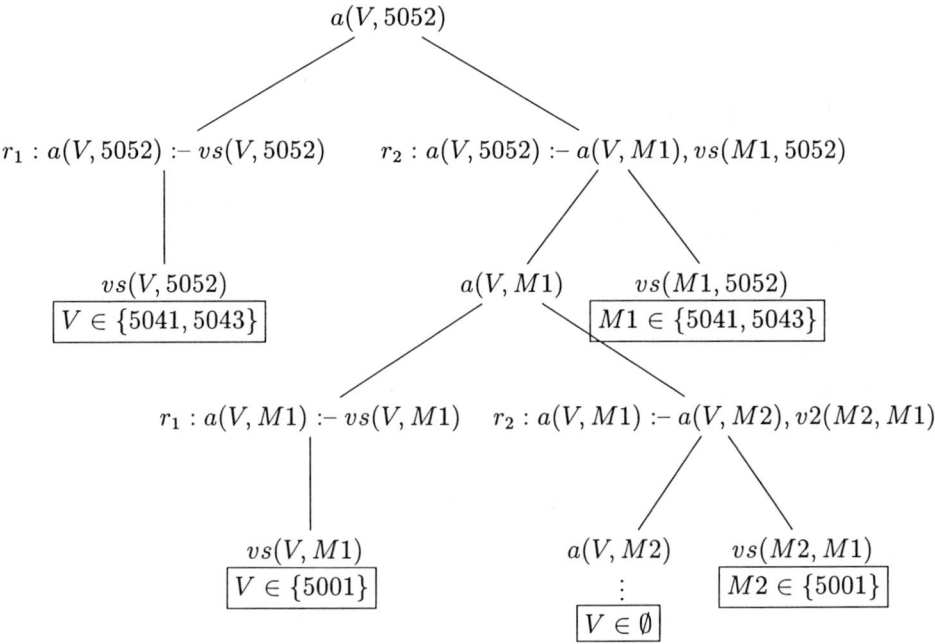

Abb. 14.12: Rule/Goal-Baum mit Auswertung

Im Prinzip handelt es sich bei diesem Rule/Goal-Baum wegen der Rekursivität der Regel r_2 um einen unendlich tiefen Baum. An jeden Goal-Knoten werden alle Regeln, deren Kopf mit dem Goal übereinstimmt, angehängt. Die so erzeugten Knoten sind die Rule-Knoten. In der Regel werden aber die durch übergeordnete Goal-Knoten festgelegten Bindungen (hier z.B. die Bindung der Variablen N in den beiden obersten Rule-Knoten an die Konstante 5052) übernommen. Variablen, die im Rumpf der Regel neu eingeführt werden – hier z.B. M in der Regel r_2 – werden durch Anhängen der jeweiligen Baumtiefe eindeutig gemacht – hier also $M1$, $M2$, usw.

In Abbildung 14.12 ist die Auswertung des Rule/Goal-Baums für unser Beispiel skizziert. Die Goal-Knoten, die EDB-Prädikaten entsprechen, werden gemäß der aktuellen Ausprägung der EDB-Relation ausgewertet. Der Knoten $vs(V, 5052)$ ergibt also die Werte 5041 und 5043 als gültige Belegungen für die Variable V. Analog werden für den Goal-Knoten $vs(M1, 5052)$ dieselben Konstanten ermittelt. Diese Konstanten werden dann „seitlich weitergereicht" (sideways information passing), um die weitere Ableitung des Goal-Knotens $a(V, M1)$ voranzutreiben. Für diesen Goal-Knoten gibt es wiederum die zwei Regeln r_1 und r_2. Die Variable M wird auf dieser Stufe $M1$ genannt. Die Belegungen von $M1$ werden nach unten „weitergereicht", so daß der Goal-Knoten $vs(V, M1)$ als einzige gültige Belegung für V den Wert 5001 ergibt. Die weitere Ableitung der Regel r_2 führt schließlich zur leeren Menge, wodurch die Terminierung der Auswertung angezeigt wird. Die im Zuge der Auswertung gewonnenen Belegungen für V werden nach oben propagiert, so daß sie an der Wurzel des Rule/Goal-Baums zur Ergebnismenge $\{5041, 5043, 5001\}$ vereinigt werden können.

14.8 Negation im Regelrumpf

Um das Pendant zur Mengendifferenz der Relationenalgebra in Datalog ausdrücken zu können, benötigt man die Negation von Prädikaten im Regelrumpf. Wir wollen dies an folgendem Datalog-Programm illustrieren:

$$\text{indirektAufbauen}(V, N) :\!- \text{aufbauen}(V, N), \neg\text{voraussetzen}(V, N).$$

Wir werden im folgenden die Abkürzungen iA, a und vs verwenden.

Diese Regel besagt, daß eine Vorlesung N indirekt auf V aufbaut, wenn $a(V, N)$ gilt und nicht $vs(V, N)$ gilt – bzw. $[V, N]$ kein Tupel in der EDB-Relation Vs ist.

14.8.1 Stratifizierte Datalog-Programme

Eine Regel mit einem negierten Prädikat im Rumpf, wie z.B.

$$r \equiv p(\ldots) :\!- q_1(\ldots), \ldots, \neg q_i(\ldots), \ldots, q_n(\ldots).$$

kann nur dann sinnvoll ausgewertet werden, wenn die zum Prädikat q_i gehörende Relation Q_i zum Zeitpunkt der Auswertung der Regel r schon vollständig materialisiert ist. D.h., bevor oben gezeigte Regel r ausgewertet wird, muß man alle Regeln mit dem Kopf

$$q_i(\ldots) :\!- \ldots$$

auswerten. Dies ist aber nur möglich, wenn q_i nicht abhängig vom Prädikat p ist. Mit anderen Worten: Der Abhängigkeitsgraph darf keinen Pfad von p nach q_i enthalten. Wenn dies für alle Regeln und alle negierten Subgoals (Literale im Rumpf) gewährleistet ist, nennt man das Datalog-Programm *stratifiziert*. Der Abhängigkeitsgraph wird bei Vorliegen von negierten Prädikaten genauso aufgebaut, als wären die Prädikate nicht-negiert vorhanden. Für unser abstraktes Beispiel r wird u.a. die Kante $q_i \to p$ in den Abhängigkeitsgraphen eingetragen.

Datalog-Programme mit negierten Literalen im Rumpf von Regeln müssen aber auch *sicher* sein – vgl. Abschnitt 14.3.2. An der dort gegebenen Definition einer *sicheren Regel* ändert sich nichts; d.h. beim Nachweis, daß alle in der Regel vorkommenden Variablen eingeschränkt sind, dürfen negierte Literale nicht miteinbezogen werden. Dies ist auch intuitiv einleuchtend: Aus der Tatsache, daß eine Variable nicht als Attributwert in einer Relation vorkommt, ergibt sich keine Einschränkung dieser Variablen auf eine endliche Menge. Warum?

14.8.2 Auswertung von Regeln mit Negation

Wir werden die Auswertung stratifizierter Datalog-Programme mit negierten Rumpf-Literalen an unserer Beispielregel

$$iA(V, N) :\!- a(V, N), \neg vs(V, N).$$

demonstrieren. Da hier nur ein EDB-Prädikat negiert vorkommt, ist das Datalog-Programm trivialerweise stratifiziert – es gibt nämlich überhaupt keine Pfade im Abhängigkeitsgraphen, die zu EDB-Prädikaten führen.

Die aus dieser Regel abgeleitete Gleichung hat dann folgende Form:

$$\begin{aligned} iA(V,N) &= \Pi_{V,N}(A(V,N) \bowtie \overline{Vs}(V,N)) \\ &= A(V,N) - Vs(V,N) \end{aligned}$$

Hierbei steht $\overline{Vs}(V,N)$ für das Komplement der Relation $Vs(V,N)$. Man beachte, daß der natürliche Join zweier Relationen mit gleichem Schema – wie $A(V,N)$ und $\overline{Vs}(V,N)$ – dem Durchschnitt dieser beiden Relationen entspricht. Deshalb ist die Mengendifferenz mit Vs äquivalent zu dem natürlichen Verbund mit $\overline{Vs}$ als Argument. Die IDB-Relation IA kann also jetzt sehr einfach auf der Basis der schon früher materialisierten Relation A berechnet werden. IA enthält für unsere Beispielausprägung die fünf Tupel $[5001, 5216]$, $[5001, 5052]$, $[5041, 5259]$, $[5043, 5259]$ und $[5001, 5259]$.

In bestimmten Fällen – wenn die Joinargumente nicht schemagleich sind – kann man die Auswertung aber nicht so einfach auf die Mengendifferenz zurückführen. Dann muß man die allgemeine Join-Auswertung vornehmen. Dabei gibt es aber ein schwerwiegendes Problem: Das Komplement einer (endlichen) Relation ist i.a. unendlich – z.B. wenn auch nur ein einziges Attribut einen unendlichen Wertebereich hat. Zum Glück ist man bei der Auswertung von Datalog-Regeln nur an einem endlichen „Ausschnitt" aus der unendlichen Relation interessiert.

Zu einer k-stelligen bereits materialisierten IDB-Relation Q_i bildet man das für die Auswertung benötigte Komplement $\overline{Q_i}$ wie folgt. Die Menge DOM enthalte alle Attributwerte aller EDB-Relationen sowie alle im Datalog-Programm vorkommenden Konstanten. Dann wird $\overline{Q_i}$ wie folgt definiert:

$$\overline{Q_i} := \underbrace{(\text{DOM} \times \ldots \times DOM)}_{k-\text{mal}} - Q_i$$

$\overline{Q_i}$ ist natürlich endlich, da DOM endlich ist.

14.8.3 Ein etwas komplexeres Beispiel

Wir wollen die bislang diskutierten Konzepte anhand eines etwas komplexeren Beispiels illustrieren. Wir wollen das Prädikat *spezialVorl* definieren, das Spezialvorlesungen charakterisiert. Eine Vorlesung V – genauer gesagt, die betreffende *VorlNr* – erfüllt dieses Prädikat, falls V keine *Nachfolger*-Vorlesung mehr hat.

$$\begin{aligned} grundlagen(V) \quad &:- \quad voraussetzen(V, N). \\ spezialVorl(V) \quad &:- \quad vorlesungen(V, T, S, R), \neg grundlagen(V). \end{aligned}$$

Dieses Datalog-Programm läßt sich durch folgende Algebraausdrücke auswerten:

$$\begin{aligned} \text{Grundlagen}(V) \quad &:= \quad \Pi_V(\text{Voraussetzen}(V, N)) \\ \text{SpezialVorl}(V) \quad &:= \quad \Pi_V(\text{Vorlesungen}(V, T, S, R) \bowtie \overline{\text{Grundlagen}}(V)) \end{aligned}$$

Hierbei ist $\overline{Grundlagen}(V)$ als $DOM - Grundlagen(V)$ definiert.

Man könnte den zweiten algebraischen Ausdruck zur Berechnung von *SpezialVorl* auch als Mengendifferenz formulieren:

$$\text{SpezialVorl}(V) := \Pi_V(\text{Vorlesungen}(V, T, S, R)) - \text{Grundlagen}(V)$$

14.9 Ausdruckskraft von Datalog

Die Sprache Datalog, eingeschränkt auf nicht-rekursive Programme aber erweitert um Negation, wird in der Literatur manchmal als $Datalog^{\neg}_{non\text{-}rec}$ bezeichnet. Diese Sprache $Datalog^{\neg}_{non\text{-}rec}$ hat genau die gleiche Ausdruckskraft wie die relationale Algebra – und damit ist sie hinsichtlich Ausdruckskraft auch äquivalent zum relationalen Tupel- und Domänenkalkül. Datalog mit Negation und Rekursion geht natürlich über die Ausdruckskraft der relationalen Algebra hinaus – man konnte in Datalog ja z.B. die transitive Hülle der Relation *Voraussetzen* definieren.

Wir haben in den vorangehenden Abschnitten schon gezeigt, daß jedes nicht-rekursive Datalog-Programm mit Negation durch einen Relationenalgebra-Ausdruck ausgewertet werden kann:

- In Abschnitt 14.4.2 wurden für nicht-rekursive Datalog-Programme ohne Negation äquivalente Relationenalgebra-Ausdrücke konstruiert.

- In Abschnitt 14.8 wurde dieser Algorithmus erweitert, so daß auch negierte Subgoals im Regelrumpf berücksichtigt werden konnten.

Man beachte jedoch, daß rekursive Datalog-Programme nicht als Relationenalgebra-Ausdruck auswertbar sind. Die algebraischen Gleichungen mußten in Abschnitt 14.5 in eine **repeat** ... **until** ...-Schleife eingebettet werden – Schleifen sind aber kein Bestandteil der Relationenalgebra. Um die Äquivalenz von $Datalog^{\neg}_{non\text{-}rec}$ und der Relationenalgebra zu beweisen, verbleibt also noch zu zeigen, daß man jeden Algebraausdruck in ein äquivalentes $Datalog^{\neg}_{non\text{-}rec}$-Programm umformulieren kann.

Anstatt dies formal zu beweisen, zeigen wir im nachfolgenden Abschnitt beispielhaft, wie die Relationenalgebra-Operatoren in Datalog ausgedrückt werden können.

Selektion Die Selektion kann sehr einfach in einer Datalog-Regel formuliert werden. Betrachten wir beispielsweise den Algebra-Ausdruck

$$\sigma_{SWS>3}(\text{Vorlesungen}),$$

der „lange" Vorlesungen findet. Dies kann in Datalog als

$$\text{query}(V, T, S, R) :\text{--} \text{vorlesungen}(V, T, S, R), S > 3.$$

ausgedrückt werden. Konstanten kann man auch direkt in das Subgoal schreiben, z.B.:

$$\text{query}(V, S, R) :\text{--} \text{vorlesungen}(V, \text{"Mäeutik"}, S, R).$$

In dieser Datalog-Anfrage werden die Daten (*VorlNr, SWS* und *gelesenVon*) zu der Mäeutik-Vorlesung extrahiert.

Projektion Die Projektion ist in Datalog sehr einfach durch Weglasssen von im Rumpf vorkommenden Variablen im Regelkopf möglich. Die Anfrage

$$\text{query}(\text{Name}, \text{Rang}) \text{ :- } \text{professoren}(\text{PersNr}, \text{Name}, \text{Rang}, \text{Raum}).$$

projiziert z.B. die EDB-Relation *Professoren* auf die Attribute *Name* und *Rang*.

Kreuzprodukt und Join Als Beispiel für einen Join betrachten wir folgenden Algebra-Ausdruck, in dem Paare von Vorlesungstiteln und Referentennamen gebildet werden:

$$\Pi_{\text{Titel},\text{Name}}(\text{Vorlesungen} \bowtie_{\text{gelesenVon}=\text{PersNr}} \text{Professoren})$$

Die äquivalente Datalog-Formulierung ist wie folgt:

$$\text{query}(T, N) \text{ :- } \text{vorlesungen}(V, T, S, R), \text{professoren}(R, N, Rg, Ra).$$

Der Join erfolgt also über die Verwendung derselben Variablen – hier die Variable R.

Ein Kreuzprodukt bildet man, indem paarweise verschiedene Variablen verwendet werden, wie z.B.:

$$\text{query}(V1, V2, V3, V4, P1, P2, P3, P4) \text{ :- } \text{vorlesungen}(V1, V2, V3, V4),$$
$$\text{professoren}(P1, P2, P3, P4).$$

Dies entspricht dem Algebra-Ausdruck

$$\text{Professoren} \times \text{Vorlesungen}$$

Vereinigung Man kann grundsätzlich nur Relationen mit gleichem Schema vereinigen. Betrachten wir folgendes Beispiel:

$$\Pi_{\text{PersNr},\text{Name}}(\text{Assistenten}) \cup \Pi_{\text{PersNr},\text{Name}}(\text{Professoren})$$

Die äquivalente Datalog-Anfrage benötigt zwei Regeln, da die Vereinigung nicht in einer einzelnen Regel auszudrücken ist:

$$\text{query}(\text{PersNr}, \text{Name}) \text{ :- } \text{assistenten}(\text{PersNr}, \text{Name}, F, B).$$
$$\text{query}(\text{PersNr}, \text{Name}) \text{ :- } \text{professoren}(\text{PersNr}, \text{Name}, Rg, Ra).$$

In diesen beiden Regeln ist die Projektion „gleich miterledigt" worden.

Mengendifferenz Um Mengendifferenz in Datalog ausdrücken zu können, benötigen wir die Negation von Subgoals im Regelrumpf. Wir betrachten nochmals das Beispiel *spezialVorl*. In der Relationenalgebra wären diese wie folgt definiert:

$$\Pi_{\text{VorlNr}}(\text{Vorlesungen}) - \Pi_{\text{Vorgänger}}(\text{Voraussetzen})$$

Die Datalog-Formulierung sieht so aus, daß zunächst die Projektionen in zwei eigenständigen Regeln gebildet werden und dann die Mengendifferenz durch Negation eines Subgoals formuliert wird:[4]

$$\text{vorlNr}(V) \quad :- \quad \text{vorlesungen}(V, T, S, R).$$
$$\text{grundlagen}(V) \quad :- \quad \text{voraussetzen}(V, N).$$
$$\text{query}(V) \quad :- \quad \text{vorlNr}(V), \neg\text{grundlagen}(V).$$

14.10   Übungen

14.1 [Ullman (1988)] Zeigen Sie, daß man durch Umformung von Regeln (*Angleichung* genannt) immer erreichen kann, daß die Regelköpfe aller Regeln für ein Prädikat p exakt dieselbe Form

$$p(X_1, \ldots, X_m) :- \ldots$$

haben und nur paarweise verschiedene Variablen $X_1, \ldots, X_m$ enthalten.

Zeigen Sie die Vorgehensweise an folgendem Datalog-Prädikat:

$$p(\text{"Konstante"}, X, Y) \quad :- \quad r(X, Y).$$
$$p(X, Y, X) \quad :- \quad r(Y, X).$$

Diese beiden Regeln sollen also so umgeformt werden, daß beide Regeln den Kopf

$$p(U, V, W) :- \ldots$$

haben.

Illustrieren Sie, daß das umgeformte Datalog-Programm äquivalent zum ursprünglich gegebenen Programm ist.

14.2 Zeigen Sie, daß ein durch Angleichung der Regeln, gemäß dem in Übung 14.1 entwickelten Algorithmus, entstandenes Datalog Programm *sicher* ist, falls das ursprünglich gegebene Datalog-Programm sicher war.

14.3 Betrachten wir folgende alternative – aber äquivalente – Definition des Prädikats *aufbauen*:

$$a(V, N) \quad :- \quad vs(V, N).$$
$$a(V, N) \quad :- \quad a(V, M), a(M, N).$$

Hierzu wird folgende Gleichung ermittelt:

$$A(V, N) = Vs(V, N) \cup \Pi_{V,N}(A_1(V, M) \bowtie A_2(M, N)))$$

---

[4]Wir haben hier – anders als in Abschnitt 14.8.3 – das Prädikat *query* und nicht *spezialVorl* genannt, um auszudrücken, daß dies das Ergebnis der Anfrage sein soll.

Geben Sie das Programm für die naive Auswertung an.

Betrachten Sie nun folgenden **falschen** Programmversuch für die semi-naive Auswertung:

$A := \{\}; A1 := A; A2 := A; \Delta Vs := \{\};$
$\Delta A := Vs(V, N) \cup \Pi_{V,N}(A1(V, M) \bowtie A2(M, N));$
$A := \Delta A;$
repeat
    $\Delta A' := \Delta A;$
    $\Delta A1' := \Delta A'; \Delta A2' := \Delta A';$
    $\Delta A := \Delta Vs(V, N);$
    $\Delta A := \Delta A \cup \Pi_{VN}(\Delta A1'(V, M) \bowtie \Delta A2'(M, N));$
    $\Delta A := \Delta A - A;$
    $A := A \cup \Delta A;$
until $\Delta A = \emptyset$

Zeigen Sie, daß dieses Programm selbst für unsere sehr einfache Beispiel-ausprägung von *Vs* ein falsches Ergebnis liefert. Worin liegt der Fehler? Wie sieht das korrekte Programm für die semi-naive Auswertung aus?

14.4   Ullman (1988) führt das folgende Datalog-Programm ein:

$\text{sibling}(X, Y)$:– $\text{parent}(X, Z), \text{parent}(Y, Z), X \neq Y.$
$\text{cousin}(X, Y)$:– $\text{parent}(X, Xp), \text{parent}, (Y, Yp), \text{sibling}(Xp, Yp).$
$\text{cousin}(X, Y)$:– $\text{parent}(X, Xp), \text{parent}(Y, Yp), \text{cousin}(Xp, Yp).$
$\text{related}(X, Y)$:– $\text{sibling}(X, Y).$
$\text{related}(X, Y)$:– $\text{related}(X, Z), \text{parent}(Y, Z).$
$\text{related}(X, Y)$:– $\text{related}(Z, Y), \text{parent}(X, Z).$

Nur das Prädikat *parent* basiert auf der EDB-Relation *Parent*, in der die Eltern/Kind-Beziehungen gespeichert sind.

- Konstruieren Sie den Abhängigkeitsgraphen für dieses Programm.

- Geben Sie die Relationenalgebra-Ausdrücke für die Herleitung des nicht-rekursiv definierten Prädikates *sibling* an. Gehen sie von der folgenden Ausprägung der Relation *Parent* aus (die erste Komponente ist das Kind, die zweite das Elternteil):

$$\{[c, a], [d, a], [d, b], [e, b], [f, c], [g, c], [h, d],$$
$$[i, d], [i, e], [f, e], [j, f], [j, h], [k, g], [k, i]\}.$$

- Geben Sie den Algorithmus für die naive Auswertung der Prädikate *cousin* und *related* an, und zeigen Sie die schrittweise Auswertung für unsere obige Ausprägung von *Parent*.

- Machen Sie das gleiche für die semi-naive Auswertung.

14.5 Werten Sie das in Abbildung 14.2 definierte Prädikat *Verwandt* aus. Geben Sie dazu die Algebra-Gleichung an, und zeigen Sie die Ausprägung der IDB-Relation *Verwandt* für unsere Beispielausprägung von *Voraussetzen*.

14.6 In Abschnitt 14.7 wurde eine Datalog-Anfrage durch den Rule/Goal-Baum top-down ausgewertet. Zeigen Sie die bottom-up Auswertung für dieses Beispiel, und diskutieren Sie die Effizienzprobleme.

14.7 Gegeben sei folgendes Datalog-Programm, wobei v ein EDB-Prädikat und a und b IDB-Prädikate seien:

$$a(X,Y) \ :- \ v(X,Y).$$
$$a(X,Y) \ :- \ b(X,Y).$$
$$b(X,Y) \ :- \ a(X,Z), v(Z,Y).$$

- Zeigen Sie den Abhängigkeitsgraphen.
- Geben Sie das Programm zur naiven Auswertung von A und B – den Relationen, die durch a bzw. b definiert werden – an.
- Geben Sie das Programm zur semi-naiven Auswertung an.
- Was wird durch a bzw. b definiert, wenn v für *voraussetzen* steht.

14.8 Definieren Sie das Prädikat $sg(X,Y)$, das für „*same generation*" steht. Zwei Personen gehören derselben Generation an, wenn Sie mindestens je ein Elternteil haben, das derselben Generation angehört.

- Zeigen Sie die naive Auswertung von *sg* für die Beispielausprägung von *Parent* aus Aufgabe 14.3.
- Zeigen Sie die semi-naive Auswertung auf, d.h. geben Sie das Auswertungsprogramm an, und zeigen Sie die schrittweise erzeugten Auswertungs-Deltas.

14.9 Ist folgendes Datalog-Programm stratifiziert?

$$p(X,Y) \ :- \ q_1(Y,Z), \neg q_2(Z,X), q_3(X,P).$$
$$q_2(Z,X) \ :- \ q_4(Z,Y), q_3(Y,X).$$
$$q_4(Z,Y) \ :- \ p(Z,X), q_3(X,Y).$$

Ist das Programm sicher – unter der Annahme, daß p, q_1, q_2, q_3, q_4 IDB- oder EDB-Prädikate sind?

14.10 Warum definiert das folgende Prädikat *spezialVorl'* nicht die nach Abschnitt 14.8.3 gewünschte IDB?

$$spezialVorl'(V) \ :- \ vorlesungen(V,T1,S1,R1), \neg voraussetzen(V,N),$$
$$vorlesungen(N,T2,S2,R2).$$

Was wird definiert? Zeigen Sie die Herleitung.

14.11   Literatur

Die Wurzeln der deduktiven Datenbanken bzw. der Sprache Datalog sind in der logischen Programmierung zu finden. Das Buch von Clocksin und Mellish (1994) ist der Klassiker unter den Prolog-Lehrbüchern. Die Bücher von Lloyd (1984) und Maier und Warren (1988) sind formale Abhandlungen zur logischen Programmierung. Der Name Datalog wird David Maier zugeschrieben.

Das kürzlich erschienene deutsch-sprachige Buch von Cremers, Griefahn und Hinze (1994) ist eine sehr gute Quelle für eine ausführliche Abhandlung des Themas. Die Bücher von Gallaire und Minker (1978) und Gallaire, Minker und Nicolas (1981) enthalten Originalaufsätze zu frühen Arbeiten im Bereich deduktiver Datenbanken. Minker (1988) hat später ein Textbuch zum gleichen Thema geschrieben. Ceri, Gottlob und Tanca (1990) haben ein weiteres englischsprachiges Lehrbuch über Logikprogrammierung im Zusammenhang mit Datenbanken verfaßt.

Auch einige (allgemeine) Datenbank-Lehrbücher behandeln deduktive Datenbanken ausführlicher, als wir es in dem uns vorgegebenen Rahmen tun konnten:

- Ullman behandelt im ersten Band seines Buches [Ullman (1988)] die Bottom-Up-Auswertung von Datalog sehr detailliert. Im zweiten Band [Ullman (1989)] wird die Top-Down-Auswertung sowie die Kombination der beiden Verfahren behandelt. In diesem zweiten Band werden auch einige deduktive Datenbanksyteme – bzw. Forschungsprototypen – wie NAIL [Morris, Ullman und Gelder (1986)] und LDL [Tsur und Zaniolo (1986)] – vorgestellt.

- Abiteboul, Hull und Vianu (1995) behandeln insbesondere die formalen Aspekte der Sprache Datalog sehr detailliert.

Wir wollen jetzt noch einige wenige Originalarbeiten aus dem deduktiven Datenbankbereich aufführen. Bancilhon und Ramakrishnan (1986) diskutieren Auswertungsstrategien – insbesondere ist die semi-naive Auswertung hier vorgestellt. Diese Methode geht nach Bancilhon und Ramakrishnan (1986) auf einen unveröffentlichten internen Bericht von Bancilhon zurück. Es gibt aber auch einen frühen (unveröffentlichten) internen Bericht von Bayer (1985), in dem die semi-naive Auswertungsstrategie vorgestellt wurde. Weitergehend wurde die Technik von Bayer et al. (1987) und Bayer, Güntzer und Kießling (1987) beschrieben.

Ceri, Gottlob und Tanca (1989) behandeln ausgewählte Fragen zu Datalog. Jarke, Clifford und Vassiliou (1986) stellen ein Prolog-„Frontend" für ein relationales Datenbanksystem zur Realisierung eines deduktiven DBMS vor. Ein weiteres System, in dem Prolog mit einem relationalen DBMS gekoppelt wurde, ist EDUCE, das am ECRC in München entwickelt wurde – siehe Bocca (1986). In einem Sonderheft des *VLDB Journals* gibt Ramamohanarao (1994) einen Überblick über den derzeitigen Entwicklungsstand. Im gleichen Heft beschreiben Kießling et al. (1994) Erfahrungen im Zuge der Realisierung eines deduktiven Datenbanksystems und diskutieren die kommerziellen Chancen dieser Datenbanktechnologie. Ihre Einschätzung in dieser Hinsicht ist eher zurückhaltend, da sie feststellen, daß der Wertzuwachs (added value) zwischen relationaler und deduktiver Datenbanktechnologie die Anwender nicht zu einer Umkehr veranlassen würde. Bry und Seipel (1996) geben eine kurze Übersicht über den derzeitigen Stand der Technik. Freitag, Schütz und Specht (1991) beschreiben das System LOLA, das als Crosscompiler nach LISP mit eingebetteten SQL-Kommandos realisiert wurde. Zukowsky und Freitag (1996) beschreiben flexible Auswertungstechniken im Kontext dieses Systems; Wichert und Freitag (1997) behandeln das Problem von Änderungsoperationen in deduktiven Datenbanken.

Jarke et al. (1995) beschreiben ConceptBase, ein deduktives objekt-orientiertes Datenbanksystem.

Das Konzept der Einschränkung von Variablen, um sichere Datalog-Regeln zu erhalten, geht auf Zaniolo (1986) zurück. Die Stratifizierung von Datalog-Programmen wurde erstmals von Chandra und Harel (1982) behandelt. Bry, Decker und Manthey (1988) und Moerkotte und Lockemann (1991) beschreiben Konzepte zur Konsistenzüberprüfung in deduktiven Datenbanken. Die von uns nur andeutungsweise beschriebene Top-Down Auswertung mit dem Rule/Goal-Baum geht auf Ullman (1985) zurück.

Bry (1990) zeigt, wie man die Bottom-Up- und die Top-Down-Auswertung vereinheitlichen kann. Brass und Lipeck (1992) untersuchen die Bottom-Up-Auswertung. Eine Optimierungstechnik, bei der die Vorteile der Bottom-Up-Auswertung (Ausnutzung mengenorientierter Verarbeitung) mit den Vorteilen der Top-Down-Auswertung (zielgerichtetere, selektive Auswertung) verknüpft werden sollen, heißt *„Magic Set"* und basiert auf Regeltransformation. Die transformierten Regeln werden dann bottom-up ausgewertet. Die Transformation dient dazu, die „Zielgerichtetheit" der Top-Down-Auswertung in den Regeln zu kodieren. Die Technik wurde erstmals von Bancilhon et al. (1986) zu Papier gebracht. Das Buch von Ullman (1989) enthält eine gründliche Behandlung der Top-Down-Auswertung und der Magic Set-Optimierung. Brass (1995) analysiert die Top-Down-Auswertung im Vergleich zur Magic-Set-Auswertung. Danach schlägt Brass (1996) eine verbesserte Magic-Set-Auswertung vor.

15. Verteilte Datenbanken

Es gibt wenige Entwicklungen, die in den kommenden Jahren soviel Einfluß auf unsere Gesellschaft haben werden wie die zunehmende weltweite Vernetzung – siehe hierzu auch Bayer (1994). Die modernen Kommunikationsnetze erlauben eine verstärkte geographische Verteilung von Verwaltungen und Firmen. Dadurch werden verteilte Datenbanken drastisch an Bedeutung gewinnen. In diesem Kapitel beschäftigen wir uns mit verteilten Datenbankverwaltungssystemen (VDBMS abgekürzt), die die Kontrolle der verteilten Datenbanken übernehmen.

Betrachten wir zur Motivation als Beispiel einer geographisch verteilten Organisationsform eine Bank mit ihren Filialen. Dann sollten sicherlich die einzelnen Filialen autonom die Daten ihrer lokalen Kunden bearbeiten können. Gleichfalls sollten aber auch andere Filialen – und insbesondere die Zentrale – Zugriff auf diese Informationen haben, um z.B. Kontostandsüberprüfungen durchführen zu können. Dies ist ein „klassischer" Fall für den Einsatz eines verteilten Datenbanksystems, in dem die (globale) Gesamtinformation auf verschiedene Stationen verteilt ist. Die lokalen Stationen (manchmal *Sites* genannt) werden über ein Kommunikationsnetz miteinander verbunden.

15.1 Terminologie und Abgrenzung

Nach Ceri und Pelagatti (1984) besteht eine verteilte Datenbank aus einer Sammlung von Informationseinheiten, die auf mehreren über ein *Kommunikationsnetz* miteinander verbundenen Rechnern *verteilt* sind. Jede Station des Netzwerks kann *autonom* lokal verfügbare Daten verarbeiten und somit lokale Anwendungen „vor Ort" – also ohne Einbeziehung anderer Stationen – ausführen. Jede Station des verteilten Datenbanksystems nimmt aber zusätzlich an mindestens einer globalen Aufgabe teil, die über das Kommunikationsnetz abgewickelt wird.

Bei einem verteilten Datenbanksystem handelt es sich also sozusagen um eine Kooperation zwischen autonom arbeitenden Stationen, die über ein Kommunikationsmedium Informationen austauschen, um eine globale Aufgabe durchführen zu können. Bei dem Kommunikationsmedium kann es sich um unterschiedlichste Verbindungen handeln:

- LAN: local area network, wie z.B. Ethernet, Token-Ring oder FDDI-Netz.

- WAN: wide area network, wie z.B. das Internet.

- Telefonverbindungen, wie z.B. ISDN oder einfache Modem-Verbindungen.

Wir werden uns in diesem Kapitel nicht näher mit der zugrundeliegenden Netztopologie oder dem Kommunikationsmedium beschäftigen. Wir nehmen also an, daß das Kommunikationsnetz für die Datenbankanwendung transparent ist, und jede Station mit jeder anderen Station kommunizieren kann.

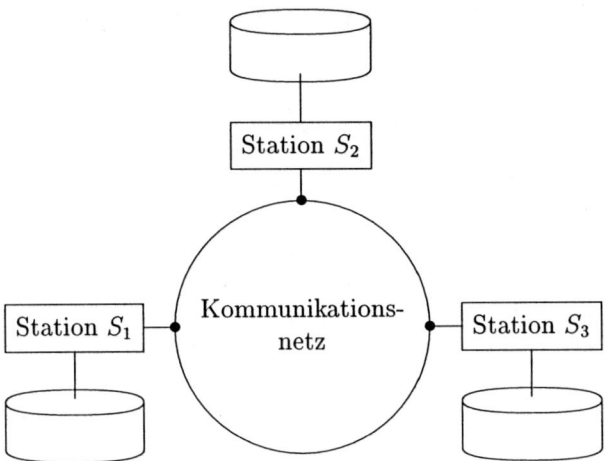

Abb. 15.1: Ein verteiltes Datenbanksystem

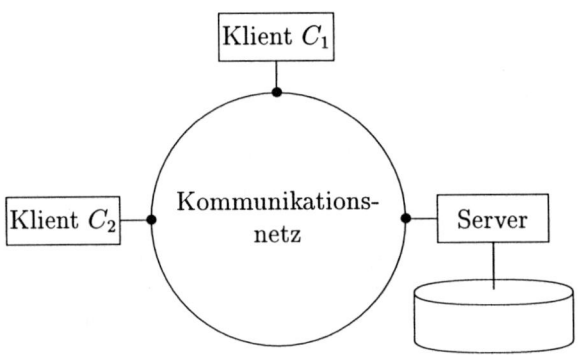

Abb. 15.2: Client-Server-Architektur

In Abbildung 15.1 ist ein verteiltes Datenbanksystem skizziert – wobei die ringförmige Darstellung des Kommunikationsnetzes nur aus Darstellungsgründen gewählt wurde; es könnte sich genausogut um ein geographisch weit verteiltes (WAN) Netz mit Kommunikation über Satelliten handeln. Die Stationen (Knoten, Sites) S_1, S_2 und S_3 des verteilten DBMS sind gleichrangig in bezug auf ihre lokale Autonomie und ihre Fähigkeit, Daten lokal abzuspeichern und zu bearbeiten.

In Abgrenzung zu einem VDBMS zeigt Abbildung 15.2 eine sogenannte Client/Server-Architektur. Hierbei handelt es sich also sozusagen um ein „degeneriertes" VDBMS, da nur der Server Daten abspeichert. Die Klienten schicken Anforderungen an den Server, bearbeiten die vom Server übermittelten Daten lokal und schicken sie dann gegebenenfalls wieder zurück zum Server. Die Klienten können also Datenverarbeitungsoperationen nur im Zusammenspiel mit dem zentralen Server durchführen.

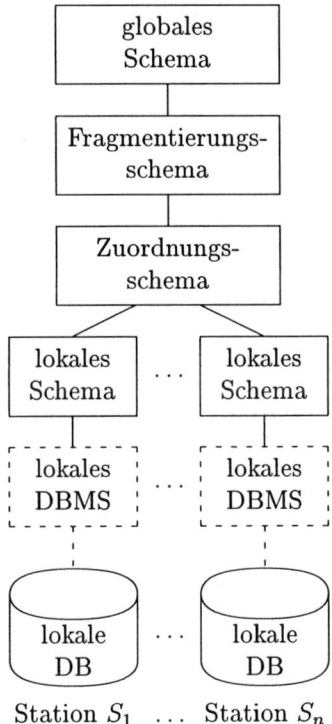

Abb. 15.3: Grundlegender Aufbau und Entwurf eines verteilten Datenbanksytems

15.2   Entwurf verteilter Datenbanken

In Abbildung 15.3 ist in Anlehnung an das Buch von Ceri und Pelagatti (1984) der Aufbau und Entwurf eines verteilten Datenbanksystems dargestellt. Wir werden im folgenden das relationale Modell als Implementationsmodell zugrunde legen. Somit entspricht das *globale Schema* – der Ausgangspunkt des VDBMS-Entwurfs – dem konsolidierten relationalen Implementationsschema des zentralisierten Datenbankentwurfs (vgl. dazu Abbildung 2.2 auf Seite 30).

Die eigentlich neuen Aufgaben beim VDBMS-Entwurf beziehen sich auf die beiden nachfolgenden Entwürfe:

- *Fragmentierungsschema* und

- *Zuordnungsschema* (auch *Allokationsschema* genannt).

Im Fragmentierungsschema werden logisch zusammengehörige Informationsmengen – hier Relationen – in (weitgehend) disjunkte *Fragmente* (Untereinheiten) zerlegt. Die Zerlegung erfolgt auf der Grundlage des Zugriffsverhaltens auf diese Fragmente. Dazu ist ein umfassendes Wissen über die zu erwartenden Anwendungen auf der Datenbank notwendig. Daten mit ähnlichem Zugriffsmuster werden dann in einem Fragment zusammengefaßt. Wir wollen dies an einer abstrakten Relation R mit den

Tupeln $r_1, \ldots, r_7$ und den Anwendungen A_1, A_2 und A_3 illustrieren. Wenn A_1 auf Tupel r_1, r_2, r_3 zugreift und A_2 auf Tupel r_4, r_5, r_6, r_7 zugreift, sollten daraus die Fragmente $R_1 = \{r_1, r_2, r_3\}$ und $R_2 = \{r_4, r_5, r_6, r_7\}$ abgeleitet werden. Wenn A_3 auf die Tupel r_4 und r_5 zugreift, dann sollten diese beiden Tupel allerdings in einem eigenen Fragment, sagen wir R_3, „untergebracht" werden. Somit müssen r_4 und r_5 aus R_2 entfernt werden, und es ergeben sich folgende Fragmente:

- $R_1 = \{r_1, r_2, r_3\}$ wegen Anwendung A_1

- $R_2 = \{r_6, r_7\}$ wegen Anwendung A_2

- $R_3 = \{r_4, r_5\}$ wegen Anwendungen A_2 und A_3

Hier haben wir nun die sogenannte *horizontale* Fragmentierung von Relationen in disjunkte Tupelmengen angedeutet. Wir werden im nächsten Abschnitt auch noch die *vertikale* Fragmentierung kennenlernen, bei der Relationen durch Projektion in Attributbereiche zerlegt werden.

Nachdem das Fragmentierungsschema festgelegt wurde, wird die Zuordnung der Fragmente auf Stationen des verteilten Datenbanksystems vorgenommen. Dieser Vorgang wird oft auch als *Allokation* bezeichnet. Die Fragmentierung und Allokation einer abstrakten Beispielrelation R ist in Abbildung 15.4 graphisch gezeigt.

Man unterscheidet zwei Arten der Allokation:

- *redundanzfreie Allokation*: In diesem Fall wird jedes Fragment genau einer Station zugeordnet. Es handelt sich dann um eine N:1-Zuordnung von Fragmenten zu Stationen.

- *Allokation mit Replikation*: Hierbei handelt es sich um eine N:M-Zuordnung. Einige Fragmente werden repliziert und mehreren Stationen zugeordnet. Dieser allgemeine Fall ist in Abbildung 15.4 gezeigt.

Ein dem Knoten S_i zugeordnetes Fragment R_j wird dann als R_j^i bezeichnet. Die Allokation von Fragmenten zu Stationen sollte natürlich auch auf der Grundlage der zu erwartenden Anwendungen vorgenommen werden. Wenn eine Anwendung A_1 meist auf Station S_1 ausgeführt wird, wäre es vorteilhaft, wenn die für A_1 notwendigen Fragmente auf S_1 angesiedelt sind. Natürlich kommt es zu Entwurfskonflikten, wenn ein Fragment, sagen wir R_1, sowohl auf Station S_1 als auch auf Station S_2 häufig benötigt wird. Bei der redundanzfreien Allokation kann man nicht umhin, eine der Stationen zu bevorzugen und damit die andere(n) zu benachteiligen. Es wurden Kostenmodelle entwickelt, nach denen man eine global optimierte Allokation bestimmen kann – die optimale Allokation kann man aber aufgrund der Komplexität des Problems nur in „kleinen" Anwendungsbereichen auch tatsächlich ermitteln. Deshalb werden in der Praxis meist heuristische Verfahren eingesetzt, bei denen man eine einigermaßen „gute" aber i.a. keine global optimale Zuordnung erwarten kann.

Bei der Allokation mit Replikation hat man noch mehr Freiheitsgrade, da man jetzt Fragmente bei Bedarf replizieren kann. Durch Replikation werden aber nur Leseanwendungen bevorteilt, da Änderungen dann auf allen (oder zumindest auf mehreren – wie wir später noch sehen werden) Kopien durchgeführt werden müssen.

Gemäß Abbildung 15.3 werden dann die einer Station zugeordneten Fragmente im lokalen Schema modelliert. Wir werden im folgenden immer von einer homogenen

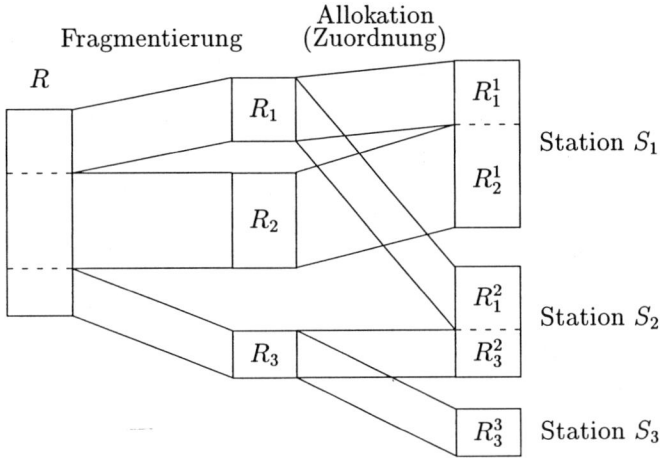

Abb. 15.4: Fragmentierung und Allokation einer Relation nach Ceri und Pelagatti (1984)

Struktur ausgehen, so daß alle Stationen dasselbe lokale Datenmodell – ja sogar dasselbe Datenbanksystem – einsetzen.[1]

15.3 Horizontale und vertikale Fragmentierung

Wie schon oben angedeutet gibt es verschiedene Methoden zur Fragmentierung einer Relation:

- *horizontale Fragmentierung*: Hierbei wird die Relation in disjunkte Tupelmengen zerlegt.

- *vertikale Fragmentierung*: Es werden Attribute mit gleichem Zugriffsmuster zusammengefaßt. Die Relation wird somit vertikal durch Ausführung von Projektionen zerlegt.

- *kombinierte Fragmentierung*: Hierbei werden die vertikale und die horizontale Fragmentierung auf dieselbe Relation angewandt.

Es gibt drei grundlegende Korrektheits-Anforderungen an eine Fragmentierung:

1. *Rekonstruierbarkeit*: Die fragmentierte Relation läßt sich aus den Fragmenten wiederherstellen.

2. *Vollständigkeit*: Jedes Datum ist einem Fragment zugeordnet.

3. *Disjunktheit*: Die Fragmente überlappen sich nicht, d.h. ein Datum ist nicht mehreren Fragmenten zugeordnet.

---

[1]Lediglich die an den einzelnen Stationen eingesetzte Hardware und Systemsoftware (Betriebssystem) kann variieren und muß vom VDBMS „verdeckt" werden.

Professoren						
PersNr	Name	Rang	Raum	Fakultät	Gehalt	Steuerklasse
2125	Sokrates	C4	226	Philosophie	85000	1
2126	Russel	C4	232	Philosophie	80000	3
2127	Kopernikus	C3	310	Physik	65000	5
2133	Popper	C3	52	Philosophie	68000	1
2134	Augustinus	C3	309	Theologie	55000	5
2136	Curie	C4	36	Physik	95000	3
2137	Kant	C4	7	Philosophie	98000	1

Abb. 15.5: Beispielausprägung der um drei Attribute erweiterten Relation *Professoren*

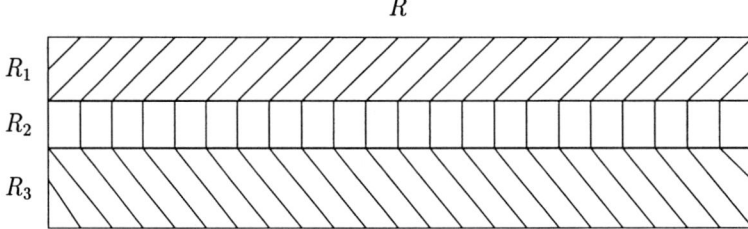

Abb. 15.6: Horizontale Fragmentierung

Die *Rekonstruierbarkeit* geht mit der *Vollständigkeit* einher. Die Originalrelation R muß aus den Fragmenten $R_1, \ldots, R_n$ durch Anwendung relationaler Algebraoperatoren wieder rekonstruierbar sein. Dazu ist die Vollständigkeit, wonach jede Informationseinheit (Tupel, Attributwert, o.ä.) der Originalrelation in einem der Fragmente enthalten sein muß, Grundvoraussetzung. Die *Disjunktheit* verlangt, daß eine Informationseinheit nicht redundant in zwei (oder mehr) Fragmenten enthalten sein darf. Wir werden später sehen, daß man bei der vertikalen – nicht jedoch bei der horizontalen – Fragmentierung Abstriche hinsichtlich der Disjunktheit in Kauf nimmt, um eine einfache Rekonstruierbarkeit zu gestatten.

Wir wollen diesen Abschnitt anhand eines Beispiels veranschaulichen, das sich auf unsere Universitätsdatenbank bezieht. Zu diesem Zweck erweitern wir das Schema der Relation *Professoren* um die Attribute *Fakultät*, *Gehalt* und *Steuerklasse*. Die Beispielausprägung der Relation ist dann in Abbildung 15.5 gezeigt. Wir gehen davon aus, daß wir eine Universität mit nur drei Fakultäten – Theologie, Physik und Philosophie – modellieren.

15.3.1 Horizontale Fragmentierung

Die horizontale Fragmentierung ist abstrakt in Abbildung 15.6 dargestellt. Für die Fragmentierung in disjunkte Teilmengen muß man Zerlegungsprädikate $p_1, p_2, \ldots$ angeben. Betrachten wir zunächst den Fall, daß nur ein Zerlegungsprädikat p_1 angegeben ist. Daraus ergibt sich eine Zerlegung von R in

$$
\begin{aligned}
R_1 &:= \sigma_{p_1}(R) \\
R_2 &:= \sigma_{\neg p_1}(R)
\end{aligned}
$$

Bei zwei Prädikaten p_1 und p_2 ergeben sich schon vier Zerlegungen, nämlich:

$$
\begin{aligned}
R_1 &:= \sigma_{p_1 \wedge p_2}(R) \\
R_2 &:= \sigma_{p_1 \wedge \neg p_2}(R) \\
R_3 &:= \sigma_{\neg p_1 \wedge p_2}(R) \\
R_4 &:= \sigma_{\neg p_1 \wedge \neg p_2}(R)
\end{aligned}
$$

Allgemein würden sich also bei n Zerlegungsprädikaten $p_1, \ldots, p_n$ insgesamt 2^n Fragmente ergeben. Bei n Zerlegungsprädikaten würde die horizontale Fragmentierung mit den folgenden 2^n möglichen konjunktiv verknüpften Selektionsprädikaten durchgeführt:

$$
\bigwedge_{i=1}^{n} p_i^*
$$

Hierbei repräsentiert p_i^* das Prädikat p_i oder die Negation ($\neg p_i$) von p_i. Es kann aber sein, daß einige dieser Konjunktionen konstant *false* ergeben, so daß die betreffenden Fragmente immer leer sind und deshalb weggelassen werden können.

Bei der hier skizzierten Vorgehensweise wird sichergestellt, daß die resultierende Fragmentierung disjunkt und vollständig ist – also jedes Tupel wird genau einem Fragment zugeordnet. Warum?

Wir wollen die horizontale Fragmentierung anhand unserer Beispielrelation *Professoren* illustrieren. Es scheint sinnvoll zu sein, die Professoren nach Fakultätszugehörigkeit zu gruppieren. Also haben wir für unsere Universität mit nur drei Fakultäten die folgenden Zerlegungsprädikate:

$$
\begin{aligned}
p_1 &\equiv \text{Fakultät} = \text{'Theologie'} \\
p_2 &\equiv \text{Fakultät} = \text{'Physik'} \\
p_3 &\equiv \text{Fakultät} = \text{'Philosophie'}
\end{aligned}
$$

Es ist aber leicht ersichtlich, daß von den 8 ($= 2^3$) Selektionen allenfalls vier ein nicht-leeres Ergebnis liefern können, nämlich:[2]

$$
\begin{aligned}
\text{TheolProfs}' &:= \sigma_{p_1 \wedge \neg p_2 \wedge \neg p_3}(\text{Professoren}) = \sigma_{p_1}(\text{Professoren}) \\
\text{PhysikProfs}' &:= \sigma_{\neg p_1 \wedge p_2 \wedge \neg p_3}(\text{Professoren}) = \sigma_{p_2}(\text{Professoren}) \\
\text{PhiloProfs}' &:= \sigma_{\neg p_1 \wedge \neg p_2 \wedge p_3}(\text{Professoren}) = \sigma_{p_3}(\text{Professoren}) \\
\text{AndereProfs}' &:= \sigma_{\neg p_1 \wedge \neg p_2 \wedge \neg p_3}(\text{Professoren})
\end{aligned}
$$

Unter der Annahme, daß *Fakultät* immer spezifiziert sein muß (**not null**) und nur Werte aus {*Theologie, Physik, Philosophie*} annehmen kann, ist auch das vierte Fragment leer – und wird deshalb nachfolgend nicht weiter betrachtet.

---

[2] Der „Prime '" wurde bei der Benennung verwendet, weil wir später noch eine andere Fragmentierung von *Professoren* definieren wollen.

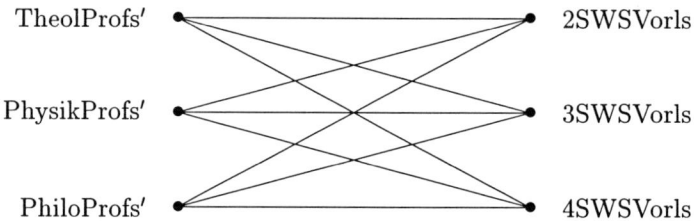

Abb. 15.7: Der Join-Graph bei ungeeigneter horizontaler Fragmentierung

15.3.2 Abgeleitete horizontale Fragmentierung

Manchmal ist es sinnvoll, eine Relation abhängig von einer anderen horizontal fragmentierten Relation zu zerlegen. Wir wollen dies an dem Beispiel der Relation *Vorlesungen* aus unserer Universitäts-Datenbank demonstrieren. Betrachten wir als erste Möglichkeit der horizontalen Fragmentierung die Zerlegung in Gruppen mit gleicher Semesterwochenstundenzahl (*SWS*). Also hätten wir drei Fragmente – unter der Annahme, daß Vorlesungen entweder zwei-, drei- oder vierstündig sind:

$$2\text{SWSVorls} \quad := \quad \sigma_{\text{SWS}=2}(\text{Vorlesungen})$$
$$3\text{SWSVorls} \quad := \quad \sigma_{\text{SWS}=3}(\text{Vorlesungen})$$
$$4\text{SWSVorls} \quad := \quad \sigma_{\text{SWS}=4}(\text{Vorlesungen})$$

Aus der Sicht der Anfragebearbeitung ist dies u.U. eine sehr schlechte Zerlegung. Betrachten wir dazu die folgende, auf dem Globalschema *Professoren* und *Vorlesungen* formulierte Anfrage:

select Titel, Name
from Vorlesungen, Professoren
where gelesenVon = PersNr;

Wenn man diese Anfrage auf Basis der sechs Fragmente – *TheolProfs'*, *PhysikProfs'*, *PhiloProfs'*, *2SWSVorls*, *3SWSVorls*, *4SWSVorls* – auszuwerten hätte, müßte man jedes ...*Profs'*-Fragment mit jedem ...*Vorls*-Fragment joinen. Also wäre folgender Auswertungsplan auszuführen.

$$\Pi_{\text{Titel, Name}}((\text{TheolProfs}' \bowtie 2\text{SWSVorls}) \cup (\text{TheolProfs}' \bowtie 3\text{SWSVorls}) \cup$$
$$\cdots \cup (\text{PhiloProfs}' \bowtie 4\text{SWSVorls}))$$

Es wären also insgesamt 9 Fragmente miteinander zu verknüpfen (zu „joinen"). Dies ist graphisch in Abbildung 15.7 dargestellt. Jede Kante entspricht einem (potentiell) nicht-leeren Join zweier Fragmente.

Um solche Join-Operationen sehr viel effizienter ausführen zu können, sollte man die Relation *Vorlesungen* gemäß der *Fakultät* des Referenten bzw. der Referentin zerlegen. Allerdings ist *Fakultät* kein Attribut aus *Vorlesungen*. Die Fragmentierung von *Vorlesungen* muß deshalb aufbauend auf der schon vollzogenen Zerlegung von *Professoren* durchgeführt werden. Deshalb spricht man von einer *abgeleiteten*

Abb. 15.8: Der einfache Join-Graph nach abgeleiteter Fragmentierung

Fragmentierung. Hierfür wird der Semijoin-Operator verwendet. Für unser Beispiel ergibt sich folgende Fragmentierung:

$$
\begin{aligned}
\text{TheolVorls} &:= \text{Vorlesungen} \ltimes_{\text{gelesenVon=PersNr}} \text{TheolProfs}' \\
\text{PhysikVorls} &:= \text{Vorlesungen} \ltimes_{\text{gelesenVon=PersNr}} \text{PhysikProfs}' \\
\text{PhiloVorls} &:= \text{Vorlesungen} \ltimes_{\text{gelesenVon=PersNr}} \text{PhiloProfs}'
\end{aligned}
$$

Auf der Basis dieser Fragmentierung ließe sich unsere Beispielanfrage, in der Vorlesungstitel mit dem Namen des Referenten bzw. der Referentin gepaart wurden, sehr viel effizienter auswerten. Man braucht jetzt nämlich nur drei Joins zwischen Fragmenten durchzuführen. Diese drei Joins sind in Abbildung 15.8 gezeigt. Die anderen sechs möglichen Join-Paare – wie z.B. *PhysikProfs'* $\bowtie_{PersNr=gelesenVon}$ *TheolVorls* – sind immer leer. Man spart jetzt also insgesamt 6 (von 9) möglichen Joinoperationen. Der Auswertungsplan sieht dann wie folgt aus:

$$
\Pi_{\text{Titel, Name}}((\text{TheolProfs}' \bowtie_p \text{TheolVorls}) \cup (\text{PhysikProfs}' \bowtie_p \text{PhysikVorls})
$$
$$
\cup (\text{PhiloProfs}' \bowtie_p \text{PhiloVorls}))
$$

Hierbei ist das Joinprädikat p als

$$
p \equiv (\text{PersNr} = \text{gelesenVon})
$$

gegeben.

Wir werden in Abschnitt 15.5 noch etwas ausführlicher auf die Anfrageoptimierung zu sprechen kommen. Es sollte aber an dieser Stelle schon klar geworden sein, daß beim verteilten Datenbankentwurf die zu erwartenden Anfragen berücksichtigt werden müssen, damit effiziente Auswertungspläne generierbar sind.

15.3.3 Vertikale Fragmentierung

Die vertikale Fragmentierung ist graphisch in Abbildung 15.9 skizziert. Bei der vertikalen Fragmentierung werden Attribute mit ähnlichem Zugriffsmuster zusammengefaßt. Die Fragmente ergeben sich dann als Projektion auf diese Attributgruppen – die Originalrelation wird also *vertikal* aufgespalten. Bei beliebiger vertikaler Aufspaltung wäre aber die *Rekonstruierbarkeit* nicht gewährleistet. Es gibt zwei Ansätze, die Rekonstruierbarkeit zu garantieren:

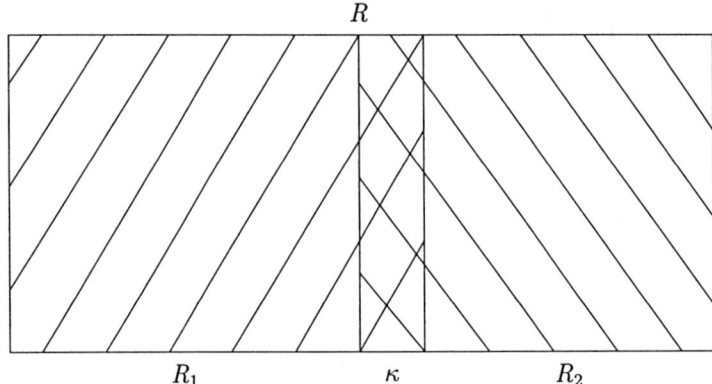

Abb. 15.9: Vertikale Fragmentierung

1. Jedes (vertikale) Fragment enthält den Primärschlüssel – in Abbildung 15.9 mit κ bezeichnet – der Originalrelation. In gewisser Hinsicht verletzt man dadurch aber die *Disjunktheit* der Fragmente.

2. Jedem Tupel der Originalrelation wird ein eindeutiges Surrogat (ein künstlich erzeugter Objektidentifikator) zugeordnet. Dieses Surrogat wird in jedes vertikale Fragment des Tupels mit aufgenommen.

Wir werden im folgenden die erstgenannte Vorgehensweise darstellen, so daß die vertikalen Fragmente überlappen. Es hat sich weiterhin gezeigt, daß es oftmals sinnvoll ist, solche Attribute, die sich selten ändern, in mehrere vertikale Fragmente aufzunehmen. Auch dadurch wird natürlich die Disjunktheit verletzt.

Wir wollen die vertikale Fragmentierung an unserer Beispiel-Relation *Professoren* demonstrieren. Professoren werden in verschiedenen Kontexten „bearbeitet":

- In der Universitätsverwaltung wird meistens auf die Attribute *PersNr*, *Name*, *Gehalt* und *Steuerklasse* zugegriffen.

- Im Kontext der Lehre und Forschung sind dagegen eher die Attribute *PersNr*, *Name*, *Rang*, *Raum* und *Fakultät* von Interesse.

Deshalb schlagen wir hier folgende vertikale Fragmentierung von Professoren vor:

$$\text{ProfVerw} \quad := \quad \Pi_{\text{PersNr, Name, Gehalt, Steuerklasse}}(\text{Professoren})$$
$$\text{Profs} \quad := \quad \Pi_{\text{PersNr, Name, Rang, Raum, Fakultät}}(\text{Professoren})$$

Die Rekonstruktion der Originalrelation *Professoren* ist wegen der Übernahme des Primärschlüssels *PersNr* in beiden Fragmenten durch einen Join über diesem Attribut möglich:

$$\text{Professoren} = \text{ProfVerw} \bowtie_{\text{ProfVerw.PersNr}=\text{Profs.PersNr}} \text{Profs}$$

In der oben gezeigten Fragmentierung wurde auch das *Name*-Attribut in beide Fragmente einbezogen. Da Personen relativ selten ihren Namen wechseln, sollte diese

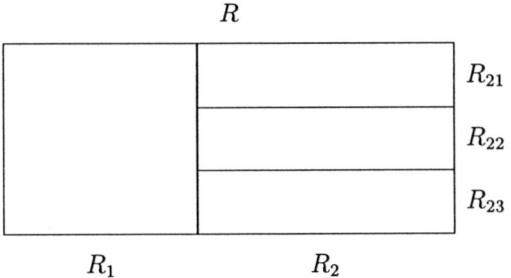

Abb. 15.10: Horizontale Fragmentierung nach vertikaler Fragmentierung (Überlappungen der vertikalen Fragmentierung sind nicht eingezeichnet)

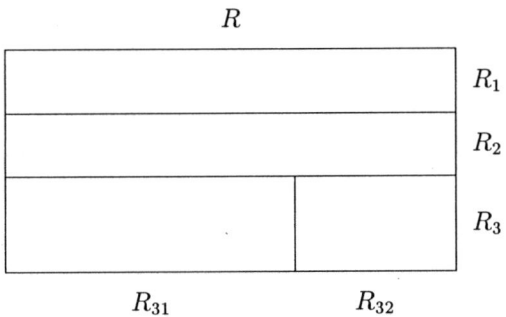

Abb. 15.11: Vertikale Fragmentierung nach horizontaler Fragmentierung

Redundanz nicht allzu problematisch sein – man beachte, daß diese Redundanz vom VDBMS kontrolliert wird, d.h. bei einer Änderung des Namens in einem der Fragmente muß das VDBMS die Änderung in den anderen Fragmenten sicherstellen (mehr dazu in den Abschnitten 15.4 und 15.10).

Grundsätzlich ist natürlich die vertikale Fragmentierung in mehr als zwei Fragmente möglich – solange jedes Fragment den Primärschlüssel (oder das Surrogat) mit einbezieht.

15.3.4 Kombinierte Fragmentierung

Man kann natürlich die vertikale und horizontale Fragmentierung miteinander kombinieren. In Abbildung 15.10 ist zunächst die vertikale Fragmentierung der Relation R in die Fragmente R_1 und R_2 durchgeführt worden. Danach wurde das Fragment R_2 horizontal in die Fragmente R_{21}, R_{22} und R_{23} zerlegt. Die Rekonstruktion der Relation R erfolgt somit als

$$R = R_1 \bowtie_p (R_{21} \cup R_{22} \cup R_{23}),$$

wobei p ein Prädikat ist, das den Primärschlüssel der beiden Fragmente R_1 und R_2 auf Gleichheit überprüft (obwohl dies in der Graphik nicht explizit gezeigt ist, gehen

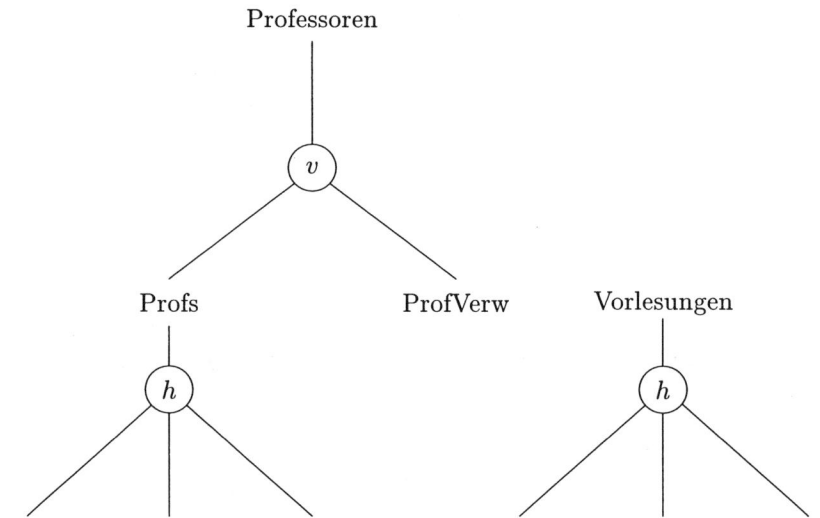

Abb. 15.12: Baumdarstellung der Fragmentierungen unserer Beispielanwendung

wir davon aus, daß R_1 und R_2 beide den Primärschlüssel aus R enthalten).

In Abbildung 15.11 ist die Relation R zunächst horizontal in die Fragmente R_1, R_2 und R_3 zerlegt worden. Anschließend wurde R_3 in die beiden vertikalen Fragmente R_{31} und R_{32} zerlegt.

Die Rekonstruktion ergibt sich dann wie folgt:

$$R = R_1 \cup R_2 \cup (R_{31} \bowtie_{R_{31}.\kappa = R_{32}.\kappa} R_{32}),$$

wobei κ der in beiden vertikalen Fragmenten enthaltene Schlüssel ist.

Wir wollen die kombinierte Fragmentierung auf unsere Beispiel-Relation *Professoren* anwenden. Zunächst wird vertikal in *ProfVerw* und *Profs* zerlegt.

Das Fragment *ProfVerw* wird nicht weiter zerlegt, da die Universität nur eine Verwaltung hat, der dieses Fragment dann als Ganzes zugeordnet wird. Das vertikale Fragment *Profs* wird aber nach Fakultätszugehörigkeit horizontal weiter in *PhysikProfs TheolProfs*, und *PhiloProfs* zerlegt. Diese drei Fragmente könnte man dann jeweils den drei Dekanatsrechnern zuordnen, damit die *Profs* in ihrer jeweiligen Fakultät lokal „verfügbar" sind.

Die abgeleitete horizontale Fragmentierung von *Vorlesungen* wurde bereits eingeführt. Es ergibt sich jetzt also die in Abbildung 15.12 skizzierte Fragmentierung für unsere Beispielanwendung. Ein mit v markierter Knoten repräsentiert die vertikale Fragmentierung, ein mit h markierter Knoten die horizontale Fragmentierung.

15.3.5   Allokation für unser Beispiel

Eine Allokation der erzeugten Fragmente auf einzelne Stationen könnte dann für dieses Beispiel wie folgt aussehen:

Allokation

Station	Bemerkung	zugeordnete Fragmente
S_{Verw}	Verwaltungsrechner	$\{ProfVerw\}$
S_{Physik}	Dekanat Physik	$\{PhysikVorls, PhysikProfs\}$
S_{Philo}	Dekanat Philosophie	$\{PhiloVorls, PhiloProfs\}$
S_{Theol}	Dekanat Theologie	$\{TheolVorls, TheolProfs\}$

Es handelt sich hierbei offensichtlich um eine Allokation ohne Replikation, also eine redundanzfreie Zuordnung.

15.4 Transparenz in verteilten Datenbanken

Man unterscheidet verschiedene Stufen der Transparenz in verteilten Datenbanken. Unter Transparenz versteht man den Grad an Unabhängigkeit, den ein VDBMS den Benutzern beim Zugriff auf verteilte Daten vermittelt.

15.4.1 Fragmentierungstransparenz

Dies ist der Idealzustand: Die Benutzer arbeiten mit dem globalen Schema, und es ist Aufgabe des VDBMS, die Operationen (Zugriff und auch Änderungsoperationen) auf der globalen Relation in entsprechende Operationen auf den Fragmenten zu übersetzen. Eine Beispielanfrage, die Fragmentierungstransparenz voraussetzt, hatten wir schon kennengelernt.

select Titel, Name
from Vorlesungen, Professoren
where gelesenVon = PersNr;

Die Benutzer benötigen bei Vorliegen der Fragmentierungstransparenz de facto keinerlei Wissen über die Fragmentierung der Relationen und schon gar nicht über die Zuordnung der Fragmente zu Stationen innerhalb des Rechnernetzes.

Neben Anfragen muß ein fragmentierungstransparentes VDBMS natürlich auch Änderungsoperationen unterstützen. Eine Änderung kann sich dabei durchaus auf mehrere Fragmente beziehen, wie z.B.:

update Professoren
    set Fakultät = 'Theologie'
    where Name = 'Sokrates';

Hierdurch muß – neben der Änderung des Attributwertes – das Tupel aus dem Fragment *PhiloProfs* in das Fragment *TheolProfs* transferiert werden, was bei unserer Beispielallokation den Transfer vom Rechner S_{Philo} auf den Rechner S_{Theol} voraussetzt. Außerdem ist von der Änderung auch noch die abgeleitete Fragmentierung von *Vorlesungen* betroffen. Warum?

15.4.2 Allokationstransparenz

Diese nächst niedrigere Stufe der Unabhängigkeit besagt, daß die Benutzer zwar die Fragmentierung kennen müssen, aber nicht den „Aufenthaltsort" eines Fragments. Eine Beispielanfrage wäre dann:

select Gehalt
from ProfVerw
where Name = 'Sokrates';

Die Benutzer müssen jetzt also wissen, daß sie die gewünschte Information in dem Fragment *ProfVerw* finden können.

Unter Umständen ist aber auch die explizite Rekonstruktion (eines Teils) der Originalrelation notwendig, beispielsweise könnte jemand in der Verwaltung wissen wollen, wieviel die C4-Professoren der Theologie insgesamt verdienen. Da das Attribut *Rang* aber nicht in *ProfVerw* enthalten ist, muß – bei fehlender Fragmentierungstransparenz – folgende Anfrage formuliert werden:

select sum(Gehalt)
from ProfVerw, TheolProfs
where ProfVerw.PersNr = TheolProfs.PersNr **and**
    Rang='C4';

Bei fehlender Fragmentierungstransparenz ist es auch Aufgabe der Benutzer, Tupel ggfls. aus einem Fragment in ein anderes Fragment zu transferieren. Dies wäre z.B. bei dem oben durchgeführten Fakultätswechsel von Sokrates explizit seitens der Benutzer wie folgt durchzuführen:

1. Ändern des Attributwertes von *Fakultät* in dem betreffenden Tupel

2. Einfügen des „Sokrates-Tupels" in *TheolProfs*

3. Löschen des Tupels aus *PhiloProfs*

4. Einfügen der von Sokrates gehaltenen Vorlesungen in *TheolVorls*

5. Löschen der von Sokrates gehaltenen Vorlesungen aus *PhiloVorls*

15.4.3 Lokale Schema-Transparenz

Bei dieser Transparenzstufe müssen die Benutzer auch noch den Rechner kennen, auf dem ein Fragment beheimatet ist. Eine Anfrage, um die Namen der C3-Professoren der Theologie zu finden, sieht dann beispielsweise so aus:

select Name
from TheolProfs **at** S_{Theol}
where Rang = 'C3';

Die Leser mögen sich fragen, inwiefern hier überhaupt eine Transparenz gegeben ist. Die lokale Schema-Transparenz setzt voraus, daß zumindest alle Rechner dasselbe Datenmodell und dieselbe Anfragesprache verwenden. Die oben formulierte Anfrage kann also in analoger Form auch an der Station S_{Philo} ausgeführt werden. Bei

Kopplung unterschiedlicher Datenbanksysteme (z.B. Ingres und Oracle) wäre diese Transparenzstufe i.a. nicht gegeben. Noch schlimmer wäre, wenn die lokalen Datenbanksysteme auch noch grundsätzlich verschiedene Datenmodelle einsetzen würden, wie z.B. eine Station das relationale DBMS Oracle und eine andere Station das Netzwerk-DBMS UDS. In diesem Zusammenhang spricht man dann von sogenannten „Multi-Database-Systems". Die Kopplung solcher heterogener Datenbanksysteme ist – wie man sich leicht vorstellen kann – sehr schwierig. In der „realen" Welt ist dies aber oft unumgänglich, um Informationen verschiedener (Unter-)Organisationen miteinander verknüpfen zu können.

15.5 Anfrageübersetzung und -optimierung in VDBMS

In diesem Abschnitt wollen wir die Fragmentierungstransparenz voraussetzen, so daß Benutzer ihre Anfragen auf der Basis des globalen relationalen Schemas formulieren können. Es ist dann Aufgabe des Anfrageübersetzers, einen Anfrageauswertungsplan auf den Fragmenten zu generieren. Die Aufgabe des Anfrageoptimierers besteht darin, einen möglichst effizienten Auswertungsplan zu generieren. Dieser hängt i.a. von der Allokation der Fragmente auf den verschiedenen Stationen des Rechnernetzes ab.

15.5.1 Anfragebearbeitung bei horizontaler Fragmentierung

Wir wollen zunächst die Anfrageübersetzung und die Optimierung des Auswertungsplans bei horizontaler Fragmentierung studieren. Dazu nehmen wir in diesem Abschnitt an, daß die Relation *Profs* eine Basisrelation des globalen Schemas sei – obwohl *Profs* ja nur ein Zwischenergebnis nach der vertikalen Fragmentierung der Relation *Professoren* war (vgl. Abbildung 15.12).

Jemand mag an den Titeln der Vorlesungen interessiert sein, die von C4-Professoren gehalten werden. Folgende SQL-Anfrage würde dies auf der Basis des globalen Schemas ermitteln:

select Titel
from Vorlesungen, Profs
where gelesenVon = PersNr **and**
      Rang = 'C4';

Die naheliegende Methode, eine SQL-Anfrage auf dem globalen Schema in eine äquivalente Anfrage auf den Fragmenten zu übersetzen, geht in zwei Schritten vor:

1. Rekonstruiere alle in der Anfrage vorkommenden globalen Relationen aus den Fragmenten, in die sie während der Fragmentierungsphase zerlegt wurden. Hierfür erhält man einen algebraischen Ausdruck.

2. Kombiniere den Rekonstruktionsausdruck mit dem algebraischen Anfrageausdruck, der sich aus der Übersetzung der SQL-Anfrage ergibt.

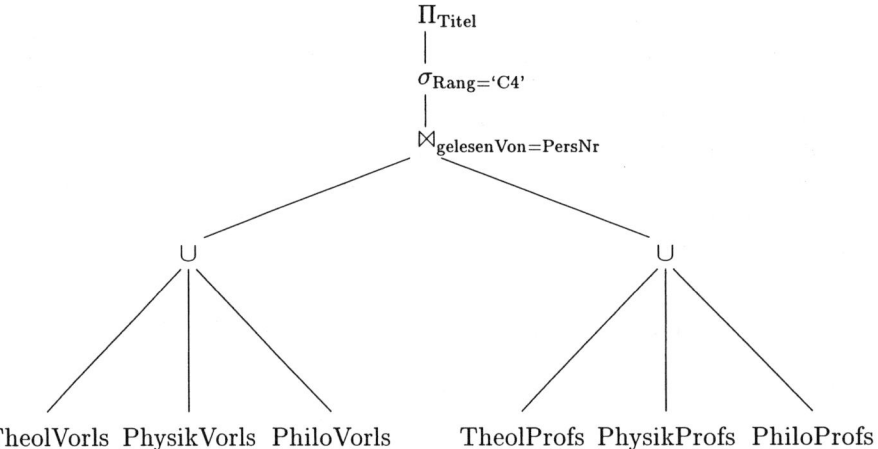

Abb. 15.13: Kanonische Form der Anfrage

Den entstehenden Algebraausdruck bezeichnet man als die kanonische Form der Anfrage. Für unsere Beispielanfrage ist dieser kanonische Operatorbaum in Abbildung 15.13 gezeigt. Es werden also zunächst die globalen Relationen rekonstruiert:

- *Vorlesungen* wird durch die Vereinigung der drei horizontalen Fragmente *TheolVorls*, *PhysikVorls* und *PhiloVorls* wiederhergestellt.

- *Profs* wird analog durch die Vereinigung von *TheolProfs*, *PhysikProfs* und *PhiloProfs* rekonstruiert.

Auf diesen rekonstruierten Globalrelationen setzt dann die eigentliche Anfrageauswertung auf. In unserem Fall wird zunächst der Join dieser beiden Relationen mit dem Joinprädikat „*gelesenVon = PersNr*" durchgeführt.[3]

Danach werden die Tupel mit *Rang* = 'C4' selektiert, aus denen dann letztendlich das Attribut *Titel* projiziert wird.

Dieser Operatorbaum gewährleistet zwar eine korrekte Abarbeitung der Anfrage; die resultierende Ausführung wäre aber sehr ineffizient. Um die Globalrelationen *Profs* und *Vorlesungen* durch die Vereinigung wiederherstellen zu können, müßten jeweils mindestens zwei Fragmente über das Kommunikationsnetz transferiert werden, um an einem dritten Rechnerknoten die Vereinigung durchführen zu können.

Eine wesentlich bessere (weil effizientere) Vorgehensweise besteht darin, die Join-Operationen auf den an derselben Station beheimateten Fragmenten lokal auszuführen. Das war ja schließlich auch der Sinn der abgeleiteten horizontalen Fragmentierung der Relation *Vorlesungen* – siehe Abschnitt 15.3.2. Der Anfrageoptimierer nutzt dazu die folgende (für diesen Zweck zentrale) Eigenschaft der relationalen Algebra

---

[3]Streng genommen hätte man hier erst das Kreuzprodukt einführen müssen und darauf aufbauend die Selektionen, um konform mit der in Kapitel 8 eingeführten kanonischen Übersetzung von SQL-Anfragen in die Relationenalgebra zu sein. Wir haben hier also schon einen (kleinen) Optimierungsschritt vorweggenommen.

aus (siehe Übungsaufgabe 15.5):

$$(R_1 \cup R_2) \bowtie_p (S_1 \cup S_2) = (R_1 \bowtie_p S_1) \cup (R_1 \bowtie_p S_2) \cup (R_2 \bowtie_p S_1) \cup (R_2 \bowtie_p S_2)$$

Die Verallgemeinerung auf n horizontale Fragmente $R_1, \ldots, R_n$ von R und m Fragmente $S_1, \ldots, S_m$ von S ist:

$$(R_1 \cup \cdots \cup R_n) \bowtie_p (S_1 \cup \cdots \cup S_m) = \bigcup_{1 \le i \le n} \bigcup_{1 \le j \le m} (R_i \bowtie_p S_j)$$

Damit hätte man aber nicht viel erreicht, da man jetzt insgesamt $n * m$ Join-Operationen auf den Fragmenten durchführen müßte. Schlimmer noch: Um diese Joins ausführen zu können, müßten die Fragmente durch „die Gegend geschickt werden". Zum Glück sind aber viele dieser Joins leer, wenn die eine Argumentrelation des Joins durch eine abgeleitete horizontale Fragmentierung gemäß der anderen Argumentrelation entstanden ist. Wenn also

$$S_i = S \ltimes_p R_i \quad \text{mit} \quad S = S_1 \cup \cdots \cup S_n$$

ist, dann gilt immer

$$R_i \bowtie_p S_j = \emptyset \quad \text{für} \quad i \ne j.$$

Im Fall einer derartigen abgeleiteten horizontalen Fragmentierung von S gilt somit:

$$(R_1 \cup \cdots \cup R_n) \bowtie_p (S_1 \cup \cdots \cup S_n) = (R_1 \bowtie_p S_1) \cup (R_2 \bowtie_p S_2) \cup \cdots \cup (R_n \bowtie_p S_n)$$

Für unser Beispiel

$$(\text{TheolVorls} \cup \text{PhysikVorls} \cup \text{PhiloVorls}) \bowtie_{\ldots} (\text{TheolProfs} \cup \text{PhysikProfs} \cup \text{PhiloProfs})$$

kann man sich somit auf die drei in Abbildung 15.8 gezeigten Joins beschränken. Weiterhin ist es sehr vorteilhaft, daß diese drei Joins alle lokal – ohne Transfer von Daten – ausgeführt werden können. Das war ja auch gerade unser Ziel bei der in Abschnitt 15.6 durchgeführten Allokation.

Weiterhin benötigt man Regeln, um Selektionen und Projektionen über den Vereinigungsoperator hinweg „nach unten zu drücken":

$$\sigma_p(R_1 \cup R_2) = \sigma_p(R_1) \cup \sigma_p(R_2)$$
$$\Pi_L(R_1 \cup R_2) = \Pi_L(R_1) \cup \Pi_L(R_2)$$

Durch Anwendung dieser algebraischen Regeln kann man nun den in Abbildung 15.14 dargestellten Auswertungsplan generieren. Nochmals sei darauf hingewiesen, daß die gesamte Auswertung dieses Plans, mit Ausnahme der abschließenden Vereinigung lokal auf den drei Stationen S_{Theol}, S_{Physik} und S_{Philo} ausgeführt werden kann. Diese drei Stationen können *parallel* an der Ausführung arbeiten und ihr lokales Ergebnis unabhängig voneinander an die Station übermitteln, die die abschließende Vereinigung durchführen soll – z.B. an den Rechner S_{Verw}, falls die Anfrage von jemandem in der Verwaltung gestellt wurde.

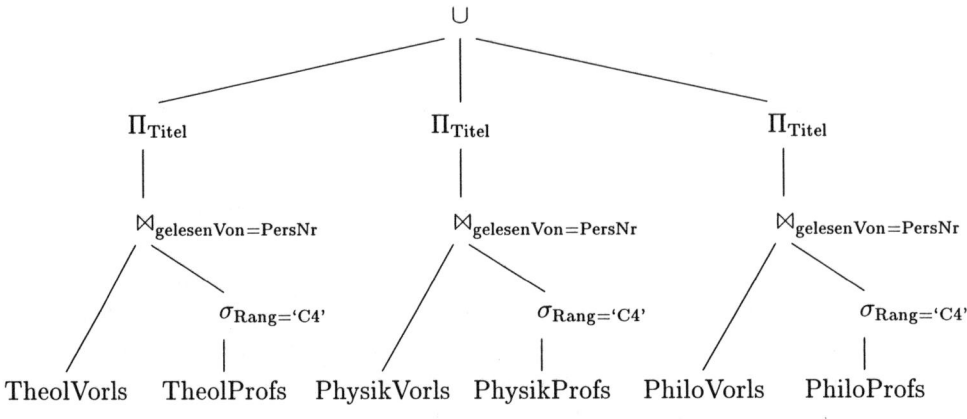

Abb. 15.14: Optimale Form der Anfrage

15.5.2   Anfragebearbeitung bei vertikaler Fragmentierung

Auch bei vertikaler – oder kombinierter – Fragmentierung könnte man so vorgehen, daß man zunächst die in der Anfrage vorkommenden globalen Relationen rekonstruiert und dann darauf die eigentliche Anfrage auswertet. Wir wollen dies an folgender SQL-Anfrage verdeutlichen:

select Name, Gehalt
from Professoren
where Gehalt > 80000;

Die Relation *Professoren* war vertikal in *ProfVerw* und *Profs* zerlegt worden, wobei *Profs* weiterhin horizontal zerlegt worden war. Es ergibt sich somit der auf der linken Seite von Abbildung 15.15 gezeigte kanonische algebraische Auswertungsplan für diese Anfrage.

Das vordringliche Ziel bei der Optimierung von Anfragen bei vertikaler Fragmentierung besteht darin, nur die vertikalen Fragmente (durch Join) zu verknüpfen, die auch tatsächlich für die Auswertung der Anfrage benötigt werden. In unserem Beispiel ist leicht ersichtlich, daß das vertikale Fragment *ProfVerw* schon die gesamte notwendige Information enthält. Deshalb kann man den gesamten rechten Teil mit der Vereinigung und dem Join „abschneiden" und bekommt den auf der rechten Seite von Abbildung 15.15 gezeigten optimierten Auswertungsplan. Wehe, wenn in der Anfrage aber auf ein Attribut aus dem rechten vertikalen Fragment (*Profs*) projiziert worden wäre, wie z.B.:

select Name, Gehalt, Rang
from Professoren
where Gehalt > 80000;

Dann hätte man sich bei der Optimierung nicht so leicht getan – siehe Übungsaufgabe 15.6.

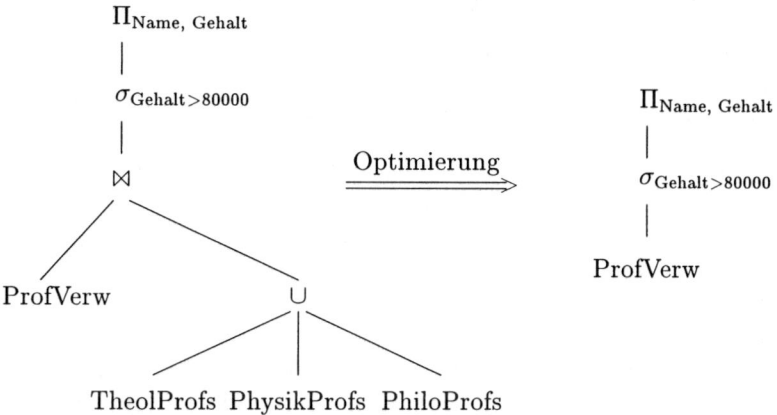

Abb. 15.15: Optimierung bei vertikaler Fragmentierung

R				S				$R \bowtie S$				
A	B	C		C	D	E		A	B	C	D	E
a_1	b_1	c_1		c_1	d_1	e_1		a_1	b_1	c_1	d_1	e_1
a_2	b_2	c_2		c_3	d_2	e_2		a_3	b_3	c_1	d_1	e_1
a_3	b_3	c_1	$\bowtie$	c_4	d_3	e_3	$=$	a_5	b_5	c_3	d_2	e_2
a_4	b_4	c_2		c_5	d_4	e_4						
a_5	b_5	c_3		c_7	d_5	e_5						
a_6	b_6	c_2		c_8	d_6	e_6						
a_7	b_7	c_6		c_5	d_7	e_7						

Abb. 15.16: Der natürliche Verbund zweier (abstrakter) Relationen R und S

15.6 Join-Auswertung in VDBMS

Bei verteilten Datenbanksystemen spielt die Auswertung von Join-Operationen eine noch kritischere Rolle als dies in zentralisierten Datenbanken schon der Fall ist. Das Problem bei der Auswertung eines Joins zweier Relationen – wie es für die abstrakten Relationen R und S in Abbildung 15.16 gezeigt ist – besteht darin, daß die beiden Argumente auf unterschiedlichen Stationen des VDBMS beheimatet sein können.

Wir wollen hier den allgemeinsten Fall betrachten:

- Die äußere Argumentrelation R ist auf Station St_R gespeichert.

- Die innere Argumentrelation S ist dem Knoten St_S zugeordnet.

- Das Ergebnis der Joinberechnung wird auf einem dritten Knoten – sagen wir St_{Result} – benötigt.

15.6.1 Join-Auswertung ohne Filterung

Um den Join ausführen zu können, müssen somit (mehr oder weniger große) Daten-mengen über das Kommunikationsnetz transferiert werden. Wir wollen hier zunächst drei naheliegende Auswertungsmethoden betrachten:

1. *Nested-Loops*: Bei dieser Auswertungsmethode würde man durch die äußere Relation R – mittels Laufvariable r – iterieren und für jedes Tupel r die „pas-senden" Tupel $s \in S$ mit $r.C = s.C$ über das Kommunikationsnetz bei St_S anfordern. Diese Vorgehensweise benötigt i.a. $2 * | R |$ Nachrichten – pro Tupel aus R eine Anforderung und eine passende Tupelmenge aus S, die bei vielen Anforderungen leer sein könnte. Wegen des hohen Nachrichtenaufkommens kommt diese Auswertungsmethode wohl nur bei sehr leistungsfähigen Netzen (z.B. LANs) in Frage. Selbst dann wird es sich normalerweise nur lohnen, wenn die Relation S einen Index auf C hat, der für die Ermittlung der passenden Tupelmengen ausgenutzt werden kann, und das Ergebnis des Joins auf St_R gebraucht wird. Sonst käme nämlich die nächste Möglichkeit eher in Betracht.

2. *Transfer einer Argumentrelation*: In diesem Fall wird eine Argumentrelation – sagen wir R – vollständig zum Knoten der anderen Argumentrelation trans-feriert. Jetzt kann man immer noch einen möglicherweise existierenden Index auf $S.C$ ausnutzen.

3. *Transfer beider Argumentrelationen*: Bei dieser Methode werden beide Argu-mentrelationen zum Rechner St_{Result} transferiert, wo dann das Ergebnis be-rechnet wird. Durch den Transfer gehen natürlich möglicherweise vorliegende Indexe für die Join-Berechnung verloren – nicht jedoch die Sortierung einer (oder sogar beider) Argumentrelation(en). Auf dem Knoten St_{Result} bietet sich dann ein Merge-Join (bei vorliegender Sortierung) oder ein Hash-Join (bei feh-lender Sortierung) an.

15.6.2 Join-Auswertung mit Filterung

Der Nachteil der obigen Methoden besteht darin, daß u.U. sehr große Datenmen-gen transferiert werden müssen – und das obwohl möglicherweise der Join wegen eines sehr selektiven Prädikats nur ein kleines Ergebnis liefert, wie dies in unserem Beispiel (Abbildung 15.16) gezeigt ist. Deshalb wird in VDBMS vielfach der Semi-Join-Operator verwendet, um eine Filterung der zu transferierenden Datenmengen durchzuführen. Die Schlüsselidee besteht darin, nur solche Tupel zu transferieren, die auch tatsächlich einen passenden Join-Partner haben. Folgende algebraische Ei-genschaften werden dabei ausgenutzt (die Notation bezieht sich auf unser abstraktes Beispiel, in dem C das Joinattribut ist):

$$R \bowtie S = R \bowtie (R \ltimes S)$$
$$R \ltimes S = \Pi_C(R) \ltimes S$$

Unter Ausnutzung dieser Eigenschaften läßt sich der Join mit einer Filterung der Relation S – in Abbildung 15.17 gezeigt – auswerten. Hierbei werden zunächst die

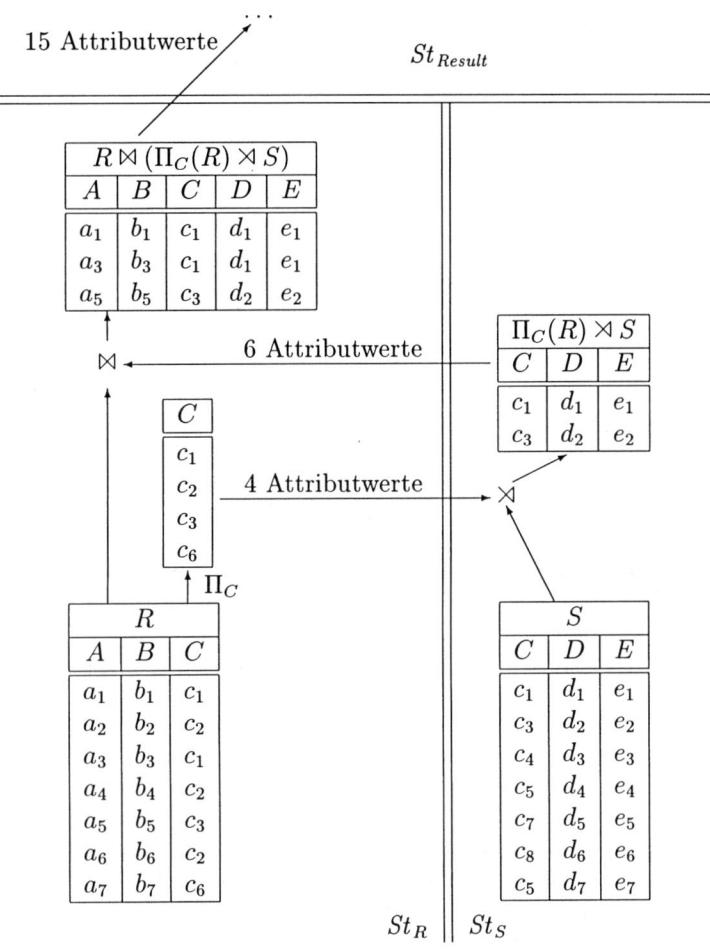

Abb. 15.17: Auswertung des Joins $R \bowtie S$ mit Semi-Join-Filterung von S

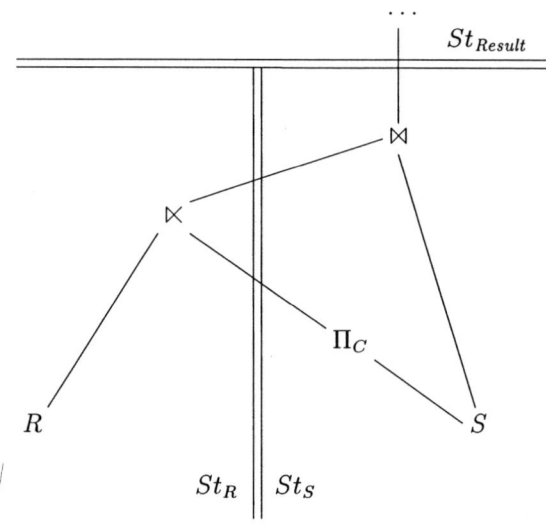

Abb. 15.18: Alternativer Auswertungsplan mit Semi-Join-Filterung

unterschiedlichen C-Werte von R (also $\Pi_C(R)$) nach St_S transferiert. Mit diesen Werten wird der Semi-Join

$$R \ltimes S = \Pi_C(R) \ltimes S$$

auf St_S ausgewertet und nach St_R transferiert. Dort wird der Join ausgewertet, der nur diese transferierten Ergebnistupel des Semi-Joins benötigt. Das Ergebnis des Joins wird dann an die Station St_{Result} geschickt. In diesem Beispiel werden insgesamt 25 Attributwerte (in drei Nachrichtenpaketen) über das Netz transferiert. Man beachte, daß diese Art der Auswertung mit Filterung nur dann eine Reduktion der Transferkosten verursacht, wenn

$$\| \, \Pi_C(R) \, \| + \| \, R \ltimes S \, \| \quad < \quad \| \, S \, \|$$

gilt, wobei $\| \, P \, \|$ die Größe (in Byte) einer Relation P angibt. Wenn die obige Beziehung nicht gilt, kann man besser gleich die gesamte Argumentrelation verschicken.

In Abbildung 15.18 ist ein alternativer Auswertungsplan gezeigt. Bei diesem Plan wird zunächst die einstellige Relation $\Pi_C(S)$ nach St_R transferiert, dort der Semi-Join $R \ltimes \Pi_c(S)$ berechnet und nach St_S geschickt, wo der Join abschließend durchgeführt wird. Nach diesem Plan werden für unser Beispiel insgesamt 30 Attributwerte über das Netz verschickt – wie die Leser verifizieren mögen.

Eine weitere, aber nicht mehr genauer beschriebene Alternative besteht in folgender Abarbeitung:

$$(R \ltimes \Pi_C(S)) \bowtie (\Pi_C(R) \ltimes S)$$

Hierbei würden die Zwischenergebnisse der beiden Semi-Joins an den Knoten St_{Result} geschickt, wo dann der Join berechnet wird. Welche Transferkosten verursacht dieser Plan für unser Beispiel?

Die an wenigen Beispielen illustrierte Diskussion sollte die Leser überzeugt haben, daß die Optimierung der Anfrageauswertung in VDBMS eine äußerst schwierige Angelegenheit ist. Das Problem besteht darin, daß unterschiedlichste Parameter die Kosten eines Auswertungsplans bestimmen, unter anderem:

- Kardinalitäten von Argumentrelationen und Selektivitäten von Joins und Selektionen,

- Transferkosten für die Datenkommunikation, die je nach Kommunikationsmedium sehr unterschiedlich sein können (in LANs sind diese Kosten i.a. sehr viel geringer als in WANs). Weiterhin bestehen die Transferkosten i.a. aus einem Anteil für Verbindungsaufbau, der unabhängig vom Transfervolumen ist, und einem variablen Anteil für den Transfer, der abhängig vom Datenvolumen ist.

- Auslastung der einzelnen Stationen des VDBMS. Hier ist eine möglichst gute Lastverteilung anzustreben. Die Schwierigkeit besteht darin, daß die Auslastung aber i.a. erst bei Ausführung der Anfrage bekannt sein dürfte – und nicht schon zu ihrer Übersetzungszeit.

Eine effektive Anfrageoptimierung muß also auf der Basis eines Kostenmodells durchgeführt werden und sollte möglichst mehrere Alternativen für unterschiedliche antizipierte Auslastungen des VDBMS erzeugen.

15.7   Transaktionskontrolle in VDBMS

Transaktionen können sich – anders als bei zentralisierten DBMS – über mehrere Rechnerknoten erstrecken. Ein anschauliches Beispiel dafür wäre eine Überweisungstransaktion, die einen Betrag von, sagen wir, 500,– DM von Konto A auf Station S_A nach Konto B auf S_B transferiert. Da beide Stationen – S_A und S_B – lokal autonome DBMS darstellen, gehen wir davon aus, daß sie jeweils lokal Protokolleinträge gemäß Kapitel 10 schreiben. Dieses Protokoll wird lokal für das *Redo* und das *Undo* benötigt:

- *Redo*: Wenn eine Station nach einem Fehler wiederanläuft, müssen alle Änderungen einmal abgeschlossener Transaktionen – seien sie lokal auf dieser Station oder global über mehrere Stationen ausgeführt worden – auf den an dieser Station abgelegten Daten wiederhergestellt werden.

- *Undo*: Die Änderungen noch nicht abgeschlossener lokaler und globaler Transaktionen müssen auf den an der abgestürzten Station vorliegenden Daten rückgängig gemacht werden.

Die Redo/Undo-Behandlung ist somit nicht grundlegend anders als im zentralisierten Fall – mit der Ausnahme, daß nach einem Abbruch einer globalen Transaktion die *Undo*-Behandlung auf allen lokalen Stationen, auf denen Teile dieser Transaktion ausgeführt wurden, initiiert werden muß. Eine prinzipielle Schwierigkeit stellt jedoch die EOT (End-of-Transaction)-Behandlung von globalen Transaktionen dar. Eine globale Transaktion muß nämlich atomar beendet werden, d.h. sie wird entweder an allen (relevanten) lokalen Stationen festgeschrieben (**commit**) oder gar nicht (**abort**). Man kann sich dies gut an unserem Bankbeispiel, der Überweisungstransaktion, verdeutlichen:

- Entweder – im Falle des **commit** – werden dem Konto A auf Station S_A 500,– DM abgezogen **und** dem Konto B auf Station S_B gutgeschrieben oder

- die Kontostände von A **und** B werden in ihrem ursprünglichen Zustand wiederhergestellt – im Falle eines **abort**.

Es darf aber nicht passieren, daß eine lokale Station ein **commit** und eine andere ein **abort** durchführt. Dies in einer verteilten Umgebung zu gewährleisten ist jedoch nicht so einfach, da die Stationen eines VDBMS unabhängig voneinander „abstürzen" können.

Um die Atomarität der EOT-Behandlung gewährleisten zu können, wurde das *Zweiphasen-Commit-Protokoll* (2PC-Protokoll) konzipiert. Das 2PC-Verfahren wird von einem sogenannten Koordinator K überwacht und gewährleistet, daß die n Agenten – Stationen im VDBMS – $A_1, \ldots, A_n$, die an einer globalen Transaktion beteiligt waren, entweder alle die von der Transaktion T geänderten Daten festschreiben oder alle Änderungen von T rückgängig machen. Der Einfachheit halber nehmen wir an, daß der Koordinator K eine Station darstellt, die selbst nicht an der Ausführung von T beteiligt war. Andernfalls wäre dieser Knoten zusätzlich auch ein Agent, was prinzipiell keine Probleme darstellen würde.

Sobald alle Aktionen der Transaktion T abgeschlossen sind, übernimmt der Koordinator K die EOT-Behandlung, die in folgenden vier Schritten abläuft:

1. K schickt allen Agenten eine PREPARE-Nachricht, um herauszufinden, ob sie in der Lage sind, die Transaktion festzuschreiben.

2. Jeder Agent A_i empfängt die PREPARE-Nachricht und schickt eine von zwei möglichen Nachrichten an K:

   (a) READY, falls A_i in der Lage ist, die Transaktion T lokal festzuschreiben.

   (b) FAILED, falls A_i kein **commit** durchführen kann – weil z.B. ein Fehler oder eine Inkonsistenz festgestellt wurde.

3. Sobald der Koordinator K von **allen** n Agenten $A_1, \ldots, A_n$ ein READY empfangen hat, kann K eine COMMIT-Nachricht an alle Agenten schicken, in der sie aufgefordert werden, die Änderungen von T lokal festzuschreiben. Falls auch nur einer der Agenten mit FAILED antwortet, oder einer der Agenten sich innerhalb einer bestimmten Zeit nicht meldet (timeout), entscheidet K, daß die Transaktion T nicht „zu retten" ist und schickt eine ABORT-Nachricht an alle Agenten. Der Empfang dieser Nachricht veranlaßt die Agenten, alle Änderungen der Transaktion rückgängig zu machen.

4. Nachdem die Agenten gemäß der in Schritt 3. empfangenen Nachricht ihre lokale EOT-Behandlung abgeschlossen haben, schicken sie eine ACK-Nachricht (ACKnowledement, dt. Bestätigung) an den Koordinator.

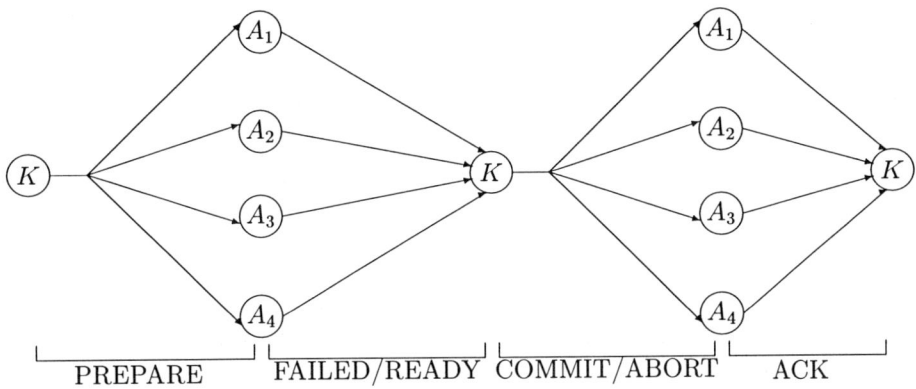

Abb. 15.19: Nachrichtenaustausch zwischen *Koordinator* und *Agenten* beim 2PC-Protokoll

Der hier beschriebene Nachrichtenaustausch zwischen dem Koordinator K und den Agenten ist in Abbildung 15.19 für vier Agenten graphisch dargestellt.

Die beiden Schritte 1. und 2. stellen die *erste Phase* des Zweiphasen-Commit-Protokolls dar, in der sich der Koordinator ein Bild über den Zustand der verteilten Agenten verschaffen will. Sie dient somit der „Entscheidungsfindung". Die nachfolgenden Schritte 3. und 4. stellen die zweite Phase des 2PC-Protokolls dar. Der Koordinator hat eine Entscheidung (entweder **commit** oder **abort**) getroffen und setzt diese Entscheidung jetzt bei jedem Agenten um.

Um die Fehlertoleranz des 2PC-Protokolls garantieren zu können, müssen sowohl der Koordinator als auch die Agenten bestimmte Protokolleinträge in die stabile (d.h. gegen Ausfälle sichere) Log-Datei schreiben. Der Koordinator sollte vor Schritt 1. schon eine Liste der an der Transaktion T beteiligten Agenten abspeichern. Ein Agent, der dem Koordinator K ein READY schicken will, muß *vorher* sicherstellen, daß er später – komme was wolle – auch tatsächlich in der Lage sein wird, für die Transaktion T ein **commit** durchzuführen. Dazu muß der Agent gemäß dem in Kapitel 10 behandelten WAL (write-ahead-log)-Prinzip alle Protokolleinträge zu dieser Transaktion auf die Log-Datei ausschreiben. Weiterhin muß ein Log-Eintrag in der Form $(\ldots, T, \text{READY})$ geschrieben werden, damit der Agent nach einem Absturz rekonstruieren kann, daß er dem Koordinator READY bezüglich der Transaktion T signalisiert hat.

Der Koordinator schreibt in Schritt 3. seine Entscheidung auf seine stabile Log-Datei, bevor er diese den Agenten mitteilt. Auch dies ist notwendig, damit der Koordinator nach einem Systemabsturz diese Entscheidung rekonstruieren kann. In Phase 4. schreiben die Agenten entweder ein **commit** in die Log-Datei oder ein **abort** (nachdem sie alle Änderungen von T rückgängig gemacht haben). Danach können sie das ACK an den Koordinator schicken.

In Abbildung 15.20 sind die Zustandsübergänge während des 2PC-Protokolls skizziert: oben die Übergänge des Koordinators und unten die eines Agenten. Die Knoten sind zum einen mit dem Ereignis beschriftet, das einen Übergang initiiert.

(a) Koordinator

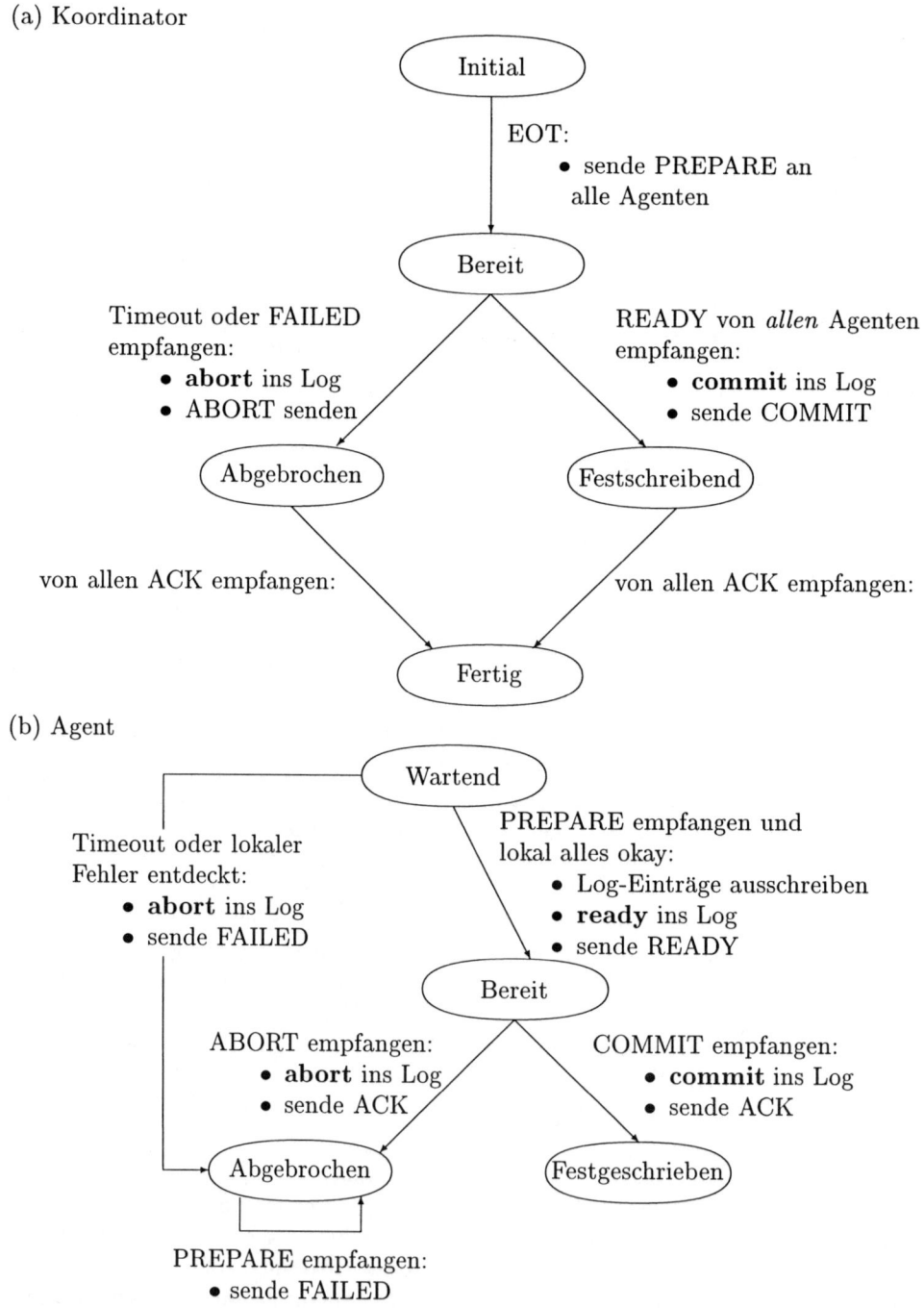

(b) Agent

Abb. 15.20: Die Zustandsübergänge beim Zweiphasen-Commit-Protokoll

Zum anderen sind die wichtigsten Aktionen, die während des Zustandsüberganges durchzuführen sind, angemerkt und jeweils mit „Bullets" (•) markiert.

Wir haben uns bislang auf den Normalfall einer EOT-Behandlung ohne Systemabstürze oder Kommunikationsfehler konzentriert. Das 2PC-Protokoll ist aber gerade für die Fehlertoleranz während der EOT-Behandlung konzipiert worden. Deshalb werden wir uns nachfolgend einige Fehlersituationen noch etwas genauer anschauen.

Absturz des Koordinators Falls der Koordinator abstürzt, bevor er einem der Agenten eine COMMIT-Nachricht geschickt hat, kann er die Transaktion durch Verschicken einer ABORT-Nachricht an die Agenten rückgängig machen.

Ein Problem entsteht, wenn der Koordinator abstürzt, nachdem ihm einige Agenten ein READY mitgeteilt haben. Diese Agenten können dann die Transaktion nicht mehr selbsttätig (unilateral, autonom) abbrechen, da sie davon ausgehen müssen, daß der Koordinator einigen anderen Agenten schon ein COMMIT signalisiert haben könnte. Andererseits können die Agenten im READY-Zustand auch kein **commit** durchführen, weil der „abgestürzte" Koordinator sich möglicherweise für **abort** entschieden hat. Nur ein Agent, der noch kein READY signalisiert hat, kann eigenmächtig ein **abort** durchführen, ohne auf den Wiederanlauf des Koordinators warten zu müssen. Die anderen Agenten sind *blockiert*.

Die Blockierung von Agenten beim Absturz des Koordinators ist eines der Hauptprobleme des 2PC-Protokolls. Die Blockierung eines Agenten ist schwerwiegender als dies auf den ersten Blick erscheinen mag. Gemäß dem Zweiphasen-Sperrprotokoll darf ein blockierter Agent zumindest die X-Sperren auf den von ihm geänderten Datenobjekten nicht freigeben (Warum?). Dadurch wird die Verfügbarkeit des Agenten, was andere globale Transaktionen und insbesondere auch lokale Transaktionen anbelangt, drastisch eingeschränkt.

Um die Blockierung von Agenten zu verhindern, wurde in der Literatur gar ein *Dreiphasen-Commit-Protokoll* konzipiert, das aber in der Praxis wohl zu aufwendig sein dürfte – die existierenden VDBMS-Produkte bedienen sich des 2PC-Protokolls.

Absturz eines Agenten Beim Wiederanlauf inspiziert ein „abgestürzter" Agent seine Log-Datei. Falls er keinen **ready**-Eintrag bezüglich der Transaktion T findet, kann er eigenmächtig ein **abort** (mit Undo der von T verursachten Änderungen) durchführen und dem Koordinator mitteilen, daß die Transaktion nicht erfolgreich zu beenden ist (FAILED-Nachricht).

Falls ein Agent über längere Zeit funktionsunfähig ist, kann der Koordinator jederzeit, bevor er irgendeinem anderen Agenten eine COMMIT-Nachricht geschickt hat, die Transaktion abbrechen und eine ABORT-Nachricht an die Agenten schicken. Aus der Sicht des Koordinators ist ein Agent abgestürzt, falls er nicht innerhalb eines Timeout-Intervalls auf die PREPARE-Nachricht antwortet.

Ein abgestürzter Agent, der beim Wiederanlauf in seiner Log-Datei einen **ready**-Eintrag vorfindet, aber keinen **commit**-Eintrag, muß den Koordinator „fragen", was aus der Transaktion T geworden ist. Der Koordinator teilt ihm entweder COMMIT oder ABORT mit. Im ersteren Fall muß der Agent das *Redo* der Transaktion durchführen, im letzteren das *Undo*.

Findet der abgestürzte Agent in seiner Log-Datei einen **commit**-Eintrag, so

$$S_1$$

Schritt	T_1	T_2
1.	$r(A)$	
2.		$w(A)$

$$S_2$$

Schritt	T_1	T_2
3.		$w(B)$
4.	$r(B)$	

Abb. 15.21: Lokal serialisierbare Historien

weiß er, daß ein (lokales) Redo der Transaktion durchgeführt werden muß – ohne daß er den Koordinator befragen muß. Die Transaktion ist also beim Wiederanlauf als „Winner" zu behandeln.

Verlorengegangene Nachrichten Es kann natürlich auch vorkommen, daß in einer verteilten Umgebung Nachrichten verloren gehen. Wenn die PREPARE-Nachricht des Koordinators an einen Agenten verlorengeht, wird der Koordinator nach Verstreichen des *Timeout*-Intervalls davon ausgehen, daß der betreffende Agent nicht funktionsfähig ist und die Transaktion durch Senden der ABORT-Nachricht an die Agenten für gescheitert erklären. Dasselbe passiert, wenn eine READY (oder eine FAILED) Nachricht von einem Agenten an den Koordinator verlorengeht.

Problematischer ist der Fall, daß ein Agent im Zustand *Bereit* keine Nachricht vom Koordinator erhält. In diesem Fall kann der Agent nicht eigenmächtig entscheiden und ist deshalb so lange blockiert, bis eine COMMIT- oder ABORT-Nachricht vom Koordinator empfangen wird. Zu diesem Zweck wird der Agent eine entsprechende „Erinnerung" an den Koordinator schicken.

15.8   Mehrbenutzersynchronisation in VDBMS

15.8.1   Serialisierbarkeit

Bei Transaktionen, die über mehrere Stationen verteilt ausgeführt werden, reicht es nicht aus, daß sie lokal auf jeder Station serialisierbar sind. Das kleine Beispiel in Abbildung 15.21 demonstriert dies. Hierbei handelt es sich um zwei parallel ablaufende Transaktionen T_1 und T_2, die auf den Stationen S_1 und S_2 operieren. Lokal betrachtet, also in Bezug auf die Operationen, die an derselben Station ausgeführt wurden, sind die Transaktionen serialisierbar. An Station S_1 ist der Serialisierbarkeitsgraph $T_1 \to T_2$ (also T_1 vor T_2) und an Station S_2 ist der Serialisierbarkeitsgraph $T_2 \to T_1$. Global sind die beiden Transaktionen aber offensichtlich nicht serialisierbar, da der globale Serialisierbarkeitsgraph die Form

$$T_1 \rightleftarrows T_2$$

hat und somit zyklisch ist.

Man muß also bei der Mehrbenutzersynchronisation auf globale Serialisierbarkeit „pochen" – nur die lokale Serialisierbarkeit an jeder der an den Transaktionen beteiligten Stationen reicht nicht aus. Zum Glück lassen sich die in Kapitel 11 besprochenen Synchronisationsverfahren konzeptuell recht einfach dahingehend erweitern.

15.8.2 Das Zwei-Phasen-Sperrprotokoll in VDBMS

Wir behandeln hier nur das *strenge* 2PL-Protokoll, da es das am häufigsten in zentralisierten und verteilten Datenbanksystemen eingesetzte Synchronisationsverfahren ist. Konzeptuell ist – gegenüber dem zentralisierten Protokoll aus Abschnitt 11.6 – auch überhaupt keine Änderung notwendig: Alle einmal erworbenen Sperren werden bis zum Ende der Transaktion gehalten und dann „auf einen Schlag" freigegeben. Die Sperren dürfen also nicht am Ende der Bearbeitungsphase an einer bestimmten Station freigegeben werden, sondern müssen alle – d.h. für alle Daten an allen Stationen, die von der Transaktion benutzt werden – bis EOT gehalten werden. Unter diesen Umständen garantiert das 2PL-Protokoll auch in einer verteilten Umgebung Serialisierbarkeit (siehe Übungsaufgabe 15.11).

Im Vergleich zu zentralisierten DBMS ist die Sperrverwaltung in VDBMS schwieriger. Man hat im wesentlichen zwei Möglichkeiten:

1. die lokale Sperrverwaltung an jeder Station für die an dieser Station beheimateten Daten

2. eine globale Sperrverwaltung für alle Daten im VDBMS

Bei der erstgenannten Methode muß eine globale Transaktion – also eine solche, die Daten auf mehreren Stationen benutzt – vor Zugriff bzw. Modifikation eines Datums A, das auf Station S beheimatet ist, eine entsprechende Sperre vom Sperrverwalter der Station S erwerben. Verträglichkeiten der angeforderten Sperre mit bereits existierenden Sperren kann man natürlich lokal entscheiden (Warum?). Diese Methode favorisiert lokale Transaktionen, da diese nur mit ihrem lokalen Sperrverwalter kommunizieren müssen.

Die unter Punkt 2. angesprochene globale Sperrverwaltung sieht vor, daß alle Transaktionen alle Sperren an einer einzigen ausgezeichneten Station anfordern. Die entscheidenden Nachteile dieses Verfahrens sind offensichtlich:

- Der zentrale Sperrverwalter könnte zum Engpaß des VDBMS werden, insbesondere natürlich bei einem Absturz der Sperrverwalter-Station – „dann geht gar nichts mehr".

- Die zentralisierte Sperrverwaltung würde die lokale Autonomie der Stationen des VDBMS verletzen, da auch lokale Transaktionen ihre Sperren dort anfordern müßten.

Aus den genannten Gründen ist eine zentrale Sperrverwaltung i.a. wohl nicht akzeptabel, obwohl dies die Deadlock-Erkennung – Gegenstand des nächsten Abschnitts – stark vereinfachen würde, da man ohne Probleme die in Abschnitt 11.7 eingeführten Methoden für zentralisierte DBMS anwenden könnte.

	S_1				S_2	
Schritt	T_1	T_2		Schritt	T_1	T_2
0.	**BOT**					
1.	**lockS**(A)					
2.	$r(A)$					
				3.		**BOT**
				4.		**lockX**(B)
				5.		$w(B)$
6.		**lockX**(A)				
		$\sim\sim\sim\sim$		7.	**lockS**(B)	
					$\sim\sim\sim\sim$	

Abb. 15.22: Ein „verteilter" Deadlock

15.9   Deadlocks in VDBMS

Wir werden hier die Verfahren für die Erkennung und Vermeidung von Verklemmungen (Deadlocks) in verteilten Datenbanken behandeln. Grundlage der Diskussion sind die Verfahren für zentralisierte Datenbanken aus Kapitel 11.

15.9.1   Erkennung von Deadlocks

Die Deadlock-Erkennung in VDBMS mit dezentralisierter Sperrverwaltung ist entschieden schwieriger als in zentralisierten DBMS. Der Grund liegt darin, daß es nicht ausreicht, lokale – also an einer Station vorliegende – Wartebeziehungen zwischen Transaktionen zu betrachten. Dies wird an dem in Abbildung 15.22 gezeigten Beispiel deutlich (eine Adaption von Abbildung 15.21). Der Übersichtlichkeit halber haben wir die Abarbeitungsschritte rein sequentiell aufgeführt. Man beachte aber, daß Ausführungsschritte unterschiedlicher Transaktionen – insbesondere in einer verteilten Umgebung – sehr wohl „echt" parallel ausgeführt werden können. An Station S_1 ist die Transaktion T_2 nach Schritt 6. blockiert – dargestellt durch die geschlängelte Linie – und wartet auf die Freigabe einer Sperre durch T_1. An Station S_2 ist die Transaktion T_1 nach Schritt 7. blockiert und wartet auf die Freigabe einer Sperre durch T_2.

Somit haben wir eine Verklemmung vorliegen, da T_2 auf T_1 wartet und T_1 ihrerseits auf T_2. Leider ist dieser Deadlock lokal nicht zu erkennen, da der Wartegraph an Station S_1 nur die eine Kante $T_2 \rightarrow T_1$ und der auf Station S_2 beschränkte Wartegraph auch nur eine Kante, nämlich $T_1 \rightarrow T_2$, besitzt. Es gibt also in den lokalen Wartegraphen keine Zyklen.

Es gibt im wesentlichen drei Methoden für die Erkennung von Deadlocks in VDBMS, die in den nachfolgenden Unterabschnitten aufgezeigt werden.

Timeout

Etliche VDBMS-Produkte verwenden diese Methode, nach der man nach Verstreichen eines festgelegten Zeitintervalls, in dem die Bearbeitung einer Transaktion keinen Fortschritt gemacht hat, eine Verklemmung annimmt. Die betreffende Transaktion wird zurückgesetzt und erneut gestartet. Eine große Bedeutung kommt der richtigen Wahl des Timeout-Intervalls zu: Wartet man zu lange, liegen Systemressourcen aufgrund noch nicht erkannter Deadlocks brach; wartet man zu kurz, werden Deadlocks angenommen und Transaktionen zurückgesetzt, obwohl in Wirklichkeit gar keine Verklemmungen vorlagen.

Zentralisierte Deadlock-Erkennung

Die Stationen melden die Wartebeziehungen, die lokal vorliegen, an einen neutralen Knoten, der daraus einen globalen Wartegraphen aufbaut. Für unser Beispiel (Abbildung 15.22) würde also Station S_1 die Wartebeziehung $T_2 \to T_1$ und Station S_2 die Wartebeziehung $T_1 \to T_2$ melden. Daraus würde dann der globale Wartegraph

$$T_1 \rightleftarrows T_2$$

generiert, an dem man die Verklemmung aufgrund des Zyklus erkennt.

Der Nachteil der zentralisierten Deadlock-Erkennung besteht zum einen im Aufwand (viele Nachrichten) und zum anderen darin, daß auch nicht-existierende Verklemmungen – sogenannte Phantom-Deadlocks – fälschlicherweise als Deadlock erkannt werden. Dies kann dann vorkommen, wenn sich Nachrichten im Kommunikationssystem überholen. Z.B. kann die Meldung zur Entfernung einer Wartebeziehung von einer Meldung zum Neueintrag einer Wartebeziehung überholt werden, so daß ein Zyklus entdeckt wird, der bei anderen Eingangsreihenfolgen der Nachrichten nie existiert hätte (siehe Übungsaufgabe 15.13).

Dezentrale (verteilte) Deadlock-Erkennung

Bei dieser Methode werden an den einzelnen Stationen lokale Wartegraphen geführt. Damit lassen sich lokale Deadlocks – also solche, an denen nur lokale Transaktionen beteiligt sind – ohne Probleme „vor Ort" aufdecken.

Um aber auch globale Deadlocks erkennen zu können, muß das Verfahren erweitert werden. In jedem lokalen Wartegraphen gibt es einen Knoten *External*, der möglicherweise existierende stationenübergreifende Wartebeziehungen zu externen Subtransaktionen modelliert. Jeder Transaktion wird ein Heimatknoten zugeordnet (i.a. der Knoten, wo die TA begonnen wurde), von wo aus sie sogenannte *externe Subtransaktionen* auf anderen Stationen initiieren kann. In unserem Beispiel ist S_1 der Heimatknoten von T_1 und S_2 der Heimatknoten von T_2.

Für eine externe Subtransaktion T_i – wie z.B. Transaktion T_2 auf Station S_1 oder Transaktion T_1 auf Station S_2 in Abbildung 15.22 – wird stets die Kante

$$External \to T_i$$

eingeführt, da möglicherweise an anderen Stationen auf Sperrenfreigabe durch T_i gewartet wird.

Weiterhin wird für eine Transaktion T_j, die eine Subtransaktion auf einer anderen Station initiiert, die Kante

$$T_j \to External$$

eingefügt, da T_j möglicherweise auf anderen Stationen in einen Wartezustand gerät.

Bezogen auf unser Beispiel in Abbildung 15.22 hätten wir somit die Wartegraphen

$$S_1 : \boxed{External \to T_2 \to T_1 \to External}$$

$$S_2 : \boxed{External \to T_1 \to T_2 \to External}$$

Ein Zyklus, der den Knoten *External* beinhaltet, signalisiert, daß möglicherweise, aber nicht zwingend, ein Deadlock vorliegt. Um sich des Vorliegens eines Deadlocks zu vergewissern, müssen die Stationen Informationen miteinander austauschen. Und zwar schickt eine Station mit dem lokalen Wartegraphen

$$External \to T_1' \to T_2' \to \ldots \to T_n' \to External$$

ihre Information an die Station, wo T_n' eine Teiltransaktion angestoßen hat. In unserem Beispiel schickt also z.B. die Station S_1 seine Information an S_2, wo dann der globale Zyklus – ohne Einschluß des Knotens *External* – zwischen T_1 und T_2 aufgedeckt wird.

Nach Erhalt der lokalen Warteinformation von S_1 kann also S_2 folgenden erweiterten Wartegraphen konstruieren:

$$S_2 : \boxed{External \rightleftarrows T_1 \rightleftarrows T_2 \rightleftarrows External}$$

Hier kann S_2 jetzt also den „echten"Deadlock erkennen, da der Zyklus

$$T_1 \to T_2 \to T_1$$

den Knoten *External* nicht beinhaltet.

Nach dem bisher skizzierten Algorithmus würde natürlich auch die Station S_2 ihre lokale Warteinformation nach S_1 schicken, da auch dort ein Zyklus mit dem Knoten *External* entdeckt wurde. Das würde aber nur zu unnötig vielen Nachrichten führen, da dann in S_1 genau der gleiche Zyklus, nämlich

$$T_2 \to T_1 \to T_2$$

aufgedeckt würde. Um das Nachrichtenaufkommen einzuschränken, wird eine Station ihre Warteinformation

$$External \to T_1' \to T_2' \to \ldots \to T_n' \to External$$

nur dann weiterleiten, wenn der Transaktionsidentifikator von T_n' größer ist als der von T_1' – wenn also die Transaktion, die auf *External* wartet, einen größeren Identifikator hat als die Transaktion, auf die *External* wartet. Wir werden im nächsten Abschnitt skizzieren, wie global eindeutige Transaktionsidentifikatoren in VDBMS vergeben werden können.

In Übungsaufgabe 15.14 soll gezeigt werden, daß diese Methode auch bei Zyklen, die sich über mehr als zwei Stationen erstrecken, funktioniert. In diesem Fall muß die Station, die Warteinformationen von einem anderen Knoten erhalten hat und daraufhin einen neuen Zyklus mit *External* aufgedeckt hat, ihrerseits Warteinformationen an die entsprechende Station, auf deren Ausführung gewartet wird, verschicken.

15.9.2 Deadlock-Vermeidung

Wegen der Schwierigkeit, Deadlocks in einer verteilten Umgebung aufzudecken, kommt der Deadlock-Vermeidung in VDBMS eine größere Bedeutung als in zentralisierten DBMS zu. Zur Deadlock-Vermeidung lassen sich zum einen solche Synchronisationsverfahren einsetzen, die nicht auf Sperren basieren:

- Die optimistische Mehrbenutzersynchronisation, bei der nach Abschluß der Bearbeitung einer Transaktion – die auf lokalen Kopien durchgeführt wird – eine Validierung vorgenommen wird. Dieses Verfahren wurde in Abschnitt 11.11 vorgestellt.

- Die Zeitstempel-basierende Synchronisation – in Abschnitt 11.10 vorgestellt – ordnet jedem Datum einen Lese- und einen Schreib-Zeitstempel zu. Anhand dieser Zeitstempel wird entschieden, ob eine beabsichtigte Operation noch durchgeführt werden kann, ohne die Serialisierbarkeit (möglicherweise) zu verletzen. Falls dies nicht möglich ist, wird die Transaktion abgebrochen (**abort**).

Weiterhin kann man bei der sperrbasierten Synchronisation entsprechend der in Abschnitt 11.7.3 beschriebenen Methode die Blockierung einer Transaktion einschränken:

- *wound/wait*: Hierbei warten nur jüngere Transaktionen auf ältere. Trifft eine ältere Transaktion auf eine jüngere – d.h. sie fordert eine Sperre an, die mit der von der jüngeren TA gehaltenen Sperre nicht verträglich ist – wird die jüngere Transaktion abgebrochen.

- *wait/die*: In diesem Verfahren warten immer nur ältere Transaktionen auf jüngere, so daß auch – genau wie bei *wound/wait* – kein Zyklus im Wartegraphen entstehen kann. Falls eine jüngere Transaktion eine Sperre anfordert, die nicht kompatibel mit der einer älteren TA gewährten Sperre ist, wird die jüngere TA abgebrochen.

Alle diese Verfahren setzen voraus, daß man in einer verteilten Umgebung global eindeutige Zeitstempel – als Transaktionsidentifikatoren – vergeben kann. Die gängigste Methode besteht darin, die lokale Zeit verbunden mit dem eindeutigen Stationsidentifikator zu verwenden:

lokale Zeit	Stations-ID

Es ist essentiell, daß die Stations-ID in den niedrigstwertigen Bitpositionen aufgenommen wird, damit beim Vergleich von Zeitstempeln unterschiedlicher Stationen nicht diejenigen der einen Station immer größer sind als diejenigen der anderen – bei einer Kodierung | Stations-ID | lokale Zeit | wäre dies nämlich der Fall.

Weiterhin ist es für die Effektivität vieler Algorithmen notwendig, daß die lokalen Uhren hinreichend präzise aufeinander abgestimmt sind; daß also nicht z.B. eine Uhr nachgeht, so daß die dort erzeugten Transaktionen wegen des ungenauen Zeitstempels im Vergleich mit Transaktionen, die an anderen Stationen gestartet wurden, älter erscheinen als sie wirklich sind. Für die Korrektheit der Synchronisations– und Deadlockerkennungs–Algorithmen ist allerdings nur die Eindeutigkeit essentiell – Warum? (Siehe Übungsaufgabe 15.15).

15.10   Synchronisation bei replizierten Daten

Ein zusätzliches Problem stellt sich, wenn in einem VDBMS (zumindest einige) Daten repliziert wurden. In diesem Fall hat man z.B. zu einem Datum A mehrere Kopien $A_1, A_2, \ldots, A_n$, die i.a. an unterschiedlichen Stationen beheimatet sind. Solange nur lesend auf dieses Datum A zugegriffen wird, stellt sich kein Problem – irgendeine der Kopien ist hinreichend. Was passiert aber bei Änderungen des Datums?

Die offensichtliche Methode besteht darin, *alle* Kopien des Datums innerhalb der Änderungstransaktion auf den aktuellen Stand zu bringen. Wenn also eine Transaktion T den Zustand von A in A' ändert, so werden *innerhalb* der Transaktion T alle Kopien geändert, also A_1 zu A_1', \ldots, A_n zu A_n'. Dazu muß die Transaktion T natürlich Schreibsperren auf allen Kopien erwerben. Bei Anwendung des strengen 2PL-Protokolls kann es dann nicht vorkommen, daß eine parallele Lesetransaktion einen inkonsistenten Zustand irgendwelcher replizierter Daten sieht – siehe Übungsaufgabe 15.16. Lesetransaktionen brauchen nach wie vor nur irgendeine Kopie des replizierten Datums zu lesen. Deshalb wird diese Methode im Englischen als *„write-all/read-any"* bezeichnet.

Diese Methode favorisiert ganz eindeutig Lesetransaktionen, da sie nur *eine* Kopie – am vorteilhaftesten eine lokal an der jeweiligen Station verfügbare Kopie – des replizierten Datums zu lesen haben.

Demgegenüber müssen Änderungstransaktionen *alle* Kopien modifizieren – bei n Kopien müssen somit mindestens $n-1$ nicht-lokale Kopien eines replizierten Datums zugegriffen werden. Neben der zu erwartenden hohen Laufzeit von Änderungstransaktionen gibt es noch das Verfügbarkeitsproblem: Ist eine Station, auf der eine zu ändernde Kopie A_i beheimatet ist, nicht verfügbar, muß die Transaktion warten oder abgebrochen werden.

Um diese Probleme auszugleichen, wurde das sogenannte Quorum-Consensus Verfahren konzipiert. Hierdurch wird ein Ausgleich der Leistungsfähigkeit zwischen Lese-und Änderungstransaktionen ermöglicht, d.h. ein Teil des Overheads wird von den Änderungstransaktionen auf die Lesetransaktionen verlagert. Dabei werden den Kopien A_i eines replizierten Datums A individuell Gewichte (Stimmen) w_i zugeordnet. Wir wollen dies an einem Beispiel illustrieren:

Station (S_i)	Kopie (A_i)	Gewicht (w_i)
S_1	A_1	3
S_2	A_2	1
S_3	A_3	2
S_4	A_4	2

Hierbei hat also z.B. die Kopie A_1, die an Station S_1 beheimatet ist, das Gewicht $w_1(A) = 3$. Mit $W(A)$ bezeichnen wir das Gesamtgewicht aller Kopien von A – hier gilt also $W(A) = \sum_{i=1}^{4} w_i(A) = 8$. Weiterhin wird ein sogenanntes *Lesequorum* $Q_r(A)$ und ein *Schreibquorum* $Q_w(A)$ festgelegt, so daß gilt:

1. $Q_w(A) + Q_w(A) > W(A)$ und

2. $Q_r(A) + Q_w(A) > W(A)$.

Eine Lesetransaktion muß mindestens so viele Kopien „einsammeln" – d.h. mit S-Sperren belegen – daß das Lesequorum Q_r erreicht ist. Eine Schreibtransaktion muß mindestens Q_w Stimmen einsammeln, d.h. entsprechend viele Kopien des Datums mit einer X-Sperre belegen. Die Bedingung 1. schließt dann aus, daß zwei (oder mehr) Schreibtransaktionen gleichzeitig auf dem Datum A operieren können. Die Bedingung 2. schließt aus, daß während der Ausführung einer Schreibtransaktion eine Lesetransaktion parallel ausgeführt werden kann.

Bei der Vergabe der Gewichte (Stimmen) ist man flexibel, so daß man den Kopien an einigen Stationen – solche auf denen viele der relevanten Transaktionen ablaufen oder solche Stationen, die besonders „robust" sind – mehr Stimmen zuordnen kann als den Kopien an weniger „wichtigen" Stationen. In unserem Beispiel hat man die Station S_1 als besonders wichtig erachtet und Station S_2 als die am wenigsten wichtige bezüglich des Datums A.

Bei der Wahl der Lese-und Schreibquoren legt man fest, wieviel Overhead die Lesetransaktionen – durch Einsammeln von S-Sperren – im Vergleich zu den Schreibtransaktionen zu tragen haben. In unserem Beispiel könnte man folgende gültige Quoren festlegen:

- $Q_r(A) = 4$

- $Q_w(A) = 5$

Damit wären die Bedingungen 1. und 2. eingehalten. Eine Lesetransaktion könnte also auf den Kopien A_3 und A_4 oder A_2 und A_1 oder A_1 und A_4, usw. operieren, da dadurch die mindestens erforderlichen 4 Stimmen beisammen wären. Eine Schreibtransaktion müßte mindestens 5 „Stimmen einsammeln", also z.B. A_1 und A_3. Selbst wenn Station S_1 nicht verfügbar wäre, könnte eine Schreibtransaktion immer noch mit den Kopien A_2, A_3 und A_4 ihr Schreibquorum erfüllen.

Wie werden Änderungen über die Kopien propagiert? Eine Schreibtransaktion modifiziert ja jetzt nicht mehr alle Kopien eines replizierten Datums, sondern nur noch jene, die zur Erfüllung des Schreibquorums aufgesammelt wurden. Für die Propagation ist es erforderlich, den Kopien eine Versionsnummer zuzuordnen. Gehen wir von dem in Abbildung 15.23 (a) gezeigten Initialzustand aus, der durch die *Versions#* 1 gekennzeichnet ist. Alle Kopien haben den gleichen Wert, nämlich 1000. Wenn nun eine Änderungstransaktion ausgeführt wird, muß ein Schreibquorum bestehend aus z.B. A_1 und A_3 modifiziert werden. Wir nehmen an, daß die Transaktion den Wert des Datums A um 100 erhöht. Somit haben die Kopien A_1 und A_3 nach Durchführung der Transaktion den Wert 1100. Weiterhin muß jede Schreibtransaktion die größte gelesene *Versions#* unter allen zugegriffenen Kopien des replizierten Datums um eins erhöht in die modifizierten Kopien schreiben. Eine darauffolgende Lesetransaktion muß natürlich ein Lesequorum aufsammeln, hier z.B. A_3 und A_4. Die Transaktion liest alle Kopien des Lesequorums und vergleicht die *Versions#*-Werte in den Kopien, um dann nur die aktuellste Kopie zu beachten. In unserem Fall hat A_3 die höhere *Versions#* und ist somit die aktuellere von beiden. Aufgrund der Bedingung

$$Q_r(A) + Q_w(A) > W(A)$$

hinsichtlich der relativen Gewichtung von Lese- und Schreibquoren ist immer sichergestellt, daß mindestens auf eine Kopie aus dem Schreibquorum der zuletzt

(a)

Station	Kopie	Gewicht	Wert	Versions#
S_1	A_1	3	1000	1
S_2	A_2	1	1000	1
S_3	A_3	2	1000	1
S_4	A_4	2	1000	1

(b)

Station	Kopie	Gewicht	Wert	Versions#
S_1	A_1	3	1100	2
S_2	A_2	1	1000	1
S_3	A_3	2	1100	2
S_4	A_4	2	1000	1

Abb. 15.23: Zustand (a) vor und (b) nach Schreiben eines Schreibquorums

abgeschlossenen Schreibtransaktion in der Lesetransaktion zugegriffen wird. Somit ist stets gewährleistet, daß eine Lesetransaktion den aktuellsten Wert in mindestens einer Kopie des replizierten Datums zu sehen bekommt.

15.11 Übungen

15.1 Führen Sie die horizontale Zerlegung der Relation *Professoren* durch. Es sollen solche Gruppen zusammengefaßt werden, die in derselben Fakultät arbeiten, denselben Rang haben und ihr Büro auf dem gleichen Stockwerk (erkennbar an der ersten Ziffer des *Raum*-Attributes) haben. Geben Sie alle Zerlegungsprädikate an und ermitteln Sie dann, welche Konjunktionen konstant *false* sind.

15.2 Zu der eben in Aufgabe 15.1 ermittelten horizontalen Zerlegung von Professoren führen Sie nun die abgeleitete horizontale Zerlegung von *Vorlesungen* durch.

15.3 Bei einer abgeleiteten horizontalen Zerlegung kann es vorkommen, daß die erzeugten Fragmente nicht disjunkt sind. Charakterisieren Sie, unter welchen Umständen Disjunktheit gewährleistet ist, und unter welchen Umständen dies nicht der Fall ist. Hinweis: Charakterisieren Sie die Beziehung zwischen der primär zerlegten Relation und der davon abhängig fragmentierten Relation.

Welche Voraussetzungen müssen erfüllt sein, daß eine abgeleitete Fragmentierung vollständig ist? Erläutern Sie dies an dem in Abschnitt 15.3.2 behandelten Beispiel, in dem die Relation *Vorlesungen* fragmentiert wurde.

15.4 Für die Rekonstruierbarkeit der Originalrelation R aus vertikalen Fragmenten $R_1, \ldots, R_n$ reicht es eigentlich, wenn Fragmente paarweise einen Schlüsselkandidaten enthalten. Illustrieren Sie, warum es also nicht notwendig ist, daß der Durchschnitt aller Fragmentschemata einen Schlüsselkandidaten enthält. Es muß also nicht unbedingt gelten

$$R_1 \cap \cdots \cap R_n \supseteq \kappa,$$

wobei κ ein Schlüsselkandidat aus R ist.

Geben Sie ein anschauliches Beispiel hierfür – am besten bezogen auf unsere Beispiel-Relation *Professoren*.

15.5 Beweisen Sie, daß allgemein folgendes gilt:

$$(R_1 \cup R_2) \bowtie_p (S_1 \cup S_2) = (R_1 \bowtie_p S_1) \cup (R_2 \bowtie_p S_1) \cup (R_1 \bowtie_p S_2) \cup (R_2 \bowtie_p S_2)$$

Nehmen wir nun an, daß folgendes gilt:

- $S_1 = (S_1 \cup S_2) \ltimes_p R_1$
- $S_2 = (S_1 \cup S_2) \ltimes_p R_2$

Beweisen Sie unter dieser Annahme, daß jetzt gilt:

$$(R_1 \cup R_2) \bowtie_p (S_1 \cup S_2) = (R_1 \bowtie_p S_1) \cup (R_2 \bowtie_p S_2)$$

Verallgemeinern Sie den Beweis. Sei also $R_1, \ldots, R_n$ und $S_1, \ldots, S_n$ gegeben. Dabei sei S_i als $(S_1 \cup \ldots \cup S_n) \ltimes_p R_i$ festgelegt worden. Beweisen Sie:

$$(R_1 \cup \ldots \cup R_n) \bowtie_p (S_1 \cup \ldots \cup S_n) = \bigcup_{i=1}^{n} R_i \bowtie_p S_i$$

15.6 Übersetzen Sie die folgende SQL-Anfrage in die kanonische Form.

select Name, Gehalt, Rang
from Professoren
where Gehalt > 80000;

Optimieren Sie diesen kanonischen Auswertungsplan durch Anwendung algebraischer Transformationsregeln (Äquivalenzen).

15.7 Beweisen Sie für die Beispielrelationen $R : \{[A, B, C]\}$ und $S : \{[C, D, E]\}$ folgende Eigenschaften der Join/Semi-Join-Operatoren:

$$R \bowtie S = R \bowtie (\Pi_C(R) \ltimes S)$$
$$R \bowtie S = (\Pi_C(S) \ltimes R) \bowtie (\Pi_C(R) \ltimes S)$$

15.8 Ein schwerwiegendes Problem des Zweiphasen-Commit-Protokolls (2PC) besteht darin, daß Agenten beim Absturz des Koordinators blockiert sind. Eine gewisse Abhilfe des Problems läßt sich dadurch erreichen, daß die Agenten sich untereinander beraten und eine Entscheidung herbeiführen. Entwickeln Sie ein derartiges Protokoll. Insbesondere sollten folgende Fälle abgedeckt sein:

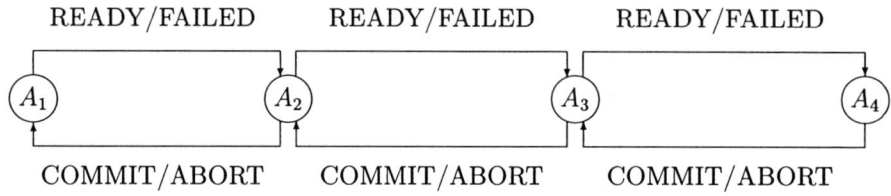

Abb. 15.24: Lineare Organisationsform bei 2PC-Protokoll

- Einer der Agenten hat noch keine READY-Meldung an den Koordinator abgeschickt.

- Einer der Agenten hat ein ABORT empfangen.

- Ein Agent hat ein FAILED an den Koordinator gemeldet.

- Alle erreichbaren Agenten haben ein READY an den Koordinator gemeldet, aber keiner der erreichbaren Agenten hat eine Entscheidung (COMMIT oder ABORT) vom Koordinator empfangen.

In welchen Fällen können die sich beratenden Agenten eine Entscheidung herbeiführen; in welchen Fällen ist dies nicht möglich (und deshalb eine Blockierung der Agenten nicht zu vermeiden).

15.9 Wir hatten eine hierarchische Organisationsstruktur (ein Koordinator und mehrere untergeordnete Agenten) beim 2PC-Protokoll beschrieben. Es ist auch möglich, die in Abbildung 15.24 gezeigte lineare Organisationsstruktur vorzunehmen. Hierbei ist kein ausgezeichneter Koordinator erforderlich. In der ersten Phase reichen die Agenten ihren eigenen Status und den der linken Nachbarn von „links nach rechts" weiter, nachdem sie einen entsprechenden Statusbericht von links bekommen haben. Der letzte in der Reihe – hier Agent A_4 – trifft die Entscheidung und reicht sie nach links weiter.

Entwickeln Sie das Protokoll für diese lineare Anordnung der Agenten. Diskutieren Sie die möglichen Fehlerfälle.

15.10 J. Gray – der Erfinder des Transaktionskonzepts – hat die Analogie zwischen dem 2PC-Protokoll und dem Ablauf einer Eheschließung herausgestellt. Bei der Eheschließung spielt der Standesbeamte (bzw. der Priester) die Rolle des Koordinators, und Braut und Bräutigam sind die Agenten. Beschreiben Sie im Detail die Analogie.

15.11 Beweisen Sie, daß das 2PL-Protokoll auch in verteilten Datenbanken korrekt ist, d.h., daß nur serialisierbare Historien generiert werden.

15.12 Zeigen Sie, daß die in Abbildung 15.21 gezeigte Historie von T_1 und T_2 bei Anwendung des 2PL-Protokolls nicht entstehen kann.

15.13 Ein sogenannter Phantom-Deadlock wird bei zentralisierter Deadlock-Erkennung aufgrund von nicht-aktueller – also veralteter – Information, aus denen der globale Wartegraph aufgebaut wird, „erkannt". Das Überholen von Nachrichten im Kommunikationsnetz ist ein Grund für veraltete Information. Ein anderer kommt dadurch zustande, daß die lokalen Stationen die Nachrichten bezüglich Vorliegen und Wegfall von Wartebeziehungen bündeln und im „Paket" verschicken.

Zeigen Sie Fälle auf, die zur Entdeckung eines Phantom-Deadlocks führen. Können Phantom-Deadlocks auch beim 2PL-Protokoll vorkommen, wo doch eine Wartebeziehung $T_1 \rightarrow T_2$ hinzukommt?

Hinweis: Denken Sie an Transaktionsabbrüche.

15.14 Bei der dezentralen Deadlock-Erkennung wird Warteinformation von einer Station zur anderen geschickt. Im Text wurde diese Vorgehensweise für Zyklen, die sich über 2 Stationen erstrecken, vorgestellt. Zeigen Sie die Vorgehensweise, wenn der Zyklus sich über n ($1 \leq n \leq$ Anzahl aller Stationen) erstreckt. Wieviele Nachrichten müssen maximal ausgetauscht werden, bis der Zyklus aufgedeckt ist?

15.15 Zeigen Sie Probleme auf, die entstehen, wenn in einem VDBMS die lokale Uhr einer Station nachgeht. Dann sind die von dieser Station erzeugten Zeitstempel $\boxed{\text{lokale Zeit}\,|\,\text{Stations-ID}}$ (sehr viel) kleiner als die zur gleichen Zeit von anderen Stationen erzeugten Zeitstempel.

Bei welchen Algorithmen führt dies zu deutlichen Leistungseinbußen?

Was passiert, wenn die lokale Uhr einer Station vorgeht?

Konzipieren Sie ein Verfahren, nach dem eine lokale Station erkennt, daß ihre Uhr nach- bzw. vorgeht. Kann man dieses Verfahren auch realisieren, ohne daß extra für die Abstimmung der Uhren generierte Nachrichten ausgetauscht werden?

15.16 Zeigen Sie, daß bei der *write-all/read-any* Methode zur Synchronisation bei replizierten Daten nur serielle Schedules erzeugt werden – unter der Voraussetzung, daß das strenge 2PL-Protokoll angewendet wird.

15.17 Zeigen Sie, daß die *write-all/read-any* Methode zur Synchronisation replizierter Daten einen Spezialfall der *Quorum-Consensus*-Methode darstellt.

- Wie werden Stimmen zugeordnet, um *write-all/read-any* zu simulieren?
- Wie müssen die Quoren Q_w und Q_r vergeben werden?

15.18 Einen weiteren Spezialfall des *Quorum-Consensus*-Verfahrens stellt das *Majority-Consensus*-Protokoll dar. Wie der Name andeutet, müssen Transaktionen sowohl für Lese- als auch für Schreiboperationen die Mehrzahl der Stimmen einsammeln. Zeigen Sie die Konfigurierung des *Quorum-Consensus*-Verfahrens für die Simulation dieses *Majority-Consensus*-Protokolls.

15.12 Literatur

Das Buch von Ceri und Pelagatti (1984) ist schon fast ein Klassiker. Die Bücher von Özsu und Valduriez (1990) und Bell und Grimson (1992) sind jüngeren Datums und enthalten deshalb auch einige der aktuelleren Forschungsbeiträge und Systembeschreibungen. Das umfangreiche deutschsprachige Buch von Rahm (1994) enthält neben den klassischen Inhalten zu homogenen VDBMS auch Ergebnisse zu heterogenen verteilten Datenbanken (engl. Multi-Database Systems) und zur Parallelverarbeitung von Datenbankoperationen. Das Buch von Dadam (1996) ist ein gutes Lehrbuch für eine weitergehende (Spezial-) Vorlesung über die verteilte Datenbanktechnologie.

Bayer et al. (1984) haben eine sehr gute Übersicht über den (damaligen) Entwicklungsstand der verteilten Datenbanktechnologie ausgearbeitet. Lamersdorf (1994) beschreibt den Zugang zu Datenbanken in verteilten Systemen.

Ceri, Navathe und Wiederhold (1983) entwickelten ein Modell für den verteilten Datenbankentwurf, insbesondere für die Bestimmung einer „guten" nicht-redundanten Allokation. Fragmentierung von Relationen wurde von Chang und Cheng (1980) systematisch vorgestellt. Thomas (1979) beschreibt Ansätze zur Mehrbenutzersynchronisation bei Datenreplikation. Goldman und Lynch (1994) und Herlihy (1986) haben neuere Arbeiten zu den von uns nur ansatzweise behandelten *Quorum-Consensus*-Verfahren dargestellt. Beuter und Dadam (1996) geben einen Überblick über die Methoden zur Replikationskontrolle. Schlageter (1981) untersuchte optimistische Synchronisationsverfahren in verteilten Datenbanken. Bernstein und Goodman (1981) geben einen Überblick über Synchronisation in VDBMS. Auch das Buch von Bernstein, Hadzilacos und Goodman (1987) enthält die Konzepte zur Synchronisation und Recovery (2PC und Dreiphasen-Commit) in detaillierter Weise. Das Zweiphasen-Commit Protokoll wird Lampson und Sturgis (1976) und Gray (1978) zugeschrieben. Die Erweiterung zum Dreiphasen-Commit-Protokoll, bei dem eine Blockierung i.a. ausgeschlossen wird, ist von Skeen (1981). Dadam und Schlageter (1980) behandeln die Wiederherstellung eines konsistenten Zustands einer verteilten Datenbank nach einem Systemfehler. Das Buch von Gray und Reuter (1993) ist auch im Bereich Transaktionsverwaltung in VDBMS zu empfehlen – insbesondere um die Realisierungsaspekte zu studieren. Der hier vorgestellte verteilte Deadlockerkennungs-Algorithmus ist von Obermarck (1982). Knapp (1987) gibt eine Übersicht über Deadlockerkennung in verteilten Datenbanken. Krivokapić, Kemper und Gudes (1996) haben einen neuen Ansatz entwickelt. Das von Elmagarmid (1992) herausgegebene Buch enthält etliche Aufsätze zur Transaktionsverwaltung in heterogenen verteilten Datenbanken. Jablonski, Ruf und Wedekind (1990) beschreiben die Konzeption eines verteilten Datenbanksystems für technische Anwendungen. Neuer Arbeiten zur Anfrageoptimierung in Client/Server-Datenbanken wurden von Franklin, Jonsson und Kossmann (1996) und in heterogenen Datenbanken von Haas et al. (1997) veröffentlicht. Die Integration heterogener Datenbanksysteme über sogenannte *Middleware* wird von Tresch (1996) und Alonso et al. (1997) beschrieben. Eickler, Kemper und Kossmann (1997) haben einen verteilten Namensserver konzipiert, um effizient auf migrierte und replizierte Objekte zugreifen zu können. Kemper et al. (1994) haben ein Modell autonom in einer verteilten Umgebung operierender Objekte entwickelt.

16. Leistungsbewertung und neuere Datenbankanwendungen

In diesem abschließenden Kapitel werden einige Aspekte des praktischen Einsatzes von Datenbanksystemen behandelt. Insbesondere werden hier einige der neueren Entwicklungen aufgegriffen. Zunächst geben wir einen Überblick über die wichtigsten Benchmarks zur Leistungsbewertung von Datenbanksystemen. Danach beschreiben wir exemplarisch am Beispiel des betriebswirtschaftlichen Standard-Softwaresystems SAP R/3 die Architektur von fortschrittlichen integrierten Datenbankanwendungssystemen. Zum Schluß wird der Einsatz von Datenbanksystemen in Decision-Support-Anwendungen behandelt. Hierbei dient das DBMS als sogenanntes Data Warehouse und bietet den – vornehmlich betriebswirtschaftlichen – Anwendern Schnittstellen für OLAP (online analytical processing) und Data Mining.

16.1 Datenbanksystem-Benchmarks

Es gibt eine Reihe von (mehr oder weniger) standardisierten Datenbanksystem-Benchmarks, mit denen man die Leistungsfähigkeit unterschiedlicher Datenbankprodukte einschließlich der eingesetzten Hardware und Betriebssystemsoftware bewerten kann. Wir werden hier die beiden wichtigsten Benchmarks für relationale Systeme – TPC-C und TPC-D – und den bekanntesten Benchmark für objektorientierte Datenbanksysteme namens OO7 vorstellen.

16.1.1 TPC-C

Der TPC-C-Benchmark modelliert die Auftragsbearbeitung in einem Handelsunternehmen. Diesen Anwendungsbereich eines Datenbanksystems bezeichnet man als *online transaction processing* (OLTP). OLTP-Anwendungen zeichnen sich durch relativ kurze Transaktionen aus, die i.a. nur auf ein eng begrenztes Datenvolumen zugreifen.

Das dem Benchmark zugrunde liegende Datenbankschema ist in Abbildung 16.1 als Entity-Relationship-Diagramm dargestellt. Das Relationenschema besteht aus den folgenden neun Relationen:

- *Warehouse*: Es werden $W \geq 1$ Warenhäuser durch je ein Tupel modelliert.

- *District*: Pro Warenhaus gibt es 10 Distrikte, deren Kunden vornehmlich (wenn die bestellten Waren vorhanden sind) von dem zugehörigen Warenhaus beliefert werden.

- *Customer*: In jedem Distrikt gibt es 3000 (3k) Kunden.

- *Order*: In der Anfangskonfiguration hat jeder Kunde bereits eine Bestellung aufgegeben. Es kommen dann im Laufe der Benchmark-Durchführung neue Bestellungen hinzu und ausstehende (engl. *pending*) Bestellungen werden kontinuierlich abgearbeitet.

- *New-Order*: Eine neu aufgenommene Bestellung wird bis zur Belieferung in dieser Relation eingetragen. Genauer gesagt, die Tupel dieser Relation stellen Verweise auf noch nicht abgearbeitete Einträge in *Order* dar.

- *Order-Line*: Jede Bestellung besteht aus durchschnittlich zehn (variierend zwischen fünf bis fünfzehn) Auftragspositionen.

- *Stock*: Diese Relation modelliert die Verfügbarkeit von Produkten in den einzelnen Warenhäusern. Stock enthält pro (Warenhaus, Produkt)-Paar einen Eintrag – also $W * 100k$ Tupel. Eine Auftragsposition wird aus dem Warenbestand (Stock) eines Warenhauses abgedeckt, was durch die Beziehung *available* modelliert wird.

- *Item*: Diese Relation enthält ein Tupel für jedes der 100000 Produkte (Item), die das Handelsunternehmen anbietet. Die Relation *Item* nimmt bei der Skalierung der Datenbasis eine Sonderstellung ein; sie wird in der Größe nicht verändert, auch wenn die Anzahl der Warenhäuser (W) erhöht wird.

- *History*: Diese Relation enthält Daten zur Bestellhistorie der einzelnen Kunden.

Der TPC-C-Benchmark besteht aus fünf Transaktionen (präziser Transaktionstypen), von denen natürlich viele parallel auf der Datenbank ausgeführt werden:

1. *New-Order*: In dieser Transaktion wird eine komplette Neubestellung von fünf bis fünfzehn Auftragspositionen in die Datenbasis eingegeben. Für jede dieser Auftragspositionen wird die Verfügbarkeit des jeweiligen Produkts in der *Stock*-Relation überprüft.

2. *Payment*: Die Zahlung eines Kunden wird verbucht. Dazu werden zusätzlich Verkaufsstatistiken in den Relationen *District* und *Warehouse* fortgeschrieben.

3. *Order-Status*: Dies ist eine reine Lesetransaktion, in der der Status der letzten Bestellung eines bestimmten Kunden überprüft wird.

4. *Delivery*: In dieser Transaktion werden zehn Bestellungen aus der *New-Order* Relation im Batch-Modus (also ohne Benutzerinteraktion) bearbeitet. Die bearbeiteten Bestellungen werden aus der *New-Order* Relation entfernt.

5. *Stock-Level*: Dies ist eine Lesetransaktion, die den Warenbestand der in letzter Zeit bestellten Produkte kontrolliert. Der TPC-C-Benchmark erlaubt die Aufspaltung dieser eine große Anzahl von Tupeln lesenden Transaktion in kleinere Datenbank-Transaktionen, um dadurch den Overhead der Mehrbenutzersynchronisation zu reduzieren.

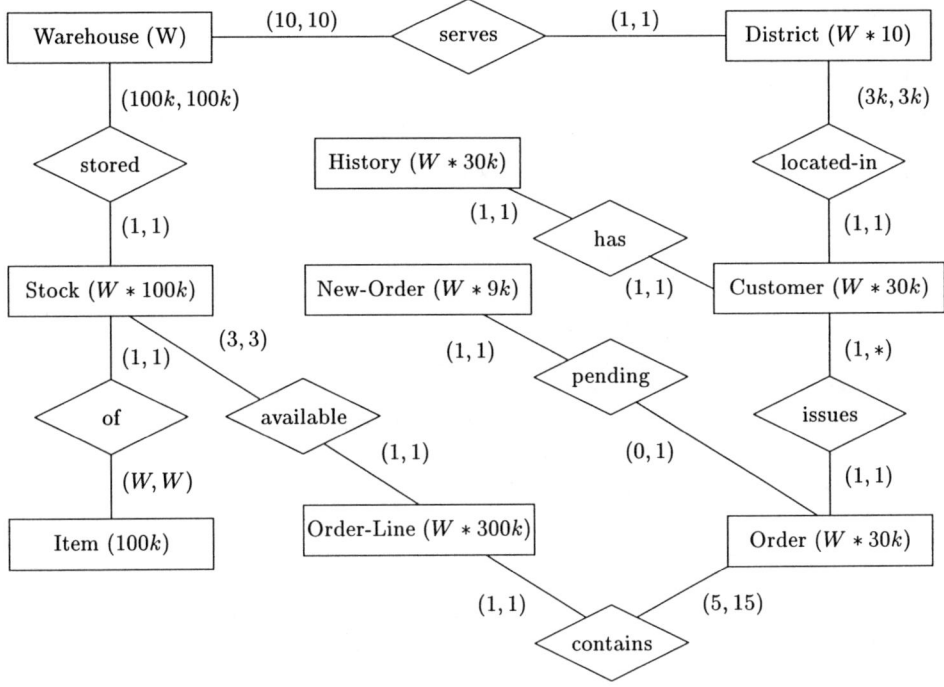

Abb. 16.1: Entity-Relationship-Diagramm der TPC-C Datenbasis

Diese Transaktionen werden über (emulierte) Terminalschnittstellen generiert. Dabei ist vorgeschrieben, daß es pro Warenhaus genau 10 Terminals gibt. Will man also auf einer entsprechend hochdimensionierten Hardware/Software-Konfiguration eine hohe Leistungsfähigkeit demonstrieren, muß man die Anzahl der Warenhäuser erhöhen, wodurch dann automatisch (siehe die Kardinalitätsangaben im ER-Schema von Abbildung 16.1) auch die Größe der anderen Relationen hochskaliert wird – mit Ausnahme der Relation *Item*, die konstant bei 100.000 Tupeln bleibt.

Die Transaktion *New-Order* stellt das „Rückgrat" des TPC-C Benchmarks dar. Die Leistungsfähigkeit des Systems wird in der Anzahl der pro Minute abgearbeiteten *New-Order*-Transaktionen angegeben, wobei natürlich pro *New-Order* auch eine bestimmte Anzahl der anderen vier Transaktionen gleichzeitig ausgeführt werden muß. Weiterhin verlangt der Benchmark, daß 90% der vier erstgenannten Transaktionen eine Antwortzeit von unter fünf Sekunden haben müssen. Die *Stock-Level*-Transaktion muß in 90% der Fälle innerhalb von 20 Sekunden abgearbeitet sein.

Der TPC-C-Benchmark hat zwei Leistungskriterien:

- *tpmC*: Der Durchsatz von *New-Order*-Transaktionen pro Minute.

- *Preis/Leistungsverhältnis*: Hierzu wird der Gesamtsystempreis, der sich aus Hardware, Software und Softwarewartung für fünf Jahre berechnet, im Verhältnis zum Durchsatz (tpmC) angegeben. Das Leistungsmaß ist dann x Dollar pro Transaktion.

Bei heutigen Hardware und Softwarekonfigurationen sind folgende Kennzahlen möglich:

- 2.500 Transaktionen pro Minute bei einem Systempreis von ca 200.000 US Dollar (also etwa 70 Dollar pro Transaktion im Preis/Leistungsverhältnis)

- 23.000 Transaktionen pro Minute bei einem Systempreis von ca 2.750.000 US Dollar (also etwa 120 Dollar pro Transaktion im Preis/Leistungsverhältnis)

Man beachte, daß bei beiden Konfigurationen die Hardwarekosten den Systempreis dominieren; die Datenbanksoftware macht i.a. nur einen geringen Prozentsatz des Systempreises aus (meist weniger als 10 %).

Diese zwei DBMS-Konfigurationen stellen die beiden Extreme dar: (1) günstiges Preis/Leistungsverhältnis[1] für eine kleine Konfiguration und (2) hohe Leistungsfähigkeit zu einem entsprechend hohen Preis. Man kann viele weitere Benchmarkergebnisse, in denen auch „Roß und Reiter" genannt sind, über die Webseiten der TPC-Organisation beziehen – siehe Literatur.

16.1.2 TPC-D

Genau wie der TPC-C-Benchmark orientiert sich der TPC-D-Benchmark an einem (hypothetischen) Handelsunternehmen. Der TPC-D-Benchmark modelliert aber eine andere Anwendungswelt, nämlich sogenannte *Decision-Support-Anfragen*. Diese Anfragen zeichnen sich dadurch aus, daß für die Ergebnisermittlung oft sehr große Datenmengen verarbeitet werden müssen. Die Anfragen in Decision-Support-Anwendungen sind deshalb i.a. recht komplex zu formulieren – und natürlich auch zu optimieren und auszuwerten.

Das relationale Schema der TPC-D-Datenbasis ist in Abbildung 16.2 dargestellt. Es besteht aus insgesamt 8 Relationen. Die Fremdschlüsselbeziehungen zwischen diesen Relationen sind durch Pfeile markiert. Die Primärschlüssel der Relationen sind fett gedruckt. Die Attribute einer Relation haben immer den aus dem Relationsnamen abgeleiteten Präfix: Z.B. hat die Relation *PARTSUPP* die Attribute *PS_PARTKEY*, *PS_SUPPKEY*, ... Dadurch ist sichergestellt, daß alle Attribute datenbankweit eindeutig benannt sind. Das Schema sollte im wesentlich selbsterklärend sein. Zu einer Bestellung (*ORDER*) gibt es im Durchschnitt vier Bestellpositionen (*LINEITEM*). Für jede Bestellposition ist festgelegt, um welches Produkt es sich handelt und von welchem Zulieferer dieses Produkt stammt. Die Relation *PARTSUPP* modelliert die Lieferbedingungen (Preis und verfügbare Menge) pro Produkt und Zulieferer – dasselbe Produkt kann also durchaus von unterschiedlichen Zulieferern (zu unterschiedlichen Konditionen) bezogen werden. Der *EXTENDED_PRICE* in *LINEITEM* berechnet sich aus *L_QUANTITY * P_RETAILPRICE*. Der *RETURNFLAG* nimmt die Werte *A* (accepted), *R* (returned) oder *N* (new) an. Das Feld *LINESTATUS* nimmt die beiden Werte *F* (finished) oder *O* (open) an. Der *ORDERSTATUS* von *ORDER* kann noch einen dritten Wert annehmen: *P* (in progress) falls erst ein Teil der Bestellpositionen abgearbeitet ist. Der *SHIPDATE* ist

---

[1]Für eine etwa doppelt so teure Konfiguration (also 400.000 $) gibt es sogar schon ein noch günstigeres Preis/Leistungsverhältnis von unter 50 Dollar pro Transaktion.

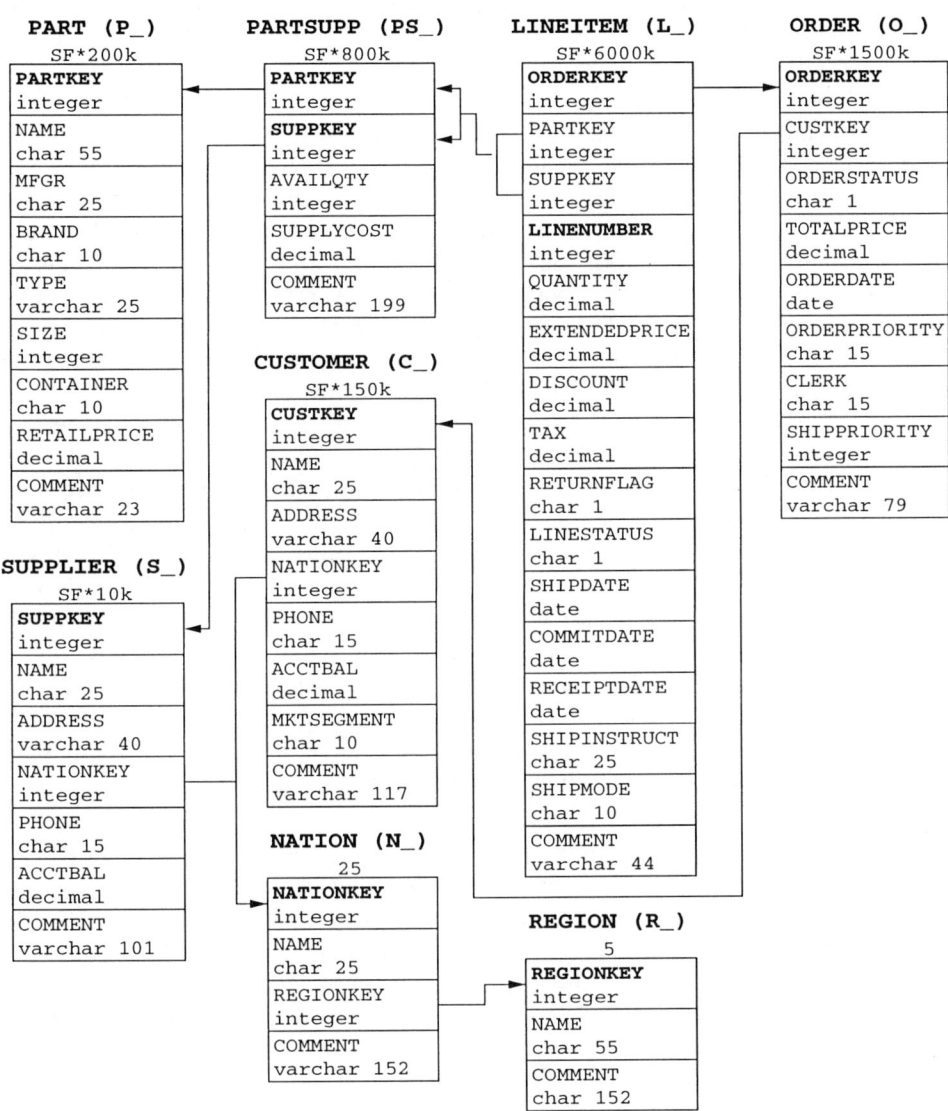

Abb. 16.2: Schema und Fremdschlüsselbeziehungen der TPC-D-Relationen

das Datum, an dem die Lieferung verschickt wurde; das *RECEIPTDATE* das Datum, an dem der Kunde die Lieferung erhalten hat. Das Feld *COMMITDATE* speichert das Soll-Lieferdatum, das also bei zu später Lieferung vom *RECEIPTDATE* überschritten wird.

Die Anzahl der Tupel in den einzelnen Relationen ist – bis auf *NATION* und *REGION* – abhängig von der Skalierung der TPC-D-Datenbank. Die Skalierung ist in dem Diagramm als Parameter *SF* angegeben. Die Relation Order enthält beispielsweise $SF * 1500k$ Tupel. Für den TPC-D-Benchmark sind die folgenden Skalierungen erlaubt: 1, 10, 30, 100, 300, 1.000. Die Datenbank mit der Skalierung SF=1 enthält etwa 1 Gigabyte „Nutzdaten" – also Anwendungsdaten ohne Indexe und Overhead, der durch das DBMS verursacht wird. Das Nutzdatenvolumen nimmt linear mit der Skalierung zu, so daß die größte Datenbank mit SF=1000 in der Größenordnung von 1000 GB (= 1 Terabyte) Nutzdaten enthalten würde.

Auf der Basis dieser Datenbank werden 17 Anfragen und 2 Änderungsoperationen ausgeführt und gemessen. Im folgenden führen wir die betriebswirtschaftliche „Spezifikation" der 17 Anfragen auf. Wir empfehlen den Lesern, diese Anfragen selber in SQL zu formulieren; das ist eine gute Übung, um SQL-Kenntnisse anhand komplexer Anfragen zu vertiefen. Zu diesem Zweck sollte man sich eine Datenbank gemäß dem TPC-D-Schema erzeugen. Man kann von der TPC-Organisation ein Programm namens DBGEN beziehen, mit dem man die Daten in der gewünschten Skalierung generieren kann. Zu Testzwecken kann man eine Datenbank mit der Skalierung 0,1 generieren, die demnach „nur" 100 MB Daten enthält.

In der nachfolgenden Formulierung werden bestimmte Konstanten „fest" eingesetzt – wie z.B. die 90 Tage in Anfrage 1. Für die reguläre Benchmark-Durchführung würden diese Konstanten nach einem Zufallsverfahren generiert.

1. Man erstelle einen aufsummierten Preisbericht über alle Auftragspositionen, die spätestens 90 Tage vor dem 1. Dezember 1998 versandt wurden. Die Ausgabe soll nach *RETURNFLAG* und *LINESTATUS* gruppiert und in aufsteigender Reihenfolge nach diesen Attributen sortiert werden. Für jede Gruppe soll die gesamte Menge, der Gesamtpreis, der ermäßigte Gesamtpreis, der ermäßigte Gesamtpreis inklusive Steuern, die durchschnittliche Anzahl, der durchschnittliche Gesamtpreis und der durchschnittliche Nachlaß und die Anzahl der Auftragspositionen aufgelistet werden.

2. Für jedes Teil aus Messing (engl. *brass*) mit Größe 15 soll festgestellt werden, welcher Zulieferer in Europa beim nächsten Auftrag ausgewählt werden sollte. Das Kriterium für die Wahl eines Lieferanten sind dabei minimale Lieferkosten. Die Anfrage soll für jeden qualifizierenden Lieferanten den Kontostand, Namen, Land, Teilenummer, Hersteller des Teils, sowie Adresse und Telefonnummer des Lieferanten auflisten.

3. Man berechne den möglichen Umsatz aus den Aufträgen aus dem Marktsegment „Gebäude" (engl. *building*), die am 15. März 1995 noch nicht (vollständig) versandt waren. Die 10 Aufträge, die durch Auslieferung der ausstehenden Auftragspositionen den höchsten Umsatz ergeben und deren Lieferpriorität sollen ausgegeben werden.

4. Mit Hilfe dieser Anfrage soll überprüft werden, wie gut das Auftragsprioritätensystem funktioniert. Zusätzlich liefert sie eine Einschätzung über die Zufriedenstellung der Kunden. Dazu zählt die Anfrage die Aufträge im dritten Quartal 1993, bei denen wenigstens eine Auftragsposition nach dem zugesagten Liefertermin zugestellt wurde. Die Ausgabeliste soll die Anzahl dieser Aufträge je Priorität sortiert in aufsteigender Reihenfolge enthalten.

5. Für jedes Land in Asien sollen die Einnahmen aufgelistet werden, die aus Auftragspositionen resultieren, bei denen die Kunden und die dazugehörigen Lieferanten beide aus dem gleichen Land stammen. Anhand dieser Ergebnisse kann festgestellt werden, ob es sich lohnt, in einem bestimmten Gebiet lokale Verteilungszentren einzurichten. Dabei werden nur Aufträge aus dem Jahr 1994 berücksichtigt.

6. Es soll berechnet werden, um wieviel sich die Einnahmen erhöht hätten, wenn ein gewährter Nachlaß von 5 bis 7 % für Mengen von weniger als 24 Teilen für im Jahr 1994 verschickte Aufträge gestrichen worden wäre.

7. Zur Unterstützung bei der Verhandlung über neue Lieferverträge soll der Wert der zwischen Frankreich und Deutschland transportierten Güter festgestellt werden. Dazu werden *jeweils* die rabattierten Einnahmen in den Jahren 1995 und 1996 berechnet, die aus Auftragspositionen resultieren, bei denen der Lieferant aus dem einen, und der Kunde aus dem anderen Land stammt (also vier Ergebnistupel).

8. Es soll der Marktanteil Brasiliens innerhalb der Region Amerika für den Teiletyp „STANDARD POLISHED TIN" in den Jahren 1995 und 1996 (ausschlaggebend ist das Bestelldatum) berechnet werden. Der Marktanteil Brasiliens ist definiert als der Anteil am Gesamtumsatz, welcher durch Produkte dieses speziellen Typs, geliefert von einem brasilianischen Lieferanten, in Amerika erzielt wurde.

9. Man ermittle den durch eine bestimmte Produktlinie erzielten *Gewinn*, aufgeschlüsselt nach Zuliefererland und Jahr der Bestellung. Die zu untersuchende Produktlinie besteht aus allen Teilen, die den Teilstring „green" in ihrem Namen enthalten.

10. Es werden die 20 Kunden gesucht, die durch Rücksendungen (Reklamationen, *RETURNFLAG*=‘R’) den größten Umsatzverlust im vierten Quartal 1993 verursacht haben. Es werden dabei nur Produkte berücksichtigt, die auch in diesem Quartal bestellt wurden. Man liste jeweils Nummer und Namen des Kunden, Umsatz durch diesen Kunden, Kontostand, Land, sowie Adresse und Telefonnummer des Kunden auf.

11. Man finde durch Überprüfung der Lagerbestände der Lieferanten in Deutschland diejenigen Teile heraus, die einen signifikanten Anteil (mindestens 0,1%) am Gesamtwert aller verfügbaren Teile in Deutschland darstellen. Man liste Teilenummer und Wert des Lagerbestandes auf, sortiert nach absteigendem Wert.

12. Diese Anfrage soll feststellen, ob die Verwendung von billigeren Lieferarten kritische Aufträge negativ beeinflußt, und zwar in der Form, daß den Kunden mehrere Produkte erst nach dem zugesagten Datum zugeschickt werden. Zu diesem Zweck zählt die Anfrage für die beiden Lieferarten „MAIL" und „SHIP" und getrennt nach den Prioritätskategorien „hoch" (HIGH, URGENT) und „niedrig" (alle übrigen) all die Auftragspositionen, welche die Kunden im Laufe des Jahres 1994 tatsächlich erhielten, und die zu einem Auftrag gehören, bei dem das RECEIPTDATE das COMMITDATE überschreitet, obwohl die Auftragsposition spätestens einen Tag vor dem angesetzen Liefertermin losgeschickt wurde.

13. Man ermittle aufgeschlüsselt nach Jahren die Umsatzverluste, die der Sachbearbeiter (engl. *CLERK*) Nr. 88 durch zurückgeschickte Aufträge (*RETURNFLAG*=‘*R*') verursacht hat.

14. Die Resonanz des Marktes auf eine Marketingaktion, wie z.B. Fernsehwerbung, soll für den September 1995 bestimmt werden. Dazu muß der Prozentsatz der durch beworbene Produkte (Teilstring „PROMO" im Typ) erzielten Monatseinnahmen am Gesamtumsatz berechnet werden. Es werden nur tatsächlich verschickte Teile betrachtet.

15. Der beste Lieferant im ersten Quartal 1996 soll ermittelt werden. Das ist der Lieferant, der in diesem Quartal den größten Anteil zum Gesamtumsatz beigetragen hat. Nummer, Name, Adresse, Telefonnummer des Lieferanten sowie der Umsatz durch diesen Lieferanten sollen ausgegeben werden.

16. Man finde heraus, wieviele Lieferanten Teile in den Größen 49, 14, 23, 45, 19, 3, 36 oder 9 liefern können, die *nicht* von der Sorte 45 und *nicht* vom Typ „MEDIUM POLISHED" sind. Außerdem dürfen für diese Lieferanten keine Beschwerden vermerkt sein, was durch einen Kommentar ausgedrückt wird, der die Teilstrings „Better Business Bureau" und „Complaints" enthält. Man zähle die Lieferanten je Größe, Sorte und Typ und sortiere die Ausgabe nach aufsteigender Sorte und absteigendem Zähler (**count**).

17. Man berechne den durchschnittlichen jährlichen Einnahmenverlust, der sich ergeben würde, falls Aufträge mit kleineren Mengen (unter 20% der Durchschnittsmenge für dieses Teil) für die Sorte 23 im Container „LG BOX" nicht mehr angenommen würden.

Der Umsatz durch einen *LINEITEM* berechnet sich aus $L\_EXTENDEDPRICE*$ $(1-L\_DISCOUNT)$. Der Gewinn durch einen *LINEITEM* berechnet sich aus Umsatz minus dem Einkaufspreis: $L\_EXTENDEDPRICE*(1-L\_DISCOUNT)-$ $L\_QUANTITY*PS\_SUPPLYCOST$.

Zusätzlich zu den Anfragen gibt es auch noch zwei Änderungsoperationen:

UF1 Mit Hilfe dieser Updatefunktion werden neue Verkaufsinformationen in die Datenbank eingefügt. Dazu lädt sie zusätzliche Datensätze in die Tabellen *ORDER* und *LINEITEM*, welche zuvor mit dem Programm DBGEN erzeugt wurden. Insgesamt müssen $SF*1500$ neue Tupel in die Relation *ORDER* und pro neuer Bestellung eine zufällig im Bereich 1 bis 7 gewählte Anzahl von zugeordneten *LINEITEM*-Tupeln eingefügt werden.

UF2 Diese Funktion entfernt überholte bzw. überflüssige Informationen aus der Datenbank, indem sie die entsprechenden Datensätze in den Tabellen *ORDER* und *LINEITEM* löscht. Insgesamt werden $SF * 1500$ Tupel aus *ORDER* gelöscht und alle zu diesen gelöschten Bestellungen gehörenden Einträge aus *LINEITEM*.

Leistungsgrößen Für die Bewertung der Leistungsfähigkeit einer Datenbankkonfiguration werden folgende Größen bestimmt:

- Der Systempreis – wiederum bestehend aus Hardware, Software und Softwarewartung für fünf Jahre.

- Die TPC-D Powermetrik QppD@Size, die in Anzahl von sequentiell ausgeführten Anfragen und Änderungen pro Stunde angegeben wird. Der Parameter *Size* gibt die Datenbankgröße an. Der Powerwert wird auf der Basis des inversen geometrischen Mittels der Anfrage- und Update-Laufzeiten ermittelt, damit die weniger aufwendigen Anfragen nicht von den sehr komplexen Anfragen des Benchmarks dominiert werden. Dieser Durchschnittswert wird mit dem Skalierungsfaktor der Datenbasis gewichtet (d.h. multipliziert), um den unterschiedlichen Datenbankgrößen Rechnung zu tragen.

- Der Durchsatz QthD@Size, der sich aus der Anzahl bearbeiteter Anfragen pro Stunde ergibt, wenn die Anfragen in parallelen Strömen bearbeitet werden. Wiederum ist dieser Wert gewichtet mit dem Skalierungsfaktor.

- Das Preis/Leistungsverhältnis, das in Dollar pro Anfrage pro Stunde angegeben wird. Die Anzahl der Anfragen pro Stunde wird berechnet aus dem geometrischen Mittel aus QppD@Size und QthD@Size.

Die besten veröffentlichten Zahlen für eine 300 GB große Datenbank liegen etwa bei Werten von QppD@300GB = 2000 für den Powertest und QthD@300GB = 1200 für den Durchsatz bei einem Systempreis von ca. 5.000.000 $. Für 1 Terabyte sind im Powertest ca. 4700 und im Throughput ca. 1600 Anfragen bei einem Systempreis von 10.000.000 $ möglich. Man beachte, daß die Zahlen nicht aussagen, daß man über 1000 Anfragen pro Stunde bearbeiten kann, da die Werte mit dem Skalierungsfaktor (hier 300 bzw. 1000) gewichtet (multipliziert) sind.

16.1.3 Der OO7 Benchmark für objektorientierte Datenbanken

Der OO7-Benchmark modelliert Objekthierarchien, wie sie in ingenieurwissenschaftlichen Anwendungen (z.B. CAD, CAM) vorkommen. Ein zusammengesetztes Objekt (composite part) besteht aus einem Textdokument und einem Objektnetz von 20 (in der größeren Datenbankkonfiguration 200) Grundbauteilen (atomic parts). Dieses Objektnetz ist in Abbildung 16.3 durch das Gitter angedeutet. Jede Baugruppe hat eine bidirektionale Beziehung zu drei zusammengesetzten Teilen, die ihrerseits

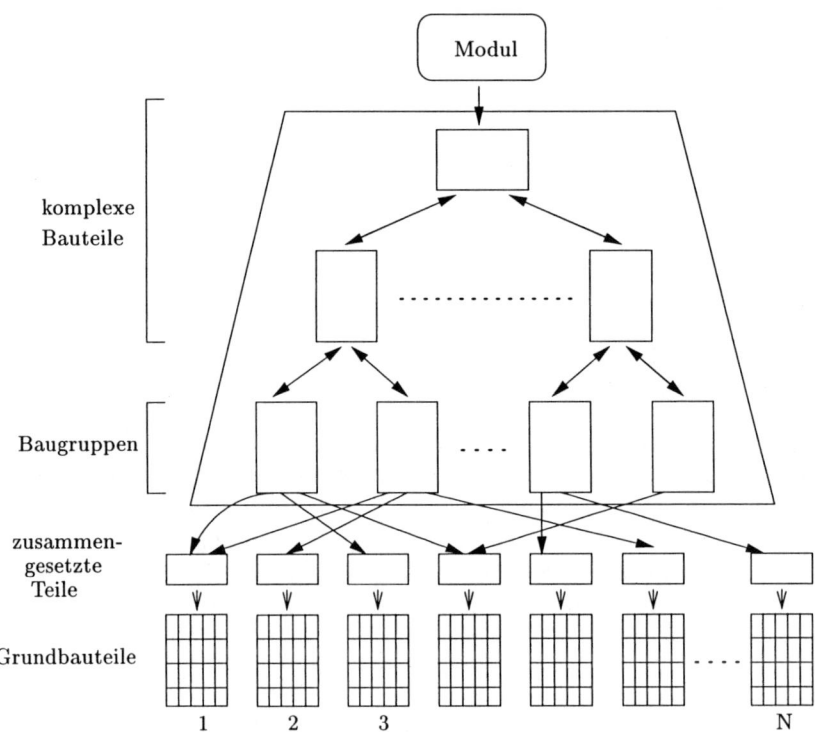

Abb. 16.3: Struktur der 007-Datenbank

aber Bestandteil mehrerer Baugruppen sein können (shared subobjects). Baugruppen sind nochmals in einer Hierarchie zu komplexen Bauteilen verknüpft. Den Einstiegspunkt zu dieser Hierarchie bildet ein Modul. Bislang wurden in dem Benchmark nur Datenbanken mit einem Modul generiert. Hier bieten sich Skalierungsmöglichkeiten für künftige Erweiterungen – insbesondere um Mehrbenutzersynchronisation mit in die Untersuchung einzubeziehen.

Auf dieser in Abbildung 16.3 skizzierten Datenbankstruktur wurden eine Reihe von Traversierungs- und Änderungsoperationen definiert, anhand derer die Leistungsfähigkeit eines objekt-orientierten Datenbanksystems analysiert werden kann. Die Vorstellung dieser Operationen würde hier zu weit führen – wir verweisen auf die Literatur zum OO7-Benchmark, wo auch für einige kommerzielle Systeme Leistungszahlen veröffentlicht sind.

16.1.4 Literatur

Benchmarks für Datenbanksysteme sind in dem Buch von Gray (1993) beschrieben. Insbesondere ist darin auch die vollständige Beschreibung des TPC-C-Benchmarks enthalten. Eine sehr gute Quelle für die TPC-Benchmarks ist der Webserver der Transaction Processing Council, der sowohl Beschreibungen des TPC-C-Benchmarks [TPC (1992)] als auch des TPC-D-Benchmarks [TPC (1995)] enthält. Dort findet man die vollständigen Beschreibungen der TPC-C und TPC-D-Benchmarks und auch Meßergebnisse für eine Vielzahl von Hardware/Datenbanksystem-Konfigurationen. Diese Ergebnisse mögen durchaus als Orientierung bei der Wahl einer DBMS-Konfiguration dienen – auch wenn künstliche Benchmarks i.a. nicht den eigentlichen Anwendungen entsprechen. Doppelhammer et al. (1997) haben die Leistungsfähigkeit des Datenbankanwendungssystems SAP R/3 (siehe unten) für Decision-Support-Anfragen auf der Basis des TPC-D-Benchmarks untersucht.

Der OO7-Benchmark wurde von Carey, DeWitt und Naughton (1993) entworfen. Er basiert auf einem einfacheren, von Cattell und Skeen (1992) entworfenen, sogenannten OO1-Benchmark. Eine vergleichende Untersuchung von drei objektorientierten Datenbanken wurde von Hohenstein, Pleßer und Heller (1997) durchgeführt. Von Carey et al. (1997) gibt es mittlerweile auch einen sogenannten *BUCKY*-Benchmark für objekt-relationale Systeme.

16.2 SAP R/3: Ein betriebswirtschaftliches Datenbankanwendungssystem

Das System SAP R/3 ist der Marktführer unter den betriebswirtschaftlichen Anwendungssystemen. Es integriert sämtliche Abläufe eines Unternehmens – und damit auch die anfallenden Daten. SAP R/3 arbeitet auf der Basis eines relationalen Datenbanksystems, in dem alle Anwendungs- und Kontrolldaten gespeichert sind. Das relationale Datenbanksystem dient somit als Integrationsplattform für alle betrieblichen Vorgänge. Dabei können die Anwender aus einer Reihe von kommerziellen relationalen Datenbankprodukten frei wählen.

Im folgenden konzentrieren wir uns auf Eigenschaften, die aus der Sicht der Datenbankadministration besonders interessant erscheinen: Architektur, Datenbankanbindung, Datenmodell, Anfragesprache, etc.

16.2.1 Architektur von SAP R/3

SAP R/3 basiert auf einer dreistufigen Client/Server-Architektur mit folgenden Ebenen:

1. der Präsentationsebene, die den Endanwendern eine graphische (GUI) Dialogschnittstelle zur Verfügung stellt;

2. der Anwendungsebene, die das betriebswirtschaftliche „Know How" (also die eigentlichen betriebswirtschaftlichen Anwendungsprogramme) beinhaltet;

3. der Datenhaltungsebene, die auf einem fremdbezogenen relationalen Datenbanksystem basiert.

Im allgemeinen können alle drei Ebenen auf unterschiedlichen Rechnern ablaufen, und selbst die Einzelmodule der Anwendungsebene können auf dedizierten Rechnern ausgeführt werden. In einer großen Organisation würde z.B. ein sehr leistungsfähiger Rechner als zentraler Datenbankserver eingesetzt werden, leistungsfähige Workstations würden als Anwendungsrechner in der mittleren Ebene zu finden sein, und

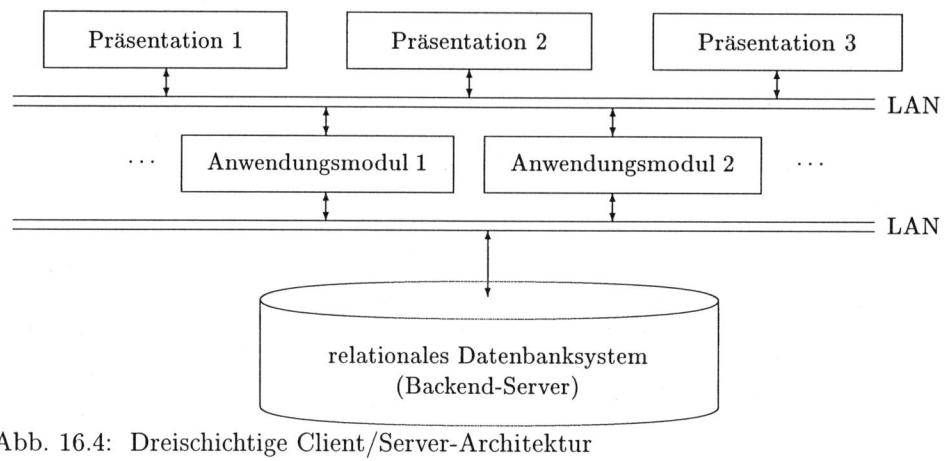

Abb. 16.4: Dreischichtige Client/Server-Architektur

Arbeitsplatzrechner (z.B. PCs) wären auf der Präsentationsebene angesiedelt. Die Flexibilität des SAP R/3-Systems erlaubt es durchaus, daß diese Rechner unterschiedlicher Hersteller auch unterschiedliche Betriebssysteme „fahren".

16.2.2 Datenmodell und Schema von SAP R/3

SAP R/3 ist ein umfassendes und hochgradig generisches System, das für Unternehmen unterschiedlichster Branchen und Organisationsformen konzipiert wurde. Daraus resultiert ein sehr großes Unternehmens-Datenmodell, das im R/3-internen Data Dictionary beschrieben ist. Um der Integration Rechnung zu tragen, ist natürlich auch das R/3-interne Data Dictionary physisch in dem relationalen Datenbanksystem abgespeichert. Das gesamte relationale Datenbankschema unserer – größtenteils als Standard ausgelieferten – Systemkonfiguration umfaßte ca. 10.000 Relationen, von denen viele natürlich nur sehr wenige Einträge enthalten.

Die R/3-Tabellen, in denen sowohl Anwenderdaten als auch Steuer- und Kontrollinformationen abgelegt sind, werden auf das relationale Datenbanksystem abgebildet. Dabei werden die sogenannten *transparenten* Tabellen 1 : 1 auf Relationen des Datenbanksystems abgebildet. Transparente Tabellen unterstehen somit auch der Schemaverwaltung des relationalen Datenbanksystems und können deshalb problemlos außerhalb des SAP R/3-Systems über die Datenbanksystem-Schnittstellen (z.B. interaktives SQL, embedded SQL) gelesen werden. Der schreibende Zugriff ist allerdings i.a. nicht sinnvoll, da die Anwender übersehen könnten, wie SAP R/3 die durchgeführten Änderungen auf andere R/3-Tabellen propagiert.

Zusätzlich zu den transparenten Tabellen gibt es auch *verkapselte* Relationen, zu denen die sogenannten *Pool*- und *Cluster*-Tabellen des R/3-Systems gehören. Auf verkapselte Relationen kann außerhalb des R/3-Systems weder lesend noch schreibend (sinnvoll) zugegriffen werden, da für die Interpretation der Daten das R/3-interne Data Dictionary notwendig ist. Bei den Pool-Tabellen werden mehrere SAP-Tabellen auf eine Relation des RDBMS abgebildet, um dadurch die Anzahl der Datenbank-Relationen zu reduzieren. Bei den Cluster-Tabellen werden mehrere (aus

Anwendungssicht logisch verwandte) Datensätze in einem Tupel einer Datenbankrelation abgelegt – mit der Intention, die Anzahl der Datenbankzugriffe zu reduzieren.

Es scheint, daß die verkapselten Relationen „Relikte" aus Zeiten darstellen, als die Funktionalität und Leistungsfähigkeit der relationalen Datenbanksysteme unzureichend war. Z.B. wurden Pool-Tabellen eingeführt, um einer von relationalen Datenbanksystemen vorgegebenen Maximalanzahl von unterschiedlichen Relationen zu begegnen. Grundsätzlich wird aber versucht, Anwendungsdaten in transparenten Tabellen zu speichern und nur SAP-interne Kontroll- und Steuer-Daten in verkapselten Relationen zu halten. Verkapselte Relationen haben nämlich den Nachteil, daß sie das relationale Datenbanksystem „dumm halten" – d.h. die Verknüpfung von transparenten Tabellen mit verkapselten Relationen ist nur innerhalb des SAP-Systems (aber nicht mit den Joinmethoden des Datenbanksystems) möglich.

Zusätzlich zu den größtenteils vorgegebenen Tabellen, haben SAP Anwender die Möglichkeit, *Datenbankviews* (also Sichten) anzulegen. Diese Views können z.B. die Formulierung von Datenbankanfragen erleichtern. Wie in herkömmlichen Datenbanksystemen können in SAP Views auf eine oder auf mehrere Tabellen angelegt werden. Auch die Views werden natürlich über das SAP-interne Data Dictionary verwaltet.

16.2.3 ABAP/4

Die Anwendungen des SAP R/3-Systems werden in der Sprache ABAP/4 (Advanced Business Application Programming Language) geschrieben. ABAP/4 ist eine Programmiersprache der sogenannten 4. Generation, deren Ursprung im Bereich der Reportgeneratoren liegt. Im Laufe der Zeit wurde ABAP/4 um prozedurale Konzepte erweitert, um komplexere betriebswirtschaftliche Anwendungen realisieren zu können. Insbesondere werden in ABAP/4 die sogenannten „Dynpros" realisiert, worunter man Dialogprogramme mit einer graphischen Bildschirmdarstellung und dazugehörender Ablauflogik versteht.

ABAP/4 ist eine interpretierte Sprache, so daß Anwender sehr einfach neue Anwendungsprogramme in das System integrieren können. Die ABAP/4 Anwendungsprogramme werden selbst über das integrierte R/3-Data Dictionary verwaltet – und auch in der relationalen Datenbank physisch gespeichert.

Wir wollen hier nur eine kurze Übersicht über die Schnittstellen zur relationalen Datenbank geben. Wie in Abbildung 16.5 angedeutet, bietet ABAP/4 Konstrukte an, mit deren Hilfe Anwender über zwei verschiedene Schnittstellen auf die Datenbasis zugreifen können: *Native SQL* und *Open SQL*. Die Native SQL-Schnittstelle wird über sogenannte EXEC SQL-Kommandos aufgerufen. Diese Schnittstelle ist ähnlich der Einbettung von SQL-Befehlen in eine prozedurale Programmiersprache, wie wir sie in Abschnitt 4.19 vorgestellt hatten. Die Native SQL-Schnittstelle gibt Anwendern die Möglichkeit, direkt und ohne Verwendung des SAP-internen Data Dictionary auf die relationale Datenbank zuzugreifen. Der Vorteil der Native SQL-Schnittstelle besteht darin, daß Anwender spezielle Eigenschaften und Bestandteile des verwendeten Datenbanksystems in ihren Anfragen ausnutzen können (z.B. den Optimierer des Datenbanksystems) und zusätzlicher Aufwand durch die Verwendung der eigentlichen SAP-Datenbankschnittstelle vermieden wird. Durch die Verwendung der Native SQL-Schnittstelle entstehen allerdings auch erhebliche Nachteile:

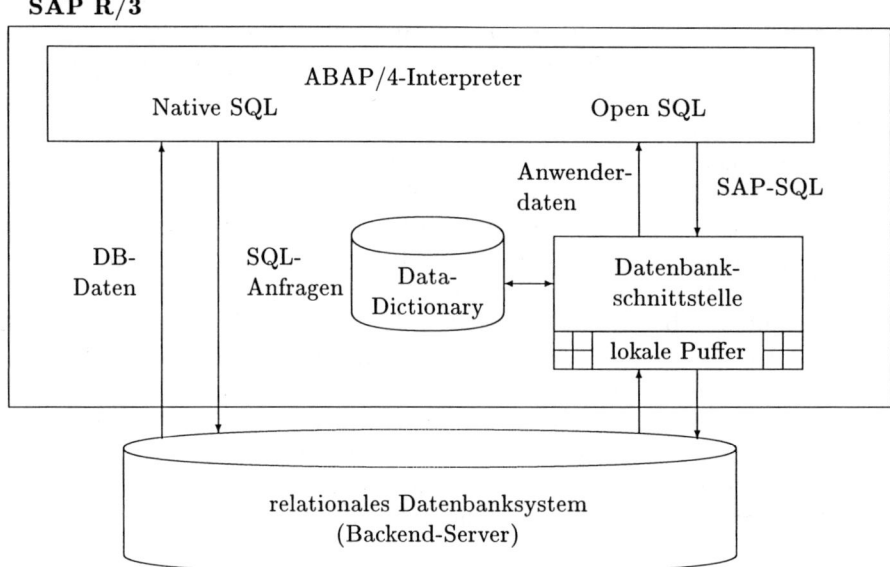

Abb. 16.5: Datenbankschnittstellen aus ABAP/4

Die EXEC SQL-Kommandos können spezifisch für ein spezielles Datenbanksystem sein, so daß nicht portable ABAP/4-Programme entstehen. Durch die Umgehung des SAP-internen Data Dictionarys können Native SQL Anfragen nicht auf verkapselte Tabellen zugreifen. Weiterhin führt die Umgehung des SAP-Systems bei Verwendung der Native SQL-Schnittstelle dazu, daß die Anfragen in gewisser Hinsicht unsicher sind, da den Anwendern eventuell bei der Formulierung der Anfragen wichtige betriebswirtschaftliche Zusammenhänge entgehen.

Sichere und portable ABAP/4-Reports können durch eine ausschließliche Verwendung der Open SQL-Schnittstelle erreicht werden. In solchen Reports erfolgt der Zugriff auf Tabellen und Views über zwei mögliche, von ABAP/4 bereitgestellte SELECT-Konstrukte:

SELECT ⟨Attributliste⟩
FROM ⟨eine Tabelle⟩
WHERE ⟨einfaches Prädikat⟩
...   *Bearbeitung des aktuellen Tupels*
ENDSELECT.

SELECT SINGLE ⟨Attributliste⟩
FROM ⟨eine Tabelle⟩
WHERE ⟨einfaches Prädikat⟩
...   *Bearbeitung des einen Tupels*

Die eigentliche Verarbeitung von Tupeln ist durch "..." angedeutet. Bei der SELECT SINGLE-Anweisung muß durch das Prädikat in der WHERE-Klausel sichergestellt sein, daß sich maximal ein Tupel aus der Tabelle qualifiziert.

Die SELECT- und SELECT SINGLE-Anweisungen sind in den obigen Programmfragmenten jeweils nur auf eine SAP-Tabelle (oder Sicht) angewendet worden. Für die Realisierung von Joins gibt es in ABAP/4 zwei Möglichkeiten: (1) die Realisierung durch Schachtelung von SELECT ... ENDSELECT oder von SELECT SINGLE Schleifen wie im folgenden Programmfragment oder (2) die Verwendung des expliziten JOIN-Operators in der FROM-Klausel.

Bei Schachtelung von SELECT ... ENDSELECT-Schleifen würde man wie folgt vorgehen:

```
SELECT ⟨Attributliste⟩
FROM ⟨äußere Tabelle⟩
WHERE ⟨einfaches Prädikat⟩.
        SELECT ⟨Attributliste⟩
        FROM ⟨innere Tabelle⟩
        WHERE ⟨Joinprädikat⟩.
        ... Bearbeitung des aktuellen inneren Tupels
        ENDSELECT.
... Bearbeitung des aktuellen äußeren Tupels
ENDSELECT.
```

Ein derartiges Programmfragment wertet den Join der beiden Tabellen aus, ohne daß dabei die Joinmethoden des Datenbanksystems zum Einsatz kommen. Es entspricht i.w. einem (Index) Nested-Loops-Join, wobei allerdings die Schnittstellen zwischen Datenbanksystem und ABAP/4-Anwendungsprozeß entsprechend oft „überquert" werden müssen. Zur Optimierung und Reduzierung solcher Schnittstellenüberquerungen integriert die SAP-Datenbankschnittstelle spezielle Techniken; besonders zu erwähnen ist die lokale Pufferung von Anwendungsdaten, die eine Beantwortung von Anfragen ohne Zugriff auf das Datenbanksystem ermöglicht. Allerdings birgt die Pufferung von Daten im Anwendungssystem auch Gefahren: Bei einem verteilten Betrieb mit mehreren Anwendungsservern wird die Pufferkonsistenz nicht garantiert, sondern nur eine asynchrone (periodische) Abgleichung der gepufferten Daten durchgeführt.

Die Verwendung eines expliziten JOIN-Operators ist bei neueren Versionen von SAP R/3 (ab Release 3.0) auch möglich:

```
SELECT ⟨Attributliste⟩
FROM ⟨Tabelle1⟩ JOIN ⟨Tabelle2⟩ ON ⟨Join Prädikat⟩
WHERE ⟨Selektions-Prädikat⟩.
```

Sogar der linke äußere Join ist anwendbar – die anderen äußeren Joinoperatoren sind derzeit noch nicht realisiert.

Die Verwendung des expliziten JOIN-Operators hat natürlich den Vorteil, daß die Joinauswertung an das Datenbanksystem delegiert wird und dadurch die (hoffentlich) ausgefeilten Joinmethoden des DBMS zum Tragen kommen.

Desweiteren bietet ABAP/4 Konstrukte an, die es Anwendungsprogrammen ermöglichen, das Ergebnis einer SELECT ... ENDSELECT-Schleife in einer temporären SAP-Tabelle zwischenzuspeichern, um diese dann bei der weiteren Bearbeitung
zu verwenden. Dies würde sich z.B. anbieten, um die Tupelmenge der inneren Schleifen von geschachtelten SELECT-Schleifen zu materialisieren.

16.2.4   Batch Input

Neben rein lesenden Anfragen muß man Daten natürlich auch laden, bearbeiten und
löschen können. In einem laufenden Betrieb findet die Dateneingabe (z.B. das Bu-
chen von Aufträgen) und das Löschen von Daten in der Regel interaktiv statt. Zur
Übernahme oder zum Löschen oder Modifizieren großer Datenmengen bietet SAP
ein sogenanntes *Batch Input*-Verfahren an. Dieses Batch Input-Verfahren liest Daten
von einer (Unix-) Datei und *simuliert* dann die interaktive Eingabe; insbesondere
werden beim Batch Input wie bei der interaktiven Eingabe alle Anwendungsprogramme und Konsistenzüberprüfungen durchgeführt. Das Batch Input Verfahren
ist insbesondere beim erstmaligen Einsatz des SAP R/3-Systems wichtig, da man in
der Regel größere existierende Datenbestände laden muß.

Alternativ zum Batch Input bietet ABAP/4 *insert* und *delete* Befehle an. Allerdings werden dadurch isoliert Tabellen verändert, ohne daß das System die (globale) Konsistenz der betriebswirtschaftlichen Zusammenhänge der Daten überprüfen
kann.

16.2.5   Literatur

Wir konnten hier nur einen sehr knappen Überblick über das SAP R/3-System
geben. Mehr Information über den Einsatz von R/3 in verschiedenen Anwendungsgebieten findet man auf dem Webserver der SAP AG (1997). Die Anwendungssmo-
dule des SAP-Systems werden in dem Buch von Wenzel (1995) behandelt. Will
et al. (1996) und Buck-Emden und Galimow (1996) beschreiben die Administration
von R/3-Installationen. Die ABAP/4-Sprache wird detailliert von Matzke (1996)
vorgestellt. Wächter (1997) beschreibt das ConTract-Workflow-Modell, das in SAP
R/3 integriert wurde. Doppelhammer et al. (1997) untersuchten die Leistungsfähigkeit von SAP R/3 für Decision-Support-Anfragen.

16.3   Data Warehouse, Decision-Support, OLAP

Man unterscheidet grob zwei Arten von Datenbankanwendungen: online transaction processing (OLTP) und online analytical processing (OLAP). Unter OLTP fallen solche Anwendungen wie „Buchung eines Flugs" in einem Flugreservierungssystem oder „Verarbeitung einer Bestellung" in einem Handelsunternehmen. OLTP-
Anwendungen realisieren das „operationale Tagesgeschäft" eines Unternehmens. Sie
zeichnen sich dadurch aus, daß sie nur begrenzte Datenmengen für eine auszufüh-
rende Transaktion zu verarbeiten haben. OLTP-Anwendungen operieren auf dem
jüngsten, aktuell gültigen Zustand des Datenbestands. Demgegenüber verarbeiten

OLAP-Anwendungen große Datenmengen und insbesondere greifen Sie auf „historische" Daten zurück, um daraus z.B. Rückschlüsse auf die Entwicklung des Unternehmens zu gewinnen. Typische OLAP-Anfragen in unseren beiden Beispielszenarien (Fluggesellschaft und Handelsunternehmen) wären etwa:

- Wie hat sich die Auslastung der Transatlantikflüge über die letzten zwei Jahre entwickelt? oder

- Wie haben sich besondere offensive Marketingstrategien für bestimmte Produktlinien auf die Verkaufszahlen ausgewirkt?

OLAP-Auswertungen bilden also die Grundlage für die strategische Unternehmensplanung. Sie sind meist integrierter Bestandteil umfassender Decision-Support-Systeme oder Management-Informationssysteme.

Es besteht mittlerweile weitgehender Konsens, daß man OLTP- und OLAP-Anwendungen nicht auf demselben Datenbestand (d.h. auf derselben physischen Datenbasis) ausführen sollte. Hierfür gibt es mehrere Gründe: OLTP-Datenbanken sind hinsichtlich logischem und physischem Entwurf auf Änderungstransaktionen mit Zugriff auf sehr begrenzte Datenmengen hin optimiert. Die operationalen Datenbestände eines Unternehmens sind meist auf viele Datenbanken – oft auch unterschiedlicher Hersteller – verteilt. Für OLAP-Auswertungen benötigt man diese Informationen aber in konsolidierter, integrierter Form. OLAP-Anfragen sind sehr komplex; ihre (parallel ablaufende) Auswertung könnte die Leistungsfähigkeit der OLTP-Anwendungen deutlich beeinträchtigen.

Aus oben skizzierten Gründen wird heute der Aufbau eines sogenannten „Data Warehouse" propagiert. Darunter versteht man ein dediziertes Datenbanksystem, in dem die für Decision-Support-Anwendungen notwendigen Daten eines Unternehmens in konsolidierter Form gesammelt werden. Das Zusammenspiel zwischen operationalen Datenbanken mit ihren OLTP-Anwendungen und dem Data Warehouse ist in Abbildung 16.6 skizziert.

Das Data Warehouse wird initial aus den operationalen Datenbanken – teilweise auch anderen Datenquellen, wie z.B. Dateien – geladen. Die operationalen Datenbanken eines Handelsunternehmens wären beispielsweise die lokalen Filial-Datenbanken, in denen die Verkäufe der einzelnen Filialen verbucht werden. Für das initiale Laden müssen die Daten konsolidiert und „gereinigt" werden. In vielen Anwendungen werden die Daten beim Laden in das Data Warehouse durch Aggregation schon verdichtet. Beispielsweise könnte ein Einzelhandelsunternehmen die Verkäufe eines Produkts an einem Tag in einer Filiale zu einem Datensatz aggregieren anstatt jeden Verkauf als separaten Datensatz in das Data Warehouse aufzunehmen. Das Data Warehouse enthält in der Regel „historische" Daten, die das Unternehmensgeschäft der letzten paar Jahre widerspiegeln. Natürlich muß der Datenbestand des Data Warehouse periodisch aufgefrischt werden. Wie oft dies geschieht – täglich, wöchentlich, monatlich – hängt von den jeweiligen Anforderungen der Anwendungen (bzw. der Unternehmensführung, die diese Daten nutzt) ab. Es sollte aber klar sein, daß interaktive Änderungsoperationen in Data Warehouse-Anwendungen eine eher untergeordnete Rolle spielen; die Auffrischung wird meist im Batchmodus durchgeführt. Demzufolge spielt die Mehrbenutzersynchronisation in Data Warehouse-Anwendungen keine so zentrale Rolle wie in OLTP-Anwendungen.

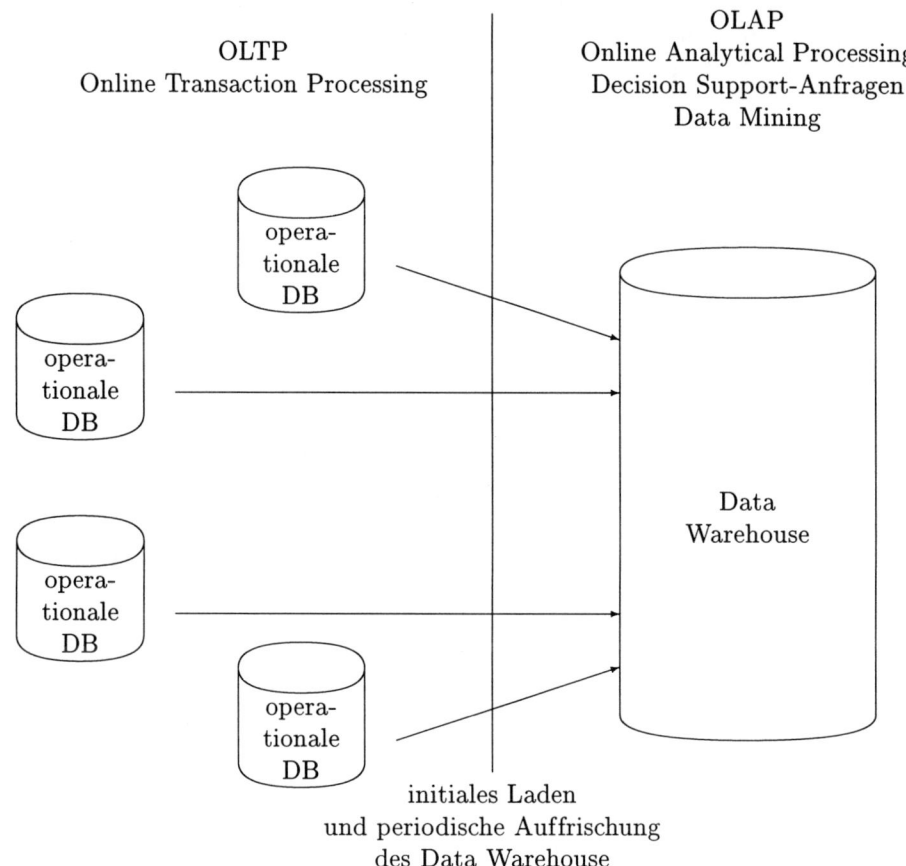

Abb. 16.6: Zusammenspiel zwischen operationalen Datenbanken und dem Data Warehouse

16.3.1   Datenbankentwurf für das Data Warehouse

Als Datenbankschema für Data Warehouse-Anwendungen hat sich das sogenann-te Sternschema (engl. *star schema*) durchgesetzt. Dieses Schema besteht aus einer sogenannten *Faktentabelle* und mehreren sogenannten *Dimensionstabellen*, die über Fremdschlüsselbeziehungen mit der Faktentabelle verbunden sind. In Abbildung 16.7 sind zwei Sternschemata für zwei unterschiedliche Anwendungsgebiete skizziert: Zum einen ein Schema für das Data Warehouse eines Handelsunternehmens und zum an-deren das Data Warehouse-Schema einer Krankenversicherung. Wir wollen uns hier nur das Schema des Handelsunternehmens detaillierter anschauen; das andere Sche-ma dient nur zur Illustration, daß Data Warehouse-Systeme für die unterschiedlich-sten Anwendungsbereiche denkbar sind.

    In unserem Beispiel ist die Relation *Verkäufe* die Faktentabelle und die anderen Relationen sind die Dimensionstabellen. Die relationale Ausprägung dieses Stern-

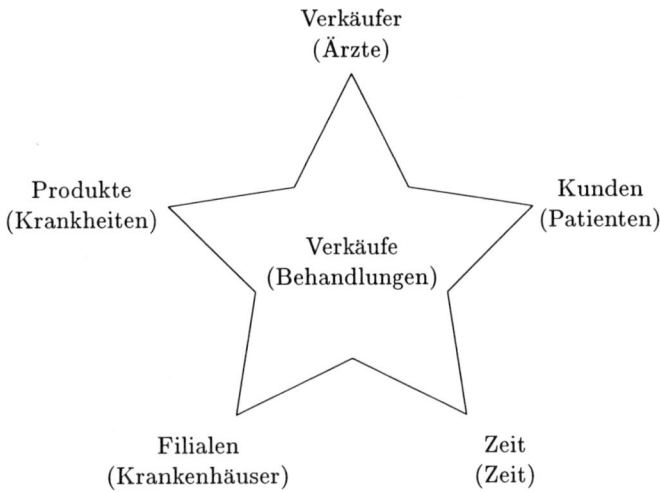

Abb. 16.7: Sternschema für zwei Beispielanwendungen: Handelsunternehmen und Gesundheitswesen

schemas ist in Abbildung 16.8 gezeigt. Man beachte, daß in realistischen Anwendungen die Faktentabelle – je nach Verdichtungsgrad beim Laden der Daten in das Data Warehouse – etliche Millionen Tupel enthalten kann. Die Dimensionstabellen enthalten demgegenüber sehr viel weniger Einträge. Für ein Handelsunternehmen sind beispielsweise 100.000 Produkte denkbar; die Zeit-Dimension enthält in der Größenordnung von 1000 Einträgen (wenn die Daten drei Jahre zurückreichen). Es sei den Lesern überlassen, die Größe eines derartigen Data Warehouse für ein großes Versandhausunternehmen genauer abzuschätzen. Man kann i.a. davon ausgehen, daß Data Warehouse-Anwendungen viele Gigabyte – bis hin zu 1 Terabyte – Daten verwalten.

Die Dimensionstabellen sind in der Regel nicht normalisiert. Dies ist in unserem Beispiel u.a. für die Relation *Produkte* der Fall: Es gelten die funktionalen Abhängigkeiten *ProduktNr* → *Produkttyp*, *Produkttyp* → *Produktgruppe* und *Produktgruppe* → *Produkthauptgruppe*. Auf diese Weise enthält die Dimensionstabelle *Produkte* eine hierarchische Klassifizierung der Produkte: Die *Produkthauptgruppe* „Telekom" umfaßt beispielsweise die *Produktgruppen* „Festnetz-Telekom" und „Mobiltelekom", die ihrerseits die *Produkttypen* „Handy", „Autoantenne", usw. umfaßt.

Ein anderes Beispiel ist die *Zeit*-Dimension: In der von uns gewählten Form[2] lassen sich sogar fast alle Attribute aus dem Schlüsselattribut *Datum* ableiten. Trotzdem ist die explizite Verwaltung der Zeit-Dimension sinnvoll, da es die Anfrageformulierung erheblich erleichtert. Man denke etwa an Anfragen der folgenden Art: ... Verkäufe in der Weihnachtssaison ..., ... Verkäufe am (langen) Donnerstag ..., etc. Man kann die Zeitdimension sehr einfach (für einige Jahre im voraus) generieren.

Würde man die Dimensionstabellen normalisieren (also zerlegen), führt dies zu

---

[2]Um Speicherplatz zu sparen, hätte man als Schlüssel der *Zeit*-Relation auch einen fortlaufenden **integer**-Wert nehmen können.

Verkäufe					
VerkDatum	Filiale	Produkt	Anzahl	Kunde	Verkäufer
30-Jul-96	Passau	1347	1	4711	825
...	...	...	...	...	...

Filialen			
Filialenkennung	Land	Bezirk	...
Passau	D	Bayern	...
...	...	...	...

Kunden			
KundenNr	Name	wiealt	...
4711	Kemper	38	...
...	...	...	...

Verkäufer					
VerkäuferNr	Name	Fachgebiet	Manager	wiealt	...
825	Handyman	Elektronik	119	23	...
...	...	...	...	...	...

Zeit								
Datum	Tag	Monat	Jahr	Quartal	KW	Wochentag	Saison	...
...	...	...	...	...	...	...	...	...
30-Jul-96	30	Juli	1996	3	31	Dienstag	Hochsommer	...
...	...	...	...	...	...	...	...	...
23-Dec-97	27	Dezember	1997	4	52	Dienstag	Weihnachten	...
...	...	...	...	...	...	...	...	...

Produkte					
ProduktNr	Produkttyp	Produktgruppe	Produkthauptgruppe	Hersteller	...
1347	Handy	Mobiltelekom	Telekom	Siemens	...
...	...	...	...	...	...

Abb. 16.8: Relationen des Sternschemas für ein Handelsunternehmen

einem sogenannten Schneeflockenschema (engl. *snow flake schema*). Die Leser mögen sich überlegen, woher diese Bezeichnung rührt.

Einige (im Data Warehouse-Bereich namhafte) Autoren halten die Normalisierung der Dimensionstabellen für falsch, da dadurch die Anfrageformulierung erschwert würde und auch die Leistungsfähigkeit reduziert werden könnte. Die Verletzung der Normalformen ist bei Decision-Support-Anwendungen auch nicht so kritisch, da die Daten nur selten verändert werden. Auch ist der durch die Redundanz verursachte erhöhte Speicherbedarf unkritisch, da die Dimensionstabellen im Vergleich zur Faktentabelle (die normalisiert ist) relativ klein sind.

16.3.2   Anfragen im Sternschema: Star Join

Das Sternschema führt unweigerlich zu sogenannten Star Joins, da die Dimensionstabellen über Joinprädikate mit der Faktentabelle verbunden werden. Als Beispiel betrachten wir folgende Anfrage: Welche Handies (d.h. von welchen Hersteller) haben junge Kunden in den Bayerischen Filialen zu Weihnachten 1996 gekauft?

select sum(v.Anzahl), p.Hersteller
from Verkäufe v, Filialen f, Produkte p, Zeit z, Kunden k
where z.Saison = 'Weihnachten' **and** z.Jahr = 1996 **and** k.wiealt < 30 **and**
      p.Produkttyp = 'Handy' **and** f.Bezirk = 'Bayern' **and**
      v.VerkDatum = z.Datum **and** v.Produkt = p.ProduktNr **and**
      v.Filiale = f.FilialenKennung **and** v.Kunde = k.KundenNr
group by p.Hersteller;

Diese Beispielanfrage ist sehr typisch für OLAP-Anfragen auf der Basis des Sternschemas. Die Anfrage enthält eine Reihe von *Restriktionen* auf den relevanten Dimensionen des Sternschemas: Hier sind dies die Restriktionen auf die Dimensionen *Zeit* (Weihnachten 1996), *Produkt* (Produkttyp Handy), *Filiale* (in Bayern) und *Kunde* (jünger als 30). Weiterhin müssen natürlich die Joinprädikate dieser Dimensionstabellen mit der Faktentabelle *Verkäufe* in der **where**-Klausel aufgeführt werden. Fast alle OLAP-Anfragen vollziehen eine Gruppierung und Aggregation der so ermittelten Ergebnistupel, da man bei dieser Art von Anfragen fast nie an individuellen Verkäufen sondern an Verkaufstrends interessiert ist. In unserer Beispielanfrage wird nach *Herstellern* der Handies gruppiert und die Anzahl der verkauften Handies pro Hersteller aufsummiert. Durch Anwendung von Gruppierung und Aggregation werden die Daten der Faktentabelle sozusagen *verdichtet*.

16.3.3 Roll-Up/Drill-Down-Anfragen

Wie die obige Anfrage schon gezeigt hat, können die im Data Warehouse gespeicherten Daten nur dann sinnvoll interpretiert werden, wenn man sie durch Gruppierung und Aggregation verdichtet darstellt. Der Verdichtungsgrad wird bei den SQL-Anfragen durch die **group by**-Klausel gesteuert. Werden mehr Attribute in die **group by**-Klausel aufgenommen, spricht man von einem *drill down*, da dadurch eine weniger starke Verdichtung der Daten stattfindet. Werden weniger Attribute in die **group by**-Klausel aufgenommen spricht man von einem *roll up*, da eine (oder mehrere) Dimensionen des Sternschemas kollabiert werden und demzufolge eine stärkere Verdichtung stattfindet.

Wir wollen dies am Beispiel der Handyverkäufe demonstrieren. In folgender Anfrage werden die Handyverkäufe pro Jahr und Hersteller ermittelt:

select Jahr, Hersteller, **sum**(Anzahl)
from Verkäufe v, Produkte p, Zeit z
where v.Produkt = p.ProduktNr **and** v.VerkDatum = z.Datum
    and p.Produkttyp = 'Handy'
group by p.Hersteller, z.Jahr;

Das Ergebnis dieser Anfrage ist in Abbildung 16.9 links gezeigt. Man beachte, daß zum Beispiel das Tupel [Siemens, 1994, 2000] aus bis zu 2000 Tupeln der Relation *Verkäufe* verdichtet wurde.

Das Weglassen der Hersteller aus der **group by**-Klause (und der **select**-Klausel) stellt ein *roll up* entlang der Dimension p.Hersteller dar und führt zu einer noch stärkeren Verdichtung (also weniger Ergebnistupel):

Handyverkäufe nach Hersteller und Jahr		
Hersteller	Jahr	Anzahl
Siemens	1994	2.000
Siemens	1995	3.000
Siemens	1996	3.500
Motorola	1994	1.000
Motorola	1995	1.000
Motorola	1996	1.500
Bosch	1994	500
Bosch	1995	1.000
Bosch	1996	1.500
Nokia	1994	1.000
Nokia	1995	1.500
Nokia	1996	2.000

Handyverkäufe nach Jahr	
Jahr	Anzahl
1994	4.500
1995	6.500
1996	8.500

Handyverkäufe nach Hersteller	
Hersteller	Anzahl
Siemens	8.500
Motorola	3.500
Bosch	3.000
Nokia	4.500

Abb. 16.9: Analyse der Handyverkaufszahlen nach unterschiedlichen Dimensionen

select Jahr, **sum**(Anzahl)
from Verkäufe v, Produkte p, Zeit z
where v.Produkt = p.ProduktNr **and** v.VerkDatum = z.Datum
        and p.Produkttyp = 'Handy'
group by z.Jahr;

Das Ergebnis dieser Anfrage ist in Abbildung 16.9 rechts oben gezeigt.

Gleichfalls könnte man anstatt entlang der Dimension Hersteller auch entlang der Zeitachse stärker verdichten, um eine Gesamtübersicht über die Verkaufszahlen der einzelnen Handyhersteller zu erhalten. Das Ergebnis einer solchen Anfrage, die wir auslassen, ist in Abbildung 16.9 rechts unten gezeigt.

Die „ultimative" Verdichtung besteht im kompletten Weglassen der **group by**-Klausel:

select sum(Anzahl)
from Verkäufe v, Produkte p
where v.Produkt = p.ProduktNr **and** p.Produkttyp = 'Handy';

Diese Anfrage liefert dann nur noch einen Wert, nämlich 19.500 in unserem Beispiel.

Es sollte an diesen Beispielanfragen illustriert werden, daß die Nutzer von Decision-Support-Systemen sehr flexibel Daten stark verdichtet und dann auch wieder in größerem Detaillierungsgrad darstellen wollen. Die Präsentation unserer Beispieldaten könnte für diese Benutzergruppe in einer Spreadsheet-artigen Form wie in Abbildung 16.10 erfolgen. Man beachte, daß in dieser Darstellung alle Anfrageergebnisse aus Abbildung 16.9 in einer Tabelle (engl. *cross tabulation*) enthalten sind. Man bezeichnet diese Darstellung auch als n-dimensionalen (hier 2-dimensionalen) Datenwürfel oder *data cube* – obwohl Quader präziser wäre.

Hersteller \ Jahr	1994	1995	1996	Σ
Siemens	2.000	3.000	3.500	8.500
Motorola	1.000	1.000	1.500	3.500
Bosch	500	1.000	1.500	3.000
Nokia	1.000	1.500	2.000	4.500
Σ	4.500	6.500	8.500	19.500

Abb. 16.10: Handyverkäufe nach Jahr und Hersteller

16.3.4 Materialisierung von Aggregaten

Es ist natürlich extrem zeitaufwendig die im Datenwürfel enthaltenen Aggregate (also aufsummierten Verkaufszahlen) jedesmal neu zu berechnen. Es empfiehlt sich, solche häufig benötigten Aggregate zu materialisieren, um dann effizient darauf zugreifen zu können – zumal sich die Basisdaten des Data Warehouse, aus denen die Aggregate berechnet werden, nur relativ selten ändern. Ein Vorschlag für die Verwaltung der vorberechneten Aggregate besteht darin, die Aggregate verschiedener Detaillierungsgrade analog zur tabellarischen Darstellung (Abbildung 16.10) in einer Relation abzulegen. Diese Vorgehensweise ist in Abbildung 16.11 links gezeigt.

Die Relationsdefinition und die zugehörige Anfrage zur „Population" der Relation *Handy2DCube* ist nachfolgend gezeigt:

```
create table Handy2DCube
        ( Hersteller varchar(20), Jahr integer, Anzahl integer );

insert into Handy2DCube
    ( select p.Hersteller, z.Jahr, sum(v.Anzahl)
      from Verkäufe v, Produkte p, Zeit z
      where v.Produkt = p.ProduktNr and p.Produkttyp = 'Handy'
            and v.VerkDatum = z.Datum
      group by z.Jahr, p.Hersteller )
    union
    ( select p.Hersteller, to_number(null), sum(v.Anzahl)
      from Verkäufe v, Produkte p
      where v.Produkt = p.ProduktNr and p.Produkttyp = 'Handy'
      group by p.Hersteller )
    union
    ( select null, z.Jahr, sum(v.Anzahl)
      from Verkäufe v, Produkte p, Zeit z
      where v.Produkt = p.ProduktNr and p.Produkttyp = 'Handy'
            and v.VerkDatum = z.Datum
      group by z.Jahr )
    union
    ( select null, to_number(null), sum(v.Anzahl)
      from Verkäufe v, Produkte p
      where v.Produkt = p.ProduktNr and p.Produkttyp = 'Handy' );
```

Handy2DCube		
Hersteller	Jahr	Anzahl
Siemens	1994	2.000
Siemens	1995	3.000
Siemens	1996	3.500
Motorola	1994	1.000
Motorola	1995	1.000
Motorola	1996	1.500
Bosch	1994	500
Bosch	1995	1.000
Bosch	1996	1.500
Nokia	1995	1.000
Nokia	1996	1.500
Nokia	1996	2.000
null	1994	4.500
null	1995	6.500
null	1996	8.500
Siemens	**null**	8.500
Motorola	**null**	3.500
Bosch	**null**	3.000
Nokia	**null**	4.500
null	**null**	19.500

Handy3DCube			
Hersteller	Jahr	Land	Anzahl
Siemens	1994	D	800
Siemens	1994	A	600
Siemens	1994	CH	600
Siemens	1995	D	1.200
Siemens	1995	A	800
Siemens	1995	CH	1.000
Siemens	1996	D	1.400
...	...	...	...
Motorola	1994	D	400
Motorola	1994	A	300
Motorola	1994	CH	300
...	...	...	...
Bosch	...	...	...
...	...	...	...
null	1994	D	...
null	1995	D	...
...	...	...	...
Siemens	**null**	**null**	8.500
...	...	...	...
null	**null**	**null**	19.500

Abb. 16.11: Materialisierung von Aggregaten in einer Relation

Mit dem **null**-Wert wird markiert, daß entlang dieser Dimension die Werte aggregiert wurden. Wir haben hier den **null**-Wert – anstatt eines in der Literatur vorgeschlagenen Werts **all** – genommen, da **null** in den meisten Systemen der einzige Wert ist, der in allen Attributtypen vorhanden ist. Anfragen auf diesen Tabellen müssen mit dem Prädikat „...**is null**" bzw. „...**is not null**" formuliert werden.

Man erkennt, daß es extrem mühsam ist, diese Art von Anfragen zu formulieren, da man bei n (im Beispiel 2) Dimensionen insgesamt 2^n (im Beispiel $2^2 = 4$) Unteranfragen, die mit **union** verbunden werden, benötigt. Die Zahl 2^n kommt dadurch zustande, daß man eine derartige Unteranfrage für jede Teilmenge der n Dimensionen bilden muß. Außerdem sind solche Anfragen extrem zeitaufwendig auszuwerten, da jede Aggregation individuell berechnet wird – obwohl man viele Aggregate aus anderen (noch nicht ganz so stark verdichteten) Aggregaten berechnen könnte. Das ist besonders anschaulich in Abbildung 16.10 zu erkennen: Den aggregierten Wert 19.500 könnte man entweder durch Aufsummieren der rechten Spalte oder durch Aufsummieren der unteren Zeile ermitteln. In unserer Anfrage (letzte Unteranfrage) wird er aber durch Aufsummieren der 19.500 individuellen Handyverkäufe ermittelt – also nicht einmal die Aggregate im Inneren der Tabelle werden herangezogen.

16.3.5 Der cube-Operator

Um beiden Problemen – also der mühsamen Anfrageformulierung und der ineffizienten Auswertung – zu begegnen, wurde vor kurzem ein neuer SQL-Operator namens **cube** vorgeschlagen – und in einigen kommerziellen Systemen schon verfügbar gemacht. Wir wollen diesen Operator an einem dreidimensionalen Beispiel erläutern. Für unser Beispiel wäre ein *drill-down* entlang der zusätzlichen Dimension *Filiale.Land* denkbar, um das Kaufverhalten in den unterschiedlichen Ländern (D, A, CH), in denen unser Handelsunternehmen tätig ist, zu analysieren. Diese Auswertung würde zu einem „echten" 3D-Quader führen, der in Abbildung 16.12 dargestellt ist. Die relationale Repräsentation der materialisierten Aggregate dieses Datenwürfels könnte wie in Abbildung 16.11 rechts erfolgen.

Wollte man die Daten dieser Relation mit (Standard) SQL generieren, müßte man, wie oben ausgeführt, insgesamt $2^3 = 8$ Unteranfragen mit **union** verbinden. Der **cube**-Operator erlaubt eine sehr einfache Formulierung wie folgt:

select p.Hersteller, z.Jahr, f.Land, **sum**(v.Anzahl)
from Verkäufe v, Produkte p, Zeit z, Filialen f
where v.Produkt = p.ProduktNr **and** p.Produkttyp = 'Handy'
    and v.VerkDatum = z.Datum **and** v.Filiale = f.Filialenkennung
group by z.Jahr, p.Hersteller, f.Land **with cube**;

Der **cube**-Operator ermöglicht also zum einen eine einfachere Formulierung derartiger Aggregationen mit *drill-down/roll-up* entlang aller in der **group by**-Klausel angegebenen Dimensionen und zum anderen bietet er dem DBMS einen Ansatz zur Optimierung. Die Aggregation kann so optimiert werden, daß stärker verdichtende Aggregate auf weniger starken aufbauen. Die verschiedenen Aggregationen können in einem Durchgang berechnet werden, so daß die (sehr große) *Verkäufe*-Relation nur einmal eingelesen werden muß.

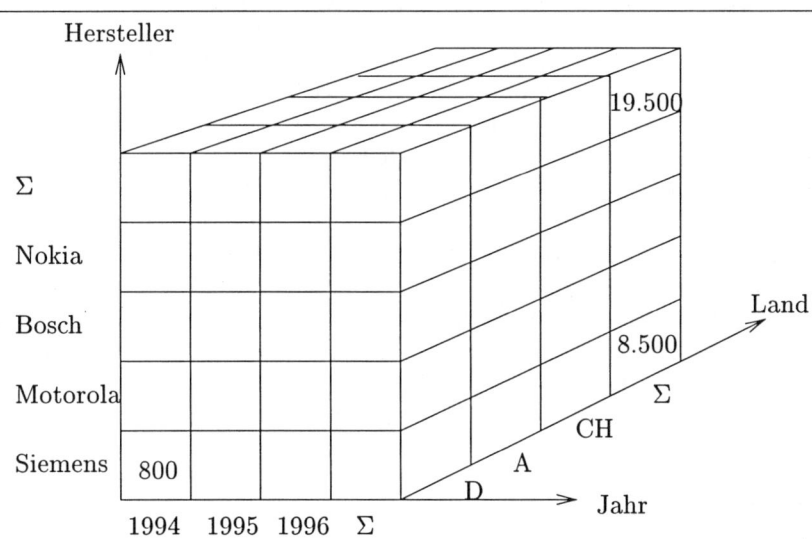

Abb. 16.12: Würfeldarstellung der Handyverkaufszahlen nach Jahr, Hersteller und Land

16.3.6   Data Warehouse-Architekturen

Es gibt zwei konkurrierende Architekturen für Data Warehouse-Systeme:

1. *ROLAP*: Das Data Warehouse-System wird auf der Basis eines relationalen Datenmodells realisiert – das ist die Architektur, die wir in diesem Abschnitt vorausgesetzt haben. Man unterscheidet bei der ROLAP-Realisierung noch zwischen Systemen, die als *front-end* von „normalen" relationalen Datenbanksystemen arbeiten, und dedizierten relationalen Data Warehouse-Systemen, die speziell auf die Bedürfnisse von OLAP-Anwendungen zugeschnitten wurden. Letztere haben den Vorteil, daß sie z.B. spezielle Optimierungstechniken unterstützen können und eine Mehrbenutzersynchronisation mit niedrigem Overhead einbauen können.

2. *MOLAP*: Unter multi-dimensionalen OLAP-Systemen versteht man solche, die die Daten nicht in relationaler Form abspeichern sondern in speziellen mehr-dimensionalen Datenstrukturen. Im einfachsten Fall sind diese Systeme auf der Basis mehrdimensionaler Arrays realisiert. Ein besonderes Problem stellen aber dünn besetzte (engl. *sparse*) Dimensionen dar. Bei der relationalen Modellierung ist das kein Problem, da nur tatsächlich besetzte Einträge im Datenwürfel einen Eintrag (Tupel) in der Faktentabelle haben.

Es ist derzeit nicht absehbar, welche dieser Architekturen sich durchsetzen wird.

16.3.7   Literatur

Colliat (1996) vergleicht ROLAP- und MOLAP-Realisierungen. Es gibt mehrere Textbücher über Data Warehouse-Anwendungen: Z.B. von Kimball (1996), von Kimball und Strehlo (1995) und von Mattison (1996). Wu und Buchmann (1997) geben eine Übersicht über noch offene Forschungsarbeiten in diesem Bereich. Chaudhuri und Dayal (1997) haben ein sehr schönes Tutorial über Data Warehouse-Anwendungen ausgearbeitet. Die Firma Red Brick Inc. (1996) bietet ein relationales Data Warehouse-System an. Graefe und O'Neil (1995) haben eine Optimierungstechnik, basierend auf Bitmap-Indexen, für den Star Join vorgeschlagen. Gray et al. (1996) haben den **cube**-Operator entworfen. Die effiziente Verwaltung von Datenwürfel-Einträgen bei begrenztem Speicherplatz wird von Harinarayan, Rajaraman und Ullman (1996) behandelt. Eine große Anzahl von Forschungspapieren befaßt sich mit der Fortschreibung materialisierter Daten im Data Warehouse, wenn Änderungen (z.B. Auffrischungen) der Daten vorgenommen werden. Hier sei repräsentativ nur auf eine Arbeit von Zhuge et al. (1995) verwiesen.

16.4   Data Mining

Beim sogenannten *Data Mining* geht es darum, große Datenmengen nach (bisher unbekannten) Zusammenhängen zu durchsuchen. Das Gebiet des Data Mining ist im Datenbankbereich relativ neu; die eingesetzten Techniken basieren aber zum Teil auf den im Bereich *Knowledge Discovery* entwickelten Methoden.

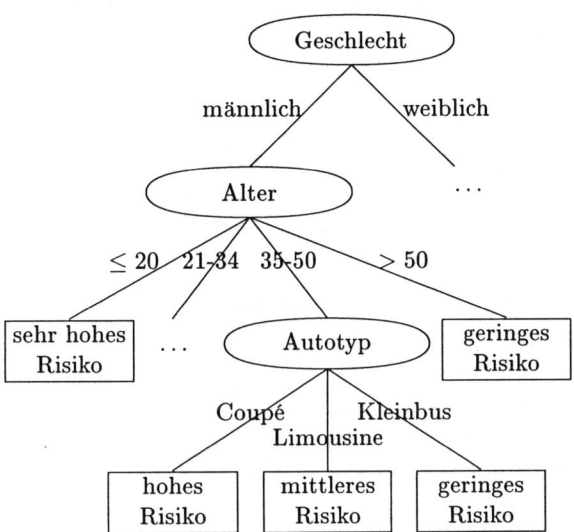

Abb. 16.13: Klassifikationsschema für Haftpflicht-Risikoabschätzung

Man unterscheidet im wesentlichen zwei Zielsetzungen bei der Auswertung von Datenmengen: (1) Die Klassifikation von Objekten und (2) das Finden von Assoziationsregeln.

16.4.1 Klassifikation von Objekten

Das zu lösende Problem besteht meist darin, Vorhersagen über das zukünftige „Verhalten" von Objekten (z.B. Menschen, Aktienkurse, etc.) auf der Basis von bekannten Attributwerten zu machen. Das prototypische Beispiel hierfür ist die Risikoabschätzung von Versicherungspolicen – beispielsweise für Autohaftpflicht- oder Risikolebensversicherungen. Hierbei versucht man die Datenobjekte (hier also Personen) gemäß ihrer Attributwerte zu klassifizieren, um daraus eine möglichst genaue Vorhersage treffen zu können. Für die Risikoabschätzung einer Autohaftpflichtversicherung könnte man beispielsweise folgern, daß Männer zwischen 35 und 50 Jahren, die ein Coupé fahren, in eine hohe Risikogruppe gehören (Typ: Draufgänger in der Midlife-Crisis); wohingegen Männer derselben Altersgruppe, die einen Kleinbus fahren, in eine niedrige Risikogruppe einzuordnen sind (Typ: verantwortungsbewußter Familienvater). Die Klassifikation kann baumartig wie in Abbildung 16.13 dargestellt werden.

Die Klassifikation wird dabei natürlich anhand einer (hoffentlich) repräsentativen Datenmenge verifiziert. In unserem Fall könnte ein Versicherungsunternehmen beispielsweise die Schadensmeldungen des letzten Jahres herangezogen haben, um auf die in Abbildung 16.13 gezeigte Klassifikation der männlichen Personen in die vier Risikogruppen (sehr hoch, hoch, mittel, gering) zu gelangen, indem die durchschnittliche Schadenssumme für die einzelnen Klassifikationsgruppen ermittelt wurde.

Welche Attribute für die Klassifikation herangezogen werden (in unserem Beispiel Geschlecht, Alter und Autotyp) kann zum einen durch den Benutzer gesteuert werden oder aber vollautomatisch – durch „Ausprobieren" – geschehen.

16.4.2 Assoziationsregeln

Bei dieser zweiten Art des Data Mining versucht man Zusammenhänge im Verhalten bestimmter Objekte durch Implikationsregeln auszudrücken. Hier ist die prototypische Beispielanwendung die Beschreibung des Kaufverhaltens von Personen. Die Regeln haben dann (informell) folgende Struktur:

Wenn jemand einen PC kauft **dann** kauft er/sie auch einen Drucker

Wiederum können derartige Assoziationsregeln vom Benutzer dem Data Mining-System zum „Sondieren" übergeben werden oder die Regeln werden automatisch (mehr oder minder zufällig) vom System generiert und überprüft.

Bei der Überprüfung solcher Regeln setzt man i.a. keine „hundertprozentige" Einhaltung voraus. Deshalb unterscheidet man zwei wichtige Kenngrößen, die bei der Auswertung ermittelt werden:

1. *Confidence*: Dieser Wert legt fest, bei welchem Prozentsatz der Datenmenge, bei der die Voraussetzung (linke Seite) erfüllt ist, die Regel (rechte Seite) auch erfüllt ist. Eine *Confidence* von 80% für unsere Beispielregel sagt aus, daß vier Fünftel der Leute, die einen PC gekauft haben, auch einen Drucker dazu gekauft haben.

2. *Support*: Dieser Wert legt fest, wieviele Datensätze überhaupt gefunden wurden, um die Gültigkeit der Regel zu verifizieren. Bei einem *Support* von 1% wäre also jeder Hunderste Verkauf ein PC zusammen mit einem Drucker.

Derartige Regeln können von der Unternehmensführung verwendet werden, um gezielte Verkaufsförderungsmaßnahmen durchführen zu können. Aus unserer Beispielregel könnte ein Unternehmen beispielsweise die Verkaufsstrategie ableiten, PCs zu Sonderpreisen anzubieten, um beim Verkauf der Drucker den Gewinn zu machen.

Ein weiteres anekdotisches Beispiel wurde in den USA berichtet: Bei der Auswertung von Supermarkteinkäufen wurde festgestellt, daß oft im selben Einkaufswagen Vanille-Eiscrème und Schokoladenkekse gefunden werden. Aus dieser Erkenntnis wurde die Wirtschaftlichkeit einer neuen Eiscremekreation „cookie and cream" (Schokoladenkekse in Vanilleeis) abgeleitet. Es bleibt abzuwarten, welche neue Produktidee aus der Regel „Wer Bier kauft, kauft auch Kartoffelchips" abgeleitet wird.

16.4.3 Literatur

Kersten et al. (1997) haben einen Überblick über Data Mining gegeben. Keim und Kriegel (1996) behandeln den Ansatz, durch Visualisierung Zusammenhänge (Regeln), die in einer Datenmenge erfüllt sind, aufzudecken. Fayyad und Uthurusamy (1996) geben eine Einführung für eine Reihe von Artikeln über Data Mining, die in derselben Ausgabe der Zeitschrift *Communications of the ACM* erschienen sind. Agrawal, Imielinski und Swami (1993) behandeln das „Aufspüren" von Assoziationsregeln in großen Datenmengen. Diese Arbeiten wurden im Rahmen des Quest-Projekts – einem der bekannteren Data Mining Projekte – bei IBM gemacht.

Literaturverzeichnis

Abiteboul, S. und R. Hull (1987). *IFO: A Formal Semantic Database Model.* ACM Trans. on Database Systems, 12(4):525–565.

Abiteboul, S., R. Hull und V. Vianu (1995). *Foundations of Databases.* Addison-Wesley, Reading, MA, USA.

Agrawal, R., T. Imielinski und A. Swami (1993). *Mining Association Rules between Sets of Items in Large Databases.* In: *Proc. of the ACM SIGMOD Conf. on Management of Data*, S. 207–216, Washington, DC, USA.

Ahn, I. (1993). *Filtered Hashing.* In: *Proc. of the Intl. Conf. on Foundations of Data Organization and Algorithms (FODO)*, Bd. 730 d. Reihe *Lecture Notes in Computer Science (LNCS)*, S. 85–100, Chicago, IL. Springer-Verlag.

Alonso, G., C. Hagen, H.-J. Schek und M. Tresch (1997). *Distributed Processing over Stand-alone Systems and Applications.* In: *Proc. of the Conf. on Very Large Data Bases (VLDB)*, S. 575–579, Athens, Greece.

Alonso, G., R. Vingralek, D. Agrawal, Y. Breitbart, A. E. Abbadi, H. J. Schek und G. Weikum (1994). *A Unified Approach to Concurrency Control and Transaction Recovery.* In: *Proc. of the Intl. Conf. on Extending Database Technology (EDBT)*, Bd. 779 d. Reihe *Lecture Notes in Computer Science (LNCS)*, S. 123–130, Cambridge, United Kingdom. Springer-Verlag.

ANSI (1986). *Database Language SQL.* Document ANSI X3.135. Also available as: International Standards Organization Document ISO/TC 97/SC 21/WG 3 N 117.

ANSI (1992). *Database Language SQL.* Document ANSI X3.135-1992. Also available as: International Standards Organization Document ISO/IEC 9075:1992.

Armstrong, W. W. (1974). *Dependency Structures of Data Base Relationships.* In: *Proc. IFIP Congress*, S. 580–583, Amsterdam. North-Holland Publishing Company.

ASSOCIATION FOR COMPUTING MACHINERY (1991). *Special Issue on OODBMS.* Communications of ACM, Vol 34, No 10.

Astrahan, M. M., M. W. Blasgen, D. D. Chamberlin, K. P. Eswaran, J. Gray, P. P. Griffiths, W. F. King, R. A. Lorie, P. R. McJones, J. W. Mehl, G. R. Putzolu, I. L. Traiger, B. W. Wade und V. Watson (1976). *System R: A Relational Approach to Data.* ACM Trans. on Database Systems, 1(2):97–137.

Atkinson, M., F. Bancilhon, D. J. DeWitt, K. R. Dittrich, D. Maier und S. Zdonik (1989). *The Object-Oriented Database System Manifesto.* In: *Proc. of the Conf. on Deductive and Object-Oriented Databases (DOOD)*, S. 40–57, Kyoto, Japan.

Bancilhon, F., C. Delobel und P. Kanellakis (1992). *Building an Object-Oriented Database System – The Story of O_2*. Morgan-Kaufmann Publishers, San Mateo, CA, USA.

Bancilhon, F., D. Maier, Y. Sagiv und J. D. Ullman (1986). *Magic sets and other strange ways to implement logic programs*. In: *Proc. ACM SIGMOD/SIGACT Conf. on Princ. of Database Syst. (PODS)*, S. 1–15.

Bancilhon, F. und R. Ramakrishnan (1986). *An amateur's introduction to recursive query-processing strategies*. In: *Proc. of the ACM SIGMOD Conf. on Management of Data*, S. 16–52, Washington, USA.

Batini, C., S. Ceri und S. B. Navathe (1992). *Conceptual Database Design: An Entity-Relationship Approach*. Benjamin/Cummings, Redwood City, CA, USA.

Batory, D. S. und A. P. Buchmann (1984). *Molecular Objects, Abstract Data Types, and Data Models: A Framework*. In: *Proc. of the Conf. on Very Large Data Bases (VLDB)*, S. 172–184, Singapore, Singapore.

Bayer, R. (1985). *Query evaluation and recursion in deductive database systems*. Unpublished Memorandum, Technische Universität München.

Bayer, R. (1994). *Plädoyer für eine Nationale Informations-Infrastruktur*. Informatik-Spektrum der GI, 17(5):302–308.

Bayer, R., K. Elhardt, W. Kießling und D. Killar (1984). *Verteilte Datenbanksysteme: Eine Übersicht über den heutigen Entwicklungsstand*. Informatik-Spektrum der GI, 7(1):1–19.

Bayer, R., U. Güntzer und W. Kießling (1987). *On the Evaluation of Recursion in (Deductive) Database Systems by Efficient Differential Fixpoint Iteration*. In: *Proc. IEEE Conf. on Data Engineering*, S. 120–129, Los Angeles, CA, USA.

Bayer, R., U. Güntzer, W. Kießling, W. Strauß und J. K. Obermaier (1987). *Deduktions- und Datenbankunterstützung für Expertensysteme*. In: *Proc. GI-Fachtagung, Datenbanksysteme in Büro, Technik und Wissenschaft (BTW)*, Informatik Fachberichte Nr. 136, S. 1–16, Darmstadt. Springer-Verlag.

Bayer, R., T. Härder und P. C. Lockemann, Hrsg. (1992). *Objektbanken für Experten*. Reihe *Informatik aktuell*. Springer-Verlag, New York, Berlin, etc.

Bayer, R. und E. M. McCreight (1972). *Organization and Maintenance of Large Ordered Indices*. Acta Informatica, 1(3):173–189.

Bayer, R. und M. Schkolnick (1977). *Concurrency of Operations on B-trees*. Acta Informatica, 9(1):1–21.

Becker, L. und R. H. Güting (1992). *Rule-Based Optimization and Query Processing in an Extensible Geometric Database System*. ACM Trans. on Database Systems, 17(2):247–303.

Beckmann, N., H.-P. Kriegel, R. Schneider und B. Seeger (1990). *The R*-Tree: An Efficient and Robust Access Method for Points and Rectangles*. In: *Proc. of the ACM SIGMOD Conf. on Management of Data*, S. 322–331, Atlantic City, USA.

Bell, D. und J. Grimson (1992). *Distributed Database Systems*. Addison-Wesley, Reading, MA, USA.

Berchtold, S., C. Böhm, B. Braunmüller, D. A. Keim und H.-P. Kriegel (1997). *Fast Parallel Similarity Search in Multimedia Databases*. In: *Proc. of the ACM SIGMOD Conf. on Management of Data*, S. 1–12, Tucson, AZ, USA.

Berenson, H., P. A. Bernstein, J. Gray, J. Melton, E. O'Neil und P. O'Neil (1995). *A Critique of ANSI SQL Isolation Levels*. In: *Proc. of the ACM SIGMOD Conf. on Management of Data*, S. 1–10, San Jose, CA, USA.

Bernstein, P. A. und N. Goodman (1981). *Concurrency Control in Distributed Database Systems*. ACM Computing Surveys, 13(2):185–221.

Bernstein, P. A., V. Hadzilacos und N. Goodman (1987). *Concurrency Control and Recovery in Database Systems*. Addison-Wesley, Reading, MA, USA.

Bernstein, P. A. und E. Newcomer (1997). *Principles of Transaction Processing*. Morgan-Kaufmann Publishers, San Mateo, CA, USA.

Bertino, E. (1993). *A Survey of Indexing Techniques for Object-Oriented Database Management Systems*. In: Freytag, J. C., D. Maier und G. Vossen, Hrsg.: *Query Processing for Advanced Database Systems*, S. 383–418. Morgan-Kaufmann Publishers, San Mateo, CA, USA.

Beuter, T. und P. Dadam (1996). *Prinzipien der Replikationskontrolle in verteilten Datenbanksystemen*. Informatik: Forschung und Entwicklung, 11(4):203–212.

Biskup, J. (1995). *Grundlagen von Informationssystemen*. Vieweg, Braunschweig/Wiesbaden.

Biskup, J. und H. H. Brüggemann (1991). *Das datenschutzorientierte Informationssystem DORIS: Stand der Entwicklung und Ausblick*. In: *Proc. 2. GI Fachtagung Verläßliche Informationssysteme*, IFB 271. Springer-Verlag.

Biskup, J. und B. Convent (1986). *A formal view integration method*. In: *Proc. of the ACM SIGMOD Conf. on Management of Data*, S. 398–407, Washington, USA.

Biskup, J., U. Dayal und P. A. Bernstein (1979). *Synthesizing Independent Database Schemas*. In: *Proc. of the ACM SIGMOD Conf. on Management of Data*, S. 143 – 152, Boston, USA.

Bobrowski, S. (1992). *ORACLE7 Server – Concepts Manual*. Oracle Corporation, Redwood Shores, CA, USA.

Bocca, J. (1986). *EDUCE: a marriage of convenience: Prolog and a Relational Database*. In: *Proc. of the Symp. on Logic Programming*, S. 36–45, New York. IEEE.

Booch, G. (1991). *Object-Oriented Design with Applications*. Benjamin/Cummings, Redwood City, CA, USA.

Booch, G. (1994). *Object-Oriented Analysis and Design*. Benjamin/Cummings, Redwood City, CA, USA.

Bosworth, B. (1982). *Codes, Ciphers and Computers*. Hayden Book Company, Inc., Rochelle Park, NJ, USA.

Brass, S. (1995). *Magic Sets vs. SLD-Resolution*. In: Eder, J. und L. A. Kalinichenko, Hrsg.: *Advances in Databases and Information Systems (ADBIS'95)*, S. 185–203. Springer.

Brass, S. (1996). *SLDMagic — An Improved Magic Set Technique*. In: Novikov, B. und J. W. Schmidt, Hrsg.: *Advances in Databases and Information Systems — ADBIS'96*, S. 75–83, Moscow. MEPhI Publishing. Also published in: Springer Workshops in Computing (1997).

Brass, S. und U. Lipeck (1992). *Generalized Bottom-Up Query Evaluation*. In: *Proc. of the Intl. Conf. on Extending Database Technology (EDBT)*, Bd. 580 d. Reihe *Lecture Notes in Computer Science (LNCS)*, S. 88–103, Vienna, Austria. Springer-Verlag.

Brodie, M. L. und M. Stonebraker (1995). *Migrating Legacy Systems: The Incremental Strategy – Gateways, Interfaces, and the Incremental Approach*. Morgan-Kaufmann Publishers, San Mateo, CA, USA.

Bry, F. (1990). *Query evaluation in recursive databases: Bottom-up and top-down reconciled*. Data & Knowledge Engineering, 5:289–312.

Bry, F., H. Decker und R. Manthey (1988). *A Uniform Approach to Constraint Satisfaction and Constraint Satisfiability in Deductive Databases*. In: *Proc. of the Intl. Conf. on Extending Database Technology (EDBT)*, Bd. 303 d. Reihe *Lecture Notes in Computer Science (LNCS)*, New York, Berlin, etc. Springer-Verlag.

Bry, F. und D. Seipel (1996). *Deduktive Datenbanken - das aktuelle Schlagwort*. Informatik Spektrum, 19(4):214–215.

Buchmann, A. P., J. Zimmermann, J. A. Blakeley und D. L. Wells (1995). *Building an Integrated Active OODBMS: Requirements, Architecture, and Design Decisions*. In: *Proc. IEEE Conf. on Data Engineering*, Taipeh, Taiwan.

Buck-Emden, R. und J. Galimow (1996). *Die Client/Server-Technologie des SAP-Systems R/3*. Addison-Wesley, Reading, MA, USA, 3. Auflage

Carey, M. J., D. J. DeWitt und J. F. Naughton (1993). *The OO7 Benchmark*. In: *Proc. of the ACM SIGMOD Conf. on Management of Data*, S. 12–21, Washington, DC, USA.

Carey, M. J., D. J. DeWitt, J. F. Naughton, M. Asgarian, J. Gehrke und D. Shah (1997). *The BUCKY Object-Relational Benchmark*. In: *Proc. of the ACM SIGMOD Conf. on Management of Data*, S. 135–146, Tucson, AZ, USA.

Carey, M. J. und D. Kossmann (1997). *On Saying "Enough Already!" in SQL*. In: *Proc. of the ACM SIGMOD Conf. on Management of Data*, S. 219–230, Tucson, AZ, USA.

Casanova, M. A. und L. Tucherman (1988). *Enforcing Inclusion Dependencies and Referential Integrity*. In: *Proc. of the Conf. on Very Large Data Bases (VLDB)*, S. 38–49, Los Angeles, USA.

Castano, S., M. G. Fugini, G. Martella und P. Samarati (1995). *Database Security*. ACM Press. Addison-Wesley, Reading, MA, USA.

Cattell, R., D. Barry, D. Bartels, M. Berler, J. Eastman, S. Gamerman, D. Jordan, A. Springer, H. Strickland und D. Wade (1997). *The Object Database Standard: ODMG 2.0*. The Morgan Kaufmann Series in Data Management System. Morgan-Kaufmann Publishers, San Mateo, CA, USA.

Cattell, R. und J. Skeen (1992). *Object Operations Benchmark*. ACM Trans. on Database Systems, 17:1–31.

Celko, J. (1995). *SQL for Smarties: Advanced SQL Programming*. Morgan-Kaufmann Publishers, San Mateo, CA, USA.

Ceri, S. und G. Gottlob (1985). *Translating SQL into relational algebra: Optimization, semantics, and equivalence of SQL queries*. IEEE Trans. Software Eng., 11:324–345.

Ceri, S., G. Gottlob und L. Tanca (1989). *What you always wanted to know about Datalog (and never dared to ask)*. IEEE Trans. Knowledge and Data Engineering, 1:146–166.

Ceri, S., G. Gottlob und L. Tanca (1990). *Logic Programming and Databases*. Springer-Verlag, New York, Berlin, etc.

Ceri, S., S. B. Navathe und G. Wiederhold (1983). *Distribution Design of Logical Database Schemas*. IEEE Trans. Software Eng., 9(4):487–504.

Ceri, S. und G. Pelagatti (1984). *Distributed Databases – Principles and Systems*. McGraw-Hill, Inc., New York, San Francisco, Washington, D.C.

Chamberlin, D. (1996). *Using the New DB2: IBM's Object-Relational Database System*. Morgan-Kaufmann Publishers, San Mateo, CA, USA.

Chamberlin, D. D. und R. F. Boyce (1974). *Sequel: A Structured English Query Language*. In: *Proc. ACM SIGMOD Workshop on Data Description, Access and Control*, Ann Arbor, Mich.

Chandra, A. K. und D. Harel (1982). *Structure and complexity of relational queries*. Journal Computer and System Sciences, 25(1):99–128.

Chang, S. K. und W. H. Cheng (1980). *A Methodology for Structured Database Decomposition*. IEEE Trans. Software Eng., 6(2):205–218.

Chaudhuri, S. und U. Dayal (1997). *An Overview of Data Warehousing and OLAP Technology*. ACM SIGMOD Record, 26(1):65–74.

Chen, P. M., E. K. Lee, G. A. Gibson, R. H. Katz und D. A. Patterson (1994). *RAID: High-Performance, Reliable Secondary Storage*. ACM Computing Surveys, 26(2):145–185.

Chen, P. P. S. (1976). *The Entity Relationship model: Toward a unified view of data*. ACM Trans. on Database Systems, 1(1):9–36.

Christodoulakis, S. (1983). *Estimating Record Selectivities*. Information Systems, 8(2):105–115.

Claussen, J., A. Kemper, G. Moerkotte und K. Peithner (1997). *Optimizing Queries with Universal Quantification in Object-Oriented and Object-Relational Databases*. In: *Proc. of the Conf. on Very Large Data Bases (VLDB)*, S. 286–295, Athens, Greece.

Clocksin, W. F. und C. S. Mellish (1994). *Programming in Prolog*. Springer-Verlag, New York, Berlin, etc., 4. Auflage

Cluet, S. und G. Moerkotte (1995). *On the Complexity of Generating Optimal Left-Deep Processing Trees with Cross Products*. In: *Proc. of the Intl. Conf. on Database Theory (ICDT)*, S. 54–67.

Codd, E. F. (1970). *A relational model for large shared data banks*. Communications of the ACM, 13(6):377–387.

Codd, E. F. (1972a). *Further Normalization of the Data Base Relational Model*. In: Rustin, R., Hrsg.: *Database Systems*, S. 33–64. Prentice Hall, Englewood Cliffs, NJ, USA.

Codd, E. F. (1972b). *Relational Completeness of Data Base Sublanguages*. In: Rustin, R., Hrsg.: *Database Systems*, S. 65–98. Prentice Hall, Englewood Cliffs, NJ, USA.

Colliat, G. (1996). *OLAP, Relational, and Multidimensional Database Systems*. ACM SIGMOD Record, 25(3):64–69.

Comer, D. (1979). *The ubiquitous B-tree*. ACM Computing Surveys, 11(2):121–137.

Copeland, G. und D. Maier (1984). *Making Smalltalk a Database System*. In: *Proc. of the ACM SIGMOD Conf. on Management of Data*, S. 316–325, Boston, USA.

Cox, B. J. (1986). *Object Oriented Programming: An Evolutionary Approach*. Addison-Wesley, Reading, MA, USA.

Cremers, A. B., U. Griefahn und R. Hinze (1994). *Deduktive Datenbanken – Eine Einführung aus der Sicht der logischen Programmierung*. Verlag Vieweg, Braunschweig/Wiesbaden.

Dadam, P. (1996). *Verteilte Datenbanken und Client/Server-Systeme.* Springer-Verlag, New York, Berlin, etc.

Dadam, P., K. Küspert, F. Andersen, H. Blanken, R. Erbe, J. Günauer, V. Lum, P. Pistor und G. Walch (1986). *A DBMS Prototype to Support Extended NF² relations: An integrated View on Flat Tables and Hierarchies.* In: *Proc. of the ACM SIGMOD Conf. on Management of Data*, S. 376–387, Washington, DC.

Dadam, P. und G. Schlageter (1980). *Recovery in Distributed Databases Based on Non-Synchronized Local Checkpoints.* In: *Information Processing 80*, Amsterdam. North-Holland Publishing Company.

Dahl, O. J., B. Myrhaug und K. Nygaard (1970). *Simula 67: Common Base Language.* Publication NS 22, Norsk Regnesentral (Norwegian Computing Center), Oslo, Norway.

Date, C. J. (1981). *Referential Integrity.* In: *Proc. of the Conf. on Very Large Data Bases (VLDB)*, S. 2–12, Cannes, France.

Date, C. J. (1995). *An Introduction to Database Systems.* Addison-Wesley, Reading, MA, USA, 6. Auflage

Date, C. J. (1997). *A Guide to the SQL Standard.* Addison-Wesley, Reading, MA, USA, 4. Auflage

Dittrich, K. R., W. Gotthard und P. C. Lockemann (1987). *DAMOKLES: A Database System for Software Engineering Applications.* In: *Lecture Notes in Computer Science No. 244*, S. 353–371. Springer-Verlag.

Doppelhammer, J., T. Höppler, A. Kemper und D. Kossmann (1997). *Database Performance in the Real World: TPC-D and SAP R/3.* In: *Proc. of the ACM SIGMOD Conf. on Management of Data*, S. 123–134, Tucson, AZ, USA.

Dürr, M. und K. Radermacher (1990). *Einsatz von Datenbanksystemen.* Informationstechnik und Datenverarbeitung. Springer-Verlag, New York, Berlin, etc.

Effelsberg, W. und T. Härder (1984). *Principles of Database Buffer Management.* ACM Trans. on Database Systems, 9(4):560–595.

Eickler, A., C. A. Gerlhof und D. Kossmann (1995). *A Performance Evaluation of OID Mapping Techniques.* In: *Proc. of the Conf. on Very Large Data Bases (VLDB)*, S. 18–29, Zürich, Switzerland.

Eickler, A., A. Kemper und D. Kossmann (1997). *Finding Data in the Neighborhood.* In: *Proc. of the Conf. on Very Large Data Bases (VLDB)*, S. 336–345, Athens, Greece.

Elhardt, K. und R. Bayer (1984). *A Database Cache for High Performance and Fast Restart in Database Systems.* ACM Trans. on Database Systems, 9(4):503–525.

Elmagarmid, A. K., Hrsg. (1992). *Database Transaction Models For Advanced Applications*. The Morgan Kaufmann Series in Data Management Systems. Morgan-Kaufmann Publishers, San Mateo, CA, USA.

Elmasri, E. und S. B. Navathe (1994). *Fundamentals of Database Systems*. Benjamin/Cummings, Redwood City, CA, USA, 2. Auflage

Eswaran, K. P., J. Gray, R. A. Lorie und I. L. Traiger (1976). *On the Notion of Consistency and Predicate Locks in a Relational Database System*. Communications of the ACM, 19(11):624–633.

Fagin, R. (1977). *Multivalued Dependencies and a New Normal Form for Relational Databases*. ACM Trans. on Database Systems, 2(3):262–278.

Fagin, R., J. Nievergelt, J. Pippenger und H. Strong (1979). *Extendible Hashing—A fast access method for dynamic files*. ACM Trans. on Database Systems, 4(3):315–344.

Fayyad, U. M. und R. Uthurusamy (1996). *Data Mining and Knowledge Discovery in Databases (Introduction to the Special Section)*. Communications of the ACM, 39(11):24–26.

Fernandez, E. B., E. Gudes und H. Song (1994). *A Model for Evaluation and Administration of Security in Object-Oriented Databases*. IEEE Trans. Knowledge and Data Engineering, 6(2):275–292.

Foley, J. D. und A. van Dam (1983). *Fundamentals of Interactive Computer Graphics*. Addison-Wesley, Reading, MA, USA.

Franklin, M. J., B. Jonsson und D. Kossmann (1996). *Performance Tradeoffs for Client-Server Query Processing*. In: *Proc. of the ACM SIGMOD Conf. on Management of Data*, S. 149–160, Montreal, Canada.

Franklin, M. J., M. J. Zwilling, C. K. Tan, M. J. Carey und D. J. DeWitt (1992). *Crash Recovery in Client-Server EXODUS*. In: *Proc. of the ACM SIGMOD Conf. on Management of Data*, S. 165–174, San Diego, USA.

Freitag, B., H. Schütz und G. Specht (1991). *LOLA: A logic language for deductive databases and its implementation*. In: *Proc. of the Second Intl. Symp. for Advanced Applications, (DASFAA)*, Tokyo.

Freytag, J. C. (1987). *A rule-based view of query optimization*. In: *Proc. of the ACM SIGMOD Conf. on Management of Data*, S. 173–180, San Francisco, USA.

Freytag, J. C., D. Maier und G. Vossen, Hrsg. (1994). *Query Processing for Advanced Database Systems*. Morgan-Kaufmann Publishers, San Mateo, CA, USA.

Gallaire, H. und J. Minker, Hrsg. (1978). *Logic and Databases*. Plenum Publishing Co., New York, NY.

Gallaire, H., J. Minker und J.-M. Nicolas, Hrsg. (1981). *Advances in Database Theory*, Bd. I. Plenum Publishing Co., New York, NY.

Gatziu, S., A. Geppert und K. R. Dittrich (1991). *Integrating Active Concepts into an Object-Oriented Database System*. In: *Proc. of the 3. Intl. Workshop on Database Programming Languages*, Nafplion, Greece.

Geppert, A. (1997). *Objektorientierte Datenbanksysteme: Ein Praktikum*. dpunkt Verlag, Heidelberg.

Gerlhof, C. A., A. Kemper, C. Kilger und G. Moerkotte (1993). *Partition-Based Clustering in Object Bases: From Theory to Practice*. In: *Proc. of the Intl. Conf. on Foundations of Data Organization and Algorithms (FODO)*, Bd. 730 d. Reihe *Lecture Notes in Computer Science (LNCS)*, S. 301–316, Chicago, IL. Springer-Verlag.

Gertz, M. und U. Lipeck (1996). *Deriving Optimized Integrity Monitoring Triggers from Dynamic Integrity Constraints*. Data & Knowledge Engineering, 20(2):163–193.

Goldberg, A. und D. Robson (1983). *Smalltalk-80: The Language and its Implementation*. Addison-Wesley, Reading, MA, USA.

Goldman, K. J. und N. Lynch (1994). *Quorum Consensus in Nested Transaction Systems*. ACM Trans. on Database Systems, 19(4):537–585.

Gottlob, G., G. Kappel und M. Schrefl (1990). *Semantics of Object-Oriented Data Models – The Evolving Algebra Approach*. In: Schmidt, J. W. und A. A. Stogny, Hrsg.: *First International East/West Database Workshop*, Nr. 504 in *Lecture Notes in Computer Science (LNCS)*, S. 144–160, Kie, UDSSR. Springer-Verlag.

Gottlob, G., P. Paolini und R. Zicari (1988). *Properties and Update Semantics of Consistent Views*. ACM Trans. on Database Systems, 13(4):486–524.

Graefe, G. (1993). *Query Evaluation Techniques for Large Databases*. ACM Computing Surveys, 25(2):73–170.

Graefe, G. und D. J. DeWitt (1987). *The EXODUS Optimizer Generator*. In: *Proc. of the ACM SIGMOD Conf. on Management of Data*, S. 160–172, San Francisco, USA.

Graefe, G. und W. J. McKenna (1993). *The Volcano Optimizer Generator: Extensibility and Efficient Search*. In: *Proc. IEEE Conf. on Data Engineering*, S. 209–218, Vienna, Austria.

Graefe, G. und P. O'Neil (1995). *Multi-Table Joins Through Bitmapped Join Indice*. ACM SIGMOD Record, 24(3):8–11.

Gray, J. (1978). *Notes on Database Operating Systems*, Bd. 60 d. Reihe *Lecture Notes in Computer Science*, Kap. 3.F, S. 393–481. Springer.

Gray, J. (1981). *The Transaction Concept: Virtues and Limitations*. In: *Proc. of the Conf. on Very Large Data Bases (VLDB)*, S. 144–154, Cannes, France.

Gray, J. (1993). *The Benchmark Handbook for Database and Transaction Processing Systems*. Morgan-Kaufmann Publishers, San Mateo, CA, USA, 2. Auflage

Gray, J., A. Bosworth, A. Layman und H. Pirahesh (1996). *Data Cube: A Relational Aggregation Operator Generalizing Group-By, Cross-Tab, and Sub-Total.* In: *Proc. IEEE Conf. on Data Engineering*, S. 152–159, New Orleans, LA, USA.

Gray, J., R. A. Lorie und G. R. Putzolu (1975). *Granularity of Locks in a Large Shared Database.* In: *Proc. of the Conf. on Very Large Data Bases (VLDB)*, S. 428–451, Framingham, MA, USA.

Gray, J., P. R. McJones, M. W. Blasgen, B. Lindsay, R. A. Lorie, T. G. Price, G. R. Putzolu und I. L. Traiger (1981). *The Recovery Manager of the System R Database Manager.* ACM Computing Surveys, 13(2):223–242.

Gray, J. und A. Reuter (1993). *Transaction Processing: Concepts and Techniques.* Morgan-Kaufmann Publishers, San Mateo, CA, USA.

Grust, T., J. Kröger, D. Gluche, A. Heuer und M. H. Scholl (1997). *Query Evaluation in CROQUE – Calculus and Algebra Coincide.* In: *In Proc. British National Conference on Databases (BNCOD)*, London, UK.

Günther, O. und H.-J. Schek, Hrsg. (1991). *Advances in Spatial Databases.* Nr. 525 in *Lecture Notes in Computer Science (LNCS)*. Springer-Verlag, New York, Berlin, etc.

Güting, R. H. (1992). *Datenstrukturen und Algorithmen.* Leitfäden und Monographien der Informatik. Teubner, Stuttgart.

Guttman, A. (1984). *A Dynamic Index Structure for Spatial Searching.* In: *Proc. of the ACM SIGMOD Conf. on Management of Data*, S. 47–57, Boston, USA.

Haas, L. M., W. Chang, G. M. Lohman, J. McPherson, P. F. Wilms, G. Lapis, B. Lindsay, H. Pirahesh, M. J. Carey und E. Shekita (1990). *Starburst Mid-Flight: As the Dust Clears.* IEEE Transactions on Knowledge and Data Engineering, 2(1):143–160.

Haas, L. M., D. Kossmann, E. L. Wimmers und J. Yang (1997). *Optimizing Queries Across Diverse Data Sources.* In: *Proc. of the Conf. on Very Large Data Bases (VLDB)*, S. 276–285, Athens, Greece.

Hammer, M. und D. McLeod (1981). *Database Description with SDM: A Semantic Database Model.* ACM Trans. on Database Systems, 6(3):351–386.

Härder, T. (1984). *Observations on Optimistic Concurrency Control Schemes.* Information Systems, 9:111–120.

Härder, T. und A. Reuter (1983). *Principles of Transaction-Oriented Database Recovery.* ACM Computing Surveys, 15(4):287–317.

Härder, T. und K. Rothermel (1987). *Concepts for Transaction Recovery in nested transactions.* In: *Proc. of the ACM SIGMOD Conf. on Management of Data*, S. 239–248, San Francisco, USA.

Harinarayan, V., A. Rajaraman und J. D. Ullman (1996). *Implementing Data Cubes Efficiently*. In: *Proc. of the ACM SIGMOD Conf. on Management of Data*, S. 205–216, Montreal, Canada.

Hartel, P., G. Denker, M. Kowsari, M. Krone und H.-D. Ehrich (1997). *Information systems modelling with TROLL formal methods at work*. Information Systems, 22(2):79 – 99.

Hartmann, T., R. Jungclaus, G. Saake und H.-D. Ehrich (1992). *Spezifikation von Objektsystemen*. In: Bayer, Härder und Lockemann (1992), S. 220–242.

Helman, P. (1994). *The Science of Database Management*. R. D. Irwin, Inc.

Helmer, S. und G. Moerkotte (1997). *Evaluation of Main Memory Join Algorithms for Joins with Subset Join Predicates*. In: *Proc. of the Conf. on Very Large Data Bases (VLDB)*, S. 386–395, Athens, Greece.

Henrich, A., H.-W. Six und P. Widmayer (1989). *The LSD' Tree: Spatial Access to Multidimensional Point and Non-Point Objects*. In: *Proc. of the Conf. on Very Large Data Bases (VLDB)*, S. 45–53, Amsterdam, Netherlands.

Herlihy, M. P. (1986). *A Quorum-Consensus Replication Method for Abstract Data Types*. ACM Trans. Comp. Syst., 4(1).

Heuer, A. (1992). *Objektorientierte Datenbanken*. Addison-Wesley, Reading, MA, USA.

Heuer, A. und G. Saake (1995). *Datenbanken - Konzepte und Sprachen*. International Thomson Publishing Company, Bonn, Albany.

Hinrichs, K. (1985). *The grid file system: implementation and case studies of application*. Dissertation, ETH Zürich, Switzerland. Nr. 7734.

Hohenstein, U. und G. Engels (1992). *QL/EER - syntax and semantics of an Entity-Relationship-based query language*. Information Systems, 17(3):209–242.

Hohenstein, U., R. Lauffer, K.-D. Schmatz und P. Weikert (1996). *Objektorientierte Datenbanksysteme: ODMG-Standard, Produkte, Systembewertung, Benchmarks, Tuning*. Vieweg, Braunschweig/Wiesbaden.

Hohenstein, U., V. Pleßer und R. Heller (1997). *Eine Evaluierung der Performanz objektorientierter Datenbanksysteme für eine konkrete Applikation*. In: Dittrich, K. R. und A. Geppert, Hrsg.: *Proc. GI Konferenz Datenbanken für Büro, Technik und Wissenschaft (BTW)*, Informatik aktuell, S. 221–240, New York, Berlin, etc. Springer-Verlag.

Hull, R. und R. King (1987). *Semantic Database Modeling: Survey, Applications, and Research Issues*. ACM Computing Surveys, 19(3):201–260.

Ibaraki, T. und T. Kameda (1984). *Optimal nesting for computing N-relational joins*. ACM Trans. on Database Systems, 9(3):482–502.

Ioannidis, Y. E. und E. Wong (1987). *Query Optimization by Simulated Annealing.* In: *Proc. of the ACM SIGMOD Conf. on Management of Data*, S. 9–22, San Francisco, USA.

Jablonski, S., T. Ruf und H. Wedekind (1990). *Implementation of a Distributed Data Management System for Technical Applications—A Feasibility Study.* Information Systems, 15(2):247–256.

Jarke, M., J. Clifford und Y. Vassiliou (1986). *An optimizing Prolog front end to a relational query system.* In: *Proc. of the ACM SIGMOD Conf. on Management of Data*, S. 296–306, Washington, USA.

Jarke, M., R. Gallersdörfer, M. A. Jeusfeld und M. Staudt (1995). *ConceptBase – A Deductive Object Base for Meta Data Management.* Journal of Intelligent Information Systems (JIIS), 4(2):167–192.

Jarke, M. und J. Koch (1984). *Query optimization in database systems.* ACM Computing Surveys, 16(2):111–152.

Johnson, T. und D. Shasha (1994). *2Q: a low overhead high performance buffer management replacement algorithm.* In: *Proc. of the Conf. on Very Large Data Bases (VLDB)*, S. 439–450, Santiago, Chile.

Kandzia, P. und H.-J. Klein (1993). *Theoretische Grundlagen relationaler Datenbanksysteme.* BI-Wissenschaftsverlag, Mannheim.

Kappel, G. und M. Schrefl (1988). *A Behavior-Integrated Entity-Relationship Approach for the Design of Object-Oriented Databases.* In: *Proc. of the Intl. Conf. on Entity-Relationship Approach*, Rome, Italy.

Karl, S. und P. C. Lockemann (1988). *Design of Engineering Databases: A Case for More Varied Semantic Modelling Concepts.* Information Systems, 13(4):335–357.

Keim, D. A. und H.-P. Kriegel (1996). *Visualization techniques for Mining Large Databases: A Comparison.* IEEE Trans. Knowledge and Data Engineering, 8(6):923–938.

Kemper, A., C. Kilger und G. Moerkotte (1994). *Function Materialization in Object Bases: Design, Implementation and Assessment.* IEEE Trans. Knowledge and Data Engineering, 6(4):587–608.

Kemper, A. und D. Kossmann (1994). *Dual-Buffering Strategies in Object Bases.* In: *Proc. of the Conf. on Very Large Data Bases (VLDB)*, S. 427–438, Santiago, Chile.

Kemper, A., P. C. Lockemann, G. Moerkotte und H. D. Walter (1994). *Autonomous Objects: A Natural Model for Complex Applications.* Journal of Intelligent Information Systems (JIIS), 3(2):133–150.

Kemper, A. und G. Moerkotte (1992). *Access Support Relations: An Indexing Method for Object Bases.* Information Systems, 17(2):117–146.

Kemper, A. und G. Moerkotte (1993). *Basiskonzepte objektorientierter Datenbanken*. Informatik Spektrum, 16(2):69–80.

Kemper, A. und G. Moerkotte (1994). *Object-Oriented Database Management: Applications in Engineering and Computer Science*. Prentice Hall, Englewood Cliffs, NJ, USA.

Kemper, A. und G. Moerkotte (1995). *Physical Object Management*. In: Kim, W., Hrsg.: *Modern Database Systems: The Object Model, Interoperability, and Beyond*, S. 175–202. Addison-Wesley, Reading, MA, USA.

Kemper, A., G. Moerkotte und K. Peithner (1993). *A Blackboard Architecture for Query Optimization in Object Bases*. In: *Proc. of the Conf. on Very Large Data Bases (VLDB)*, S. 543–554, Dublin, Ireland.

Kemper, A., G. Moerkotte, K. Peithner und M. Steinbrunn (1994). *Optimizing Disjunctive Queries with Expensive Predicates*. In: *Proc. of the ACM SIGMOD Conf. on Management of Data*, S. 336–347, Minneapolis, MI, USA.

Kent, William (1983). *A Simple Guide to Five Normal Forms in Relational Database Theory*. Communications of the ACM, 26(2):120–125.

Kersten, M. L., A. P. J. M. Siebes, M. Holsheimer und F. Kwakkel (1997). *Research and Business Challenges in Data Mining Technology*. In: Dittrich, K. R. und A. Geppert, Hrsg.: *Proc. GI Konferenz Datenbanken für Büro, Technik und Wissenschaft (BTW)*, Informatik aktuell, S. 1–16, New York, Berlin, etc. Springer-Verlag.

Kießling, W., H. Schmidt, W. Strauß und G. Dünzinger (1994). *DECLARE and SDS: Early Efforts to Commercialize Deductive Database Technology*. The VLDB Journal, 3(2):211–244.

Kifer, M., G. Lausen und J. Wu (1995). *Logic foundations of object-oriented and frame-based languages*. Journal of the ACM, 42(4):741–843.

Kilger, C. und G. Moerkotte (1994). *Indexing Multiple Sets*. In: *Proc. of the Conf. on Very Large Data Bases (VLDB)*, S. 180–191, Santiago, Chile.

Kimball, R. (1996). *Data Warehouse Toolkit*. John Wiley & Sons, Chichester, UK.

Kimball, R. und K. Strehlo (1995). *Why Decision Support Fails and How To Fix It*. ACM SIGMOD Record, 24(3):92–97.

Klahold, P., G. Schlageter, R. Unland und W. Wilkes (1985). *A Transaction Model Supporting Complex Applications in Integrated Information Systems*. In: *Proc. of the ACM SIGMOD Conf. on Management of Data*, S. 388–401.

Kleinschmidt, P. und C. Rank (1997). *Relationale Datenbanksysteme: Eine praktische Einführung*. Springer-Verlag, New York, Berlin, etc.

Knapp, E. (1987). *Deadlock Detection in Distributed Databases*. ACM Computing Surveys, 19(4):303–328.

Knuth, D. E. (1973). *The Art of Computer Programming – Sorting and Searching*, Bd. 3. Addison-Wesley, Reading, MA, USA.

Knuth, D. E. (1981). *The Art of Computer Programming/Seminumerical Algorithms*, Bd. 2. Addison-Wesley, Reading, MA, USA, 2. Auflage

Korth, H. F. (1983). *Locking Primitives in a database system*. Journal of the ACM, 30(1):55–79.

Krishnamurthy, R., H. Boral und C. Zaniolo (1986). *Optimization of Nonrecursive Queries*. In: *Proc. of the Conf. on Very Large Data Bases (VLDB)*, S. 128–137, Kyoto, Japan.

Krivokapić, N., A. Kemper und E. Gudes (1996). *Deadlock Detection Agents: A Distributed Deadlock Detection Scheme*. Technical Report MIP-9617, Universität Passau, 94030 Passau, Germany.

Kulkarni, K. G. (1994). *Object-oriented extensions in SQL3: A status report*. In: *Proc. of the ACM SIGMOD Conf. on Management of Data*, S. 478, Minneapolis, MI, USA.

Kung, H. T. und P. L. Lehman (1980). *Concurrent Manipulation of Binary Search Trees*. ACM Trans. on Database Systems, 5(3):354–382.

Küspert, K., P. Dadam und J. Günauer (1987). *Cooperative Buffer Management in the Advanced Information Management Prototype*. In: *Proc. of the Conf. on Very Large Data Bases (VLDB)*, S. 483–492, Brighton, UK.

Lamersdorf, W. (1994). *Datenbanken in verteilten Systemen*. Vieweg Verlag, Braunschweig/Wiesbaden.

Lampson, B. und H. Sturgis (1976). *Crash Recovery in a Distributed Data Storage System*. Technischer Bericht Computer Science Laboratory, Xerox, Palo Alto Research Center, Palo Alto, CA, USA.

Lang, S. M. und P. C. Lockemann (1995). *Datenbankeinsatz*. Springer-Verlag, New York, Berlin, etc.

Larson, P.-Å. (1988). *Dynamic Hash Tables*. Communications of the ACM, 31(4):446–457.

Lausen, G. (1983). *Formal Aspects of Optimistic Concurrency Control in a Multiversion Database System*. Information Systems, 8(4):291–300.

Lausen, G. und G. Vossen (1996). *Objekt-orientierte Datenbanken: Modelle und Sprachen*. R. Oldenbourg Verlag, München.

Lehman, P. L. und S. B. Yao (1981). *Efficient locking for concurrent operations on B-trees*. ACM Trans. on Database Systems, 6(4):650–670.

Lehnert, K. (1988). *Regelbasierte Beschreibung von Optimierungsverfahren für relationale Datenbankanfragesprachen*. Dissertation, Technische Universität München, 8000 München, Germany.

Liddle, S. W., D. W. Embley und S. N. Woodfield (1993). *Cardinality constraints in semantic data models*. Data & Knowledge Engineering, 11:235–270.

Linnemann, V., K. Küspert, P. Dadam, P. Pistor, R. Erbe, A. Kemper, N. Südkamp, G. Walch und M. Wallrath (1988). *Design and Implementation of an Extensible Data Base Management System Supporting User Defined Data Types and Functions*. In: *Proc. of the Conf. on Very Large Data Bases (VLDB)*, S. 294–305, Long Beach, Ca.

Lipeck, U. und G. Saake (1987). *Monitoring dynamic integrity constraints based on temporal logic*. Information Systems, 12:255–269.

Lipton, R. J., J. F. Naughton und D. A. Schneider (1990). *Practical Selectivity Estimation through Adaptive Sampling*. In: *Proc. of the ACM SIGMOD Conf. on Management of Data*, S. 1–11, Atlantic City, USA.

Lloyd, J. W. (1984). *Foundations of Logic Programming*. Springer-Verlag, New York, Berlin, etc.

Lockemann, P. C., G. Krüger und H. Krumm (1993). *Telekommunikation und Datenhaltung*. Hanser-Verlag, München, Wien.

Lockemann, P. C., G. Moerkotte, A. Neufeld, K. Radermacher und N. Runge (1992). *Datenbankentwurf mit frei definierbaren Modellierungskonzepten*. In: Bayer, Härder und Lockemann (1992), S. 155–178.

Lockemann, P. C. und J. W. Schmidt, Hrsg. (1987). *Datenbank-Handbuch*. Springer-Verlag, New York, Berlin, etc.

Logic-Works (1997). *ERwin product overview*. http://www.logicworks.com/. Logic Works Inc., 1060 Route 206, Princeton, New Jersey 08540, USA.

Lohman, G. M. (1988). *Grammar-like functional rules for representing query optimization alternatives*. In: *Proc. of the ACM SIGMOD Conf. on Management of Data*, S. 18–27, Chicago, IL, USA.

Lynch, C. A. (1988). *Selectivity Estimation and Query Optimization in Large Databases with Highly Skewed Distributions of Column Values*. In: *Proc. of the Conf. on Very Large Data Bases (VLDB)*, S. 240–251, Los Angeles, USA.

Maier, D. (1983). *The Theory of Relational Databases*. Computer Science Press, Rockville, MD, USA.

Maier, D. und D. S. Warren (1988). *Computing with Logic – Logic Programming with Prolog*. Benjamin/Cummings, Redwood City, CA, USA.

Matthes, F. (1993). *Persistente Objektsysteme*. Springer-Verlag, New York, Berlin, etc.

Mattison, R. (1996). *Data Warehousing—Strategies, Technologies, and Techniques.* IEEE Computer Society Press, Los Alamitos, CA, USA.

Mattos, N. und L. G. DeMichiel (1994). *Recent Design Trade-Offs in SQL3.* ACM SIGMOD Record, 23(4):84–89.

Matzke, B. (1996). *ABAP/4 - Die Programmiersprache des SAP-Systems R/3.* Addison-Wesley, Reading, MA, USA.

Mayr, H. C., K. R. Dittrich und P. C. Lockemann (1987). *Datenbankentwurf.* In: Lockemann und Schmidt (1987), S. 486–557.

Melton, J. (1994). *Framework for SQL.* ANSI X3H2-94-079/SOU-003 (ISO Working Draft).

Melton, J. und A. R. Simon (1993). *Understanding the new SQL: a complete guide.* Morgan-Kaufmann Publishers, San Mateo, CA, USA.

Meyer, B. (1988). *Object-Oriented Software Construction.* International Series in Computer Science. Prentice Hall, Englewood Cliffs, NJ, USA.

Meyer-Wegener, K. (1988). *Transaktionssysteme.* B.G. Teubner Verlag, Stuttgart, Leipzig.

Minker, J. (1988). *Foundations of Deductive Databases and Logic Programming.* Morgan-Kaufmann Publishers, San Mateo, CA, USA.

Mishra, P. und M. H. Eich (1992). *Join Processing in Relational Databases.* ACM Computing Surveys, 24(1):63–113.

Mitschang, B. (1995). *Anfrageverarbeitung in Datenbanksystemen.* Vieweg Verlag, Braunschweig/Wiesbaden.

Moerkotte, G. und P. C. Lockemann (1991). *Reactive consistency control in deductive databases.* ACM Trans. on Database Systems, 16(4):670–702.

Mohan, C., D. Haderle, B. Lindsay, H. Pirahesh und P. Schwarz (1992). *ARIES: A Transaction Recovery Method Supporting Fine-Granularity Locking and Partial Rollbacks Using Write-Ahead Logging.* ACM Trans. on Database Systems, 17(1):94–162.

Mohan, C. und I. Narang (1994). *ARIES/CSA: A Method for Database Recovery in Client-Server Architectures.* In: *Proc. of the ACM SIGMOD Conf. on Management of Data*, S. 55–66, Minneapolis, MI, USA.

Moos, A. und G. Daues (1997). *Datenbank-Engineering.* Vieweg-Verlag, Braunschweig/Wiesbaden.

Morris, J., J. D. Ullman und A. V. Gelder (1986). *Design overview of the NAIL! system.* In: *Proc. Third Intl. Conf. on Logic Programming*, S. 554–568, London.

Moss, J. E. B. (1985). *Nested Transactions: An Approach to Reliable Distributed Computing*. MIT Press, Cambridge, MA, USA.

Muralikrishna, M. und D. J. DeWitt (1988). *Equi-Depth Histograms For Estimating Selectivity Factors for Multi-Dimensional Queries*. In: *Proc. of the ACM SIGMOD Conf. on Management of Data*, S. 28–36, Chicago, IL, USA.

National Institute of Standards and Technology (1997). *SQL Test Suite*. http://www.itl.nist.gov/div897/ctg/sql_form.htm.

Neuhold, E. J. und M. Schrefl (1988). *Dynamic Derivation of Personalized Views*. In: *Proc. of the Conf. on Very Large Data Bases (VLDB)*, S. 183–194, Los Angeles, USA.

Neumann, K. (1996). *Datenbanktechnik für Anwender*. Hanser Verlag, München.

Nievergelt, J., H. Hinterberger und K. C. Sevcik (1984). *The Grid File: An Adaptable, Symmetric Multikey File Structure*. ACM Trans. on Database Systems, 9(1):38–71.

Obermarck, R. (1982). *Distributed Deadlock Detection Algorithm*. ACM Trans. on Database Systems, 7(2):187–208.

O'Neil, E., P. O'Neil und G. Weikum (1993). *The LRU-K Page Replacement Algorithm For Database Disk Buffering*. In: *Proc. of the ACM SIGMOD Conf. on Management of Data*, S. 297–306, Washington, DC, USA.

Ottmann, T. und P. Widmayer (1993). *Algorithmen und Datenstrukturen*. BI-Wissenschaftsverlag, Mannheim, 2. Auflage

Özsu, M. T. und P. Valduriez (1990). *Principles of Distributed Database Systems*. Prentice Hall, Englewood Cliffs, NJ, USA.

Papadimitriou, C. H. (1986). *The Theory of Database Concurrency Control*. Computer Science Press, Rockville, MD, USA.

Peinl, P. und A. Reuter (1983). *Empirical Comparison of Database Concurrency Control Schemes*. In: *Proc. of the Conf. on Very Large Data Bases (VLDB)*, S. 97–108, Florence, Italy.

Pernul, G. (1994). *Database Security*. Advances in Computers, 38:1–72.

Pirotte, A. (1978). *High Level Data Base Query Languages*. In: Gallaire und Minker (1978), S. 409–436.

Pistor, P. (1993). *Objektorientierung in SQL3*. Informatik Spektrum der GI, 16(2):89–94.

Poet Software (1997). *POET – die Objektdatenbank für Ihre C++, Java und OLE-Automation-Objekte*. http://www.poet.de/.

Poosala, V., Y. E. Ioannidis, P. J. Haas und E. Shekita (1996). *Improved Histograms for Selectivity Estimation of Range Predicates.* In: *Proc. of the ACM SIGMOD Conf. on Management of Data*, S. 294–305, Montreal, Canada.

Powersoft (1997). *PowerDesigner product overview.* http://www.powersoft.com/.

Prädel, U., G. Schlageter und R. Unland (1986). *Redesign of Optimistic Methods: Improving Performance and Applicability.* In: *Proc. IEEE Conf. on Data Engineering*, S. 466–473, New York, USA.

Rabitti, F., D. Woelk und W. Kim (1988). *A Model of Authorization for Object-Oriented and Semantic Databases.* In: *Proc. of the Intl. Conf. on Extending Database Technology (EDBT)*, Bd. 303 d. Reihe *Lecture Notes in Computer Science (LNCS).* Springer-Verlag, New York, Berlin, etc.

Rahm, E. (1994). *Mehrrechner-Datenbanksysteme.* Addison-Wesley, Reading, MA, USA.

Ramamohanarao, K. (1994). *An Introduction to Deductive Database Languages and Systems.* The VLDB Journal, 3(2):107–122.

Rational Software Corporation (1997). *Rational Rose product overview.* http://www.rational.com/. 2800 San Tomas Expressway, Santa Clara, CA 95051-0951, USA.

Red Brick Inc. (1996). *The Data Warehouse: Enabling Better Decisions Faster.* White Paper. http://www.redbrick.com/.

Reed, D. (1983). *Implementing Atomic Actions on Decentralized Data.* ACM Trans. Comp. Syst., 1(1):3–23.

Reuter, A. (1980). *A Fast Transaction-Oriented Logging Scheme for UNDO Recovery.* IEEE Trans. Software Eng., 6:348–356.

Reuter, A. (1984). *Performance Analysis of Recovery.* ACM Trans. on Database Systems, 9(4):526–559.

Rivest, R. L., A. Shamir und L. M. Adleman (1978). *A Method for Obtaining Digital Signatures and Public-Key Cryptosystems.* Communications of the ACM, 21(2):120–126.

Robinson, J. T. (1981). *The K-D-B-Tree: A Search Structure for Large Multidimensional Dynamic Indexes.* In: *Proc. of the ACM SIGMOD Conf. on Management of Data*, S. 10–18, New York.

Rozen, S. und D. Shasha (1991). *A Framework for Automating Physical Database Design.* In: *Proc. of the Conf. on Very Large Data Bases (VLDB)*, S. 401–411, Barcelona.

Rumbaugh, J., M. Blaha, W. Premerlani, F. Eddy und W. Lorensen (1991). *Object-Oriented Modeling and Design.* Prentice Hall, Englewood Cliffs, NJ, USA.

Saake, G., I. Schmitt und C. Türker (1997). *Objektdatenbanken - Konzepte, Sprachen, Architekturen*. International Thomson Publishing, Bonn.

SAP AG (1997). *R/3 System Overview*. http://www.sap.com/r3/r3_over.htm.

Scharnofske, A., U. Lipeck und M. Gertz (1997). *SubQuery-By-Example: Eine orthogonale Erweiterung von QBE*. In: Dittrich, K. R. und A. Geppert, Hrsg.: *Proc. GI Conf. on Database Systems for Office, Engineering, and Scientific Applications (BTW)*, Informatik aktuell, S. 133–151, New York, Berlin, etc. Springer-Verlag.

Schek, H.-J., H.-B. Paul, M. H. Scholl und G. Weikum (1990). *The DASDBS Project: Objectives, Experiences, and Future Prospects*. IEEE Transactions on Knowledge and Data Engineering, 2(1):25–43.

Schek, H.-J. und M. H. Scholl (1986). *The Relational Model with Relation-Valued Attributes*. Information Systems, 11(2):137–147.

Scheufele, W. und G. Moerkotte (1997). *On the Complexity of Generating Optimal Plans with Cross Products*. In: *Proc. ACM SIGMOD/SIGACT Conf. on Princ. of Database Syst. (PODS)*, S. 238–248, Tucson, AZ, USA.

Schlageter, G. (1978). *Process Synchronization in Database Systems*. ACM Trans. on Database Systems, 3(3):248–271.

Schlageter, G. (1981). *Optimistic methods for concurrency control in distributed database systems*. In: *Proc. of the Conf. on Very Large Data Bases (VLDB)*, S. 125–130, Cannes, France.

Schlageter, G. und W. Stucky (1983). *Datenbanksysteme: Konzepte und Modelle*. Teubner Studienbuch Informatik.

Schmidt, J. W. (1977). *Some High Level Language Constructs for Data of Type Relation*. ACM Trans. Database Systems, 2(3):248–261.

Scholl, M. H., C. Laasch und M. Tresch (1991). *Updatable Views in Object-Oriented Databases*. In: *Proc. of the Conf. on Deductive and Object-Oriented Databases (DOOD)*, S. 189–207. Springer-Verlag.

Scholl, M. H. und H.-J. Schek (1992). *Survey of the COCOON Project*. In: Bayer, Härder und Lockemann (1992), S. 243–254.

Schwarz, P. M. und A. Z. Spector (1984). *Synchronizing Shared Abstract Types*. ACM Trans. Computer Systems, 2(3):223–250.

Seeger, B. (1996). *An Analysis of Schedules for Performing Multi-Page Requests*. Information Systems, 21(5):387–407.

Seeger, B. und H. P. Kriegel (1990). *The Buddy Tree: An Efficient and Robust Access Method for Spatial Data Base Systems*. In: *Proc. of the Conf. on Very Large Data Bases (VLDB)*, S. 590–601, Brisbane, Australia.

Seeger, B. und P.-Å. Larson (1991). *Multi-Disk B-trees*. In: *Proc. of the ACM SIGMOD Conf. on Management of Data*, S. 436–446, Denver, USA.

Selinger, P. G., M. M. Astrahan, D. D. Chamberlin, R. A. Lorie und T. G. Price (1979). *Access Path Selection in a Relational Database Management System*. In: *Proc. of the ACM SIGMOD Conf. on Management of Data*, S. 23–34, Boston, USA.

Shapiro, L. D. (1986). *Join Processing in Database Systems with Large Main Memories*. ACM Trans. on Database Systems, 11(9):239–264.

Shasha, D. (1992). *Database Tuning: A Principled Approach*. Prentice Hall, Englewood Cliffs, NJ, USA.

Silberschatz, A., H. F. Korth und S. Sudarshan (1997). *Database System Concepts*. McGraw-Hill, Inc., New York, San Francisco, Washington, D.C., 3 Auflage

Skeen, D. (1981). *Non-blocking Commit Protocols*. In: *Proc. of the ACM SIGMOD Conf. on Management of Data*, S. 133–142, Ann Arbor, USA.

Smith, J. M. und D. C. P. Smith (1977). *Database Abstractions: Aggregation and Generalization*. ACM Trans. on Database Systems, 2(2):105–133.

Steinbrunn, M., G. Moerkotte und A. Kemper (1997). *Heuristic and Randomized Optimization for the Join Ordering Problem*. The VLDB Journal. To Appear.

Steinbrunn, M., K. Peithner, G. Moerkotte und A. Kemper (1995). *Bypassing Joins in Disjunctive Queries*. In: *Proc. of the Conf. on Very Large Data Bases (VLDB)*, S. 228–238, Zürich, Switzerland.

Stonebraker, M., Hrsg. (1985). *The INGRES Papers: Anatomy of a Relational Database System*. Addison-Wesley, Reading, MA, USA.

Stonebraker, M. (1996). *Object-Relational DBMSs: The Next Great Wave*. Morgan-Kaufmann Publishers, San Mateo, CA, USA.

Stonebraker, M., L. A. Rowe und M. Hirohama (1990). *The Implementation of POSTGRES*. IEEE Transactions on Knowledge and Data Engineering, 2(1):125–142.

Stonebraker, M., E. Wong, P. Kreps und G. Held (1976). *The Design and Implementation of INGRES*. ACM Trans. on Database Systems, 1(3):189–222.

Stroustrup, B. (1992). *The C++ Programming Language*. Addison-Wesley, Reading, MA, USA, 2. Auflage

Sun Microsystems (1997). *The Sun RSM Array 2000 Architecture: Technical White Paper*. 2550 Garcia Avenue, Mountain View, CA 94043-1100, USA. http://www.sun.com/.

Swami, A. (1989). *Optimization of Large Join Queries: Combining Heuristics and Combinational Techniques*. In: *Proc. of the ACM SIGMOD Conf. on Management of Data*, S. 367–376, Portland, OR, USA.

Swami, A. und B. Iyer (1993). *A Polynomial Time Algorithm for Optimizing Join Queries.* In: *Proc. IEEE Conf. on Data Engineering*, S. 345–354, Vienna, Austria.

Teorey, T. J. (1994). *Database Modeling and Design: The Fundamental Principles.* Data Management Systems. Morgan-Kaufmann Publishers, San Mateo, CA, USA. 2. Auflage.

Teorey, T. J., D. Yang und J. P. Fry (1986). *A Logical Design Methodology for Relational Databases Using the Extended Entity-Relationship Model.* ACM Computing Surveys, 18(2):197–222.

Thalheim, B. (1991). *Dependencies in Relational Databases.* B.G. Teubner Verlagsgesellschaft, Stuttgart, Leipzig. Band 126.

Thomas, R. H. (1979). *A Majority Consensus Approach to Concurrency Control for Multiple Copy Data Bases.* ACM Trans. on Database Systems, 4(2):180–209.

Tjoa, A. M. und L. Berger (1993). *Transformation of Requirements Specifications Expressed in Natural Language into an EER Model.* In: *Proc. of the Intl. Conf. on Entity-Relationship Approach*, Arlington, TX, USA.

TPC, Transaction Processing Performance Council (1992). *TPC Benchmark C.* Standard Specification, Transaction Processing Performance Council (TPC). http://www.tpc.org/.

TPC, Transaction Processing Performance Council (1995). *TPC Benchmark D (Decision Support).* Standard Specification 1.0, Transaction Processing Performance Council (TPC). http://www.tpc.org/.

Tresch, M. (1996). *Middleware: Schlüsseltechnologie zur Entwicklung verteilter Informationssysteme.* Informatik Spektrum, 19(5):249–256.

Tsur, S. und C. Zaniolo (1986). *LDL: A Logic-Based Data Language.* In: *Proc. of the Conf. on Very Large Data Bases (VLDB)*, S. 33–41, Kyoto, Japan.

Ullman, J. D. (1985). *Implementation of logical query languages for databases.* ACM Trans. on Database Systems, 10(3):289–321.

Ullman, J. D. (1988). *Principles of Data and Knowledge-Base Systems*, Bd. I. Computer Science Press, Woodland Hills, CA.

Ullman, J. D. (1989). *Principles of Data and Knowledge Bases*, Bd. II. Computer Science Press, Woodland Hills, CA.

Unland, R. (1995). *Objektorientierte Datenbanken: Konzepte und Modelle.* Internat. Thomson Publ., Bonn.

Vossen, G. (1994). *Datenmodelle, Datenbanksprachen und Datenbank-Management-Systeme.* Addison-Wesley, Reading, MA, USA.

Wächter, H. (1997). *Fehlertolerantes Workflow Management.* Kovac-Verlag, Hamburg.

Walter, B. (1984). *Nested Transactions with Multiple Commit Points: An Approach to the Structuring of Advanced Database Applications.* In: *Proc. of the Conf. on Very Large Data Bases (VLDB)*, S. 161–171, Singapore, Singapore.

Weihl, W. E. und B. Liskov (1985). *Implementation of Resilient, Atomic Data Types.* ACM Trans. Programming Languages and Systems, 7(2):244–269.

Weikum, G. (1988). *Transaktionen in Datenbanksystemen.* Addison-Wesley, Reading, MA, USA.

Weikum, G. (1991). *Principles and realization strategies of multilevel transaction management.* ACM Trans. on Database Systems, 16:132–180.

Weikum, G., C. Hasse, A. Mönkeberg und P. Zabback (1994). *The COMFORT Automatic Tuning Project.* Information Systems, 19(5):381–432.

Weikum, G. und P. Zabback (1993a). *I/O-Parallelität und Fehlertoleranz in Disk-Arrays, Teil 1: I/O-Parallelität..* Informatik-Spektrum der GI, 16(3):133–142.

Weikum, G. und P. Zabback (1993b). *I/O-Parallelität und Fehlertoleranz in Disk-Arrays, Teil 2: Fehlertoleranz..* Informatik-Spektrum der GI, 16(4):206–214.

Wenzel, P. (1995). *Betriebswirtschaftliche Anwendungen des integrierten Systems SAP R/3.* vieweg Verlag, Braunschweig/Wiesbaden.

Wichert, C.-A. und B. Freitag (1997). *Capturing Database Dynamics by Deferred Updates.* In: *Proc. International Conference on Logic Programming*, Leuven, Belgium.

Will, L., C. Hienger, F. Straßenburg und R. Himmer (1996). *R/3-Administration.* Addison-Wesley, Reading, MA, USA.

Wong, E. und K. Youssefi (1976). *Decomposition—A Strategy for Query Processing.* ACM Trans. on Database Systems, 1(3):223–241.

Wu, M.-C. und A. P. Buchmann (1997). *Research Issues in Data Warehousing.* In: Dittrich, K. R. und A. Geppert, Hrsg.: *Proc. GI Conf. on Database Systems for Office, Engineering, and Scientific Applications (BTW)*, Informatik aktuell, S. 61–82, New York, Berlin, etc. Springer-Verlag.

Zaniolo, C. (1986). *Safety and compilation of nonrecursive Horn clauses.* In: *Proc. First Intl. Conf. on Expert Database Systems*, S. 167–178. Benjamin/Cummings.

Zhuge, Y., H. Garcia-Molina, J. Hammer und J. Widom (1995). *View Maintenance in a Warehousing Environment.* In: *Proc. of the ACM SIGMOD Conf. on Management of Data*, S. 316–327, San Jose, CA, USA.

Zloof, M. M. (1975). *Query-By-Example.* In: *Proc. of the National Computer Conference*, S. 431–437, Arlington, VA. AFIPS Press.

Zukowsky, U. und B. Freitag (1996). *Adding Flexibility to Query Evaluation for Modularly Stratified Databases.* In: *Proc. of the Joint International Conference and Symposium on Logic Programming*, S. 304–318, Bonn.

Index